汉寿年鉴

（2017）

HAN SHOU NIAN JIAN

汉寿县人民政府地方志办公室 编

方志出版社
Publishing House of Local Records

图书在版编目（CIP）数据

汉寿年鉴. 2017 / 汉寿县人民政府地方志办公室编
-- 北京：方志出版社，2018.7
ISBN 978-7-5144-3127-8

Ⅰ. ①汉… Ⅱ. ①汉… Ⅲ. ①汉寿县—2017—年鉴
Ⅳ. ①Z526.44

中国版本图书馆CIP数据核字（2018）第160784号

汉 寿 年 鉴 （2017）

编　　者：汉寿县人民政府地方志办公室
责任编辑：李志瑜

出 版 人：冀祥德
出 版 者：方志出版社
地址　北京市朝阳区潘家园东里9号（国家方志馆4层）
邮编　100021
网址　http://www.fzph.org
发　　行：方志出版社图书经销中心
电话（010）67110500
经　　销：各地新华书店
印　　刷：湖南省越来越好印务有限公司
装帧设计：斯盛文化

开　　本：889×1194　1/16
印　　张：26.75
字　　数：853千字
版　　次：2018年7月第1版　2018年7月第1次印刷
印　　数：0001～1000册

ISBN 978-7-5144-3127-8　定价：165.00元

《汉寿年鉴（2017）》编纂委员会

《汉寿年鉴（2017）》编辑人员

实施"一五五"
建设生态宜居

发展战略
大湖经济强县

刘汉华 摄

2017 数字汉寿

面积	2034平方公里	油料总产量	7.98万吨
总户数	263310户	棉花播种面积	4826.66公顷
总人口	821721人	棉花总产量	0.73万吨
地区生产总值	279.71亿元	蔬菜播种面积	1.62万公顷
第一产业增加值	51.03亿元	蔬菜总产量	48.82万吨
第二产业增加值	88.92亿元	水果总产量	8.52万吨
第三产业增加值	139.76亿元	出栏生猪	90.38万头
人均地区生产总值	37191元	出笼家禽	788.61万羽
城乡居民人均可支配收入	19300元	水产品养殖面积	2.16万公顷
城镇居民人均可支配收入	28028元	水产品产量	9.12万吨
农村居民人均可支配收入	14780元	农业机械	11.01万台
		农业机械总动力	106.93万千瓦
城镇化率	41.2%		
9个重点民生项目，12个考核指标投入	21.47亿元	工业总产值	291.54亿元
农村危房改造2100户投入	3913万元	工业增加值	67.05亿元
农村安全饮水巩固提升11066人投入	778万元	规模工业	106家
特困移民解困避险搬迁290人投入	580万元	规模工业产值	209.03亿元
农村公路提升改造46.1公里投入	12566万元	规模工业增加值	40.88亿元
新增城镇就业4805人投入	1855万元		
棚户区改造5400户投入	183988万元	建筑业增加值	22.02亿元
		500万元以上固定资产项目及房地产投资	235.35亿元
耕地	6.55万公顷	其中房地产开发投资	14.9亿元
农林牧渔业总产值	85.54亿元	房地产开发企业	28个
农作物播种面积	17.72万公顷	商品房销售面积	49.3万平方米
粮食作物播种面积	10.99万公顷	商品房销售额	18.4亿元
粮食总产量	63.59万吨	社会消费品零售总额	83.97亿元
油料播种面积	4.10万公顷	引进内资	70.8亿元

引进外资	9231万美元
引进亿元以上境内项目	11个
进出口总额	12563万美元
公路里程	2343公里
省道	181公路
县道	314公里
乡道	805公里
村道	1043公里
汽车	54742辆
公交线路	5条
移动电话	51.92万户
互联网宽带	9.06万户
一般公共预算收入	110088万元
国税	45173万元
地税	40687万元
非税	24228万元
地方财政收入	70693万元
一般公共预算支出	444613万元
金融机构存款余额	245.94亿元
金融机构贷款余额	112.93亿元
其中个人消费贷款金额	28.65亿元
学校	93所

完全中学	2所
高级中学	1所
初级中学	15所
九年一贯制学校	15所
十二年一贯制学校	1所
小学	55所
中等职业学校	3所
成人中专	1所
在校学生	74916人
高中学生	9726人
职高学生	2560人
初中学生	18576人
小学学生	44054人
在园幼儿	21085人
教职工	5441
文化馆	1个
艺术表演团体	172个
非物质文化遗产保护名录	17个
档案馆	1个
卫生医疗机构	588个
医院、卫生院	40个
农村卫生室	462个
诊所、卫生所、医务室	76个
各类健身运动场地	85个

编辑说明

一、本年鉴以马克思列宁主义、毛泽东思想、邓小平理论、“三个代表”重要思想、科学发展观、习近平新时代中国特色社会主义思想为指导，坚持辩证唯物主义和历史唯物主义的立场、观点和办法，记载2017年汉寿经济、政治、文化、社会等各方面建设与发展的情况，所载内容以2017年1月1日至2017年12月31日为时限。个别条目的背景材料、内容涉及年度之前的，为方便读者了解内容的完整性，本年鉴仍予以记载。

二、本年鉴设特载、大事记、概况、组织机构名录、中国共产党汉寿县委员会、汉寿县人民代表大会常务委员会、汉寿县人民政府、中国人民政治协商会议汉寿县委员会、纪检·监察、法治、军事、社会团体、科技工信·高新技术产业园区、城乡建设与管理、经济执法与监督、商业贸易、农业·水利·林业、交通·邮政·通信、财政·税务、金融·保险、教育、文化体育广电新闻出版·电视、旅游、卫生和计划生育、乡镇街道、人物、资政文选、文献辑要、绩效考核等。彩版根据汉政办函〔2017〕78号文件规定，全县各单位彩版按年度轮换，图片由县项目办、入编单位和社会人士提供。

三、根据国务院颁布的《地方志工作条例》“分级负责、归口管理”的原则，先由各有关单位安排专人按篇目要求撰写专稿，经单位负责人审查签字后交年鉴编辑部总纂，最后经年鉴编纂委员会审定后付梓。凡涉及全县经济和社会发展全局的数据，均以县统计局编印的《汉寿统计年鉴》为依据。县及县直单位、乡镇街道（区）领导名录由中共汉寿县委组织部提供，中央、省、市直管单位的领导名录由各相关单位提供。

汉寿县行政区划图

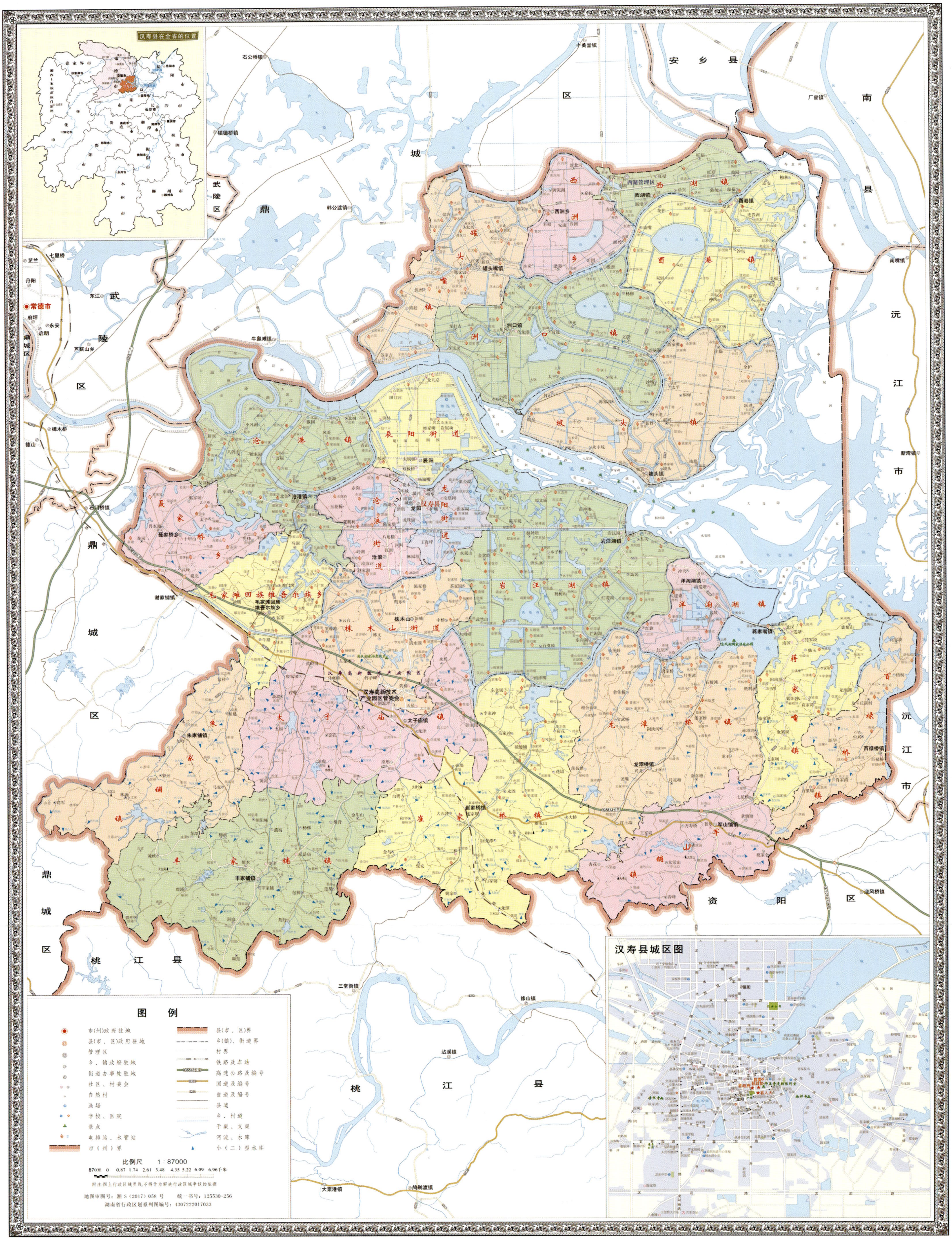

汉寿县人民政府编制　湖南省民政厅监制

湖南省第三测绘院制作　二〇一七年十月

2017年11月7日，市委常委、常务副市长陈恢清（左二），县委书记杨昶（左一）等市县领导督查西洞庭湖保护区核心区欧美黑杨清理攻坚战

2017年8月20日，县委书记杨昶（右三），县委副书记、县长车世忠（左三），县委常委、县委办主任何朝辉（右一），县委常委、县委统战部部长、汉寿高新区党工委书记李裕军（左二）等调研高新区项目建设

2017年9月6日，县委书记杨昶（左二），县委常委、县委办主任何朝辉（左三）到岩汪湖木子树村调研产业扶贫

2017年7月28日，县委副书记、县长车世忠（中）一行在太子庙镇调研扶贫工作

县委副书记、县长车世忠（中）等一行检查沅澧快速干线6号大道现场施工安全

县委副书记刘毅翔（中）到高新区调研

2017年8月3日，县人大常委会主任袁佑清（中）一行现场视察项目建设

2017年9月4日，县政协主席解以刚（前排右三）率政协委员视察高速公路汉寿收费站和互通口圆盘立面改造建设项目，副县长宋万林（后排左三）、县政协副主席李明桂（前排左二）等参加

2017年4月1日，汉寿县第二届汉商恳谈会

2017年12月20日，中国·汉寿国际旅游度假区同发野生动物园项目开工建设 。

2017年6月30日，举行庆“七一”“双十佳”颁奖典礼，庆祝建党96周年

2017年8月29日，汉寿县首届“帅孟奇教育突出贡献奖”颁奖典礼暨2017年教育捐赠仪式在县一中龙池讲堂举行。

2017年5月4日，汉寿好青年颁奖典礼

2017年9月21日，环中国国际公路自行车赛第二阶段汉寿赛段赛况 （刘汉华 摄）

2017年6月16日，中国·汉寿第二届蔬菜文化节 （刘汉华 摄）

群众休闲健康文化生活 （刘汉华 摄）

沅澧快速干线6号大道　　项目办

龙珠湖公园　　（刘汉华　摄）

西洞庭湖湿地青纱帐里　（刘汉华　摄）

中晖光伏

目 录

特 载

大事记

汉寿概况

中国共产党汉寿县委员会

汉寿县人民代表大会常务委员会

汉寿县人民政府

中国人民政治协商会议汉寿县委员会

纪检·监察

法 治

军　事

社会团体

科技工信·高新技术产业园区

城乡建设与管理

经济执法与监督

商业贸易

农业・水利・林业

交通·邮政·通信

财政·税务

金融·保险

教　育

文化体育广电新闻出版·广播电视·旅游

卫生和计划生育

乡镇街道

人　物

资政文选

文献辑要

绩效考核

特　载

奋进新时代　砥砺新作为
续写建设生态宜居大湖经济强县新篇章

——在2018年县委经济工作会议上的讲话

县委书记　杨　昶

（2018年1月6日）

这次县委经济工作会议的主要任务是，全面贯彻落实中共十九大和中央、省委、市委经济工作会议精神，总结2017年经济工作，部署2018年经济工作。下面，根据县委常委会研究的意见，我讲三个方面的问题。

县委书记杨昶作县委经济工作报告

一、全面总结成绩，坚定发展信心

刚刚过去的2017年，是中共十九大胜利召开之年。在市委市政府的坚强领导下，县委、县政府团结带领全县人民，大力实施“一五五”发展战略，交出了一份令人振奋的年度答卷。

一年来，我们聚焦产业、主攻园区，汉寿高新区成功晋升为国家级高新区。我们鼓全县之劲、举全县之力，打响西洞庭湖湿地欧美黑杨清理、砂石整治、畜禽退养等攻坚战，工作成效受到省市主要领导充分肯定，中央电视台、新华社、经济日报、湖南卫视等主流媒体纷纷点赞。我们只争朝夕、奋发有为，沅澧快速干线6号大道（汉寿段）提前竣工通车，创造了汉寿交通建设史上的奇迹。我们以会为媒、扩大影响，成功举办春节招商推介会、第二届汉商恳谈会和蔬菜文化节，首次承办环中国公路自行车赛这一国际赛事。我们勇于担当、狠抓落实，合力打好脱贫攻坚战，顺利通过一次又一次国省检查“大考”。我们众志成城、干群一心，全力抗击历史罕见特大洪水，积极应对涝旱急转，夺取了防汛抗旱的全面胜利。我们知耻后勇、奋起直追，民调、计生工作赶超进位。我们创先争优、锐意进取，综合治理、维护稳定和安全生产工作被评为全市先进，先后荣获“全国群众体育先进单位”“全国农村集体产权制度改革试点县”“全省粮食生产标兵县”等荣誉。可以说，这一年不平凡、不容易、不简单，是全县经济实力大跨越、项目建设大提速、城乡面貌大改观的一年，更是社会事业大发展、人民生活大改善、党建水平大提升的一年。

1. 看经济运行：全县经济社会发展稳中有进、进中趋优。预计全年可完成地区生产总值 276.67 亿元，增长 8.7%；一般公共预算收入首次突破两位数，超过 11 亿元，增长 15.3%；固定资产投资 234.78 亿元，增长 16.4%；社会消费品零售总额 84.1 亿元，增长 11.1%；城乡居民收入分别增长 8.4% 和 8.8%。

2. 看项目建设：“双百工程”扎实推进，100 个重点项目完成投资 105 亿元，争取各类建设资金 19.47 亿元，融资 58 亿元，项目建设考核进入全市第一方阵。安和寿医药、万华生态板、业佳精密橡塑、沃博特肥料、银河汽贸、中晖光伏等一批亿元项目相继落地或投产，新增裕兴纺织、湘湖水产、康尔佳药业、汉美蔬菜等一批进出口企业，招商引资和开放型经济工作稳居全市前列。

3. 看产业发展：工业经济平稳向好。新增规模工业企业 20 家，规模工业总产值、上缴税金分别增长 25% 和 32%。新建标准厂房 11 万平方米，新建和改造主干道 8 条，开工亿元工业项目 6 个，完成康普药业总部转移。现代农业步伐加快。新型经营主体新增 135 家，整体推进 6 号大道沿线美丽乡村、秀美庭院等基础设施建设。三产服务业基础夯实。全域旅游来势看好，洞庭花海开园，太子庙自驾游接待中心投入使用，同发野生动物园开工建设。金融、商贸、电商等服务业日益活跃。

4. 看城镇建设：县城区总体规划、沧浪新城城市设计规划和高新区概念性规划趋于完善。投入近 45 亿元推进城镇带动大会战，实施棚户区改造 7360 户。房产销售突破 60 万平方米，比两年前翻了一番。污水处理厂二期、中联重科城乡环卫一体化、龙珠湖公园、休闲广场等项目投入运营或有序推进。

5. 看基础建设：鹿溪旅游公路竣工通车，太子庙收费站完成升级改造，文蔚大桥与东仓铺、官兴障渡改桥春节前可竣工通行，新改建干线公路和农村公路 221 公里。公路治超工作居省市前列。蒋家嘴 2 号水闸及船闸拆除重建，中型电排竣工投运。电力、智慧城市建设取得新进展。

6. 看民生实事：精准扶贫稳步推进，完成 1186 户 4291 人易地扶贫搬迁，实现 9408 人、11 个贫困村脱贫。教育卫生提质升级，师德师风整治、去行政化改革、“帅孟奇教育突出贡献奖”评选、社会捐资助学等影响深远，三大公立医院建设进展有序，顺利通过省卫生县城复检。文体事业蓬勃发展，常德高腔《帅孟奇》进京会演获得成功，勇夺市七运会金牌总数第一。社会保障扩面提质，各项社保待遇及时足额发放，新增城乡就业 1.1 万多人；建成县社会福利中心。

7. 看深化改革：“放管服”、财税体制、金融体制等关键领域改革顺利推进。在全国率先自主研发“微信报警、举报服务平台”，在全省率先实现个体工商户“七证合一”，在全市率先完成农村土地确权颁证，优秀改革项目评选连续两年夺得全市第一。

8. 看党的建设：圆满完成村支“两委”换届，高标准建成 300 个农村综合服务平台，全面推行村干部专职化管理和“智慧党建”，公开选拔 278 名村（社区）党建工作联络员，深入开展“双十佳”评选活动，基层党建综合考评跃居全市第三。组建县委巡察机构，完成纪委派驻机构改革，实现监督全覆盖；积极推行村级专项巡察，有效惩治了群众身边的“微腐败”。

同志们，走过的道路充满艰辛，取得的成绩实属不易。我们不会忘记，成绩的背后，饱含着上级党委、政府的关心和支持，倾注着全县各级党员干部和广大群众的心血和汗水，凝聚着社会各界的智慧和力量。借此机会，我代表县委、县政府，向全县广大党员干部群众，向所有关心、支持汉寿发展的各级领导和各界朋友，表示衷心的感谢！

在肯定成绩的同时，我们也要直面发展的隐忧：经济总量不大、均量不高、结构不优仍然是制约汉寿发展的根本性问题，尤其是支柱产业不强，起支撑作用的骨干企业和项目不多；社会矛盾相互交织，信访维稳形势依然严峻；财政收支矛盾突出，保障和改善民生依然任重道远；部分干部开放意识、忧患意识、责任意识有待增强，等等。我们务必正视这些问题和不足，担当使命，奋勇拼搏，努力开创汉寿经济社会发展新局面。

二、紧扣工作重点，提高发展质效

2018 年是贯彻中共十九大精神的开局之年，是改革开放 40 周年，是深入推进“一五五”战略的关键之年，是全面建成小康社会决胜之年。我们要科学判断当前及今后一个时期的发展大势，更加富有成效地抓好各项工作。

1. 要牢牢把握发展新方位。中国特色社会主义进入新时代。这个新时代，是决胜全面建成小康社会、进而全面建设社会主义现代化强国的时代，是逐步实现全体人民共同富裕的时代，是奋力实现中华民族伟大复兴中国梦的时代。新时代标注新的历史方位。立足新的历史方位，我们要深入学习习近平新时代中国特色社会主义经济思想，深刻领会新时代高质量发展新要求，紧密结合中共十九大，以及中央、省委、市委经济工作会议的重大决策部署，保持各项战略、政策、措施的连续性，发扬钉钉子精神，坚持一张蓝图干到底，把各项工作不断推向前进。

2. *要牢牢把握发展新机遇*。随着“一带一路”、长江经济带、洞庭湖生态经济区等国家战略的加快实施，汉寿的战略叠加效应更加显现。特别是中共十九大在发展实体经济、鼓励支持创新、实施乡村振兴、促进区域协调、推动全面开放等方面，提出了一系列政策措施。省委省政府确定2018年为“产业项目建设年”，推动产业项目发展的决心和力度空前。市委市政府围绕推进“开放强市、产业立市”战略，在推动项目建设、壮大实体经济、实施城镇带动等方面作出一系列重大部署，出台了一系列利好政策。面对这些大好政策机遇，我们唯有主动谋划、主动跟进、主动出击，才能抢占先机、勇立潮头。

3. *要牢牢把握发展新优势*。汉寿的发展，正处于“天时地利人和”的难得黄金期。从综合实力来看，汉寿在25个环湖区县（市）位次稳步前移，2017年前三季度，地区生产总值增速排第8位，财政总收入增速超过邻近县市；在全省87个县市中，汉寿县地区生产总值、财政总收入、城乡居民收入等7项主要经济指标综合得分排第32位。根据预测分析，年初确定“进入环湖前13位、全省前36位”的目标完全可以实现。从交通区位来看，随着6号大道汉寿段的提前完工，汉寿火车站复通运营并开通动车，常益长高铁开工建设，汉寿交通网络日趋完善，连通内外将更加便捷、高效。从干事氛围来看，这几年，县几大家班子同心同德、精诚团结，各级各部门围绕中心、服务大局，全县党员干部内强素质、外树形象，形成了风清气正、干事创业的良好氛围，为汉寿加快发展提供了坚强政治保证和强大精神动力。我们要牢牢抓住发展的大好时机，保持激昂斗志，提振干事创业的精神和劲头，携起手来走向大湖经济强县的光明前景。

做好2018年经济工作，要坚持以习近平新时代中国特色社会主义思想为指引，深入学习贯彻中共十九大精神，加强党对经济工作的领导，坚持稳中求进工作总基调，坚持新发展理念，按照高质量发展的要求，统筹推进“五位一体”总体布局，协调推进“四个全面”战略布局，继续紧跟开放强市产业立市战略部署，深入实施“一五五”发展战略，抓重点、补短板、强弱项，推动经济社会持续健康发展。主要预期目标是：地区生产总值增长9%以上，规模工业增加值增长9%以上，一般公共预算收入增长10%以上，固定资产投资增长15%左右，城乡居民人均可支配收入增长9%以上。

新的一年，要突出抓好八个方面的工作。

1. *突出产业发展，进一步振兴实体经济*。深入贯彻落实市委市政府产业立市三年行动计划，推动一、二、三产业同向发力，加快产业转型升级，实现更高质量、更有效率、更可持续的发展。

要以园区为龙头，壮大新型工业。把园区作为抓发展、壮工业的主阵地，一切围绕园区、一切服务园区、一切服从园区，加速推进“3358”工程，年内园区规模工业总产值达到185亿元，力争挺进全省园区综合评价20强。做大做强五大优势产业。以中联重科为龙头，抓好装备制造业扩规与资产盘活；以康普、康尔佳为龙头，抓好生物医药业总部经济转移与主板上市；以中汉高科、沃博特为龙头，抓好精细化工转型升级与项目投产增效；以徕木电子为龙头，抓好电子信息产业扩规及配套招商；以华乐、万华生态板为龙头，抓好农产品加工业转型提质和项目落地增效。持续推进园区基础设施建设。实施一批道路提质改造和新建项目，实现园区“九路贯通”；加快学校、医院、公园等配套项目建设，全面提升园区发展品位，努力实现由“区”到“城”的转变。强化企业创新主体作用，引导激励有实力的企业创建市级以上研发平台。完善省级科技企业孵化器建设，重点孵化一批科技型小微企业及重要成果转化项目，为建成国家级科技企业孵化器夯实基础。

要以乡村振兴战略为统领，加快推进农业农村现代化。坚持质量兴农、绿色兴农，培育一批龙头企业，建设一批现代农业示范园区，壮大专业大户、农民专业合作社等新型农业经营主体。加快构建现代农业产业体系、生产体系、经营体系，推动农业发展导向由增产向提质转变，促进粮食、蔬菜、林业、养殖等主导产业转型升级。推行“蔬菜+”发展模式，精心打造围堤湖蔬菜主题公园。稳步推进农村集体产权制度改革，全面落实减负惠农政策。实施美丽乡村提升工程，加快6号大道沿线重点示范村建设，成片连线推进农村环境综合整治，积极推进“厕所革命”，开展移风易俗行动，着力建设产业兴旺、生态宜居、乡风文明、治理有效、生活富裕的现代化新农村。

要以搞活为目标，繁荣三产服务业。加速发展全域旅游，力促清水湖国际旅游度假区五星级酒店尽早开业、野生动物园2019年元旦试开园，西洞庭湖田园综合体完成主体工程。办好省乡村旅游节（蔬菜节）和毛家滩30周年乡庆暨首届糖橙节，带动乡村旅游、生态旅游“热”起来，努力争创省全域旅游示范县。积极发展现代物流、电子商务等新兴业态，完成“两市场一中心”建设，实现乡村电商服务站点全覆盖。激励金融机构开展产品和服务创新，扩大对实体经济特别是中小微企业的信贷投放。依法打击金融违法行为，规范融资平台管理，有效防范金融风险。突出抓好问题楼盘处理，促进房地产业健康发展。

2. 突出项目建设，进一步增强发展后劲。全面开展“项目攻坚年”活动，把精力倾注于项目、把资源汇聚于项目、把政策落实于项目，坚持挂图作战、层级调度，推动重大项目建设再提速度、再上规模、再见成效。

要做好项目前期。紧紧抓住国家、省、市政策机遇，积极策划、包装、申报一批既符合国家产业政策，又符合汉寿发展实际的项目，特别是投资规模大、市场前景好、拉动作用强、能支撑汉寿长远发展的重大产业项目。进一步加强项目前期工作研究，注重细节，做好对接，不断充实完善重大项目储备库。力争 40 个项目具备开工条件、10 个项目开工建设，推进 50 个重大项目前期。

要突出项目引进。以更强的责任、更实的举措、更浓的氛围抓招商引资，着重引进一批龙头企业和产业关联性大、带动能力强的项目。强化领导招商，坚持各级“一把手”负总责，分管领导具体抓；强化亲情招商，办好招商推介会和第三届汉商恳谈会，以及异地商会招商推介活动；强化精准招商，重点抓好新能源电动汽车、智能手机产业园、航空航天、环保设备、智慧农业等项目考察洽谈，积极寻求与恒大华府、万达等战略企业合作，争取签约落户，延长产业链条，形成集聚效应。坚持“引进来”和“走出去”并重，加快开放型经济发展，培育壮大一批进出口企业，支持企业拓展海外市场。

要促进项目落地。项目不落地，一切都是空。要严格落实“四个一”的工作机制（一个项目、一名责任领导、一套工作班子、一抓到底），对重大建设项目一周一督促、一月一调度、一季一考评，有力破解拆迁难、融资难、用地难等项目建设瓶颈制约，努力实现在建项目尽快见效、新建项目尽快开工、拟建项目尽快启动。全年实施重点项目 50 个，带动固定资产投资达到 270 亿元。坚决完成市下达的目标任务，确保每年落地开工投资亿元以上产业项目不少于 15 个，其中工业项目不少于 7 个。

3. 突出城镇带动，进一步彰显城市品位。坚定不移推进新型城镇化建设，加快“北提南扩、西融东接”步伐，凸显龙阳滨湖生态城魅力。

着力打造品质之城。坚持高起点规划，启动县城总体规划修编，加快新城相关规划编制进度，强力控违拆违，坚决维护规划的科学性、严肃性。坚持高质量建设，狠抓沧浪新城大开发和龙阳老城大改造，续建和新建荆楚路、经十二、纬十六、青阳路、芙蓉东路等城市路网。抢抓国家棚改机遇期，以改善民生为主线，以货币化安置为重点，继续打好棚改攻坚战。实施 6 号大道立面改造。推进小银水湖和三堤两港综合治理。完善城区道路照明、公厕、交通站点、农贸市场等基础设施。确保龙珠湖公园尽早开园。努力建设生态优良、环境优美、生活优越的“三优”城区。

着力打造文明之城。以创建省级文明县城为抓手，坚持建管并重，下大力集中整治市容市貌，进一步提升城市形象。健全城市管理和执法机制，推进城市管理向乡镇延伸，建立完善责权明确、运行有序、条块结合的大城管工作体制。

着力打造活力之城。整合各类资源，依托城投等投融资公司，走以城建城、以城养城的市场化道路。统筹运作市政公共设施建设，遵循市场化原则，拍卖经营权、冠名权，筹集建设资金。谋划城镇融资项目，引导社会资本在更大范围参与城镇化建设。加快新型城镇和特色小镇建设，精心打造太子庙、罐头嘴全国重点镇，发挥其示范引领作用。完善岩汪湖滨湖生态旅游小镇、蒋家嘴全市美丽城镇基础设施，提升旅游承载力和吸引力。

4. 突出交通先行，进一步强化基础支撑。基础建设是稳增长的重要抓手。要继续打好交通大会战，带动交通、水利、能源等各方面基础建设，为经济发展提供有力支撑。

加快交通体系建设。实施 319 国道及沿线提质改造、省道 224 罐头嘴段白改黑，以及一批“断途路”、危桥、窄路改造工程。建设省道 513 坡头至贺家山，以及沧港、聂家桥、毛家滩至 6 号大道连接线公路。规划建设蒋家嘴三级车站、驾考中心、水上加油站、民用渡口码头改造等配套服务项目，争取省道 317 百禄桥至汉寿大道株木山公路调规并启动项目前期工作。配合做好常益高速复线前期及渝长厦、呼南高铁项目建设工作。实施源头治理，强化属地管理，长效推进公路治超。

加强水利工程建设。巩固提升江东湖、沅泉、龙阳等大型地表水厂，融资新建息风湖大型地表水厂，形成西湖垸、沅南垸、南部丘陵区和县域东部等 4 大片区供水格局，让群众喝上安全水、放心水。推进马家铺、赵家河排洪泵站立项，以及沅水新兴嘴河段吹填压浸二期工程建设，加强一线临洪大堤、穿堤建筑物、中小型水库、骨干电力排灌设施的管护，筑牢防汛抗旱坚固防线。

加速能源基础建设。改造 3 条 10 千伏线路，完成 4 个城网台区、83 个行政村农网改造升级，增强城乡供电能力。实施城区天然气老旧管网改造，推进管输燃气普及乡镇工作。

5. 突出污染防治，进一步改善生态环境。生态环境是经济社会发展的生命线。坚决落实中央、省、市打好污染防治攻坚战的部署，坚定走生产发展、生活富裕、生态良好的文明发展道路，守护好汉寿的绿水青山。

深化生态环境综合整治。加强大气污染常态监控、农村秸秆焚烧整治等工作，稳步提升空气质量优良率，打赢蓝天保卫战。切实强化水生态综合治理，深入推进河长制工作，全面整治沅澧水及目平湖区砂石码头，依法依规推进河道砂石资源开发。推进乡村污水处理厂建设，启动黑臭水体治理。严守耕地保护红线，鼓励发展生态循环产业。

推进生态保护修复。进一步加强湿地保护与恢复工作，启动黑杨砍伐迹地和息风湖国家湿地公园生态修复工程，开展畜禽养殖污染整治与河湖围网养殖清理专项行动，还洞庭“一湖清水”。实施“绿化龙阳”行动，强化竹海国家森林公园生态保护，让汉寿的青山常在。

加强生态环保监管。严格执行“党政同责、一岗双责”，强化环保责任。完善生态监测体系，逐步构建政府为主导、企业为主体、社会组织和公众共同参与的环境治理体系。

6. 突出精准脱贫，进一步补齐小康短板。习总书记在2018年新年贺词中指出，到2020年我国现行标准下农村贫困人口实现脱贫，是我们的庄严承诺。一诺千金。到2020年只有3年的时间，全社会要行动起来，尽锐出战，精准施策，不断夺取新胜利。我们一定要提高政治站位，持续发力，用心用情打好脱贫攻坚战，确保2018年退出22个贫困村、脱贫1万人以上。

责任再加强。成立脱贫攻坚分指挥部，县级领导指挥调度，各级党政组织分级负责，驻村工作组专职帮扶。强化考核激励，优先提拔重用一批扎根基层、成绩突出、群众认可的扶贫干部，严肃处理脱贫攻坚不尽责、不作为的干部。

基础再夯实。抓好村级“六件实事”和“五个一批”建设，全力推进易地扶贫搬迁、教育助学、医疗救助、产业发展、社会帮扶等工作落细落小，构建专项扶贫、行业扶贫、社会扶贫“三位一体”的大扶贫工作格局。

监管再从严。加强资金监管，把钱用在刀刃上。坚持速度服从质量的原则，确保工程质量安全。

7. 突出民生改善，进一步增进人民福祉。深入贯彻以人民为中心的发展思想，始终把人民群众对美好生活的向往，作为我们的奋斗目标，让人民群众有更多的获得感、幸福感。

加快教育强县建设。教育兴，则百业兴。要推动教育科学布局，启动詹中附小扩建、龙阳小学扩建、西湖小学重建项目规划和建设工作，加快推进高新区中学、沧浪中学新建，做好一中迁建前期工作。稳妥推进高考改革和教师交流制度改革。继续实施“学前教育普惠行动”，做好“全面改薄”收官工作。加强师德师风建设，优化教师招聘与管理机制，打造高素质教师队伍。

完善卫计服务体系。推进医疗项目、医联体建设，提高乡镇卫生院保障水平，促进卫生事业健康稳步发展。深入开展爱国卫生运动，积极创建国家卫生县城。强化计划生育综合治理和管理服务，确保人口长期均衡发展，争创计划生育省优县。

提升社会保障水平。营造创新创业的浓厚氛围，持续提升就业率。构建解决农民工工资拖欠的长效机制，保证农民工工资按时足额支付，不让农民工流汗又流泪。完善统一的城乡居民基本医疗保险和大病保险制度，实施全民参保计划。全面落实“精准救助”,进一步规范和完善动态管理,实现“阳光救助”。推进农村留守儿童之家建设，积极关爱保护留守儿童。

繁荣文化体育事业。建成五环全民健身中心，加强乡村文化阵地建设，推动文化产业发展。强化文体市场监管，推进扫黄打非向农村延伸。加强文化精品创作，满足群众文化需求。

8. 突出品牌推广，进一步提升竞争实力。品牌就是竞争力，品牌就是生产力。全县上下要牢牢树立品牌意识，积极对接常德品牌推广行动，把产品质量搞上去，把品牌数量积起来，做强做精一批特色品牌，不断提高汉寿品牌市场占有率。

要加强农业品牌推介。组织农业生产企业、农业合作社、种植大户与国内知名电商、实体企业对接，大力推进服务业与农业融合发展，畅通农产品销售渠道，推动汉寿农产品走出去，不断提升“汉寿蔬菜”“汉寿玉臂藕”“汉寿甲鱼”“华乐乳猪”等品牌影响力。

要加强工业品牌推介。抓重要工业品牌宣传、推广与应用，重点整合中联重科、康普药业、华乐农业、华大基因、兴昂集团、新华联等战略合作伙伴品牌宣传与经营，推广汉寿企业和产业发展形象。

要加强旅游品牌推介。加大旅游景区和产品营销力度，精准对接目标人群，大力推介西洞庭湖湿地、清水湖旅游度假区、汉寿竹海国家森林公园等旅游品牌，树立汉寿旅游整体形象。

要加强城市品牌推介。深入挖掘龙阳滨湖生态城的特色亮点，加大城市整体营销与宣传力度，提升汉寿县城知名度和影响力。

要加强文化品牌推介。善于总结、提炼、宣传工作实践中形成的“汉寿精神”“汉寿力量”“汉寿作风”，以文化人，传播汉寿正能量。

三、硬化保障举措，激活发展动能

做好2018年的经济工作，既要有科学的目标引领，更要靠强力的保障推动。全县上下要始终围绕“一五五”的宏伟事业，想在一起、干在一起，凝心聚力谋发展、抓发展、促发展。

1. 要打造一流的干事创业队伍。事业成败，关键在人。要下更大力气加强干部队伍建设。把学习宣传贯彻中共十九大精神作为当前和今后一个时期首要政治任务，扎实开展“不忘初心、牢记使命”主题教育，以及“学习中共十九大，做合格党员，建合格支部”主题活动，办好科级领导干部学习贯彻中共十九大精神集中轮训班，将学习教育融入日常、抓在经常，推动工作见实效、上台阶。在坚持干部使用“老中青”相结合、调动各年龄阶段干部积极性的同时，注重做好优秀年轻干部培养选拔工作，把改革发展主战场、维护稳定第一线、服务群众最前沿作为培养锻炼优秀年轻干部的主阵地，大胆使用那些敢担当、能吃苦、有闯劲、善攻坚的优秀年轻干部。同时，统筹做好培养选拔女干部、党外干部和少数民族干部工作。要特别重视专业人才队伍建设。立足当前，着眼长远，用八年时间（2018年至2025年）实施“十百千”高端人才引进工程，围绕科研、教育、卫生、城建规划、企业经营管理、旅游等领域，引进一本以上学历人才1000名、硕士学历和副高级职称高端人才200名、博士学历和正高级职称高尖人才10名，今年力争引进高端人才100人以上，为全县创新转型发展注入新动力。

2.要锻造一流的工作作风。优良的作风是干事创业的重要保障。前不久习总书记作出重要批示：纠正“四风”不能止步，作风建设永远在路上。各级党组织要巩固拓展落实中央八项规定成果，持之以恒抓作风建设。要发扬求真务实的作风。做老实人、说老实话、办老实事，表里如一、知行合一，勤勤恳恳做事，脚踏实地做人。少喊口号，多干实事；少算眼前，多谋长远；少些推诿，多讲担当。要鼓实劲、出实招、求实效。要发扬雷厉风行的作风。增强执行意识，事情定了就办、办就办好，抓铁有痕、踏石留印，不动摇、不松劲、不折腾，以高效能争得高速度，以快节奏赢得快发展。要发扬艰苦奋斗的作风。牢记做人的根本和底线，培养健康向上的生活情趣，自觉抵制享乐主义和奢靡之风，讲奉献不求索取，讲艰苦不图安逸，讲奋斗不计名利。

3.要筑造一流的战斗堡垒。党的根基在基层、血脉在基层、活力源泉在基层。要坚持从严从实，推动基层党建全面进步、全面过硬。要强化党建责任。严格落实基层党建工作责任制，健全各级党组织书记抓党建责任清单和述职评议制度，强化党组织书记党建第一责任人责任，形成一级抓一级、层层抓落实的基层党建新格局。要强化平台运用。全面建成农村综合服务平台并投入使用，完善“智慧党建”软硬件配套设施，真正实现党务、政务、商务“三务合一”，让群众办事不出村。要强化管理创新。完善村级干部职业化管理办法，实现村级干部编制固定化、报酬工薪化、考核规范化；加大村（居）后备干部和党建联络员教育培养力度，形成“高薪高效、能进能出”的良好工作机制，激发基层干部队伍活力。积极探索新常态下基层党建工作新规律，在“三会一课”纪实管理、“主题党日”活动、网格化管理等方面创新模式和载体，推进党建工作与经济工作深度融合，互促双赢。

4.要创造一流的发展环境。把优化经济环境作为生命工程、希望工程来抓，深入推进“爱我汉寿”教育活动，让“人人都是汉寿环境、个个都是汉寿形象”的理念浸入骨髓、融入血液，努力形成上下同心优环境、万众一心谋发展的大好局面。政务环境要更加优质高效。加快智慧城市暨“市民之家”、乡镇（街道）便民服务中心、村级代办点建设，推进“互联网+政务服务”工作，努力建好运行规范、服务标准化、全省领先、全市一流的县乡村三级政务服务体系。继续抓好“放管服”改革，全面推进“二十证合一”改革落地，压减审批事项、压缩审批时限，推进并联审批、互联网审批。社会环境要更加安全稳定。打好防范化解重大风险攻坚战，严控增量、严格监管、严把关口，有效防范各种债务风险。全面深化平安创建，推进综治中心建设和“三化一制”工作，不断提高人民群众的安全感和满意度。纵深推进“无上访村（社区）”创建工作，压实创建责任，把矛盾化解在当地，处理在萌芽状态。牢固树立安全生产红线意识，推动安全责任体系、安全防范、安监执法、安全教育“四个全覆盖”，坚决杜绝较大以上安全生产事故，争创省安全生产示范县。强化食品药品安全监管，确保群众“舌尖上的安全”。坚持厉行法治，推进严格执法、公正司法、全民守法，深化“七五”普法工作，加快建设法治汉寿。人文环境要更加开放包容。以开放包容的姿态招商、安商、富商，让广大投资者放心投资、安心创业、舒心发展。坚持“一企一策”精准帮扶，形成全力支持企业发展的良好氛围。严厉查处乱检查、乱收费、索拿卡要等侵害投资者和群众合法利益的突出问题。依法严厉打击非法阻工、强揽工程、强装强卸等违法行为。

5.要营造一流的政治生态。中共十九大明确释放出越往后执纪越严的信号。在全面从严治党的路上，必须坚持无禁区、全覆盖、零容忍，要以压倒性态势正风肃纪，换到汉寿政治生态的海晏河清、朗朗乾坤。切实强化巡察工作。抓好政治巡察，开展“政治体检”，推动党员干部牢固树立“四个意识”。坚持全面巡察，实现监督“全覆盖”，办理一批不收敛、不知止的典型案件，处理一批无规矩、乱作为的党员干部。不断深化反腐倡廉工作。综合运用监督执纪“四种形态”，认真落实“两个责任”谈话制度，抓早抓小、防微杜渐；坚持挺纪在前，重点强化县委重申的三项工作纪律，对典型案例及时通报曝光。注重廉政教育，引导党员干部知敬畏、存戒惧、守底线。有序推进监察体制改革试点工作，切实做好合编合心合力的深度融合文章，充分发挥合署优势，把握履职重点，主动担当作为，把改革试点成效转化为强大的工作动力。

同志们，新思想引领新征程，新时代呼唤新作为。让我们更加紧密地团结在以习近平同志为核心的党中央周围，以学习贯彻中共十九大精神为动力，坚定信心，振奋精神，同心协力，开拓进取，续写建设生态宜居大湖经济强县新篇章！

汉寿县人民代表大会常务委员会工作报告

——2018 年 1 月 9 日在汉寿县第十七届人民代表大会第三次会议上

县人民代表大会常务委员会主任 袁佑清

2017 年工作回顾

过去一年，在中共汉寿县委的坚强领导下，县人大常委会忠实履行宪法和法律赋予的职责，在历届县人大常委会工作基础上，保持了抓大事、促发展、重民生、求实效的良好工作态势，展示了履职为民、求真务实、致力创新的工作风貌。一年来，共召开 8 次常委会会议，6 次主任会议，作出决议、决定 33 项，形成审议意见书 11 份、常委会公报 8 期、主任会议纪要 6 期，依法任免国家机关工作人员 156 人(次)，县十七届人大二次会议确定的各项工作任务全面完成。

县人大常委会主任袁佑清作人大常委会工作报告

过去一年，我们始终坚持党的领导，积极探索，展示形象，力求作为，人大工作新格局已经构建。

2017 年，是我县人大换届后工作的开局之年，社会各界高度关注。这一年，我们审时度势，精准发力，开创了人大工作新局面。

谋划新思路。换届后，常委会年初认真研判形势、思考对策，提出了“依法履职，锐意进取，在促进汉寿发展上力求新作为，在推动民生改善上力创新成效，在做好代表工作上激发新活力，在加强自身建设上展现新风貌”的总思路，这对常委会工作谋篇布局起到纲举目张的作用，展现了新的格局和视野。

展示新形象。“尊重民意、关切民情、维护民权”是常委会工作的基本遵循，常委会领导班子成员带头接待群众、走访代表、深入基层，极大地激发了人大代表和人大工作者为民服务的热情。一大批敢于担当、勇于奉献、勤于履职的人大代表用实际行动兑现了“人民选我当代表，我当代表为人民”的庄严承诺。实践证明，我县人大代表、人大工作者是一支值得信赖的队伍，是一支富有战斗力的队伍，是一支充满朝气与活力的队伍。

力求新作为。一年来，常委会着眼根本作决定，抓住薄弱搞监督，立足履职强素质，改进作风树形象。进一步落实了政府重大决策出台前向人大报告及司法机关重要文件、重要案件和重大事项备案报告的制度，有效地推进了“一府两院”依法行政，公正司法。同时，为了方便群众表达诉求、方便代表依法履职，我们不断健全“代表联系群众工作室”。一年来，有 2000 多人次的代表到工作室接待群众 11000 多人次，收集并反映意见 1000 余条，解决问题 958 个。

过去一年，我们聚焦全县工作中心，依法履职，全力服务，务求实效，改革发展新态势已经呈现。

2017 年，常委会紧紧抓住党委关注、群众关心、社会关切的事情进行依法有效监督，推动“一府两院”改进工作。

推动经济工作稳步发展。一是服务重点项目建设。常委会领导主动参与全县招商引资和项目建设，形成推动项目招引和建设的合力。成功引进了湖南核电风力发电项目，总投资约 4.5 亿元。积极参与 319 国道提质改造、银河汽贸、棚户区改造、省级文明卫生县城创建、美丽乡村等重点项目建设，为县域经济发展作出了积极贡献。高度关注政府性债务，坚持“量力而行、规模适度、风险可控”的原则，常委会 3 次审议融资建设项目，要求融资符合法律和政策规定，既服务了经济发展，又规范了融资行为。同时，常委会听取和审议了县人民政府关于2016年县本级城建项目实施情况与2017年城建项目计划及资金安排（草案）的报告，建议政府加大建设规划力度、建设项目必须符合总规、筹资融资务必依法，为加快推进我县城市建设步伐起到了促进作用。二是强化计划财政审查。政府预算“四本账”一并提交县人代会审查批准，做到全覆盖审查。在审查财政预决算时，建议政府抓好财源培植、强化财税征管、优化支出结构。高度重视专项资金、部门预算和民生预算的管理，促进了财政资金的使用更加反映民愿、合乎民意、贴近民生。督促审计部门对相关单位专项资金开展重点审查，提高了财政资金使用绩效。三是推进现代农业发展。主任会议听取了县人民政府关于我县家庭农场和合作社建设工作的情况报告，建议政府加强引导、加大扶持、打造品牌，让蔬菜产业成为推动我县农业经济发展的引擎。主任会议听取了县人民政府关于防汛抗旱准备工作情况的报告，建议政府切实保障防汛资金和物质，建立精干高效的查险抢险专业队伍，加大工程建设质量监管力度。县人民政府及相关部门高度重视人大建议，认真贯彻落实，切实解决了工作中存在的一些问题。

推动民生事业大力改善。一是高度关注食品安全。民以食为天，食以安为先。针对食品安全面临的严峻形势，常委会成立执法检查组，检查了8个食品生产、加工、销售和餐饮企业，建议政府建立健全食品安全监管联合执法工作制度，确保食品监管执法部门履行好职责，严防“一线失守”，确保了人民群众“舌尖上的安全”。二是高度关注教育工作。常委会听取和审议了县人民政府关于我县基础教育工作的情况报告，建议政府加快推进教育教学布局，不断完善教育机制体制，努力强化教育各项保障，促进了教育事业优质均衡发展。三是高度关注全民健康。主任会议听取了县人民政府关于全民健身和公共医疗卫生机构建设项目工作情况的报告，建议政府加大全民健身的基础设施建设投入，依法规划，合理利用，科学指导，规范运作，全县群众体育社会化取得了一定成效，全民健身设施建设得到了加强，全民健身活动开展有声有色。针对公共医疗卫生工作中存在的债务包袱比较沉重、医技人才有所欠缺、项目建设环境不优、建设项目改变用途等问题，建议政府成立卫计工作协调领导小组，切实解决了医疗工作中存在的一些突出问题。四是高度关注扶贫攻坚。为使汉寿在打赢精准脱贫攻坚战中走在全市前列，常委会把推动县委脱贫攻坚的重大决策部署贯彻落实作为人大工作的重点，组成5个执法检查小组，对我县贯彻实施《湖南省农村扶贫开发条例》工作情况进行了执法检查，建议政府加大扶贫政策支持力度，加大扶贫开发项目资金投入、加快推进精准施策，使我县扶贫攻坚工作真正落到了实处。坚持群策群力，用心用情，扎实推进联系点村脱贫帮扶，充分展现人大作为担当。此外，主任会议还听取了县人民政府关于社会保险基金运行和管理情况的报告，建议政府加大宣传力度、回应社会关切、认真谋划未来，为全县社保基金安全平稳运行起到了很好的促进作用。

推动生态汉寿持续建设。碧水蓝天是群众的热切期盼，也是美丽汉寿的重要内涵。常委会把监督政府保护良好生态环境作为工作重中之重，主任会议听取了县人民政府关于环境保护目标制定情况的报告，建议政府增加财政投入、加大执法处罚力度、科学制定环境保护长期规划、合理制定年度环境保护目标，进一步促进了政府坚定不移推进生态文明建设，让生态环境更优。主任会议听取了县人民政府关于饮用水水源保护工作情况的报告，建议政府将饮用水水源保护工作作为一项民生工程和安全工程来抓，并提出了提升认识、加强监管、强化保障等建议，进一步促进政府提升了认识，落实了举措，让人民群众喝上了干净的水。碧水蓝天、洁净的空气和优美的环境是全县人民共同的追求和向往，常委会听取和审议了县人民政府关于2017年全县环境状况和环境保护目标完成暨2018年环境保护目标制定情况的报告，建议政府加大宣传力度、强化整治措施、落实资金保障，为切实维护公众环境权益，让汉寿更加环境优美、宜居宜业起到了积极促进作用。

推动法治汉寿不断前行。一是以执法调研推动法律贯彻实施。安全生产无小事，责任管理重如山。针对全县安全生产面临的严峻形势，常委会组织了执法调研活动，主任会议听取了县人民政府关于贯彻实施《中华人民共和国安全生产法》工作情况的报告，并提出了系列建议，促进了政府及企业的安全责任得到进一步落实，体制建设得到进一步加强，硬件设施得到进一步完善。此外，常委会还深入开展了“环保世纪行”“农产品质量安全行”“农民健康行”“民族团结进步行”等活动，积极配合省、市人大开展了《中华人民共和国禁毒法》《常德市饮用水水源环境保护条例》等法律法规执法检查，全县人民群众的获得感得到进一步增强，幸福指数得到进一步提升。二是以司法监督维护公平正义。常委会把推动解决“执行难”问题作为维护法律权威、促进司法公正的重要措施，主任会议听取了县人民法院关于建立执行联动机制工作情况的报告，监督支持法院大力破解“执行难”问题，全县执行工作总体呈现出部门协同、社会影响、工作保障、执行效率“四提升”的良好态势，唱出了联动执行“好声音”，受到社会一致好评。主任会议听取了县人民检察院关于完善民事、行政检察监督情况的报告，要求县人民检察院加大宣传力度、加强队伍建设、完善协调机制。目前，由县人大常委会牵头成立了专门的组织协调机构，形成了监督合力。常委会听取和审议了县“一府两院”刑事侦查、公诉、刑事审判工作情况的报告，并对4名法官、检察官履职情况进行了评议，促进了司法机关严格依法履职，维护了社会公平正义。此外，组织部分县人大代表开展了

2次庭审旁听评议及执行公开活动，并指出问题，提出建议，促进法院进一步改进了相关工作。三是以作出决议促进法治教育。围绕促进“七五”普法深入实施，常委会听取和审议了县人民政府《关于在全县公民中深入开展法治宣传教育的第七个五年规划（2016—2020年）（草案）》的说明，并作出相关决议，明确了突出宪法核心、抓住关键人群、健全普法责任等具体要求，为形成尊重法律、崇尚法治的社会氛围提供了有力保障。四是以信访疏导促进社会和谐。按照“人要回去，事要解决”的原则，对来信来访进行转办、交办、督办，确保件件能落实，事事有回音。对一些涉法涉诉案件，根据新的信访工作政策，引导当事人到司法机关反映问题，逐步解决信访不信法的问题。2017年共受理人大代表和人民群众来信来访185人次，同比下降21%。

一年来，常委会对17件规范性文件进行了严格审查，较好地维护了法制统一，进一步推进了县人民政府依法行政。同时，积极配合省人大开展了规范性文件备案审查工作调研和《湖南省水上交通安全条例》立法调研，组织部分市人大代表对《常德市人民代表大会及其常务委员会制定地方性法规条例（草案）》进行了认真学习讨论，并提出了修改意见和建议，充分发挥了人大代表在立法工作中的主体地位。按照“少而精、求实效”的原则，对政府水利、民政、卫计、财政、城管等工作进行了评议，并进行了满意度测评，在关注民生、维护民利、推进热点问题的解决方面发挥了积极作用。

过去一年，我们注重夯实工作基础，加强培训，创新载体，督办建议，代表履职新氛围已经形成。

常委会始终将代表工作作为基础性工作来抓，不断完善服务保障机制，创新工作载体，发挥代表主体作用。

抓培训，提高代表履职能力。常委会十分重视人大代表的培训工作，我们通过举办全县人大业务工作培训班，聘请省人大专家对新任常委会组成人员、市人大代表、乡镇人大主席和街道人大工委主任进行了业务培训。同时，还以邀请列席常委会会议、督办代表建议、参加执法检查和调研视察等形式，多途径提高代表的履职能力。

抓活动，拓宽代表知政渠道。常委会组织驻汉省、市代表和部分县人大代表开展集中视察活动，重点视察了高新园区、银河汽贸城、六号大道、河湖连通工程、城建项目、竹海国家森林公园、城区公共医疗卫生机构建设等情况，向政府提出了系列建议，推进政府改进工作。

抓督办，落实代表意见建议。县十七届人大二次会议及闭会期间，县人大代表提出建议、批评和意见112件。为进一步推进代表建议办理质量的提高，常委会首次开展了县人大代表建议办理工作评议，给水利、教育、交通、住建、卫计等5个承办部门“挑刺”、“加码”，较好地促进了群众关心的一些热点、难点问题的解决。

此外，我们始终坚持党管干部和依法选举任免相结合，坚持对拟任人员任前资格审查、法律知识考试、任职表态发言和宪法宣誓制度，不断强化拟任人员的执法为民、依法行政、公正司法意识。一年来，共依法决定任免国家机关工作人员37人次，任免115人次，决定任命1人次，选举市人大代表1人次，接受辞职2人次，从组织上保障了县级国家机关的正常运转。

过去一年，我们聚集人大整体力量，改进作风，规范管理，提升能力，人大工作新活力已经显现。

常委会以“两学一做”学习教育为契机，注重做好结合文章，认真解决自身建设中存在的突出问题，为重塑形象、弘扬正气，奠定了坚实的思想基础、政治基础、制度基础。

注重思想建设与作风建设相结合。一年来，从常委会领导同志带头讲党课，到机关党支部理论学习经常化；从充分发挥“关键少数”带头作用，到全体党员踊跃参加；从依托“三会一课”、充分发挥党支部作用，到不断丰富学习教育内容、创新学习教育形式；从强化问题导向、以解决问题为牵引，到落实整改要求……“两学一做”学习教育在县人大机关全面铺开、稳步推进、成效显著，真正实现了全覆盖、常态化、重创新、求实效。

注重制度建设与规范管理相结合。常委会把制度建设作为机关自身建设的一项重要内容，按照“制度先行、规范运行”的目标，不断推进机关工作制度化、规范化。年初，修改完善了《常委会议事规则》《主任会议议事规则》《财务管理制度》《车辆使用管理制度》等10项内部管理和工作制度，不断推进机关各项工作的制度化、规范化，使机关各项工作做到有章可循，形成用制度管人、按制度办事的良好风气，机关呈现出了团结、上进的新面貌，各项工作取得了有效提升。2017年，县人大机关成功创建市文明单位。

注重学习培训与能力提升相结合。一年来，常委会采取“请进来”“走出去”的方式，对部分市县人大代表和机关工作人员组织了学习培训活动。每次执法检查活动开展前，我们聘请相关专家对法律的条款进行了解读；4月份，组织部分市县人大代表、乡镇人大主席和人大机关工作人员赴全国人大深圳培训基地进行了培训。通过学习培训，人大代表的履职意识进一步增强，角色定位进一步找准，做到了行使职权不任性，严守规矩不含糊，达到了学有所悟、学有所获、学有所用的预期目的。

此外，常委会加强对乡镇（街道）人大的联系与指导，并进行了考核，进一步推进了乡镇（街道）人大规范化建设，全县人大工作水平得到了整体提升。

各位代表，一年来，常委会工作所取得的成绩，得益于县委的坚强领导、得益于“一府两院”的密切协同、得益于全体代表的共同努力、得益于社会各界的鼎力支持。在此，我代表县人大常委会，向所有关心、支持人大工作的同志们、朋友们，表示衷心感谢并致以崇高敬意！

在看到成绩的同时，我们也要清醒地看到，常委会工作还存在一些需要加强和改进的地方，主要是：在行使重大事项决定权上，增强决定的前瞻性、规范性有待研究；在行使监督权上，提高监督的针对性、实效性有待思考；在行使人事任免权上，加强对干部的任前了解和任后监督有待探索；在代表工作上，提升服务保障水平有待加强；在自身建设上，干部作风建设和机关制度建设有待改进和完善。这些我们将在以后的工作中认真加以研究解决。

2018年工作任务

2018年，是实施“十三五”规划的关键之年，也是全县上下戮力同心、拼搏进取的攻坚之年。县人大常委会将在中共汉寿县委的坚强领导下，以中共十九大精神及习近平新时代中国特色社会主义思想为指引，高举新时代中国特色社会主义伟大旗帜，深入推进县委“一五五”战略部署，更加突出履职重点、更加提高履职能力、更加增强履职实效，在监督支持与保障促进中体现有为人大、责任人大、活力人大。

按照这个总体思路，2018年，重点抓好以下四个方面的工作。

一、坚持“效”字为要，科学决定重大事项

讨论、决定本行政区域内重大事项，是宪法和法律赋予地方人大的一项重要职权。常委会将按照“以民为本、依法履职、务实创新、服务发展”的工作理念，围绕县委的工作重点、“一府一委两院”的工作难点和人民群众关心的热点，在讨论决定重大事项过程中，加强沟通协调，拓宽参与渠道，最大限度汇集各方智慧，着力提升议事质量和决策水平，引领、保障和助推全县经济社会科学发展，为推进“生态宜居的大湖经济强县”建设提供强大的正能量。要积极探索推行民生实事项目代表票决制，采用“群众提、代表定、政府办、人大评”的办法，努力形成“党委准许、政府提请、人大决定”的重大事项决策流程。同时，着力在监督推动决议实施方面下功夫、做文章，有力促进决而必行、行而有效。

二、坚持“实”字为重，着力加强监督工作

监督权是宪法和法律赋予人大及其常委会的重要职权，监督工作在地方人大占有重要地位。要强化监督意识，充分认识人大监督工作面临的新形势、新要求，不断增强做好人大监督工作的使命感和责任感，做到既要敢于监督，又要善于监督。要深化监督方式，完善问责机制，逐步实现专题询问常态化。要突出监督重点，加强对财政、司法、教育、卫生、城建等领域的监督，充分发挥人大在促进经济社会发展和维护群众利益方面的作用。继续开展政府工作部门评议，推动政府改进工作，赢得群众点赞。要把监督和支持有机统一起来，寓监督于支持之中，寓支持于监督之中，让政府更好地科学决策、依法决策，科学施政、依法施政。

三、坚持“民”字为本，充分发挥代表作用

要始终尊重人大代表的主体地位，切实强化服务意识，保障和促进人大代表依法行使权利，积极履行义务。要加强代表履职培训工作，建立健全代表履职学习长效机制，不断提升代表的政治素质、法律素质和履职能力。要不断创新代表履职服务平台，进一步拓宽人大代表知情知政渠道，扩大代表对常委会和专门委员会的工作参与。要加强和规范代表建议、批评和意见督办工作，以解决问题为目标，进一步深化代表建议督办工作和代表建议办理工作评议，努力使办理议案建议的过程成为改进政府工作的过程。要健全代表联系群众制度，进一步完善县级人大常委会和乡镇人大主席团联系代表、代表联系群众的制度，充分借助网络平台和现代通讯等手段，充分利用代表联系群众工作室等平台，做好代表联系服务工作，实现常委会联系代表、代表联系群众零距离、全天候、常态化。

四、坚持“严”字为先，努力加强自身建设

坚持思想武装，努力建设党性过硬的政治机关。要旗帜鲜明讲政治，始终做到心中有党、心中有民、心中有法。要抓好中共十九大精神的学习宣传贯彻，深入学习习近平新时代中国特色社会主义思想；建立健全“会前学法”制度，认真钻研人大业务知识和法律法规，不断提升用党的科学理论武装头脑、指导实践、推动工作的能力和水平；要坚持全面从严治党，切实加强人大党组工作和党的建设，努力营造风清气正的政治生态。

夯实组织基础，努力建设精干高效的工作机关。要继续加强县乡人大组织建设，根据新形势下人大职能和工作需要，科学统筹编制，规范工作机构，进一步改善县乡人大工作条件，扎实推进人大机关信息化建设，努力夯实人大工作基础，巩固市文明机关创建成果。

严格工作作风，努力建设人民满意的代表机关。要加强调查研究，紧紧围绕县委“一五五”战略，围绕改革发展稳定的重大问题，围绕关系群众切身利益的民生难题，围绕人大履职监督的各项议题，深入开展调查研究，了解民情、听取民声，研究问题、寻求对策，使人大工作更接地气、更顺民意、更得民心；要坚持精益求精，把“严格、缜密、高效”贯穿于人大工作的全过程，精细做好每一项工作；要严格遵纪守法，坚持崇严尚实，严格遵守中央、省委、市委和县委作风建设各项规定精神，努力把人民赋予的神圣权力全部用在为人民服务的崇高事业上。

各位代表，回首过去的一年，我们倍感欣慰；展望未来的一年，我们信心满怀。让我们更加紧密地团结在以习近平同志为核心的党中央周围，以习近平新时代中国特色社会主义思想为指引，认真学习贯彻中共十九大精神，在中共汉寿县委的坚强领导下，依法履职，锐意进取，以必胜的信心，扎实的工作，在新的历史进程中，书写更多的精彩与辉煌！

政府工作报告

——2018年1月8日在汉寿县第十七届人民代表大会第三次会议上

县人民政府县长 车世忠

县人民政府县长车世忠作政府工作报告

回顾2017年，我们握指成拳，砥砺奋进

“宝剑锋从磨砺出，梅花香自苦寒来”。盘点2017，困难始料未及，效果好于预期，亮点精彩纷呈：

——我们艰苦奋战，只争朝夕，用短短21个月的时间，建成了总投资8.9亿元、全长14.2公里的沅澧快速干线6号大道（汉寿段），刷新了“汉寿速度”。

——我们众志成城，倾尽全力，仅用9天的时间，集中清理湿地保护区欧美黑杨5.08万亩，还西洞庭湖一湖清水，给子孙后代一个交代，诠释了“汉寿担当”。

——我们克服困难，扎稳根基，在全市率先推行村干部职业化，投入3.02亿元，推进农村综合服务平台县乡全覆盖，保障村干部待遇，夯实基层基础，展现了“汉寿作为”。

——我们定向施策，精准调控，沃博特、精密橡塑等一批重大工业项目相继引进落地，工业经济在连续2年徘徊低迷后，实现筑底反弹，迈入全市前列，承载了“汉寿希望”。

——我们精心组织，用心服务，汉商恳谈会达成意向投资161.5亿元，第二届蔬菜文化节现场签约6.7亿元，承办了汉寿首个国际性赛事—环中国国际公路自行车赛，被组委会评予“突出贡献奖”和“最美风光赛段”，2017年的节会赛事，精彩连篇，好戏连台，成就了“汉寿影响”。

刚刚过去的一年，面对经济发展的新常态，遭遇前所未有的新困难，我们在县委的坚强领导下，在县人大、县政协的监督支持下，全力稳增长，竭力保民生，经济社会发展保持了稳中有进、进中趋优的良好态势，较好地完成了县十七届人大二次会议确定的目标任务，扎实迈稳了“一五五”战略的开局之步。预计2017年，全县实现地区生产总值276.67亿元，增长8.7%；完成一般公共预算收入11亿元，增长15.3%；实现固定资产投资234.78亿元，增长16.4%；完成社会消费品零售总额84.1亿元，增长11.1%；金融机构存款余额和贷款余额分别达到245.9亿元、112.9亿元，存贷比达到45.9%，同比提高了8.6个百分点；城乡居民可支配收入分别达到28054元、14753元，分别增长8.4%、8.8%。

这一年，我们借势借力增后劲，实现当前与未来兼顾的蓄势发展。开放合作纵深推进，全年引进2000万元以上项目47个、内资81.35亿元、外资9261万美元，新增进出口企业9家，出口创汇突破1亿美元，招商引资和开放型经济继续保持全市前列。项目投资支撑强劲，实施项目建设“双百工程”，坚持挂图作战，确保序时推进，争取各类建设性资金19.47亿元，净增贷款32.9亿元，落实融资58.44亿元，实施重点项目100个，完成投资105亿元，智慧城市暨市民之家等一批重大项目相继开工，西洞庭湖田园综合体等一批战略项目进入实质推进阶段。创新创业驱动有力，成功举办首届创新创业大赛，发放小额担保贷款2240万元，新增创业主体3113家，组建省市级研发中心6个，完成专利申请139件，高新技术产业增加值达到24.61亿元，增长67.7%。

这一年，我们调优结构扩增量，实现总量与质量共增的优化发展。着力推动农业提质，投入3.6亿元，开展美丽乡村创建和秀美庭院建设，新增新型经营主体135家，新建标准示范园区5个，新增绿色生态种养面积5万亩，农村承包土地确权登记颁证工作基本完成，获评“全国农村集体产权制度改革试点县”“全省粮油生产全程机械化示范县”“全省粮食生产标兵县”，实现一产业增加值51.52亿元，增长0.6%。着力推进工业升级，全力实施“3358”工程，投入6.6亿元，推进园区攻坚大会战，新建标准厂房10.72万平方米，新建和改造园区主干道8条，新增规模工业企业20家，完成康普药业总部转移，成功升格国家级园区，全县规模工业总产值、规模工业增加值、上缴税收分别达到210亿元、43.16亿元、1.8亿元，分别增长25%、9.7%、32%，实现二产业增加值87.09亿元，增长9.3%。着力激发三产活力，投入8亿元推进全域旅游，洞庭花海开园运营，野生动物园开工建设，太子庙自驾游接待中心投入使用，成功申报汉寿鹿溪森林康养基地，入围环洞庭湖精品旅游线路建设重点县，全年接待游客340.21万人次，实现旅游综合收入21.31亿元，分别增长9.8%、12%；大力发展电子商务，新注册电商企业53家，新增限上企业7家，实现三产业增加值138.06亿元，增长10.9%。三次产业比重调整为18.6 ∶ 31.5 ∶ 49.9，二、三产业比重同比提高了2个百分点。

这一年，我们统筹城乡强功能，实现城市与乡村共进的协调发展。城市建设提档加速，投入44.97亿元，推进征拆项目37个、城建项目11个，实施棚户区改造7360户，拉动房地产销售60.5万平方米；新建和改造城区主干道5条、小街小巷7条；污水处理厂二期、污泥处理厂、龙珠湖公园、休闲广场、城乡环卫一体化等项目竣工运营或达到时序进度；实现国土收益8.18亿元，农村集体土地管理经验在全省全国推广。基础设施不断完善，投入10亿元，推进交通跨越大会战，建成了火车站广场，开通了动车组，太子庙收费站、鹿溪旅游公路、G319国道太子庙段提质改造竣工通车；投入5亿元，夯实农田水利基础，实施蒋家嘴2号水闸拆除重建、农村饮水安全巩固提质、中小河流治理等水利工程135处，成功迎战7月高洪和涝旱急转；投入3.3亿元，完成140个村的农配网改造，常德首座智能变电站—220KV汉寿同心变竣工运营。生态环保持续加强，投入3.19亿元，开展土壤、大气、水污染防治，推进封洲禁牧，实施安乐湖流域水环境综合治理，建成饮用水源地保护工程7处；以最大的决心、最强的举措、最快的行动，完成中央环保督察问题整改36个，关停砂石码头和碎石场67个，实施畜禽退养321户，整治农村垃圾填埋场36个。

这一年，我们改善民生增福祉，实现富民与强县同步的和谐发展。民生投入持续加大，完成省市重点民生实事工程12个，“财政八项支出”达到36.8亿元，占一般公共预算支出的80.3%。社会保障扩面提质，征缴社保基金10.25亿元，“五险”参保129.9万人次；新增城镇就业4800人，转移农村劳动力6500人；县社会福利中心建成使用，发放社会救助资金1.2亿元。脱贫攻坚精准发力，投入3亿元，推进脱贫攻坚大会战，实施扶贫项目600个，发放扶贫贷款1.15亿元，完成易地搬迁1186户，改造危房1696户，实现9408人脱贫、11个贫困村退出。教育基础不断巩固，投入5662万元，改善教育基础设施条件；募集教育基金2000万元，资助困难师生，重奖教育功臣；采取专家治校的方式，破题教育去行政化改革；着力规范教育市场，减轻学生家长负担6000多万元；顺利通过教育“两督”省检和“义务教育均衡县”国家验收。卫计工作稳步推进，综合医改逐步深化，实现药品零差价，三大公立医院改扩建有序推进，计生工作赶超进位，成功通过省卫生县城复核。文体事业繁荣发展，启动五环全民健身中心建设，常德高腔《帅孟奇》晋京会演获得好评，实现市七运会金牌总数第一，评为“全国群众体育先进单位”。社会大局和谐稳定，持续推进“平安汉寿”创建，严厉打击各类违法犯罪行为，坚持依法处理信访，严格落实安全生产责任制，加强食品药品安全监管，综治民调首次进入全省40强。此外，审计、统计、司法、广电、国防、消防、人防、气象、地震、保密、档案、史志、文联、妇女儿童、残联、工商联、民族宗教、外事侨务、对台事务等各项事业，都取得了新成绩。

这一年，我们强化效能优环境，实现法治与发展互促的健康发展。坚持依法行政，严格执行“三重一大”决策制度，稳步推进法律顾问制度全覆盖，着力规范行政处罚自由裁量权；自觉接受人大法律监督、政协民主监督和社会舆论监督，办理人大建议、政协提案、社情民意284件，办理、回复率达100%。优化政务服务，大力发展电子政务，持续推进“两集中三到位”，精简行政审批事项，取消行政许可项目16项，率先在全省启动商事制度“多证合一”改革，是全国整合个体证照最多的县。强化作风建设，开展千名骨干履职三牌评议，持续优化经济发展环境；加强“三公”经费预算管理，推进公务用车制度改革；着力整肃干部队伍，清理吃空饷人员130人；深化“两学一做”学习教育，落实党风廉政建设责任制，持续推进反四风，转作风，营造了风清气正的干事创业环境。

各位代表！回首过去的一年，我们在携手奋进、克难攻坚中阔步前行，一批增强后劲的发展平台逐渐成形，一批前景广阔的工业企业精准落地，一批提振城区园区形象的项目逐步推进，一批关乎全局的大事要事难事顺利完结。这些，让我们共建家园的信心更加坚定，让我们跨越赶超的士气更加鼓舞，让我们环湖崛起的基础更加夯实。这些成绩的取得，是县委正确领导和科学决策的结果，是县人大依法监督、县政协民主监督以及社会各界大力支持的结果，是全县人民众志成城、克难奋进的结果。在此，我谨代表县人民政府，向付出辛勤劳动的全县广大干部群众，向给予政府工作大力支持的人大代表和政协委员，向各人民团体和各民主党派人士，向离退休老干部、老同志，向驻汉武警官兵、公安干警和民兵预备役人员，向所有关心、支持、参与汉寿建设的同志们、朋友们，表示衷心的感谢并致以崇高的敬意！

各位代表，在肯定成绩的同时，我们也清醒地认识到，全县经济社会发展还面临一些困难和挑战：一是产业优势不够明显。工业没有形成完整产业链，产业规模不够大；传统产业转型困难，农业产业大而不强，缺乏品牌支撑和市场带动。二是要素瓶颈制约比较严重。土地指标争取困难，征地拆迁困难重重，滞后于建设和发展；资金日益趋紧，面临既要融资又要偿债的双重压力；财政收入后劲不足，刚性支出居高不下，收支矛盾持续加大；人才和技术跟不上发展需求，成为制约发展的重要因素。三是公共服务补短板任务繁重。基础设施欠账较多，公共服务供给不足，学位、车位、医疗、市场等配套还比较滞后，与群众期盼还有差距。四是工作作风有待提高。思想不够解放，环境不够优化，效率不够高，与我县快速发展的节奏不相适应。对于这些，我们一定直面不足，认真加以解决。

展望 2018 年，我们不忘初心，接力赶超

各位代表，“砥砺风雨去浮云，应信明天春更好”。任何事业都不是轻轻松松、敲锣打鼓就能实现的，但是我们坚信“行者常至，为者常成”。唯有树立功成不必在我的事业境界，唯有胸怀舍我其谁的责任担当，一锤接着一锤敲、一茬接着一茬干，不忘初心，接力赶超，“一五五”战略的宏伟蓝图就能加快实现！

2018 年是贯彻中共十九大精神的开局之年，是改革开放 40 周年，是决胜全面建成小康社会、实施“十三五”规划承上启下的关键一年。县政府工作的总体要求是：坚持以习近平新时代中国特色社会主义思想为指引，深入贯彻落实中共十九大及中央、省委、市委、县委经济工作会议精神，坚持稳中求进工作总基调，坚持新发展理念，按照高质量发展的要求，统筹推进“五位一体”总体布局，协调推进“四个全面”战略布局，紧跟开放强市产业立市战略部署，深入实施“一五五”发展战略，着力抓好“七个聚焦”，推动经济社会持续健康发展。主要预期目标是：地区生产总值增长 9% 以上，一般公共预算收入增长 10% 以上，固定资产投资增长 15% 左右，规模工业增加值增长 9% 以上，城乡居民人均可支配收入增长 9% 以上，奋力冲刺全市第一方阵。

为实现上述目标，着力抓好“七个聚焦”：

一、聚焦开放创新，提升发展层级

始终将开放创新作为发展引擎，增强内生动力，释放发展活力，实现汉寿更高层次、更快速度、更好质量的发展。

营造开放包容的环境。打开发展视野，拓宽发展思路，推动全域开放、全程开放、全面开放，与合作者互惠共赢、合作共生。倡导兼容并蓄，算大账、谋长远，敢于优惠让利，将更多的人流、物流、资金流、信息流、技术流吸引到汉寿、汇聚到汉寿。坚持公平法治，培育自由竞争的市场环境，让外来客商、外来企业、外来投资、外来人才、外来务工人员真正享受同等国民待遇，让更多的客商、企业、投资和人才，安心在汉寿、兴旺在汉寿、贡献在汉寿。

促成招商引资的热潮。依托临近长株潭的优势，发挥常德招商引资桥头堡的作用，强化招商责任，创新招商举措，浓厚招商氛围，再掀招商热潮。重点围绕生物医药、机械制造、电子信息、农副产品精深加工、康养文旅等产业链条，领导带头抓招商，围绕亲情抓招商，定向精准抓招商。办好春节招商推介会和第三届汉商恳谈会，重点跟进新能源汽车、智能手机产业园、乐器产业园等战略项目，力争年内引进 2000 万元以上项目 40 个以上，其中亿元项目 18 个以上，引进内资 80 亿元。

构筑品牌输出的优势。实施品牌行动，加快品牌输出，推动优势产业、优秀企业、优质产品走出去。加强混凝土机械、食品药品、化工涂料、电子信息产品以及汉寿蔬菜、汉寿甲鱼等农产品的品牌培育和推广，力争在全国有份额，市场有话语权。推动“汉商出海”，以华乐农业、三建水产、岩下荣祺、广源麻业等出口企业为龙头，发展对外贸易，抢占海外市场，年内新增进出口企业 5 家，引进外资 8000 万美元，实现进出口总额 1.1 亿美元。

完善改革创新的机制。把改革创新贯穿经济社会发展全过程。深入推进供给侧结构性改革，加大“三去一降一补”力度，深化“放管服”和重点领域改革，推进行政体制、生态环境监管体制、医药卫生体制、农村集体产权制度以及高考等方面的改革。鼓励和支持创新创业，强化企业创新创业的主体作用，营造全民创新创业的浓厚氛围，让所有人创业有舞台、创新能出彩，让一切劳动、知识、技术、管理、资本的活力竞相迸发，让一切创造社会财富的源泉充分涌流。

二、聚焦项目攻坚，夯实产业基础

狠抓项目建设这个“牛鼻子”，以项目布局优化产业结构，以项目建设夯实产业基础，推动县域发展大跨越。

着眼产业发展，精准谋划项目。认真研究国家宏观经济政策，紧盯国家投资导向和产业发展方向，围绕产业立市三年行动计划，结合汉寿发展实际，加强装备制造、生物医药、精细化工、电子信息、农副产品精深加工等重大产业的谋划布局，精心策划包装和筛选储备一批投资规模大、带动能力强的重大产业项目，争取更多项目进入国省投资计划。做好十三五规划的中期评估和调整工作。全年推进50个重大项目前期，力争40个项目具备开工条件、10个项目开工建设。

实施挂图作战，强力推进项目。继续开展集中开工、集中解难等主题活动，完善考核细则，落实协调机制，强化跟踪督导，以强有力的调度，形成更多的实物量，构建“开工一批、竣工一批、推进一批、招商一批、储备一批、跟踪一批”的循环发展格局，加快推进万华生态板、安和寿医药、银水湖小镇等10大标志性工程，实施重点项目50个，完成投资100亿元，带动固定资产投资达到270亿元。

强化要素保障，全力支持项目。保用地，做好土地的征拆、收储、经营等工作，年内争取建设用地2000亩、储备土地700亩，增减挂钩500亩，实现国土纯收益5亿元以上。融资金，紧盯国省预算内重点资金投向，确保争取上级建设性资金10亿元以上；增强投融资平台的造血功能，年内实现自营收入1亿元以上；抓紧PPP项目的策划入库，年内实现融资50亿元以上。引技术，加强产学研合作，提高技术创新能力，引进2至3个高端研发团队和2至3个专业服务机构，力争2家以上科研院所获批市级研发平台，新认定高新技术企业3家以上，申请发明专利150件，争创国家级科技孵化平台，高新技术产业增加值达到28亿元。争人才，实施“十百千”高端人才引进计划，年内引进高端人才100人以上。聚精力，坚持主要精力向项目集中、工作重心向项目集聚、资源要素向项目集结，形成“人人头上有项目，个个项目有人盯”的工作格局。

三、聚焦工业升级，厚植实体经济

坚定不移推进“3358”工程，做大做强以工业为主体的实体经济，加快转型升级，增强发展动能。

主攻重点产业，加快产业集聚。重点抓好五大产业的转型升级。加快中联机制砂设备的转移，盘活中联配套产业园，力争装备制造产业新增产值10亿元、税收5000万元；加快康普、康尔佳的基地搬迁和上市培育，推进安和寿医药项目落地，力争生物医药产业新增产值5亿元、税收2000万元；加快推进中汉高科、太子化工、正阳生物等新型产品研发与推广，力争精细化工产业新增产值5亿元、税收1000万元；加快徕木电子的基地扩规和配套企业引进，力争电子信息产业新增产值5亿元、税收1000万元；加快汉源食品、万华生态板等项目的推进，支持华乐农业、浏阳河集团的扩规提产，力争农产品精深加工产业新增产值10亿元、税收1000万元。力争落地亿元工业项目7个以上，新进规模工业企业16家，完成规模工业总产值260亿元，税收达到2.6亿元。

夯实园区配套，提升承载能力。投入16.7亿元，推动园区攻坚大会战，加快园区基础设施和公共配套建设，打造全省“三生”协调示范园区。启动金鹏路等3条道路新建，完成金凤路等6条道路提质；启动金凤路北连清水湖交通枢纽建设，加快高新区工业新城和清水湖旅游新城的融合发展；推进标准厂房二期建设，新建标准厂房35万平方米；统筹园区商业商居发展，启动园区学校、医院、公园等配套项目建设，搞好水、电、金融等配套服务，完成野生动物园配套安置小区建设，自驾游接待中心汽车影院投入运营，加快园区人流、物流、消费流的集聚。年内实现园区规模工业总产值185亿元，挺进全省园区综合评价20强。

强化推进举措，全心帮扶企业。坚持做到墙内的事情政府不干预，墙外的事情企业不操心。落实帮扶工业企业十条和降费减负等相关惠企政策，完善“五包一”和“四定”服务机制，实施点对点、一对一的精准帮扶;组建完善产业协会，设立产业发展基金，支持实体经济发展;积极开展政银企对接，鼓励金融机构扩大信贷投放，年内净增贷款15亿元以上；鼓励企业兼并重组，支持企业做强上市；规范行政审批中介服务和涉企检查行为，严厉打击破坏建设环境和侵害企业利益的违法行为，为企业发展营造良好环境。

四、聚焦城市提质，增强辐射能力

着眼“对接长株潭、相融常德市、辐射周边县”，主攻中心城区建设，加快资源集聚，扩大辐射影响。

着力补齐短板，增强城市配套。实施城镇带动大会战，加快推进“双修双改”，不断提升宜居水平，让人们在城市望得到树、看得到草、逛得了街、上得了厕所、路走得通、车能够停。着力优化城市空间，启动县城总体规划修编，加快新城相关规划编制，做好棚改土地收储和规划设计。着力优化城市路网，加快荆楚路、八角西路的续建，启动经十二、纬十六、芙蓉东路、青阳路等道路的新建，实施龙阳南路、鸿运街、书院路等道路的改造提质。着力优化城市家具，统筹规划城市指路标志、垃圾筒箱、道路照明、公共厕所、交通站点、艺术景观等户外环境设施，实施6号大道立面改造，推进小银水湖和三堤两港综合治理，启动8万吨地表水厂项目前期。着力优化城市“四位”，围绕缓解“学位、床位、车位、摊位”问题，启动全县学校优化布局规划，升级改造詹中附小、龙阳小学，启动高新区中学建设，做好新一中项目前期，完善幼儿园配套，解决学位3000个；确保中医院搬迁开业，妇幼保健院门诊楼建成运营，增加床位510个；新建1个大型停车场，改造临时停车位，新增停车泊位800个；推进新老城区农贸市场建设，新增标准摊位500个以上。

突出辐射带动，拉动城市消费。培育现代物流、金融保险、信息通讯、中介咨询、社区服务等新兴业态，加快大型商居综合体和文化休闲娱乐等公共配套设施建设，拉动生产、增加就业，激活消费。龙珠湖公园全面开园，完成休闲广场升级改造，建成五环全民健身中心；智慧城市及市民之家项目完成工程量60%；启动滨湖路特色街、驾考中心、城投金融中心等项目；重点跟进恒大、万达、和瑞、碧桂园、浔龙河等战略企业，合作开发商居综合体、特色小镇及特色街道，提升汉寿消费品位；着力消化商业门面库存；推进全国电子商务进农村示范县建设，实现乡村电商服务站点全覆盖，力争注册电商企业30家，交易额达10亿元。新增限上商贸企业10家，完成社会消费品零售总额93亿元。

注重精细管理，提升城市品位。强化城镇规划管理，加大“四街一区一镇”、汉寿大道、6号大道的控违拆违力度，确保管控区零违建的目标。推进智慧化网格化管理，加强小区物业管理，整合信息监控网络，实施城区主次干道全天候无缝隙监管。加大环境整治力度，持续开展专项整治行动，着重整治占道经营、乱搭乱建、乱停乱放、渣土扬尘、非法营运等行为;推进环卫市场化运作,加快城乡环卫一体化建设，实现城乡垃圾日产日清；提升市民文明素养，倡导文明生活方式，推进城市文明创建，争创省级文明城市，让文明理念融入市民生活、成为行为习惯，浸润城市每一个角落。

五、聚焦乡村振兴，培育美丽经济

坚持农业农村优先发展，实施乡村振兴战略，着力培育美丽经济，打通全面小康的“最后一公里”。

坚持市场带动。做活市场文章，加快种养端向市场端转变，“两市场一中心”完成主体工程，打造洞庭湖区域最大的农产品交易中心、物流中心和产业集聚中心，加快蔬菜和水产品的输出，汇聚洞庭湖周边资源到汉寿交易，提升辐射影响能力;发展冷链物流，加强农超对接，整合专业合作社力量，拓宽市场渠道，抢占市场份额。打造特色品牌，围绕“汉寿甲鱼”“汉寿玉臂藕”“汉寿蔬菜”“华乐乳猪”“汉寿香米”“龙阳土猪”“汉寿油茶”等特色资源，挖掘潜力，做大做强，形成农业全产业链，加强品牌营销和宣传，依托市场力量，带动品牌发展，全年新增龙头企业5家、“三品一标”认证3个、省著名商标和名牌产品1个以上。确保质量安全，开展“质量大提升”行动，主打绿色生态牌，坚持标准化生产，构建全程可追溯体系。

突出旅游驱动。着力推动全域旅游，加快乡村旅游提质，推进“厕所革命”，承办湖南省乡村旅游节（蔬菜文化节），办好毛家滩30周年乡庆暨首届糖橙节。以6号大道为核心，加快美丽乡村示范创建，西洞庭湖田园综合体完成主体工程，打造汉寿旅游核心增长极；建设蔬菜公园，实现生态休闲、观光旅游、蔬菜产业的融合发展；理顺西洞庭湖湿地旅游管理机制，启动西洞庭湖湿地公园建设；加快中国汉寿国际旅游度假区建设，建成清水湖1号、2号大道，五星级酒店开业运营，野生动物园2019年元旦试开园，推进全省环洞庭湖精品旅游线路重点县建设。实现旅游人次375万，旅游收入23.5亿元，分别增长10%。

着力基础提升。投入3亿元，夯实农田水利基础，实施新兴砂基堤翻砂鼓水险情综合治理,除险加固小型水库40座，维修机埠94座，治理中小河流2处，实施砂石码头堆场标准化建设，推进饮水安全巩固提升，完成22处饮水安全焦点工程，启动东部片区大型地表水厂前期，完成土地综合治理1.4万亩，开发高标准农田1.5万亩，整修机耕道50公里。投入5亿元，推动交通跨越大会战，实施319国道及沿线提质改造、省道224罐头嘴段白改黑、4号大道汉寿段、省道513坡头至贺家山，以及沧港、聂家桥、毛家滩至6号大道连接线等工程建设，拉通断途路65公里，改造危桥10座，道路窄改宽70公里；启动蒋家嘴三级车站及水上加油站、加气站建设；加快汉寿高铁站（市级）和渝厦高铁建设，全力支持益常高速复线建设,配合做好呼南高铁前期工作。投入1.1亿元，加快电网提质升级，改造3条10KV线路，对4个城网台区、83个行政村农网实施升级改造。

坚持绿色发展。巩固中央环保督察问题整改成果，严防问题回潮反弹，恪守发展不以牺牲生态环境为代价，把碧水蓝天留给子孙后代。落实环保主体责任，严格执行生态环保“党政同责、一岗双责”，严格落实“河长制”，形成县乡村三级环境管理体系，建立健全全县大环保格局。推进生态环境治理，建成环境智能化监测监察网格化管理平台；加大湿地保护力度，宣教中心布展运营，启动黑杨砍伐迹地生态修复工程；开展全国第二次污染源普查；启动安乐湖水环境治理二期和太白湖流域治理，推进“两水四岸”综合整治，实施城区黑臭水体治理，加快乡镇污水处理厂建设；持续推进集约节约、节能减排、水源保护、大气污染防控、土壤污染防治等工作；加强竹海国家森林公园生态保护，实施息风湖国家湿地公园生态修复工程；禁养区全面禁止畜禽规模养殖，天然水域全面禁止投肥、投饵养殖。坚持绿色循环发展，严守耕地保护红线，发展生态循环产业，推进光伏农场等项目，推广稻虾共生、稻鱼混养等生态种养模式；实施“绿化龙阳”行动，人工造林5万亩、封山育林2万亩、油茶新造5000亩、义务植树150万株；力争空气质量优良率达到82%以上、饮用水源水质达标率100%、单位GDP能耗下降5%、主要污染物排放量下降2%。

六、聚焦民生升温，共享发展成果

始终把人民群众对美好生活的向往，作为我们的奋斗目标，持之以恒改善民本民生，让幸福指数跑赢GDP增速。

聚力脱贫攻坚。投入5亿元，持续推进脱贫攻坚，坚持精准扶贫、精准脱贫，抓好驻村帮扶和结对帮扶，大力实施“五个一批”，扎实做好“六件实事”，构建专项扶贫、行业扶贫、社会扶贫“三位一体”的大扶贫格局，确保脱真贫、真脱贫。年内发放金融产业扶贫贷款6000万元，完成222户852人建档立卡贫困人口的易地搬迁，实现1万人脱贫、22个贫困村退出。

筑牢社会保障。围绕业有所就，大力推进城乡就业，全年新增城镇就业4800人，转移农村劳动力6000人。围绕劳有所得，完善农民工工资保证金制度，严厉打击拖欠农民工工资行为。围绕困有所助，完善社会救助保障制度，稳步提高城乡低保补助标准，着力构建城乡一体化救助体系，全年征缴各类社保基金9亿元，确保各类参保人数达120万人次。围绕幼有所育，加强留守儿童关爱保护，推进农村留守儿童之家建设，启动县未成年人保护中心建设。围绕住有所居，实施棚户区改造4635户、农村危房改造1200户。围绕老有所养，启动居家和社区养老服务改革试点，基本养老服务补贴覆盖率达到100%。

发展社会事业。坚持优先发展教育事业，投入7000万元，实施“全面改薄”、县职业中专产教融合等项目，强化学校精细化管理，加强师德师风建设，完善学生资助制度，提高教育教学质量，促进教育公平。坚持健康优先发展战略，人民医院新址项目完成主体工程，加强血防综合治理，启动疾控中心建设，优化乡镇卫生院布局，加大对乡镇卫生院保障力度，启动国家卫生县城创建；坚持计划生育基本国策，争创省计生工作优秀县。推进文化体育事业，加强乡村文化阵地建设，强化文体市场监管，办好2018年春节晚会，创建文艺精品5个以上；建好社区多功能运动场，申报体育运动休闲特色小镇，发展群众体育运动，力争省十三运会取得新成绩，巩固体育强县品牌。

维护安全稳定。坚守安全生产底线，推动安全责任、安全防范、安监执法、安全教育的全覆盖；深入开展隐患排查、“打非治违”和安全生产大检查，杜绝较大以上安全生产事故，争创省安全生产示范县；筑牢食品药品安全屏障，保障群众舌尖上的安全；加强粮食市场管理，确保粮食安全；加强重大动物疫病防控，确保不发生区域性动物疫情；强化公共安全管理，提高应急处置能力；做好防汛抗旱、防灾减灾等工作，启动人防指挥中心建设；推进信用体系建设，防范金融风险，打击非法集资，争创省金融安全示范区。依法规范信访秩序，完善联动协作机制，预防化解社会矛盾；严格落实重大决策社会稳定风险评估制度，健全公共法律服务体系，推进社区矫正信息化建设；狠抓信访源头治理，加大非访整治力度，推进“无上访村（社区）”建设。开展“平安汉寿”创建，推进警务机制改革，严厉打击“黄赌毒”、欺行霸市和黑恶势力等各类违法犯罪行为，不断巩固综治民调成果，打造共建共治共享的社会治理格局，确保社会安定有序、人民安居乐业。

七、聚焦自身建设，锻造效能政府

新时代赋予新使命，新征程期待新作为。县政府将强化担当，负重奋进，牢记初心，不辱使命。

狠抓执行提效能。我们将提高政治站位，始终维护县委权威，牢记“执行者”的定位，凡是上级的决策部署，凡是几大家定下的目标任务，政府将想尽一切办法，动员一切力量，采取一切措施，坚决一抓到底，确保落实到位。我们将强化责任担当，困难面前不退缩，矛盾面前不回避，压力面前不低头，以逢山开路、遇水架桥的意志行动，凝聚全县人民的力量和智慧，变规划为行动，化蓝图为现实。我们将提高工作效能，大力推进“一线工作法”，让干部在一线锻炼，领导在一线指挥，问题在一线解决，能力在一线提升，绩效在一线考核，实施重点工作、重点项目时间倒推、工作倒排、任务倒逼，强化首问负责、限时办结、督查督办、绩效管理，确保各项工作快速推进、高效落实。

优化环境强服务。我们将持续优化经济发展环境，着力加强重点岗位的监管，重点整治不作为、慢作为和乱作为等现象。我们将持续优化政务服务，对群众和客商的事马上办、主动办、透明办、创新办，深化行政审批“两集中三到位”改革，大力推进“互联网+政务服务”，加快县乡村政务服务平台与农村综合服务平台的标准化信息化建设，完善“党务、政务、商务”一体化服务功能，围绕“公开规范、高效便民”的目标，提高政务服务水平。我们将持续优化社会诚信环境，加快社会诚信体系建设，坚持政府带头示范，作出的承诺坚决兑现，去年没有做完的工作，今年继续推进，做到事事有回音、件件有落实。

依法行政重规则。我们将深入推进法治政府建设，坚持“法无授权不可为、法定职责必须为”，严格按照法定权限和程序行使职权、履行职责，严格落实“三重一大”决策制度，坚持重大决策公众参与、专家论证、风险评估、合法性审查、集体讨论决定等法定程序和终身责任追究制度。我们将自觉接受人大及其常委会法律监督、工作监督和政协民主监督，着力提高建议、提案、社情民意办理水平，虚心听取和采纳民主党派人士、工商联和无党派人士的意见建议，重视舆论监督和社会监督，让权力在阳光下运行。

清正廉洁守纪律。我们将把纪律和规矩挺在前面，全面落实党风廉政建设责任制，认真执行厉行节约反对浪费各项规定，大力倡导艰苦创业，严控“三公”经费支出，降低行政成本，真正做到“政府过紧日子，群众过好日子”。我们将着力强化行政监督，坚决制止行政权力部门化、部门权力利益化，加强工程项目招投标、财政资金支出、国有资源交易等重点领域廉政风险防控体系建设，推进监察体制改革试点工作，持之以恒整治“四风”问题，严厉惩治各类腐败行为，坚决纠正损害群众利益的不正之风，以铁的意志、铁的纪律、铁的规矩，实现干部清正、政府清廉、政治清明。

各位代表，时代赋予重托，目标催人奋进。汉寿乘势而上的历史机遇垂青着我们，跨越赶超的神圣使命激励着我们，人民群众的殷切期盼鼓舞着我们。让我们在县委的坚强领导下，始终保持干事创业、争创一流的锐气，始终保持攻坚克难、志在必成的勇气，始终保持蓬勃向上、奋发有为的朝气，立赶超之志、聚全县之力、扬奋进之帆，为推进“一五五”战略，加快建设“生态宜居的大湖经济强县”，创造无愧于时代、无愧于人民的崭新业绩！

2018年政府工作报告相关名词解释

1. 财政八项支出：指一般公共服务、公共安全、教育、科学技术、社会保障和就业、医疗卫生与计划生育、节能环保、城乡社区等方面的民生支出。

2. 五险：指养老保险、医疗保险、失业保险、工伤保险和生育保险。

3. 药品零差价：指公立医院（含乡镇卫生院）在销售药品的过程中，取消药品加成（中药饮片除外），以购入价卖给患者。

4. 多证合一：指企业在原“五证合一、一照一码”的基础上，协同整合市县以下8部门15个相关涉企证照事项；个体工商户在原“两证整合”的基础上，探索整合4部门5个相关证照事项。

5. 五位一体：指经济建设、政治建设、文化建设、社会建设、生态文明建设五位一体。

6. 四个全面：指全面建成小康社会、全面深化改革、全面依法治国、全面从严治党。

7. 产业立市三年行动计划：指常德市为推进开放强市产业立市战略，采取8大行动，分9个专项小组全面推进实施，力争到2020年，全市地区生产总值达到4300亿元。

8. “五包一”和“四定”服务机制：“五包一”指县级领导、责任单位、配合单位、企业所在乡镇（街道）负责人、企业特派员包一个企业；“四定”指定期走访、定期调度、定期督导、定期通报。

9. 双修双改：指在城市启动生态修复、城市修补，在农村启动农村房屋改造、人居环境改善。

10. 城市家具：指城市中各种户外环境设施，具体包括信息设施（指路标志、电话亭、邮箱）、卫生设施（垃圾箱、饮水器）、道路照明、安全设施、娱乐服务设施（坐具、桌子、游乐器械、售货亭）、交通设施（巴士站点、车棚）以及艺术景观设施（雕塑、艺术小品）等。

11. 两市场一中心：即湘西北蔬菜批发市场、洞庭水产品交易市场和现代化物流中心（含农产品质量检测中心）。

12. 四街一区一镇：“四街”指龙阳街道、辰阳街道、沧浪街道、株木山街道，“一区”指高新区，“一镇”指太子庙镇。

13. 河长制：指由各级党政主要负责人担任“河长”，负责组织领导相应河湖的管理、保护和治理工作。

中国人民政治协商会议汉寿县第九届委员会常务委员会工作报告

——2018 年 1 月 7 日在政协汉寿县第九届委员会第三次会议上

县政协主席 解以刚

2017 年工作回顾

县政协主席解以刚作政协常委会工作报告

2017 年，在县委的坚强领导和县政府的大力支持下，县政协常委会牢牢把握团结民主两大主题，按照“自信、创新、有为”的工作理念，围绕助推“一五五”发展战略，充分发挥协商民主重要渠道和专门协商机构作用，认真履行政治协商、民主监督、参政议政职能，为推动全县经济社会发展作出了新的应有的贡献，实现了九届县政协工作的良好开局。一年来，我们主要做了以下工作 :

一、围绕中心，忠实履职

坚持围绕党政中心工作和群众关切的热点、难点问题，积极谏诤言、献良策，做到协商有深度、建言有质量、监督有实效，始终与党政同心同向、同频共振。

1. 协商议政，紧扣主题。一年来，围绕我县改革发展大局，县政协通过全委会议集中协商、常委会议重点协商、主席会议专题协商、专委会调研协商等多种形式，开展协商议政，深入建言献策，取得了积极成果。在九届二次全会上，就西湖区路网建设、小区综合治理、打造六号大道旅游亮点、创建全域美丽乡村、关注散居少数民族等主题进行的大会协商发言，呼应了社会关切和民众关注，形成了广泛的社会影响。就城北河风光带建设、城区教育布局、水产品蔬菜市场建设、边贸乡镇建设等重点课题进行的调研协商，分别形成了常委会议和主席会议建议案，为县委政府决策提供了有益的参考。

2. 民主监督，聚焦重点。高度关注改革热点和群众期待，通过派驻监督员、委员视察、民主评议等形式，充分履行民主监督职能。一是规范监督员派驻工作。围绕重点建设工程、优化经济发展环境、民生福利及扶贫攻坚等重点领域，向人社、住建、扶贫办等 18 个单位派驻了 79 名民主监督员。为增强监督实效，我们完善机制，加强管理，开展了分组督导、实时调度，向被监督单位负责人问卷征求了对民主监督工作的意见建议，确保了派驻民主监督员工作规范有序推进。监督员主动上门或受邀参加座谈、视察等活动 100 多场次，指出被监督单位工作中存在的问题和不足 120 多个，善意提出具有针对性和可操作性的意见建议 200 多条，得到了被监督单位虚心采纳。二是认真组织民主监督评议。通过常委扩大会议，对 18 个县直单位的工作进行了民主评议，面对面向被监督单位提出了建设性的意见建议，进一步增强了民主监督实效，扩大了民主监督工作影响力。三是发挥视察的监督作用。把视察作为民主监督的重要形式，紧盯落实党政决策和推进重点工程，开展经常性视察监督。组织全体委员视察了全县重点建设工程项目；通过常委扩大会议、主席会议等形式，组织委员就全县林业、城建和食品药品工作展开了视察。

3. 参政建言，关注民生。“有事好商量，众人的事情由众人商量，是人民民主的真谛。”一年来，我们创新方式方法，发挥政协专门渠道作用，积极为人民代言发声。一是切实做好提案工作。深入开展“提案质量年”活动，多举措提高提案撰写质量，使委员提案更接地气，更顺民意。进一步加强了提案办理工作，召开重点提案办理协商会13次，常规提案办理协商会21次，召开县政协常委扩大会议对重点提案办理工作进行评议，推动了委员意见建议落地。二是充分反映社情民意。始终把反映社情民意信息工作作为履职的重要形式，引导委员通过会议、调研、视察和走访等多种途径，收集和反映社情民意信息，为党委政府科学决策提供参考。一年来，县内编发的9篇社情民意，得到了县委政府主要领导批示和相关单位的认真办理。《应建设与疾病防控职能相匹配的疾控中心》《我县农村安全饮水工程建后管护亟待高度重视》《乡镇行政区划调整后农村广播并网的建议》等社情民意取得了较好的办理效果。有11篇社情民意被省、市政协采用，其中《水上交通安全存三大隐患亟待重视》的社情民意得到了省政协主要领导的批示。《莫让乡镇学校成为电网改造盲区》的社情民意被全国政协采用。社情民意信息工作继续在全市政协系统保持领先水平。三是积极建言献策。围绕县直机关干部作风建设、村（社区）干部作风建设等课题进行深入调研，获得了县委主要领导同志的积极评价，为推动和改进我县干部作风建设起到了一定的助推作用。

二、服务大局，积极作为

政协常委会坚持把围绕中心、服务大局作为履行职责的主线，自觉按照县委、县政府决策部署，围绕全县改革发展稳定大局，积极谋划、推进工作。

1. 助力脱贫攻坚。一是开展精准扶贫“三个一”行动，做到了调度更细、举措更实、效果更好。驻汉市政协委员、全体县政协委员与470户贫困户结对帮扶，积极帮助贫困家庭发展生产、增加收入，着力解决就业、就学、就医等方面的实际问题。引导12个委员企业开展就业扶贫，为贫困家庭提供了402个就业岗位；募集助学资金128万元，资助贫困学生340名。二是发挥委员爱心基金扶贫作用。依托基金开展了“我想有个家、共圆小康梦”精准扶贫“三个一”行动捐赠活动，驻汉市政协委员、县政协委员和政协机关干部现场捐款190万元；与县慈善总会联合主办“六一”面对面助学活动，为100名贫困学子筹资26万元；通过爱心基金平台，发动委员向县一职中和聂家桥乡中学助学捐资20万元，向坡头镇中学少年宫捐赠资金5万元、图书230册；投资20多万元捐建了帅孟奇铜像，完善了故居建设内容。三是认真组织教育助学活动。广泛发动旅外委员和经济界委员参与教育助学，筹集助学资金92.5万元。四是搞好联点扶贫。根据县委统一部署，县政协主席会议成员积极做好6个联系点村脱贫攻坚工作，帮助协调落实扶贫资金428万元，实施基础设施和产业建设项目23个。开展金秋助学活动，为扶贫点村113名困难学子送去23万余元助学金。政协机关联点帮扶坡头镇跃进村，帮助争取和落实项目资金165万元，实施了14户危房改造、5户异地联建、5.5公里村道硬化、2个机埠新建和维修等项目。

2. 参与中心工作。政协主席会议成员参与了美丽经济示范带、甲鱼产业、棚户区改造、“两市场一中心”、清水湖旅游度假区、城市创建等全县重点工作和重点项目建设，认真负责完成所承担的工作，彰显了维护核心、服务大局的政协担当。在西洞庭湖湿地保护区核心区黑杨清理攻坚战中，受县委安排牵头调度坡头分指挥部黑杨清理工作，仅用4天时间圆满完成了清理任务。

3. 积极招商引资。持续广泛发动政协委员宣传推介汉寿、参与招商引资，组织35名旅外委员参加第二届汉商恳谈会。通过委员收集招商项目信息20多条，多次赴经济发达地区招商考察，引入投资7000余万元的工业项目2个。

4. 丰富地方文化。立足汉寿历史文化资源，组织创作出版了有一定价值品位的《汉寿赋》，收集整理出版了《故事汉寿》和《屈原研究》学刊，为繁荣文化事业发挥了积极作用。

三、固本强基，提升形象

政协常委会始终把加强自身建设作为履行职能、发挥作用的保障性工作来抓，不断提高履职能力和水平。

1. 从严从实抓好党的建设。政协党组把坚持和依靠党的领导贯彻落实到履职的各个方面和全过程，自觉围绕县委工作中心大局谋划和推进政协工作，始终使政协工作契合县委的决策部署。认真履行全面从严治党主体责任，严肃党内政治生活，从严治党与政协工作同部署、同落实、同检查。扎实推进“两学一做”学习教育常态化制度化，采取多种形式学习贯彻党的十八届六中全会和中共十九大精神，机关干部“四个意识”不断增强。深入推进党风廉政建设，支持派驻纪检组工作，认真落实谈心谈话制度，政协党组的领导核心作用进一步增强。

2. 加强委员队伍建设。加强和改进委员学习培训，完善机制，提高实效，在以委处组组织委员按季度集中学习的基础上，举办了为期3天的委员培训班，邀请了省市专家领导到汉寿授课，开阔了委员视野，提升了履职能力。建立县政协领导联系委员制度，开展集中走访委员活动，协调解决了委员反映的许多实际困难和问题。加强委员履职服务管理，修订了《委员、常务委员管理办法》《委员履职评价办法》等系列制度，开展委员履职综合评价和优秀政协委员评选，调动和激励委员履职积极性，更好地发挥了委员主体作用。

3. 加强委处组建设。狠抓专委会、乡镇（街道）联络处、界别活动组履职能力和活动机制建设，充分发挥了委处组的中坚作用。一是专委会协调能力不断增强。各专委会依托自身专业优势，在配合完成常委会议、主席会议调研任务的同时，积极开展对口协商，加强委员联络联谊，组织委员和指导处组开展了多种形式的视察、调研活动。二是委处组管理机制进一步规范。在县委的重视支持下，将乡镇（街道）政协工作纳入了全县绩效评估，乡镇（街道）联络处工作环境不断优化。建立了专委会、乡镇（街道）联络处、界别活动组工作规则，管理和活动机制进一步完善。三是履职活动不断丰富。各乡镇（街道）联络处、界别活动组积极组织委员开展了具有界别特色、地域特点的调研视察、座谈协商活动。如经科委与长株潭活动组在长沙举行了委员走访联谊活动；珠三角活动组组织委员与坡头镇19户贫困户集中结对进行帮扶；沧港、毛家滩等联络处组织委员开展了多次扶贫慰问活动；洋淘湖、洲口、聂家桥、蒋家嘴、龙潭桥、军山铺等联络处组织委员开展了多次视察活动;祖统组、农业组、财贸组、医卫组组织委员开展了集中学习和调研座谈活动。委处组活动更加丰富多彩、有声有色。四是履职平台进一步创新。探索成立了5个委员工作室，为委员深入联系群众搭建了平台。遴选30名卸任委员创新成立了老委员联谊会，进一步发挥了老委员团结联谊、资政建言的优势和作用。

4. 创新信息宣传工作。一是构建了宣传工作新格局。综合运用传统媒体和新媒体，统筹对政协重点协商议政活动的宣传报道。在《人民政协报》《湘声报》等市级以上媒体上稿117篇，在县级宣传平台更新履职动态信息300余条，展示了委员履职风采，反映了政协工作成果。参加了由省政协、红网组织的“政协主席走进红网”访谈节目，全面介绍了我县政协创新履职、服务中心、扶贫攻坚等方面的经验，受到了网友的热情关注，当天视频点击量达到57.89万次，扩大了县政协工作的社会影响力。二是打开了信息化建设新局面。着力推进了“湖南政协云”APP推广使用，加强政协云汉寿版块建设，政协云登录、安装、参与、贡献排名均在全省区县前列。根据市政协统一安排建设了视频会议系统，信息化建设开创了新局面。三是取得了献策研讨新成效。积极响应市委、市政府提出的“产业立市、开放强市”号召，在市政协组织的“我为开放强市产业立市献一策”活动中，认真组织形成11篇献策文章。重视人民政协理论研究，参与省市政协理论研讨活动，完成了8篇理论研讨报告，有4篇被评为全市政协系统优秀文稿。

5. 提高机关服务水平。围绕打造一支“信念坚定、为民服务、勤政务实、敢于担当、清正廉洁”的干部队伍，完善了各项管理制度，抓好机关干部教育培训和日常监督管理工作，机关干部文字组织、语言表达、综合思考问题能力得到有效提升，机关服务保障能力进一步提高。

做好老干部和青年工作，加强了青年干部学习和能力培养，完善了老干部体检、慰问、学习座谈和外出考察等机制。

大力弘扬社会主义核心价值观，努力改善机关环境，积极开展市级文明标兵单位创建活动，为干部营造了一个温馨活力的家，搭建了一个干事、创业的平台。务实创新、尽职奉献，和谐协作、风清气正的氛围更加浓烈，机关建设和管理更趋规范。

各位委员、同志们，一年的努力实践使我们深切感受到，县政协工作成绩的取得，得益于县委的坚强领导和政府的大力支持，得益于社会各界的热情帮助，得益于全体政协委员和机关干部戮力同心。在此，我代表县政协常委会，向所有关心支持汉寿政协工作的同志们、朋友们，表示衷心的感谢!

当然，我们也清醒地认识到，适应新时代、新征程、新任务和新要求，对照广大政协委员和社会各界的热切期待，县政协工作还存在需要进一步加强和改进的地方，比如，协商调研还需更加深入，民主监督机制有待进一步健全，团结联谊还要更加广泛。希望广大委员对常委会工作提出批评和建议，共同把这一切做得更实、更好，让价值因履职的成效而彰显，让人生因政协的经历而精彩。

2018年工作安排

2018年，县政协工作的总体要求是：全面学习贯彻落实中共十九大精神和习近平新时代中国特色社会主义思想，牢牢把握团结民主两大主题，秉持“自信、创新、有为”的工作理念，认真贯彻县委经济工作会议精神，紧扣中心工作，紧贴发展大局，更好履行职能，合力推进全县经济社会发展，为开创生态宜居大湖经济强县建设新局面作出新的更大的贡献。

新的一年，我们将在中共汉寿县委的坚强领导下，把中共十九大精神作为第一遵循，把助推“一五五”发展战略作为第一要务，把推进改革创新作为第一动力，把发挥委员主体作用作为第一抓手，重点抓好六个方面的工作。

1. 学习贯彻中共十九大精神。坚持把加强政协建设、增强政治定力摆在首位，组织广大政协委员把全面认真学习贯彻中共十九大精神作为重大政治任务摆在突出位置，进一步深入学习贯彻习近平新时代中国特色社会主义思想，坚定不移在思想上政治上行动上同以习近平同志为核心的党中央保持高度一致，始终保持政治上的坚定性。及时认真学习贯彻县委经济工作会议精神，切实把全体委员和各界人士的思想和行动统一到县委、县政府决策部署上来，紧紧围绕县委工作大局履职尽责，努力为实现县委确定的目标任务凝智聚力。

2. 有序有效推进协商民主。紧扣县委、县政府中心工作，精准选定协商议题，围绕乡村振兴战略、生态环境保护、实体经济发展等课题开展调研协商。精心组织主席会协商、专委会对口协商、界别协商和提案办理协商。进一步创新提案办理工作机制，开展重点提案办理情况视察和民主评议。开展大会协商发言办理情况视察，改进和完善政协履职成果办理落实机制。加大反映社情民意工作力度，察实情，说真话，谋良策，建诤言，为助推发展构建“委员话语”，为破解难题呈现“政协方案”，为谋划大局贡献“政协力量”。

3. 进一步加强民主监督工作。围绕中共十九大报告提出的“党和国家重大方针政策和重要决策部署的贯彻落实”这一重点加强民主监督，向扶贫攻坚、优化经济发展环境、项目建设等领域派驻民主监督员，开展民主评议。进一步完善民主监督体系和机制，探索民主监督和其他监督形式的合作模式，切实提高协商式监督的质量和实效。

4. 努力营造良好发展氛围。充分发挥政协组织和政协委员联系广泛的优势，引导委员积极宣传汉寿的好政策、好环境，努力推介汉寿的好基础、好项目，为招商引资牵线搭桥。组织委员深入到群众中去，宣传县委、县政府的决策部署，多做协调关系、化解矛盾、释疑解惑、增进团结的工作，把广大群众的思想和行动凝聚到实施“一五五”战略目标上来。继续开展精准扶贫“三个一”行动，通过政协委员爱心基金平台参与脱贫攻坚。

5. 扎实做好存史资政工作。开展地域文史资料挖掘、征集和整理工作，编辑出版《诗韵汉寿》《印象汉寿》《故事汉寿 2》。

6. 切实加强履职能力建设。坚持以打造智慧型、创新型、务实型、和谐型政协为目标，以更高的标准、更严的要求推进政协自身建设。一是上下联动要更活。广泛动员和依靠政协机关、专委会、界别活动组和乡镇（街道）联络处的力量，加强政协系统的上下联动，统筹做好各项经常性、基础性工作，推动各个层面的履职主体动起来,政协工作活起来。组织乡镇（街道）联络处、界别活动组开展乡镇交叉视察活动，不断拓宽工作视野。进一步做好“政协云”管理与使用工作，探索提升信息化履职水平。完善和加强委员工作室、老委员联谊会管理服务，推进履职平台建设。二是委员管理要更严。按照“懂政协、善议政、会协商”的标准，制定依靠委员、组织委员、关心委员、服务委员的一系列工作措施，对委员履职情况进行量化统计，进一步加强委员队伍建设。引导委员注重修身立德，严守纪律要求，不断提升政协委员的整体素质。把提升履职能力摆到更加突出的位置，强化委员学习，推动实践锻炼，切实发挥了政协委员在本职工作中的带头作用、政协工作中的主体作用、界别群众中的代表作用。三是机关建设要更实。加强政协党组思想政治建设和政协机关工作作风建设，扎实开展“不忘初心、牢记使命”主题教育，引导政协干部提高政治站位，增强“四个意识”，始终保持坚定正确的政治方向。坚持挺纪在前，完善规章制度，强化纪律意识，维护风清气正的政协形象。注重加强政协干部能力建设，努力建设学习型机关，进一步提高服务履职、服务委员的能力和水平。争创省级文明单位，为政协事业的创新发展提供有力保证。

各位委员、同志们，新时代开启新征程，新使命召唤新作为。我们正站在新的历史起点上，携手创造汉寿更加幸福美好的未来。让我们更加紧密地团结在以习近平同志为核心的党中央周围，认真学习和贯彻习近平新时代中国特色社会主义思想，在中共汉寿县委的坚强领导下，忠实履职，积极作为，为开创“生态宜居大湖经济强县”建设新局面而努力奋斗！

中共汉寿县委统战部

2 月 23 日，常德市委常委、市委统战部部长陈华（中）一行到汉寿，就汉寿县落实全省统战部长会议精神、统战工作开展情况等进行调研，县委书记杨昶（右二）参加。

2 月 10 日，县委常委、县委统战部部长、高新区党工委书记李裕军主持召开全县统战信息工作会

4 月 24 日，县委常委、县委统战部部长、高新区党工委书记李裕军主持召开工作调度会，对前段统战工作进行小结，对当前重点工作进行调度，安排部署下步工作

11 月 17 日上午，县委常委、县委统战部部长、高新区党工委书记李裕军（右一）带领县委统战部全体干部到岩汪湖镇陈军堤村慰问贫困户

6 月 29 日，汉寿县举办党外知识分子联谊会第一届三次会员大会，县委常委、县委统战部部长、高新区党工委书记李裕军（右二），县政协副主席李明桂（左二），全县统一战线 80 多名代表人士参加

5 月 5 日，汉寿县召开全县统战特约信息员会议，县委统战部常务副部长郭建湘主持会议，县委统战部及各领域特约信息员共 18 人参加会议

汉寿县人民检察院

①	②
③	④
⑤	
⑥	⑦

①党组书记 检察长 黄艳霞
②省人民检察院副检察长刘清生（中）到汉寿调研公益诉讼
③省、市人民检察院领导慰问县检察院因公殉职干警亲属
④常德市人民检察院党组书记、检察长余湘文（中）对县人民检察院领导班子例行谈心谈话
⑤县人民检察院前往洲口镇敬老院慰问“五保户”
⑥县人民检察院 2017 年第三期道德讲堂现场
⑦2017 年 12 月 4 日，县人民检察院宪法宣誓日宣誓现场

中共汉寿县委党校

① ②

③

④

①校长　林光浩
②校领导班子成员合影
③校中层骨干合影
④全体教职员工参观红色教育基地——帅孟奇故居

汉寿县财政局

①	②
③	④
	⑤

①局长 叶新华
② 2017 年度全县财政工作会议
③县财政局举办“五四”青年节座谈会
④县财政局推进“两学一做”学习教育暨十八届六中全会精神辅导班
⑤ 2017 年农业开发工程

汉寿县农业局

①	②
③	
④	⑤

①省农委主任刘宗林（前排右三）、省政府副秘书长曹英华（前排左三）、常德市副市长龚德汉（前排右二）到汉寿考察现代农业示范园建设，县委副书记、县长车世忠（右一）陪同

②常德市副市长龚德汉（前排右一），常德市农委主任李百艳（后排左一）在汉寿县委副书记、县长车世忠（前排中），副县长李功文（后排中）的陪同下考察汉寿现代农业示范园建设，局长毛耀信陪同

③局领导班子成员

④省级美丽乡村示范村——陈军堤集镇街道一角

⑤湖南新丰阳光现代农业发展有限公司大型沼气项目（岩汪湖镇金盆岭村）

汉寿县交通运输局

局长王众豪（中）主持班子会议，研究交通运输工作

局机关干部、职工学习贯彻中共十九大精神

建设中的沅澧快速干线 6 号大道

改扩建后的太子庙高速公路收费站

建成后的沅澧快速干线 6 号大道

交通运输局志愿者活动

汉寿县科技和工业信息化局

局长廖全美（右一）带领局工作人员上门为康尔佳搞好对接服务

局长廖全美（前排左一）在洲口镇小河村指导落实扶贫攻坚工作

局党组副书记、副局长章力（中）主持 2017 年汉寿县科学技术奖励专家评审会

县科技特派员、科技扶贫“三送下乡”技术讲座

局机关支部全体党员在常德烈士陵园开展庆“七一”主题党日活动，重温入党誓词

县中小企业公共服务平台通过省经信委验收，获省中小企业服务平台省级窗口平台称号

汉寿县安全生产监督管理局

县委书记杨昶（中）带队检查超市安全生产工作

县委副书记、县长车世忠（左二）带队检查渡口安全，副县长鬲滨辰（右二）参加

局长丁跃忠（左一）带领局志愿者服务队清扫金牛山垃圾

局长丁跃中（中）带领安监局干部职工慰问贫困老党员

局长丁跃中（右一）带队检查企业安全生产

县安监局机关干部向烈士敬献花篮

汉寿县审计局

局长杨长富带领局机关党员在帅孟奇故居重温入党誓词

县局机关干部参加常德市审计系统第五届运动会

县局参加常德市审计系统“荷花品格，梅花精神”晚会

县局开展“我们的节日·春节”活动

县局志愿者服务队参加汉寿县首届文明家庭评选

县局开展“我爱我家 爱我常德”主题活动

县局干部慰问退休老党员

汉寿县司法局

局长谈先国（中）主持社区矫正工作人员技能培训动员大会

县局指导龙潭桥镇举行“反家暴法”培训知识讲座

县局干部上街发放普法宣传资料

2017 年全县司法行政工作会议

法治宣传进农村

汉寿县商务粮食局

2017年7月，县招商引资集中签约仪式，县委书记杨昶，县委副书记、县长车世忠，县人大常委会主任袁佑清、县政协主席解以刚、副县长孙金平参加

副县长孙金平，局长陈彦参加汉寿（东莞）县情推介暨重大招商项目发布会

局党组书记、局长陈彦讲党课

局干部职工为百禄桥镇五里牌村种植枳壳树苗，助推产业扶贫

局机关干部职工参加全县机关运动会开幕式

国家地理标志保护产品——汉寿玉臂藕

局志愿者参加清洁责任堤段卫生保洁活动

汉寿县民政局

局长刘运华（中）主持县局局务会议

局党组副书记、副局长李亚明（后排右三）带领局部分党员瞻仰丁玲纪念馆

县民政局举办“两学一做”学习教育培训会议

局机关支部组织生活会

县局开展中共十九大党员主题日活动

局志愿者在行动

汉寿县水利局

县委书记杨昶，县委副书记、县长车世忠等领导召开防汛会商会

汉寿县举行砂石码头（碎石场）整治工作推进会，县委书记杨昶，县委副书记、县长车世忠，县委副书记刘毅翔，县人大常委会主任袁佑清，县政协主席解以刚，副县长李功文等领导参加

局长　黄荣耀

全县防汛抗旱动员暨全面推行河长制工作会议

全县防汛抢险技术培训班

县水利局开展“心系群众，关注旱情；溯源沧浪，保护水源”主题党日活动

汉寿县教育局

①	②
③	
④	⑤

①县委书记杨昶（中），县委副书记、县长车世忠（左一）现场调研规划教育布局，局长雷常元（左三）参加

②县委书记杨昶（右一）、县委副书记刘毅翔（左四）在教师节带领部分教师代表参观帅孟奇故居，局长雷常元（左二）参加

③县委书记杨昶（右一），县委常委、常务副县长丁克刚（左一）为获得帅孟奇教育突出贡献奖教师颁奖

④县政府教育顾问张家明聘任见面会

⑤局机关第四党支部在翦伯赞故居开展主题党日活动

汉寿县住房和城乡建设局

副县长宋万林（左三）检查建筑行业安全生产，局长陈勇军（右三）陪同

副县长彭华（左二）参加住建系统 2017 年建设工作会议，局长陈勇军（右二）主持会议

局长陈勇军参加清明节植树活动

污水处理厂项目

全县规划建设培训班开班典礼

县住建局道德讲堂第一期课堂

汉寿县环境保护局

县委书记杨昶，县委副书记、县长车世忠召开欧美黑杨清理攻坚战调度会

县委副书记、县长车世忠召开迎接中央环保督察工作部署会

局长 曾献平

县局深入企业开展环保检查

县局开展环境保护法律、法规知识宣传活动

环境监测工作人员采样分析

汉寿县国税局

省国税局局长刘明权（中）调研汉寿期间与县局领导班子合影

局长鄢宇在联合办税厅揭牌仪式上致辞

局长鄢宇组织开展国税系统廉政谈话

县国、地税召开联席会议

县国、地税携手开展纳税服务日主题宣传活动

局机关第一党支部与企业党支部共同开展党建活动

汉寿县房地产管理局

①	②
③	④
⑤	

①局长邱鹏飞参加棚改拆迁定界

②局长邱鹏飞率局班子成员慰问城南社区困难党员

③局领导班子会议

④全局党员干部参观帅孟奇故居，开展庆“七一”主题党日活动

⑤县中小企业创业园公租房项目

汉寿县农村经营服务站

站长 王湘生

班子成员会议

局机关干部集中观看中共十九大开幕会

全面部署汉寿县农村土地确权县级验收工作

农业部经管总站仲裁指导处处长陈学琪（右二）到汉寿县调研指导农经工作

2017 年 12 月 7 日，汉寿县首批农村土地承包经营权证在蒋家嘴镇康家塘村下发

汉寿县人民医院

①常德市委书记周德睿视察县人民医院新址，县委书记杨昶，县委副书记、县长车世忠参加

②湖南省人民医院院长吴金术教授莅临新院视察工作，院长伍国典陪同

③院党委书记曾纪爱，县政府正处级干部、副院长刘志宏走访慰问贫困户

④医院护理操作考核

⑤“七一”表彰院十佳共产党员

⑥新院鸟瞰图

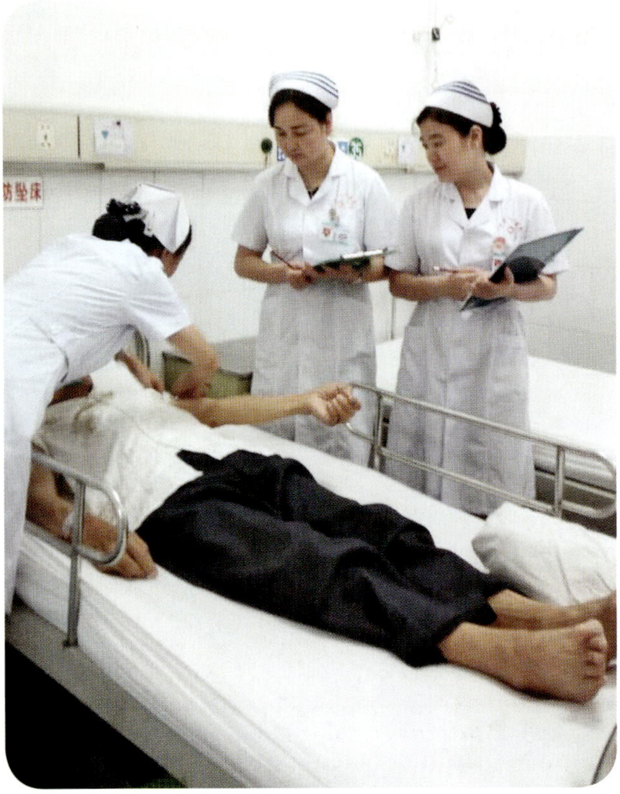

汉寿县中医医院

2017 年 6 月 2 日，院扶贫小组走访慰问毛家滩教门岗村贫困户

2017 年 8 月 28 日，医院整体搬迁暨发展规划调研会

2017 年第二届常德市中医医院场景模拟急救竞赛

2017 年县中医医院“就业见习基地”授牌

2017 年 6 月 6 日，医院“红会”在休闲广场义诊

2017 年 1 月 23 日，医院开展人感染 H7N9 禽流感诊疗方案培训

汉寿县总工会

县总工会主席龚玉德（前排右二），党组书记、副主席王绪峰（前排右三）带领总工会机关党员重温入党誓词

县委书记杨昶（左一），县委副书记、县长车世忠（左二）现场调度工人文化宫建设

全县工会主席培训班

县职工获“常德工匠”技能竞赛特别奖

县总工会举行“一户一产业工人”培养工程开班仪式

学雷锋志愿者活动

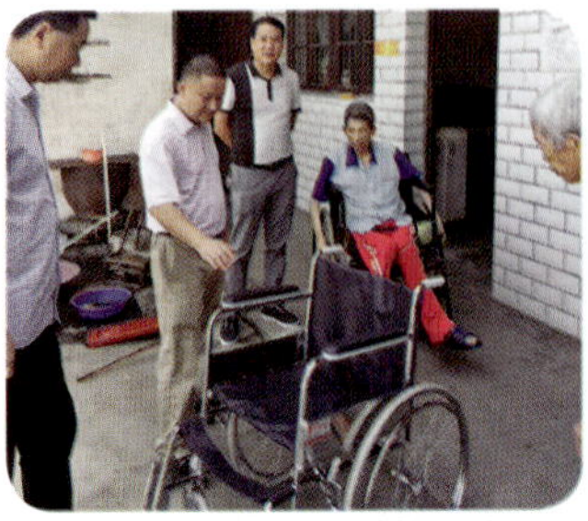

县总工会到点村扶贫帮困，为贫困户送轮椅

县职工获市“最美家庭”奖

汉寿县妇女联合会

①县首届"好媳妇 好婆婆"颁奖仪式

②党员主题日志愿者活动

③沧浪街道召开基层妇联组织改革推进会

④主席朱湘平（中）参加平安家庭反家庭暴力宣传

⑤开展"三八"维权周法律知识咨询宣传活动

⑥全国妇联"贫困母亲两癌救助"中央专项彩票公益金汉寿县发放仪式

共青团汉寿县委员会

①

②③

④⑤

①团县委书记杨雯主持县共青团系统学习贯彻党的十九大精神座谈会

②乡镇团委负责人参观市“青年之家”建设

③县青年企业家开展扶贫帮困活动

④团县委“青年之声”华图助力 2018 国家公务员考试免费培训班

⑤举行“青春志愿行 温暖回家路”志愿服务活动

汉寿县第二中学

党总支书记、校长 王友明

“新起点、新规划、新征程”主题演讲比赛

2017 年跑操表演

2017 年书画比赛

在帅孟奇故居开展学习帅孟奇精神系列活动

汉寿县詹乐贫中学

① ②
③
④
⑥ ⑤

①党总支书记、校长 杨明华
② 2017 年学校中考百日誓师大会
③ 2017 年学校运动会开幕式
④学校全体党员参观帅孟奇故居，开展“学习帅孟奇精神、正师风、铸师魂、讲奉献”活动
⑤ “感动詹中十佳少年”颁奖典礼
⑥ 2017 年学校庆元旦文艺会演

汉寿县金诚城市建设投资经营有限公司

①②
③
④⑤

①县委书记杨昶（中），县委常委、常务副县长丁克刚（左二），副县长宋万林（右二）视察龙珠湖公园建设工作
②公司高管层合影
③公司在翦伯赞故居开展主题党日活动
④净心公园施工现场
⑤休闲广场施工现场

汉寿农村商业银行

汉寿农商行党委书记、董事长蔡国民（中）一行前往高新区走访调研，深入了解企业生产情况

汉寿农商行开展金融知识普及活动，面对面向群众宣讲防诈骗等金融知识

汉寿农商行机关党支部在帅孟奇故居开展主题党日活动，重温入党誓词

汉寿农商行向毛家滩回维乡敬老院捐赠爱心基金200万元，用于改善孤寡老人居住和生活条件

汉寿农商银行柜面服务

汉寿农村商业银行

沧浪街道办事处

县委书记杨昶（左三）考察静心广场、两市场一中心、五环体育中心项目进展情况，街道党工委书记徐纪桂（右二）陪同

县委书记杨昶（右一）到街道调度扶贫工作，街道办主任李明辉（左一）陪同

2017 年街道社区换届选举动员暨培训大会

召开 2017 年街道干部作风整训会

街道办退伍职工开展庆祝建军 90 周年友谊篮球赛

街道办“省卫复审”迎检志愿者活动

株木山街道办事处

①县委书记杨昶（左三）督导株木山街道村级服务平台建设，县委常委、常务副县长丁克刚（左一）参加，县委组织部常务副部长骆韶宏，（左二）街道办事处党工委书记丁志刚（右二）等陪同

②省、市领导视察株木山街道综治中心、无上访村建设，县委书记杨昶（右三），县委常委、县委政法委书记朱进友（左一）参加

③街道党工委书记丁志刚，党工委副书记、办事处主任周勇组织防汛演练

④街道组织拆除违章建筑

西港镇人民政府

①②
③④
⑤

①镇党委书记彭绍峰（左二）现场调度欧美黑杨清理工作

②镇长高俊（右二）带队检查渡口安全

③镇党委中心组“讲道德，有品行”专题学习讨论会

④镇里组织多部门联合打击农村新型会销行动

⑤ 2017 年西港镇经济工作会议

洲口镇人民政府

①	②
③	④
⑤	⑥

①镇党委书记 周立文
②镇党委副书记、镇长 陈 英
③建设中的“文蔚大桥”
④新农村，新面貌
⑤甲鱼标准化养殖基地
⑥草莓基地

罐头嘴镇人民政府

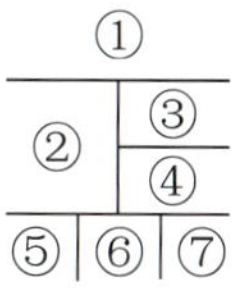

①镇领导班子成员合影
②镇垃圾压缩中转站建设项目
③常德市首座 220 千伏户外智能变电站在罐头嘴镇并网供电
④镇污水处理厂建设项目
⑤汉寿通威公司技扩改工程
⑥集镇高水内江河湖连通护坡整治工程
⑦袁家坪棚户区改造工程

太子庙镇人民政府

①	②
③	④
⑤	⑥
	⑦

①镇党委书记　瞿　富
②镇党委副书记、镇长 杨友明
③汉寿火车站广场夜景
④党建联络员考试现场
⑤改造后的太子庙高速收费站
⑥龙津集中安置点
⑦五福村村级服务平台

洋淘湖镇人民政府

①	②
③	④
⑤	

①镇党委书记　王卫
②镇党委副书记、镇长　李群华
③镇里召开脱贫攻坚迎检调度会
④镇党委召开基层党建迎检调度会
⑤集镇综合文化广场

百禄桥镇人民政府

①

② ③

④ ⑤

①镇领导班子成员合影
②省农开办到镇考评农业开发项目
③ 2017 年教育助学基金发放仪式
④镇里组织大堤防汛拉练
⑤镇党委组织开展“缅怀伟人，争做先锋”主题党日活动，机关支部全体党员参加

大事记

1月

1月11日，汉寿县召开县委常委2016年度民主生活会。常德市委常委、政法委书记黄清宇到会指导。县委书记杨昶，县委副书记、县长车世忠等在家的全体常委参加会议。县人大常委会主任袁佑清、县政协主席解以刚列席会议。

1月17日，国家精准扶贫成效第三方评估组全体成员、省扶贫办副主任贺丽君、省扶贫办综合督查处长钟永红到汉寿县检查工作。县领导杨昶，车世忠，刘毅翔，何朝辉，李功文等参加座谈会。

1月23日，2017年县委经济工作会议召开。县委书记杨昶，县委副书记、县长车世忠出席会议并作重要讲话。县委副书记刘毅翔主持会议。

1月24日，县委书记杨昶走访慰问“中国好人”胡国辉、彭孝良，为他们送去了新春的问候与祝福。县委常委、县委宣传部部长黄治军，县委常委、县委办主任何朝辉陪同。

1月29日，2017年汉寿县“引老乡、回故乡、建家乡”招商引资推介会在龙阳国际多功能厅召开。县领导杨昶、车世忠，刘毅翔、袁佑清、解以刚、何朝辉、丁克刚、朱进友、李功文、李碧波、宋万林、余淑娴，与来自北京、上海、深圳、广东、江苏、福建、青海、广西等15个省区市的100名汉寿籍在外成功人士一道，共绘家乡发展蓝图。

2月

2月6—8日，政协汉寿县九届二次会议召开。县领导杨昶、车世忠、刘毅翔、解以刚、彭仔明、李明桂、余淑娴、刘启明及大会秘书长李明参加会议，县政协副主席黄启顺主持会议。

2月7—9日，汉寿县第十七届人大第二次会议召开。会议期间268名县人大代表分六组审议了县人大常委会、县人民政府、县人民法院、县人民检察院工作及县国民经济和社会发展计划报告（草案）、财政预算报告（草案）。

2月12—13日，汉寿县第十二届纪委第二次全体会议召开。县委书记杨昶出席会议并作重要讲话，县领导车世忠、刘毅翔、袁佑清、解以刚、黄治军、曾群、何朝辉、李芳、丁克刚、吴建军、朱进友、李裕军、蔡武等出席会议。

2月16日，省委副书记乌兰一行视察岩汪湖镇陈军堤村的农村综合服务平台及株木山思雅园蔬菜产业发展情况。市领导王群、梁仲、罗先东，县领导杨昶、车世忠、李功文陪同视察。

2月23日，市委常委、统战部部长陈华一行到汉寿县就落实全省统战部长会议精神、统战工作开展等情况调研指导工作。县领导杨昶、何朝辉、李芳、李裕军、王立芬、呙滨辰、黄启顺、李明桂、余淑娴陪同调研或参加座谈会。

2月23日，湖南城市学院党委书记罗成冀一行到汉寿县考察调研校地合作有关工作。县领导杨昶、车世忠、何朝辉、丁克刚、彭华陪同调研。

2月27日，汉寿县首个大型体育场馆——五环时代全民健身中心正式开工建设。县领导杨昶、车世忠、袁佑清、解以刚、曾群、何朝辉、李芳、丁克刚、李碧波、彭华、李明桂出席开工仪式。

2月27日，小飞象十五万吨豆奶生产线暨小飞象现代农业集团总部落户奠基仪式在汉寿县高新区举行。县领导杨昶、车世忠、解以刚、曾群、何朝辉、李芳、丁克刚、李裕军、李碧波、彭华、李明桂出席奠基仪式。

3月

3月3日，新恒国际（集团）有限公司执行总裁、香港高科技投资集团有限公司董事长俞斌一行到汉寿县投资考察并就汽车文化特色小镇建设进行签约。县领导杨昶、车世忠、黄治军、何朝辉、彭华、孙金平陪同考察或出席签约仪式。

3月7日，市委副书记、市长周德睿到汉寿调研经济社会发展情况。市政府秘书长周代惠，市发改委、科技局、经信委、农委、财政局、交通局、商务局等部门负责人参加调研。汉寿县委书记杨昶，县委副书记、县长车世忠陪同调研。

3月9日，恒大集团常德分公司总经理张令兴一行到汉寿县进行投资考察。县委书记杨昶，县委副书记、县长车世忠，副县长提名人选孙金平陪同考察。

3月14日，副省长戴道晋到汉寿县调研洞庭湖区重要堤防加固工程建设情况。省政府副秘书长曹英华、省水利厅厅长詹晓安、省洞工局局长沈新平一同调研。副市长龚德汉，县委书记杨昶陪同。

3月21日，汉寿县干部作风建设整训班开班。县委书记杨昶出席并作重要讲话，县委副书记、县长车世忠等全体在家的县级领导参加整训会。县委副书记刘毅翔主持整训会。

3月21日下午，湖南省商务厅副厅长肖彬率市场建设处、商贸流通处相关负责人一行调研了汉寿县电商进农村综合示范工作推进情况。常德市商务局局长涂贤春、县委书记杨昶、县长车世忠、副县长孙金平等陪同调研。

3月24日，湖南浔龙河控股集团董事长柳中辉一行到汉寿实地考察调研文化旅游业相关情况。县领导杨昶、车世忠、解以刚、何朝辉、彭天喜、余梅陪同考察或参加座谈。

4月

4月1日，汉寿县第二届“汉商恳谈会”在龙阳国际大酒店隆重召开。来自北京常德商会、青海湖南商会、山西湖南商会、南宁常德商会、厦门常德商会、东莞常德商会、惠州常德商会、郴州常德商会等10多个商会组织和北京、上海、广东、广西、海南等全国30多个大中城市的企业家汇聚一堂，共叙乡情，共商良策，共谋发展。原兰州军区副政委陶方桂，广东省军区原政委蔡多文，县委书记杨昶，县委副书记、县长车世忠，县委副书记刘毅翔，县人大常委会主任袁佑清，县政协主席解以刚等全体在家的县级领导，以及各乡镇（街道）、县牵头单位和引资单位主要负责人参加会议。

4月15日，国土资源部原部长孙文盛一行到汉寿县调研指导，县领导杨昶、车世忠、刘毅翔、解以刚、李功文及有关负责同志陪同。

4月18日，省委副书记乌兰一行到汉寿县检查防汛工作。县领导车世忠、李功文陪同检查。

4月21日，县委书记杨昶，县委副书记、县长车世忠，县领导袁佑清、解以刚、黄治军、李碧波、彭华等一行到湖南城市学院参观考察校地合作工作，湖南城市学院党委书记罗成翼，党委副书记、校长李建齐陪同。

5月

5月2日—3日，新疆维吾尔自治区人大常委会委员、法工委主任秦维一行到汉寿调研。县人大常委会主任袁佑清、副主任饶杰陪同调研。

5月4日，汉寿县举办首届“汉寿好青年”评选活动颁奖典礼。县领导刘毅翔、李芳、李裕军、王立芬、李明桂出席活动。

5月9日，湖南省公安厅党委副书记、副厅长周赛保一行到汉寿专项督导“4+X”警务机制改革工作。省厅交警总队总队长蒋建湘等，市公安局党委副书记、常务副局长胡文等，县领导车世忠，刘毅翔，罗永锋等陪同调研。

5月10日，市政协副主席熊建国在崔家桥镇东仓铺村部调度东仓铺脱贫攻坚工作。市直后盾单位负责人、汉寿县委副书记刘毅翔、副县长余梅、崔家桥镇党委书记刘先开参加会议。会议由市工商局局长陈爱喜主持。

5月13日，汉寿农商行向毛家滩回维乡敬老院现场捐赠

“敬老爱心基金”200万元。县领导车世忠，黄治军，罗永锋等出席捐赠仪式。

5月13日，航天科工集团到汉寿县考察智慧农业项目。县领导杨昶、车世忠、李碧波、孙金平陪同考察或参加座谈。

5月15日，省人大常委会委员、民侨外委主任委员石光明带领省、市人大常委会相关负责人一行到汉寿县调研民族乡经济社会发展情况。县领导车世忠，王立芬、罗永锋陪同调研。

5月15日下午，“荷花品格·梅花精神”廉洁文艺节目——常德高腔《帅孟奇》展演在汉寿一中龙池讲堂举行。省委宣传部领导，县委副书记、县长车世忠等全体在家县级领导，各单位副科级以上干部，帅孟奇亲属等观看展演。

5月17日，常德市人大常委会党组书记、副主任沈习森，市人大常委会副主任王先蒙、罗少挟、杨新辉、宋云文，副市长杨成英一行到汉寿县开展开放型经济工作视察活动。县领导车世忠、陈武俊、孙金平陪同视察。

5月22日，国家发改委副司级特派员王岿然带队到汉寿县稽查易地扶贫搬迁工作。县领导车世忠、刘毅翔、蔡武、彭天喜、李功文、彭仔明参加易地扶贫搬迁工作汇报会。

5月23日，由汉寿县委、县政府精心组织的常德高腔《帅孟奇》在北京中国评剧大剧院进行了演出。

6月

6月2日，市委常委、宣传部部长胡丘陵一行到汉寿与县委常委班子成员开展例行谈心谈话。汉寿县委书记杨昶主持会议，县委副书记、县长车世忠等全体在家的县委常委会组成人员参加会议。

6月5日，由省教育厅厅长肖国安率领的全省脱贫攻坚工作第五督查组，到汉寿县进行脱贫攻坚突出问题集中整改大督查，并于当晚召开到汉寿督查见面会。县领导杨昶、车世忠、袁佑清、解以刚、李功文等参加会议。

6月7日，市委副书记、市长周德睿带领市领导徐正宪、罗先东、龚德汉等督导检查贫困人口相对集中乡镇脱贫攻坚工作。县领导车世忠、黄治军、何朝辉、李功文、罗永锋陪同。

6月8日，市政协副主席何英平到汉寿县开展“同步推进非贫困村贫困户精准脱贫”专题调研。市政协提案委主任莫宏光、县政协主席解以刚、副主席刘启明、秘书长李明陪同调研。

6月8日，省政府法制办党组书记、主任肖迪明一行到汉寿开展相对集中许可权调研工作。县委副书记、县长车世忠，县政协副主席、县政务中心主任黄启顺陪同。

6月16日，中国·汉寿第二届蔬菜文化节在思雅园盛大开幕。农业部、省农业委、省质监局、省农科院相关领导、专家应邀出席。常德市副市长杨成英，县领导杨昶，车世忠，袁佑清，解以刚等领导出席开幕仪式。

6月20日，常德市人大常委会副主任戴君耀一行到汉寿县督导调研“司法公正常德行”活动暨法官、检察官履职评议工作。县领导袁佑清、饶杰、罗永锋陪同督导调研。

6月22日—23日，省人大常委会委员、法制委主任委员钟实一行到汉寿县调研。县领导袁佑清、蔡武、饶杰参加座谈会。

7月

7月2日，市委副书记、市长周德睿到汉寿县检查指导防汛工作。市委常委、市委秘书长罗先东，副市长龚德汉，县领导杨昶、车世忠、刘毅翔、曾群、何朝辉、孙金平等陪同检查。

7月3日，省委副书记、省长许达哲到汉寿督导防汛抗灾工作。省军区政委冯毅，省政府秘书长王群，常德市委书记、市长周德睿，市领导徐正宪、沈习森、朱水平、李辉忠、罗先东、龚德汉、汤祚国、吉荣华、尹正锡，市政府秘书长周代惠，汉寿县防指政委、县委书记杨昶，县防指指挥长、县委副书记、县长车世忠等县领导参加督导。

7月4日，湖南省委防汛抗旱督查组组长刘世奇、常德市水利局副调研员王运武一行到汉寿县检查指导险情处置工作。西湖垸分指政委、县政协主席解以刚，西湖垸分指指挥长、县委常委、政法委书记朱进友，县防指副指挥长、副县长李功文陪同。

7月5日，市公安局党委书记、局长李忠在市公安局党委副书记、副局长李培桂的陪同下到汉寿督导汉寿公安防汛抢险救灾工作。县领导车世忠、刘毅翔、袁佑清、解以刚、朱进友、罗永锋，县公安局政委郭民忠等人先后陪同督导。县水利局副书记、副局长肖才文应邀全程参与。

7月11日，汉寿县委理论学习中心组开展2017年第四次集中学习暨“两学一做”专题学习。省卫计委基层指导处处长罗辉、省委讲师团副主任邓清柯教授受邀出席会议。县委书记杨昶主持会议，并就安全生产、脱贫攻坚等重点工作作了再强调、再动员、再部署。县领导车世忠、刘毅翔、袁佑清、解以刚等县领导参加活动。

7月20日，市人大常委会党组书记、副主任沈习森带队视察汉寿县沅澧快速干线六号大道建设情况。县领导杨昶、车世忠、袁佑清、何朝辉、周政怀、李碧波等陪同。

7月31日，市委常委、组织部部长梁仲到龙潭桥开展扶贫工作。县领导杨昶、何朝辉、李芳陪同。

8月

8月2日，九三学社汉寿小组成立。九三学社常德市委主委、市环保局局长呙滨辰，汉寿县政协主席解以刚，县委常委、统战部部长、高新区党工委书记李裕军出席成立大会。邓丕德任九三学社汉寿小组组长。

8月2日，湖南省政府副秘书长、省信访局局长许忠建，常德市委常委、市委政法委书记黄清宇一行到汉寿督导检查株木山街道网上来信来访办理，街道综治中心建设及创建“无上访村（社区）”工作。县领导杨昶、朱进友、罗永锋陪同。

8月14日，长沙学院党委书记韦成龙、副校长刘世昌一行到汉寿县考察。县领导杨昶、车世忠、何朝辉、李功文、李碧波等陪同考察或参加座谈。

8月15日，上海徕木电子股份有限公司董事长朱新爱到汉寿考察。县领导杨昶、车世忠、袁佑清、何朝辉、李裕军、李碧波陪同考察。

8月17日，常德市委常委、宣传部部长胡丘陵一行到汉寿县调研美丽乡村建设及信访积案化解工作。县委副书记、县长车世忠等人陪同调研。

8月22日，九兴集团总经理张振欧一行到汉寿县投资考察，县领导杨昶、车世忠、李裕军、李碧波陪同。

8月22日，鼎沣投资集团有限公司总裁、董事长张照耀带领香港巴马丹拿集团国际顾问有限公司、湖南大学建筑设计研究院有限公司、广州山水比德设计股份有限公司组成的考察团到汉寿县进行考察。县领导杨昶、车世忠、袁佑清、解以刚、丁克刚、周政怀、彭华、宋万林陪同考察。

8月28日，汉寿公安微信报警、举报服务平台上线启动仪式在县城休闲广场隆重举行。省公安厅警令部副主任朱付建，市公安局党委委员、副局长彭晓林，市公安局党委委员、政治部主任王朝春，市公安局警察协会主席廖建华，汉寿县委常委、政法委书记朱进友，汉寿县人民政府副县长、公安局局长罗永锋等出席。

8月29日，智能农业机械产业园项目举行开工仪式。县领导杨昶、车世忠、曾群、何朝辉、李芳、丁克刚、李裕军、李碧波、孙金平等出席开工仪式。

8月29日，汉寿县首届“帅孟奇教育突出贡献奖”颁奖典礼暨2017年教育捐赠仪式在县一中龙池讲堂举行。县委书记杨昶，县委副书记、县长车世忠及全体在家的县级领导参加仪式。

8月30日，汉寿县人民检察院驻县食药工质局检察联络室正式揭牌成立，标志着到汉寿县食品药品监督工作迈入新台阶。县委常委、政法委书记朱进友，县人大常委会副主任饶杰，县政府副县长孙金平，县政协党组副书记、副主席彭仔明，县检察院党组书记、检察长黄艳霞等县领导出席揭牌仪式。

9月

9月8日，汉寿县检察院驻县环保局检察联络室成立。县委常委、政法委书记朱进友，县人大常委会副主任饶杰，副县长彭华，县政协副主席黄启顺出席揭牌仪式。

9月18日，省评估考核组组长，省督学、省教育厅原副主任督学杨国旗等专家领导到汉寿开展县级人民政府教育工作督导评估。市政府副秘书长娄远军，县领导杨昶、车世忠、刘毅翔、丁克刚、王立芬、余梅、李明桂等出席考核汇报会。

9月20日，江西省九江市彭泽县政协主席张国安，彭泽县委常委、彭泽县工业园区党工委书记华桦，县政协副主席石腊庆一行到汉寿察高新区建设和政协工作。汉寿县政协主席解以刚，副县长李碧波，县政协副主席黄启顺，高新区管委会主任杨戊和县政协秘书长李明陪同考察。

9月21日，2017环中国国际公路自行车赛第二阶段第3赛段在美丽的水乡泽国——常德汉寿鸣枪，94公里绕圈赛过后，意大利安德罗尼车队的马可·本法托率先撞线，以1小时55分59秒拿下赛段冠军，澳大利亚ISOWHEY运动洲际队的斯科特和拉脱维亚瑞图银行洲际队的梅里斯分列二、三位。

10月

10月12日，深圳沃世达数码电子有限公司董事长曾长春带领世达数码（香港）有限公司、东莞望星电子有限公司等8家企业相关负责人到汉寿县考察。汉寿县委书记杨昶，县委副书记、县长车世忠等陪同考察。

10月12日，汉寿县举行“智慧城市”暨“市民之家”项目开工仪式。湖南省建工集团党委副书记陈克军，县领导杨昶、车世忠、解以刚、黄治军、曾群、李芳、丁克刚、周政怀、彭华、宋万林、黄启顺等出席开工仪式。

10月18日，县村（社区）党组织书记培训班正式开班。县委书记杨昶出席开班仪式并讲话。县委常委、组织部部长李芳主持开班典礼。

10月18日，汉寿县县、乡、村三级党组织书记集中收看中共十九大开幕会直播盛况。县委书记杨昶，县委副书记、县长车世忠及全体在家县级领导及全县各乡镇（街道、区）、村（社区）相关负责人共350余人集中观看并认真聆听了习近平总书记代表中国共产党第十八届中央委员会所作的工作报告。

10月21日，省水利厅党组书记、厅长詹晓安到汉寿调研河道采砂管理工作。副市长龚德汉，县领导杨昶、车世忠、李功文陪同调研。

10月30日，湖南省委书记、省人大常委会主任杜家毫深入西洞庭湖国家级自然保护区，专题调研洞庭湖区生态文明建设和环境保护治理情况。常德市委书记周德睿，汉寿县委书记杨昶等参加调研。

10月31日，常德市政协原主席王大元、刘昌进、刘春林，原副主席蒯定勋、马桂迟等市政协离退休老领导一行50余人到汉寿考察参观。县领导杨昶、车世忠、解以刚、何朝辉、彭仔明陪同考察。

11月

11月3日，市政协主席李爱国到汉寿县丰家铺镇调研。市政协党组成员、秘书长袁云波，市财政局局长杨天生、市交通运输局局长向美华、市政协办公室副主任夏孝涛、市农开办副主任蒋尊灼，以及县领导杨昶、解以刚、何朝辉陪同调研。

11月7日，湖南省旅发委党组成员、副主任郭固权一行三人到汉寿帅孟奇故居调研指导工作。县领导杨昶、车世忠、余梅陪同调研考察。

11月7日下午，市委常委、常务副市长陈恢清，副市长涂碧波、龚德汉，市公安局局长李忠及市直相关部门负责同志，到汉寿调研中央环保督察组交办涉及洞庭湖的相关问题整改工作。县领导杨昶、车世忠、何朝辉、李功文、罗永锋、宋万林陪同调研或参加座谈。

11月9日，汉寿县召开西洞庭湖保护区核心区黑杨清理专项整治行动动员大会。县领导杨昶、车世忠、刘毅翔、袁佑清、解以刚、曾群、李芳、丁克刚、朱进友、李裕军、李功文、罗永锋、彭华出席会议。

11月10日晚，县委书记杨昶主持召开欧美黑杨清理工作会商会。县领导刘毅翔、袁佑清、解以刚、曾群、何朝辉、李芳、丁克刚、蔡武、李功文、罗永锋、彭华参加会议。

11月13日，以“常德品牌、中国品质”为主题的常德品牌农业推介行首站活动在长沙举行，标志常德品牌行动正式启动。县领导杨昶、车世忠、刘毅翔、丁克刚、孙金平参加活动。

11月21日晚，中国汉寿围堤湖蔬菜公园及西洞庭湖湖州公园策划方案座谈会在湖南浔龙河控股集团召开。县委书记杨昶，县委副书记、县长车世忠出席会议，县领导解以刚、何朝辉、丁克刚、余梅，中国工程院院士、湖南农科院院长邹学校，浔龙河控股集团董事长柳中辉等参加会议。

11月25日，市委书记周德睿，市委副书记、代市长曹立军及全体在家的市级领导到汉寿县调研项目建设工作。县委书记杨昶，县委副书记、县长车世忠，部分分管县级领导陪同调研，各区县（市）党政负责人、市直“五区”主要负责人、市直经济职能部门主要负责人参加调研。

12月

12月3日，常德市委书记周德睿，市委常委、市委秘书长罗先东等到汉寿县调研脱贫攻坚工作。县领导杨昶、车世忠、刘毅翔、何朝辉等陪同调研。

12月11日，市委常委、副市长任晨到汉寿县就《市政府工作报告（征求意见稿）》广泛征求意见。县领导杨昶、车世忠、袁佑清、李裕军、彭仔明及部分市、县人大代表，政协委员，企业家代表等参加征求意见座谈会。

12月15日，省脱贫攻坚实地考核汉寿情况反馈会召开。省脱贫攻坚实地考核第21组组长彭德强，县领导杨昶、车世忠、刘毅翔、袁佑清、解以刚、丁克刚、李碧波等参加会议。

12月15日下午，中利集团董事长王柏兴到汉寿投资洽谈。县领导杨昶、车世忠、袁佑清、解以刚、李碧波陪同视察或参加座谈。

12月20日，汉寿县学习贯彻中共十九大精神集中轮训班在县委党校开班。县委书记杨昶作动员辅导。县委副书记、县长车世忠及全体在家的县领导参加会议。

12月20日，中国·汉寿国际旅游度假区同发野生动物园开工。县领导杨昶、车世忠、袁佑清、解以刚、何朝辉、朱进友、余梅、刘启明，湖南同发集团董事长李世红、总经理李鹏程出席开工仪式。

汉寿概况

地　理

【位置】 汉寿县位于湖南省西北部、常德市东南、洞庭湖西滨、沅澧水尾间。县域东西长58.65千米，西起东经111° 42′ 59″的朱家铺镇赤金村，东至东经112° 18′的百禄桥孔家湖村。南北宽56.25千米，南起北纬28° 36′的丰家铺镇顺理桥村，北至北纬29° 6′ 45″的柳林嘴芦苇场。东靠益阳市沅江市，东南抵益阳市资阳区、桃江县，西、西北与常德市鼎城区毗邻，东北与益阳市南县、常德市安乡县隔河相望。

【面积】 全县版图面积2034平方公里，约占全省的1%，全市的11.2%。其中：平湖区面积991.53平方公里，占总面积的48.75%，主要分布在北部地区；岗地面积444.81平方公里，占总面积的21.87%，主要分布在县境中部；丘陵区面积112.97平方公里，占总面积的5.55%，主要分布在南部地区；水域面积484.69平方公里，占总面积的23.83%，主要分布在县境中部和北部。全县耕地面积6.554万公顷，其中水田5.688万公顷，土地肥沃，光照充足，雨水丰沛，河湖密布，是全国重要的商品粮、棉、油、鱼基地之一。

【矿产资源】 汉寿县已发现矿产有金、石煤、锑、建筑石材等矿产12种，其主要矿产资源情况如下：

金矿：已发现岩金矿床3处。蔡家巷金矿：主要产于冷家溪群硅质板岩地层中，受压扭性断裂控制，目前控制储量（332级）213公斤，平均品位2.5克/吨，推测储量（333级）466公斤，平均品位2.5公斤。绳武冲金矿：主要赋存于板溪群马底驿组与震旦系上统陡山陀组直接接触的断层破碎带内，探获333+334资源储量1096.89公斤，平均品位1.44克/吨。打石金矿：主要产于冷家溪群地层张性裂隙中，目前正在勘查中，勘查程度为详查，预测至规划目标年332+333资源储量可达1200公斤，具体参见以后提交的勘查报告。

锑矿：已发现锑矿1处，黑塘冲锑（金）矿，矿体赋存于石英破碎带中，围岩为深灰色千枚岩、板岩。单脉长十米至数十米，单脉厚0.1 ~ 2.5米，品位一般为1% ~ 20%，资源储量不明。

石煤：产于震旦系上统陡山沱组，目前查明资源储量65.53万吨。

建筑石料、砖瓦页岩（砂岩）主要分布在太子庙、东岳庙、崔家桥、龙潭桥乡等地，查明开发利用的资源储量约277.51万吨。

【野生植物资源】 县内共有维管束植物113科291属436种。其中蕨类植物有15科18属20种，裸子植物3科5属6种，被子植物95科268属410种。国家I级重点保护野生植物有3种，分别为银杏（Ginkgobiloba）、南方红豆杉（Taxus chinensis）、水杉（Metasequoia glyptostroboides，栽培种）；国家II级重点保护植物有9种，即香樟（Cinnamomum camphora）、野大豆（Glycine soja）、野菱（Trapa incisa）、楠木（Phoebezhennan）、黄心夜合（Michelia martinii）和花榈木（0rmosia henryi Prain）、粗梗水蕨（Ceratopteris pteriodoides）、水蕨（Ceratopteris thalictroides）、三裂狐尾藻（Myriophyllum ussuriense）。

【野生动物资源】 县内有脊椎动物5纲32目83科245种。其中，哺乳纲5目9科16种，鸟纲16目50科205种，爬行纲3目7科23种，两栖纲1目4科12种，鱼纲7目15科48种。

哺乳动物中，属国家I级重点保护的1种，即麋鹿（Elaphurus davidianus），属国家II级重点保护的有

3种，即小灵猫（Viverricula indica）、河麂（Hydropotes inermis）、穿山甲（Manis pentadactyla）。此外，还有12种哺乳动物属"国家保护的有益的或者有重要经济、科学研究价值的陆生野生动物"，有14种哺乳动物属于湖南省地方重点保护陆生野生动物。

鸟类中，属国家I级重点保护的有4种，即白鹤（Grus leucogeranus）、白尾海雕（Haliaeetus albicilla，偶见种）、黑鹳（Ciconia nigra）和东方白鹳（Ciconia boyciana）；属国家II级重点保护的有21种，即小天鹅（Cygnus columbianus）、白额雁（Anser albifrons）、鸳鸯（Aix galericulata）、小鸦鹃（Centropus bengalensis）、褐翅鸦鹃（Centropus sinensis）、白枕鹤（Grus vipio，偶见种）、灰鹤（Grus grus）、鹗（Pandion haliaetus）、鹊鹞（Circus melanoleucos）、白腹鹞（Circus spilonotus）、白尾鹞（Circus cyaneus）、苍鹰（Accipiter gentiles）、雀鹰（Accipiter nisus）、灰背隼（Falco columbarius）、游隼（Falco peregrinus）、红隼（Falco tinnunculus）、白琵鹭（Platalea leucorodia）和卷羽鹈鹕（Pelecanus crispus）。列入IUCN：近危（NT）的有罗纹鸭（Anas falcata）、白眼潜鸭（Aythya nyroca）和黑尾塍鹬（Limosa limosa）3种，濒危（EN）的有青头潜鸭（Aythya baeri）和东方白鹳2种，易危（VU）的有花脸鸭（Anas formosa）、小白额雁（Anser erythropus）、白枕鹤（偶见种）和卷羽鹈鹕4种，极危（CR）的有白鹤和黑鹳2种。列入CITES附录I的有：白鹤、白枕鹤（偶见种）、白尾海雕（偶见种）、东方白鹳4种；列入CITES附录II的有：鹗、游隼、白琵鹭和黑鹳4种。列入中国濒危物种红皮书：稀有的有棉凫（Nettapus coromandelianus）、鹗和游隼3种，濒危的有白鹤、黑鹳和东方白鹳3种，易危的有小天鹅、鸳鸯、小鸦鹃、褐翅鸦鹃、白枕鹤（偶见种）和白琵鹭6种。

爬行动物中，有20种爬行动物属于"国家保护的有益的或者有重要经济、科学研究价值的陆生野生动物"，同时有20种爬行动物为湖南省地方重点保护陆生野生动物。列入《濒危动植物种国际贸易公约》附录II的有舟山眼镜蛇（Naja atra）1种，列入《濒危动植物种国际贸易公约》附录III的有乌龟（Chinemys reevesii）1种。在《中国物种红色名录》中，乌龟被列入濒危等级；中华鳖（Pelodiscus sinensis）、王锦蛇（Elaphe carinata）、黑眉锦蛇（Elaphe taeniura）、乌梢蛇（Zaocys dhumnades）、银环蛇指名亚种（Bungarus m. multicinctus）、舟山眼镜蛇和短尾蝮（Gloydius brevicaudus）这7种被列入易危等级。

两栖动物中，虎纹蛙（Hoplobatrachus rugulosus）属于国家II级重点保护野生动物，其余12种两栖类均属"国家保护的有益的或者有重要经济、科学研究价值的陆生野生动物"，同时也是湖南省地方重点保护陆生野生动物。列入《濒危动植物种国际贸易公约》附录II的有虎纹蛙1种；在《中国物种红色名录》中，虎纹蛙被列入易危等级；黑斑侧褶蛙（Pelophylax nigromaculatus）被列入近危等级。

鱼类中，属国家I级重点保护的1种，即中华鲟（Acipenser sinensis）；属国家II级重点保护的有1种，即胭脂鱼（Myxocyprinus asiaticus）。

人　口

【概况】 2017年，汉寿县辖15个镇、2个乡、4个街道办事处、1个国家级高新技术产业园区。年末全县总户数263310户，总人口821721人，其中乡村人口558335人，城镇人口263386人。出生人口9328人，期内人口出生率为11.4‰，自然增长率7.2‰。

行政区划

2017年行政区划表

乡镇街道	村	社区	村（居）小组
龙阳街道		14+5个渔场	
辰阳街道		9+3个渔场	
沧浪街道		13	148
株木山街道	8	6	234
岩汪湖镇	19	3	428
沧港镇	13	2	290
坡头镇	15	2	314
酉港镇	11	1	212
洲口镇	15	2	345
罐头嘴镇	9	1	218
聂家桥乡	6	2	202
毛家滩回维乡	7	1	216
朱家铺镇	7	1	216
丰家铺镇	17	2	454
太子庙镇	13	3	365
崔家桥镇	19	3	511
军山铺镇	8	1	197
龙潭桥镇	16	2	445
百禄桥镇	7	1	210
蒋家嘴镇	8	5	260
洋淘湖镇	5	1	61
合计	203	75	5326

说明：高新区托管株木山街道5个村（居）

环境保护

【环境治理】 大气污染防治。开展燃煤锅炉整治。县城区、高新区17台使用燃煤的锅炉，全部关闭或改烧清洁能源。禁止销售高污染燃料，取缔关闭县城区内的散煤堆场和藕煤加工厂。开展扬尘综合防治。以县城、高新区为重点，所有建筑工地、拆迁现场，全面落实防尘措施、设置洗车槽，推广新型渣土运输车，所有渣土运输车辆密闭运行。城区道路机械化清扫率100%。开展油烟污染治理。县城区大中型（3个灶头以上）餐饮企业和单位食堂全部安装高效油烟净化装置。整治露天烧烤，县城区内所有烧烤摊点进店经营，使用环保烧烤灶。禁止露天焚烧秸秆和垃圾，加大巡查力度，每个乡镇、村明确专人巡查，发现一起，处罚一起，形成震慑力，有效控制秸秆焚烧现象。推行城乡垃圾收运处置一体化模式，建立生活垃圾、秸秆常态化禁烧机制，解决“村村点火、处处冒烟”的问题。开展机动车环境污染整治，淘汰“黄标车”。制定黄标车淘汰工作实施方案，明确任务目标，责任到乡、到村试行包干，2017年，淘汰黄标车297台，发放补贴130万元，完成率100%，占全市前列。

2017年，县域空气环境质量明显提升，空气质量优良天数322天，12月份空气质量进入全省前17名，全市排名第一。

水环境治理。安乐湖流域治理。（启动安乐湖流域一期工程和河道污染治理一期工程，投入资金1.09亿元，实施安乐湖流域污水处理厂及配套管网建设，开展安乐湖流域畜禽养殖污染治理，对江东市水库水源地实施围栏隔离、警示标志工程，实施安乐湖流域截污管网工程、污水拦截工程、排污口综合整治工程、湿地生态修复工程。）2017年，完成整治工程80%，2018年3月份前将全部完工，通过验收。

饮用水源保护。先后设定7个省级饮用水源保护区及西湖高水内江等23处县级饮用水源保护区，完成了饮用水源保护区划定，对全县划定的7处集中式饮用水源保护区内非法排污口及违法建设项目进行拉网式排查，取缔了保护区内所有排污口、砂石码头、网箱养殖、畜禽养殖场等违法项目，开展饮用水源保护区规范化建设，进一步完善饮用水源保护区地理界标、交通（航运）警示标志、宣传牌、隔离防护等基础设施。对域内饮用水源保护区每月开展一次常规监测，良好率达100%，确保饮用水源保护区水源达标，维护了城乡居民饮水安全。

土壤污染防治。在全县范围内组织开展土壤污染源、污染地块调查工作，形成《汉寿县土壤污染源、污染地块调查报告》，开展农用地土壤污染状况详查点位核实工作，对县域内土壤污染重点行业企业及其空间位置、土壤污染问题突出区域进行逐一核实，在此基础上，补充划定农用地土壤污染状况详查单元，最终划定详查单元23个，核实农用地详查点位212个。开展土壤污染综合防治先行区建设，实施崔家桥连家坝金矿遗留场地风险管控工程。申报2018年土壤和重金属污染防治项目库，其中丰家铺镇笔架村历史遗留选金尾砂风险管控工程通过省厅组织的技术审查，列入2018年土壤污染防治项目储备库A类项目。

农村环境整治。2017年，开展以饮用水源保护、畜禽养殖污染治理、农村生活污水处理、生活垃圾处理为主要内容的农村环境综合整治。项目投入中央专项资金3500万元，配套部门整合资金1.75亿元。建成农村分散式污水处理系统2040套，完成7个生活饮用水源地保护工程，包括设置水源防护栏、截污沟、教育宣传牌、警示牌等，建成农村生活垃圾采集点52个，完成12家规模养殖场污染治理工程建设。

气　候

本年度气温偏高，降水量偏多，日照时数偏少。年内出现了低温雨雪、强冷空气、连阴雨、暴雨洪涝、雾霾、高温热害等灾害性天气，对县交通、工农业生产及人体健康等造成了一定程度的不利影响，总体而言，根据气候对国民经济影响评价，2017年度汉寿气候年景评定为正常。

【气温】 2017年，平均气温为18.1℃，较历年平均17.0℃偏高1.1℃，年极端最高气温为39.9℃，出现在8月6日，年极端最低气温为-0.5℃，出现在12月17日。

【降水量】 2017年，总降水量为1515.5毫米，较历年平均1415.9毫米偏多99.6毫米，年雨日137天，日降水量≥50毫米的日数有5天，年一日最大降水量90.1毫米，出现在6月30日。

【日照时数】 2017年日照总时数为1505.9小时，较历年平均1579.3小时偏少73.4小时，年日照百分率为34%。

轻度连阴雨 3月17—24日阴雨寡照天气持续时间长达8天，达到了轻度连阴雨灾害天气标准。

【中等冷空气】 1月14—16日、10月2—4日、11月17—19日、11月28—30日、12月23—25日：前48小时内的最低气温的最大值与1月16日、10月4日、11月19日、11月30日、12月25日当日的日最低气温之差分别为6.5℃、6.8℃、7.1℃、7.0℃、6.2℃，达中等强度冷空气标准。

【强冷空气】2月20—22日、4月8—10日：前48小时内的最低气温的最大值与2月22日、4月10日当日的日最低气温之差分别为8.3℃、9.5℃，达强冷空气标准。

【轻度洪涝】6月21—30日10天内降水总量为227.5毫米，达轻度洪涝标准。

【轻度高温热害】8月出现了13天日最高气温≥35℃的高温日，其中8月2日—8日连续7天出现日最高气温≥35℃的高温期，达轻度高温热害灾害天气标准。

【中等高温热害】7月出现16天日最高气温≥35℃的高温日，其中7月15—28日连续14天出现日最高气温≥35℃的高温期，达中等高温热害灾害天气标准。

【强降雨】5月23日的强降雨造成汉寿县受灾人口312人，受损房屋20间，农作物鱼塘等受灾31.3公顷，造成直接经济损失116.6万元。6月22日—25日的强降水导致汉寿县农作物受灾面积7593.6公顷，总受灾人口77180人，紧急转移安置人口143人，严重损坏房屋37间，一般损坏房屋28间，冲毁公路5650米，直接经济损失6163.18万元。6月29日下午—7月5日的强降水导致汉寿县多个乡镇受灾，累计受灾人口49575人，农作物受灾面积4273.9公顷，紧急转移安置人口101人，严重损坏房屋7间，一般损坏房屋9间，直接经济损失3934.9万元。8月13日的强降水导致汉寿县城区及部分乡镇农田受渍，房屋受损，累计受灾人口8623人，农作物受灾面积1099.9公顷，严重损坏房屋3间、2户，一般损坏房屋10间、7户，直接经济损失332.5万元。

【干旱】7月下旬-8月上旬，高温日数多，有效降水少，导致农田脱水、开拆、过白、枯苗，截至8月15日，共造成汉寿县6341.5公顷农作物受灾，累计受灾人口33437人，直接经济损失1745万元。8月1日8时20分在清水坝炮点、8时22分在砖墙村炮点进行了人工降雨作业。

水文

2017年6月23日—7月7日，受集中强降雨、五强溪水库泄洪，以及长江一号洪水的影响，县境主要河流出现两次高洪过程。第一次洪水过程：6月23日至6月27日。受集中强降雨、五强溪水库泄洪影响，县境沅水河段水位开始上涨，至6月25日1时，沅水盘湖昏站达到警戒水位；14时，沅水仓儿总站以上河段全部超警；16时，盘湖昏站达到峰值（38.18米）开始缓慢转退；27日15时县内沅水水位全部退至警戒水位以下。6月25日降水汇流高峰期，山丘区有21座水库出现溢洪，其中小（一）型4座、小（二）型17座。第二次洪水过程：6月30日至7月7日。受长江上游、沅澧水流域普降大到暴雨，局部地区特大暴雨的影响，汉寿县再次出现洪水过程，沅、澧水和目平湖、南湖撇洪河、沧浪河、西湖高水内江等内江外河主要水系的水位全线超警，沅水、目平湖沿线有124公里堤防超保证水位，沅水盘湖昏站出现40.24米的历史第五高洪水位。其中沅水于6月30日22时从上游盘湖昏站开始向下陆续进入警戒水位，至7月1日16时沅水全线超警。受洞庭湖水位顶托，7月2日12时从下游蒋家嘴站向上陆续进入保证水位，至7日3时盘湖昏站达到峰值（40.24米，超保证水位0.24米）开始转退，7月3日14时盘湖昏站退出保证水位，7月5日4时退出警戒水位，但受五强溪下泄流量中途加大影响，5日20时至6日18时盘湖昏水位出现回升，在距警戒水位0.49米时转退；至7月7日15时沅水全线退警。目平湖赵家河站（外）于7月1日20时进入警戒水位，7月2日19时进入保证水位；7月3日14时达到峰值（36.78米），22时开始转退；4日19时退出保证水位，6日22时全线退警。澧水三角堤站于7月2日9时进入警戒水位，3日20时达到峰值（36.72米），6日20时全线退警。沧浪水系于6月30日21时翻水口（内）站进入警戒水位；7月3日16时达到峰值（33.99米），离保证水位仅0.01米，3日20时开始转退，至7日18时全线退警。南湖撇洪河南洋嘴站于6月30日16时达到警戒水位，7月2日4时达到峰值（35.46米），6日8时全线退警。西湖高水内江赵家河站（内）于7月1日22时进入警戒水位，7月3日11时达到峰值（32.2米），6日16时开始转退；8日10时全线退警。7月2日降水汇流高峰期，山丘区有28座水库溢洪，其中中型水库1座（江东市水库）、小（一）型水库5座、小（二）型水库22座。

汉寿县2017年国民经济和社会发展统计公报

2017年，面对经济发展的新常态，全县人民在县委、县政府的坚强领导下，全力稳增长，竭力保民生，经济和社会发展保持了稳中有进、进中趋优的良好态势。

一、综 合

初步核算，全县实现地区生产总值 279.71 亿元，增长 9.4%。其中，第一产业增加值 51.03 亿元，增长 2.3%；第二产业增加值 88.92 亿元，增长 8.7%；第三产业增加值 139.76 亿元，增长 12.7%。三次产业构成比为 18.2 : 31.8 : 50.0，对比上年，一产业下降 2.6 个百分点，二产业下降 0.2 个百分点，三产业上升 2.8 个百分点。人均地区生产总值现价达 37191 元，不变价 34519 元，城镇化率 41.2%，比上年提高 2.6 个百分点。

9 个重点民生项目，12 个考核指标投入 21.47 亿元，其中：国家投入 1.38 亿元，省级投入 0.39 亿元，县级投入 2.76 亿元，其他投入 16.94 亿元。

投入 3913 万元，完成 2100 户农村危房改造；投入 778 万元，农村安全饮水巩固提升人数 11066 人；投入 580 万元，安置特困移民解困避险搬迁 290 人；投入 12566 万元，农村公路提质改造 46.1 公里；投入 747 万元，建设农村公路安保设施 69.1 公里；投入 1855 万元，新增城镇就业 4805 人；投入 183988 万元，完成棚户区改造 5400 户；投入 170 万元，完成农村适龄妇女“两癌”检查 1.2 万人；投入 7992 万元，新增养老床位 240 张；投入 259 万元，新增社会治安视频监控摄像头 208 个；投入 1837 万元，完成行政村配电网改造 26 个；投入 101 万元，完成孕产妇产前免费筛查 7218 人。

二、农 业

年末耕地面积 6.554 万公顷，全年实现农林牧渔业总产值 85.54 亿元，增长 2.4%，其中种植业产值 40.21 亿元，增长 2.01%，林业产值 1.87 亿元，增长 29.12%，畜牧业产值 30.84 亿元，下降 0.73%，渔业产值 10.51 亿元，下降 10.57%，农林牧渔服务业产值 2.12 亿元，增长 3.42%。

全年农作物播种面积 17.722 万公顷，增长 0.9%。粮食作物播种面积 11 万公顷，增长 0.28%，总产量 63.59 万吨，增长 1.21%。油料播种面积 4.24 万公顷，下降 0.23%，总产量 7.98 万吨，增长 1.16%。棉花播种面积 0.48 万公顷，下降 4.05%，总产量 0.73 万吨，下降 1.67%。麻类播种面积 200 公顷，下降 55%，总产量 0.05 万吨，下降 55%。蔬菜播种面积 1.62 万公顷，增长 13.95%，蔬菜总产量 48.82 万吨，增长 14.67%。水果总产量 8.52 万吨，增长 7.2%。全年出栏生猪 90.38 万头，下降 3.52%，出售和自宰肉牛 1.36 万头，下降 1.3%，出售和自宰肉羊 4.18 万头，下降 2.25%，家禽出笼 788.61 万羽，下降 3.19%，禽蛋产量 3.45 万吨，下降 1.79%，肉类总产量 7.83 万吨，下降 3.57%。生猪存栏 45.01 万头，下降 2.33%，其中：能繁母猪 3.87 万头，下降 1.36%。家禽存笼 475.45 万羽，下降 2.45%。水产品产量 9.12 万吨，下降 9.13%，其中：养殖产量 8.6 万吨，下降 9.33%。水产品养殖面积 2.157 万公顷，增长 0.8%。年末拥有农业机械 11.01 万台，农业机械总动力 106.93 万千瓦。

三、工业和建筑业

工业总产值 291.54 亿元，名义增长 13.0%。实现增加值 67.05 亿元，增长 10.1%。106 家规模工业完成产值 209.03 亿元，实现增加值 40.88 亿元，增长 10.2%。园区规模工业实现增加值 31.24 亿元，增长 10.0%，占规模工业增加值的 77.84%。规模以下工实现增加值 26.17 亿元。

规模工业全年生产大米 57.4 万吨，增长 20.6%；罐头 0.4 万吨，同比持平；机制纸及纸板 2.1 万吨，增长 16.7%；纱 2.8 万吨，增长 7.7%；苎麻布 1825.4 万米，增长 45.2%；饲料 17.6 万吨，增长 4.1%；涂料 4.9 万吨，增长 16.7%；矿山设备 1.2 万吨，增长 9.1%；水泥 54.1 万吨，增长 18.1%；铝合金 0.2 万吨，同比持平；混凝土机械 587.0 台，增长 25.2%；电缆 26.2 万千米，增长 15.4%。

规模工业实现销售产值 206.24 亿元，增长 26.9%，产销率为 98.66%。完成出口交货值 5.40 亿元。规模工业实现销售收入 204.34 亿元，增长 28.62%。

建筑业实现增加值 22.02 亿元，增长 4.5%。资质建筑企业完成建安产值 27.6 亿元，增长 23.6%，施工面积 127.9 万平方米，下降 11.5%，竣工面积 42.05 万平方米，下降 33.7%，年末建筑从业人员 0.89 万人，增长 12.7%。

四、固定资产投资和房地产

500 万元以上固定资产项目及房地产完成投资 235.35 亿元，比 2016 年增长 16.6%。500 万元以上固定资产投资中，房地产开发投资 14.9 亿元，增长 45.2%。第一产业投资 3.8 亿元，下降 50%，第二产业投资 112.9 亿元，增长 33.5%，第三产业投资 118.6 亿元，增长 8.2%。

房地产开发企业 28 个，施工面积 130.39 万平方米，增长 61.5%，其中住宅 93.3 万平方米，增长 60.3%。商品房屋销售面积 49.3 万平方米，增长 158.5%，商品房销售额 18.4 亿元，增长 156.6%。

五、贸易和招商

全年社会消费品零售总额 83.97 亿元，增长 10.9%，其中：批发零售业零售额 75.16 亿元，增长 10.9%，住宿、餐饮业零售额 8.81 亿元，增长 11.3%。实现批发零售贸易增加值 12.62 亿元，增长6.9%，住宿、餐饮业增加值6.59亿元，增长8.2%。

全县引进内资70.80亿元。外资9231万美元，引进亿元以上境内项目11个。进出口总额12563万美元，增长27.9%，其中出口额12241万美元，增长29.2%，进口322万美元，下降6.1%。

六、交通、邮政和通信

全县完成交通运输、仓储和邮政业增加值16.76亿元，增长7.1%。全县公路里程2343公里，其中省道181公里、县道314公里、乡道805公里、村道1043公里。全县汽车保有量54742辆，增长13.4%，其中，民用汽车保有量54549辆。公交车线路5条。年末移动电话用户51.92万户，增长8.1%。年末互联网宽带用户9.06万户，增长34.6%。

七、财政和金融

全县一般公共预算收入完成110088万元，增长15.3%。其中，国税完成45173万元，增长44.0%；地税完成40687万元，下降2.2%；非税完成24228万元，增长7.7%。地方财政收入70693万元，增长13.8%，一般公共预算支出444613万元，增长6.4%。

年末金融机构各项存款余额245.94亿元，比年初增长17.6%，其中居民储蓄存款余额174.17亿元，比年初增长13.3%。各项贷款余额112.93亿元，比年初增长44.6%，其中个人消费贷款余额28.65亿元，比年初增长60.0%。

八、科学技术和教育

完成高新技术产品产值168.19亿元，实现增加值28.81亿元，增长23.3%。

教育系统共有各级各类学校93所。其中，完全中学2所，高级中学1所，初级中学15所，九年一贯制学校15所，十二年一贯制学校1所，小学55所（不含17个小学教学点），中等职业学校3所，成人中等专业学校1所。在校学生74916人，其中：高中学生9726人，职业高中学生2560人，初中学生18576人，小学生44054人。有教职工5441人，其中：普通中学教职工2519人，职中教职工218人，小学教职工2704人。幼儿园99所，在园幼儿21085人，幼儿园教职工1809人。高考本二以上上线人数1600人，其中600分以上人数42人。

九、文广、旅游、卫生和体育

全县有县级文化馆1个，艺术表演团体172个，其中专业艺术表演团体12个，电影公司1家，县级公共图书馆1个。非物质文化遗产保护名录17个。档案馆1个，开放各类档案6.06万卷（件）。

中央、省台电视农户综合覆盖率为100%，中央、省台广播农户综合覆盖率为100%。

年末有卫生医疗机构588个，医院、卫生院40个（乡镇卫生院27个），村卫生室462个，诊所、卫生所、医务室76个，专科疾病防治院（所、站）7个，妇幼保健医院、采供血机构、疾病预防控制中心各1个。

各类运动场地85个，开展全民健身项目14项次，新建农民体育工程的行政村104个，各种训练房60个。

十、人口、人民生活和社会保障

年末全县总户数263310户。总人口821721人，男性422662人，女性399059人，男女性比为105.9 : 100。在总人口中，乡村人口558335人，城镇人口263386人。出生人口9328人，期内人口出生率为11.4‰，自然增长率7.2‰。

城乡居民人均可支配收入19300元，增长9.4%。城镇居民人均可支配收入28028元，增长8.3%。其中，工资性收入11556元，经营收入5667元，转移性收入9842元，财产性收入960元。城镇居民人均消费支出14934元，人均住房面积55.7平方米。农村居民人均可支配收入14780元，增长9.0%。其中，工资性收入5712元，经营收入6213元，转移性收入2778元，财产性收入77元。农村居民人均消费支出14272元，人均住房面积65.2平方米。

参加城镇基本养老保险职工人数7.94万人，其中在职职工4.74万人，离退休3.2万人。新型农村养老保险登记参保人数41.7万人。城镇职工基本医疗保险参保人数3.74万人，城镇居民基本医疗保险参保人数68.21万人。参加失业保险职工人数1.84万人，参加工伤保险职工人数4.03万人，参加生育保险职工人数2.41万人。

十一、安全生产和资源环境

全年共发生各类安全事故6起，下降25.0%，死亡4人，其中生产经营性道路交通事故死亡4人。亿元GDP生产安全事故死亡0.014人，下降1.1%。

全社会用电量69014.69万千瓦时，增长5.8%，其中工业用电量12505.34万千瓦时，下降4.6%，生活用电量38729.93万千瓦时，增长7.2%。

城区空气质量达标率88.4%，总体水质满足Ⅲ类标准的断面比例100%。已发现矿种12种，实施省以上土地综合整治项目7个，出让国有土地使用权810亩，批准建设用地1290亩，为经济社会发展提供各种比例尺地形图6张。

注：1. 本公报中数据为初步统计数（快报数）。除注明外，指标数据不包括西湖管理区。

2. 生产总值、各产业增加值绝对数按现价计算，增长速度按不变价格计算。

3. 城镇人口、乡村人口指居住在城镇区域和乡村区域的人口。

4. 部分数据因四舍五入的原因，存在与分项合计不等的情况。

县及县直单位副科级以上领导干部名录

县　委

书　记　杨　昶
副书记、县政府县长　车世忠
副书记　刘毅翔
常委、纪委书记、县监察委主任　曾　群
常委、组织部部长　何朝辉
常委、县政府副县长（常务）　丁克刚
常委、政法委书记　朱进友
常委、县委办主任　熊　毅
常委、统战部部长、高新区党工委书记　李裕军
常委、县政府副县长（挂职）　蔡　武
常委、宣传部部长　余　梅

县人大常委会

党组书记、主任　袁佑清
党组副书记、副主任　周政怀
副主任（无党派）　王立芬
党组成员、副主任　彭天喜
党组成员、副主任　陈武俊
党组成员、副主任　饶　杰

县人民政府

县委副书记、县政府县长　车世忠
县委常委、副县长（常务）　丁克刚
县委常委、副县长（挂职）　蔡　武
党组成员、副县长　李功文
党组成员、副县长，县公安局党委书记、局长　罗永锋
党组成员、副县长（挂职）　彭　华
党组成员、副县长　宋万林
党组成员、副县长　孙全平
副县长　钟　黎

县政协

党组书记、主席　解以刚
副主席（兼）、县政务中心主任（无党派）　黄启顺
副主席（无党派）　李明桂
副主席（兼）、县工商联主席（民建）　余淑娴
党组成员、副主席　刘启明

县人民武装部

政　委　朱仁达

县纪律检查委员会、监察委员会

县委常委、纪委书记、县监察委员会主任　曾　群
副书记、县监察委员会副主任、县政府党组成员、县委巡察工作领导小组办公室主任　刘国华
副书记、县监察委员会副主任　郭辉勇　李先进
常委、县监察委员会委员　金　伶　肖　灿　刘腾方
县监察局副局长（无党派）　黄　静
常委　李红辉　肖约力
县监察委员会委员　刘　乐　周　臻

县委巡察工作领导小组办公室

主　任、县纪委副书记、县监察委员会副主任、县政府党组成员　刘国华
副主任　聂云军　梅　敏

县委第一巡察组

组　长　周国旗
副组长　汪维孝

县委第二巡察组

组　长　范　杰
副组长　夏战新

县委第三巡察组

组　长　李　灿
副组长　贺维初

县委办公室

县委常委、主任　熊　毅
常务副主任　王　浩
副主任　曾建波　郭　治　黄　杰
县保密局局长　李　忠
副主任（兼）、县档案局局长　周胜宏
县纪委派驻县委办纪检组组长　童　斌
县全面深化改革领导小组办公室专职副主任　胡　刚

县机要局（挂牌机构）

局长、国家密码管理局局长　张　皓

县保密局（挂牌机构）

局　长　李　忠
副局长　谭　刚　陈　政

县委党史资料征集办公室

主　任　瞿群力

县档案局

局长、县委办副主任（兼）　周胜宏

副局长　熊　因　周　敏

县委机构编制委员会办公室

主　任　彭金明
副主任　李传富　刘慧蓉

县事业单位登记管理局

局　长　邓丕红
副局长　曾丽娟

县接待处

主　任　唐迪平
副主任（无党派）　王　敏

县委组织部

县委常委、部长　何朝辉
常务副部长　骆韶宏
副部长、县委非公有制经济组织和社会组织工委书记（兼）　张晓静
副部长　胡卫东　熊宗毅
副部长（兼）、县人社局党组书记、局长　杨剑波
副部长（兼）、县老干部局局长　童成立
部务会成员、县直机关工委专职副书记　徐龙前
部务会成员、县纪委派驻县委组织部纪检组组长　方正中

县委非公有制经济组织和社会组织工作委员会

书记（兼）、县委组织部副部长　张晓静
专职副书记　罗玉真
副书记（兼）　李亚明　柳海燕　周　来

县直机关工作委员会

专职副书记、县委组织部部务会成员　徐龙前
纪工委书记　陈艳君

县委远教办

主　任　曾　航

县委老干部局

局长、县委组织部副部长（兼）　童成立
副局长　万臣豪　蔡　维

县老干部活动中心

主　任　周红艳

县委党校

校　长　林光浩
副校长　张　峰　何　为　童建华　栗宗权

县委政法委

县委常委、书记　朱进友
常务副书记、县稳定办主任　成晓燕
副书记　邱少萍
副书记、县综治办主任　周圣怡
副书记　孙国武
县纪委派驻县委政法委纪检组组长　郭作孝

县稳定办（挂牌机构）

主任、县委政法委常务副书记　成晓燕
专职副主任　陈根云

县综治办（挂牌机构）

主任、县委政法委副书记　周圣怡
副主任　王艳萍

县委政法委执法督查室

主　任（高配副科级）　文觐君

县人民法院

党组书记、院长　熊利波
党组副书记、副院长　龚建华
副院长（无党派）　陈静波
党组成员、副院长　杨恒胜
党组成员、执行一局局长　张茂兴
党组成员、政工室主任　罗建军
党组成员、县纪委派驻县人民法院纪检组组长　匡建军
审判委员会专职委员　陈　彬　丁　涛

县人民检察院

党组书记、检察长　黄艳霞
党组副书记、副检察长　曾荣华
党组成员、副检察长　曾　亮
党组成员、副检察长（挂职）　储　杨
副检察长（无党派）　彭小龙
党组成员、县纪委派驻县人民检察院纪检组组长　郭淑美
党组成员、工会主席　华　丽
党组成员、政工室主任　邓雪松
检察委员会专职委员、正科级检察员　胡　滨
检察委员会专职委员　陈运亚

县公安局

县政府党组成员、副县长，党委书记、局长　罗永锋
党委副书记、政委　郭民忠
党委副书记、副局长　李宏权
党委委员、副局长　邓友佬　刘智刚
党委委员、县纪委派驻县公安局纪检组组长　胡吉华
党委委员、政工室主任　彭　敏

县公安局交通警察大队

大队长　周金旺

教导员　曾文胜
副大队长　梅新才　刘习忠　张　琛
纪检员　童　辉
工会主席　傅功奇

县司法局

党组书记、局长　谈先国
党组成员、副局长　黄建斌　任全新
王用来
副局长（无党派）　史美辉
党组成员　黄跃辉
党组成员、政工室主任　邹远祥

县委统战部

县委常委、部长、高新区党工委书记
李裕军
常务副部长　郭建湘
副部长、县工商联党组书记　黄玉云

县委台湾工作办公室

主　任　丁　毅

县工商业联合会

县政协副主席（兼）、主席（民建）
余淑娴
党组书记、县委统战部副部长　黄玉云
党组成员、副主席、县委非公有制经济组织和社会组织工委副书记（兼）
柳海燕
副主席（无党派）　黄林霞
副主席（兼）　吴明星　李跃忠

县委宣传部

县委常委、部长　余　梅
常务副部长　刘春初
副部长、县新闻办主任　钟毅刚
副部长　刘建国

县文学艺术界联合会

主　席　胡　君
副主席　周世娥

县文化体育广电新闻出版局

党组书记、局长、县版权局局长
张集中
党组成员、副局长　杨　奎　李　锋
杨冬英
副局长（无党派）　郭建梅
党组成员、总工程师　周朝阳

县版权局（挂牌机构）

局长、县文化体育广电新闻出版局党组书记、局长　张集中

县文物局

局　长　曾实秋

县文化市场综合执法大队

大队长　陈　剑

县青少年业余体校

校　长　韩　龙

县全民健身服务中心

主　任　王　杰

县广播电视台

党委书记、台长　黄建平
党委委员、总编辑　刘　安
党委委员、副台长　彭庭毅　盛　勇
全海波
党委委员、工会主席　陈　勇
总工程师　瞿　志

县卫生和计划生育局

党委书记、局长　袁从文
党委副书记、副局长　刘道平
党委委员、副局长　杨　益　陈德华
肖忠利　盛桂芳
伍加富
党委委员、县中医医院院长　胡建军
党委委员、县纪委派驻县卫计局纪检组组长　黄　镇
党委委员、工会主席　费　晖

县卫生计生综合监督执法局

局　长　刘锡初

县计划生育协会办公室

秘书长　严静毅

县红十字会

副会长　胡正宜

县疾病预防控制中心

主任、支部书记　章红赞
副主任、支部副书记　童　晋
副主任　李庆祥　周凤梅
纪检员　梁菊祥

县人民医院

党委副书记、院长　伍国典
党委书记　曾纪爱
县政府正处级干部副院长（无党派）
刘志宏
党委副书记　张绍良
党委委员、副院长　梅　勇　曾洪伟
党委委员、副院长、工会主席　聂志强
党委委员、纪委书记　范春生

县中医医院

院长、县卫生和计划生育局党委委员 胡建军
党总支书记 戚家军
副院长 高 辉 周井来 刘 玲
纪检员 刘孟梅

县血吸虫防治院

院 长 熊明祥

县妇幼保健院

院 长 刘景美
党支部书记 张先冬

县农业局

党委书记、局长、县委农村工作办公室主任 毛耀信
党委副书记、副局长 李启友
党委委员、副局长 徐智刚 张逢源 李明德 祝智辉 曾爱平
党委委员、县委农村工作办公室副主任 张绍友
党委委员、县纪委派驻县农业局纪检组长 吴笃义
党委委员、总农艺师 丁立君

县耕地质量管理处

主 任 叶长青

县农村能源服务中心

主任 邓湘志

县农民素质教育办公室

主 任 戴 俊

县移民开发局

党组书记、局长 曾庆国
党组副书记、副局长 蔡跃齐
党组成员、副局长 肖 毅

县农业机械化管理局

党组书记（主持工作） 郭 辉
局长（无党派） 何桂英
党组成员、副局长 陈小文 毛顺典 曾 斌
党组成员、纪检组长 蒋永胜

县畜牧兽医水产局

党组书记、局长 贺正春
副局长（无党派） 彭长贵
党组成员、副局长 汪全孝 刘家祥 胡明中
党组成员、纪检组长 廖翠军

县农村经营服务站

党支部书记、站长 王湘生
党支部副书记、副站长 刘 忠
副站长 涂守定 李 娟
纪检员 帅 波

县水利局

党委书记、局长 黄荣耀
党委副书记、副局长 肖才文
党委委员、副局长 李顺贵 陈 波 谭昌宏
党委委员、总工程师 彭九华

县防汛抗旱指挥部办公室

主任、县水利局主任科员 曹丽君

县水土保持和水资源管理局

局 长 胡绪明

县沅南垸水利管理委员会

主任 袁海宽
副主任 周珊红 黄远来
副主任、工会主席 肖秀峰
副主任 周 辉 丁秀娥 贺备战

县西湖垸水利管理委员会

主任 邓世荣
副主任 陈 帆 罗 强 王自春 刘 飞

县岩马灌区管理局

局长 蔡贵岩
副局长 唐才发 胡 玮
纪检员 周明科

县西湖灌区管理局

局长 何贤骏
副局长 张 伟 李明波
纪检员 刘 毅

县林业局

党委书记、局长 余仁和
党委委员、副局长 余耀先 谢国安 陈 燕
党委委员、总工程师 欧阳红星

县林地林权管理服务中心

主任 秦漫江

县鹿溪省级森林公园管理处

主 任 帅 红

县森林公安局

局 长 米庆华

政　委　　袁爱平
副局长　　肖卫中　胡国安

县供销合作联合社

党委书记、理事会主任　　王　平
党委委员、监事会主任　　杨国清
党委委员、理事会副主任　　柏远发
　　刘照林

县人大常委会办公室

主任、人大常委会党组成员　　龚玉彪
副主任　　朱爱英　李　亚

县人大常委会选举任免联络工作委员会

主　任　　胡章岭
副主任　　曾丽琴

县人大常委会内务司法工作委员会

主　任　　周达武

县人大常委会法制委员会

主　任　　陈庆铭
副主任　　李　华

县人大常委会财政经济委员会

主　任　　黄志勇
副主任　　徐小军

县人大常委会教育科学文化卫生工作委员会

主　任　　郭　军
副主任　　陈　杰

县人大常委会环境资源保护城乡建设工作委员会

主　任　　徐　琳

县人大常委会农业农村工作委员会

负责人　　刘术刚

县政协办公室

主任、县政协党组成员、秘书长
　　李　明
副主任　　董　理

县政协提案委员会

主　任　　徐隆祥
副主任　　聂　辉

县政协经济科技联谊委员会

主　任　　唐平恒
副主任　　杨建成

县政协法制群团委员会

主　任　　周宇锋
副主任　　曾小平

县政协学习文教卫体文史委员会

主　任　　冷建军
副主任（无党派）　　杨美丽

县人民武装部

军事参谋　　朱再辉
政工科长　　郭　旭
后勤科长　　刘利民

县总工会

主席、县人大常委会正处级干部　龚玉德
党组书记、副主席　　王绪峰
党组成员、副主席　　周国民　李冬初
　　肖红梅

共青团汉寿县委员会

书　记　　杨　雯
副书记　　任智慧

县妇女联合会

党组书记、主席　　朱湘萍
党组成员、副主席　　彭　琼
副主席（无党派）　　龙必军

县科学技术协会

主席（无党派）　　杨常林
党组书记　　聂一平
副主席　　朱世平　吴婉艺

县残疾人联合会

党支部书记、理事长　　鄢纯忠
党支部副书记、副理事长　　李秋生

县人民政府办公室

党组书记、主任、县政府党组成员
　　万成斌
党组副书记、副主任、县政府法制办主任　　毛启平
党组成员、副主任、县民宗局局长
　　李轶蓉
党组成员、副主任　　徐　政　黄愈强
　　郭学武　邓方明
党组成员、副主任、县金融办主任、
　　万建军
党组成员、副主任、县旅游外事侨务局局长　　邓　文
副主任（无党派）　　卢鹏飞
副主任（兼）县信访局党组书记、局长　　李仁广
党组成员、县纪委派驻县政府办纪检组长　　曾　理
党组成员、县优化经济发展环境领导小组办公室主任　　刘应军

县人民防空办公室

主　任　　陈　强
副主任　　刘　球

县人民政府法制办公室（挂牌机构）

主任、县政府办党组副书记、副主任 毛启平

县民族宗教事务局（挂牌机构）

局长、县政府办党组成员、副主任 李轶蓉

县旅游外事侨务局（挂牌机构）

主任、县政府办党组成员、副主任 邓　文

县人民政府金融工作办公室（挂牌机构）

主任、县政府办党组成员、副主任 万建军

县人民政府电子政务管理办公室

主　任 刘明亮

县归国华侨联合会

主　任 童力勇

县人民政府政务服务中心

主任、县政协副主席（兼）（无党派） 黄启顺

党组书记、副主任 何英富

党组成员、副主任 李　华　周献东

县公共资源交易中心

党支部书记、主任 管启伟

党支部副书记、副主任 杨恒毅

副主任 颜宗杰

县信访局（联席办）

党组书记、局长、县政府办副主任（兼） 李仁广

党组副书记、副局长 高志刚

党组成员、副局长 胡清明

县发展和改革局

党组书记、局长 黄　强

党组副书记、副局长 鲁述初

党组成员、副局长 姚昌福　李建武　何　立　杨志林

党组成员 杨文辉

党组成员、工会主席 王　青

县重点建设项目与稽查特派员办公室

主　任 刘正和

县服务业发展办公室

主　任 王爱华

县科技和工业信息化局

党组书记、局长 廖传美

党组副书记、副局长 章　力

党组成员、副局长 张建国　唐　谊　席建明

党组成员 邓宜华

总经济师（无党派） 石静欢

县特种水产研究所

所　长 李戈锐

副所长 杨子健

工会主席 刘元保

县地震局

局　长 熊淑琼

县商务粮食局

党组书记、局长 陈　彦

党组副书记、副局长 王运先

党组成员、副局长 曾明辉　陈阳俊　李雅蕻　易湘海　朱德才

副局长（无党派） 万晓菊

党组成员、副局长 蔡少波

党组成员、工会主席 李鹏程

县投资促进事务局

局　长 刘　强

县粮食稽查大队

大队长 曾昭阳

县市场服务中心

党总支书记、主任 叶彬彬

党总支副书记、副主任 王先政

副主任 邱德强　王　勇　梅欣春　吴永健

工会主席 肖广红

县食品药品工商质量监督管理局

党委书记、局长、县食品安全委员会办公室主任 曾跃坤

党委副书记、副局长 曾庆久

党委委员、副局长 王明星　张向辉　李长才　薛　群　向　海

党委委员、副局长、县委非公有制经济组织和社会组织工委副书记（兼） 周　来

党委委员 许世伟

党委委员、总工程师 毛贞敏

县教育局

党委书记、局长 雷常元

党委副书记、副局长 冯爱国

党委委员、副局长　胡　敏　曾　健
党委委员、县纪委派驻县教育局纪检组组长　薛　斌
党委委员、主任督学　肖文敏

县第一中学

校长、党委副书记　曾友明
党委书记　夏吉平
县政府教育顾问（主持全面工作）　张家明
副校长（无行政级别）　胡　浩　廖海斌　宋艳华

县第二中学

校　长　王友明

县职业中等专业学校

校　长　范　智
副校长　陈德胜　雷有龙

县詹乐贫中学

校　长　杨明华

县财政局

党组书记、局长　叶新华
党组副书记、副局长　曾昭好
党组成员、副局长　黄启向　刘　刚　刘　辉　廖海波
党组成员　王志东
党组成员、县纪委派驻县财政局纪检组组长　徐曼红
党组成员、总会计师　王　皓

县国有资产经营管理中心

主　任　卢建华
副主任　贾　勇　李文凡

县非税收入征收管理局

党支部书记、局长　梁　军
党支部副书记、副局长　李先尧
副局长　李　静
纪检员　刘　斌

县农业综合开发办公室

党支部书记、主任　余克富
党支部副书记、副主任　李波云
副主任　周振宇
纪检员　彭凌云

县国库集中支付核算中心

主　任　张益平

县财政投资评审中心

主　任（高配副科级）　肖文利

县乡镇财政管理局

局　长　马柏山

县审计局

党组书记、局长　杨长富
党组成员、副局长　蒋道丹　符　杰
副局长（无党派）　杨腊春
总审计师　刘晓华

县经济责任审计工作领导小组办公室

专职副主任　张开慧

县政府投资审计专业处

主　任（高配副科级）　胡绪高

县统计局

党组书记、局长　刘凡夫
党组成员、副局长　黄福保　陈顺礼

县民政局

党组书记、局长　刘运华
党组副书记、副局长、县委非公有制经济组织和社会组织工委副书记（兼）　李亚明
党组成员、副局长　罗孝忠　陈　峰　杨　辉
党组成员　周星海

县安全生产监督管理局

党组书记（主持工作）　丁跃中
局长（九三学社）　陈晓华
党组成员、副局长　崔新华　吴志明
党组成员、总工程师　刘　斌

县人力资源和社会保障局

党组书记、局长、县委组织部副部长（兼）　杨剑波
党组成员、副局长　陈生桂　韩加林　朱诗平　余晓明
副局长（无党派）　蔺爱政
党组成员　王群力
党组成员、总经济师　罗均屹

县医疗保险处

主　任　汪淑梅

县工伤保险处

主　任　杨　懿

县机关事业单位保险处

主　任　余碧霞

县社会劳动保险处

主　任　郭乃峰

县劳动就业服务管理处

主　任　谢　锋

县人力资源开发交流服务中心

主　任　王　见

县劳动保障监察大队

大队长（高配副科级）　徐国富

县劳动人事争议仲裁院

院　长　肖建军

县国土资源局

党组书记、局长、常德市国土资源局副调研员　李文广
党组副书记、副局长　王启华　李大勇
党组成员、副局长　陈　宏
党组成员　刘卯初
党组成员、总工程师　魏一行
执法监察大队大队长　徐洪波
土地整理中心主任　曾立志
国土储备中心主任　陈书先
不动产登记中心主任　席方文
高新区国土分局局长　李建波

县住房和城乡建设局

党组书记、局长　陈勇军
党组副书记、副局长　黄桂喜
党组成员、副局长　刘　斌　周金淦
盛　战　戴学明
党组成员　莫文彬
党组成员、县纪委派驻县住建局纪检组组长　刘立新
党组成员、总工程师　肖　健
党组成员、工会主席　刘赞时

县自来水公司

经　理　陈小波
党支部书记　刘　立

县房地产管理局

局　长　邱鹏飞
副局长　肖立新　何　洪
刘国稳
纪检员　李明波
工会主席　彭小军

县国有土地上房屋征收与补偿工作办公室

主　任　袁　嘉

县环境保护局

党组书记、局长　曾献平
党组副书记、副局长　杨　凯
副局长（无党派）　袁雪原
党组成员　许后顺
党组成员、总工程师　曹伟平

县交通运输局

党委书记、局长　王众豪
党委委员、副局长　彭全贵　余大炼
黄继云
党委委员、总工程师　张建清

县地方海事处

主　任　吴安保

县道路运输管理处

主　任　喻铭龙

县交通建设质量安全监督管理所

党支部书记、所长　刘瑞兰
党支部副书记、副所长　刘家龙
副所长　文先祥

县公路管理局

党组书记（主持工作）　左光华
局长（无党派）　袁永泉
党组成员、副局长　刘爱萍　张业强
刘少华
党组成员、纪检组长　吴　波

沅水大桥管理所

所　长　谢永锋

县城市管理和行政执法局

党组书记（主持工作）　唐定红
局　长（九三学社）　邓丕德
党组成员、副局长　高益华　邹革强
袁定保

湖南西洞庭湖国家级自然保护区管理局

局　长　梅碧球
党支部书记　钟丽琴
副局长　张纪祥　李跃飞
纪检员　刘松林
宣传教育科科长　陶元生
财务科科长　聂仁少
旅游管理科科长　胡静波
资源保护科科长　彭平波
办公室主任　蔡教慧

湖南西洞庭湖国家级自然保护区管理局综合行政执法大队

大队长　解朝华
副大队长　曹　峰　郭　灿
王　裴

湖南西洞庭湖国家级自然保护区管理局汪湖分局

副局长　邹长贵

湖南西洞庭湖国家级自然保护区管理局蒋家嘴分局

局　长　　阳　俭
副局长（无党派）　　彭波涌

湖南汉寿高新技术产业园区

党工委书记、县委常委、统战部部长　　李裕军
管委会主任　　杨　戊
党工委委员、副主任、汉寿高新技术产业园区企业党委书记（兼）　　郭志刚
党工委委员、副主任　杨小兵　袁先海
党工委委员、工会主席、汉寿高新技术产业园区企业党委副书记（兼）　　田勇军
产业发展局局长　　李　勇
招商合作局局长　　王　斌
社会事务管理局局长（无党派）　　王国华

县清水湖旅游景区管理处

党支部书记（主持工作）　　周笑琴
主　任（民盟）　　粟显波
党支部副书记、副主任　　谢弦攸
副主任　　李　丹　龙　维

县金诚城市建设投资经营有限公司

董事长　　廖永红
总经理　　黄国庆

县高新投资开发有限公司

董事长　　戴金辉
总经理　　周子奎

县现代农业投资开发有限公司

总经理　　肖广锋

国税局

党组书记、局长　　鄢　宇
副局长　　谭剑虹　汪明宏
　　李　彬　贺先利
纪检组长　　高立志

地税局

党组书记、局长　　王小明
党组成员、副局长　　周志明　王成名
　　张浩洋
党组成员、纪检组长　　孙　勇

国网汉寿县供电公司（电力局）

总经理　　朱黎军
党总支书记、副总经理　　朱　勇
党总支副书记（纪检）、工会负责人　　曾志耕
副总经理　　李仕林　阳章清

中国人民银行汉寿县支行

支部书记、行长　　戴恩会
副行长　　曾云祥　蒋孝平
纪检组长　　何业军

中国银行股份有限公司汉寿县支行

行　长　　余代宏
副行长　　欧阳照熙

中国农业发展银行汉寿县支行

行　长　　王力春
副行长　　王　毅　罗胜波

中国农业银行汉寿县支行

党委书记、行长　　罗智宏
党委委员、纪委书记　　何　涛
党委委员、副行长　　陈勇军　王　艳

中国建设银行股份有限公司汉寿县支行

行　长　　彭一鸣

中国工商银行股份有限公司汉寿县支行

行　长　　韩兵科
副行长　　易　军　邓晓辉

中国邮政储蓄银行股份有限公司汉寿县支行

党支部书记　　张　兵
党组成员、工会主席、副行长　　谭晓明
副行长　　蒋　毅
党组成员、办公室主任　　王军明

汉寿农村商业银行股份有限公司

党委书记、董事长　　蔡国民
党委副书记、行长　　程　健
纪委书记、监事长　　曾爱佳
党委委员、副行长　　金新义　唐方亮

华融湘江银行股份有限公司汉寿县支行

行　长　　聂志澎
行长助理　　李宇芳

中国人民财产保险股份有限公司汉寿县支公司

党支部书记、经理　　邓　捷
支部委员、副经理　　方成章　马文桃
　　曾　翔
支部委员、经理助理　　陈　舒
支部委员、营销服务部经理　　唐　进

中国人寿保险股份有限公司汉寿县支公司

党支部书记、经理　　张吉慧
支部委员、副经理　　魏　杨　刘　鹏

中华联合财产保险股份有限公司汉寿县支公司

经　理　黄正君
副经理　周　颖

气象局

局　长　刘　雅
副局长、纪检监察员　蔡卫国

烟草专卖局

党组成员、副局长、纪检组长　周成军
党组成员、副经理　王先富
党组成员、副局长（代理）　曾卓夙

消防大队

教导员　邓扬虎
大队长　刘水军
参　谋　裴先科　付　悦　龙　翔
中队长　李同恒

新华书店有限责任公司汉寿县分公司

支部书记　罗国兴
经　理　代　利
副经理、纪检组长　杨　辉

国家统计局汉寿调查队

党支部书记、队长　蒋四如
副队长　黄　鹄
纪检监察员　黄丛华

湖南盐业股份有限公司汉寿县分公司

党支部书记、经理　罗四维
副经理　蒋　华

中国邮政集团公司汉寿县分公司

党委书记、总经理　王先辉
党委委员、副总经理　陈　伟　罗绍国
党委委员　朱振华　彭政波

中国电信股份有限公司汉寿分公司

党委书记、总经理　杨　斌
副总经理　张海波　张立秋
副总经理　刘胜锡

中国移动通信集团湖南有限公司汉寿分公司

支部书记、经理　杨国民（2017.12 任）
支委委员、副经理　高绪明　吴　明

中国联通有限公司汉寿分公司

经　理　李　柳
经理助理　冯　敏　邱献利

住房公积金管理部

党支部书记、主任　郝　珉
副主任　马　刚　邱咏枝

水文局

局　长　唐校准

龙阳街道

党工委书记　吕孝胜
党工委副书记、办事处主任　罗喜美
党工委副书记　邓　慧
党工委委员、人大工委主任　钟学斌
党工委委员、纪工委书记　邓元祥
党工委委员、组织委员　陈彦利
党工委委员、办事处副主任、武装部长　曾爱华
党工委委员　涂贤和

辰阳街道

党工委书记　邓　慧
党工委副书记、办事处主任　廖秀明
党工委副书记　孙卫东
党工委委员、人大工委主任、武装部长　朱鹏万
党工委委员、政协联络处主任　李伟才
党工委委员、纪工委书记　袁　霞
党工委委员、组织委员　黄尔文
党工委委员　刘四友
办事处副主任（无党派）　曹　婷
人大工委副主任　汤世玉

沧浪街道

党工委书记　徐纪桂
党工委副书记、主任　李明辉
党工委副书记、人大工委主任　周立军
党工委副书记　马永新
党工委委员、政协联络处主任　徐立明
党工委委员、纪工委书记　饶　晔
党工委委员、组织委员　帅宏伟
党工委委员、办事处副主任　冷伯钧
党工委委员、武装部长　李立新
人大工委副主任　成　晨

株木山街道

党工委书记　丁志刚
党工委副书记、办事处主任　周　勇
党工委副书记　胡　全
党工委委员、人大工委主任　雷　平
党工委委员、政协联络处主任　杨　智
党工委委员、纪工委书记　熊　军
党工委委员、组织委员　龚　昊
党工委委员、办事处副主任、武装部部长　李建明
党工委委员　杨　彬
办事处副主任　邹献辉

岩汪湖镇

党委书记　肖广洲
党委副书记、镇长　熊世成

党委副书记 汪　燕
党委委员、人大主席 肖　勇
党委委员、政协联络处主任 柳云娇
党委委员、副镇长、武装部部长 施满红
党委委员、纪委书记 李俊保
党委委员、组织委员 穰　勇
党委委员 蒋立君
副镇长（无党派） 孟振中
人大副主席 邓建利

沧港镇

党委书记 李桂先
党委副书记、镇长 郭学斌
党委副书记 曾鹏志
党委委员、人大主席、武装部部长 邹立雷
党委委员、政协联络处主任 程功云
党委委员、纪委书记 李爱军
党委委员、组织委员 周政龙
党委委员、副镇长 杨玉山
党委委员 罗向春
副镇长 郭灰龙
人大副主席 张祥付

坡头镇

党委书记 刘少华
党委副书记、镇长 李　杰
党委副书记 彭晋文
党委委员、人大主席 张建军
党委委员、政协联络处主任 刘龙凤
党委委员、组织委员 施阿娜
党委委员、武装部部长、副镇长 周显贵
党委委员 赵奇志
副镇长 朱先才
人大副主席 杨恒树

酉港镇

党委书记 彭绍峰
党委副书记、镇长 高　俊
党委副书记 李梦婕
党委委员、人大主席 叶宏发
党委委员、政协联络处主任 李阳文
党委委员、纪委书记 瞿　科
党委委员、组织委员 张洪军
党委委员、副镇长、武装部部长 曾　胜
副镇长 邓　桦
人大副主席 徐先军

洲口镇

党委书记 周立文
党委副书记、镇长 陈　英
党委副书记 陈光辉
党委委员、人大主席、武装部部长 刘　军
党委委员、政协联络处主任 曾志坚
党委委员、纪委书记 王克山
党委委员、组织委员 曾　咏
党委委员、副镇长 刘　扬
副镇长（无党派） 邱　星
人大副主席 夏孝付

罐头嘴镇

党委书记 陈精忠
党委副书记、镇长 李　颖
党委委员、人大主席 蔡文芳
党委委员、政协联络处主任 袁　杰
党委委员、纪委书记 周　敏
党委委员、组织委员 曾　敏
党委委员、副镇长、武装部部长 邓丕勇
党委委员 王远明
人大副主席 赵　子

聂家桥乡

党委书记 解　哲
党委副书记、乡长 郭龙振
党委副书记（挂职） 段　佳
党委委员、人大主席、武装部部长 罗长君
党委委员、政协联络处主任 徐　慧
党委委员、纪委书记 宋子纯
党委委员、组织委员 胡小力
副乡长 曾铁平
人大副主席 曾德安

毛家滩回族维吾尔族乡

党委书记 曾　健
党委副书记、乡长 黄明新
党委副书记 朱　勇
党委委员、人大主席 周显慧
党委委员、政协联络处主任、武装部部长 刘红学
党委委员、纪委书记 黄　娇
党委委员、组织委员 廖　伟
副乡长 刘立军
人大副主席 徐新兵

朱家铺镇

党委书记 周　勇
党委副书记、镇长 胡建红
党委副书记 刘伏来
党委委员、人大主席、武装部部长 廖金馥
党委委员、政协联络处主任 廖立民
党委委员、纪委书记 熊凌颖
党委委员、组织委员 彭一斌
副镇长（无党派） 胡　丽
人大副主席 罗先政

丰家铺镇

党委书记 郭立民
党委副书记、镇长 杨　芬
党委副书记 李　强
党委委员、人大主席 杨东平
党委委员、政协联络处主任 黄明波
党委委员、纪委书记 肖国富
党委委员、组织委员 杨建华

党委委员、副镇长、武装部部长　吴　浩
人大副主席　陈　伟

太子庙镇

党委书记　瞿　富
党委副书记、镇长　杨友明
党委委员、人大主席　刘开来
党委委员、政协联络处主任　刘光新
党委委员、纪委书记　张　涌
党委委员、组织委员　粟　龙
党委委员、副镇长　邱志刚
党委委员、武装部部长　曾　艺
党委委员（挂职）　何智波
副镇长（无党派）　徐纪宏
人大副主席　罗　清

崔家桥镇

党委书记　刘先开
党委副书记、镇长　李海波
党委副书记　邱德龙
党委委员、人大主席、武装部部长　胡远征
党委委员、政协联络处主任　王吉文
党委委员、纪委书记　袁　贵
党委委员、组织委员　管乙军
党委委员、副镇长　邓永良
党委委员　游强军
副镇长（无党派）　丁　勇
人大副主席　方第元

龙潭桥镇

党委书记　李　进
党委副书记、镇长　王利民
党委副书记　刘　畅
党委委员、人大主席　张先国
党委委员、政协联络处主任　钟汉春
党委委员、纪委书记　余德祥
党委委员、组织委员　曾惠文
党委委员、副镇长　曹立军
副镇长（无党派）　许露籍
人大副主席　刘艳丽

军山铺镇

党委书记　彭晋华
党委副书记、镇长　梅　阳
党委副书记　李佳源
党委委员、人大主席　吴定军
党委委员、政协联络处主任、武装部部长　刘文斌
党委委员、纪委书记　王庆国
党委委员、组织委员　夏冬贵
副镇长（无党派）　郭　芳
人大副主席　刘大义

蒋家嘴镇

党委书记　陈顺勇
党委副书记、镇长　任智敏
党委副书记　彭　程
党委委员、人大主席　刘小红
党委委员、政协联络处主任、武装部部长　周　斌
党委委员、纪委书记　刘　敏
党委委员、组织委员　罗　芳
党委委员、副镇长　金保华
副镇长（无党派）　杨　恒
人大副主席　郭敬峰

百禄桥镇

党委书记　黄忠文
党委副书记、镇长　孙　瑜
党委副书记　马发明
党委委员、人大主席　王先明
党委委员、政协联络处主任、武装部部长　张　颖
党委委员、纪委书记　刘新春
党委委员、组织委员　王　琼
人大副主席　丁　权

洋淘湖镇

党委书记　王　卫
党委副书记、镇长　李群华
党委副书记　夏新波
党委委员、人大主席、武装部部长　施毅平
党委委员、政协联络处主任　曾小春
党委委员、纪委书记　黎爱平
党委委员、组织委员　廖　欢
人大副主席　肖　琼

中国共产党汉寿县委员会

综　述

2017年，汉寿县委辖基层党委32个，其中乡镇党委17个；基层党支部1264个，其中农村党支部408个；党员36002名，其中农村党员19507名。一年来，县委紧跟中央省市决策部署，团结带领全县人民，大力实施“一五五发展战略”（锁定“一个目标”：建设生态宜居大湖经济强县；实施“五大战略”：项目立县、产业强县、城镇兴县、交通活县、民生和县；迈进“五个时代”，把汉寿县带进高铁时代、大湖时代、融城时代、金融时代、小康时代）。全县经济社会发展呈现稳中有进、进中趋优的态势。全年完成地区生产总值279.71亿元，增长9.4%；一般公共预算收入真正进入两位数时代，达到11.01亿元，增长15.3%；固定资产投资235.35亿元，增长16.6%；社会消费品零售总额83.97亿元，增长10.9%；城乡居民可支配收入分别达到28028元和14780元，分别增长8.3%和9%。

【项目建设】“双百工程”扎实推进，100个重点项目完成投资105亿元，争取各类建设资金19.47亿元，融资58亿元，项目建设考核进入全市第一方阵。安和寿医药、万华生态板、业佳精密橡塑、沃博特肥料、银河汽贸、中晖光伏等一批亿元项目相继落地或投产，新增裕兴纺织、湘湖水产、康尔佳药业、汉美蔬菜等一批进出口企业，成功举办春节招商推介会和第二届汉商恳谈会，招商引资和开放型经济工作稳居全市前列。

【产业发展】工业经济平稳向好。新增规模工业企业20家。新建标准厂房11万平方米，新建和改造主干道8条，开工亿元工业项目6个，完成康普药业总部转移，汉寿高新区成功晋升为国家级高新区。现代农业步伐加快。新型经营主体新增135家，整体推进6号大道沿线美丽乡村、秀美庭院等基础设施建设，荣获“全省粮食生产标兵县”称号。三产服务业基础夯实。全域旅游来势看好，洞庭花海开园，太子庙自驾游接待中心投入使用，同发野生动物园开工建设。金融、商贸、电商等服务业日益活跃。

【城镇建设】县城区总体规划、沧浪新城城市设计规划和高新区概念性规划趋于完善。投入近45亿元推进城镇带动大会战，实施棚户区改造7360户。房产销售突破60万平方米，比两年前翻了一番。污水处理厂二期、中联重科城乡环卫一体化、龙珠湖公园、休闲广场等项目投入运营或有序推进。

【基础建设】沅澧快速干线6号大道（汉寿段）9月27日竣工通车，创造汉寿交通建设史上的奇迹。鹿溪旅游公路竣工通车，太子庙收费站完成升级改造，文蔚大桥与东仓铺、官兴障渡改桥竣工通行，新改建干线公路和农村公路221公里。公路治超工作居省市前列。蒋家嘴2号水闸及船闸拆除重建，中型电排竣工投运。电力、智慧城市建设取得新进展。

【民生实事】精准扶贫稳步推进，完成1186户4291人易地扶贫搬迁，实现9408人、11个贫困村脱贫，顺利通过一次又一次国省检查“大考”。教育卫生提质升级，师德师风整治、去行政化改革、“帅孟奇教育突出贡献奖”评选、社会捐资助学等影响深远，三大公立医院建设进展有序，顺利通过省卫生县城复检。文体事业蓬勃发展，常德高腔《帅孟奇》进京会演获得成功，勇夺市七运会金牌总数第一。成功承办环中国公路自行车赛这一国际赛事，荣获“全国群众体育先进单位”。社会保障扩面提质，各项社保待遇及时足额发放，新增城乡就业 1.1 万多人；建成县社会福利中心。生态环境加速治理，打响西洞庭湖湿地欧美黑杨清理、砂石整治、畜禽退养等攻坚战，工作成效受到省市主要领导充分肯定，中央电视台、新华社、经济日报、湖南卫视等主流媒体纷纷点赞。

【深化改革】 “放管服”、财税体制、金融体制等关键领域改革顺利推进。在全国率先自主研发“微信报警、举报服务平台”，在全省率先实现个体工商户“七证合一”，在全市率先完成农村土地确权颁证，优秀改革项目评选连续两年夺得全市第一。荣获“全国农村集体产权制度改革试点县”称号。

【党的建设】 圆满完成村支“两委”换届，高标准建成 300 个农村综合服务平台，全面推行村干部专职化管理和“智慧党建”，公开选拔 278 名村（社区）党建工作联络员，深入开展“双十佳”评选活动，基层党建综合考评跃居全市第三。组建县委巡察机构，完成纪委派驻机构改革，实现监督全覆盖；积极推行村级专项巡察，有效惩治了群众身边的“微腐败”。社会大局总体稳定，综合治理、维护稳定和安全生产工作被评为全市先进。（胡　刚　李志伟）

县委办公室工作

2017 年，汉寿县委办以“三服务”为中心，坚持高水平谋事、高效率办事、高质量成事，有力保障和促进了县委工作的高效运转。督查、信息、密码工作评为全省先进，综调、保密工作评为全市先进。荣获“全市十佳公文办理单位”，并成功创建成为市级文明单位，牵头负责的改革办、小康办工作取得可喜成绩，连续两年获得全市优秀改革项目评选第一名，跻身全省“全面小康经济十快进县”。

【参谋的高度在提升】 一年来，坚持以文辅政，不断优化文稿服务，为县委谋大事、作决策积极发挥参谋助手作用。一是调查研究有成果。围绕全县经济社会发展重要问题和重点工作，先后开展投融资体制改革、生态环保等重要课题的调研，其中《全力打赢西洞庭湖生态环境保卫战》《凤凰涅槃展翅飞——汉寿县投融资体制改革经验做法》《微信报警、举报服务平台开创基层警务新模式》等一批文稿被省委办公厅、省委改革办、市委办公室内刊采用。二是文稿起草有质量。始终站在战略全局高度，紧贴县委意图，圆满完成县委经济工作会、半年经济形势分析会、领导干部作风整训会等大型会议文稿任务和省委、市委主要领导到汉寿视察汇报材料起草工作。三是信息报送有实效。按照“立足本级、服务上级、面向基层”的宗旨，积极创新信息工作机制，不断完善信息报送网络，加强信息收集、综合和报送，为领导掌握重点工作动态、安排部署工作提供了有益参考。全年共向上报送信息 450 余条，其中省、市单条或综合采用 68 条。

【落实的硬度在增强】 一是突出督查重点，确保了政令畅通。紧紧抓住书记办公会、县委常委会、专题会议和其他大型会议确定的工作重点开展督促检查，积极促进各项重点工作的贯彻落实。积极配合县直相关单位开展重点业务工作督查，加强与上级督查部门的沟通和衔接，有力推动了脱贫攻坚、环保整治、基层党建、项目建设、干部作风等重点工作的落实。二是紧盯工作主体，加强了督查责任。根据领导批示及交办精神，通过下发《县委督办通知》，及时向相关县级领导或相关单位书面交办，并明确工作的实质性进展及存在的问题。全年共开展各类实地督查 83 次，编发督查通报 10 期，督查专报 9 期，完成领导批示件 6 起，办结政协委员提案 13 件。三是创新督查方式，加大了工作力度。积极探索建立健全适应新形势新任务的督查考核体系，坚持重点督查与专项督查相结合，主动谋划与及时受命相结合，及时开展自行督查与联合督查，督查水平显著提高。

【协调的韧度在增加】 积极发挥牵头抓总、协调各方的中枢作用，抓规范、优服务、严管理，确保了综合协调的及时准确。一是一丝不苟做好公文管理。按照发有用文、行规范文、收完整文的要求，注重办文调研、严格办文程序，全年共起草、审核、制发文件 9 类 161 个，收到上级文件 2387 份，按要求清退 2016 年文件，做到了及时处理，没有出现任何纰漏。二是统筹兼顾做好会务信访。先后服务县委常委会会议 22 次，承办县委经济工作会等多次大型会议和 60 余次中小型会议。圆满完成省市领导到汉寿视察接待工作，配合有关部门组织了第二届汉商恳谈会、蔬菜文化节，环中国国际公路自行车赛等大型活动。建立县委办领导班子成员轮流带班接访制度，有力维护了县委机关信访工作秩序。三是稳妥慎重做好保密工作。组织开展了高考、学考等保密监管工作，对全县所有乡镇及科局等重点保密单位进行了专项保密督查。

【业务的精度在提高】 坚持以业务建设为重点，切实提高全办干部素质，实现了办公室工作“零差错”。一是抓住契机“学”。以“两学一做”学习教育为契机，积极开展学习研讨，并聘请相关领域专家进行讲学和指导。二是活化形式“训”。选派3名年轻干部到北京、省委办公厅、省委改革办跟班学习，不断提高业务能力。结合文明机关创建，定期举办道德讲堂、读书会等一系列文化活动。特别是11月份，以“学习王新法先进事迹，争当优秀共产党员”为主题，组织全办党员干部到石门县薛家村学习王新法先进事迹，进一步涵养了党员干部不忘初心、勇于担当的精神。三是投身实践“练”。坚持以老带新、以强带弱，切实抓好办公室工作的“传帮带”，对重要文稿的起草、重要会议的筹备、重要活动的安排、重要工作的推进，坚持统筹兼顾、全办互动，形成了整体工作态势。

【强基的速度在加快】 一是干部作风持续强化。严格落实“三会一课”和组织纪律要求，积极开展“两学一做”学习教育、干部好家风建设和廉洁从政好书分享活动，组织全办干部集体观看了《巡视利剑》《建军大业》《十八洞村》《将改革进行到底》等专题教育宣传片，党员干部作风建设进一步加强。二是人员保障渐行常态。制定下发《关于选派办公室工作人员到县委办跟班学习的通知》，形成了常态化的学习跟班制度，共有13名乡镇、县直单位机关干部进入县委办跟班学习。同时，坚持正确的选人用人导向，注重对年轻干部的培养，推荐1名副主任到乡镇担任党委书记、3名优秀年轻干部到县青干班学习培训。三是办公环境日趋改善。添置一批办公桌椅、电脑等设备，开通安全邮文件传输系统，机关院内安装了车辆识别系统，办公环境大大改善，工作效率明显提高。

（胡　刚　李志伟）

组织工作

【概况】 汉寿县委组织部现有在编人员26人，内设办公室、研究室、干部一组（公选办）、干部二组、干部监督组、信息中心、组织组、党员管理办和远教中心。2017年，县委组织部坚持严字当头，统筹推进领导班子、干部队伍、人才队伍、基层党组织和党员队伍建设，为“建设生态宜居的大湖经济强县”提供了坚强组织保证，汉寿县2017年度党建工作成绩全市排名第三。

【自身建设】 始终严字当头，从严改进作风，扎实开展“公道正派、公开透明”组织部门建设。一是加大干部教育力度。一年来，开展了4次道德讲堂，使干部静心反省自身。组织部内干部学习《重申三项纪律》等相关文件精神，观看《将改革进行到底》《榜样》等教育专题片；中共十九大会议召开后，聘请市县专家、教授授课，组织全体干部先后3次专题学习贯彻中共十九大精神。二是积极开展各种主体活动，组织开展相关活动。协助机关支部开展党员进社区集中慰问活动，为城东社区七户困难党员送上组织的温暖和关怀。开展联点贫困村走访慰问，为烂泥湖村20户困难群众进行点对点式扶贫，对贫困户进行扶志、扶智。三是积极开展户外活动。积极开展志愿者服务活动。全年开展各类志愿者服务活动8次，组织干部积极参加运动会，激发干部的开拓进取意识，营造团结奋进的良好工作氛围。四是开展文明机关创建活动。制定创建文明机关方案，将任务分解到人，做好文明创建资料准备。在美化、亮化卫生环境的基础上，按照文明创建要求，在办公楼醒目处、走廊两旁、部会议室等处搞好设计布置，体现文明机关精神理念，营造部内创建文明机关的良好氛围。

【中心活动】 强化问题导向，推进上下联动，确保“两学一做”学习教育健康有序开展。一是真学实做抓重点。下发《2017年全县“两学一做”学习教育常态化制度化工作要点》，定期下发《“两学一做”学习教育常态化制度化工作提示》，多次召开专题调度会、推进会，在学习内容和学习重点上与上级部门保持高度一致。同时，严格督导考核，采取一季度一考核、一排名、一通报，持续加压上劲，确保真“学”实“做”向基层延伸；在落实去年基层党建“7+2”重点任务基础上，重点抓好中央增加的3项重点工作，把建立党组织和党员电子身份信息、整顿改进人才市场流动党员管理、发展壮大薄弱村空壳村的村级集体经济作为大事，各项工作推进有序。二是组织培训强素质。以县委党校为主阵地，精心安排学习内容，举办12期村（社区）干部、大学生村干部轮训班，着力提高村级干部队伍素质。10月18—20日，举办全县村（社区）党组织书记培训班，邀请县委书记、县长、市委组织部等主要领导亲自授课，全县22个乡镇（街道、区）党（工）委书记参加开班、结业典礼及分组讨论，专职副书记、组织干事全陪带队，切实抓好村级“带头人”队伍建设，效果明显。三是结合实际创特色。全面开展“迎接中共十九大，做合格党员、建合格支部”“党员强党性”“主题党日”等主题活动，各级党组织纷纷行动，创建示范岗，发放党群连心卡，推动党员走在前、做在前，全县党建工作氛围更加浓厚。县委举办一次以“心中的旗帜”为主题的庆“七一”“双十佳”颁奖典礼，评出了十佳优秀基层党组织和十佳优秀共产党员，分别给予3万元和1万元奖励，在全县上下形成创先争优、团结奋进的良好氛围。县政府办党组探索“党建+”工作模式，让机关工作充满活力；株木山街道党工委创新活动形式,开展“美丽乡村行”主题党日活动；蒋家嘴镇党委结合庆“七一”活动，开展“纯化党性、赞颂党恩”系列活动，党员深受启发教育。

【干部工作】贯彻好干部标准，严格执行条例，切实加强领导班子和干部队伍建设。一是严格日常监督管理。完成《领导干部个人有关事项》的填报和身份证件的专项清理工作。积极为全县55位在职处级领导解释政策和衔接沟通，保证填报和清理工作的顺利完成。进行因私事出国（境）证件专项清理和审核工作，联合公安局出入境大队对已退休处级领导、县管干部1379人的持有证照和因私出国（境）情况进行了一次全面清理。二是一线导向抓培养。根据全县中心工作的需要，选派一批后备干部到项目建设和扶贫攻坚一线锻炼；向上推荐并选送1名乡镇党外女性班子成员到市县单位挂职，迎接3名市县单位干部到汉寿县乡镇挂职；推荐2名年轻乡镇长参加市委组织部组织的全市中青年干部培训班。举办一期科级干部岗位培训班、一期青年干部培训班和八期科级领导干部集中轮训班，对全县800多名科级领导干部和年轻干部实行集中轮训。全年共调整干部73人，其中提拔重用32人，均来自干事创业一线。三是积极探索选人用人新机制。教育去行政化改革。以县一中为试点，制定聘期已满的6名班子副职全部解聘、公开竞争性选拔3名副校长（无行政级别）的改革举措，并对竞聘的副校长实行任期制和任期目标责任制。竞聘上的3名副校长有两名来自教学一线，得到了师生和社会各界的认同。公安系统“全员竞争上岗”。对县公安局下属的71个副科级领导岗位实行“全员竞争上岗”，有效激发了队伍活力。深化投融资平台人事制度改革。对投融资公司所有人员一律实行去行政化，实行企业化管理，对城建投原体制内的7名工作人员进行了退回，“三大投”副总经理和各公司综合部、财务部、工程技术部相关岗位职员全部面向社会公开招聘，实行聘任制。原行政编制的“三大投”董事长和总经理公务员身份不再保留，关系转入了县国资中心。

【人才工作】一是搞好全县优秀专家春节慰问、人才工作相关奖励发放的衔接工作。对发放春节慰问金的56名优秀专家和涉及人才工作奖励津补贴的164人次、17个单位进行了审核，并发放了慰问金及相关奖励津补贴。二是做好人才引进管理工作。2017年共有13个单位上报了引进高层次人才计划，计划引进博士4名、硕士48名、正高级职称4名、副高级职称11名，其他专业技术人员4名。截至2017年10月底，引进本科及以上学历的专业技术人才338名，其中高端专业技术人才（硕士及以上学历、副高及以上职称）26名。参与全市引进高层次人才集中宣传活动。11月下旬，经县委人才工作领导小组研究决定，汉寿县部分事业单位集中招聘全日制硕士研究生及以上学历人才17名，组织部在汉寿党建网、汉寿县人社局网、常德党建网、常德人社局网、常德考试院网等媒体发布了招聘公告。三是开展两次专家联谊会活动。组织全县39名专家联谊会常务理事成员召开专家联谊会第一次理事会，总结联谊会2016年的工作，讨论2017年工作安排，调整联谊会理事会成员。以“关注社会，聚焦民生”为主题，组织22名专家联谊会会员代表前往蒋家嘴水闸，参观考察除险加固工程及水利设施建设情况，组织会员探讨未来水利设施建设的发展方向并提出建议。四是突出科技扶贫，做好科技特派员工作。县委人才工作领导小组办公室下文选派33名科技特派员到全县33个贫困村开展科技扶贫工作。科技特派员根据自身特长，按照各自责任，创新性地开展农业科技指导和医卫服务等工作，取得一定成绩，获得群众好评。针对科技特派员特长，为农业生产提供精准服务。助力科技扶贫，大力推广成熟技术。发挥“领头羊”作用，科技致富示范成效显著。注重企业引领，创新科技型企业扶贫。情系农村医疗，为农民健康提供保障。

【基层党建】以落实管党层级责任制为抓手，以“两学一做”学习教育为契机，进一步打基础、补短板、创特色，取得明显成效。一是管党层级责任进一步落实。对基层党建工作进行细化，明确每季度对基层党建工作结一次账，通报情况，年底结合省、市检查和平时检查情况，综合党建民调、党建工作述职等工作，进行基层党建工作总排名。各个单位拿出了具体的落实计划，明确了工作责任，基层党建工作任务完成较好。二是智慧党建工作有序推进。在全县所有村（社区）公开招考278名党建联络员，一大批文化素质高、操作能力强的年轻人进入村级管理队伍。同时将全县1565个党组织、36002名党员信息录入系统，其中党组织和所在单位基本信息15项、党员基本信息30项。“一网一云”工作稳步推进。全县红星云注册达25875人，党员学习积分达368万多。拍摄制作《绽放在基层的铿锵玫瑰》《无悔人生》等专题片，在常德电视台《旗帜》栏目播出。2016年拍摄的《开路人》在今年获得了省二等奖、市一等奖，并在“红星云”视频中展播。三是“新经济组织、新社会组织”“二新”党建成效凸显。健全工作机构，整合各方力量，共选派89名“两新”组织党建工作指导员；开展党的建设全覆盖集中攻坚活动，大力推进非公企业和社会组织党建工作“两个覆盖”，非公企业党组织覆盖率已由2016年8月的13%提高到了87.65%，社会组织党组织组建率由2016年8月的7%提高到了96.67%。督导指导非公企业和社会组织党组织结合实际开展党建活动，在全县打造了20个非公企业党建示范点及10个社会组织党建示范点，在全市上半年的区县市交叉检查中取得第二名，在省市督导调研中获得好评。四是农村综合服务平台建设稳步推进。严把农村综合服务平台建设程序关、质量关，实行周调度、月通报。截至2017年6月30日第一批18个示范项目17个已经全部竣工并投入使用，第二批65个项目全部断水封顶，第三批203个项目9月份启动，断水封顶105个。（李长浩　杨志伟）

宣传工作

【概况】 2017年，全县宣传思想文化工作在县委的正确领导和上级宣传部门指导下，紧紧围绕宣传贯彻中共十九大及习近平总书记系列重要讲话精神，以践行党的群众路线为根本，围绕中心，服务大局，唱响主旋律，打好主动仗，为全县经济社会发展提供了强有力的思想保证、精神动力和智力支持。

【理论教育】 抓好中心组学习，增强理论工作带动力。为充分发挥县委理论学习中心组的龙头作用，县委确定“荷花品格、梅花精神”“党委（党组）理论学习中心组学习规则”“将改革进行到底”“市委常委讲党课”“传达中共十九大精神”等重点学习专题，并先后邀请省委讲师团、省卫计委、市委党校、市委宣讲团等知名专家、教授为县委理论学习中心组集中辅导6次。在县委理论学习中心组的带动下，县直机关和乡镇（街道）理论学习中心组也加大了学习的力度，据统计，全年组织学习次数达6次以上的正科级单位达98%以上。

持续抓好重大理教活动，扩大理论学习影响力。全面实施党的报告员制度和党性教育报告员制度。为推动“两学一做”学习教育常态化建设，下发了《关于在全县建立党的报告员和党性教育报告员的通知》，要求各单位建立2~3名党的报告员和1名党性教育报告员，并对党的报告员、党性教育报告员宣讲内容、宣讲次数、宣讲对象等进行规范。全县已建立党的报告员队伍300余名，党的报告员广泛活跃在基层单位、村部社区、企业和学校，据统计，各级党的报告员宣讲次数达800余次，宣讲效果受到基层干部和广大群众的认可。抓好了理论学习书籍的发行。为更好推动中共十九大报告学习和贯彻落实，根据上级部门的要求，针对不同的层次配套发行了《中共十九大报告辅导读本》《党章》《习近平谈治国理政》等理教书籍，切实保证了理论学习活动的有效开展。

注重学习制度建设，提高理论工作的约束力。2017年3月，制订下发了《2017年汉寿县党委（党组）中心组理论学习安排意见》，对全县各党委（党组）中心组学习内容、制度进行具体规定，并提出全年安排6次以上集中学习，每两个月安排一个专题进行集中学习研讨的具体要求。为确保落实，县委宣传部和两办对各单位理论学习情况进行专项检查。已开展半年集中检查一次，不定期检查1次，其中9月份以“无不访村”专项检查为契机，对全县21个乡镇和街道进行了一次普查。同时，健全了中心组的学习档案制度。各党委中心组把学习计划、学习提示和主要参阅材料、中心发言材料、考勤记录和学习讨论记录、中心组成员的学习成果、中心组学习的有关文件都进行了统一归档。

坚持理论联系实际，加强理论调研的指导力。加大理论调研工作的力度，先后组织全县各单位开展了“社会主义有点潮”“开放强市产业立市”征文比赛，共收到征文80余篇，其中有不少文章具有一定的理论深度和实际指导意义。

【文化产业】 聚精会神抓文化产业管理。根据市小康办和市委宣传部要求，新增规上文化企业7家，文化产业增加值占GDP比重比2016年增加0.3%。为此，坚持调研先行，先后深入向学胜美术学校、疯狂博士综合教育、汉寿县旗袍协会、常德鑫创意文化传播有限公司、湖南金广门装修公司等约10余家企业进行调研摸底，多次召开协调会，争得工商等部门支持，为相关企业的营业执照增加文化项目，积极汇报取得文化产业资金支持。2017年，新增或转轨上文化企业7家，其中5家已通过国家统计局审批，2家已获得市统计局审批，正在向上审批当中。调度现有9家规上文化企业，积极向上争取奖励，并对其产值和增加值方面提出相关要求。通过调度，该9家规上文化企业产值呈现快速增长的趋势，截至10月，9家规上文化企业产值达到4.7亿元，比2016年增加约4亿元。

【外宣工作】 对外宣传成绩好。截至目前，省级以上主流媒体上稿67篇，其中，中央电视台新闻频道上稿2条，播放总时长60多秒；中央电视台财经频道上稿1条，140多秒；经济日报上稿1篇；新华网上稿3篇；湖南卫视《新闻联播》上稿1000多秒；《湖南日报》头版头条1篇，头版2篇，其他版面26篇；潇湘晨报上稿2篇。市级媒体《常德日报》头版头条采用12篇，常德电视台《新闻联播》上稿10000多秒，主题宣传覆盖广。一是围绕县委中心工作方面。为加大迎接中共十九大宣传工作，主动对接上级媒体，推出“迎接中共十九大·砥砺奋进的五年”宣传专栏，全面及时报道五年来全县社会经济发展取得的成绩。围绕全县杨树清理专项整治行动，在中央电视台推出《湖南常德：“种树能手”砍树守护候鸟家园》，在经济日报推出《西洞庭：天鹅提前“回家”了》等系列报道；围绕土地流转工作，在人民日报推出《当土地流转“遇上”互联网——来自湖南省汉寿县的调查》的报道；在湖南日报推出《怎一个“鲜”字了得——汉寿蔬菜产业发展见闻》《汉寿千名人大代表解民难》《汉寿开通村级换届信访“直通车”》《汉寿党员干部坚守一线抗洪救灾纪实》《常德清理西洞庭湖核心区域3.6万亩黑杨》等报道。二是围绕人民群众关注热点方面。针对全县的民调工作问题，县法院4月20日召开了“回应民调关注 打击违法犯罪”专项活动新闻通气会。针对太子庙收费站升级改造的问题，4月28日，县交通局召开汉寿县益常高速太子庙收费站升级改造项目新闻发布会，邀请了省、市、县级多家媒体参加，对群众想了解的、所关切的问题一一进行阐释。三是围绕上下联动推送精品方面。6月16日，中国·汉寿第二届蔬菜文化节盛大开幕，省、市、县多家媒体现场进行采访报道。湖南卫视《新闻联播》播出《常德汉寿举办蔬菜文化节——打响“北有寿光 南有汉寿”品牌》专题，时长达1分多钟。湖南日报、常德日报推出相关报道，中国网、网易等网站转载相关信息。6月28日，人民日报到县采访土地经营流转的成效经验，湖南公共频道到县开展迎七一建党节·汉寿新农村建设的采访活动。7月，汉寿举全县之力投入到抗洪抢险行动中去，积极同上级媒体联系，配合做好全县防汛救灾的相关报道，在新华社上稿《日夜搜救 公路行舟——湖南各地紧急转移31万人侧记》，在新华网上稿2条，在“新湖南”客户端上稿20多条。

媒体宣传形式多。整合全县新闻媒体资源，成立新闻中心，打造汉寿县新闻“中央厨房”，统一调度，统一采编，统一发布。创新利用网站、微信、自媒体等新媒体传播手段，以“汉寿新闻网”“汉寿微政务”“掌上汉寿手机台”牵头，带动全县各单位乡镇（街道）区建立了政务微博和微信公众号，并积极联合县内重点自媒体“汉寿人民网”“汉寿微友汇”“汉寿同城”“喔唖妹”等，广泛传播汉寿好声音，传递汉寿正能量，力争做到全县上下宣传联动一盘棋，共同打造媒体融合新时代。

【网络舆情】 2017年，汉寿县从抓学习、建队伍、活机制三个方面着力，首先，下发《关于加强新闻通讯员和网评员队伍管理的通知》，要求各单位、乡镇（街道）安排1~2人担任新闻通讯员和网评员，完成上稿、转发和跟评任务，及时报送属地内突发事件，关注和搜集属地舆情，并及时回复处理。其次，加强阵地建设，下发《关于做好全县微博微信建设管理工作的通知》，要求县四大家、县直单位、乡镇（街道）在规定的时间内开通官方微博和微信公众号，发布信息，政务公开，加强互动交流。再次，加强网络环境净化工作，按照市网信办要求，通过舆情上报系统报送负面舆情1000多条，报送政治、暴恐、色情等举报线索800多条。

为推进网络社会管理聚集正能量，及时处理市网宣办交办的《涉常舆情》，报送县委、政府领导签批，再交办给涉事单位处理回复。积极关注本地群众呼声和网民诉求，通过网络舆情监控，先后及时发现并处理了涉及安全生产、环境保护、环卫整治、交通安全等方面的重大舆情20多起，共编报“2017年汉寿县网络舆情快报”300多期，回复率达95%以上，组织网络参评员转发跟帖150多次，发布各类贴文2000多条。对“汉寿1·3八旬老人意外死亡事件”“太子庙镇捶鼓仑坝小孩落水失踪”“长沙医学院新疆籍学生在汉实习期间身亡事件”“汉寿民族幼儿园建在清真寺内”等多起影响较大的突发事件，组织开展新闻发布和舆情引导工作，未发生一起恶性舆情以及舆情失控事件，有效地掌控舆论导向。

【文明创建】 着力开展省级文明县城创建，提升市民素质。一是健全机构，增强合力。成立了以杨昶书记为政委，车世忠县长为指挥长，刘毅翔副书记为常务副政委，县委常委、宣传部长黄治军为常务副指挥长，多名县级领导为副指挥长的创建省级文明县城工作指挥部，并以汉办〔2017〕6号文件形式，下发到全县各级各单位，形成创建合力。二是细化任务，明确责任。成立汉寿县创建省级文明县城工作指挥部和城市创建工作指挥部，结合汉寿县实际，初步拟定《创建省级文明县城的决定》《创建省级文明县城实施方案》等文件，按照《湖南省文明县城测评体系》把目标任务进行了分解细化，明确各责任单位的创建工作任务。三是加强宣传，营造氛围。拟定《创建省级文明县城宣传方案》，更新了县城区内以及汉寿大道两侧公益广告宣传牌，号召各单位临街电子显示屏常年显示创建省级文明县城相关标语。7月11日，组织召开全县创建省级文明县城、迎接省级卫生县城复审考核动员大会。10月18日，成功通过省级卫生县城复审考核。

继续抓好文明单位创建，提升创建水平。今年，汉寿县继续开展县级文明单位、文明机关和县级文明村（居、社区）的创建，全县有34个单位、21个村镇

（村、社区）提出了创建申请。此外，还有1个单位申报创建全国文明单位，1个村申报创建全国文明村，2个单位申报创建市文明标兵单位、6个单位申报创建市文明单位、1个单位申报创建市文明窗口单位、6个村镇申报创建市文明村镇单位、4个社区申报创建市文明社区、7个村申报创建市文明村。4、6月份，分别组织召开全县文明单位和文明村镇（村、社区）创建工作培训会，传达全市文明单位创建工作培训会会议精神，对全县各级各类文明单位创建工作进行专题培训。

推进志愿服务活动，传递社会正能量。以创建省级文明县城为契机，以深入开展学雷锋活动为抓手，广泛开展“三关爱”活动，全面开展关爱空巢老人、留守儿童、残疾人等志愿服务活动，大力培育志愿文化，宣传志愿服务活动。汉寿县志愿者队伍活跃在文化、卫生、教育、民政等各个领域，为群众提供最直接、最便捷的志愿服务，志愿者服务的社会关注度越来越高。3月5日，开展“关爱母亲河·聚力共保洁”大型志愿服务活动，共60多家新申报和复查文明单位，近500名志愿者参加。3月10日，常德市广播电视台携手市文明办、市交通警察支队、汉寿县文明办、汉寿县交警大队在汉寿县联合开展“礼让斑马线、文明常德人”公益活动。3月20日，开展“弘扬雷锋志愿服务精神，展示龙阳义工社工风采”活动现场，2016年度的30位“优秀志愿者”，10位“岗位学雷锋标兵”以及2个“优秀志愿服务团队”受到了表彰。同时为在“学雷锋·展风采——我的志愿服务”征影活动中，获得一、二、三等奖、优胜奖的单位和个人颁奖。按照《湖南省文明城市测评细则》提出的“建立志愿者登记制度，注册志愿者人数占居民人口比例达13%”的指标要求，汉寿县需建成11万人规模的志愿者队伍，县文明办组织召开全县志愿者网上注册登记工作专题会议，下发了《关于开展网上注册志愿者、志愿服务组织的通知》，并对各乡镇、街道和县直单位进行了集中培训，分解注册任务，到9月，汉寿县注册人数从4000多人达到11万人。10月，为确保省级卫生县城复审考核工作顺利通过，组织县直单位以及社会志愿服务团体志愿者到城区公共场所开展文明劝导志愿服务活动。为进一步深化志愿服务活动，2017年，还开展文明单位结对帮建乡镇敬老院活动，对全县29家敬老院实行文明单位一一对接，使志愿服务活动在社会发展中发挥更大的作用。

树立和宣传先进典型，加强公民思想道德建设。县文明办一直以来大力宣传诚实守信、孝老爱亲、见义勇为、助人为乐、敬业奉献等方面的道德模范和先进个人典型，积极做好先进典型推荐评选工作。一是持续推进道德模范与“我推荐、我评议身边好人”评选表彰活动。2017年，县文明办把“我推荐、我评议身边好人”工作作为文明单位的重要考核内容来抓，做到一月一统计，一月一通报，视情节严重对未完成任务的单位作出约谈分管领导、取消当年申报资格或取消所获荣誉处理。二是持续开展“湖南好人”推荐活动。县文明办推荐的中医院副主任医师赵琼欣荣登“湖南好人”5月榜单，推荐西湖灌区管理局泵站值班长黄家喜荣登“湖南好人”6月榜单。三是开展“德城德星”评选推荐活动。每月均向市报送一批候选人，正在评选中。四是开展“汉寿好青年”评选表彰活动。5月4日，联合团县委举办了第一届“汉寿好青年”表彰评选活动，通过单位或个人自主推荐、网上投票、现场投票等方式，从100多名优秀青年中推选出20名“汉寿好青年”在“5·4”青年节进行了现场表彰。五是开展“文明家庭”“好媳妇。好婆婆”评选表彰工作。10月27日、联合妇联开展汉寿县首届“文明家庭”“好媳妇、好婆婆”评选表彰工作，评选出10户“文明家庭”、10位“好媳妇、好婆婆”，并举办颁奖仪式。

抓好“我们的节日”主题活动，弘扬中华民族优秀传统文化。着重开展春节、元宵、清明、端午、七夕、中秋、重阳等传统节日活动，让广大市民尊重传统、弘扬传统。10月27日，县文明办牵头举办“我们的节日·重阳”暨“敬老月”志愿服务活动启动仪式。

多措并举，未成年人思想道德建设工作有新突破。一是净化未成年人健康成长环境。坚决取缔“黑网吧”和变相经营网吧，重拳整治违规接纳未成年人行为。召开专题会议部署“扫黄打非”行动，加强校园周边环境专项治理。全面整治网络、荧屏声频、出版物市场，严格控制不适合未成年人的广播影视节目在大众媒体上播出，整顿危害未成年人身心健康的不良广告，营造有利于青少年健康成长的社会文化环境。二是进一步加大未成年人活动阵地建设。充分发挥县青少年校外活动中心、乡村学校少年宫和爱国主义教育阵地功能。截至2017年，全县已经建成21所乡村学校少年宫，数量居全市第一，文明单位联点帮建乡村学校少年宫工作持续进行。11月中旬对全县21所乡村少年宫进行全面考核，对工作不力、活动开展不丰富的将予以停拨当年运转资金；对少年宫项目建设运行情况优异的予以续拨或多拨当年运转资金。三是深化“我的中国梦”主题教育实践活动。开展市、县级美德少年评选表彰活动，共评选出78名县级美德少年，其中4名被评为市级美德少年。积极组织开展“童心向党”歌咏活动、优秀童谣征集活动以及“向国旗敬礼”活动。

（刘　妮）

统战工作

【概况】2017年，汉寿县统战工作围绕全县工作大局，积极落实中央、省市委关于统一战线系列重大决策部署，以“三线”为定位和目标，着力服务汉寿县“一五五”发展战略，统战工作取得较好成效，为建设生态宜居的大湖经济强县提供了力量支持。县委统战部在职在岗工作人员8名，其中，部长1名、副部长2名、台办主任1名、正科级干部1名（抽调参加中心工作）、办公室主任1名、办公室副主任1名、办公室工作人员1名。

【四同创建】以“四同创建”为抓手，基层统战工作载体不断创新。2017年，以创建一批有影响力，具有示范性的市级同心乡村、同心项目为目标，扎实开展了同心工程创建工作。一是扎实做好基础工作。先后到桃源、临澧等地省级同心乡村、同心项目开展实地调研，学习和交流创建工作经验，为汉寿县创建工作打下良好基础；深入乡镇开展调查摸底工作，对岩汪湖镇、毛家滩回维乡、龙潭桥镇等乡镇申报的同心项目进行实地考察，严格创建标准，坚持成熟一个，创建一个。二是坚持统战主导,做实创建工作。2017年，创建了市级同心乡村岩汪湖镇陈军堤村、市级同心项目汉寿县毛家滩回维乡埃及糖橙产业。把同心项目作为统战成员实践锻炼基地，积极引导统战成员参与，组织他们定期、不定期开展科技下乡、理论调研和扶贫帮困等活动，使“同心工程”真正成为党外代表人士、非公经济人士以及其他统战成员施展才干的舞台。11月份，通过考核验收，对两个项目县级同心乡村、同心项目进行了授牌。三是加强同心项目的跟踪服务。对汉寿县已授牌市级同心项目定期开展复查，明确专人联系，加强跟踪指导、服务，持续开展特色活动。

【党外人士队伍建设】党外代表人士队伍建设工作力度进一步增强。一是强化党外干部培养和使用。2017年，积极争取县委重视，采取有效措施，党外干部的配备力度超前。县政府工作部门欠缺的一名正职、县检察院党外副职等党外干部的配备已到位；为进一步优化党外干部队伍，进一步促进党外干部成长，完善党外干部人才库和后备干部库，一批思想觉悟高、工作能力出色、社会评价好的党外干部被列为重点培养对象；建立县级领导与党外干部联系交友制度，以县委名义印发《关于开展县委常委、人大政协主职、党员副县长与党外代表人士、非公经济人士联系交友活动的通知》（汉办〔2017〕12号），安排63名社会上有贡献、工作中有作为的党外代表人士、非公经济人士与21名党员县级领导干部联络交友。组织开展部务会成员与党外干部谈心谈话活动，及时掌握党外干部的思想、工作、生活状况；12月5日，县委召开党外干部学习中共十九大精神座谈会，县委书记杨昶参加并对县党外干部给出高度评价。二是扎实推进知联会工作。定期召开党外知识分子座谈会，听取党外知识分子的意见和建议；扎实开展“两学一做”活动；积极开展调研，12月6日至9日，组织知联会（党外知识分子联谊会）部分会员赴益阳安化县、湖北潜江市、蔡甸区开展“如何做响汉寿蔬菜品牌”的专题调研，并形成调研报告拟送汉寿县主要领导作为决策参考。三是引导党外代表人士积极参政议政。县委统战部引导参政议政能力强的党外代表人士发挥人才优势和智力优势，深入调查研究经济社会发展中的热点、难点问题，积极建言献策，及时反映社会各领域的情况和动态信息，共提交提案、社情民意、调研材料等30多份，为县委掌握情况、分析问题提供参考依据。引导党外代表人士发挥民主监督作用，认真履行民主监督员职责，发挥在界别中的特殊影响力作用和桥梁纽带作用，协调各方关系，化解矛盾纠纷，维护社会稳定，为经济社会发展创造良好的社会环境。

【民族宗教工作】民族宗教工作保持和谐稳定。一是强化宗教场所规范化管理。2017年，县委统战部、县民宗局多次深入各个宗教活动场所进行调研指导，对宗教场所日常消防安全、饮食、宗教活动的审批、财务的规范化、公开化等制度的建立提出具体指导意见，进一步维护了宗教场所的稳定。二是加强民族宗教工作日常管理。围绕共同团结奋斗、共同繁荣发展的主题，贯彻落实党的宗教工作基本方针，积极引导宗教与社会主义社会相适应。民族宗教工作抓在日常，抓在细处，抓在实处，定期开展民族宗教领域安全和不稳定因素排查工作，妥善处理了几起民族宗教方面的突发性舆论事件。三是强化业务能力提升。进一步加强民宗干部队伍建设，着力提升民族宗教工作成效和水平，加强宗教人士队伍建设，充分发挥宗教人士的积极作用，举办了全县民族宗教工作培训班。三是继续开展和谐寺观教堂创建活动。

【台海联谊工作】台海联谊服务不断深化。一是倾心为台胞台属服好务。为帮助台胞台属处理好各种难题，事前了解台胞台属诉求，提前做好准备和衔接，在办理各种手续和证件时全程陪同；事后了解进展，通过这种贴心的服务,让台胞台属感受到“娘家”的温暖。协助市台办组织好台胞返乡行活动；为台商到汉寿考察投资创造良好环境；定期走访台资企业，了解生产发展情况。二是搞好涉台宣传教育工作。县委明确将涉台宣传教育纳入县委中心组学习内容，纳入县委党校教学内容。

【经济领域统战工作】 经济领域统战工作不断提升。一是抓实非公企业党建工作，助推“两学一做”常态化学习教育。在非公企业中开展党建标准化建设工作，对全县100多家非公企业党组织和党员情况进行了摸底，制定非公企业党建工作实施方案。同时积极开展“两学一做”常态化学习教育，召开非公企业党组织“两学一做”动员会议，认真安排和部署工作，掀起了非公企业“两学一做”学习教育的热潮。三是发挥优势，积极招商引资。认真落实县委县政府招商引资工作要求，招商引资工作效果突出。成功引进新奥能源有限公司清洁能源项目、深圳耐美特烘干设备项目等，完成县委、县政府下达的任务。同时用统一战线的优势，为汉商恳谈会贡献力量。4月1日，邀请广州汉寿商会企业家周宏泉一行、台商周光汉等到汉寿参加汉商大会。

【新的社会阶层人士工作】 牢牢把握新形势下统战工作重点，创新性做好新的社会阶层人士工作，抓实创新实践示范基地建设，凝聚起全县新的社会阶层人士的最大能量，构建大统战工作新格局。摸清底子，建好代表人士信息库。为有利于工作开展，在全县范围内开展摸底，特别是在城区4个街道办事处摸底。县委统战部联合县委宣传部、县文体广新局、县广播电视台、电子政务办、民政局、文联等单位开展调查摸底工作，从新社会阶层人士的数量、规模、行业分布、社会影响力等方面着手，对全县30多家企业、15家中介组织、3家私人医院、20多家新媒体、100多名新媒体从业人员开展了调查摸底，从信息采集、筛选、登记等各个环节都毫不马虎，保证了数据和信息的真实性和准确性。建立了完善的信息库，汉寿县有新社会阶层代表人士20人，其中新媒体从业人员5人，自由职业者2人，其他13人。

【统战宣传和自身建设】 及时掌握统战领域新政策、新要求。内化于心，外化于行，带领全县统战对象“不忘初心，继续前行”，认真抓好统战宣传和自身建设工作。一是贯彻上级精神，及早部署落实。认真学习中央、省委、市委统战工作会议精神和《中央统战工作条例》及省委《实施意见》，抓紧落到实处。二是提请县委常委会议专题研究。为贯彻落实好上级精神，县委召开常委会议，专题研究和部署汉寿县贯彻落实中央、省委、市委统战工作会议精神工作开展，为统战工作解决难题。三是建立健全机制。成立县委统战工作领导小组、建立联席会议制度，进一步保障统战工作的开展。四是在全县统一战线深入贯彻学习和落实中共十九大精神。组织统一战线成员开展形式多样，内容新颖的学习活动，把学习贯彻中共十九大精神落实到行动上、落实到工作中，充分展示全县统一战线与党同心、与党同行的坚定决心。五是设岗定责，不断完善制度建设。工作力量进一步加强。2017年，经努力争取，又新增编制一个，工作力量得到保障。宣传信息工作稳中求进。把信息工作做为日常工作的重点，加强统战宣传信息工作力度，制定信息考核奖励机制，提高了信息员的积极性。创建汉寿统战公众号，建立统战工作微信群、qq群，丰富了宣传报道的载体。不断充实统战特约信息员队伍，建立了稳定的信息员队伍。机关文化氛围日益浓厚。以机关文化建设为主要抓手，进一步完善了机关干部学习、工作、教育、管理、激励的长效机制，开展了县委统战部“学业务、提素质、强责任”机关读书活动，大大提升了统战干部的综合能力。“两学一做”常态化学习教育常抓不松懈。按照要求，县委统战部狠抓“两学一做”常态化学习教育活动，四个专题都明确中心发言人，其他干部也认真撰写了发言提纲和学习心得体会。做到不走过场，不流于形式，使统战系统更进一步发挥优势，干部成为政治上的明白人，部门成为凝心聚力的好平台。

【大事记】 2月23日，市委常委、统战部部长陈华一行到汉寿，就汉寿县落实全省统战部长会议精神、统战工作开展情况等进行调研。

8月14日下午，由牛津大学中国校友会和汉寿县委统战部联合开展的“同心”助学活动在汉寿县军山铺镇政府举行。

8月15日—9月29日，开展“泛海”助学活动，为76名贫困大学生每人每年解决5000元助学金。（曾　跞）

机构编制工作

【概况】 中共汉寿县委机构编制委员会办公室，简称县委编委办，负责全县行政管理体制与机构改革及机关事业单位职能配置、机构设置、人员编制、领导职数和事业单位登记管理工作。县委编委办及二层机构共有人员编制12名，现有在编工作人员11名。机构内设3个职能组：综合组、业务组和行政审批制度改革组。机构直属事业单位1个：汉寿县事业单位登记管理局（简称县事业登记局），为县委编委办管理的具有行政职能的正科级事业单位，负责全县事业单位登记管理及党政机关、群团组织、金融机构统一社会信用代码赋码工作。2017年，县委编委办在县委、县政府的领导和市委编委办的指导下，按照省、市文件精神及机构编制工作会议的部署和要求，在县政府机构改革工作、“放管服”改革工作、相关领域改革工作、取消中介服务事项后续工作、机构编制基础建设三年行动方案推进工作、中小学教师编制运用评估工作、机构编制管理工作、机关事业单位登记管理工作、中文域名注册与挂标、实名制数据库管理工作、县委、县政府重点工作、自身建设工作等方面取得明显成效。

【纪检监察体制和巡察制度改革工作】 推进县委巡察制度改革。编制全部划转到位，人员全部配备到位。县编委印发汉编发〔2017〕8号文件，完成县委巡察办“三定”工作，明确中共汉寿县委巡察工作领导小组办公室为领导小组日常办事机构，列入县委工作机构序列，机构设县纪委，规格为正科级。确定其主要职责和内设机构，核定行政编制8名:主任（正科级）1名，副主任（副科级）2名，其他工作人员5名。县编委印发《关于汉寿县委巡察组有关机构编制事项的通知》，设立汉寿县委巡察组3个，分别为县委第一巡察组、县委第二巡察组、县委第三巡察组，每组核定行政编制4名：组长（正科级）1名，副组长1名（副科级），其他工作人员2名。

推进县纪委派驻监督全覆盖改革。县编委下发《关于汉寿县纪委派驻纪检组有关机构编制事项的通知》（汉编发〔2017〕10号），批准汉寿县纪委设立派驻县委办、县委组织部、县委政法委、县政府办、县住建局、县农业局、县教育局、县财政局、县卫计局、县公安局、县检察院、县法院12个纪检组，核定组长职数12名，均为副科级领导职数，每个派驻纪检组分别核定行政编制4名。通过划转调剂解决编制需要，实现负责（综合）监督单位61个，授权监督单位68个的派驻监督全覆盖。同时，核销了全县纳入县纪委派驻监督全覆盖的单位原设置的纪检监督机构，以及原有的32名科级纪检职数。

推进监察委制度改革。积极与县纪委、县检察院衔接，摸清县反贪污贿赂局、渎职犯罪侦查局、职务犯罪预防局机构设置情况、从事相关工作人员情况及编制核准情况，做好监察委制度改革前期相关工作，为下一步改革工作做好准备。

【“放管服”改革工作】 以商事登记制度改革为切入点，为企业松绑。汉寿县已办“五证合一”企业3732户，占全县存量企业数的83%；已办“两证合一”个体工商户5482户，个体工商户企业简易注销11户。为改善营商环境，汉寿县在“五证合一”登记制度改革的基础上，全面梳理、分类处理涉企证照事项，将涉企备案事项整合到营业执照的办理过程之中，于8月底前实现企业“二十证合一”，个体工商户“七证合一”。为加强规范管理，2017年，全县通过事中事后监管平台推送工商登记信息2501条，许可部门接收率100%，上传许可信息1093条，未经许可反馈监管信息率100%；通过平台归集涉企行政处罚信息55条，经营异常名录20条；“双随机”抽查信息25条，自2017年4月1日全市启用发牌管理以后，汉寿县为全市唯一无红牌警告单位。

以公示许可和处罚信息为突破口，为企业减负。建立行政许可与行政处罚等信用信息“双公示”制度。指定专人负责，畅通公示渠道，根据行政许可和行政处罚事项目录，将行政许可、行政处罚等信用信息自行政决定生效之日起7个工作日内网上公示。出台社会信用体系建设工作考核细则。加大诚信宣传工作占分比例，对有行政职能的单位门户网站没有设“行政许可与行政处罚信息公示栏”或没有报送信息的单位在年底考核中予以扣分处理。

以促进优质政务服务为落脚点，为企业助力。着手对县房地产一体化系统功能进行优化升级，按照“先税费后证照”的理念，将房地产领域的证照从颁发规划许可证副本起至颁发不动产登记证，审批全流程纳入系统办理，确保非税收入和税费的应征必征，并规范办理流程，提高办事效率，防止腐败滋生。

【相关领域改革工作】 完成公证机构体制改革。按照中央、省、市有关公证机构改革的精神和要求，将现有行政体制公证机构改为事业体制，经县委编委全会研究，将汉寿县原司法局机关直属机构县公证处调整为县司法局管理的公益二类事业单位，核定差额拨款事业编制5名。做好相关人员划转安置，原有符合身份人员充分尊重本人意愿连人带编划入局机关；设立改制过渡期，过渡期内指派具有公证员执业资格人员到改制后的公证机构担任公证员，以确保公证队伍稳定，保障工作连续性。

推进综合行政执法及城管体制改革。在县综合行政执法改革工作领导小组领导下，开展全县行政执法职能执法机构清理和行政执法事项分解工作摸底调研，整合县商务粮食局、食品药品工商质量监督管理局、卫计局等部门内行政执法职责和机构，完成一个部门一个执法机构的设置。启动城管体制改革相关摸底工作。

开展扩权强镇改革。积极向县编委主要领导汇报，开展扩大乡镇政府服务管理权限的调研，向乡镇（街道）、相关县直部门转发市委编委办《关于开展扩大乡镇政府服务管理权限调研的通知》（汉编办发〔2017〕36号），制发《关于开展扩大乡镇政府服务管理权限调研实施方案的通知》，要求相关单位按照文件相关目录，全面梳理权力清单，有针对性的研讨放权事宜，同时会同县政府法制办抽调专门力量组成2个小组，到全县32个相关单位开展调研。联合县政府法制办围绕承担农业发展、农村经营管理、安全生产、规划建设管理、环境保护、公共安全、防灾减灾、扶贫济困等重点领域，对县发改局、科技工信局、人社局、龙阳街道办、岩汪湖镇等32个相关政府职能部门和部分乡镇（街道）进行走访调查。通过下发文件传达精神、实地调研开展摸底、电话沟通了解情况、资料收集整理等一系列举措，最终形成《汉寿县扩大乡镇政府服务管理权限事项建议目录》，收集相关建议委托、下放行政许可和行政处罚共100项。其中委托乡镇（街道）行政许可22项，直接下放乡镇（街道）行政许可17项，委托乡镇（街道）行政处罚56项、直接下放乡镇（街道）行政处罚5项。

【取消中介服务事项后续工作】 根据《国务院关于第一批清理规范89项国务院部门行政审批中介服务事项的决定》（国发〔2015〕58号）《湖南省人民政府关于第一批清理规范59项省政府部门行政审批中介服务事项的决定》（湘政发〔2016〕3号）精神，县人民政府清理规范了64项县政府部门行政审批中介服务事项，并以汉政发〔2016〕11号文件下发。2017年3月22至23日，由县委编委办牵头，组织法制办、优化办、政务中心等单位分管负责人组成联合检查组，对照文件精神，重点抽查了两个涉企收费项目基建报建项目的缴费明细，走访了一个企业，对检查发现的问题进行限期督促整改。

【机构编制基础建设三年行动方案推进工作】 市委编委办下发《关于印发〈推进区县（市）机构编制管理基础建设三年行动方案〉的通知》（常编办发〔2017〕9号），该办一是积极学习并做好汇报。组织全办工作人员进行传阅学习，向县委编委领导作汇报，拿出《汉寿县关于推进机构编制管理基础建设三年行动工作实施方案（草案）》，书面征求县委组织部、县国家保密局、县人社局、县财政局、县电子政务办的意见，并报第15次县委常委会议研究，得到领导的高度重视和大力支持，成立以县委常委、常务副县长丁克刚为组长，县委编委会副主任、各有关部门负责人为成员的领导小组，落实专项工作经费。二是出台相关文件。以汉编发〔2017〕11号出台《关于推进汉寿县机构编制管理基础建设三年行动方案实施工作的通知》，就撰写县机构编制历史沿革出台汉编办发〔2017〕35号文件，并就撰写机构编制历史沿革工作分期分批对全县各机关事业单位撰写人员进行专题培训。还从县档案局复制1980年以来的机构编制文件及年报资料等，方便部门单位查阅写史。三是有条不紊地推进相关工作。全县机构编制历史沿革撰写工作全面启动。全办工作人员分成4个小组明确任务分工，抽调工作人员集中办公。同时完成县直机关行政事业单位和乡镇（街道）机构编制管理纸质台账的建立和机构编制管理证的填写发放工作。

【中小学教师编制运用评估工作】 实地调研，摸清底数。县委编委办采取实地走访、查阅资料、会议座谈等方式，对全县中小学教师核编情况、实有教师人数、学校生源情况、附设幼儿班（园）情况、编外用工人数等进行核查，为科学合理制定编制调整方案奠定基础。

科学测算，合理定编。结合全县学生流动趋势、现有在校学生人数、班额及学校空编情况，遵循“城乡教育均衡发展，适当倾斜农村教育”原则，科学核定中小学教师编制数量，既确保中小学教育教学工作正常开展，又确保不突破现有编制总量。

加强管理，动态调整。进一步完善中小学教师编制动态管理机制，根据学校布局结构调整、不同学段学生规模变化等情况，每2~3年进行一次动态调整，确保有限的编制资源使用效益最大化，助推全县教育事业健康发展。

【机构编制管理工作】 夯实基础，盘活资源。2017年，在机构编制管理上，汉寿县按照“精简、统一、效能”原则，严格执行《汉寿县机关事业单位用编规程》，统筹抓好进人用编管理和机构编制统计，及时完善各类业务台账，认真做好机构编制实名制管理系统数据库的数据采集、审核把关、数据入库、数据完善及更新维护工作，实行动态管理，严控全县机构编制人员增长。除政策性安置和有计划的公开招考外，全县没有新增其他财政负担工资人员。此外，该办还提请县委编委全会研究，出台《县直行政事业编制挖潜工作方案》，挖潜县直事业编制53名，为县委、县政府中心工作和重点工作如征地拆迁、机关养老保险改革、文明创建、旅游经济发展、依法行政、精准扶贫等工作增加或调剂编制。同时，组建息风湖国家湿地公园管理处，将鹿溪省级森林公园更名为湖南汉寿竹海国家森林公园并升格为正科，为推进汉寿县旅游经济发展打下良好基础。2017年，新成立汉寿县人民政府依法行政指导服务中心、汉寿县扶贫移民开发培训中心、治理超载超限运输车辆管理中队等9个机构，并对汉寿县纪检监察信息中心、汉寿县人民政府电子政务管理办公室、汉寿县乡镇供水工程管理站等10个机构进行了升格。

严格管理，符合程序。汉寿县严格按照上级基数要求，扎实做好控编减编工作，加强领导职数管理。对于机构的设立,该办严格按照“撤一建一，总量控制”原则办理。对出入编业务办理严谨规范。凡考试录用、招聘人员和调配人员，先要办理核编手续，无空余编不能招考、招聘和调配人员，凡未经该办核编而进入的人员不开具登编通知单，不能上编入册，人社部门不能审核其工资，财政部门不能核发工资；外县进入汉寿县的要事先在原单位进行实名制下编，该办才予以上编，调出汉寿县的要本人事先提出申请，由原单位、编委办等签署意见，才能予以实名制下编。在日常管理中，汉寿县还根据各单位的人员变化，随时调整编制统计表，力求统计报表的准确、及时，不出差错。同时，加大监督检查力度，认真贯彻落实《机构编制监督检查暂行规定》，定期和不定期开展专项督查活动，做好“12310”举报电话受理工作，配合做好问题的调查、处理和回复。

集体研究，提高效率。汉寿县机构编制管理实行主任办公会和编委全会两种讨论决策机制并举，切实提高机构编制管理效率。对于干部任免、人员录用等动态信息，县委编委办与县委组织部、县人社局等形成良性沟通工作机制，及时对全县干部职工的动态编制信息进行有效沟通，促进编制信息动态化管理，保障干部职工编制信息完整有效。按照控制总量、盘活存量的要求，该办充分挖掘现有人员编制潜力，实现人员编制效用最大化，做到注重调剂，总量不增。针对每一个机构编制事项的请示，积极主动开展调研，为领导决策提供真实、准确的一手资料。由于汉寿县机构编制管理工作规范有序，在2017年5—7月省审计厅委托益阳市审计局对汉寿县机构编制工作的审计中，没有发现违规问题。

【机关、事业单位登记管理工作】 全面完成机关、群团统一社会信用代码赋码工作。全县73个机关、群团组织和2个垂直管理单位（县人民银行和国税局）全部完成统一社会信用代码赋码发证工作。

认真做好事业单位法人年度报告公示工作。全县478个事业单位，应年度报告公示467个，已完成465个，公示率99.5%。

扎实做好事业单位法人登记工作。2017年，共完成事业单位法人设立登记10个，变更登记108个，注销登记11个，证书补领5个，受理相关部门查询服务21次。

积极开展事业单位法人公示信息抽查工作。9月中旬，县事业登记局一行3人对县商务粮食局、崔家桥镇等部门乡镇所属的15家事业单位的法人证书、机构调整文件、2016年度报告书、部门职工花名册等情况进行实地抽查，对单位的牌子、印章与“三定”文件进行重点核对，并填写《事业单位法人公示信息核对记录表》，由事业单位法定代表人签字盖章确认。对发现的问题，限期进行督促整改。通过开展信息抽查工作，进一步增强各单位的法人意识，推动全县登记管理工作的有效开展。

【中文域名注册与挂标工作】 编委办认真按照省、市委编委办工作部署，采取有力措施，将中文域名注册费用纳入县财政年度预算，继续实行集中续费，大力推进机关、事业单位中文域名注册工作,取得明显成效。同时，县委编委办依托中央编办网上名称注册管理系统，对于网站挂标进展缓慢的单位，通过QQ、电话等方式采取逐个联系，及时解答有关疑问，及时督促网站挂标。2017年7月底前，全县完成中文域名注册单位463个，域名注册率100%，发放标识101个，挂标覆盖率105.2%，提前完成全县所有中文域名注册、网站挂标任务。

【实名制数据库管理工作】 编委办高度重视机构编制实名制管理系统建设，一是建立严格的管理制度。明确分管负责人，安排专人负责系统的建立与日常维护，其他工作人员无权限修改，只能浏览，确保信息输入的准确与统一。二是明确录入依据。将部门“三定”规定、编制部门批复等文件作为核定部门职能职责、内设机构、下设单位、人员编制、领导职数的依据，将入编通知单、行政介绍信、退休审批表、编委会会议纪要作为上下编依据，将身份证、毕业证作为认定个人信息的唯一依据，确保信息数据真实准确。三是规范录入程序与时限。精心制定数据录入操作规程，严格按照收集、整理、审核、数据录入、校对、审核、数据上传等程序录入。对于新录（聘）公务员，县委编委办通过与组织部、人社局、财政局建立联系审核制度，及时上编；对于离退休人员，每月与组织部、人社局进行定期交流，确保及时下编。

【县委县政府重点工作】 全力投入扶贫攻坚，先后争取项目资金5万多元用于点村基础设施建设。采取结对帮扶的方式，为4户贫困户解决子女就学、最低生活保障和生产资料等实际困难，受到群众好评。

积极捕捉招商信息，促成总投资4.5亿元的山风电项目签约落户。

认真落实县委、县政府工作部署，积极投入防汛抗灾、综治民调、计划生育、文明创建等各项工作，为全县经济社会发展作出积极贡献。

【自身建设工作】 着力推进“两学一做”常态化教育。县委编委办严格按照中央和省、市、县委的工作要求，结合实际，在全办党员中开展“学党章党规、学系列讲话，做合格党员”学习教育活动。办成立协调小组，制定实施方案，通过个人自学和集体学习、专题讨论、讲党课、民主评议等方式，组织开展学习《中国共产党党章》《习近平总书记系列重要讲话》，组织观看《将改革进行到底》宣传教育片，进一步营造全办党员干部的政治学习氛围，增强了干部的党性意识和政治觉悟。

注重机构编制业务学习。除组织干部集中学习外，还采取“走出去”的方式，组织全办业务骨干赴武陵区编办交流学习，选派3批次干部分别赴长沙、北京、大别山学习，进一步拓展干部的工作视野，提升业务水平。为进一步加强信息调研工作，县委编委办制订《信息调研工作制度》，实行全员参与，量化考核，并提高上稿奖励标准。2017年，全办共为市委编委办、县委办报送工作信息及经验材料42余篇，在中央和省市编办网站上稿16篇，其中中编办和省编办各1篇，市编办15篇。汉寿县撰写的《加强县级事业单位登记管理亟待破解“四大难题”》论文被《中国机构编制网》刊发，《汉寿县扎实推进“放管服”改革》一文被省编办网站刊发。

切实加强干部作风建设。组织全办干部认真学习贯彻中央八项规定和省市县关于作风建设的相关规定，及时开展“两同时”谈心谈话活动，按时召开民主生活会，通过班子成员自我批评与相互批评，督促大家遵章守纪，廉洁奉公，始终保持共产党员的良好形象。

（胡慧颖）

老干部工作

【概况】 中共汉寿县委老干部局是县委主管老干部工作的职能部门，由县委组织部管理。设办公室、安置股、县关心下一代工作委员会办公室和县老干部活动中心（县老年大学），在职工作人员16人。2016年1月，县老干部活动中心升级为副科级事业单位，配备主任（副科职务）。2017年，县委老干部局全面落实老干部政治待遇和生活待遇，切实加强老干部党组织建设和思想政治建设，认真开展离退休干部“两学一做”学习教育和“畅谈十八大，喜迎中共十九大”正能量活动，充分发挥老干部队伍在推进“大湖经济强县”建设中的重要作用。

【离退休干部党的建设】 2017年4月，局里就离退休干部党建和党工委建设向县委常务会议做了专题汇报。经2017年县委常委会第七次会议研究，同意成立离退休干部党工委，明确由县委副书记、组织部部长牵头，抓好班子的配备工作。5月，离退休干部党工委挂牌成立，明确班子，开展工作。6月21日，根据中央、省、市关于老干部工作的统一部署，召开全县基层党建暨老干部工作会议，开展全县老干部工作、离退休干部党组织建设和经常性学习教育的专题培训。

2017年5月，对老干部社团组织进行整合。将原有的13个县离退休干部社团调整为6个：县关工委、县老科协、县老年大学、县老年体协、县老年保健协会、县老年文化艺术协会，并按规定对社团负责人进行调整。完成6个离退休干部社团的换届选举，成立社团党支部，按照“十有”要求完善学习活动阵地。6月，组织全县离退休干部党员广泛开展“做全面从严治党的坚定支持者和模范践行者”专题学习讨论。在县局组织的离休干部和处级干部专题讨论会上，有30多名处级和离休干部进行讨论发言，通过市老干局网、常德正扬网、汉寿老干部网发表讨论文章30余篇，向县委、县政府呈送网宣文摘5期。

2017年6月，建立健全全县基层离退休党支部。按照合理设置离退休干部党支部的要求，在全县离退休干部党员达到3人以上的乡镇（街道）和行政企事业单位，设立离退休干部党支部，配备党支部书记，实现离退休干部党组织建设全覆盖。2017年，全县各乡镇（街道）和县直单位共设立离退休干部党支部91个，完成支部班子的规范配备和换届选举工作。

【离退休干部待遇落实】 2017年，离退休干部特需经费、帮扶经费和医药费保障经费得到较好落实。县财政为县委老干部局预算离休干部、处级干部特需经费31万元、两节慰问经费30万元，特困帮扶经费15万元。离退休干部走访慰问做到“四必访”：传统节日必访、生病住院必访、生日祝寿必访、家庭困难必访。离退休干部经济待遇除绩效奖励工资略有差异外，其他待遇与在职人员基本一致。坚持离退休干部阅读文件、参加重要会议、听取政情通报、就近参观红色景点、工农业生产等制度。上半年，组织部分离休干部、退休处级干部参观帅孟奇故居、桃花源古镇等；下半年召开老干部政情通报会，组织正科级以上老干部视察全县经济社会发展成果，让老干部政治上受教育，思想上受启迪。

【发挥离退休干部作用】 2017年，狠抓老干部作用发挥，开展“五大”正能量系列活动。4—5月，开展“畅谈十八大，喜迎中共十九大”正能量畅谈活动。活动中有40多位老干部在会议上踊跃发言，老同志对中央持续推进改革，着力改善民生、坚持全面从严治党的决策部署和全国、省、市及县各方面工作取得的成绩、发生的可喜变化给予高度评价和大力点赞。开展“建大湖经济强县，献跨越发展良计”的正能量建言活动。县局委托县老科协负责组织，共收到各类调研报告论文150余篇，并以老干部建言汇编的形式汇编成册，报县委、县政府领导参阅。6月，开展“学习扶贫楷模王新法先进事迹”正能量践行活动。通过宣传发动，全县有30多名老干部回原籍带领群众致富，协助本单位办扶贫联系点，涌现了一批王新法似的“退休不褪色”的离退休干部党员先进典型，对当地群众脱贫致富起到重要引领作用。7月，开展“道德讲堂进校园”正能量宣讲活动。围绕省、市老干部局关心下一代工作部署，县关工委与县教育局联合组织开展“道德讲堂进校园”正能量宣讲活动，挖掘本地道德模范典型10余人，到全县各中小小学开展巡回宣讲30余场次。8月，开展“五好”离退休干部党支部、“五好”离退休党员评比竞赛活动。以“双五好”离退休干部党建典型作为工作重点，组成专门班子收集整理突出典型，共整理推介“五好”离退休干部党支部、“五好”离退休干部党员典型各10人。10月，开展“迎盛会、颂党恩”为主题的离退休干部文艺表演、诗辞书法摄影作品展示、文体竞赛活动，在全县上下营造喜迎中共十九大胜利召开的浓厚氛围。

【老干部活动阵地建设】 2017年，把改善离退休干部学习活动条件作为老干部工作的重要基础工程来抓。4月，县委常委会听取县老干工作情况汇报，会议同意将老干部活动中心、老年大学建设纳入公益文化事业发展规划，按照老干局、老干活动中心、老年大学、老干部党校、涉老社团组织“五位一体”的要求，将县老干活动中心、老年大学整体进行异地搬迁，县政府结合棚户区改造，按照科学规划、合理选址、功能配套的原则要求，启动老干活动中心、老年大学异地扩建。

【机关党的建设和各项管理】 2017年，按照从严治党新要求，扎实履行管党职责，坚持把党建工作作为单位各项工作的核心和引领，把抓好党建工作作为最大责任。主要领导做到“三个亲自、三个带头”。把反腐倡廉和纠风肃纪作为加强党建工作的关键环节来抓，制定落实党风廉政建设责任制度、机关事务民主决策、民主管理、民主监督和党务公开制度、局机关和老干部社团组织财务管理专项制度；制定工作人员岗位责任制管理和工作作风管理考核的一系列制度；围绕推进“两学一做”规范化、经常化、制度化建设，扎实开展党的组织建设、制度建设和经常性教育，全体工作人员积极争取做合格党员，主动为老干部学习活动提供优质服务，营造良好环境。（袁思婧）

党校工作

【概况】 2017年，中共汉寿县委党校（行政学院），在县委、县政府领导下，严格按照党校工作条例要求，以建设学习型、创新性党校为目标，围绕提升教学教研水平、强化内部管理、增强服务意识和服务县委中心工作主线，实行校委会领导下的校长责任制。党校内设5个职能科（站）室:办公室、教务科、行政科、政工科和对外培训科。共有干部职工28人，其中专业技术人员7人（副高级职称4人），参照公务员法管理人员20人，工人2人；研究生2人，本科22人；党员26人。

【领导班子建设】 2017年，县委党校以提高执政能力为目标，以开展创建学习型创新型领导班子建设活动为载体，全面加强领导班子建设，落实领导班子全面领导责任、领导班子主要负责人“第一责任”和其他成员“一岗双责”制度。注重党风廉政建设，制定和完善《党校班子党建职责考核管理办法》，建立党建工作“三台账”，制定《党校党建工作安排进度表》，把党建工作纳入党校日常工作管理一起推进。在全校范围内开展主题教育活动，每学期召开一次党员思想状况分析会和民主生活会，每季度组织一次党组中心组学习，每月安排一次职工政治学习和业务学习，结合干部培训，组织教职员工参观帅梦奇故居和纪念馆，进行红色教育和警示教育，形成学先进、创佳绩、争一流的良好氛围，提升干部队伍作风和战斗力。

【教学教研】 一是教师培训力度加强，宣讲与时俱进。2017年，围绕中共十八届六中全会和中共十九大会议精神，围绕习近平为总书记的新中央领导集体率领全国各族人民为实现“两个一百年”的奋斗目标，在全面深化改革、全面依法治国、全面从严治党方面形成的一系列治国理政新思想、新举措，结合汉寿实际，进行备课。进科局、走乡镇、入社区进行理论宣讲，在多个科局和乡镇单位的内部学习和“三严三实”“两学一做”活动上受邀上课，宣讲受到广泛好评和主要领导称赞，充分发挥了党校作为理论思想阵地的重要作用。二是教学科研水平稳步提升。2017年，党校主办了3期入党积极分子培训班，培训学员438人；举办了为期一个半月的科级干部培训班，参训学员50名；举办了为期一个半月的青年干部培训班，学员50名；举办了8期全县科级干部集中轮训班和10期全县村（社区）干部集中轮训班,学员共计2000多人。2017年，开展的“两学一做”教育活动，选派5名教师去省、市党校主办的培训班进修学习，汲取新的知识和养料，下半年，党校还派了8名教师去人民大学学习中共十九大精神。为补充该校师资力量不足，2017年的科级干部培训班，外请了省委党校教授2名、市委党校8名教授专家，多次请县内的专家，县委主要领导到党校上课。教师队伍的提升，确保了教学质量的提高。该校干部职工在校委领导下，各科室狠抓教学管理，搞好培训服务，特别是后勤服务保障，让教学培训顺利开展、学员安心学习。教师教学效果由学员测评打分，优秀课达到80%以上，学员满意率达到95%，学员反响强烈，满意率高，学员也真真切切地感受到教师教学水平的提高，学习积极性和主动性增强。该校与县委组织部积极配合，加强对学员管理，形成一套好的学员管理制度。教师教学水平的提高，学员管理制度的完善，最终体现在学员到课率上，无论是主体班还是干部轮训班到课率均达到96%以上。6月，由校年轻教师杨敏主讲的《信任不能代替监督》一课，在全市微党课宣讲比赛中获二等奖，8月，在省委宣传部举办的微宣讲比赛中获得三等奖。教师蔡明浩写的《弘扬社会主义法治精神研究》和杨敏写的《全面从严治党的利器》两篇论文在省委党校论文评选中分获二、三等奖。

【中心工作】 一是开展点村共建和扶贫帮困活动。党校今年点村扶贫工作成绩显著。基础设施"建设一批"。通过争取职能部门支持、村民自筹、社会捐助多个途径，筹集资金25万元对点村6700米渠道进行清淤，整修山塘6口，硬化10千米村组公路。通过政府投资主体，共投资60万元为点村修建60千瓦"光伏发电站"，日均发电量约200度，每年预计为点村创收约6万元。按可居住18户43人的标准建设异地搬迁集中安置点，让无能力改善居住条件的危房贫困户搬进了新家，同时，在集中整改过程中，清理出5户不符合集中安置条件的贫困户。另帮助12户贫困户进行了危房改造。年内，还完成了金孔组机埠整修，积极联系林业等部门完成100多亩油茶林新植项目，为产业发展奠定好的基础。争取政策"兜底一批"。帮助贫困户中的潘相应、彭庆等贫困人口申报低保，采取临时性救助办法救助丁福贵等3户，对家庭特别困难的黄启发1户贫困户4人办理社会兜底保障，使其纳入社会救助保障范围。将金孔村残疾人根据情况上报到残联，结合"三送下乡"活动争取轮椅等器械100件，方便他们生活。产业帮扶"发展一批"。扶持21户贫困户发展养殖，如牟梦连家共养鸡400羽、彭庆家养鸡2300羽，黄勇、黄志根等8户贫困户养殖黄牛一头，安排专人进行技术跟踪指导，在牛出栏时按市场价回收。按贫困户意愿，对36户贫困户进行分贷统还，每户申请免息贷款5万元，年可创收益2000元。在帮扶发展产业的同时，积极鼓励贫困户外出务工，据统计，2014年以来贫困户共有75户102人在外务工，在工作队帮扶下，其中66户91人已通过自身的劳动率先脱贫。副校长何为被评为全县"最美扶贫公仆"，年轻教师孙淼（县委驻金孔回族村扶贫工作组专干）被评为常德市2017年"百名最佳帮扶干部"。二是大力推进志愿服务活动。贯彻落实县文明委文明创建活动精神。进社区，开展文明交通劝导和爱心助学活动；到卫生责任区开展清扫卫生、清除公共场所"牛皮癣"，通过示范劝导，及时制止市民的不文明行为，树立党校教职员工良好形象，推进社区精神文明建设。三是文明创建工作扎实推进。推进社会主义核心价值体系建设，增强全校教职员工思想道德建设水平，党校"道德讲堂"开展得有声有色，被评为汉寿县2017年度"绩效评估良好单位"。

（肖　健）

接待工作

【概况】 中共汉寿县委、县人民政府接待处作为县委、县政府直属事业单位，履行全县公务接待管理职能，担负着做好县委、县人大、县政府、县政协到汉寿重宾的接待工作；搞好与省、市接待部门的联络，负责做好汉寿籍在外知名人士的联络；收集、传递有利于汉寿经济社会发展的各种信息，向客人推介汉寿，提高汉寿的知名度；督导定点接待宾馆不断改善服务态度，提高服务质量等工作。

接待处始终把接待工作作为创优环境的重要环节，坚持把接待工作作为沟通联络的重要载体，把事务服务与政务服务有效结合，不断拓展政务接待工作的服务领域，切实把接待工作作为对外宣传的重要平台，对每项接待任务都精心策划，突出重点体现特色。

2017年，接待来宾115批次963人/次。其中，省部级领导3批23人/次；地厅级领导18批58人/次；省、市直部门29批108人/次；客商49批376人/次;其他区县考察团7批85人/次，专家、学者、新闻媒体记者9批69人/次，其他相关陪同人员244人。

（李　丹）

档案工作

2017年，汉寿县档案局在市档案局和县委、县政府的正确领导下，强化服务理念，创新工作方式，全力推动县档案事业快速发展。

【档案馆新馆建设】 2017年，县档案馆建设项目列入县局工作重中之重，多次向县委、县政府及有关部门汇报，县委、县政府经过反复研究得以通过。项目选址在县沧浪街道，设计建筑面积6778平方米，计划投资2500万元，其中中央投资439万元。该项目设计图纸已经专家评审团评审，并报省档案局审批通过。建设项目采取PPP模式，由湖南省建工集团中标，10月18日正式破土动工，计划于2018年10月底主体封顶并进行内外装修及设备安装，2019年3月前交付使用。

【档案数据中心建设】 汉寿县洞庭湖生态经济区档案数据中心建设从2016年开始启动，当年已扫描30多万页，2017年1—10月扫描1001673页，条目录入119498条，超额完成既定目标，所有项目成果经过项目小组抽查，条目合格率达100%，条目与电子文件正确挂接率达100%，符合湘档发〔2014〕4号文件要求。县局还出台档案数据中心工作人员、用户及设备管理、档案与数据安全、利用等管理制度，明确各类业务规范，保障档案数据中心建设工作的安全有序开展。6月份，省档案局副局长蔡振武和市局局长刘湘宁到汉寿县开展信息化建设调研，给予了肯定。

【党的建设】 县局结合全县中心工作和档案部门实际，积极开展“两学一做”主题教育实践活动。多层次多方位多角度开展学习教育活动，把党的理想信念融入党员干部的日常工作、学习、生活中。一是领导带头讲党课，局班子成员学在前、做表率，先后为全体干部讲授党课共5次。二是组织干部职工集中观看党纪教育片，进一步增强干部职工廉洁从政的观念。

激励和鼓舞全体干部争做合格党员，争做引领时代进步的先锋力量。一是每季度晒岗位职责成绩单，党员干部每季度认真梳理总结自己的工作，查找不足，分析原因，明确下一步工作。二是每季度评选优秀党员，树先进，学先进，积极营造学习先进、比学赶超的良好氛围。三是定期交流学习心得，十集政论专题片《将改革进行到底》开播之际，组织干部围绕该片“全面总结和展示中国改革的进展和成就”进行讨论交流。

开展庆祝建党96周年系列活动。6月30日，局党支部开好了一次高标准的民主生活会，对党员干部提出的意见和建议进行认真的梳理和反馈，对提出的意见建议进行整改落实。会后，全体党员在帅孟奇纪念馆内重温入党誓词，进一步坚定共产主义理想信念，永远牢记自己的党员身份，立足岗位创造一流工作业绩，做真正的共产党员。

【档案业务工作】 一是抓好档案收集整理工作的指导。首先开展档案业务培训。2017年，县档案局针对全县乡镇换届后，许多乡镇档案员为新手，档案法律意识差、档案业务知识及操作技能匮乏等问题，于3—6月，分期举办档案业务培训班，组织开展“三集中、一突出”（集中时间、集中地点、集中人员、突出操作技能）业务培训。培训会上，分管业务的副局长向学员们宣传档案法律法规知识，局法制业务股股长就机关文书档案收集整理归档范围、具体操作等内容进行详细讲解，重点对新旧《归档文件整理规则》(DA/T22-2000与DA/T22-2015)操作规范进行对比分析，现场答疑解问。通过培训，增强了档案员依法归档的法律法规意识，许多刚接触档案工作的档案工作人员学到档案整理基本知识，掌握了对档案整理归档工作的基本操作技能，全面完成了上年度文书立卷归档工作。全县县直单位、乡镇有100多个单位档案人员参加了培训。二是坚持档案年检年审。6—7月，对全县县直单位和乡镇档案工作进行年检年审，采取派员上门和单位送检相结合的方式进行，对存在的问题进行当场整改或限期整改，年检年审合格率达98%，优秀率达30%以上，确保了年度文件归档工作如质如量地完成。三是开展创新服务。年内，在单位人员不足的情况下，按照湘办发〔2014〕29号文件规定，鼓励档案整理等工作实现社会化购买服务，作为各地档案部门积极开展购买事务性管理服务工作的重要依据。此次档案整理对于进一步转变政府职能，深化公共服务改革，提高公共服务质量，规范和推进政府购买服务工作具有很强的指导性，也为县直各单位引进档案服务外包提供了具体的政策支持，有效地解决了各单位档案部门人少事多的转型期矛盾。

【档案服务】 一是做好档案利用，推进优质服务。做好利用服务基础工作。认真抓好馆藏档案的编目、著录、接收和档案利用分析、检查、统计等基础性业务工作。2017年，完成民国档案文件级目录录入上报工作，共计27000余条。做好利用典型汇编工作。上报市局档案利用典型实例12个。推进优质服务创建工作。年内，接待档案利用者2310人次，查阅档案2560卷，提供复印证明2240份，为县政策落实、调解纠纷、核实工龄、工作调动、户口迁移等方面提供了大量翔实的第一手档案资料。积极打造省级爱国主义教育基地服务平台。县局围绕全县的“两学一做”活动，共接待市、县前来参观的机关单位、社会组织、企业、学校等83个单位共计1.5万多人。二是做好档案接收，丰富馆藏资源。收集领导公务文书。对县四大家主要领导有关公务活动的档案资料进行全面收集，做到不漏不丢，整理规范。接收执纪执法部门档案。如县审计局将

1984至2013年近30年审计档案共计2260卷正式移交该局。三是制定科学预案，确保档案安全。县档案馆制定安全防范预案，进一步健全各项安全管理制度，落实安全管理责任人，确保馆藏档案的安全。邀请消防专家开展安全防火知识讲座，进行防火预案处置演练，提高工作人员防火意识和应对突发事件的处置能力。投入资金3万元，对档案馆现有监控、空调、除湿机进行维修维护，更换库房柜机3台。年内，针对6月份的强暴雨天气，局里还下发《加强汛期档案安全保管的通知》，确保了档案馆库及各单位档案室的安全。

【档案文化宣传】 一是打造宣传平台，树立档案良好形象。鼓励局机关干部和全县档案员宣传报道。2017年，该局在各级新闻媒体、专业报刊上稿36篇，其中市级篇12篇（市局档案信息网站）；县级24篇（县政府网、汉寿党建网等县级新闻媒体采用12篇）。年内，该局还对局网站进行了一次规模更新。二是开展系列活动庆祝“6·9”国际档案日。2017年的国际档案日以“档案——我们共同的记忆”为主题，该局组织全县500人参加国家档案局举办的档案法律法规知识有奖竞赛，在全县范围内悬挂宣传横幅、张贴宣传挂图、宣传海报，利用汉寿档案信息网、档案QQ工作交流群宣传《档案法》《省档案管理条例》、《档案管理违法违纪行为处分规定》等档案法律法规。

【扶贫攻坚】 2017年，该局积极响应和落实中央和省、市、县委关于脱贫攻坚工作的号召，专门安排一名副局长驻西港镇鼎山社区开展扶贫攻坚工作。从思想认识上、人员配备上、财务资金上、支持手段上全面加大工作力度，提高支持档次，强化工作效果，驻村扶贫基础工作不断夯实，效果进一步显现，所属对口扶贫点脱贫攻坚计划稳步实现，受到县扶贫办和当地干群一致好评。一是定期进村入户。工作组坚持每月驻村20天，了解民情民意。年内共走访贫困户71户，梳理存在4个方面的问题，农民急盼的民生项目10个，帮助群众解决实际困难50多个。二是着力为贫困户排忧解难。局党支部规定，除工作队成员长驻鼎山社区开展工作外，局领导班子和其他干部每月的16日、17日集中扶贫日中要到对接的贫困户家中走访一次，为刘湘涛、张国全等10户贫困户送上慰问品、慰问金，全年累计共1.6万元。（熊　因）

史志工作

【概况】 2017年，汉寿县史志办在县委、县政府的正确领导和上级业务主管部门的精心指导下，按照上级要求和服务县域经济社会发展，“紧扣中心，服务大局，力求特色，争先创优”基本思路，各项工作有序开展，取得了较好的成绩。

【综合工作】 2017年，党史方志工作得到县委、县政府高度重视，分别召开专题会议研究党史方志工作，将党史方志工作纳入全县绩效评估“政令畅通”内容，党史方志项目经费纳入了财政预算。本年度及时上报了年度工作要点、年度工作总结、年度大事记等各类党史方志材料。汉寿党史网络做到能正常浏览，每周至少更新了一次网络内容，2017年，在“常德史志网”刊载信息8条。积极参加县委、县政府和市史志办举办的机关运动会和乒乓球比赛。按要求完成省、市史志部门交办的临时性工作。

【党史工作】 认真做好党史正本第三卷编撰。组建3人编写小组，拟定上报党史正本第三卷编目，启动初稿撰写。经过编写人员查档3000多卷，复印资料12万多页，反复甄别，多方收集史料，现已形成36万字初稿。

认真做好专题资料报送。明确专人撰写专题材料，已上报《党委工作纪事》《改革开放实录》《回忆录》《扶贫攻坚》等专题资料。

抓党史联络工作。积极配合省、市党史联络组开展督导调研工作，按照“三个一”要求开展党史联络工作。4月18日，召开党史联络组会议；9月18日，开展“以史惠民”调研讨论活动；7月1日，组织参观帅孟奇故居，重温入党誓词活动。

【方志工作】 编纂出版《汉寿乡镇志》。历时三个寒暑、数易其稿的《汉寿县乡镇志》于2017年11月出版。《汉寿县乡镇志》的编修始于2015年3月。其时，汉寿县委、县政府根据湖南省地方志编委会《关于编辑湖南乡镇简志的通知》、常德市政府办《编纂湖南乡镇简志·常德市卷的方案》要求，明确由县史志办负责组织，成立乡镇志书编纂委员会和编审组，启动这项修志工程。从当年4月初开始工作，在11月全县撤乡并镇前，完成150万字的志书资料收集工作。经过编写组修订编目、补征资料、核改讹误和多轮编校，于2016年12月形成120万字的评审初稿。经6次评审，于2017年8月中旬完成全书印刷前的编写定稿与排版任务。《汉寿县乡镇志》共有155万字，彩版40余版。该书上限追溯至建置之始及事物发端，下限至2014年底，详近略远，重点记述中共十一届三中全会后的内容，详细记述了29个乡镇、1个高新技术产业园区、1个西洞庭湖国家级自然保护区历史沿革和过去的乡村风貌。《汉寿县乡镇志》的出版，填补了汉寿历史上乡镇志书的空白。它的编纂问世，为人们更加清楚地认识汉寿、了解汉寿提供了不可多得的重要典籍，成为宣传汉寿、推介汉寿、传承本地历史的又一新的媒介，为今后汉寿的发展留下了翔实的史料，对于记载历史、总结经验、鼓励当代、激励后代具有深远的意义。

提供《武陵古今》稿件。组织党史联络组成员为《武陵古今》提供稿件8篇，提供业务理论文章2篇。

年鉴工作。《汉寿年鉴（2016）》是汉寿县人民政府主办、县人民政府地方志办公室承编的综合性年鉴，已于2017年11月上旬印刷成书，全书96万字，设25个类目，彩版50余版。该书全面记载了2016年全县的自然、政治、经济、文化、社会等方面的发展情况，具有很强的年度特色、时代特色和地方特色，为各界人士了解汉寿提供了一部权威的地情资料书，为各级领导科学决策提供了重要参考依据。（张　志）

汉寿县人民代表大会常务委员会

综　述

2017年，县人大常委会在县委的坚强领导下，依法履行各项职权，充分发挥职能作用，为促进全县民主法治建设和经济社会发展作出了积极贡献。

县人大常委会设有办公室、选举任免联络工作委员会、内务司法工作委员会、教科文卫工作委员会、农业与农村工作委员会、环城工作委员会等工作机构，县人大下设法制专门委员会、财政经济专门委员会，联系指导19个乡镇（含西湖镇、东洲乡、西洲乡）人大主席团及4个街道人大工委工作。

2017年，共召开人民代表大会1次，举行县人大常委会8次。听取和审议专项工作报告30项，开成审议意见书8份。召开主任会议6次，形成主任会议纪要6份。县人大常委会任免国家机关工作人员114人次，作出《汉寿县第十七届人民代表大会常务委员会关于设立代表资格审查委员会的决定》等决议、决定26项。组织省、市和部分人大代表在选区内视察5次，进行专题调查研究16次，并撰写有价值的调查报告16份。通过全面有效地行使职权，切实保障宪法和法律的贯彻实施，推进全县社会主义民主政治建设，有力地推动汉寿县经济社会又好又快发展。

主要工作

【审议决定重大事项】 县人大常委会围绕“一五五”战略，先后听取和审议了关于2016年城建项目实施和2017年城建项目计划及资金安排情况、贯彻落实《湖南省农村扶贫开发条例》工作情况和2017年全县环境和环境保护目标暨2018年环境保护制定工作情况的专项报告，并作出相关审议意见。听取和审议了2016年国民经济社会发展计划执行情况和2017年国民经济社会发展计划（草案）、2016年财政预算执行情况和2017年财政预算（草案）、县人民政府关于2016年年度预算调整方案的报告，依法审查1—9月财政预算调整方案和年度预算调整方案，促进了国民经济社会发展和财政预算的有效执行。

【依法实施人事任免】 坚持党管干部和人大依法任免干部的有机统一，全年共依法任免机关工作人员114人次，确保县委人事安排意图的顺利实现，为全县经济社会发展提供有力组织保障。

【着力开展法律和工作监督】 2017年，常委会听取和审议县人民政府关于基础教育工作情况的报告，建议县政府加快推进教育教学布局，不断完善教育机制体制，努力强化教育各项保障。常委会听取和审议县人民政府关于汉寿县园区中小企业二期等五个重点项目政府购买服务资金列入财政预算及2016—2017年棚户区改造项目建设和补贴资金列入财政预算的情况报告，要求县政府及相关部门要强化资金使用监管，健全风险防范机制，建立健全偿债保障制度。此外，常委会还积极配合省、市人大常委会开展食品安全、饮用水安全等执法检查，进一步促进相关工作的开展。加强工作监督，常委会先后组织对县人民政府水利、民政、卫计、财政、城管等工作进行评议，促进政府各项工作的有效落实。加强司法和法律工作监督，常委会开展法官、检察官履职评议工作，使“两官”人员增强依法履职的责任感和使命感，努力提高公正司法的水平。继续开展“司法公正常德行”活动，组织人大代表参加法院庭审旁听和“两院”司法公开日活动，进一步强化对“两院”工作的监督。

【人大代表视察活动】 2017年，驻汉省、市人大代表和部分县人大代表在全县范围内开展视察活动四次，就银河汽贸城、河湖连通工程建设项目、城建项目、竹海国空森林公园建设、公共医疗卫生机构建设、饮用水水源保护等重点项目、重点产业和民生工程进行视察，有力地督促和支持“一府两院”的工作。

【办理人大代表议案、建议、批评和意见】 2017年，县人大常委会坚持把督办代表建议作为激发代表履职热情的重要途径，主任会议成员牵头督办，相关工作机构集中督办，对群众反映强烈和久拖不结的重点建议进行跟踪督办等多项措施，共收到代表的建议、批评和意见111件，经过多方努力，已全部办结，办理回复率、见面率均达100%，代表满意度很高。

【信访工作】 县人大常委会坚持定期研究信访接待工作，设立信访接待室，2017年共受理人民群众来信185件，接待群众来访235人次。通过严格办理责任，明确办理要求，使一批群访、重访案得到有效处理，有力维护了社会稳定。

【人大新闻宣传工作】 县人大常委会认真办好《汉寿人大常委会公报》、《主任会纪要》专刊，着力办好县人大网站，注重发挥县电视台等媒体作用，及时对“三会”和重要活动、重要工作进行全面宣传报道。同时，积极组织人大宣传通讯员向上级媒体投稿，2017年分别有一篇文章获市人大理论文章特别奖、二等奖。由于宣传报道积极主动，有力地促进工作交流，扩大汉寿县人大工作的社会影响。

重要会议

【县人民代表大会】 2017年县第十七届人民代表大会召开1次会议：汉寿县第十七届人民代表大会第二次会议，于2017年2月7日在县城召开。会议应到代表278名，实到269名。大会听取和审查县人大常委会工作报告、县人民政府工作报告、县人民法院工作报告、县人民检察院工作报告，审查批准汉寿县2016年国民经济和社会发展计划执行情况及2017年国民经济和社会发展计划（草案）的审查报告、汉寿县2016年财政预算执行情况与2017年财政预算（草案）的审查报告，并作出相应决议。大会收到代表建议、批评和意见109件。

【县第十七届人民代表大会常务委员会会议】 2017年共举行8次常委会。听取和审议“一府两院”的专项工作报告30项。根据县情，对财政预算、国民经济计划、重点建设项目政府购买服务、城建项目、基础教育等事关全县经济社会发展全局的重大问题进行审议决策，有力地推动汉寿县经济社会健康快速发展。会议期间还通过有关人事任免事项。

重要决议决定

2017年1月20日，汉寿县第十七届人民代表大会常务委员会第一次会议：汉寿县第十七届人民代表大会常务委员会关于设立代表资格审查委员会的决定；关于将园区中小企业创业园二期建设项目政府购买服务列入财政预算的决定；关于将汉寿县2016—2017年棚户区改造项目建设资金还款本息列入财政预算的决定；关于将汉寿县2016—2017年棚户区改造项目财政补贴列入财政预算的决定；关于将汉寿县城乡安全饮水工程一期项目政府购买服务资金列入财政预算的决定；关于将汉寿县清水湖小镇学院大道及汉寿湖大道建设项目政府购买服务资金列入财政预算的决定；关于将汉寿县纬十六路等五条道路建设项目政府购买服务资金列入财政预算的决定；关于将汉寿县西湖环线扶贫公路等项目政府购买服务资金列入财政预算的决定；关于同意将汉寿县第一中学贷款还款本息资金列入相应年度财政预算的决定；关于批准2016年年度财政预算调整方案的决定；关于召开汉寿县第十七届人民代表大会第二次会议的决定。

2017年2月27日，汉寿县第十七届人民代表大会常务委员会第二次会议：汉寿县人民代表大会常务委员会关于将6号大道立交桥建设项目政府购买服务资金列入财政预算的决议；关于将汉寿县经十二路等五条道路建设项目政府购买服务资金列入财政预算的决议；关于将园区企业孵化器建设项目政府购买服务资金列入财政预算的决议；关于将太子庙收费站升级改造建设项目政府购买服务资金列入财政预算的决议；关于将汉寿县银水湖改造及滨湖特色一条街建设项目政府购买服务资金列入财政预算的决议。

2017年6月27日，汉寿县第十七届人民代表大会常务委员会第五次会议：汉寿县人民代表大会常务委员会关于批准2016年财政决算的决议；关于开展第七个五年法治宣传教育的决议；关于接受杨学军辞去县第十七届人民代表大会代表职务的决定。

2017年8月31日，汉寿县第十七届人民代表大会常务委员会第六次会议：汉寿县人民代表大会常务委员会关于批准《县人民政府关于将汉寿县江东湖地表水厂PPP项目政府支付可行性缺口补助资金列入财政预算的议案》的决议。

2017 年 10 月 25 日，汉寿县第十七届人民代表大会常务委员会第七次会议：汉寿县人民代表大会常务委员会关于批准 2017 年县财政预算调整方案的决定；关于接受鲁祖方辞去汉寿县人民法院院长职务的决定；关于熊利波副院长为汉寿县人民法院代理院长的决定。

2017 年 12 月 22 日，汉寿县第十七届人民代表大会常务委员会第八次会议：汉寿县人民代表大会常务委员会关于召开汉寿县第十七届人民代表大会第三次会议的决定；关于接受李先进辞去县第十七届人大常委会委员职务的决定；关于批准汉寿县人民政府依法处置全县砂石及碎石场经营权的决定。

（李　亚）

汉寿县人民政府

综　述

【概况】2017年，汉寿县辖15个镇、2个乡、4个街道办事处、1个省级高新技术产业园区。土地总面积2021平方公里，其中耕地面积6.554万公顷。年末总人口821721人，其中乡村人口558335人，城镇人口263386人，期内人口出生率为11.4‰，自然增长率7.2‰。年内气温最高39.9℃，最低气温-0.5℃，年降雨量1515.5毫米。

全县实现地区生产总值279.71亿元，增长9.4%。其中，第一产业增加值51.03亿元，增长2.3%；第二产业增加值88.92亿元，增长8.7%；第三产业增加值139.76亿元，增长12.7%。三次产业构成比为18.2：31.8：50.0。完成一般公共预算收入110088万元，增长15.3%，其中，地方财政收入70693万元，增长13.8%，一般公共预算支出444613万元，增长6.4%。

项目建设。争取各类建设性资金19.47亿元，实施重点项目100个，完成投资105亿元。500万元以上固定资产项目及房地产完成投资235.35亿元，比上年增长16.6%。500万元以上固定资产投资中，房地产开发投资14.9亿元，增长45.2%。第一产业投资3.8亿元，下降50%，第二产业投资112.9亿元，增长33.5%，第三产业投资118.6亿元，增长8.2%。房地产开发企业28个，施工面积130.39万平方米，增长61.5%，其中住宅93.3万平方米，增长60.3%。商品房屋销售面积49.3万平方米，增长158.5%，商品房销售额18.4亿元，增长156.6%。

农业经济。全年实现农林牧渔业总产值85.54亿元，增长2.4%，其中种植业产值40.21亿元，增长2.01%，林业产值1.87亿元，增长29.12%，畜牧业产值30.84亿元，下降0.73%，渔业产值10.51亿元，下降10.57%，农林牧渔服务业产值2.12亿元，增长3.42%。全年农作物播种面积17.72万公顷，增长0.9%。粮食作物播种面积10.99万公顷，增长0.28%，总产量63.59万吨，增长1.21%。油料播种面积4.1万公顷，下降0.23%，总产量7.98万吨，增长1.16%。棉花播种面积0.48万公顷，下降4.05%，总产量0.73万吨，下降1.67%。麻类播种面积200公顷，下降55%，总产量0.05万吨，下降55%。蔬菜播种面积1.62万公顷，增长13.95%，蔬菜总产量48.82万吨，增长14.67%。水果总产量8.52万吨，增长7.2%。全年出栏生猪90.38万头，下降3.52%，出售和自宰肉牛1.36万头，下降1.3%，出售和自宰肉羊4.18万头，下降2.25%，家禽出笼788.61万羽，下降3.19%，禽蛋产量3.45万吨，下降1.79%，肉类总产量7.83万吨，下降3.57%。生猪存栏45.01万头，下降2.33%，其中，能繁母猪3.87万头，下降1.36%。家禽存笼475.45万羽，下降2.45%。水产品产量9.12万吨，下降9.13%，其中：养殖产量8.6万吨，下降9.33%。水产品养殖面积2.16万公顷，增长0.8%。年末拥有农业机械11.01万台，农业机械总动力106.93万千瓦。农村承包土地确权登记颁证工作基本完成，获评"全国农村集体产权制度改革试点县""全省粮油生产全程机械化示范县""全省粮食生产标兵县"。

工业经济。实现工业总产值291.54亿元，名义增长13.0%。实现增加值67.05亿元，增长10.1%。106家规模工业完成产值209.03亿元，实现增加值40.88亿元，增长10.2%。园区规模工业实现增加值31.24亿元，增长10.0%，占规模工业增加值的77.84%。规模以下工业实现增加值26.17亿元。规模工业全年生产大米57.4万吨，增长20.6%；罐头0.4万吨，同比持平；机制纸及纸板2.1万吨，增长16.7%；纱2.8万吨，增长7.7%；苎麻布1825.4万米，增长45.2%；饲料17.6万吨，增长4.1%；涂料4.9万吨，增长16.7%；矿山设备1.2万吨，增长9.1%；水泥54.1万吨，增长18.1%；铝合金0.2万吨，同比持平；混凝土机械587.0台，增长25.2%；电缆26.2万千米，增长15.4%。规模工业实现销售产值206.24亿元，增长26.9%，产销率为98.66%。完成出口交货值5.40亿元。规模工业实现销售收入204.34亿元，增长28.62%。建筑业实现增加值22.02亿元，增长4.5%。资质建筑企业完成建安产值27.6亿元，增长23.6%，施工面积127.9万平方米，下降11.5%，竣工面积42.05万平方米，下降33.7%，年末建筑从业人员0.89万人，增长12.7%。

商贸金融。全年社会消费品零售总额83.97亿元，增长10.9%，其中，批发零售业零售额75.16亿元，增长10.9%，住宿、餐饮业零售额8.81亿元，增长11.3%。实现批发零售贸易增加值12.62亿元，增长6.9%，住宿、餐饮业增加值6.59亿元，增长8.2%。全县引进内资70.80亿元。外资9231万美元，引进亿元以上境内项目11个。进出口总额12563万美元，增长27.9%，其中，出口额12241万美元，增长29.2%，进口322万美元，下降6.1%。年末金融机构各项存款余额245.94亿元，比年初增长17.6%，其中居民储蓄存款余额174.17亿元，比年初增长13.3%。各项贷款余额112.93亿元，比年初增长44.6%，其中个人消费贷款余额28.65亿元，比年初增长60.0%。

社会事业。科技方面，完成高新技术产品产值168.19亿元，实现增加值28.81亿元，增长23.3%。教育方面，2017年教育系统共有各级各类学校93所，在校学生74916人，教职工5441人，幼儿园99所，在园幼儿21085人，幼儿园教职工1809人；高考本二以上上线人数1600人，其中600分以上人数42人；顺利通过教育“两督”省检和“义务教育均衡县”国家验收。文化方面，全县有县级文化馆1个，艺术表演团体172个，其中专业艺术表演团体12个，电影公司1家，县级公共图书馆1个；非物质文化遗产保护名录17个；档案馆1个，开放各类档案6.06万卷（件）；中央、省台电视农户综合覆盖率为100%，中央、省台广播农户综合覆盖率为100%；常德高腔《帅孟奇》晋京会演获得好评。医疗卫生方面，年末有卫生医疗机构588个，医院、卫生院40个（乡镇卫生院27个），村卫生室462个，诊所、卫生所、医务室76个，专科疾病防治院(所、站)7个，妇幼保健医院、采供血机构、疾病预防控制中心各1个；成功通过省卫生县城复核。旅游方面，成功申报汉寿鹿溪森林康养基地，入围环洞庭湖精品旅游线路建设重点县，全年接待游客340.21万人次，实现旅游综合收入21.31亿元，分别增长9.8%、12%。体育方面，各类运动场地85个，开展全民健身项目14项次，新建农民体育工程的行政村104个，各种训练房60个；承办了汉寿首个国际性赛事——环中国国际公路自行车赛，被组委会评予“突出贡献奖”和“最美风光赛段”；实现市七运会金牌总数第一，评为“全国群众体育先进单位”。

社会保障。城乡居民人均可支配收入19300元，增长9.4%。城镇居民人均可支配收入28028元，增长8.3%。参加城镇基本养老保险职工人数7.94万人，新型农村养老保险登记参保人数41.7万人，城镇职工基本医疗保险参保人数3.74万人，城镇居民基本医疗保险参保人数68.21万人。参加失业保险职工人数1.84万人，参加工伤保险职工人数4.03万人，参加生育保险职工人数2.41万人。

【沅澧快速干线6号大道汉寿段建成通车】 沅澧快速干线6号大道（汉寿段）于2015年12月25日动工建设，2017年9月27日建成试通车，总投资8.9亿元。沅澧快速干线6号大道（汉寿段）起于省道233汉寿大道与省道320汉岩大道平交口，止于汉寿县与德山开发区交界处的友谊河，全长14.24公里，其中，K0+000 ~ K3+000段按城市主干道路标准设计，路基宽度47.5米；K3+000 ~ K14+240段按一级公路标准设计，路基宽度32米，双向六车道，沥青混凝土路面。该项目既是2017年汉寿县“双百工程”之一，也是“交通跨越大会战”的重头戏之一。项目启动后，汉寿县成立了由县委书记任政委、县长任指挥长的项目指挥部，各部门明确专人负责参与项目建设工作。指挥部定期调度，采取任务分解、时间倒排、任务倒逼、不留空当、环环紧扣的工作方式，仅用短短21个月的时间就建成通车，比原计划提前3个多月，刷新了汉寿交通建设史上的新速度。沅澧快速干线6号大道(汉寿段)的建成试通车，为进一步完善城区路网骨架，拓展城市发展空间，促进汉寿县城融入常德“半小时经济圈”具有十分重要的现实意义。

【环中国国际公路自行车赛在汉寿开赛】 2017环中国国际公路自行车赛是经国际自行车联盟、国家体育总局批准的年度国际男子职业公路自行车赛事，是国际四大自行车赛事之一。环中国国际公路自行车赛（汉寿段）是湖南省三个比赛站点之一，于2017年9月21日在汉寿鸣枪开赛，赛程为94公里，共有22支代表队参赛，其中国际代表队16支，参赛运动员218名。此次活动共接待国际国内媒体记者180人，出动3000多名志愿者、警察、机关干部参与安保，确保了赛事的圆满成功。2017环中国国际公路自行车赛汉寿赛段被“环中国”组委会授予“突出贡献奖”“最美风光赛段”的称号。该赛事是汉寿县首次承办的国际性赛

事，进一步推动了汉寿县全民健身事业的发展。（刘　毅）

政府办公室工作

【围绕中心，参谋辅政】始终坚持观大势、谋全局、干实事，紧扣重点，接通地气，充分发挥以文辅政的作用。一是立足全局，号准脉搏。围绕县委、县政府年度重点、难点工作，全方位、多角度收集、整理参考意见，为县政府科学决策摸清情况，把准脉象。全年共完成政府工作报告、全会报告、专题会议领导讲话等重要文稿200多篇。二是抓住重点，服务决策。主动参与“双百工程”“四大会战”、西洞庭湖湿地欧美黑杨清理、砂石整治、畜禽退养、沅澧快速干线6号大道（汉寿段）等重点工作，以及镇村环境综合整治、不动产登记、秸秆露天禁烧等难点工作，形成会议纪要76份。三是深入基层，做好调研。深入乡镇、部门及群众，沉下身子访民情、汇民智，编写了一批选题准、调研实、有深度的调研报告，切实可行，拿来可用，其中不少成果已转化为工作推进措施。

【协调各方，督促落实】充分发挥自身联系左右、沟通内外的作用，集中各方力量，整合各类资源，全力以赴推动县委、县政府各项决策部署落到实处。一是协调推进，形成合力。主动做好与市政府办、县委办、县人大办、县政协办衔接，落实县委常委会、县政府常务会、县长办公会等确定的重大事项、重要政策及重点工作，形成工作整体合力。二是倾听呼声，解决诉求。切实做好县长热线办理工作，加强平台管理，确保渠道畅通。全年共接听投诉举报、咨询求助、建言献策等3346件次，文字交办重要事项684件，办结率100%。健全紧急信息报送和24小时值班制度，全年共接待来人来访300人次，处理值班电话15000余个，处理传真电报149份。三是督查督办，狠抓落实。积极组织开展专题督查，全年共开展专项督查22次，联合督查18次，下发《督办通知》10份、《交办通知》18份，编发《督查通报》8期，督促落实县政府常务会议、县长办公会议的决定事项61项，完成县政府主要领导交办件114件，做到了件件有着落、事事有回音。

【健全机制，优化服务】始终坚持推动流程优化再造，减少流转积压，消除繁文缛节，不断提高工作效率和服务质量。一是办文办会不断规范。改进办文程序，认真做好规范性文件前置审查，完善发文登记、审批、统计制度，对重要文件、涉密文件按需印制数量，实行领取登记制度，确保文件不漏发、不滥发，全年办理各类公文460余件，无一纰漏。科学设计会议方案，严格执行会议审批制度，从严控制会议数量、规模和规格。全年承办县政府常务会议6次，县长办公会12次，组织参与春节招商推介会、第二届汉商恳谈会、第二届蔬菜文化节等大型会议，确保重大会议顺利举行。二是后勤保障有序有力。修订、完善后勤管理制度，严格执行公务接待规定和标准，确保政府各项会议和政务活动规范、有序进行。规范行政管理，出台县政府办公室内部控制管理手册，规范办公室财务、资产管理，全年办公室“三公经费”同比下降10%。落实办公用房清理、公车改革、安全保卫、值班、卫生等有关工作，确保各项责任落实到位。三是法治建设逐步推进。强化依法行政，建设法治政府，全面推进政府职能转变。全年共处理权力清单事项2790项，对3192项责任清单事项进行动态调整；取消行政许可项目16项；构建法律顾问制度体系；审查各类政府文件、会议纪要及合同等137份，对全县301份规范性文件进行了大清查。

【注重教育，建强班子】始终紧抓干部队伍建设，凝心聚力做好各项工作，充分发挥“头雁”效应。一是强化学习教育。积极推进“两学一做”学习教育常态化制度化，全年共组织召开党组专题讨论4次、支部党员大会10次、支委会12次、党小组会40多次、党课6次、民主生活会1次、组织生活会2次、支部专题讨论4次，印发政治理论学习资料1200多份，组织撰写学习心得、笔记700余份，近百万字。二是强化队伍建设。加强干部业务知识培训，提升干部队伍综合素质。进一步加强人文关怀，全年慰问走访办公室离退休老党员、老干部和办公室生病住院干部职工50余人次，走访慰问结对贫困户15户。深入开展全民健身活动，2017年获县直机关拔河比赛第五名。三是强化廉政建设。常态化开展党风廉政教育，组织开展党规党纪专题学习，以学促廉。全年开展日常廉政谈话100多次，80人次。落实党风廉政建设主体责任，专题召开党风廉政建设会议，层层签订党风廉政责任书，严格履行责任清单，推动管党治党责任落地生根。

（刘　毅）

优化经济环境

【概况】汉寿县优化经济环境领导小组办公室，简称汉寿县优化办，隶属于汉寿县人民政府，领导小组组长由县长兼任。2017年，县优化办大力开展“四项整治”行动，在持续推动县域经济发展环境提质增效方面成果显著。县人民政府被评为2016年度全市优化经济发展环境工作先进单位。

【健全考核机制】 制定《2017年优化经济环境考评实施方案》《2017年汉寿县优化经济环境集中整治行动实施方案》《开展“千名骨干”履职三牌评议的工作方案》等年度纲要性考核文件，对纳入考评的114个单位按照绩效考核工作要求，严格落实奖惩机制。成立以县长为指挥长的优化经济环境集中整治行动指挥部，设立整治行政执法环境组、整治工程建设环境组、整治办事服务环境组、整治招投标环境组，分别由县法制办、县公安局、县优化办、县发改局牵头拿出具体方案，对照市里要求落实责任，开展整治工作。

【优化经济环境集中整治】 整治行政执法环境。通过重点整治与人民群众密切相关的行政执法中执法不严格、执法不公正、执法不规范、执法不廉洁和执法不文明等问题，促进了公正规范廉洁执法，推进了依法行政，营造了公平正义的行政执法环境，提升了人民群众满意度和认可度，成效明显。

整治工程建设环境。严格落实重点工程建设周边环境维护责任制：一是扎实开展“霹雳行动”。查处涉及重点项目、重点工程案件40余起，刑事拘留27人、行政拘留14人，调解纠纷24起，优化了治安环境；二是大力开展维稳排查整治。县公安局班子成员分别带队深入全县各个重点工程和重点项目，开展专项走访活动，实行“一对一”联点服务工作，全年共发布通告185份，整改各类隐患220余处，整治治安乱点4处，妥善处理群体性事件18起，保障了工程项目顺利进行；三是全力做好保驾护航工作。利用群众工作汇报会、社区警务室、包村警务点等平台，县公安局定期上门与群众进行沟通交流，广泛听取和收集意见、建议220余条，全年刑事及治安案件发案数同比下降17.8%和15.3%。

整治办事服务环境。为进一步规范权力运行，提升办事服务质量，县优化办通过扎实开展“千名骨干”履职三牌评议活动，将全县42个单位的138名岗位骨干列为2017年重点评议对象，并在县政府门户网站开辟专栏，设立“千名骨干”重点评议对象投票和投诉通道，对优化经济发展环境中存在的“中梗阻”问题，以网上测评的形式进行有效监督。按照“有案必查、有查必果”原则，以“千名骨干”重点对象网上评议活动为突破口，开展办事服务明察暗访行动，加大对索拿卡要、设租寻租、不作为缓作为行为的曝光和察处力度。一方面，组织监督员开展企业走访座谈工作，深入了解企业所想、所需和所求，切实减轻企业负担；另一方面，通过召开优化经济环境测评大会，对各单位优化经济环境工作效果进行群众满意度测评，对排名靠后的单位现场通报、集中约谈，营造浓厚的整治工作氛围。

整治招投标环境。一是把好工程建设项目“入口关”。制定《汉寿县整治招标投标环境实施方案》，严格按照法律法规核准项目招标事项，严禁规避招标、越权审批招标、先开工后招标的违规行为；二是规范公共资源交易现场管理。加强了对招投标交易过程监管，重点对开评标过程进行监督，确保公共资源交易活动公开公平公正；三是推进公共资源交易信用体系建设。依法建立健全招投标“黑名单”制度，对投标单位、中介公司和评委专家的不良行为进行公开曝光并从严处理，在净化汉寿县招投标环境上，达到预期效果。（匡稷民）

民族宗教事务工作

【概况】 2017年，县民族宗教事务局在县委、县政府的高度重视和上级主管部门的领导下，坚持以中共十八届五、六中全会和中共十九大精神以及中央、省、市民族宗教工作会议精神为指导，认真组织县宗教团体、重点宗教场所负责人及宗教界代表人士深入学习传达中央、省与市民族宗教工作会议精神，贯彻落实中央、省、市领导关于民族宗教工作的重要指示和讲话精神，安排部署全年工作任务。依法妥善处理影响民族关系和宗教和顺的各种矛盾及问题，致力推进宗教工作重点、难点问题的解决，努力提高依法管理宗教事务的能力和水平，全面塑造民宗工作新形象，极大地维护和保持了汉寿社会的稳定，促进汉寿经济社会的全面发展。

【活动开展】 认真做好少数民族发展项目的筛选和申报工作。年初上报省级民族地区发展项目4个，积极争取2017年省少数民族发展资金42万元，上报市级民族地区发展项目5个，争取少数民族发展资金27万。项目资金到位后，该局及时足额将款项拨付到项目实施单位，并严格按照省、市民族宗教部门的规定要求，对项目资金使用进行跟踪监督检查。做好高考“两种考生”资格审核工作，树立文明服务形象。对全县参加高考的187名学生进行民族成分审核和登记工作。认真贯彻落实《湖南省散居少数民族条例》，做好少数民族企事业单位干部职工申请肉食补贴人员审核工作。本着实事求是、服务群众的原则，为5名符合条件的少数民族企事业单位干部职工办理了肉食补贴申请手续。积极配合上级主管部门，做好流动少数民族情况的搜集、统计、整理、上报工作。弘扬少数民族传统文化，在伊斯兰教开斋前夕，对4名阿訇及5个清真寺封斋群众走访慰问；对“三食”企业继续给予一定资金扶持，并对伊斯兰教协会及教职人员给予适当财政补贴。积极谋划毛家滩回维乡三十周年庆典活动。9月，该局先后到鼎城、桃源学习民族乡三十周年庆典工作的经验，提前谋划2018年毛家滩乡庆工作；11月，县委常委、统战部部长、高新区党工委书记李裕军，副县长罗永锋先后到毛家滩回维乡调研听取了乡庆各项工作筹备情况汇报，对庆典项目申报给出了指导意见。积极探索民族工作新路子。一年来，该局认真开展汉寿县民族关系与宗教关系发展现状调查，以《关注散居少数民族生产生活，加快小康建设步伐》《毛家滩回维乡经济社会发展情况的报告》《依法治理，切实加强流动少数民族人口管理》等为题，向市、县全面反映宗教工作和少数民族工作与生活现状，提出合理建议。

【宗教事务管理】 依法管理宗教事务全面加强。一年来，从严规范场所的各项事务，对不合法的行为或事件予以警告责令整改，对教职人员实施挂牌管理，对宗教场所举办宗教活动实行严审严批，对大型活动或跨行政区域宗教活动的时间、内容、规模及方式进行严格把关，同时，对举办活动的宗教场所涉及的安全问题，民宗局都亲临现场监督指导、重点防范，确保活动顺利进行。一年来，该局牵头或协助公安部门处理白马寺违规建设、外来少数民族占道经营、新疆学生自杀等5次民族宗教事件，先后依法依规打击了3起假僧事件和2起非法传教的事件。根据年初工作安排，年内2次有针对性地就消防隐患、房屋安全、宗教活动安全等方面的重点问题开展安全隐患排查工作，细化责任分工，明确检查时间、任务。对检查发现的问题提出整改要求，明确整改时限，检查中始终把安全教育宣传贯穿检查过程，有效地增强了宗教界人士和信教群众的安全意识。同时，民宗局还积极申报2017年省宗教活动场所维修改造项目2个，争取维修改造经费9万元。对沧港万福福音堂、罐头嘴福音堂、沧港黄家障清真寺、毛家滩教门岗清真寺、基督教县城北门堂点等存在隐患的活动场所进行维修改造。

【政策法规学习】 一是领导重视，积极动员。按照省、市要求，该局领导高度重视，积极动员。4月16日，召开专题工作会议，进行安排部署，下发《汉寿县民族宗教政策法规学习月活动方案》，要求四大宗教团体深刻认识开展“学习月”活动的重要意义，认真组织学习好国家宗教局下发的《宗教政策法规文件选编》《宗教团体教规制度汇编》《宗教政策法规读本》，对活动情况要及时总结，及时上报，对一些好做法好经验及时进行推广，切实把“民族宗教政策法规学习月”活动常态化、制度化。二是组织有序，方式多样。为扎实做好民族宗教政策法规学习月活动，组织民族宗教界人士通过多种形式宣传政策法规，使民族宗教政策法规家喻户晓，深入人心。三是宗教团体响应号召，重视法制宣传。县基督教三自爱国会与县佛教协会、伊斯兰教协会分别于2017年4月和5月开办了法制培训班，邀请市县两级领导宣传宗教法律法规方面的知识；2017年11月，汉寿县召开全县民族宗教政策法规培训班，市政府办宗教科科长郭冬秋作专题辅导讲课，县委常委、统战部部长、高新区党工委书记李裕军，县人民政府副县长罗永锋作辅导报告，全县所有乡镇（街道）的民族宗教分管负责人、所有宗教场所所在村（社区）的负责人以及宗教团体负责人均参会学习。

【和谐寺观教堂创建】 一是召开全县宗教团体、重点宗教场所负责人会议，学习有关和谐寺观教堂创建文件精神，明确活动的重要意义、目标任务、方法措施和工作要求，增强做好创建活动的自觉性、主动性；二是组织宗教界创办“规范年”宣传专栏。以县清真寺等重点示范寺院为平台，组织宗教界创办宣传专栏，公布工作方案、要求及倡议书，宣传典型做法和经验，并配上相应的照片，做到内容丰富、图文并茂。三是5月23日—26日，县政府办副主任、县民宗局局长李轶蓉先后到县佛协、县伊协、县基督教两会、县天主教督查“规范年”和谐寺观教堂创建工作，针对在创建活动中排查出的问题，认真梳理，分析原因，制定整改措施，补齐短板，提升宗教活动场所规范化管理水平。四是积极加强宗教团体建设和教职人员培养，探索教职人员管理培养新途径。主要做好四方面工作：精挑细选，把真正爱国爱教的宗教界人士推荐到宗教团体和宗教活动场所的领导岗位上来；加强培养，努力提高教职人员的综合素质；加强考核，建立宗教教职人员自我管理长效机制；加强沟通，建立宗教干部与宗教教职人员约谈制度。五是召开“规范年”活动交流会。召开4个宗教团体和重点场所负责人学习会，交流各团体和重点场所“规范年”活动开展情况。组织全体与会人员到县清真寺参观学习“规范年”活动的经验做法和敬老院建设，号召宗教界积极参与社会公益事业，为政府分忧；交流“规范年”活动各阶段的开展情况，达到相互学习、相互交流、取长补短的目的，有力推进了和谐寺观教堂创建活动。六是开展宗教活动场所财务阳光行动，扩大公开内容，丰富公开形式，建立互动平台，不断提高阳光指数。从督导的效果来看，信教群众反响较好。七是建立长效机制，巩固乱建寺庙治理与基督教私设聚会点整治成果。狠抓源头管理、建立齐抓共管机制；定期走访督查，始终保持防乱建寺庙与基督教私设聚会回潮的高压态势，维护汉寿和谐稳定。

【积极引导宗教与社会相适应】“和谐寺观教堂”创造活动的内涵很丰富，其中宗教界积极服务社会促进社会和谐等工作的开展情况，就是一项衡量宗教活动场所是否达标的主要指标。一是扎实推动文明敬香、建设生态寺观工作。以湘宗发〔2014〕4号文件精神贯彻为动力，营造文明敬香氛围；以2016年全县先进寺观场所典型为引力，示范带动文明敬香；以文明敬香为助力，加快生态寺观建设。二是县基督教两会倡导文明丧葬取得成效。近年来，县基督教两会大力倡导文明丧葬新风，得到教徒的理解、支持。信徒离世，丧家主动上报，将丧事交由教会全权处理。教会依圣经教导，不择时不择日，不烧香烛、纸钱，不放鞭炮，不请巫师，不用猪头五牲，不做法事。由教会统一购置彩旗、雨遮、音响等丧事用品，无偿提供丧事家属使用。同时，教会规定，丧事在当天上午9时举丧，下午4时半在丧事家中举行感恩礼拜，最大限度地避免影响周边居民生活。自2011年至今，当地共有20多位教徒逝世，均由教会按圣经教导从简殡葬，较好地遏制了铺张浪费现象。三是积极引导宗教界发挥济世救人，促进和谐作用。2017年，四大宗教团体先后筹措了3万余元用于扶贫济困，捐款2万多元用于村级公路硬化、新农村建设等。

（黄阁贤　潘思佳）

法治工作

【概况】2017年，汉寿县深入贯彻习近平总书记系列重要讲话精神和治国理政新理念新思想新战略，以《法治政府建设实施纲要(2015—2020年)》(中发〔2015〕36号)为蓝图，以《湖南省贯彻落实〈法治政府建设实施纲要(2015—2020年)〉实施方案》为方向，以《常德市人民政府关于深入推进依法行政加快建设法治政府的实施意见》(常政发〔2016〕8号)为指引，扎实推进依法行政，法治政府建设取得新进展。

【加强引领】为增加领导干部干事创业“法治含量”，形成“领导带头，以上率下”的法治氛围，不断提高县政府常务会议会前学法规格，2017年，汉寿县相继邀请省级以上专家学者到汉寿授课讲学，进一步提高领导干部的法治视野。在县主要领导的重视下，全县各单位的法治机构力量不断充实，县政府通过会议纪要的形式要求各级各部门必须设立法制股，各单位法制股股长必须列席单位重大会议，为决策提供法律遵循。同时，要求县政府及其部门工作人员积极参加上级组织的各项法治培训，不断提高自身的法律水平。

【转变职能】为突破园区发展瓶颈，解决园区企业办事不方便的问题，在2014年高新技术产业园“一权两制一司”改革的基础上，2017年，根据上级文件动态调整了可以下放给高新区的行政审批权限，按照“政府委托、区内办理、部门备案”原则，通过启用“2号章”的方式下放给高新区，实现“政府部门优服务，园区企业少跑路”的目标，方便了企业办事，提速了园区发展。同时，在2015年版权力清单的基础上，根据法律法规修订、机构设置及职责分工调整等情况，对全县2790项权力清单事项和3192项责任清单事项进行动态调整，进一步厘清了政府与市场、社会的边界。持续精简行政审批事项，对中央、省、市下放的行政审批事项进行承接，依照《国务院关于第三批取消中央指定地方实施行政许可事项的决定》(国发〔2017〕7号)、《国务院关于取消一批行政许可事项的决定》(国发〔2017〕46号)和《湖南省人民政府关于取消一批行政许可事项的通知》(湘政发〔2017〕24号)精神，对16项行政许可项目进行取消，助推了汉寿县招商引资、项目建设，进一步激活市场活力。

【依法行政】2015年，汉寿县成立了由4名知名法律专家、学者组成的县政府法律顾问团，2016年7月，县政府又聘请湖南省人和人律师事务所律师作为县政府的常年法律顾问，为政府重大涉法问题及疑难问题提供决策参考和论证意见。在县政府的大力推动下，全县各行政执法单位基本都聘请了常年法律顾问。2017年，县政府法制办及法律顾问团参与县政府常务会议、县长办公会等决策性会议60次以上，并为招商引资、征地拆迁、PPP项目、黑杨清理等过程中出现的一些难题提供了法律支持，确保了行政决策的合法合规。严格执行规范性文件“三统一”制度，始终坚持“有件必审”“有件必登”“有件必备”，为确保县政府、县政府办名义发文的规范性文件、各类会议纪要、信访复查意见以及招商引资等各类合同的合法性，在其发布或签署前，都交由县政府法制办进行法治审查。截至2017年，共审查各类政府文件、会议纪要以及合同等137份，确保行政行为的合法性。同时，以省、市清理涉及“放管服”

规范性文件为契机，根据《湖南省规范性文件管理办法》，对全县301份规范性文件进行了大清查，彻底摸清汉寿县规范性文件的家底，从源头上确保行政决策的合法性。

【文明执法】 严格落实《湖南省行政执法人员和行政执法辅助人员管理办法》，对执法人员进行动态管理，按程序对行政执法证的申领、发放、换发、遗失等进行规范。在2016年全省“两证”换发基础上，组织全县各单位281人申请行政执法资格证，进一步夯实汉寿县行政执法力量。从优化办、法制办、编办、政务中心抽调人员组成联合检查小组，对全县各行政执法职能单位的行政执法工作进行检查，并对执法案卷进行评议，共评议案卷200多本。对检查中发现行政执法案卷欠规范的单位发文通报，责令其限期改正，并择期组织复查，进一步规范行政行为。为改变西洞庭湖国家级自然保护区管理上“职责交叉、政出多门、多头执法”的不良状况，2016年8月22日，《湖南西洞庭湖国家级自然保护区相对集中行政处罚权暂行办法》和《湖南西洞庭湖国家级自然保护区相对集中行政处罚权工作衔接暂行规定》顺利通过省政府法制办审查备案，并在政府网站上进行公布，打破保护区管理瓶颈。

【化解纠纷】 始终秉承“复议为民”理念，依照法定程序办理行政复议，出台《汉寿县行政复议工作规范化建设实施方案》（汉政办函〔2013〕51号），从行政复议审理、决定、指导及监督、保障5个方面对全县行政复议工作提出规范化要求。2017年，全县共办理行政复议案件8件，其中经沟通协商撤回5件，撤案率占62.5%，有效将矛盾化解在诉讼之前。积极加强行政应诉能力建设，防止因应诉不当导致败诉。2017年，县法院受理以县政府及县政府工作部门为被告的行政诉讼案件23件，其中调解结案4起，胜诉19起，胜诉率为82.6%。同时，严格按照《汉寿县行政诉讼应诉工作暂行规定》，落实行政机关负责人出庭应诉统计报告制度，进一步提高行政机关负责人的出庭应诉率，让“民告官，能见官”。不断贯彻落实《信访条例》，推进涉法涉诉信访工作机制改革，明确信访与诉讼、复议、仲裁的范围，构建起人民调解、行政调解和司法调解的联动机制。2017年，全县共召开信访调解会110多次，有效化解南湾美树水电问题、转业军人再就业问题及养老保险问题等矛盾纠纷。

（李　乘）

人防工作

【概况】 汉寿县人民防空办公室于2008年8月成立。属县人民政府的正科级直属事业单位，2016年，机构改革后为县人民政府工作部门，也是县国防动员委员会的常设办事机构。目前，县人防办在编4人。单位性质为行政机关，经费属财政全额拨款。主要职能是在认真贯彻落实人民防空的法律和有关政策下，兼顾经济发展与城市建设相结合，大力加强人防建设，建立统一高效的组织指挥体系，不断推进人防建设事业的发展，为积极适应现代高技术局部战争条件下的城市防空袭斗争作准备。

【作风建设】 进一步严明政治纪律和政治规矩，增强党员领导干部的政治意识、大局意识、核心意识和看齐意识，严格落实全面从严治党“两个责任”，严格执行“一岗双责”和“一票否决”制度，严格按照省市人防办要求，规范行政审批、行政收费、工程建设、项目建设等重点领域的防范制约机制。深入学习贯彻习近平总书记系列重要讲话精神、中共十九大精神，通过参观帅孟奇纪念馆、深入社区、乡镇了解群众需求、观看中共十九大直播等形式，积极组织开展主题党日活动，强化党员思想管理。

【人防宣传】 为使公民增强国防观念，掌握人民防空的基本知识和技能，开展人防宣传教育工作。一是面向领导抓宣传，给主要领导和几大家分管领导订阅《中国人民防空杂志》《湖南人防》等刊物，为领导提供人防工作学习资料。二是面向社会抓宣传。深入开展中学生防空知识教育。2017年，该办积极配合相关部门在汉寿一中、二中、詹中、西竺山中学开展训练的基础上，拓展到县城周边中学，近2000名学生接受了“三防”知识教育。5月15日，人防办主动联合县教育局、地震局以及文体广新局等部门在株木山中学举行安全应急知识讲座，并开展疏散演练活动，发放《防空防灾知识手册》《人防宣传小博士》等。到企业、机关、社区、工地，大力开展人防法律法规宣传活动，增强各界人士的国防观念和人防意识。此外，还在屈原公园、休闲广场，通过宣传横幅、户外电子显示屏和人防知识宣传墙让更多的公民了解人民防空基本知识，正确掌握科学的救援常识和技能，提高防护自救、互救的能力，增强宣传的实效性、针对性、广泛性。三是及时更新汉寿县人民防空网站各个板块的内容，方便群众随时查阅人民防空知识，第一时间向群众展示人防工作的新成效。四是积极向常德市人防办报送大量新闻，利用市办的平台向更多的群众展示该办的工作风采，树立良好的政府机关形象。

【人防结建】“结建”工作是人防发展的支撑。该办严格按照人防“结建”

政策规定，主动协调相关部门，完善和理顺“结建”审批机制，“结建”审批项目纳入规划前端，确保人防建设与城市建设紧密结合，不把减免“结建”费作为招商引资等城建项目的优惠政策。同时，抓好结建工程管理工作，建立完整的人防工程台账，明确人防工程责任人，积极引导建设单位做好人防工程的开发利用，充分发挥人防工程平时服务经济和社会的作用。

汉寿县现有人防“结建”工程多处，建设面积在常德市排名仅次于市城区，2017年，已建成并验收合格的项目4个。人防易地建设费的征收严格按照上级文件执行，共计征缴人防易地建设费近800万元。

【人防通信】 一是定期组织警报和通信设施维护管理，确保县城区警报音响覆盖率、鸣响率均达100%；确保与全省人防指挥信息系统互联互通，达到准军事化建设标准；成功举办“11·1警报示鸣日”活动，增强全县人民的国防观念和防空意识。二是人防队伍日益强大。通过积极参加省、市人防办举行的人防相关培训，多次配合市人防办举办机动指挥所跨区域应急通信综合演练，该办人防队伍的专业素质不断增强。三是县人防指挥中心项目的建设。已全面完成项目的立项和用地报批工作，该项目占地0.8公顷，计划投资3000多万元，人防指挥中心项目的建成将很大程度上提高政府战时防范和减轻突袭危害，平时减灾救灾、应对突发事件的能力，对于保护国家和人民生命财产安全具有现实和长远的战略意义。（贺润苗）

发展和改革工作

【概况】 汉寿县发展和改革局为县人民政府工作部门，全局共有在岗在编干部职工41人，其中行政编制18人（含机关工勤编制1名），事业编制23人。离退休干部45人（含5个提前退休）。全局有内设机构9个，局直属事业单位5个（重点办、服务业发展办、以工代赈办、价调办、价格认证中心），归口管理单位1个（价格监督检查局），其中重点办、服务业发展办、价格监督检查局为副科级单位。2017年，县发改局精心谋发展之举，竭力献改革之策，着力推动重大规划、重大战略、重大项目、重大改革落地见效，全力服务全县经济社会发展，取得显著的工作成效。

【经济运行调控】 坚持把“稳增长保目标”作为全年工作主线，加强工作调度，强化责任落实，全局所牵头指标位居全市前列或稳步回升。投资保持稳定增长。积极做好投资项目入库工作，在库5000万元以上项目60个，5000万元以下项目567个。全年完成固定资产投资234.78亿元，同比增长16.4%。服务业保持较快增长。全县实现第三产业增加值138.06亿元，占GDP比重达到49.9%，同比增长10.9%，增速快于地区生产总值2.2个百分点；全年新增规上服务业企业10家，总量达53家。三次产业比重调整为18.6：31.5：49.9。

【重大项目建设】 实施项目建设“双百工程”（重点建设项目100个，完成前期和开发项目100个），深入开展项目建设“挂图作战”和“十大活动”，突出层级调度和要素保障，推动全县项目建设提速度、上规模、出效益，全县100个重点项目完成投资105亿元。中小企业创业园二期、中国汉寿国际旅游度假区、易地扶贫搬迁、农村综合服务平台、棚户区改造等10大标志性工程得到快速推进，带动了全县项目建设大提速。沅澧快速干线6号大道汉寿段建成通车，太子庙收费站升级改造项目投入运营，建设进度快，项目质量高，得到社会各界的肯定。

【争资争项】 年内，全县共争取各类建设性资金19.47亿元，其中通过发改口争取5.57亿元。争资额度较大的项目有：保障房配套基础设施建设项目8437万元，湿地保护与恢复工程6000万元（全市共8500万元），县人民医院内科大楼建设项目4000万元，易地扶贫搬迁项目1731.8万元，粮食产能建设项目1080万元，蒋家嘴水闸除险加固1600万元。

【参政设谋】 着眼全县经济社会发展大局，想在前、谋在前，积极为县委、县政府当好参谋助手。加强调查研究。坚持加强对一些带有全局性、战略性和前瞻性问题的研究，围绕振兴实体经济、壮大县域经济、扩大有效投资等热点难点问题开展专题调研，以《决策参考》简报形式，形成一批高质量调研成果，为县委、县政府提供决策参考。加强项目谋划。为响应“开放强市、产业立市”战略，组织编报2018—2020年项目投资计划储备库，以产业发展项目和基础设施项目为重点，对未来几年政府投资项目和社会投资项目进行深入谋划。其中，谋划2018年政府投资项目64个，预估总投资186.74亿元;社会投资项目26个，预估总投资100亿元。加强经济运行研判。坚持定期向县委、县政府报告经济运行情况，并提出具体建议，为全县经济平稳健康运行打下良好的基础。

【重大事项推进】 推进易地扶贫搬迁工作。按照国家发改委稽查组提出的整改意见，精心制定易地扶贫工作整改方案，按照“六个精准”要求，认真落实易地扶贫搬迁政策，顺利通过省易地扶贫搬迁成效考核组考核。

推进产业立市工作。明确专人，迅速行动，成立组织机构，初步制订《汉寿县推进产业立市三年行动计划》，办公场所、人员选定、向上对接等各项工作有条不紊推进。推进重大改革工作。全面贯彻落实县委确定的改革任务，加强对全县经济体制改革的指导推进和综合协调，牵头推进的经济体制改革、社会体制改革等改革任务全方位、多层次推进，取得阶段性成效。公车改革平稳推进，全县党政机关车辆处置、司勤人员安置、公车平台建立、补贴发放等全面完成。同时，两型社会建设、节能减排、对口支援等工作圆满完成上级下达任务，社会信用体系建设各项工作稳步推进。

【招投标和稽查】 全年对83个项目的招标事项予以核准，牵头开展招标投标环境整治活动。积极配合上级部门开展项目稽查，配合省发改委稽查2次，市发改委稽查7次，自主开展项目稽查4次，督促项目单位做好稽查问题的整改落实。（刘　慧）

【重点工程】 汉寿县重点工程管理与稽查特派员办公室，属县发改局下设副科级事业单位，编制4人，主要从事项目建设工作。

100个重点项目，70个开工建设，完成投资105.5亿元，已完成全年投资计划的81.2%。其中，沅澧干线6号大道汉寿段等34个项目竣工，县人民医院异址扩建、中医院整体搬迁等25个项目均已完成年度投资。1—12月，50个前期项目全部完成年度工作目标，其中金穗优质稻米产业链建设项目、凌动天然纤维制品生产项目等11个项目已开工建设。1—12月，50个项目开发工作全部完成季度工作目标，其中39个项目已完成文本开发。截至目前，完成引进战略投资者项目20个，其中城乡环卫一体化建设项目、汉寿智慧城市建设项目等8个项目已开工，汉寿西洞庭田园综合体项目等7个项目已签约。

对100个重点工程，实行进度倒排、工期倒逼，挂图上墙。每季度举行一次集中开工仪式，分别在2月、5月、8月、10月，共对18个重点建设项目举行4次集中开工仪式，其中产业项目10个，总投资27亿元。围绕“四大会战”和重大民生项目共召开集中解难会6次，对37个项目，76项制约因素逐一进行解决（或交办）。制作《奋进》双百工程专栏，对全县重点项目建设进行集中宣传报道，播出23期，其中LNG船舶、河道污染综合整治等项目在湖南卫视、常德新闻中播出。

（严志富）

价格工作

【价格和收费管理】 稳步推进水电气价格改革。从2017年1月1日起，全面下调大工业和一般工商业电量目录电价每千瓦时1.57分钱；从4月1日起，取消城市公用事业附加；从7月1日起，各类电价实行城乡一价；非居民天然气销售价格和车用气销售价格分别从9月1日和9月10日起每立方下调0.15元、0.19元。积极推进医药价格改革。年初，进一步规范和完善了汉寿县乡镇卫生院医疗服务价格行为，新增医疗服务项目51项，修订医疗服务项目11项；6月，完成对县人民医院、中医院两家医院医疗价格改革工作成效评估。调整和规范全县殡葬服务、无线电视收视、物业服务、停车服务等服务费标准和全县中小学、幼儿园教育收费标准。进一步加强行政事业性收费管理。对县级管理执收部门的行政事业性收费、经营服务性收费目录清单收费进行动态调整并在县政府网站、发改局内网予以公布。2017年，先后取消、停征涉企行政事业性收费41项，降低两项行政事业性收费标准；放开房地产价格评估等36项服务性收费；取消地籍档案资料信息咨询费、宗地图件绘制费等5项收费。上述放开和取消项目收费，为企业减负约2000万元。

【价格监督检查】 2017年，开展了涉企收费、电力价格收费、教育收费、药品及医疗服务价格收费、商品房价格及物业收费等专项检查整治，共查处各类价格违法案件26件，上缴财政金额50.3万元。开展公平竞争审查工作，进一步规范市场秩序。做好价格举报投诉工作，严格12358值班记录制度，维护了群众的合法价格权益。

【成本调查、价格监测与认证】 2017年，对县晋安鑫荣殡葬服务有限责任公司申报的价格成本进行监审调查，审减不合理成本费用24.75万元；对恒伟、广通等4家企业2016年度的产品成本进行监审调查，审减不合理成本266.51万元；对龙池实验中学2016年度教育成本进行监审调查，审减不合政策成本费用2502.14万元。认真开展日常价格检测工作，及时报送价格检测报表170份，撰写价格检测文字报告16份。对纪检监察、司法、行政工作中涉及价格不明或者价格有争议的实行市场调节价的有形产品、无形资产和各类有偿服务，进行市场合理价格水平确认。共受理价格认定业务60宗，认定总额119.61万元（均为涉刑案件）。（刘　慧）

信访工作

【概况】 汉寿县信访局为正科级

行政单位，核定公务员编制 8 人。内设办公室、县信访工作联席会议办公室（简称县联席办）、接访股、办信办案股、网信股、复查复核股。下设二层事业单位汉寿县信访接待中心，核定事业编制 6 人。

2017 年，全县共发生各类群众上访 651 批 3759 人次：群众到县上访 491 批 3211 人次，其中群众到县集访 143 批 2446 人次；进京上访 33 批 80 人次，其中非访 6 批 6 人次；赴省上访 47 批 145 人次；去市上访 80 批 323 人次。通过全县上下的共同努力，确保了全国“两会”“一带一路”“中共的十九大”等重大活动特护期汉寿县社会的稳定，全年没有发生影响社会大局稳定的信访问题，没有因信访问题引发重大群体性事件，为维护全县社会大局的和谐稳定创造良好的社会环境。

【案件办理】 2017 年，全县共受理、办理转送、交办各类信访件 864 件，其中，来访 196 件、来信 152 件、网信 516 件，按期办结率为 98.5%。

【基层基础巩固】 继续深入巩固“信访工作基层基础强化年”活动成果，牢固树立固本强基思想。畅通信访工作渠道。依托湖南省信访信息系统，畅通和拓宽群众表达诉求渠道，方便群众就地就近快捷反映诉求、表达意愿、查询办理情况。同时，创新信访代理、结对帮扶和心理疏导等工作机制，组织动员律师、“五老”人员、社会志愿者等第三方力量参与信访工作。完善信访工作机制。完善矛盾纠纷排查化解制度，坚持经常性排查和集中排查相结合，日常排查和重点排查相结合，及时发现可能引发越级上访、集体上访、群体性事件的苗头和倾向，防止矛盾聚合升级，做到发现得早、化解得了、控制得住、处理得好。以建设“无上访村（社区）”工作为契机，全面推行网格化管理模式，完善人民调解、行政调解、司法调解“三调联动”工作体系，实现“小事不出村、大事不出乡、矛盾不上交”。规范信访工作业务。严格按照《信访条例》和湘信发〔2017〕6 号《关于进一步加强和改进群众来访接待工作的意见》，进一步规范群众来访接待工作程序，严格实行来访必登，有访必接，初访必办，重访必交，未办必督，进一步强化服务群众理念，进一步完善督查督办机制，进一步压实工作责任。

【信访问题源头治理】 按照省市关于在全省范围内开展“信访问题源头治理”专项行动文件精神，坚持重心下移、关口前移，切实开展“信访问题源头治理”专项行动，坚持完善信访稳定风险评估机制，进一步健全工作机制，强化工作措施，压实工作责任，从根本上预防和减少社会矛盾发生。以深入开展信访工作“责任落实年”活动为主线，聚焦基层基础和突出问题，补短板，提效能，抓源头，防风险，推动依法及时就地解决信访问题，维护群众合法权益，维护正常信访秩序。2017 年，全县共排查出矛盾纠纷和涉稳隐患 937 个，各乡镇区（街道）及村（社区）都逐一进行登记建档，梳理归类，确保问题有效化解。

【信访积案清零】 为进一步巩固 2016 年“千案攻坚”成果，切实减少去市赴省进京非访，进一步抓源头、减存量、控增量，千方百计化解信访积案，确保案结事了、息访息诉，真正实现“信访积案清零”目标。2017 年，市交办汉寿县信访积案共 5 件，涉及颜某某、唐某某两个个案和君毅财富投资案一个群体。按照市联席办要求，已逐案落实领导包案，明确责任主体，两件个案基本化解。另外三件属一个群体，均系君毅财富投资人，属涉法涉诉信访事项，经由市联席办进行甄别后，不再纳入“信访积案清零”范围。

【无上访村（社区）建设】 2017 年，按照市委关于“无上访村（社区）”建设工作的相关部署和要求，县委、县政府高度重视，明确将“无上访村（社区）”建设作为全县今年信访维稳工作中的重点工作，全县上下齐心协力，集中攻坚，确保创建工作取得实效。狠抓重点人员建档。各乡镇区（街道）、县直有关部门全面开展梳理排查，凡是通过排查化解确定的重点人员、重点群体以及中央、省、市、县交办的所有信访事项的对象，已全部纳入信息库管理范围，按照一案一卷要求，逐一登记建档。同时，实行动态化管理机制，对问题已经解决或已经息诉息访的对象，暂时退出信息库管理范围；对于问题比较突出、缠访闹访对象，及时纳入信息库管理范围，为依法依规解决问题提供依据。年内，全县共建立重点人员、重点群体档案资料 89 册。狠抓乡镇（街道）干部联系重点人员。各乡镇区（街道）对照重点人员表册，通过入户走访、建立网格微信群等方式与重点人员保持联系，掌握核心重点人员的思想动态和活动轨迹，同时，建立工作台账，力求工作情况有据可查、有迹可循。狠抓群众接待日制度的落实。严格落实县、乡镇区（街道）领导干部接待制度，明确每月 5、6、7 日是村（社区）干部接待日，每月 15、16、17 日是乡镇区（街道）干部接待日，每月 25、26、27 日是县级领导干部接待日。2017 年，全县 22 位县级领导共接待来访群众 358 批 571 人次，解决实际问题 103 个；各乡镇区（街道）领导干部共接待来访群众 2436 批 3170 人次；各村（社区）干部接待来访群众 7558 批 8630 人次。

【非访治理】 以建设“无上访村（社区）”工作为载体，加大排查化解力度，坚持运用法治思维和法治方式定纷止争，积极引导群众依法理性反映诉求。把宣传教育作为引导群众依法理性解决信访问题的重要抓手，持续推进信访政策宣传。始终保持对非访依法治理的高压态势，对恶意扰乱信访秩序、肆意组织参与非法上访的对象和无视法律法规、扰乱社会正常秩序和机关正常工作秩序的违法行为决不手软，搜集相关证据后，适时依法予以严厉打击。

【督查督办】 按照常信联办发〔2017〕8号《常德市关于进一步加强乡镇（街道）信访工作的实施意见》，坚持“分级负责，归口办理”原则，落实首办责任,注重初访办理,建立“谁首次办理，谁跟踪督办”的督办机制，充分运用网上督办、电话督办、发函督办、实地督办等方式，加大督查督办力度，积极推动信访问题有效解决。尤其对于突出信访问题或重复上访问题，严格按照程序予以交办，要求办理单位在规定期限内办理，并反馈办理结果。经转送、交办的信访事项，有权处理部门仍不受理，或不按要求在规定期限内办理，或处理意见存在明显违反有关政策、法律法规，或不执行处理意见和决定等情形的，严格予以督办，并限期改正。2017年，县信访接待中心共交办突出信访问题82个，督办信访问题35个。 （田 利）

人力资源和社会保障工作

【概况】 汉寿县人力资源和社会保障局是主管全县人力资源和社会保障行政事务的县人民政府工作部门。下辖8个具有管理职能的副科级事业单位：县劳动就业服务管理处、县社会劳动保险处、县医疗保险处、县机关事业单位养老保险处、县工伤保险处、县城乡居民社会养老保险管理服务中心（股级）、县人力资源开发交流服务中心、县劳动人事争议仲裁院；四个事业单位：县劳动保障监察大队、教育培训中心、统计信息中心、机关幼儿园。局机关内设12个职能股室：办公室、政工人事股、财审股、信访室、公务员管理股、事业单位人员管理股、工资福利股、专业技术人员管理股、就业促进与失业保险股、医疗生育保险股、养老保险股、工伤保险股。主要负责全县机关企事业单位基本养老保险、医疗生育保险、工伤保险、失业保险、城乡居民养老保险、就业和职业技能培训、劳动监察和劳动争议仲裁、公务员队伍和专业技术人员队伍的管理，人事制度改革和工资分配制度改革、人才市场建设、国内外智力引进、行政奖惩和军转安置等工作。

【社会劳动保险】 2017年，实现参保在职人数39435人，其中实际缴费人数32026人，新增扩面1682人；征收养老保险基金2.31亿元，为目标任务的100%。截至12月底，全县共有25186名企业退休人员享受养老金待遇，全年累计发放养老金5.8亿元，发放丧抚金2254万元，全面完成离退休人员人脸建模工作，认证率达98%。积极应对基金压力，从2018年起，省财政将不再兜底企业社保养老金发放，汉寿县采取集中清欠、加强离退休人员社会化服务管理、理顺地税代征关系、推行企业养老保险汇率过渡试点等方法，加强基金征缴，堵住基金漏洞，缓解基金支付压力。企业社保处、机关社保处组织了专门的稽核队伍，逐家上门催收，为欠费严重的企业建立黑名单，并在电视台进行公示。

【机关事业单位养老保险】 2017年，机关社保在职参保人数12021人，离退休人员7031人，征缴基金21502万元，发放离退休费24732万元。继续做好机关事业单位养老保险改革工作，集中对21125名参保人员信息、性质进行甄别，共计清理出机关事业单位下岗分流人员等不符合机关社保参保条件的人员2866名，按照上级的规定，下一步这一批人员的参保关系将转移至企业社保。

【城乡居民养老保险】 2017年，全县城乡居民参保缴费28.5万人，征收保费6415万元，其中持卡缴费率97%以上；60周岁以上待遇领取12.9万人，共发放基础养老金1.36亿元，发放率100%。代发乡村中老年医生生活补助82.08万元，独生子女生活补助37.88万元，乡村民办教师生活补助112.22万元，发放被征地农民养老待遇792.28万元。

【医疗保险】 医保破镜圆梦，着眼于医保工作大局和未来，全面推行医保改革，构建起城镇职工医保、城镇居民医保和新农合“三保合一”的大医保格局。积极响应上级部署，迅速对原医保处与原新农合进行融合，充分发掘工作人员个人优势，整章建制，重新明确人员分工、岗位职责、业务审批流程，实现机构与人员的深度整合。2017年，全县基本医疗保险参保71.94万人：城镇职工医保37379人（其中：46岁以下在职12407人，46岁以上在职8816人，退休16333人；生育保险参保缴费24116人），城乡居民基本医疗保险参保缴费682049人（其中建档立卡精准扶贫人员54892人）。2017年，基本医疗保险基金共征缴5亿元：城镇职工基本医疗保险8700万元，城乡居民基本医疗保险40922万元，生育保险450万元。2017年，基本医疗保险和生育保险共发生住院医疗140328人次，基金统筹支付2.75亿元。

【工伤保险】2017年，工伤保险实现参保人数41556人，完成年度任务的101%；征缴工伤保险基金1080万元，完成年度任务的127%；全年支出工伤保险基金980万元，基金滚存结余1380万元。2017年，接收申报工伤认定355起、（其中死亡事故8起）；完成工亡认定4起、不予认定工亡2起、待认定工亡2起；工伤认定331起、不予认定3起、待认定16起；完成劳动能力鉴定58起；对所申报的工伤事故全部进行实地调查核实，调查率100%。

【失业保险】2017年，失业保险参保人数18621人，征缴基金320万元，发放失业金381.45万元，医疗保险金35.82万元。发挥失业保险稳定就业功能，为步步高等24家参保单位发放稳岗补贴28.9万元，稳定就业岗位300个。

【劳动保障监察】加强劳动保障监察执法，开展人力资源市场清理、用人单位遵守劳动用工和社会保险法、建筑领域及劳动密集型企业农民工工资清欠等专项检查，落实农民工工资保证金制度，收缴保证金1000万元，累计收缴保证金2000多万元。依法打击欠薪行为，收到投诉举报60件，立案14件，涉及工资500万元，涉及社会保险费4.5万元，其中移送公安机关7件，移送法院3件，涉及金额300多万元。

【劳动人事争议仲裁】妥善处理劳动人事争议案件。坚持先调解后仲裁的原则，从争议焦点入手，有效化解矛盾，对于确实无法达成一致的案件及时裁决，不断提高劳动人事争议处理效率，共处理劳动人事争议案件65件，共涉及劳动者人数80多人，审理结案65件。其中，裁决结案20件，调解结案35件，其他方式结案10件，分别占结案总数的31%、54%、15%。

【就业创业】圆满完成各项就业任务。2017年，全县城镇新增就业人数4805人，占年任务的100%；失业人员再就业2716人，占年任务的101%，其中，就业困难对象再就业803人，占年任务的100%；城镇登记失业率控制在4.5%以内。新增农村劳动力转移就业6440人，占年任务的100%，其中转移农村贫困劳动力1339人，占年任务的120%。创业工作进展顺利，新增创业主体3113家，占年任务的111%，带动城乡就业人数3583人，占年任务的108%，其中：带动城镇就业1555人，占年任务的100%。成功组织汉寿县2017年创新创业大赛，经过严格的项目遴选、考察、初赛、决赛等环节，从52家报名企业中评选出优秀初创企业12家，并给予资金奖励，选送的本地钱包项目闯进常德市创业大赛决赛。就业创业帮扶政策落实到位，充分发挥失业保险促进就业功能，对步步高等24家参保单位发放稳岗补贴28.9万元，稳定就业岗位170个。积极开展创业担保贷款工作，为125户发放小额担保贷款2240万元，占年任务的101.8%，其中个体工商户120户，贷款金额1240万，小微企业5户，贷款金额1000万元，直接扶持125人成功创业，带动900余人就业。技能培训扎实开展。开办各类培训班97期，涉及工种15个，共有4582人参与培训。其中技能脱贫开办培训班40多期，涉及贫困对象1220人；开办创业培训班9期，培训283人，完成了市局下达的145名“两后生”培训的任务（其中22人送政德驾校）。

【公务员队伍建设与管理】严格公务员队伍管理，按照《公务员辞职规定》办理了司法局张亮、株木山街道张凤、崔家桥镇政府徐伟崴等3人的辞职手续。公务员考录顺利实施，本着公开、公平、公正的原则，做到信息公开、过程公开、结果公开，接受社会和纪检等相关部门监督，进一步规范了公务员招录程序。2017年，招录公务员113名，其中乡镇职位47人，县直单位51人，应届警校生15人。职务与职级并行制度有序开展，完成51名公务员的职务与职级并行工作。

【人才引进与专技人员管理】2017年，通过考试、评定获得初、中、高级专业技术职称共627人，其中新晋高级职称224人、中级职称277人、初级职称126人。根据县委、县政府“人才强县”工作规划，拟订《汉寿县“十百千”高端人才引进工作八年规划（讨论提纲）》，2017年全县共引进紧缺型人才338名，其中博士1名，高级工程师1名，硕士24名。及时兑现人才奖励津补贴，发放涉及12个奖励项目的津补贴及慰问经费270.8万元。

【事业单位人事管理】规范做好事业单位人员管理工作。严格根据各单位空岗情况，进行事业单位岗位动态管理，规范事业单位专技人员聘用审核登记备案工作，完成了卫生系统、教育系统、乡镇下属事业单位等108家事业单位岗位异动审批，为1151名职务新晋及异动专技人员进行了岗位职务聘任审核登记备案。

【工资福利工作】及时落实机关事业单位工作人员津补贴调整工作，全县共计补发各类津贴补贴8112.6万元；落实有毒有害岗位津贴，为林业、农业、畜牧兽医和环境保护事业单位中专职从事和直接接触有毒有害物质工作的人员落实津贴106万元；落实员额内法官、检察官调整基本工资标准、津贴补贴标准和落实法定工作日之外加班补贴工作；牵头对各单位享受遗抚待遇、临时性补贴、乡镇补贴人员资格进行集中清理，共计清理出不符合享受条件对象417人。

【人力资源管理与开发】人才中心职能整合到位。各类公共人才服务继续实行“零收费”，新增大学生就业见习基地2处，推荐155名高校毕业生见习，流动人员人事档案实行一体化服务平台管理，免费办理事业单位新聘续聘1200多人次，完成查、借阅档案1000多人次，新增高校毕业生档案近6000份。按照凡进必考的要求，接受社会和纪检等相关部门的监督，配合市局完成2017年公务员考录工作，共计考录公务员113名，为教育系统、卫生系统、县水利局、农机局等多家单位组织招聘考试，招录事业单位工作人员351人，涉及考生达5000人次，社会反响良好。

【企业军转干部解困工作】在军转干部维稳解困工作中创新“人性化服务、自律性维稳”管理模式，有力维护了全县大局的稳定。春节和八一期间对全县300多名企业军转干部实行慰问；对家庭困难、重病住院的人员上门看望安抚；召开相关部门负责人和企业军转干部代表的座谈会，达到以沟通促和谐、促稳定的目的。

【绩效评估与为民办实事工作】根据市委、市政府下达的绩效评估指标任务，结合汉寿县实际，制定了《关于印发〈汉寿县2017年绩效评估实施方案〉的通知》等文件。在考核中做到三个坚持：一是坚持突出重点（对接上级评估指标）重心（全县重点和中心工作）、主责主业、公平公正，进一步规范全县绩效评估体系；二是坚持细化绩效评估指标，突出对年度绩效评估工作任务的分解，每项指标任务都有明确的单位负责人；三是坚持日常评估，定期或不定期对指标任务完成情况进行督查，将评估情况予以通报，对存在的问题给予追究责任，促进整改。实事考核方面，2017年，汉寿县承担落实省重点民生实事工作的9项，具体考核指标12个，均可按时完成任务。

（王　见　李　进）

统计工作

【概况】汉寿县统计局是县人民政府主管全县统计工作，管理全县经济、社会等方面重要数据统计和国民经济核算工作，管理县情县力信息资料的行政部门。全局共有在岗工作人员17名，其中行政编制8人，事业编制9人。局内设办公室（政工股）、业务股、法规股、财务股4个职能股室，下设普查中心、电子计算站2个二层机构。

2017年，在县委、县政府和市统计局的坚强领导下，县统计局深入学习贯彻习近平等中央领导对统计工作的重要指示及国家统计局宁吉喆局长的有关指示精神，紧紧围绕县委、县政府中心工作，认真按照市统计局的工作部署，积极适应经济新常态对统计工作的新要求，全面深化统计改革创新，着力提高统计数据质量，各项统计工作取得新进展，为县委、县政府的经济决策提供有力的数据参考。同时，很好地完成全县脱贫攻坚等中心工作。荣获2017年度绩效考核优秀单位。

【第三次全国农业普查】扎实推进农业普查入户登记工作。此次农业普查入户登记工作，时间紧、任务重，汉寿县多措并举，狠抓登记阶段各关键环节工作落实，全县普查登记工作扎实有序开展。一是强化县农普办统一安排调度职能，倒排时间节点，严格责任落实，确保普查登记工作有序完成；二是建立局班子成员分片包干负责制度，业务骨干全部下到普查小区，深入普查一线，加强对基层普查工作的业务指导；三是加强与农业局、农机局、林业局、畜牧水产局等部门沟通协调，深入比对，全力查找，确保不重不漏。

贯穿全程开展数据审核工作。自普查登记工作开展以来，县农普办始终以数据质量为主线，持续组织开展数据质量审核查询工作，确保普查数据客观准确、真实有效。一是组建数据质量专项督导组、安排业务骨干多次深入乡镇指导乡级普查机构开展数据审核工作，将疑难问题、可能出现的问题提前思考，妥善解决在基层；二是分工负责，明确职责，加强对重点领域、重点行业的普查数据审核；三是建立值班、加班、督查制度，确保上级查询、下级疑问第一时间得到解决；四是针对审核发现的存疑数据，农普办派专业人员进行现场指导工作，保障数据质量。

全力做好后勤保障工作。依据各乡镇普查登记单位数和工作质量，秉承“公开、公正、透明”的原则，对完成较好的乡镇给予一定的物质奖励。

【专业统计】一是圆满完成2016年年报工作。县统计局各专业人员在认真学习市局年报会议精神后，及早部署各专业年报工作，培训乡镇统计人员，对工业、农业、住餐、批零、投资、房产、建筑等专业年报予以布置。对涉及GDP经济指标认真测算，分析经济增长的有利因素和不利条件，力求各项资料客观真实地反映全县经济的状况。综合统计做好统计资料汇总、上报工作，及时发布2016年度国民经济和社会发展统计公报。二是扎实做好统计常规报表工作。重点抓好联网直报和主要指标全市排名工作。扎实做好工业、能源、科技、贸易、投资、劳动工资、房地产、建筑业等各项常规统计专业年报和月、季度定报数据联网直报采集统计以及投资、服务业、劳动力、人口抽样调查等专业报表和调查数据的收集、审核、录入、汇总和上报工作。

【统计调查】 按照上级统计部门的部署，开展一系列专项调查和常规化调查。如1‰人口抽样调查、现代农业调查、文化产业调查、限额以下贸易调查、规模以下工业调查、景气调查等，全面完成各项调查任务。

【统计教育 统计执法】 认真开展统计从业资格认定，积极做好统计从业资格培训和统计专业技术职称考试的报名工作。通过广泛宣传发动，共组织了180余人次参加统计证继续教育。全年对20家企事业单位进行统计执法检查工作，各企事业单位一改往年“不情愿”“不热情”“怕罚款”的态度，都积极接受检查与统计业务指导，通过检查，提高了对统计工作的认识，规范了基层统计基础。

【实事考核指标数据评估认定】 根据上级文件精神，结合县统计局、县直主要责任单位出台的其他相关文件，县统计局会同县实事考核办每年对省为民办实事责任单位的建设项目进行逐一的评估验收。并通过政府信息网公示、考核评估小组“听汇报”“查资料”“看现场”的方式评估认定，坚持做到“三个不签”，即基础工作不规范的不签，考核评估小组没有检查到位的不签，有争议、异议和举报的，未经核实前不签。实事项目评估认定工作在12月结束。

【分类指导小康建设】 2017年，汉寿全面建设小康社会总体实现程度为89.4%。比2016年提高6.4个百分点。从监测的五大方面看，民主法治实现程度99.1%；社会发展实现程度97.2%；经济发展达到81 %；人民生活达到90.5%；生态文明达到100%。

【市级文明机关复查】 一是以“志愿服务队”为主体，强化精神文明建设。2017年，全局干部继续以“志愿服务队”的方式积极开展学雷锋志愿服务活动，推动精神文明建设。组织开展了慈善募捐、保护湿地、贫困慰问活动等一系列志愿服务活动。每季度都有“党组书记上党课”“道德模范先进事迹宣讲”“业务骨干一堂课”“传统佳节团队活动”“比学身边道德模范”“打造学习型统计团队”等文明创建活动。二是依托文明创建，切实加强干部理论学习，提升干部职工履职能力。采取集中学与分期学等多种方式，组织引导干部职工学习业务知识，鼓励全局干部职工积极参与党建基础知识学习和统计专业知识培训，努力增强干部的政治素质和业务水平，增强干部的“学习力、勤奋力、执行力、创新力”，县局每月均有一名业务骨干在全局干部会上宣讲自身所负责的业务知识。2017年汉寿县统计局保留“市级文明单位”荣誉称号。 （陈　慈）

旅游外事侨务港澳工作

【概况】 2017年，在县委、县政府的正确领导下，在建设生态宜居的大湖经济强县中，汉寿县旅游重点围绕环洞庭湖精品旅游线路建设这一契机，大力实施旅游发展“一三五”战略，基本形成品牌引领、创新发展、产业升级的良好态势，全面取得了汉寿县旅游业快速发展的可喜局面。年内接待海内外游客340.2万人次，实现旅游综合收入21.3亿元，分别增长9%、11%。

【实施品牌引领 增强旅游发展后劲】 一是规划先行。投入资金达1000万元，基本完成《汉寿县全域旅游总体规划》及清水湖旅游安置小区等相关旅游项目子规；全面启动西洞庭湖田园综合体、沅澧快干线6号大道(国家最美风景道)等旅游功能及配套设施的规划、策划编制工作。二是项目驱动。实现旅游项目建设投资过10亿元。西洞庭湖田园综合体主体建成，引进广州棕榈园林共同开发的旅游配套项目建设正如期进行；西洞庭湖湿地公园体制机制逐步完善，黑杨清理、采砂管控等一系生态环境整治力度空前，湿地生态旅游市场竞争力显著增强；清水湖旅游度假区项目的五星级酒店装修工程稳步推进、旅游安置小区正式开工、野生动物园征地拆迁全面启动、全长6.4公里的两条景区大道建设准备就绪，一大批重点项目的落地建设为汉寿旅游发展增添强劲动力。三是全域发展。全民招商引资引智和产业融合联动发展，年内完成围堤湖蔬菜公园项目签订；引进长沙浔龙河集团的核心团队常驻汉寿开展西洞庭湖田园综合体项目建设；配套资金5000多万元，为汉寿竹海国家森林公园、帅孟奇故居、九岭汽车运动文化公园、洞庭花海、自驾游接待中心（汽车影院）等文旅项目助力；整合沅澧快速干线6号大道（国家最美风景道）、龙珠湖公园等项目促使旅游产业配套设施不断完善，推进汉寿县旅游产业进入一个全新的发展时期。

【推进创新发展 激发旅游市场活力】 一是活动参与热情高，宣传促销显成效。坚持以节会活动为载体活跃市场氛围，先后承办和举办了第二节汉寿蔬菜文化节、2017年汉寿县乡村旅游文化艺术节，指导行业开展了洞庭花海灯光艺术节、清水湖蝴蝶光影艺术节等活动；积极组织湘湖水产、目平湖食品、洞庭珍珠等旅游企业参加国家、省、市举办的2017中国（昆明）旅游商品交易会、2017中国（湖南）红色旅游文化节（汝城）、2017年湖南国际旅游节（湘阴）、2017年湖南旅游商品博览会（吉首）、2017南县洞庭湿地文化旅游节、2017永州（东安）第二届武术文化旅游周等节会活动；真心搭建展销平台，顺利举办2017环中国自行车赛，开展汉寿八景评选、汉寿旅游形象宣传口号征集与高速公路宣传，年内印发各类旅游宣传画册5万余份，成功引导常德卧山夫烙画有限公司（李峰烙画）、仙湖牌甲鱼进入常德河街开店展销。二是人才培养力度大，提升行业服务质量。全年组织清水湖旅游度假区、龙阳国际大酒店、星级乡村旅游区（点）120多人赴市参加行业管理、安全管控等技能培训工作；组织各乡镇街道（区）、相关旅游企业近200人赴长沙浔龙河村、鼎城、临澧、安乡、澧县等周边县市学习考察，全县先后组织业内近1000人开展旅游安全（消防安全、安全生产）、酒店消防应急演练、旅行社规范经营等培训活动。三是品牌建设推进快，激发旅游市场活力。推选太子山庄、清水逸苑农庄申创省级五星级乡村旅游区（点）工作已基本完成；邀请省市主管部门到汉寿指导清水湖旅游度假区、汉寿竹海国家森林公园、帅孟奇故居的景区建设工作，并顺利通过现有A级景区的年度复核，也为今后景区等升级或创建打下坚实基础；现已完成三星级酒店的年度复核评定，龙阳国际大酒店二期、盛世春华大酒店等星级酒店建设将大幅提升汉寿县旅游接待能力；投入资金20万元引导全县以甲鱼、珍珠、洞庭水产为主导的旅游商品企业研发新品10多项，旅游商品经营收入同比增幅20%。

【促进产业升级 夯实旅游基础建设】 一是争资争项有突破。紧扣全省环洞庭湖精品旅游线路建设，积极与省市对接把握政策机遇，汉寿县成为全省唯一的区县代表参加全省举办的“天下洞庭、滨水休闲”高峰论坛，进一步夯实了汉寿县入围环洞庭湖精品旅游线路建设重点县的地位，全年预计向上争取旅游专项资金达1200万元。二是行业管理有成效。开展规范性经营整治行动，运用事前事中事后监管平台，全面清理整顿旅行社的合法经营，实现县内所有工商注册的旅行社、门市具备合格旅游经营备案资质；指导洞庭国旅首次参加星级旅行社评定，促使各旅行社在经营资质、车辆安全、导游管理等方面规范管理；建立健全旅游安全管理制度，签订责任状、落实应急管控、开展督导检查，在上级检查和区县交叉检查工作中取得全市排名靠前的成绩。三是基础建设有提升。实施“一三五”旅游发展战略，旅游品牌定位更加精准，以西洞庭湖为主题的大项目为龙头，将旅游与交通、水利、城建等产业相融，完善旅游标示标牌、导览系统、旅游厕所、游客中心、餐饮住宿接待、旅游商品展销等吃、住、行、游、购、娱旅游元素，旅游产业实现升级跨越。

【开展侨情调查 凝聚侨心服务经济】 开展全县侨港澳情况调查，夯实汉寿县侨务工作基础，全年组织全县137个单位集中开展侨港澳情况调查工作，摸清侨情底子。现已明确服务对象2363人，有利于科学制定新时期侨务政策，更好地发挥海外侨胞、港澳同胞力量，为建设“生态宜居的大湖经济强县”而服务；开展参观培训，组织全县侨眷代表40多人开展“参观新常德”活动，共同见证家乡社会发展成果，并组织困难侨眷开展为期一周的业务技能培训活动，用授人以渔的方式改变困难侨眷的生活环境；开展走访慰问，年度先后走访慰问侨眷100多人次，送去慰问物资过万元。

【倾心旅游扶贫 围绕中心服务大局】 深入全县3个旅游贫困村开展情况调研，将其纳入全县乡村旅游发展计划。组织旅行社开展系列活动为贫困乡村聚人气，为贫困群众聚财气，组织游客超1万人次，实现贫困村农副产品销售达50万元；对联点的1个村实行精准扶贫，结对帮扶一对一。该局5名干部联点朱家铺镇林场村10户贫困户，并选派1名干部长期驻村，年内已开展集中走访慰问10次以上，在产业、医疗、助学等帮扶的基础上送去了物资关怀，制订全村旅游脱贫计划，落实旅游扶贫资金4万元，引导该村水云轩农家乐申创星级乡村旅游区点，编制旅游发展规划纲要，争取全省旅游重点贫困村的政策性资金扶持。（朱云桃）

国家统计局汉寿调查工作

【概况】 国家统计局汉寿调查队属国家统计局派出机构，是国务院参照公务员法管理的正科级事业单位。既是政府统计调查机构，也是统计执法机构，依法独立行使统计调查、统计监督职权，独立向国家统计局和湖南调查总队上报调查结果，并对上报的调查资料的真实性负责。同时，承担地方政府委托的各项统计调查任务。

按照国家统计局统一部署，从2015年开始，汉寿调查队开展劳动力调查。2016年，首次承担三农普农作物播面遥感测量工作。2017年，汉寿调查队承担的调查主题有：居民收支、农民工监测、劳动力、农产品生产者价格、集市贸易价格、农户投资、以省为总体农作物抽样调查、以县为总体粮食产量抽样调查、中间消耗、畜禽监测、批零住餐、建筑业小微企业、新增小微企业、工业生产价格、三农普农作物面积遥感测量等15个，分布在全县21个乡镇（区）街道的61个村居。

【居民收支调查】 2012年，国家统计局对城乡居民收入调查进行一体化改革。改革后的调查点为13个，其中，农村点8个，城镇点5个，分布在汉寿县10个乡镇的13个村居。每点抽选10户居民记账，登记每天的现金收支和实物收支情况。每点聘有一名辅助调查员，负责10户记账户的记账辅导，月底负责收集10户的记账账页交县队包点干部。县队干部将130户记账户的住户记账资料收齐后进行编码录入，每季度办理一次季报，年底办一次年报。根据随机抽样原理，这130户记账户的收入情况基本代表了全县居民收入的平均水平。2017年，住户调查进行了五年一次的样本轮换，轮换后新抽选了13个村居，130户记账户，每点新聘请1名辅助调查员，从11月开始试记账，12月开始正式记账。住户调查季（年）报包括居民收支季（年）报、农民工监测季（年）报、农产品生产者价格季（年）报以及农户投资年报、劳动力月报。季报和年报数据审核汇总后直接上报国家统计局湖南调查总队。国家统计局把各调查总队提供的住户季（年）报数据汇总后作为每年向媒体及居民发布全国城乡居民人均可支配收入数据的唯一依据。

【农业调查】 包括以省为总体的农作物抽样调查和以县为总体的粮食监测调查。2013年，国家统计局在全国各产粮大县正式启动粮食监测调查工作。汉寿共抽选以县为总体的粮食监测调查点20个，其中，以省为总体的农作物调查点13个，分布在全县15个乡镇的20个行政村。每个村调查1个村民小组，每个组聘请一名辅助调查员。2016年，按照国家统计局统一部署，调查队需承担三农普农作物面积遥感测量工作，并对调查网点（包括粮食监测点）进行了轮换。轮换后以县为总体的粮食监测调查点20个，其中，以省为总体的农作物调查点13个，分布在全县12个乡镇及街道办事处的20个村居，每个村居随机抽选5个样方（每个样方面积为200米×200米）开展三农普遥感测量和对地调查，全县共计100个样方，每个村聘请一名辅助调查员。2017年，按照国家统计局统一部署，以县为总体的粮食监测调查点减少为15个，其中，以省为总体的农作物调查点13个，分布在全县10个乡镇及街道办事处的15个村居，每个村居随机抽选3个样方（每个样方面积为200米×200米）开展三农普遥感测量和对地调查。农业调查的主要任务：负责调查上报早稻面积，中稻和一季晚稻、玉米及其他春播粮食作物面积，双季晚稻及其他秋收粮食作物面积，棉花面积，秋冬播作物面积；开展三农普遥感测量；开展早稻、中稻、晚稻、棉花、春夏收及秋收粮食产量预产及实测。辅助调查员按要求深入每个样方逐丘核实、登记、上报每个品种农作物播种面积数据，县队干部则按照包点负责制要求，将辅助调查员登记上报的数据资料进行整理、录入、汇总，上报国家统计局湖南调查总队。

此外，辅助调查员还须按季节对早稻、中稻、晚稻以及棉花单产进行预计，通过县级系统软件自动抽取5个田块进行单产实割实测，棉花调查5户进行户测，以此推算出全县早稻、中稻、晚稻以及棉花的单产水平，春夏收及秋收粮食产量则采取上户调查5户的方式获取数据，然后上报国家统计局湖南调查总队。

【畜禽监测调查】 畜禽监测调查包括猪、牛、羊、禽四个品种。调查大户、中小规模户及散养户三种类型。对大户实行全面调查、联网直报，对中小规模户及散养户实行抽样调查。第一轮畜禽监测调查网点于2008年运行，当时汉寿不是国家生猪调出大县，大户、中小规模户实行全面调查，散养户在全县只调查9个小区的所有农户，每个小区聘请有一名辅助调查员，第一轮畜禽监测调查网点于2011年年底终止。第二轮畜禽监测调查网点于2012年1月运行，因2011年汉寿被国家认定为生猪调出大县，故新一轮畜禽监测调查网点，大户、中小规模户调查范围没有变化，散养户调查从上一轮的9个小区增加到20个村民小组，每个村民小组聘请有一名辅助调查员。2015年年底，畜禽监测调查网点发生变革，万头猪场实行全面调查，中小规模户在全县调查18个村，散养户从20个村民小组减少到10个村民小组。报表上报方式：生猪报月报，牛、羊、禽报季报，基本情况表报年报。

【农户投资调查】 农户投资调查包括农户建房投资调查与农户购置固定资产投资调查。按照调查方案规定，农户投资调查数据从居民收支调查年报中取得。报表上报方式为年底报年报。

【劳动力调查】 从2015年开始，汉寿县正式启动劳动力调查。劳动力调查网点在10个国家住户调查点中进行，每个点每月调查4户，每户连续调查2个月，调查户实行交替退换。劳动力调查上报月报。

【中间消耗调查】 汉寿县中间消耗调查品种全县共6个，即早稻、晚稻、棉花、生猪、南瓜，调查农户共14户，分布在各调查点，每个品种每年调查上报一次。

【集市贸易价格调查】 集市贸易价格调查主要是采集农产品及畜产品集市贸易价格。汉寿县集市贸易价格调查共调查31个品种，县城银鑫大市场确定有一个固定监测点，同时在农业调查点和住户调查点各确定有一个补充监测点，用以弥补银鑫大市场固定监测点调查品种的不足。每月25日前，县队负责集市贸易价格调查的队员深入市场监测点，现场采集国家规定的农产品及畜产品价格，于25日前利用手机终端上报国家统计局及湖南调查总队。

2016—2017年，在全队干部的共同努力下，汉寿调查队各项工作取得辉煌成绩。2016年，综合考核评比在全省41个县级调查队荣获第二名，被湖南调查总队授予“综合考核评比“优秀单位”。同年，被中共汉寿县委、汉寿县人民政府评为“绩效考核优秀单位”“优化经济环境工作先进单位”。（夏　榕）

民政工作

【概况】 2017年，民政工作在县委、县政府正确领导下，坚持“上为国家分忧、下为百姓解愁”的工作宗旨，较好地完成了年度工作任务。

以创先争优为发力点，尽职尽责争创工作亮点。一是抓好了乡镇区划调整改革后续工作。乡镇区划调整改革后，全县共有行政村203个、社区75个。2017年主要是指导完成了相关资源整合工作，区划调整后的勘界工作，新的《汉寿县行政区划图》比对、核实与出版工作。二是圆满完成村(居)民委员会换届选举工作。3月份以来，全县203个建制村、75个社区启动第九次居民委员会、第十次村民委员会换届选举工作。5月底，全面完成换届选举，选民参选率99%，共选举产生村（居）委会干部1391人，其中女性成员占比28%，党员占比90%，党组织书记、主任“一肩挑”占比72%。本届选举依法依规，程序严格，没有出现不稳定现象。三是完美社区建设和村级社区平台建设取得好成绩。围绕“一推进”“两突出”“一提升”总体原则，大力推进社区服务平台建设，全面提升社区服务水平。从2014年开始至2016年，全县54个社区均达到完美社区建设要求。2016年合乡并村后，汉寿县全面启动综合服务平台建设工作，计划建设300个。其中，乡镇（街道、区）平台建设任务22个，民政配合村（社区）建设任务278个，整个项目总投资3.02亿元。2016年完成18个，2017年完成65个，第三批217个项目已于2017年7月份启动，大多处于建设收尾阶段。四是城乡低保、社会保障兜底脱贫对象和特困人员认定清理整顿工作反响良好。民政局牵头与相关单位组成联合督查组，在近两个月的时间内完成该类对象清理整顿工作。经过清理整顿，全县农村低保对象由20935户27099人清退到8026户12115人，清退率59.7%，低保保障率由原来的3.9%下降到1.75%；城市低保对象由6218户8134人清退到2451户3310人，清理率60%，低保保障率由原来的5.51%下降到2.24%；特困供养人员由6713户6713人清退到6424户6428人；社会保障兜底脱贫对象由867户2328人清退到710户1897人，兜底对象占农村低保保障比例的15.7%。汉寿清理整顿工作，通过了第三方机构的验收评估，得到省市检查组的一致好评，真正意义上确保了动态管理下的应退尽退、应保尽保、应兜尽兜。五是特殊群体生活救助力度得到提高。首先，认真落实残疾人“两项补贴”。全年共发放6223名残疾人373.4万元生活困难补贴，发放10956名重度残疾人657.4万元护理补贴；其次，切实抓好孤儿救助。全年共发放200名孤儿救助金144万元；另外，广泛开展社会慈善救助，共面向社会筹集资金达520多万元，救助困难对象、寒门学子近300人，救助资金200多万元。同时，大力倡导社会慈善人士加入县慈善活动，成立“汉寿义工联”，发展个人会员680人、会员单位18个，开展各类慈善活动140多次。2016年被评为湖南省学雷锋志愿服务百强社团，在社会上产生良好的影响。六是高标准完成第二次全国地名普查工作。从2016年8月份开始，经过一年多的时间，对全县17个乡镇、4个街道、1个高新区的几十类地名进行了普查，共计录入地名信息12000多条。汉寿县地名普查工作上半年顺利通过省级验收，并以95.2分的成绩进入省优行列。地名普查“国家包”和“省级包”数据都顺利上报通过，档案资料整理以及图、录、志、典的编纂工作正在有条不紊地进行。

以民生民利为落脚点，全心全意办好实事工作。一是民政实干能力得到稳步提升。首先，民政工作纳入县委、县政府重要议事日程。去年以来，县政府先后出台《关于加强困难群众基本生活保障工作的通知》《关于加强农村留守儿童关爱保护工作实施方案》《汉寿县城乡低保、特困人员和社会保障兜底脱贫对象认定清理整顿工作方案》等多项规范性文件，民政工作有更明确的方向；其次，积极筹措民政资金。为保障对象争取上级资金作为民政大事来抓，采取多种途径使上级下拨县的民政资金逐年增加。2017年，争取上级各类民政资金达到1.7亿元，民政对象得到有效保障；第三，基础设施建设不断加强。投入4000万元的县社会福利中心已正式面向社会开放。中心设有床位258个，功能配套齐全，较好地满足城乡老年人的生活需要。计划投入2000万元的集儿童院、军干所、救助站三位一体的县未成年人保护中心已经开始运作，正在积极规划土地与报批等工作，预计两年内可以完工投入使用。二是社会救助工作有效推进。按照《关于全省农村低保标准与国家扶贫标准“两线合一”有关工作的通知》精神，城市低保标准由455元/月提高到500元/月，月人均救助水平达到320元。农村低保保障标准由235—255元/月统一提高到320元/月，月人均救助水平提高到163元（含社会保障兜底脱贫对象）。农村特困人员年供养标准从3200元提高到5000元。城市特困人员(指城市“三无”人员)由年供养标准5460元提高到7800元，提标工作在全市领先完成。三是灾区群众得到稳妥保障。2017年，民政发放冬春灾害救助金710万元，救助困难群众17952户、35309人；发放铁路民工矽肺病救济款98万元，新增矽肺救济对象27人。同时，全力应对防汛救灾，认真抓好防汛值班，积极主动筹备防汛救灾物资。完成了因灾倒房6户、每户补贴2万元和恢复修建36户、每户补贴2000元的倒损房屋建设工作。灾区群众得到有效救助，确保了灾后群众有房住、有衣穿、有饭吃。四是城乡医疗救助更加人性化。进一步完善和规范与城乡医疗保险、定点医院住院同步结算的“一站式”救助制度，对建档立卡贫困人口尿毒症患者、精神障碍患者、艾滋病患者、妇女两癌、儿童白血病和儿童先天性心脏病及其他人员及时救助。截至9月，共支出城乡医疗救助资金549.3万元、救助4355人次，均全部采取社会化发放。

以加强服务为着眼点，攻坚克难抓好社会事务管理。一是确保涉军群体稳定。第一，严格执行国家政策。及时足额发放各类优抚对象抚恤补助资金3560万元；第二，大力开展优抚对象医疗保障工作。为重点优抚对象缴纳参农合费48.8万元。利用医疗救助平台为优抚对象进行门诊补助、住院补助、特别补助等达1804人次、55.3万元。对旧伤复发的7—10级残疾军人实行定点医疗，住院费实行了实报实销；第三，落实各项安置资金。发放2016年秋季入伍义务兵家庭优待金和进疆进藏一次性奖励共228.4万元；第四，做好涉军群体稳控工作。主动宣传国家政策，积极为该群体排忧解难，确保了不因工作失误导致上访。二是严格落实养老机构清理整顿。依据全省养老院服务质量建设专项行动指南，组织了全县养老服务质量大检查。县人民政府办公室印发《汉寿县依法关闭取缔违法营运养老机构工作实施方案》，完善了组织机构，加强了行政管理。2017年，依法取缔违法营运养老机构5家，确保了养老机构的依法管理与规范，提升了养老服务质量水平。三是服务水平与优化环境能力得到提高。第一，殡葬服务更加规范。2017年，火化区面积从43平方公里扩大到80平方公里，人口由11万人增加到18万人。火化遗体450具，到馆办丧326场，公墓安葬107座，成功劝阻4次违规土葬现象。出台《推进殡葬改革促进殡葬事业健康发展的意见》，落实了惠民殡葬政策。同时，民政局投入45万元购置了火化炉尾气处理设备，彻底解决多年来周边居民反映的殡仪馆环境问题。第二，社会组织管理更加严格。严格履行法定程序，确保登记质量，全年共登记社会组织15家，民办非企业单位7家，社团8家，圆满完成了社会组织年检工作；第三，福利彩票发行再添新高。2017年，福利彩票销售达到5863万元，同比增长10%，位于全市前列；第四，婚姻登记窗口得到群众好评。积极为登记对象提供方便，取消婚姻登记工本费。2017年，结婚登记6743对，离婚登记2687对，婚姻登记合格率达到100%；第五，流浪乞讨救助服务性更强。2017年，救助各类流浪乞讨人员2100多人次，救助金额20多万元，确保了社会秩序的和谐稳定;第六，老龄工作有新效果。首先，积极推进创建中国长寿之乡工作，落实2017年度重点民生实事项目，年度新增养老床位230张，完成任务进度数为142%，获得省、市绩效考核组以及县实事办好评。其次，积极落实惠老政策。为高龄老人发放生活补贴（标准为90~99周岁100元/月/人，100周岁以上400/月/人）199.04万元，为60周岁以上“五类特困老人”发放基本养老服务补贴230万元；第七，老区工作方面：完成“汉—益—沅联区苏维埃”政府旧址主体工程；完成两个老区扶贫项目；投入资金达7万元，完成《常德老区（汉寿篇）》的编撰工作。（李　娜）

【殡葬管理工作】 殡葬改革现状。自推行殡葬改革以来，在县委、县政府的大力推动下，全县党员、干部带领群众积极实行火葬，革除丧葬陋俗、文明节俭办丧事，殡葬改革取得了明显成效，全县成功劝阻违规土葬230起，整改违规土葬9例，遗体火化由殡改前的50具/年上升到现在的450具/年。其中2017年全年共火化遗体450具，到馆办丧326场。

工作任务开展情况。一、调整强制火葬区范围。以2005年划定的强制火葬区为基础，2017年，对强制火葬范围进行调整扩大，将龙阳街道（东抵东风路东侧至宝塔河社区服务大厅、南靠军汉公路北侧、西至龙阳街道与沧浪街道界址、北临龙阳街道与辰阳街道界址）、沧浪街道(辰护垸、回回、麻园坝、陈家塔、西湖、八角楼、红旗)、辰阳街道（杨旗嘴、双板桥、大杨镇）部分区域，具体范围包括：龙阳大道沿线1851线至万利达宾馆以南、万利达宾馆沿大杨路至辰阳中学以南、辰阳中学沿育英路至双板桥路以西，高新区（天星、黄福、马嘶桥、左家庵、竹子碑），太子庙倒流坪社区（S205以西、319国道以北），清水湖旅游度假区，划定为强制火葬区范围。调整后，全县的强制火葬区范围由原来的43平方公里扩大到80平方公里；人口由11万人增加到18万人。二、规范殡葬祭活动。对强制火葬区范围内所有死亡的居民和在该区域范围内死亡的其他人员一律实行火化（国家规定允许土葬的少数民族除外），在全县范围内，引导人民群众文明、低碳祭扫。三、落实惠民殡葬。根据汉政通告〔2017〕11号文件规定标准，具有汉寿户籍的城乡低保对象、城镇“三无”人员，农村五保对象，优抚对象以及土葬对象自愿火化的，一律免收遗体接运、冷藏、火化、骨灰存放等基本殡葬服务费用。其他具有本地户籍的火葬对象，免收火化费；对自愿选择生态安葬（江、河葬、花葬、树葬等不单独占地的安葬形式）的，给予1000元/具奖励。

【双拥工作】 2017年，是中国人民解放军建军90周年，也是中共十九大召开之年。为贯彻落实习近平总书记关于“中国梦”“强军梦”的一系列重要论述及中发〔2016〕24号、湘办发〔2017〕17号文件精神，汉寿民政高度重视双拥工作，取得了很好的效果。

开展大走访大慰问活动。优抚对象有工作单位的由单位负责，无工作单位的以县政府为责任主体，县、乡、村三级联动，动员社会各界参与，完成走访慰问驻汉部队官兵和3000名重点优抚对象的目标。重点慰问了“三属”、老复员军人、残疾军人、企业下岗军转干部、下岗转业志愿兵、买断士官、参战退役人员、二等功臣、特困重病退伍军人。慰问活动投入金额71.1万元，其中驻军4.5万元，特殊困难和重点优抚对象66.6万元，在全社会形成尊重军人、关心军人、爱护军人的良好氛围。

开展大排查大调解活动。对各项优抚政策的落实情况进行了一次全面检查，落实不到位的得到及时纠正和整改。乡镇（街道）、村（社区）基层干部主动上门入户，对辖区内所有的军队退役人员进行面对面交心谈心，了解他们的基本诉求，掌握他们思想动态、生活状况，帮助他们解决实际困难，努力消除对抗情绪和心理隔阂，将问题解决在基层。

开展大宣传大表彰活动。各单位、各乡镇（街道）、高新区充分借助电视、广播、网络、报刊等媒体，充分利用烈士公园、苏维埃旧址、帅孟奇故居、西港烈士陵园等红色教育资源，深入开展拥军优属、拥政爱民宣传教育活动。县民政局向市里申报“双拥”和“双带双促”先进单位和个人；各乡镇（街道）、高新区表彰了5名优秀退伍军人和5名双拥先进个人；县人武部组织部队官兵和各单位、各乡镇（街道）、高新区组织干部职工参观红色教育基地，开展“双拥”教育活动。

开展大贯彻大落实活动。全县相关单位做到认真落实有关优抚安置政策，及时兑现优抚对象抚恤补助，扎实做好军转干部和退役士兵安置、退役士兵职业教育和技能培训等工作，切实维护了优抚对象的合法权益，确保了党和政府的关怀落实到每一个优抚对象身上。结合“美丽乡村”和“完美社区”建设，进一步加强了“退役军人之家”的建设。（李　娜）

安全生产管理

【概况】 2017年，县域共发生生产经营性事故5起，死亡3人（道路运输业事故3起，死亡1人；农业机械事故1起，死亡1人；建筑业事故1起，死亡1人）。其他行业领域未发生事故，安全生产形势总体保持稳定向好态势。2017年度，汉寿县被评为常德市安全生产工作先进单位。丰家铺镇、崔家桥镇被评为全市安全生产示范乡镇，毛家滩回维乡、沧港镇被评为全市安全生产工作优秀单位。

【监管落实】 年初，县政府与22个乡镇（区）街道和33个县直部门单位签订《2017年安全生产目标责任书》，逐级下达安全生产目标任务，层层夯实工作责任。年内，先后召开2次县委常委会、4次县政府常务会，专题研究安全生产工作；县安委按季度召开4次全体（扩大）会议，安排部署相关重点工作。同时，县安全生产委员会政审批改革，进一步梳理明确部门安全生产监管职责，重新制定权力清单和责任清单，按照安全生产“党政同责、一岗双责、齐抓共管、失职追责”和“属地管理”、“三个必须”的要求，县乡两级安全生产责任清单明确到岗到人，切实完善了责任体系。通过采取通报约谈、督查督办、考核、问责、“一票否决”等举措，做到了安全监管无空档、无盲区。2017年，县安委共组织召开安全生产警示约谈会3次，先后对季度考核排名末两位的乡镇、建筑施工、道路交通运输企业进行约谈。县委督查室、县政府督查室、县纪委（监察局）、县安委办联合组织开展了3次专项督查。县安委办对各乡镇（区）街道开展了4次季度考核和年终安全生产绩效考评。对干部任用、人大代表、政协委员参选、评优评先等有效行使了“一票否决”权。

【隐患治理】 县乡两级按照季巡查、月检查、周排查要求，全县各级各部门单位切实加大了安全检查频率和力度。年内，22位县级领导共开展了两轮带队检查安全生产工作，分别为元旦春节期间和6月底、7月上中旬。各乡镇（区）街道以及县安委会相关成员单位共开展了4轮常态性安全生产大检查。在市、县两级组织开展的安全生产百日整治大会战中，将安全生产大检查与重大事故隐患集中整治相结合，县安委重点开展了两轮隐患整治行动。7月11日，县委书记杨昶主持召开隐患整治任务交办会，对市安委下达的30处隐患和汉寿县排查出的59处隐患整治任务，向各乡镇（区）街道及相关县直部门单位进行了交办。10月9日，县安委将全市安全生产交叉检查中发现的22处隐患和汉寿县排查出的20处隐患整治任务，集中交办给相关乡镇（区）街道与县直部门单位。从两轮隐患整治情况看，市交办的52处隐患，已如期整治到位51处，隐患整治任务完成率达98%，居全市各区县第2名。县安委下达的79处隐患，已如期整治到位75处，完成率为94.9%。

【行政执法】 国、省、市、县安监局明确为行政执法机构后，县安监局将行政执法工作责任分解到股室队和乡镇安监站，并对乡镇（区）街道实行委托执法，将行政执法资料统一输入执法软件系统。2017年，县乡两级安监机构共发出安全生产监察执法文书639份，共查处安全生产违法案件293起，给予行政处罚10家，罚款金额41.2万元。关闭取缔无证烟花爆竹经营户276家，无证加油站（点）7个，收缴并销毁非法物品30多万元，拘留9人。

【综合监管】 县安委着力突出重点行业领域、重点时段和重要环节，对道路、水上交通、建筑施工、电力安全、特种设备、人员密集场所消防安全实施综合监管。先后组织开展11大类“打非治违”专项整治行动。特别是针对元旦、春节、两会、清明、五一、七一、夏季高温、汛期、中秋、国庆、“中共十九大”特护期等特殊时段，发动乡镇、村居和行业主管部门，组织开展安全生产“三大查”行动，加强重大危险源监控，加大风险防控，有效防范了各类事故发生。

【企业安全】 2017年，是省安委确立的“落实企业安全生产主体责任年”。县安监局编印《汉寿县工贸企业安全监管工作资料汇编》等相关资料共计900余本，下发给相关生产经营单位。从硬件方面入手，县安监局督促指导企业严格按照法规建立完善安全监管机构、配齐配强管理人员、达到“管理有队伍、监管有机制、履职有职权、机构有牌子、办公有场所、安全有经费、工作有装备”等“七有”建设标准。从软件方面发力，县安监局督促企业完善安全生产目标管理，帮助企业建立安全生产例会、安全生产检查、隐患排查治理、领导现场带班、劳动防护用品管理、安全生产教育培训、安全生产投入保障、职业安全健康管理、重大危险源监控等九项关键性制度，上墙公示，严格执行。重点对粉尘防爆、有限空间、涉氨制冷行业进行有效监管。检查了40余家规模以上企业，下达执法文书138份，对8家企业进行职业病危害现状评价，力促金能科技、正邦立成、华星电器、龙阳国际完成安全生产标准化创建，支持康尔佳、煤机申报标准化创建示范企业，帮助太子化工、中汉高科、中联重科申报职业病防治惠民工程示范企业。

【安全宣教】 在安全生产月活动期间，县安委组织22个乡镇（区）街道和18个重点县直部门单位开展上街集中宣传活动，发放安全生产宣传资料3万多份，展出展板60块，推出安全生产摄影展板120块，举办“关注安全、珍爱生命”专场文艺会演，接待现场观众近千人。此外，全年发送安全生产短信12万多条，制作大型户外安全生产永久性宣传牌2块，在县城区10块电视墙全天候播放安全生产宣传片，时间达3个月。各地全年不定期出动流动宣传车走村串户宣传烟花爆竹、危化品、消防、交通常识，提高了全民安全意识。全方位、多渠道的安全生产宣传，赢得了市安委的充分肯定，2017年的安全生产月活动结束后，汉寿县荣获全市先进单位。 （刘翠桥）

政务服务

【概述】 汉寿县人民政府政务服务中心（以下简称中心）于2003年4月挂牌运行，现设址于龙阳大道中段的县国土大厦，为汉寿县人民政府直属正科级参照公务员法管理的事业机构，核定编制10人，下设1办4股，即办公室、业务股、政务公开股、督查股和财务股。中心的主要职能是负责监督管理协调所有纳入中心的审批、办证、收费项目；负责全县政务公开工作；负责指导乡镇政务服务体系的建设与管理；负责对全县项目建设提供“一站式”服务；负责对全县基本建设领域的工程报建实施“打捆”收费；牵头实施对全县规模工业企业规费征收的“一费制”管理；负责推进全县电子政务建设及系统应用；负责窗口和窗口工作人员的日常管理；承办县委、县政府交办的其他事项。

中心审批、办证、收费服务大厅设一、二楼，有公安、民政、国土、消防、房管、地税、非税、交通、林业、安监、城管、住建、司法、环保、文体广新、发改、政府采购、市场质监、农业、农机、卫计、人防、畜牧水产、气象、收费处等工作窗口28个，委托窗口单位9个。目前，纳入中心集中管理的行政服务事项203项，共有窗口工作人员130人。

中心以“公开、透明、廉洁、高效”为服务宗旨，突出“一门受理、并联审批、统一收费、限时办结”的工作理念，不断完善项目服务制度，提高项目服务水平；不断加大行政资源整合力度，打造行政许可、资源配置、效能监管、社会服务四大服务平台；不断深化行政审批制度改革，提高行政效率，最大限度地服务群众、服务企业、服务社会。2017年度，县政务中心获全县优化经济环境工作先进单位，全市政务中心先进单位。（李　黎）

电子政务

【政府网站建设】 网站普查。自网站普查工作开展以来，电子政务办严格按国、省、市相关文件会议精神，抓好主站自身建设，督促子站和子频道及时更新维护，确保了县辖区内政府门户网及子站无网站被国办或省办通报。

内容管理。政府门户网站是汉寿县发布政务信息的权威网站，电子政务办充分利用网络媒体传播快、范围广、内容多等特点，每天更新充实政务信息。2017年1至12月，政府网站上传各类政务信息8400余条，上传图片2300余幅。政府网站自采信息也多次被新浪、网易、新华网等网络媒体转载，在百度等著名搜索网站上搜索汉寿，政府网站信息都位于前列。对照国务院、省、市关于政务公开工作要点的新要求，对已有的2016年政务公开工作要点专栏进行了重新规划调整，将“2016年政务公开工作要点”栏改为“2017年政务公开工作要点”，重新划分栏目，围绕以政务公开助力稳增长、以政务公开助力促改革、以政务公开助力调结构、以政务公开助力惠民生、以政务公开助力防风险及其他领域六个方面来发布公开信息，6个主栏目下设二级栏目39个，三级栏目83个，四级栏目10个，现有信息约4600余条。重要信息转载方面，及时转载了中央政府门户网站、省政府门户网站重要政务信息。

网上办事。2017年，加强对网站服务功能的规范化、实用化改造，按照统一标准完善办事指南要素，补充表格、附件下载，并整合完善服务功能。汉寿县网上政务大厅显示,2017年，收件数量达41188件,已办结41164件，办结率达到99.94%。该办在建设重点服务事项的基础上，继续聚焦公众需求，进一步完善了便民查询、便民提示等服务事项。

互动交流。在政府门户网站开设了“领导信箱”“调查征集”“汉寿论坛”“重大决议”“新闻发布会”“政府网微博”等互动交流平台，多渠道了解社会热点，加强政民互动。一年来，领导信箱共收到各类咨询投诉42件，办结42件，办结率达100%。举办了4期新闻发布会，围绕收费站升级改造、交通安全宣传和打击违法犯罪等民生热点问题，通过政府网站作官方政策解读，公众参与度高，反响强烈。启动9期调查征集，就热点话题与公众进行网上交流，拉近公众与政府的距离，得到了社会各界的一致好评。

重点服务项。按上级要求及民生关注的重点、热点服务事项，在政府网站设立了居住证办理服务 、生育服务证办理、保障性住房申请、随迁子女入学服务、高校毕业生就业服务、房屋产权登记等6个重点服务项。

新媒体。为丰富汉寿政务活动的宣传手段和途径，汉寿县狠抓了“汉寿政府网”微信公众号、微博信息的更新与管理工作。2017年，“汉寿政府网”微信公众号、微博基本上保证了每天各原创1条信息以上，全年原创微信公众号、微博信息条数达到700余条，及时关注上级政府微博动态，转发上级政府微博200余条。同时及时与网民互动，做到每天关注微博动向。

网站集约化。根据国务院办公厅《关于印发政府网站发展指引的通知》（国办发〔2017〕14号）中关于县级部门网站集约化建设至政府网站的要求，将县域所有普查范围内网站进行了集约化整合建设，并对后期建设的所有部门网站提出了集约化建设要求，现县政府网站已经有子频道57个。所有被整合的网站，都实现了网站后台、页面风格和栏目框架的统一，以频道页面形式在政府门户网站上展现，打造规范标准的政府网站群。

【电子政务工作】 2017年，始终围绕服务全县经济社会发展这一主题，努力推进电子政务建设与应用。一是为网站集约化建设“保驾护航”。年内，为严格落实中央、省、市要求，大力推进网站集约化建设，多次与其他兄弟区县交流网站后台的二次开发情况，并结合实际，制定汉寿县网站后台功能的详细需求；为进一步保障网站安全稳定运行，搞好网站集约化建设，该办新增了2台高性能WEB服务器、1台下一代防火墙和1台WEB防护墙。二是启动电子政务外网升级改造。年内，对电子政务外网进行了进一步优化与升级，实现全县纵向横向100%覆盖；安排专人负责电子政务外网运维，对线路故障和系统操作困难的乡镇上门解决问题，本年度一共解决此类问题30余次。三是突出资源整合，狠抓深化应用。全面梳理汇总各单位对行政审批、行政处罚及其电子监察系统运行应用中的功能缺陷、运行问题，组织系统承建商及时处理改进了系统访问缓慢、数据对接不畅、综合查询不全、批量审批不完善等方面的问题，上门现场解决了数字证书使用不稳定、系统应用操作不熟练、核心传输网络不通畅等方面的困难，全面保障网上行政审批、行政处罚两大核心应用系统稳定运行、业务正常流转；与县发改局、县信访局合作分别开通了12315全国网上物价普查系统和网上信访信息上报系统，并进一步为其提供技术支持，使其各股室能同时使用“两网”，简化了操作程序；配合湖南科创公司完善了涉税数据资源管理平台、房地产一体化系统。为保障涉税信息交换平台的维护和考核奖励经费，2017年，财政列支30万元纳入该办预算，保证了此项工作的正常开展。对房地产一体化系统与省电子政务系统对接程序进行了升级，调整房地产一体化系统的网络部署结构，使其数据交换更安全、稳定、快捷。四是规范电子政务工程建设管理。建立健全电子政务工程建设规范化管理制度，对电子政务工程建设过程中招标文件备案、项目评审、变更管理、竣工验收、运维等环节进行跟踪管理。2017年，对汉寿县不动产登记数据整合技术方案进行技术评审，对方案中的不动产数据按照《不动产数据登记数据库标准》和《不动产登记数据库整理技术规范》进行指导，邀请省市权威专家对方案提出建议，帮助完善方案；对汉寿县公共信用信息平台建设方案评审，在评审中结合智慧汉寿建设要求，提出汉寿县数据资源共享平台与汉寿县公共信用信息平台一体化建设，避免了重复建设；对汉寿县公安局公路检查站和卡口建设项目进行验收，主要对检查站和卡口现场与系统运行情况验收，该系统现已与市公安局联网，接入了省、市辑查布控平台，运行情况良好。五是认真做好了其他日常工作。认真完成每年由县政府督查室、县政务中心、县电子政务办和县优化办共同参与的电子政务调研工作，并对发现的问题及时解决；积极参加省、市组织的培训工作，认真学习各门培训课程，做到学以致用；安排专人做好机房数据维护、备份；安排专人负责网站备案及域名维护等。

【智慧汉寿建设】 2017年，多次与市办对接，与相关县直部门衔接，重点推进智慧汉寿协调指挥中心、地理信息系统（GIS）、智慧养殖项目。智慧汉寿协调指挥中心于2017年2月正式投入使用，总投资550余万元。现阶段，县平安城市、交警视频数据、综治中心网络化平台、365平台已接入本中心。指挥中心大屏采用24块55寸LED显示屏，同时可容纳130余人召开视频会议、电视电话会议等各类大型会议。地理信息系统已完成基础、政务、公众三个版本的数据测绘生产任务，五大应用系统即将投入使用。智慧养殖项目已完成方案制定，已纳入PPP模式建设。汉寿县“三馆三中心”项目已完成初步规划设计，其中智慧中心单栋大楼1万多平方米建筑布局需求翔实、设计合理。2017年9月29日，县委副书记、县长车世忠带队赴长沙与湖南建工集团就智慧城市一期建设PPP项目进行签约，总投资9亿多元，其中智慧城市（信息化）项目总投资3.7亿元。10月12日，“智慧城市”暨“市民之家”项目隆重举行开工仪式。

（胡永杰）

公共资源交易

【概况】 交易中心成立于2012年12月，时为县政务中心下属正股级事业单位；2015年12月中心升格为正科级事业单位，2016年5月更名为常德市公共资源交易中心汉寿县分中心。中心核定编制9人，实有8人，其中主任1名、副主任2名，工作人员5人。

自2016年1月1日至2017年12月31日，县公共资源交易中心共开展交易822宗，标的总额189.5亿元。

（李　磊）

中国人民政治协商会议汉寿县委员会

综　述

中国人民政治协商会议汉寿县委员会（以下简称县政协），内设办公室和4个专门委员会（提案委员会、经济科技联谊委员会、学习文教卫体文史委员会、法制群团委员会）。办公室加挂联络委员会牌子，下设政协委员工作联络办公室（经济贸易促进会）。

九届县政协下设党群、农业、工交、财贸、教育、新闻文体、医卫、祖国统一、社会福利民族宗教、计划建设、高新区、珠三角、长三角、长株潭、南宁15个界别活动组和21个乡镇（街道）联络处。2017年年底，九届县政协共有委员273人，其中常务委员39人。县政协机关共有干部职工60人，其中在职干部职工26人，退休干部职工34人。

2017年，在县委坚强领导和县政府大力支持下，县政协牢牢把握团结民主两大主题，按照“自信、创新、有为”的工作理念，围绕助推“一五五”发展战略，充分发挥协商民主重要渠道和专门协商机构作用，认真履行政治协商、民主监督、参政议政职能，为推动全县经济社会发展作出新的应有的贡献，实现了九届县政协工作的良好开局。

【履行政协职能】 协商议政，紧扣主题。一年来，围绕汉寿县改革发展大局，县政协通过全委会议集中协商、常委会议重点协商、主席会议专题协商、专委会调研协商等多种形式，开展协商议政，深入建言献策，取得了积极成果。在九届二次全会上，就西湖区路网建设、小区综合治理、打造六号大道旅游亮点、创建全域美丽乡村、关注散居少数民族等主题进行的大会协商发言，呼应社会关切和民众关注，形成广泛的社会影响。就城北河风光带建设、城区教育布局、水产品蔬菜市场建设、边贸乡镇建设等重点课题进行的调研协商，分别形成常委会议和主席会议建议案，为县委政府决策提供有益的参考。

民主监督，聚焦重点。高度关注改革热点和群众期待，通过派驻监督员、委员视察、民主评议等形式，充分履行民主监督职能。一是规范监督员派驻工作。围绕重点建设工程、优化经济发展环境、民生福利及扶贫攻坚等重点领域，向人社、住建、扶贫办等18个单位派驻79名民主监督员。为增强监督实效，县政协完善机制，加强管理，开展分组督导、实时调度，向被监督单位负责人问卷征求了对民主监督工作的意见建议，确保派驻民主监督员工作规范有序推进。监督员主动上门或受邀参加座谈、视察等活动100多场次，指出被监督单位工作中存在的问题和不足120多个，善意提出具有针对性和可操作性的意见建议200多条，得到被监督单位虚心采纳。二是认真组织民主监督评议。通过常委扩大会议，对18个县直单位的工作进行民主评议，面对面向被监督单位提出建设性的意见建议，进一步增强民主监督实效，扩大了民主监督工作影响力。三是发挥视察的监督作用。把视察作为民主监督的重要形式，紧盯落实党政决策和推进重点工程，开展经常性视察监督。组织全体委员视察全县重点建设工程项目；通过常委扩大会议、主席会议等形式，组织委员就全县林业、城建和食品药品工作展开视察。

参政建言，关注民生。创新方式方法，发挥政协专门渠道作用，积极为人民代言发声。一是切实做好提案工作。深入开展“提案质量年”活动，多举措提高提案撰写质量，使委员提案更接地气，更顺民意。进一步加强提案办理工作，召开重点提案办理协商会13次，常规提案办理协商会21次，召开县政协常委扩大会议对重点提案办理工作进行评议，推动委员意见建议落地。二是充分反映社情民意。始终把反映社情民意信息工作作为履职的重要形式，引导委员通过会议、调研、视察和走访等多种途径，收集和反映社情民意信息，为党委政府科学决策提供参考。一年来，县内编发的9篇社情民意，得到县委政府主要领导批示和相关单位的认真办理。《应建设与疾病防控职能相匹配的疾控中心》《汉寿县农村安全饮水工程建后管护亟待高度重视》《乡镇行政区划调整后农村广播并网的建议》等社情民意取得较好的办理效果。有11篇社情民意被省、市政协采用，其中《水上交通安全存三大隐患亟待重视》的社情民意得到省政协主要领导的批示。《莫让乡镇学校成为电网改造盲区》的社情民意被全国政协采用。社情民意信息工作继续在全市政协系统保持领先水平。三是积极建言献策。围绕县直机关干部作风建设、村（社区）干部作风建设等课题进行深入调研，获得县委主要领导的积极评价，为推动和改进汉寿县干部作风建设起到一定的助推作用。

【服务中心大局】 助力脱贫攻坚。一是开展精准扶贫"三个一"行动，做到调度更细、举措更实、效果更好。驻汉市政协委员、全体县政协委员与470户贫困户结对帮扶，积极帮助贫困家庭发展生产、增加收入，着力解决就业、就学、就医等方面的实际问题。引导12个委员企业开展就业扶贫，为贫困家庭提供402个就业岗位；募集助学资金128万元，资助贫困学生340名。二是发挥委员爱心基金扶贫作用。依托基金开展了"我想有个家、共圆小康梦"精准扶贫"三个一"行动捐赠活动，驻汉市政协委员、县政协委员和政协机关干部现场捐款190万元；与县慈善总会联合主办"六一"面对面助学活动，为100名贫困学子筹资26万元；通过爱心基金平台，发动委员向县一职中和聂家桥乡中学助学捐资20万元，向坡头镇中学少年宫捐赠资金5万元、图书230册；投资20多万元捐建帅孟奇铜像，完善了故居建设内容。三是认真组织教育助学活动。广泛发动旅外委员和经济界委员参与教育助学，筹集助学资金92.5万元。四是搞好联点扶贫。根据县委统一部署，县政协主席会议成员积极做好6个联系点村脱贫攻坚工作，帮助协调落实扶贫资金428万元，实施基础设施和产业建设项目23个。开展金秋助学活动，为扶贫点村113名困难学子送去23万余元助学金。政协机关联点帮扶坡头镇跃进村，帮助争取和落实项目资金165万元，实施14户危房改造、5户异地联建、5.5公里村道硬化、2个机埠新建和维修等项目。

参与中心工作。政协主席会议成员参与美丽经济示范带、甲鱼产业、棚户区改造、"两市场一中心"、清水湖旅游度假区、城市创建等全县重点工作和重点项目建设，认真负责完成所承担的工作，彰显了维护核心、服务大局的政协担当。在西洞庭湖湿地保护区核心区黑杨清理攻坚战中，受县委安排牵头调度坡头分指挥部黑杨清理工作，仅用4天时间圆满完成清理任务。

积极招商引资。持续广泛发动政协委员宣传推介汉寿、参与招商引资，组织35名旅外委员参加第二届汉商恳谈会。通过委员收集招商项目信息20多条，多次赴经济发达地区招商考察，引入投资7000余万元的工业项目2个。

丰富地方文化。立足汉寿历史文化资源，组织创作出版了有一定价值品位的《汉寿赋》，收集整理出版《故事汉寿》和《屈原研究》学刊，为繁荣文化事业发挥积极作用。

【加强自身建设】 从严从实抓好党的建设。政协党组把坚持和依靠党的领导贯彻落实到履职的各个方面和全过程，自觉围绕县委工作中心大局谋划和推进政协工作，始终使政协工作契合县委的决策部署。认真履行全面从严治党主体责任，严肃党内政治生活，从严治党与政协工作同部署、同落实、同检查。扎实推进"两学一做"学习教育常态化制度化，采取多种形式学习贯彻中共十八届六中全会和中共十九大精神，机关干部"四个意识"不断增强。深入推进党风廉政建设，支持派驻纪检组工作，认真落实谈心谈话制度，政协党组的领导核心作用进一步增强。

加强委员队伍建设。加强和改进委员学习培训，完善机制，提高实效，在以委处组组织委员按季度集中学习的基础上，举办为期3天的委员培训班，邀请了省市专家领导到汉寿授课，开阔了委员视野，提升了履职能力。建立县政协领导联系委员制度，开展集中走访委员活动，协调解决委员反映的许多实际困难和问题。加强委员履职服务管理，修订《委员、常务委员管理办法》《委员履职评价办法》等系列制度，开展委员履职综合评价和优秀政协委员评选，调动和激励委员履职积极性，更好地发挥委员主体作用。

加强委处组建设。狠抓专委会、乡镇（街道）联络处、界别活动组履职能力和活动机制建设，充分发挥了委处组的中坚作用。一是专委会协调能力不断增强。各专委会依托自身专业优势，在配合完成常委会议、主席会议调研任务的同时，积极开展对口协商，加强委员联络联谊，组织委员和指导处组开展多种形式的视察、调研活动。二是委处组管理机制进一步规范。在县委的重视支持下，将乡镇（街道）政协工作纳入了全县绩效评估，乡镇（街道）联络处工作环境不断优化。建立专委会、乡镇（街道）联络处、界别活动组工作规则，管理和活动机制进一步完善。三是履职活动不断丰富。各乡镇（街道）联络处、界别活动组积极组织委员开展具有界别特色、地域特点的调研视察、座谈协商活动。如经科委与长株潭活动组在长沙举行了委员走访联谊活动；珠三角活动组组织委员与坡头镇19户贫困户集中结对进行帮扶；沧港、毛家滩等联络处组织委员开展多次扶贫慰问活动；洋淘湖、洲口、聂家桥、蒋家嘴、龙潭桥、军山铺等联络处组织委员开展了多次视察活动；祖统组、农业组、财贸组、医卫组组织委员开展集中学习和调研座谈活动。委处组活动更加丰富多彩、有声有色。四是履职平台进一步创新。探索成立了5个委员工作室，为委员深入联系群众搭建平台。遴选30名卸任委员创新成立了老委员联谊会，进一步发挥老委员团结联谊、资政建言的优势和作用。

创新信息宣传工作。一是构建宣传工作新格局。综合运用传统媒体和新媒体，统筹对政协重点协商议政活动的宣传报道。在《人民政协报》《湘声报》等市级以上媒体上稿117篇，在县级宣传平台更新履职动态信息300余条，展示委员履职风采，反映政协工作成果。参加了由省政协、红网组织的“政协主席走进红网”访谈节目，全面介绍了汉寿县政协创新履职、服务中心、扶贫攻坚等方面的经验，受到了网友的热情关注，当天视频点击量达到57.89万次，扩大县政协工作的社会影响力。二是打开了信息化建设新局面。着力推进“湖南政协云”APP推广使用，加强政协云汉寿版块建设，政协云登录、安装、参与、贡献排名均在全省区县前列。根据市政协统一安排建设视频会议系统，信息化建设开创新局面。三是取得了献策研讨新成效。积极响应市委、市政府提出的“开放强市、产业立市”号召，在市政协组织的“我为开放强市产业立市献一策”活动中，认真组织形成11篇献策文章。重视人民政协理论研究，参与省市政协理论研讨活动，完成了8篇理论研讨报告，有4篇被评为全市政协系统优秀文稿。

提高机关服务水平。围绕打造一支“信念坚定、为民服务、勤政务实、敢于担当、清正廉洁”的干部队伍，完善了各项管理制度，抓好机关干部教育培训和日常监督管理工作，机关干部文字组织、语言表达、综合思考问题能力得到有效提升，机关服务保障能力进一步提高。做好老干部和青年工作，加强了青年干部学习和能力培养，完善老干部体检、慰问、学习座谈和外出考察等机制。大力弘扬社会主义核心价值观，努力改善机关环境，成功创建市级文明标兵单位，为干部营造了一个温馨活力的家，搭建了一个干事、创业的平台。务实创新、尽职奉献，和谐协作、风清气正的氛围更加浓烈，机关建设和管理更趋规范。

重要会议

【全体会议】 中国人民政治协商会议汉寿县第九届委员会第二次会议，于2017年2月6日至8日在汉寿县城召开。会议应到委员235人，实到232人。

会议期间，县委书记杨昶，县委副书记、县长车世忠等县级领导出席会议并参加分组讨论，与委员共商改革发展大计。委员们围绕西湖区路网建设、小区综合治理、打造六号大道旅游亮点、创建全域美丽乡村、关注散居少数民族等主题进行的协商发言，获杨昶重要批示和车世忠诚恳答复，产生了热烈反响。

会议听取并赞同县长车世忠所作的政府工作报告，审议批准县政协主席解以刚所作的县政协常委会工作报告和县政协副主席刘启明所作的提案工作情况报告，赞同法院、检察院和财政、计划工作报告。会议期间，还进行了大会表彰、重点建设项目视察和精准扶贫“三个一”行动倡议等活动。县委书记杨昶在闭幕式上讲话。

【常委会议】 2017年，县政协共召开5次常委会议。

3月27日，县政协召开九届三次常委会议。会议审议通过了《县政协委员增补方案》《县政协委员培训班方案》《县政协老委员联谊会筹建方案》和《县政协委员爱心基金理事会换届方案》；讨论了《中共汉寿县委关于转发〈汉寿县政协常务委员会2017年工作要点〉的通知》（汉委〔2017〕7号）；宣读了《县委办、县政府办、县政协办关于印发〈县政协2017年派驻民主监督小组（员）实施方案〉的通知》（汉办〔2017〕10号）。县政协主席解以刚，副主席李明桂、刘启明，副处级干部王金成出席会议。

6月19日，县政协召开九届四次常委（扩大）会议，视察汉寿县林业工作。县政协主席解以刚，副主席彭仔明、黄启顺、李明桂、刘启明，副处级干部张建军，秘书长李明出席会议。县人民政府副县长李功文、县委副处级干部徐胜利应邀参会。

7月27日，县政协召开九届五次常委会议，专题听取“一府两院”工作情况通报。县政协主席解以刚，副县长李碧波，县政协副主席彭仔明、黄启顺、李明桂、刘启明，县法院院长鲁祖方和县政协秘书长李明出席会议。

12月7日，县政协召开九届六次常委（扩大）会议，开展提案办理工作民主评议和民主监督工作评议。县政协主席解以刚，副主席彭仔明、黄启顺、李明桂、刘启明，秘书长李明出席会议。县委常委、县纪委书记曾群，县委常委、常务副县长丁克刚，副县长余梅应邀参加会议。

12 月 21 日，县政协召开九届七次常委会议，协商讨论《政府工作报告（征求意见稿）》，审议县政协九届二次全会筹备工作。县政协主席解以刚，县委常委、常务副县长丁克刚，县政协副主席黄启顺、李明桂、刘启明，县政协副处级干部王金成，县政协秘书长李明出席会议。

【主席会议】 2017 年，县政协共召开 8 次主席会议。

1 月 24 日，县政协召开九届二次主席会议。会议讨论相关调研报告、政协委员管理评价办法和政协委处组工作规则，审议机关内务管理制度。县政协主席解以刚，副主席彭仔明、黄启顺、李明桂、余淑娴、刘启明和秘书长李明出席会议。

2 月 13 日，县政协召开九届三次主席会议。会议研究《县政协九届二次会议提案及 2017 年重点提案督办方案》《县政协精准扶贫“三个一”行动工作主要活动安排方案》《县政协老委员联谊会筹备方案》《县政协委员工作室筹建方案》和《2017 年县政协委员培训班方案》。县政协主席解以刚，副主席彭仔明、黄启顺、李明桂、余淑娴、刘启明，副处级干部王金成、张建军，秘书长李明出席会议。

2 月 23 日，县政协召开九届四次主席会议，向县委、县政府交办委员提案，同时研究了《民主监督员（小组）派驻方案》《〈故事汉寿〉文史资料征集工作方案》和《社情民意工作奖励办法》。县政协主席解以刚，县委常委、常务副县长丁克刚，县政协副主席彭仔明、黄启顺、李明桂、刘启明，县政协副处级干部王金成、张建军，县政协秘书长李明出席会议。

3 月 8 日，县政协召开九届五次主席会议，专题协商水产品和蔬菜专业市场建设工作。县政协主席解以刚，副县长李功文，县政协副主席黄启顺、李明桂、刘启明，县政协秘书长李明出席会议。

4 月 25 日，县政协召开九届六次主席会议，专题协商城北河风光带建设工作。县政协主席解以刚，副县长宋万林，县政协副主席彭仔明、黄启顺、李明桂、刘启明，县政协秘书长李明出席会议。

7 月 21 日，县政协召开九届七次主席会议，专题协商城区教育布局工作。县政协主席解以刚，副县长余梅，县政协副主席彭仔明、黄启顺、李明桂、刘启明，县政协秘书长李明出席会议。

9 月 15 日，县政协召开九届八次主席会议，专题协商边贸乡镇建设工作。县政协主席解以刚，副县长孙金平，县政协副主席彭仔明、黄启顺、李明桂，县政协秘书长李明出席会议。

11 月 16 日，县政协召开九届九次主席会议，学习传达相关纪律文件精神，研究机关信息化建设工作、民主评议提案办理和评议民主监督工作方案以及增补、辞免委员和常务委员方案。县政协主席解以刚，副主席彭仔明、黄启顺、李明桂、刘启明，秘书长李明出席会议。

视察活动

县政协高度关注改革热点和群众期待，2017 年组织驻汉市政协委员、县政协委员、老委员联谊会成员在全县范围内开展多次视察活动，充分履行了政协民主监督职能。

【全体委员视察】 2017 年 2 月 7 日，县政协九届二次会议视察了沅澧快速干线 6 号大道、洞庭玫瑰花海、太子庙互通口公园改造项目、高新区孵化器大楼和落地建设项目、火车站广场改造项目和人民医院异址新建项目等汉寿县重点建设工程项目。

【常委会视察】 全年共开展两次常委会视察。2017 年 6 月 19 日，县政协常委会视察汉寿县林业工作，实地察看了汉寿竹海国家森林公园和息风湖国家湿地公园。2017 年 9 月 22 日，县政协常委会视察汉寿县城建工作，实地察看了洞庭花海建设项目、高速公路汉寿收费站改造项目、高速公路互通口圆盘立面改造建设项目、纬十九路建设项目、纬十五路建设项目、净心公园建设项目、龙珠湖公园建设项目、三湖水系连通项目排水泵站建设项目、小南门安置小区建设项目、茶叶山棚户区改造建设项目、滨湖特色街与小银水湖综合整治项目等重点项目建设现场。

【主席会议视察】 2017 年 9 月 22 日，县政协主席会议成员视察汉寿县食药工商质监工作，深入龙阳米粉厂、食药安全检验检测区域中心和食药工商质监行政审批中心等地查看。

【委处组视察】 根据县政协委、处、组工作规则，县政协各专门委员会、乡镇（街道）联络处、界别活动组结合自身情况和实际需要，每年自主开展了 2 次以上视察活动。如文史委委员在县一中开展“知情”视察活动，百禄桥镇委员视察该镇老桥重建工程，军山铺镇委员视察汉益沅苏维埃政府旧址重建项目，洋淘湖镇委员视察该镇防汛抗旱准备工作和公租房建设、入住情况，洲口镇委员视察该镇文蔚大桥、新建敬老院、公租房建设三大为民办实事项目，龙潭桥镇委员视察该镇公租房建设项目和社区拆违工作等。

【民主监督员视察】 根据县委工作部署和相关部门工作需要，2017年，县政协向县内18个单位集中派驻民主监督小组（员）。各监督小组（员）围绕被监督单位工作的难点、社会关注的热点等方面，主动上门或受邀参加座谈、视察等活动100多场次。如，驻人社局民主监督小组参加该局推进一线工作专题民主生活会、民营药房评价会等工作会议，深入人社局服务大厅及各股室、就业培训中心、部分民营医院、招聘现场等地，重点围绕就业工作和医保工作进行视察调研；驻住建局民主监督小组走访县内多家建筑企业征求意见建议；驻移民开发局（扶贫办）民主监督小组到崔家桥镇大西村、龙潭桥镇长茂岭村等贫困村进行了视察调研；驻发改局民主监督小组实地视察全县重点项目建设，走访项目单位和企业，调研发改局服务重点项目、优化发展环境方面工作情况；驻纪委民主监督员参加县纪委对县内节假日公车使用及作风建设情况的督查与暗访，参加对纪检监察干部的监督执纪工作；驻法院民主监督员走进法院听庭评庭；驻检察院民主监督员开展视察县反贪局暨听庭评议活动，参与“检察开放日”等活动；驻公安局民主监督员视察该局执法办案场所等地；驻优化办民主监督员深入太子庙和工业园相关企业视察调研；驻食药工商质监管理局民主监督员深入龙阳米粉厂、食药安全检验检测区域中心和食药工商质监行政审批中心开展视察调研；驻房管局民主监督员到金山国际等房管企业走访视察，收集企业和群众意见；驻国土资源局民主监督员对沧港镇北拐村旱改水土地整理项目、城区土地管理工作进行视察调研，参加了全县集体建设用地管理大型检查；驻水利局民主监督员前往朱家铺江东地表水厂、聂家桥和军刘集中供水厂，实地考察农村安全饮水工程建设和水厂运行管理情况等等。通过开展各类视察监督活动，派驻监督小组（员）指出被监督单位工作中存在的问题与不足120多个，善意提出意见建议200多条，促进了被监督单位的工作改进和作风好转。

【驻汉市政协委员和老委员联谊会成员视察】 县政协积极为驻汉市政协委员和老委员联谊会成员提供知情明政、履职尽责的平台，全体委员视察和常委会视察等活动均邀请其参与。此外，2017年8月22日，驻汉市政协委员到西洞庭湖国家级自然保护区管理局视察调研，形成视察调研成果《打响“西洞庭湖”名片，助推开放强市战略》，走上了市政协七届二次全会协商发言讲台。2017年11月22日，县政协老委员联谊会成员到丰家铺镇横山村视察现代农业工作，继续为县域发展发光发热。

提案工作

县政协九届二次会议以来，广大政协委员、政协各参加单位和专门委员会积极运用提案协商议政，共提交提案173件，立案164件，均已办复。

【有关经济建设方面的提案64件，占立案总数的39%】 围绕中小微企业发展、做大做强服务业、打造蔬菜特色产业、发展全域旅游等方面，委员以提案积极建言，经过办理，许多建议被吸纳。如结合加大中小微企业扶持力度的提案，汉寿县相继建立了“科技企业孵化器”“中小微企业公共服务中心”等服务平台，县财政年预算科技企业孵化器种子基金300万元，科技企业孵化器专项资金1000万元，对入孵的重点科技项目、小型科技型企业、众创空间等进行扶持奖励。

【有关城镇建设管理方面的提案28件，占立案总数的17.1%】 围绕控违拆违、棚户区改造、公园广场建设、城区停车位建设与管理、乡镇集镇规划建设等方面，委员以提案秉笔直言，促成了一些相关问题的解决。比如针对加强城区建设西路流动摊点占道经营整治的提案，县政府组织相关职能部门开展集中整治行动，出动执法车96台次，执法人员828人次，关停5家不合格经营户，拆除违规搭设帐篷32顶，并进一步强化日常监管，建设西路45家夜市摊点占道经营行为基本得到规范。

【有关科教文化卫生方面的提案41件，占立案总数的25%】 围绕学前教育、农村九年义务教育、城区学校布局、广播村村响工程、农家书屋建设、艾滋病预防、基层公共卫生建设等方面，委员以提案聚焦建言，引起县委、县政府重视。如结合城区学校布局的提案，县委、县政府多次召开议教会，深入现场实地调研，城区学校规划建设有了实质性内容。

【有关民生改善方面的提案8件，占立案总数的4.9%】 围绕农村断途路建设、危桥改造、安全饮水、食品安全监管、特殊群体利益保障等方面，委员以提案反映社会呼声与诉求，得到了相关承办单位的积极回应。如结合加强农村家宴食品安全监管的提案，相关职能部门对全县农村厨师进行摸底建档，督促其办理健康证，对村（社区）食品安全信息员、农村厨师等进行集中培训，组织开展了《汉寿县食品安全事故应急预案》的宣传、食品安全事故应急演练等活动。

【有关民主政治方面的提案 18 件，占立案总数 10.9%】 围绕信息化建设、老干部活动中心建设、村干部管理、企业党建、社会治理等方面，委员以提案协商建言，县委、县政府高度重视。如针对切实提高村干部待遇的提案，出台了《汉寿县村（社区）干部专职化管理办法》，实行村（社区）干部报酬工薪化。

【有关生态环保方面的提案 5 件，占立案总数的 3%】 围绕“治水、治污、治气”、生态养殖等方面，委员以提案铺陈立论，得到了较好办理。如结合关于推动汉寿县生猪产业向生态养殖转型升级的提案，县政府出台《关于加强畜禽养殖污染防治、促进畜牧业发展的意见》，积极推动生猪标准化规模养殖，全县建成部级标准化示范场 2 个，省级标准化示范场 4 个，着力打造生猪良繁体系和生猪产业品牌，加强生猪规模养殖场粪污治理，推动汉寿县生猪产业逐步向生态养殖的转型升级。 （董　理　周蔚环）

纪检·监察

综述

【概况】2017年，县纪委、监察局合署办公，内设办公室、组织部、宣传部、党风政风监督室、信访室、第一至第四纪检监察室、案件审理室。成立县委巡察办、3个县委巡察组、12个县纪委派驻纪检组。下辖22个乡镇（区）、街道纪（工）委。2017年，在市纪委和县委的坚强领导下，县纪委领导班子以务实的态度聚焦主责主业，忠诚履行职责，党风廉政建设和反腐败工作取得明显成效。

【党风廉政建设】换届风气得到匡正。2017年是村、支两委换届之年，县委派出22个换届督导组，对全县21个乡镇、街道和高新区的278个村（社区）开展“一对一”换届指导和风气监督，县纪委25人全程参与监督。各督导组走访座谈党员群众16000余人次，发放张贴省委“八个严禁”宣传资料12000余份。通过换届期间“八联审”，共排查出问题线索111条，对违纪问题做到了迅速发现、快查快办、及时曝光。如针对洲口镇村级组织换届中出现简化程序等问题，专题约谈镇党委书记、纪委书记、组织委员和督导组干部；对毛家滩回维乡田庄村违反换届纪律的信访举报，县纪委快查快处，对违反换届纪律的村、支两委提名人选给予纪律处分并取消提名资格，湖南卫视和湖南日报均对此进行正面报道。换届期间，全县共有6名村干部因违反换届纪律被给予党纪处分，在严查快处、公开曝光的高压态势下，匡正换届风气，营造风清气正的换届环境。

专项整治成效显著。县纪委将两个专项整治工作与落实中央八项规定精神、村级巡察工作、农村信访举报集中办理、扶贫领域问题集中整治等工作相结合，并将专项整治工作纳入全县党风廉政建设和绩效考核内容，通过考核层层压实责任。全年“雁过拔毛”式腐败问题纪律处分102人，组织处理741人，“纠‘四风’治陋习”问题纪律处分124人，组织处理994人，重点查办坡头镇全护村干部公款旅游案、沧浪街道原八角楼社区干部“雁过拔毛”案、丰家铺镇黄丝村骗取危房改造资金案等一批典型案件。加大通报曝光力度，下发“两个专项整治”通报21期，在全县范围形成强大的震慑力。违规征订教辅材料整治工作覆盖全县54家中小学校，发现涉及教育领域的各类问题线索27条，特别是对军山铺镇中学违规收受教辅材料回扣等违纪问题进行重点查处，8名相关责任人员被立案审查，该专项整治中全县共立案审查17人，诫勉谈话69人，通报批评216人，收缴违纪资金192万元，在重拳出击下，校园内的不正之风得到有力遏制。在国家公职人员违规参与涉矿等经营性活动专项整治中，全县共有12943名国家公职人员填报个人情况报告表，5名涉矿人员主动填报并按要求退出经营，对在“回头看”中发现自清自查不力、不实的，县纪委严肃进行问责，现已立案审查1人，组织处理49人。

干部作风持续向好。县纪委切实打好改进作风持久仗，着力在常和长、严和实、深和细上下功夫，通过作风整训、监督问责、公开曝光等机制，推动全县干部作风持续好转。3月，县委集中2天时间举办千名领导干部作风整训班，集中整治“六不”问题（心态不正、精神不振、担当不够、能力不足、服务不优、律己不严），进一步提升干部作风。县纪委将监督问责作为改进干部作风的有力抓手，通过开展日常作风督查，营造作风建设常抓常管的氛围，督促党员干部自觉遵规守纪。特别是10月，对湖南城市学院汉寿规划建设管理干部培训班进行“跨市”督查，形成了较强的震慑。在坚持日常监督常抓不懈的同时，县纪委还开展扶贫、环保领域工作作风专项督查，对环保工作落实不力的23人进行约谈，对扶贫工作中落实驻村要求不到位的4家单位全县通报批评；针对公款购买节礼、违规公款吃喝、违规操办婚丧喜庆问题、公车私用等开展专项督查45次，发现问题线索37件次，下发作风建设工作简报18期。

【信访工作】 2017年，县纪委聚焦主责主业，从严监督执纪问责，巩固现有反腐败压倒性态势。全年共收到群众来信来访来电等各类举报286件次，同比去年增长43%，在“换届年”信访量迅速增长的大背景下，通过理顺办访机制、规范办访流程、狠抓办访质量，做到及时办访，精准处访，全年信访处置率达100%。为确保问题线索“颗粒归仓”，县纪委出台《行政执法部门向纪检监察机关移送涉嫌违纪问题线索暂行办法》，共收到各单位移送问题线索202条，经初核后转立案74件。

【纪律审查】 在纪律审查上，坚持有案必查，全年共立案229件，立案数同比去年增长32%，其中科级干部立案27件，案件审结率100%，给予撤职以上处分26人，其中科级干部3人。严肃查处县食品药品工商质量监督管理局原党委委员李某非法生育“二孩”案，李某受到撤销党内职务处分；重点查处丰家铺镇私设“小金库”案件，其中，丰家铺镇原党委书记、镇长、纪委书记等5名干部被立案审查，该镇原党委书记受到撤销党内职务和行政撤职处分。通过从严执纪，进一步拧紧管党治党总螺丝，向党员干部释放出越往后执纪越严的信号。在纪律审查中，县纪委坚持挺纪在前、抓早抓小，主动践行“四种形态”，特别是加强对“第一种形态”的实践和运用，对苗头性问题和轻微违纪问题早发现、早提醒、早处置，让红脸出汗成为监督执纪工作常态。按照市纪委“两个责任”谈话制度要求，及时、按时开展谈心谈话，县处级领导干部共开展谈心谈话899次，谈话对象2350人次，乡科局级领导干部开展谈心谈话15146次，谈话对象22245人次。县纪委先后7次调阅相关领导和部分单位谈心谈话记录本，覆盖34名县级领导和98个单位的390名一把手及部分班子成员，下发专题工作简报3期。全年谈话函询25人次，诫勉谈话99人。在诫勉谈话时，严把“谈前审批关、谈时管理关、谈后考核关”，充分发挥诫勉谈话教育、惩处的效果。

【组织宣传】 落实改革要求，队伍逐渐增强。2017年是纪检监察体制改革之年，按照省、市改革要求，已圆满完成县级巡察机构组建和纪委派驻监督全覆盖改革，成立县委巡察办，组建3个巡察组，配备了固定的编制，经过组织选派和公开遴选，巡察办8名领导和干部以及巡察组6名正副组长已经到位。县纪委严格落实派驻监督全覆盖改革要求，全县共设立12个派驻纪检组，其中，综合派驻9个，单独派驻3个，负责监督61个县级党和国家机关及68个授权监督单位，每组配备行政编制4个，12名派驻纪检组长已经配齐。深化国家监察体制改革试点工作稳步推进，县检察院反贪、反渎、预防职务犯罪职能与县监察局职能整合，成立县监察委员会，县检察院14名干部转隶到县监察委员会，2018年1月11日，县监察委正式挂牌，实现对汉寿县行使公权力公职人员的监察全覆盖。

推动“三转”到位，主业日益明晰。县纪委严格履行监督执纪问责职责，县监察委履行监督调查处置职责，监督执纪力量逐渐增强。2017年，通过公开遴选从公安、财政等部门选调了4名优秀干部充实到执纪岗位，机关在编在岗干部48人，从事监督执纪工作的有40人，达80%以上。按照县乡纪检监察工作一体化管理的要求，积极推进乡镇纪委“三转”，2016年乡镇党委换届后，各乡镇（街道）纪委已配齐“三专”人员，针对个别乡镇纪委“主业不清”的问题，县纪委对“三转”要求进行进一步明确和强调，对存在兼职情况的“三专”人员进行专项督查和清理。对个别乡镇纪委书记自身定位不准，主动履职不力的，及时调整岗位。为解决乡镇纪委队伍老化履职能力不强的问题，2017年，从乡镇新录公务员中明确7名纪检专干，进一步充实乡镇纪委力量。通过真抓严管，有力促进基层纪检队伍专职专岗，将精力聚焦到监督执纪主业上来。

强化队伍管理，素质不断提升。县纪委通过开展“四比四看”“每月一课”等活动，落实定期培训、跟班学习等制度，大力提升全县纪检监察干部队伍能力。在方式上，采取“集中学”“走出去”“请进来”等多种形式，“每月一课”集中业务讲课由委局各室（部）根据各自职责进行授课，全年共开展12次；在全县纪检监察干部业务培训会上，邀请市纪委专家对《监督执纪规则》进行详细解读；组织委局新进班子成员和乡镇纪委书记到市委党校参加为期5天的业务培训；2017年，共从乡镇（街道）纪委和县直单位抽调17人次到委局办案室跟班学习，选派3名乡镇纪委书记到市纪委跟班学习，并开展了乡镇异地交叉办信办访等工作实践。县纪委坚持“打铁必须自身硬”，严格内部监督管理，要求干部严格遵守《湖南省纪检监察干部执纪“十不准”》规定，着力打造忠诚、干净、担当的纪检监察队伍。

丰富活动载体，廉政教育效果得

到有力彰显。县纪委不断丰富活动载体，精心组织开展“荷花品格、梅花精神”廉洁知识抢答赛、廉洁模范评选、廉洁文艺节目评选三大主题活动，选送的廉洁文艺节目渔鼓表演《妈妈的妈妈大于天》入选市“十佳廉洁文艺节目”；推选的崔家桥镇东花村党总支书记贺谷英被评为全市“十佳廉洁模范”，根据真实故事改编拍摄了首部廉洁微电影《没搭成的“吃酒钱”》。充分挖掘本地廉政资源，着力打造“帅孟奇”廉洁文化品牌，高腔大戏《帅孟奇》在北京、省、市、县、乡各级公演数场，广大党员干部在潜移默化中接受廉政教育，全年到帅孟奇故居和帅孟奇档案馆接受廉政教育的党员干部近3万人。为提升宣教水平，县纪委充分发挥新闻媒体的作用，把宣传融入监督执纪问责全程，融入县委宣传工作大格局，打好党风廉政建设宣传主动仗。2017年，县纪委通过汉寿廉政网、掌上汉寿、汉寿微政务、户外电子显示屏等各类媒体平台，发布反腐倡廉重要信息400多条次，在各类媒体上稿500余篇，其中省级以上媒体200余篇。

【巡察工作】 延伸巡察触角，民生领域腐败得到有力惩治。2017年初，为深挖基层“微腐败”、化解农村信访突出难题，县纪委全面启动村级党风廉政建设专项巡察，将巡察触角延伸至村级组织，切实打通从严治党“最后一公里”。2017年，分二轮对107个村级组织展开巡察，重点突出扶贫、民生领域的问题，将强农惠农补贴发放、危房改造资金及低保金发放等12项内容作为巡察主要内容，首轮巡察村级组织54个，共收到群众反映问题线索332件，立案审查47人，移交给国土、公安机关查处问题线索16件，收缴、清退扶贫移民领域专项资金26.12万元。特别是在蒋家嘴镇马家堰社区的巡察试点中，处置信访线索101条，对存在违规收费、套取五保供养金、非法买卖土地等问题的9人给予党纪政纪处分；在沧港镇报国村的专项巡察中，对存在贪污受贿、截留惠农补贴资金等问题的5名原任村干部予以立案审查，其中原村支部书记刘某被予以“两规”，并因贪污移民资金、受贿等问题受到开除党籍处分，涉嫌违法问题移交司法机关处理。通过严格执纪问责，对“蝇贪”形成强有力的震慑，让群众感受到实实在在的获得感。对汉寿县创造性开展村级巡察工作及取得的成效，《中国纪检监察报》进行了重点推介。自2017年5月，汉寿县委巡察办成立以来，在汉寿县委巡察工作领导小组的坚强领导和市委巡察办的指导下，全体巡察干部把握政治巡察的工作方向，以“发现问题，形成震慑”为主要任务，认真扎实开展好巡察工作。截至2017年，汉寿县委巡察办已开展完成了对第一轮对54个村（居、社区）的村级党风廉政建设专项巡察和第一轮对4家县直单位的巡察工作，巡察共发现问题线索492条，暂立案审查47人，其中一人移送司法机关予以刑事拘留，一人被予以“两规”，移交国土、公安机关查处问题线索16件。第二轮对53个村（居、社区）的村级党风廉政建设专项巡察和第二轮对县直4家单位的巡察工作正在进行当中，目前收集到问题线索119条，立案审查8人。（孙泓赡）

法　治

综　述

【概况】 中共汉寿县委政法委员会（以下简称县委政法委）与县综治办合署办公，是县委领导和管理政法工作的职能部门。内设办公室、政工室、稳定办和执法监督室，在职在编工作人员9名。2017年，全县政法机关负重前进、众志成城，全力以赴推进政法综治工作开展，为全县经济社会稳定持续发展保驾护航。

【维护稳定工作】 2017年，全县社会大局稳定总体向好，信访总量大幅下降，实现全国“两会”“一带一路”国际合作高峰论坛、中共十九大等特护期赴省进京“三零”工作目标。在重要时间节点，组织开展矛盾纠纷大排查，合力化解各类群体性事件苗头119起，拦截、劝返1000余人次。集中开展矛盾纠纷调处，全县各人民调解组织共调处各类矛盾纠纷2557起，预防和处置群体性上访事件38起，调处成功率97.8%。进一步推进重大事项社会稳定风险评估工作，共对40个重大事项进行稳定风险评估。如“两市场一中心”、2017环中国国际公路自行车赛汉寿赛段、三角坪棚改等重大事项均进行了扎实的稳评工作。突出维稳责任落实，进一步健全领导包案、风险评估、应急处置、责任追究等机制，突出抓情报信息预警、矛盾纠纷排查化解等重点工作，对重点涉稳群体及对象实施全面管控。县乡两级合力妥善处置30余起因交通事故、安全生产事故、电力事故、医疗纠纷等意外死亡引发的突发事件，无一演变成群体性事件，有力地维护社会稳定大局。

【政法队伍建设】 汉寿县委政法委以“带班有魄力、工作有章法、履职有激情、守纪有底线”为目标，重点抓好政治建设、作风建设、纪律建设和能力建设，着力解决好政法队伍中存在的突出问题，扎实开展政法队伍集中教育整训活动，努力打造一支“德厚能强”的政法队伍，促进全县政法工作上台阶、上水平。政法各部门严格落实主体责任，坚持思想政治建设，推进“两学一做”学习教育常态化，开展“大谈心、大走访”活动，使广大政法干警将核心价值观内化于心、外化于行。以红色教育和传统主题节日教育为重点，使广大干警接受革命洗礼，进一步坚定理想信念。在“十佳基层政法单位”“汉寿好青年”“十佳优秀共产党员”等评选活动中，涌现群众认同喜爱的“鹰眼神探”陈哲夫、“技术暖男”宋鹏等先进典型，唱响政法干警忠诚、敬业、奉献的主旋律。在全县政法队伍内开展为期两个月的政法队伍建设集中教育整训活动，进一步规范警风警纪，改进工作作风，确保了队伍管理零盲区、队伍监督零懈怠、队伍问题零容忍。全县政法系统坚持“有为才有位”的用人标准，注重用口碑好的人、能干事的人、有才干的年轻人，形成务实的用人导向。县公安局开展全员竞争上岗，35岁以下副职达28人，30岁以下正职达3人，30岁以下副职达19人。骨干平均年龄降低了3.7岁，派出所一线警力提高3%。县法院将37名入额法官全部充实到审判一线岗位，安排新进院年轻干警放到审执业务部门锻炼，作好逐步由书记员转任法官助理的准备。县检察院实行对青年干警定向培养，实行“传一帮一带一”工作模式，给青年干警传经验、帮学习、带业务。法、检两院按照上级要求配置向社会招录聘用制书记员、司法辅警34人，司法改革进一步落实。县委政法委建立健全机关作风督查等六项队伍管理制度，每年至少开展2次以上明察暗访，对政法各部门工作纪律、办公秩序、警车使用管理等情况进行经常性的督导检查。县公安局建立执法监督、执法责任、错案追究等制度，坚持内外监督结合，邀请人大代表、政协委员、社区代表走进警营，开门评警，真诚纳谏，将违法违纪问题提前疏堵，确保监督零盲区。县交警大队制定出台警务辅助人员管理办法，建立责任连带捆绑机制，开展优秀辅警评选活动，宣传辅警先进典型，加大保障力度，激发队伍活力。县检察院广泛开展检察文化建设，增强检察队伍工作能力。县公安局为民警开设心理健康教育辅导课，组织心理行为拓展训练。建立民警家属沟通机制，了解民警家庭生活状况，及时解决民警家庭困难。

【综治民调】 县综治民调紧紧围绕县委提出的“打赢民调翻身仗，进入全市第一方阵”工作要求，以“平安汉寿”建设为抓手，创新举措，推进民调工作。先后下发《汉寿县2017年综治民调工作培训资料》，制定民调工作操作指南，安排部署全县公安机关开展“打击聚众赌博和地下六合彩”专项行动及全县平安创建和综治维稳中心工作。加大平安创建力度，在国省道推出平安创建大中型立柱宣传牌40余块，在县乡道悬挂平安创建和民调工作宣传横幅1000余幅，全县县直（驻汉）单位利用电子显示屏和宣传盾牌宣传民调及平安创建工作；与县电视台合作，利用户外电子显示屏（广告牌），播放两期《汉寿民调创满工作纪实》；在县广播电视台开辟法治宣传专栏，制作播放《政法在线》专题节目40期；每月19日开展声势浩大的平安创建志愿者日活动，组织5000多名志愿者进村入户宣传民调工作。开展政法系统“三联四大”活动，明确政法单位领导包联2个乡镇，班子成员包联一个对应乡镇街道民调工作落后的村（社区），政法干警回原籍地包联20户以上群众，每季度开展一次走访。开展“千名干部回乡访民情促平安创满意”活动，全县副科级以上干部分别走访30户以上群众，架起了干部群众之间的连心桥，增进了群众对政法工作的理解支持认同。开展“十大平安创建”活动，让各行各业、广大人民群众参与其中，共建共享，提升群众对民调及平安创建知识的知晓率和参与率，营造出平安创建人人参与、平安成果人人共享的良好氛围。开展政法系统“警灯闪亮”工作，每晚派出2辆悬挂“治安巡逻”标示牌的警车在城区主要街道和城乡接合部开展治安巡逻，有效震慑了犯罪，提高见警率。各乡镇区（街道）和部分村（居）、社区组织专（兼）职巡逻队，扩大巡逻区域，提升群众安全感。县民调办共发出涉及农村机耕道路修缮与维护、地下水污染等各类交办函76件，均得到及时整改或化解，获得群众好评。2017年上半年，汉寿县在全省民调测评中得分87.38分，与2016年同时期相比增加2.86分，超全省平均分0.49分，排名进入全省50强，创汉寿县历年最好成绩。下半年，汉寿县在全省民调测评中得分89.07分，超全省平均分1.75分，全省39名。

【执法监督】 汉寿县执法监督、涉法涉诉信访和司法体制改革工作以化解社会矛盾、促进公正廉洁执法为目标，努力提高全县政法队伍的执法水平和执法能力，保障司法规范化进程，促进了社会公平正义，有力维护全县经济社会大局的持续稳定。县委政法委和政法各单位建立修订《关于提请党委政法委员会协调案（事）件工作规定》《关于开展失信被指信任监督、警示和惩戒机制（草案）》和《涉法涉诉信访案件终结退出办法》等制度规定，促进执法司法行为的有序进行。县委政法委加大跟踪督导力度，适时掌握办案进度，确保所有案件都能在法定时限和程序内得到有效解决。组织执法联动活动2次，重大案件开庭保障活动2次，协调处理案件6起，一批敏感、重大和复杂案件得到依法有效处理和解决；公布失信人员6批次，共1759人，司法拘留39人次，刑事立案2件，促使一大批老赖主动履行判决义务，取得了良好的法律效果和社会效果。政法各家通过举办“开放日”、召开新闻发布会、开通官方微博、公众微信号等方式，主动发布执法司法信息、公开执法司法情况，宣传执法司法成果，提高司法执法透明度和公信力，增进社会各界对政法机关的了解。

开展“案件大评议、大评查、大公开活动”，对有重大影响的案件，利用各类媒体平台开展宣传，设立大型电子显示屏等加大公开信息内容，方便当事人查询。汉寿县判决文书除法律规定不宜公开的外，上网率已达到100%。举办两次政法工作新闻发布会，向社会通报2017年汉寿县政法各项工作开展情况以及平安法治建设工作情况。县委政法委本级（含联合接待中心）共接待来信来访群众377批，1237人（含反映问题、咨询法律等情况）。各信访事项均通过解释宣传，依法导入，帮扶救助等方式，得到有效解决，未新增重大涉法涉诉案（事）件。县“两院”司法体制改革顺利完成，社会矫正、安置帮教和法律服务场所硬件建设等也已建立运行，特别是公安系统在“科技强警”理念上狠下功夫，取得创新突破。在县“两院”司法体制改革中，遴选出38名员额法官、23名员额检察官充实到办案一线。县公安局以科技信息化为引领，针对基础差、底子薄、科技信息化水平不高的现实情况，形成“不动体制动机制，不见有形见无形，不增警力增效力”的警务机制改革思路，对县局改革进行一系列研讨、部署、实践，在“农村警务、科技强警”上措施并举，取得了较好成效。

（张 文）

公 安

【概况】 2017年，汉寿县公安局在县委、县政府和常德市公安局的正确领导下，认真贯彻落实习近平总书记系列重要讲话和各级政法、公安工作会议精神，坚持创新引领，改革驱动，以省公安厅“三个一流”“两加强两提升”“五标准五工程”警务战略部署为总揽，以“4+x”警务机制改革为契机，以大力推进汉寿公安“双十项”重点工作为抓手，全力以赴打好“六大战役”（风险防控、治安整治、改革创新、基层基础、队伍建设、民调满意），以决战决胜的勇气和决心，奋力推进汉寿公安走在全市前列，用维护稳定的新成效、打击整治的新作为、警务改革的新业绩、基础建设的新面貌、群众满意的新形象，为中共十九大胜利召开营造良好氛围。2017年，全县没有发生影响国家安全和政治稳定的重大事件，没有发生严重暴力恐怖事件，没有发生重大群体性事件，群众安全感和满意度得到进一步提升，全年公安民调进入全省前五十名，为建设生态宜居的大湖经济强县做出积极贡献。

2017年度，县局荣获全省公安机关“四项建设”基础信息化示范单位、全省县级公安机关执法质量优秀单位、全省公安纪检监察工作成绩突出集体、全省反恐怖工作先进基层单位、全省公安机关户政管理工作优秀服务窗口、全省公安机关深入推进户口登记管理清理整顿工作成绩突出集体；调研课题《以科技为引领提升农村公安风险防控水平初探》荣获全市公安机关“新时代警情警务大调研”主题研讨活动一等奖。

全局原有局属二层机构45个，根据全县机构改革统一部署。2017年，我们已对原有的29个派出机构进行相应调整、撤并、更名。调整后的局属二层单位共41个，其中派出所25个，机关单位16个。从单位职级划分，有正科级机构1个（交警），副科级机构37个，股级机构3个。截至2017年年底，汉寿公安有政法专项编制340人（不含交警，交警编制69人，实有66人，辅警60人），实有警力314人，辅警230人，民警数与辖区人口的万分比为3.78。实有民警数按照职级分类，有副处级2人，正科级25人，副科级124人，科级以上民警占比48.1%。按年龄分类，30岁以上民警222人（占比70.7%），30岁以下民警92人（占比29.3%）。

【维护全县大局稳定】 全局上下以高度的责任感和敏感度，始终把维护辖区稳定放在首要位置，坚持超前防范，快速进攻，妥善处置，有效地应对了各类影响大局稳定的风险挑战。

全力加强涉稳情报信息收集。县局成立情报指挥中心，归集全局信息情报来源，根据全国、省、市“两会”，“一带一路”“中共十九大”等敏感节点工作要求，重点围绕涉军、企业改制、民办教师、农村放映员、涉众型经济犯罪引发的群体性事件、老上访户抱团上访等收集掌握各类情报信息300余条，超前预警，及时化解，处置各类群体性事件苗头120起，全县赴省进京集访和群体性事件预警率达到90%以上，为党委、政府超前处置起到了较好的参谋作用，把握了稳定的主动权。

全力确保中共十九大期间绝对稳定。自2017年8月25日，县局按照上级统一部署启动中共十九大安保维稳工作，全体民辅警牺牲节假日休息，加班加点，深入贯彻落实大排查、大管控、大研判、大演练等各项工作措施，依托自主研发的微信报警服务平台开展“建情指网络保中共十九大平安”专项行动，确保中共十九大期间辖区无重大安全事故、无较大群体性事件。11月15日，全市公安机关中共十九大安保维稳工作总结会在市公安局召开，汉寿县公安局以第一名的成绩被评为“全市公安机关中共十九大安保维稳工作先进单位”，副县长、公安局局长罗永锋作典型经验发言。

全力提升突发事件应急处置能力。进一步加强突发事件应急处置能力，成功处置了“8·21”交通事故抬尸闹事、“9·29”妇幼保健院产妇死亡医患纠纷、原西套市场商户集体到县委上访等影响社会稳定的重大突发事件，积极参与处置了文烈宏脱逃事件。在涉恐方面重拳出击，行政拘留涉疆人员1人，处置涉疆纠纷3起。10月18日，破获1起利用邪教组织危害社会案件，犯罪嫌疑人刘某珍被依法刑拘。

【凸显主业打击犯罪】 县局始终坚持公安主业不放松，以侦查实战中心为平台，瞄准“涉黑涉恶”“盗骗抢”“黄赌毒”等严重影响人民群众安全感的多发性犯罪和突出治安问题，保持严打力度不松懈，先后开展“霹雳行动”“回应民调关注，打击违法犯罪”“三打一整”“缉枪治爆”“集打斗争”等多个专项行动，全年共立刑事案件1371起，破524起，破案率38.2%。刑拘524人，起诉478人，逮捕204人，强戒194人，治安拘留861起，抓获各类逃犯164人。查处治安案件1124起。

命案必破出战绩。县局紧紧抓住侦破命案这条工作主线，对新发命案，迅速启动全警联动机制，严格落实“一长双责制”，明确破案责任，强力攻坚，对命案积案，不放松侦查力度，不放过蛛丝马迹。全年命案发6起破6起，保持了16年命案全破的辉煌战绩，抓获命案积案在逃人员1名。死者李某文

（男）与嫌疑人李某榕（女）系夫妻关系，9月14日凌晨5时许，因家庭纠纷女方持砍刀将男方砍死。犯罪嫌疑人李某榕被公安机关依法刑事拘留。

黑恶必除显成绩。进一步落实“打黑除恶”工作责任制，精心组织，周密部署，组织召开全县打黑除恶工作推进会，成立“打黑除恶”专案组，集中优势兵力，有针对性地对有影响、有犯罪事实的突出的几个恶势力展开凌厉攻势，着力从发动群众、线索查证、案件督办、办案质量、加强专业培训等方面开展工作，通过专案专办，2017年，打掉涉黑涉恶团伙3个，抓获团伙成员37名，追究刑责37名。

大案必抓扬警威。破获涉案金额过亿的网络赌博案、省督特大贩毒案，抓获了公安部统一部署的“善心汇”案第一批重点打击对象之一邹某。截至抓获之日，邹某作为“善心汇”骨干成员之一，已发展下线3万多人。特别是在市局统一组织下，牵头办理的涉案金额逾百亿的王某禹等人组织领导传销活动案，抓获犯罪嫌疑人40余人，冻结、查封、扣押的涉案财物共计5亿多元，深挖传销层级129层，涉案人数50余万人。12月1日，县局成功破获一起系列跨省电信诈骗案，先后抓获涉案人员35人，打响全市“集打斗争冬春攻势”专项行动第一枪。

乱源必治赢民心。今年县局先后开展电游赌博机专项查禁行动、“断链”“回应民调关注、打击违法犯罪”等专项行动，全力整治社会乱源，多角度打击涉黄、涉赌、涉毒、侵财等各类违法犯罪活动，极大地震慑犯罪，净化社会风气，赢得社会群众的一致认可。共破侵财案件292起，破获涉毒刑事案件56起，行政案件194起，强制隔离戒毒194人，社区戒毒101人，收缴毒品8.4公斤；侦办涉赌刑事案件35起，行政案件141起，刑拘68人，逮捕5人，行政拘留246人；侦办涉黄刑事案件4起，行政案件5起，刑拘5人，逮捕1人，行政拘留14人。

环境必净促发展。为净化经济发展环境，县局开展了声势浩大的“霹雳行动”，按照“职能对接、属地管理”的原则，将16个全县打捆的市百大项目、34个全县单列的市五百大项目，和32个全县重点项目治安环境专项整治责任进行分解，对接到具体责任领导、责任单位、责任民警。共查处涉重点项目、重点工程案件40余起，刑事拘留35人、行政拘留25人，调解纠纷30起，严厉打击周某立盗窃基站建设钢架案、陈某强等扰乱单位秩序的违法行为等影响经济发展的违法犯罪人员。

【规范执法强化生命线】 执法质量是公安机关的生命线。2017年，县局成立执法监管中心，进一步规范执法工作，实现了规范执法、流程管理：建立健全受立案管理中心和案件审核机制建设，全面推进案件“统一入口、统一审核、统一出口”，进一步提升执法质量和执法公信力；制定出台了民警执法档案积分制考核办法和结果运用考核机制。

提升执法素质。召开法制工作培训会，提高一线执法民警的办案能力和执法水平，支持鼓励、组织民警参加中级、高级执法资格考试和司法考试，提供法律学习类书籍并制定奖励措施，对5名通过高级执法资格考试的同志分别奖励5000元。加强日巡查、日考评，参加全市案件执法质量考评，全局考评案件合格率位居全市前列。

规范执法工作。由法制大队牵头，对案件实行日常考评的网上考评机制，对案件中存在的问题及时从网上进行反馈，对发现的问题督促办案民警落实整改，并依据考评方案进行考核打分，并在网上予以通报。制定了“案件质量五级把关机制”，实行由办案民警、法制员、办案单位负责人、法制部门、分管局领导把关，对各部门报审的案件都逐一地进行审核。通过认真审核和严格把关，确保全年无冤假错案、行政复议案件、申诉败诉案件和国家赔偿案件，无民警因执法过错受到追究；清理2016年1月1日以来办理的刑事及行政案件，并将花名册和案卷进行考评。

确保执法安全。根据《全市公安机关内部人员泄露公民个人信息问题专项治理方案》要求，对全局公安信息系统、数字证书和警务通等应用终端的使用管理进行进一步集中清理。加强执法办案区域巡查，从细节方面加强管理监督，并督促整改到位；开展涉案财物专项审计，针对问题案件中存在的问题进行整改落实。

【基础保障步伐坚定】 往年，受全县经济发展水平等因素影响，县局的基础建设、基础保障相对滞后，欠了不少政策账。近年来，县局加大投入，多措并举，基层基础薄弱的历史面貌得以彻底改观。

基础建设稳步提升。2017年，县局业务用房在一期主体工程完工的基础上，完成外墙装饰工程，内装饰及强弱电工程正在抓紧施工中。年内，县局投资约160万元，完成对沧浪、太子庙、辰阳（临时）、清水湖（临时）等派出所的改造，完成蒋家嘴、军山铺、崔家桥、毛家滩、聂家桥、罐头嘴、西港、坡头、百禄桥等9个派出所的公租房改造项目，总投资约800万元。2017年，县局以全市重点基础项目建设为契机，加大对综合警务指挥室的建设力度，龙阳、沧浪、太子庙、蒋家嘴派出所综合警务指挥室已通过市局验收并投入使用，正在实战实效上发挥着巨大的作用。

硬件配置强基固体。累计投入资金共约800多万元，建成县级视频监控中心1个（县公安局六楼指挥调度室），存储平台1个（县电信局），在全县各交通主次干道、重点部位已建成治安视探头550个，电子卡口12个。现350兆已覆盖全县城区，执勤巡逻警车视频传输系统已连接各大乡镇，执法记录仪、警务通已配备到每一名执法民警。2017年，按照市局要求，将2016年完成的市、县际公安检查站、电子卡口，全部搭建电子围栏，数据与省市车辆缉查管控平台联网开展联网布控，新增高清视频探头110个。此外，建成52个室外WIFI热点，另有288个已布点；室内700余个WIFI热点已进行设计。

经费保障持续给力。广辟公安经费来源，及时向县委、县政府和财政部门汇报，争取县政府、县财政最大限度的财力支持，不断增加经费投入。2017年，经费预算增加看守所水电费16万元、禁毒专项经费80万元，特殊人员收治费纳入专项预算。转移支付资金783.6万元，到位率为100%，执行率为100%。同时开展专项资金清查管理，确保按计划、按规定的目标使用资金。在经费安排上坚持优先保障民辅警的各项待遇到位，尤其是下半年开展的辅警队伍集中整训活动，按照“六统一”的原则，进一步规范了全局两百余名辅警的管理，提高了辅警的经济待遇，增强了辅警的工作积极性。

【队伍建设持续繁荣】 2017年，汉寿县公安局以全面深化公安改革为动力，以“五句话”带队伍，以新闻舆情中心建设为抓手，大力推进队伍建设十项重点工作，使公安队伍焕发出无尽的工作激情与生机活力，先后涌现出了一大批先进典型，全局没有发生一起民警、辅警违纪违规被上级纪委查处的事件，队伍建设逐步走向正规化、规范化轨道，风清气正的警营氛围已经形成。

有为有位，激发队伍活力。站在传承和发展的高度，结合派出所机构调整实际以及队伍建设需要，县局圆满完成全员竞争上岗工作，达到结构调优、队伍调活、力量调强、风气调正的目标。此次竞争上岗活动坚持以德为先看党性，坚持有为有位看业绩，坚持群众公认看口碑，打破“能上不能下、能进不能出、干好干坏一个样”的思维定势，共提拔77人，交流调整骨干51人，提拔35岁以下正职达12人，35岁以下副职达28人，30岁以下正职达3人，30岁以下副职达19人。骨干平均年龄由调整前43.2岁到调整后39.5岁，降低了3.7岁，派出所警力总警力比由43%提高到47%，一线警力进一步得到充实，派出所警力占比提高了4%；派出所骨干力量得到进一步加强，调整后骨干更加年轻化，各界反响良好。

多措并举，提升队伍战斗力。一是强化思想政治工作。常态化、制度化推进“两学一做”“三会一课”；贯彻落实习近平总书记在接见全国公安系统英雄模范立功集体表彰大会代表时的重要讲话精神；严格落实民警“训练日”制度；积极开展民辅警队伍建设集中教育整训活动。二是狠抓实战业务培训。认真落实培训机制，统筹兼顾、合理安排，分类别、分层次、分岗位、分步骤组织开展全警培训，受训民警达1200余人次。其中选派20名民警参加全市现场勘查培训；组织303名民警参加2017年基本级（中级）执法资格考试，组织79名民警参加2017年下半年高级执法资格考试；组织17名新警参加了全市新警培训并通过结业考核。9月7日，市公安局到汉寿开展“送教下基层”活动，有效地提高了基层民警警务实战技能，夯实了县局基层民警的实战技能。三是突出教官队伍培养。进一步优化人才库建设，在评选全县十佳侦破能手，十佳办案能手、十佳情报能手的基础上，2017年积极向市局推介魏霆、王亮、周劲松为警校兼职教官，上报4名民警参评全市公安人才评选。将专业性人才优化调整到合适的岗位发挥重要作用，在“平安常德杯”微改革微创新大赛中，这些专业民警充分发挥专业特长，上报6个项目，有5个人选，进入前十名的有3个项目。

严管厚爱，增强队伍凝聚力。一是坚持从严治警。以“汉寿县公安局从严治警十条铁规”为依托，坚持“内外监督结合”，定期召开民主监督员评议会、检察院联席会议，将违法违纪问题提前疏堵，确保监督零盲区。同时赋予纪检、督察部门“随机督察”的权利，落实重大事项、活动、工作、专项行动及日常行为的督导，确保督察零懈怠，共开展各项督察200余次，警示约谈20人次。对出现的违法违纪问题，绝不袒护、绝不隐瞒、绝不含糊，确保监督零容忍，共查办违规违纪民警8人。二是坚持从优待警。2017年，落实公安机关警员职务套改、民警法定工作日之外加班补贴、值勤岗位津贴列入财政预算，派出所民警下乡补助已发放到位。强推年休假和年度体检制度，认真落实《慰问工作办法》，组织全局民警、辅警、退休干部进行健康检查，逐人建立人事档案。花费15万元为民警购买“绿洲团体保险”，意外伤害、大病治疗有了很好保障。局党委带队走访慰问特困民警和病故、因公牺牲民警家属，并坚持民警住院政工部门慰问制度，2017年共探望慰问因病、因公受伤住院民警17人。

宣传引导，增进队伍形象力。以汉寿公安“双微”平台为主阵地，立足本土媒体，各大宣传媒介发力拓展宣传平台，大力推进中心工作、大要案件、警情发布、重大典型等集中宣传活动。发布微信120期共238篇，其中，中央级上稿3篇、省级上稿11篇、市级上稿49篇；发布微博312条，其中省级上稿16篇、市级上稿21篇。县局发布的宣传稿件全民禁毒宣传月微博阅读量达111万，母亲节《我的妈妈是警察，岁月你别伤害她》微博阅读量达6万,社会各界好评如潮。“双微”多次在排名中居全市第一，公安内宣被省市采用数据居全市第一。同时，将丰富多彩的警营文化活动作为展示民警风采、激发队伍活力的重要载体。开展了“端午送粽情”关爱孤寡老人、踏寻先烈足迹、老干部喜看常德发展新变化、“七一”建党节重温入党誓词等活动，组建马拉松、登山、骑行等兴趣小组，其中，该局参与马拉松的民警逐年倍增，成为汉寿公安的一张名片。制定民警训练制度，引导民警主动锻炼，在2017年的首届警察体育运动会中，局民警斩获多个奖项，并取得了全市团体总分排名第一的好成绩。

【改革创新亮点纷呈】 2017年，县局持续加大改革创新力度，亮点纷呈，激发全局上下的工作热情与活力，取得了累累硕果。

稳步推进“4+X”警务机制改革。全省“4+X”警务机制改革推进以来，汉寿公安紧跟上级精神，密切结合当前科技信息化水平不高的现状，形成“不动体制动机制，不见有形见无形，不增警力增效力”的警务机制改革思路，于4月21日挂牌成立情报指挥中心、侦查实战中心、治安防控中心、新闻舆情中心，并按照县局实际增设了执法监管中心，五大中心定人定岗、运转顺利，培育了多项改革创新项目，警务机制改革取得较好的工作成效。2018年，将以业务用房搬迁为契机，打造情指打防实战中心，进一步服务实战提升公安效能。

微信报警、举报服务平台全国首发，上线运行。县局以警务机制改革为契机，以微信小程序为依托，在公安专门工作与群众路线相结合上进行了有益探索，自主研发出微信报警、举报服务平台，并于8月28日正式上线运行。自微信报警服务平台上线以来，共接到群众匿名举报155起,反馈149条信息，抓获网上逃犯11人,涉毒嫌疑人15人，排查涉稳信息4起，依法刑事拘留犯罪嫌疑人18人，行政拘留58人，强制戒毒7人，社区戒毒2人。现微信报警、举报服务平台已在全市公安机关推广，荣获市委、市政府组织的改革创新项目评选一等奖。同时进入全省公安机关第二届平安湖南杯微改革、微创新大赛，欲夺金奖。

监所安全管理推进有序，成效斐然。严格坚持“裸身入所”“杜绝送物”制度，杜绝违禁物品流入监区；实行“异地羁押”制度，限制仓内的高消费，铲除牢头狱霸滋生的土壤；严格落实新收押人员入监教育、跟踪教育和诉讼环节变更教育，对所有在押人员坚持每月2次谈话教育制度且根据不同的案情以及在押人员的思想动态，有针对性、有目的地开展教育，帮助其分析犯罪的原因和危害，指明未来，促进其从思想上消除对立情绪，最后达到教育转化的目的。通过这些扎实工作，在押人员提供犯罪线索15起，破案6起，抓获犯罪嫌疑人2名。

民调工作打赢翻身仗。2017年，县局紧紧围绕市委、县政法委“抓民调、创满意”工作总体部署，与公安机关回应民调关注的总要求，以构建和谐警民关系、促进社会治安稳定为目标，有效应对当前社会治安新形势，积极回应人民群众新要求，民调活动开展得如火如荼，人民群众安全感和满意度不断提升：公安民调上半年全省排名第66位，下半年全省排名第40位，全年综合排名全省第50位。上半年市委组织全市民调测评，汉寿排名第二，下半年县委政法委组织民调测评，汉寿县公安局位列全县各科局第一名，摆脱了历年来民调持续落后的局面，有了质的飞跃。

（文毅君）

交通管理

【概况】 汉寿县公安局交通警察大队是道路交通安全管理部门，受常德市公安局交通警察支队和县公安局双重领导。2017年年底，交通警察大队有干部、民警、职工70人,协警60人，其他工作人员35人。管辖国道59.4公里，原有省道59.3公里，新增省道279.1公里，县乡村公路2518.6公里。全县包括49.3公里高速公路在内，共有通车里程2965.7公里。

2017年,交通警察大队内设办公室、政工纪检室、科技行财装备股、法制股、安宣股、车辆管理所、秩序巡逻中队、事故处理中队、低速载货汽车和三轮汽车管理中队、治超中队、龙阳中队、军山铺中队、太子庙中队、罐头嘴中队、沧港中队岩、岩汪湖中队16个二层单位。

【驾驶人管理】 机动车辆驾驶人管理关系到交通主体行为人的素质，是道路交通安全管理工作的重要入口和基础。驾驶员分为学习驾驶员、实习驾驶员、正式驾驶员。学习驾驶员必须经正规培训学习转为实习驾驶员，实习一年后再转为正式驾驶员。2017年底，全县共有大小汽车驾驶人19.8万人，摩托车驾驶人10.9万人。

在机动车辆驾驶人的管理上，工作程序、考场设施、档案资料日趋规范，科技含量越来越高。交通警察大队依法受理报考机动车驾驶员的资格审验、考试、发证;负责对全县在册驾驶员年审、安全教育、复验、转籍异动、换补证件、违法记分、驾驶证的吊扣、吊销、注销、撤销等手续办理上报的管理；负责对机动车驾驶员学校的监管；负责对全县机动车驾驶员的各类资料归口管理，建档保管和数据的登记、统计以及分类上报工作。2017年，全县机动车注册登记8986笔，转移登记2536笔，变更登记392笔，抵押登记3125笔，注销登记293笔，转入业务1189笔，校车登记579笔，补换牌证合格标志1075笔，补换登记证书216笔，办理临时号牌4788笔，核发检验标志2631笔，合计共办理车管业务26492笔。

【车辆管理】 机动车辆是道路交通安全管理中人、车、路、环境四要素的重要环节，把好准入关非常重要。至2017年底，全县共有在册机动车13.6万辆。车辆管理，主要是对机动车辆管理，贯彻国家有关机动车辆管理的法律、法规及政策；依法对全县机动车进行登记管理，对机动车数据库进行检索、查询；负责全县特种车辆安装警灯、警报器和使用证的呈报、审批和核发工作，对县内机动车上户、改装、维修、报废进行安全技术监督；负责全县机动车档案管理。全县机动车驾驶人初领驾驶证700笔，增驾290笔，转入449笔，换证7524笔，补证1846笔，满分学习9241人，注销登记695笔，驾证转出265笔，其他4248笔，合计共办理驾管业务16942笔。

【交通秩序管理】 道路交通秩序管理是以道路为主的交通执法综合行为。主要是贯彻国家、省和上级有关道路交通安全、交通秩序的法律、法规和规章，指导处理各类道路交通违法，指挥疏导交通，维护国省道公路、城乡道路的交通秩序，依法打击危害道路交通安全的违法犯罪活动。2017年，开展打击重点交通违法行为“百日会战”。全县城乡摆开战场，实行“定人员、定时间、定路段、定责任”的“四定”责任制，严查超员超速、疲劳驾驶、涉牌涉证、酒驾毒驾、违法载人、违法占道、城市交通乱源等七类重点违法行为。通过源头管控“攻坚战”、违法整治“阵地战”和宣传引导“舆论战”，全县共查处各类交通违法行为40664起。现场查处交通违法9174起，占查处总量的22.56%。查处七类重点交通违法22693起，占查处总量的55.81%。其中，客车超员查处97起，超速查处4381起，疲劳驾驶查处2起，涉牌涉证交通违法查处1087起，酒驾毒驾查处202起，非客运车辆违法载人查处785起，城市交通乱源查处16126起。同时，拘留45人。开展道路交通安全“四大攻坚战”。在以“隐患歼灭战、路面防控战、宣传攻势战、共治合成战”四大交通安全整治攻坚战中，凝聚共识、上下一心，全警动员、全员参与，顽强拼搏、攻坚克难，节假日不休息，日夜坚守岗位，现场查获各类交通违法行8万多起。通过“最严整治”，全县机动车路口违法率下降了51.29%；全县道路交通事故“四项指数”同比大幅下降，其中交通事故起数下降了18.76%，死亡人数下降30.56%，受伤人数下降15.69%，直接财产损失下降29.16%。

【交通事故防控】 依法预控和调处道路交通事故是公安交警大队的重要职能。深化交管协同共治。一是调整社会齐抓共管机构。提请县政府办发文升格调整了县道安委领导班子和成员，明确了“党政统筹总揽、部门协同共治、社会齐抓共管”的交通安全法制化、规范化、网络化的基本思路。强化单位工作职责，强化文明交通教育，强化了路面联合整治，强化事故防控工作；做到组织领导到位，督导考核到位，打击处理到位。更重要的是，将道路交通安全工作纳入政府工作绩效评估、社会管理综合治理和安全生产考评。二是建立事故风险预警制度。规范了道路交通事故信息采集，加强了研判分析的信息化、专业化建设，依据交通违法、事故和车驾管数据，完善和加强对重点车辆的管控机制与力度，对五类重点车辆及驾驶人实行了动态风险管理。三是完善基层交通组织建设。主要是完善乡镇（街道、区）交通安全管理服务站和村（居）交通安全劝导站建设，减少了乡村基层交通管理出现的空挡。健全和落实了“两站”交通安全日常管理、经费装备保障、事故责任追究“三个制度”，落实了对乡村道路上拖拉机、低速载货汽车、农用车辆交通安全包保的责任制。特别是“汉寿平安交通微信群”建立以来，全县“两站两员”和农村道路交通安全综合管理信息平台建设推广等各项工作进展很快，效果也非常不错。四是开展安全隐患排查整改。对全县46处客运线路隐患点段和86处校车线路交通安全隐患报请县政府，由政府牵头组织相关部门研究制订治理计划，明确治理责任，分期分批落实治理措施。全年，召开道路交通安全警示约谈会20多次，整改重点运输企业安全隐患30余起，下达执法文书50多份。五是提前完成黄标车淘汰任务。1月至8月，按照县政府工作报告主要目标任务的要求，淘汰黄标车93辆。9月，市政府再次下达淘汰任务266辆，全县报废黄标车297辆，提前超额完成任务。

全力调处道路交通事故。交通事故接处警6883起，死亡106人，受伤187人，直接经济损失709.45万元。与上一年度同期相比，交通事故四项指数大幅下降。

【交通违法处罚】 依法处理道路交通违法行为是维护道路交通公共安全的重要手段。全县交通违法一般程序处罚2903起，简易处罚17912起；现场执法20815起，非现场执法91788起。查处客运违法155起，校车违法46起，面包车违法122起，危化运输车违法2起，货车违法475起，涉牌涉证违法488起，酒驾330起，其他违法行为19003起；拘留136人。

【交通安全教育】开展道路交通安全教育，是公安交通管理部门的法定职责。全面推进文明交通行动计划，着力提升全县交通参与者文明素质。组织参与好全国安全生产月及“122全国交通安全日”等大型宣传活动。通过微博、微信、大队门户网站等自媒体平台，加强对重点驾驶人点对点的宣传教育和服务管理。在城区、株木山、太子庙、蒋家嘴的主干道的标志牌背面制作了100多块宣传标志。启动了农村广播“村村响”交通安全宣传工程,发宣传光盘310个。交警微信、微博、政务网站的宣传声势浩大，电视台、手机报、县政府网站每周都有报道。在各级各类媒体发表新闻稿件2000余篇次，发布各类交管信息1500多条，曝光交通违法行为或典型案例300多起。

11月，县道路交通安全委员建立“汉寿平安交通微信群”。该微信群的主要功能是，政策引导，事故防控；把握方向，发布信息；交流经验，拓宽视野；沟通基层，服务群众。最新法律法规、全县路况信息、交通安全宣传、交通安全知识、交通事故状况，及县道路交通安全委员会和县道路交通安全委员会办公室文件，一律通过该微信群传达。该微信群在汉寿颇具影响力，有查询交管业务的，有报违法行为的，更有交流122系列主题活动、“两站两员”工作和黄标车淘汰经验的。（聂神佑）

消 防

【概况】汉寿县公安消防大队是一支列入武警序列的公安现役部队，依照《中华人民共和国消防法》有关规定，负责辖区内火灾预防、灭火和应急救援任务，受上级消防部门和当地公安机关双重领导。大队编配副团职单位，内设一个中队（正连职），人员组成有现役官兵、合同制消防员和文职雇员，其中执法干部4人。配备各类执勤、执法消防车辆9台，各类器材装备1900余件（套）。大队根据有关要求，列管二级消防安全重点单位79家。

近年来，在上级消防部门和县委、县人大、县政府和县政协的正确领导和关心下，部队全面建设取得长足发展，大队被评为市级青年文明号，在全市消防部队每月业务考评中，4次被评为红旗单位，全年综合工作位居全市第三名，执勤岗位练兵普考体能全员达标，位居全市第一名。

【队伍建设】2017年，大队党委以深入贯彻落实中共十九大精神为指针，以开展“两项重大教育”活动为契机，着力创建“五型班子”，进一步增强党委核心领导作用。注重抓好党委中心组学习，切实规范党委议事决策程序，坚持民主集中制原则，严格落实廉洁自律若干规定，叫响“向我看齐！”“跟我上！”口号，营造出你追我赶的浓厚氛围。注重狠抓“两个经常性”工作，帮助困难官兵解决实际问题8人（次），引导、帮扶、转化重点对象2人，确保内部高度稳定。加强廉政文化建设，大队选送的廉政创演节目获评市支队二等奖，省总队纪检网上多次刊载大队工作信息和官兵心得体会文章。注重外树形象，大队亮窗工程建设得到了地方党委、政府主要领导的大力支持，被政务中心推荐参评全县“人民满意窗口”。开展丰富多彩的警营文化活动，努力营造拴心留人的和谐警营环境。大队“一队一特色”稳步推进,取得了初步成效；在支队组织的“三球赛”中，取得篮球第二的好成绩。以开展执法和执勤回访、公开述职述廉、定期召开监督员座谈会为载体，进一步加强形象推介和树立工作，大队的宣传报道工作走在全市前列，大队整体形象在县委、县政府、公安机关的主要领导和社会各界群众的心目中明显好转，多次受到县委、县政府主要领导肯定。此外，大队党委坚持开源节流，严格执行上级有关转作风的硬性规定，完善了大队的廉政食堂建设，进一步规范了经费开支，大幅度压缩“三公”经费，为大队健康发展提供坚强保障。

【业务工作】2017年，大队按照“能打仗、打胜仗”标准，深入开展整建制实战化全员大练兵活动，进一步提升官兵扑救火灾和应急救援能力。大队严格落实党委每月议训制度，制定出台《汉寿消防大队训练奖惩办法》，成立军政主官主抓、其他干部骨干具体抓的全员练兵领导小组，坚持落实每月一考核，考核结果直接与官兵精细化考评挂钩。强化辖区“六熟悉”工作，高标准制定“卡片式”预案，定期组织开展演练，确保官兵对辖区底数清、情况明。结合辖区实际，有针对性地组织开展棚户区、劳动密集型企业等场所的调研、演习。严格落实执勤备战措施，投入100多万元购置1台重型水罐消防车和更新、完善一大批训练器材、灭火器材和个人防护装备,切实做到“灭大火、打恶仗”的战斗准备。全年大队共接警出动268次，抢救被困人员64人，疏散被困人员643人，抢救财产价值44.5万元，成功处置“6·18”宏泰食品厂仓库火灾、“7·8”高速公路两车相撞事件救援、“7·31”砂石厂跌进自卸车斗底部事件救援、“8·29”在建工地一妇女从三楼电梯井跌落至负一楼事件救援。在县防指的统一调度下，为受灾群众送水30多车（次）。

2017年，大队党委为确保全县消防事业科学发展，8次提请政府常务会议研究消防工作，特别是县委书记杨昶亲自带队开展消防安全检查，县长车世忠主持紧急调度会督促落实《市长督办令》，县消安委每季度召开联席会议安排部署消防工作，为大队发展提供了强有力的保障。按照上级统一部署，协调消安委成员单位扎实开展“打非治违”和火灾隐患“大排查大整治”、“重大火灾隐患集中排查整治”等专项行动，强有力地检查发现、督促整改了一大批火灾隐患和消防违法行为，确保全县火灾形势趋于平稳。扎实推进消防安全“网格化”管理和重点单位“户籍化”管理工作，形成横向到边、纵向到底，群防群治、齐抓共管的社会化消防工作格局。提请县政府、公安局先后7次组织开展消防专项督查，印发督查通报3期，有效推动部门（行业）和派出所严格落实消防工作责任。实施“亮窗工程”建设，规范警务窗口办事程序，落实岗位学法、集体议案等制度，组织开展公开述职述廉活动，聘请消防形象监督员，进一步提升大队消防执法规范化建设水平。加强和改进工作作风建设，明晰监督人员职责，简化办事程序，强化内部监督和责任追究，狠抓消防执法质量，进一步提升大队便民利民的能力和水平，受到办事群众一致好评。大队党委强化主业，强化监督检查，强化查处打击，全年先后组成各类执法检查组52个，共检查单位2600多家，发现火灾隐患和消防安全违法行为5000多处，下发《责令改正通知书》2300多份，查封59家（处），责令“三停”31家（处），治安拘留25人，行政罚没1053000元，保持了火灾隐患排查整治的高压态势。深入宣贯《全民消防安全宣传教育纲要》，扎实组织开展“119消防宣传月”和消防站开放等活动，利用广播电视、室外电子广告牌等媒介播出消防公益宣传1000余次，发放宣传资料5000余份，组织开展乡镇长、村“两委”负责人消防轮训、社会单位消防技能培训班和灭火逃生演习137场次，受训人员1万多人（次）。大队严格依法履责、高效便民服务，在上级组织的警调、民调中排名位居全市前列，有关工作经验在《人民公安报.消防周刊》上刊载，全县消防工作被省政府评为先进单位，树立汉寿“法治消防”的新品牌。

（付　悦）

检　察

【概况】 汉寿县人民检察院坐落于汉寿县龙阳镇龙阳大道。截至2017年底，实有在编在职人数64人。检察长1人，副检察长3人（含挂职1人），纪检组长1人，工会主席1人，党组成员、政工主任1人，专职检委2人。副处级1人，科级24人，科员级37人，工人1人。内设机构15个，即办公室、政工室、侦查监督科、公诉科、装备科、反贪污贿赂局、反渎职侵权局、刑事执检察科、民事行政检察科、控告申诉检察科、职务犯罪预防局、检察技术科、案件管理中心、法警大队、装备科。

县检察院深入贯彻中共十八大、中共十九大及十八届历次全会和习近平总书记系列重要讲话精神，认真落实县委战略部署，忠实履行法定职责，强化检察监督，规范司法行为，深化司法改革，加强队伍建设，积极创先争优，各项工作均取得新进展。2017年度，该院被评为全国二级规范化驻所检察室、全省检察机关检察文化活动先进单位，执法状况考评成绩位居全市前列，继续保持市文明标兵单位称号。

【坚持党的绝对领导 服务全县工作大局】 更加坚定坚持党的领导。不断增强政治意识、大局意识、核心意识、看齐意识，自觉坚持党对检察工作的绝对领导。认真贯彻落实县委各项决策部署，紧紧依靠县委加强检察工作、推进检察改革，确保检察工作的正确政治方向。2016年以来，共请示报告检察执法、队伍建设等检察工作重大事项7件次。

优化县域经济发展环境。共依法批准逮捕各类破坏社会主义市场经济秩序的犯罪案件5件5人，起诉6件11人；为政府采购、工程招投标等提供行贿档案查询179次。加强对食品药品安全、生态文明建设的司法保护。积极回应群众期待，持续扎实开展“危害食品药品安全专项立案监督活动”“破坏环境资源犯罪专项立案监督活动”。先后在县食品药品工商质量监督管理局、县环保局设立派驻检察联络室，促进行政执法规范化，更好地服务县域经济社会发展。

积极服务扶贫攻坚工作。与纪检监察、扶贫部门配合，开展扶贫领域异地搬迁专项预防调查，保障扶贫政策和资金落实到位。此外，按照县委、县政府统一部署，会同县科工局等单位，深入洲口镇小河村开展精准扶贫工作。共同协助牵头单位争取危房改造、金融贷款和扶贫助学等政策31户；协助争取村电排改造、广场建设等项目资金200余万元；积极实施蔬菜产业扶贫，帮助贫困户增收；向贫困户发放慰问金万余元。

【参与平安汉寿建设 维护社会和谐稳定】 依法严厉打击刑事犯罪。依法履行审查逮捕、审查起诉职责，共批准和决定逮捕各类刑事犯罪嫌疑人227人，提起公诉411人。结合县域治安形势，加强与公安、法院的协同配合，稳、准、狠打击刑事犯罪。“回应民调关注、打击违法犯罪”专项整治行动中，集中打击侵财、涉毒、涉赌、涉恶等突出影响社会治安的犯罪以及影响民生利益的刑事案件。共从快批准逮捕上述犯罪嫌疑人158人，提起公诉259

人。如办理的陈某故意杀人焚尸案，经审查，县检察院迅速作出批准逮捕决定。陈某被一审法院判处死刑，剥夺政治权利终身。

依法加强人权司法保障。准确把握宽严相济刑事司法政策界限，对涉嫌犯罪但无羁押必要的，决定不批准逮捕81人;对确实悔罪、犯罪情节轻微、不需要判处刑罚或免除刑罚的，决定不起诉63人。适用刑事和解特别程序办理轻微刑事案件24件28人；依法对2名未成年人作出不批准逮捕决定，对1名未成年人作出附条件不起诉决定，封存其犯罪记录。

依法回应群众合理诉求。运用12309举报电话和远程视频接访系统，提升信访接待质效，畅通“信、访、网、电”诉求表达渠道。实行检察长接待日制度，依规处理各类举报线索7件，妥善处理群众来信11件，接待来访群众106人次。办理不服检察机关处理决定申诉案件1件。加强司法救助，向刑事受害人家属争取司法救助金3万元。完善应急处置机制,注重矛盾排查、积案化解、值班备勤，确保 中共十九大等特护期涉检赴省进京零上访。

依法参与社会治安综合治理。认真参与城区治安巡逻，结合执法办案提出治安整治建议；组织干警深入联点乡镇、社区，扎实开展“三联四大”及平安法治宣传活动。共走访群众2000余户，发放资料5000余份。选派检察官担任县詹乐贫中学法治副校长，并设立全省首家“检察官工作室”，全年开展法律咨询3次，发放法治宣传资料1000余份。2016年5月至9月，采取模拟法庭、法律知识问答、展板展示、交心座谈等形式举办“法治进校园”“留守不孤单、法治伴成长”巡讲活动，受益未成年人近3000人。

【查办和预防职务犯罪 促进反腐倡廉建设】 依法严肃惩治职务犯罪。提高政治站位，保持改革定力，强化办案措施，继续保持反腐败高压态势。全年立案查办各类职务犯罪案件7件7人，提起公诉5件5人，法院作出有罪判决10件11人（含积案）。运用侦查一体化办案机制，参与查办湖南省建筑工程集团有限公司原党委书记兼董事长刘某受贿系列案、常德市经济技术开发区原工委委员陈某受贿系列案，为主查办常德市城投龙马建设项目管理有限公司原董事长万某受贿系列案；审查起诉了安乡县公安局原党委副书记、副局长李某受贿案。

突出查办民生领域案件。持续查办“发生在群众身边、损害群众利益”的职务犯罪。初查扶贫资金管理、危房改造补贴、涉农基础建设、拆迁补偿等领域职务犯罪案件线索4件，如办理了洲口镇侯王村原支部书记万某涉嫌贪污案。

深入开展职务犯罪预防。共开展预防调查、职务犯罪分析2次。认真开展“汉寿县2016年易地扶贫搬迁情况”专项预防调查，及时向有关部门提出检察建议。深入国家机关、企事业单位举办职务犯罪预防讲座6次，受教育人数达600多人。会同县邮政部门开展“预防职务犯罪邮路”活动，将预防职务犯罪宣传与邮政服务有机融合，实现预防网络城乡全覆盖。

【聚焦诉讼检察监督 努力维护司法公正】 不断加强刑事立案和侦查活动监督。对应当立案而不立案的，监督侦查机关立案6件6人；对不应当立案而立案的，监督侦查机关撤案5件10人。严守防范冤假错案底线。对不构成犯罪或证据不足的，不批准逮捕44人，不起诉30人。对应当逮捕而未提请逮捕的，追加逮捕24人；对应当移送审查起诉而未移送的,追加漏犯17人、漏罪10条。针对侦查活动违法情形提出书面纠正意见29件次，被采纳27件次。

不断加强刑事审判活动监督。坚持“实体与程序”和量刑“畸轻与畸重”审查并重理念，从开展抗诉专项检查、诉判不一案件同步审查着力，加强以抗诉为中心的刑事审判监督。依照审判监督程序提请刑事抗诉1件。依法对全部刑事案件庭审活动派员出席法庭支持公诉，对22类常见罪名所有刑事被告人提出量刑建议，建议采纳率稳步上升。

不断加强刑事执行检察监督。推进全国二级规范化驻所检察室达标建设。开展了实判未收监罪犯集中清理和财产刑执行检察专项活动。纠正刑罚执行和监管活动违法情形72件次；纠正减刑呈报不当2件；纠正监外执行和社区矫正中的违法违规情形19件次；向有关部门制发撤销在矫对象缓刑的检察建议4份。开展羁押必要性审查14人，建议变更强制措施14人。联合开展看守所安全防范检查12次，提出纠正意见7条。

不断加强民事行政诉讼监督。向市检察院提请抗诉2件。办结不服法院生效裁判监督案件1件，法院再审撤销原民事调解书。根据县人大常委会主任会议决定，认真开展民事行政执行检察监督专项活动，办理执行监督案件3件。对行政机关履行职责不当的，办理督促履职案件49件。深入生态环境和资源保护、食品药品、国有财产保护和国有土地使用权出让等领域，立案办理公益诉讼案件5件，发出诉前检察建议5份。开展校园及周边“食品安全护苗行动”，向相关部门发出检察建议7份，均被采纳。2016年2月，与市检察院共同办理的虚假诉讼监督案被评为全省检察机关“民事行政诉讼监督优秀案例”。

【诚恳接受内外监督 保障检察权规范运行】 自觉接受人大法律监督。不断增强宪法意识，主动接受县人大及其常委会监督，切实执行县人大及其常委会的决议、决定，坚持向县人大常委会报告重大事项、报送重要文件、报备重要案件。向县人大常委会主要领导汇报全省全市检察长会议精神、司法体制改革部署和公益诉讼工作开展等情况。按县人大常委会要求，组织开展“司法公正常德行”暨检察官履职评议活动。2名员额检察官接受履职情况评议，并专题报告了民事行政检察工作和公诉工作开展情况。邀请人大代表视察检察工作3次，走访人大代表16人次，诚恳征求意见建议。运用手机短信联络平台，适时向代表报告检察工作情况。

主动接受政协民主监督。向县政协主要领导汇报检察机关的重大决策部署及重要工作开展情况。2016年7月，向县政协常委会报告上半年检察工作情况。自觉接受县政协民主监督小组监督。在办公楼大厅设立民主监督公示牌和意见箱，组织召开检察工作情况介绍会和中层骨干及法院、公安、律师代表座谈会。邀请10余名政协委员现场调研视察了反贪污贿赂工作和公诉出庭情况。采取手机短信等方式，加强与政协委员的联系。

虚心接受社会各界监督。深入推行“阳光检务”工程。通过全国检察机关案件信息公开网累计公开案件程序性信息725条、终结性法律文书157份。2016年5月，举办以“防治校园欺凌、护航未成年人成长”为主题的“检察开放日”活动，邀请人大代表、政协委员和教育、妇联、共青团等部门代表20余人参加视察，真诚听取意见。依托“两微一端”平台发布检务信息。共编发微信公众号“正e汉检”微信36期，会同县电视台采播专题节目6期，积极向各级新闻媒体推介检察工作，其中《检察日报》上稿42篇。

着力强化内部执法监督。出台《执法状况考评工作方案》，严格执行新的办案运行机制，坚持以员额检察官执法办案为重点，对案件质量、统计数据、执法公开、案卷移送备查等多个方面进行监督考评；突出规范不捕不诉行为；推行案件质量评查通报制度，每月对已办结案件情况进行评查通报，并将上述各种监管情况纳入年度执法质量奖惩范畴。共制发案件质量通报9期、业务数据分析报告3期。县检察院《创新工作机制 压实司法责任 努力提升公诉案件质效》的经验做法被省检察院推介。

【切实加强自身建设 不断提升队伍战斗力】 切实加强思想政治建设。以学习中共十九大精神及习近平总书记系列重要讲话精神为核心内容，推进“两学一做”学习教育常态化制度化。严格落实“三会一课”制度，其中党组书记、支部书记上党课22次。组织党员干警开展“学习先进典型、争做合格党员”等主题党日活动，党组织凝聚力、战斗力和创新力明显提高。

持续抓好业务素能建设。制定《2017年度岗位练兵暨评比活动方案》，开展各类业务素能培训，其中开展以案带训活动45人次，参加上级跟班学习5人次，不断提升干警履职能力和执法办案水平。充分运用听庭评议、案例评析、文书评比三项业务竞技平台，积极鼓励干警冒尖，让专业型、复合型人才脱颖而出。先后有10名干警获省级以上荣誉，9名干警获市级荣誉。

不断强化纪律作风建设。坚决贯彻从严治党的要求，强化队伍建设集中教育整训，认真落实党风廉政建设“两个责任”。制定《党风廉政建设“两个责任”考评办法》，逐级签订党风廉政建设责任状；落实党风廉政建设“两个责任”谈话制度，开展谈心谈话200余次；实行干警日常检察行为动态管理制度，每月考核通报检容检纪、上班考勤等12个方面情况；落实各项专项整治要求，完善车辆管理等9项制度；纪检组对重大事项做到全程监督。强化对执纪执规督查，共制发监察通报9期。县检察院《完善“两个责任”考评办法推进党风廉政建设》的经验做法被省检察院推广。

深入推进“文化育检”工程。坚持把检察文化建设纳入检察工作的整体部署。2016年，县检察院积极与省市检察官文联联系，邀请书画名家到院传经送宝；组织干警开展诗词诵读、读书分享会、论辩赛等活动6次，参加征文、书画展3次，激发创作热情，提升品位修养，培养检察文化人才。干警创作的3篇优秀作品荣获省级以上荣誉。举办“道德讲堂”4期，倡导推进无偿献血、捐资助学、扶危济困等志愿服务活动。推进青年公寓建设，努力凝聚人心、留住人才。

稳妥推进检察体制改革。严格按照党委和上级检察机关的统一部署，扎实推进各项改革。已经完成对员额检察官、司法辅助人员、司法行政人员分类管理工作;按照“谁办案谁负责、谁决定谁负责”的司法责任要求，22名员额检察官全部配置到了执法岗位办案。2016年，县检察院《坚持以改革为契机切实加强检察队伍建设》经验做法被省检察院推广。

2017年度，汉寿县检察院反贪污贿赂局副局长黄格锋获“全国检察机关侦查能手人才”称号，副局长曾献忠获“全国检察机关侦查能手人才”称号，反渎职侵权局干警曾伟获“全国检察机关侦查能手人才”称号；

汉寿县检察院获全省检察机关“检察文化活动”先进单位；汉寿县检察院检察长黄艳霞获湖南省检察理论研究年会优秀论文三等奖，肖娟获湖南省检察理论研究年会优秀论文三等奖，宋鹏被评为全省检察信息化工作先进个人获得市十大优秀青年法律人才，刘春林被评为全省检察宣传工作先进个人，徐贻生被评为全省检察检务保障工作先进个人。

汉寿县检察院陈运亚获全市检察信息工作先进个人，张伟获得全市检察机关“五四”青年征文一等奖；

（米 姣）

法 院

【概况】县人民法院坐落于汉寿县龙阳街道龙阳大道492号。设有办公室、政工室、监察室、立案庭、刑事审判庭、民事审判第一庭、民事审判第二庭、民事审判第三庭、行政审判庭、审判监督庭、审判管理办公室、执行局、非诉行政案件执行局、司法警察大队、司法技术室、行政装备室等16个内设机构和蒋家嘴人民法庭、罐头嘴人民法庭、太子庙人民法庭、毛家滩人民法庭、西湖人民法庭等5个派出法庭。有在编干警94人，其中员额法官35人，法官助理16人，执行员2人，司法警察11人，书记员3人，司法行政人员18人，待分类人员9人；硕士研究生学历5人，本科学历79人，专科学历10人。

2017年，县法院认真落实党的十八大、十八届历次全会和习近平总书记系列重要讲话精神，深入学习贯彻中共十九大精神，紧紧围绕“努力让人民群众在每一个司法案件中感受到公平正义”的目标，充分发挥审判职能，为全县社会稳定和经济发展作出积极贡献。先后有3个单位、5名干警受到市级以上表彰，其中1个单位、2名干警被省高院表彰，本院继续保持市级文明单位称号。2017年(2016年11月1日至2017年10月31日)共受理各类案件4648件，结案4435件。

【刑事审判】2017年，共受理各类刑事案件328件511人，审结316件486人，结案率为96.34%。开展“回应民调关注，打击违法犯罪”“重点工程、重点项目”专项整治等行动，重点打击侵财、黑恶、毒品等“群众最痛恨”的犯罪行为，审结故意伤害、盗抢等多发性暴力犯罪案件134件175人，审结涉毒、涉赌案件64件73人。依法严惩破坏市场秩序犯罪，审结非法吸收公众存款、合同诈骗、违法发放贷款等犯罪案件5件5人，审结杨某等15人组织、领导传销活动案，涉案金额达2亿元。审结受贿、挪用公款等职务犯罪案件10件11人，促进反腐败斗争深入开展。认真贯彻宽严相济刑事政策，判处10年以上有期徒刑7人，3年以上10年以下有期徒刑59人，3年以下有期徒刑、拘役及非监禁刑416人。加大刑事附带民事案件调解力度，涉及民事赔偿的刑事案件85件，调解兑现80件，为被害人及其家属挽回损失400余万元。

【民商审判】共受理各类民商事案件2856件，审结2783件。遵循“调解优先、调判结合”工作原则，把调解工作贯穿于案件审理的始终，努力实现案结事了，调解或撤诉结案934件，调撤率35%。妥善审理涉民生案件，审结离婚、抚养、继承等婚姻家庭案件776件，审结劳动争议案件20件，审结损害赔偿案件483件。正确适用《中华人民共和国反家庭暴力法》，依法审查杨某等人的人身保护令申请，及时作出人身保护裁定。主动深入中联重科等规模企业，研判企业需求，开展“法企共建”，优化投资发展环境。审结湖南华强米业有限公司破产重组案，涉及债务4200万元，指导通过重组计划。审结县农商行等金融机构涉金融债权案件765件，结案标的额1.5亿元，为省级金融安全区创建提供司法保障。

【行政审判和非诉行政执行】2017年，共受理行政案件(含行政审查)162件，审结157件；受理非诉行政执行案件13件，执结13件。落实行政机关负责人出庭应诉要求，及时向行政机关负责人送达出庭通知书，并将出庭情况通报至县政府，行政机关负责人出庭应诉率得到提升。以协调解决行政争议为重点，坚持保障行政相对人合法权益与监督支持行政机关依法行政并重，对行政机关在具体行政行为中的违法违规行为及时提出建议，规范行政行为。加大非诉行政执行案件执行力度。派驻4名干警常驻县征拆办，提前对拆迁户进行法律宣讲，配合棚户区改造工作顺利开展；通过司法手段强制拆除影响龙珠湖公园项目建设的房屋3栋，确保项目顺利施工；就中央环保督查组反馈的西洞庭湖水域生态环境污染问题，迅速行动，一周内将被执行人袁某在西洞庭湖水域设置的违法养殖设施全部拆除。

【执行工作】年内，共受理执行案件1289件，结案1166件，实际执行率44.96%，执行到位标的额4204万元。规范执行行为。细化执行结案特别是终结本次执行程序标准，规范强制措施的使用，完善“一案一账户”管理，解决因管理混乱导致执行难的问题。完善执行机制。建立“执行110”快速反应机制，公布值班电话，全天候值班，随时接待、即时出警。硬化执行措施。利用网络查控系统，定期查控被执行人财产，查控存款500余万元、车辆32台；开展“秋风行动”和农民工工资等专项执行行动，司法拘留103人，移送公安机关临控18人次，刑事立案1人。加强执行惩戒。公布失信被执行人1582名，通过微信公众平台分7批曝光140人次，70名失信被执行人主动履行义务。

【创新机制】落实司法责任制。按照“让审理者裁判、由裁判者负责”的思路，积极推进以审判权为核心、以法官为主体、以审判监督权和审判管理权为保障的审判权运行机制改革；落实院庭长办案，院、庭长审执结案件2390件，占比达54%。完善人员分类管理。遴选员额法官37人，确定司法辅助人员32人、司法行政人员26人，员额法官全部充实到审判一线岗位；公开招录一批聘用制书记员和司法辅警，一定程度缓解了司法辅助人员严重不足的问题。健全职业保障，完成司法工作人员工资套改，严格落实“三类人员、两种待遇”。强化精细管理意识，努力实现审判管理和司法政务管理从粗放型向精细化管理的转变。年初结合本院实际，修订完善涵盖审判工作、队伍建设和司法政务等各个方面工作的54项制度，制定精细化考核办法，做到事事有制度、部门有责任，人人有压力。为确保政令畅通、决策部署落实见效，制定督办工作制度，院长就司法绩效签发首批督办通知单，司法绩效各项指标取得实质改善，案件质量有新的提高，上诉率同比下降0.98%。强化立案窗口建设。探索多种立案方式，在派出法庭新增诉讼费财务专线，安装POS机，提供快速便捷的“一站式”诉讼服务，当场立案登记率达99%；实行首问责任制，接待信访群众400余人次，回复来信来访50余件次，办结申诉复查案件7件。加大司法救助力度。对15名符合条件的当事人减、免、缓诉讼费11万元，为9人发放司法救助金19万元，体现司法人文关怀。拓宽便民利民渠道。设立“夜间法庭”“假日法庭”，加班加点服务上班族和务工人员，审理案件28件；发挥审判联络站作用，完善“站、所、点、员”一体便民服务网络，化解各类纠纷30起；开展巡回审判20场次，为当事人提供便利的同时进一步了解民意。以公开促公正，大力推进“四大公开平台”建设。在互联网公开裁判文书3278份，执行信息近3000条，最大限度地将法院工作置于阳光之下。强化司法宣传，更新微博、微信公众号、头条号400余篇条，在市级以上媒体发表稿件300余篇。认真应对网络舆情，主动回应社会关切，及时处理网络舆情6起。狠抓民调工作，积极开展“三联四大”“众创平安”、法官“五进”等活动，召开新闻通气会1次，张贴布告2000份，发放工作宣传手册3万份，提升人民群众满意度。在全省综治工作民意调查中，县法院工作公众评价排名全市法院系统第四，全县政法系统第一。

【队伍建设】 坚持“抓党建带队建促审判”工作方针，认真落实“三会一课”制度，深入开展“两学一做”学习教育和“荷花品格、梅花精神”主题教育，牢固树立“四个意识”。聚焦“四风”问题，坚持问题导向，认真查找解决人民群众反映强烈的突出问题。组织召开各界代表座谈会8次，走访代表、委员及群众500余人次，征集意见146条，明确5方面26条整改重点，一批人民群众反映突出的问题得到有效整改，干警司法作风明显改善，人民群众对法院工作的认同度明显提升，教育活动取得明显成效。提高法官司法能力是保障司法质量的关键。通过开展业务培训、岗位竞赛、疑难案件研讨、裁判文书评析等活动，着力提高法官的庭审驾驭能力、法律适用能力、群体性矛盾纠纷的处理能力。每月集中进行一次政治业务学习，各庭室局队每周五下午定时学习。派遣干警参加各类培训40人次，干警业务水平得到有效提升。加强青年干警培养，实行青年干警审执一线锻炼制度，定期轮岗，通过多部门、多岗位历练，提升工作能力。成立法官协会青年法官分会，举办多种形式的活动，丰富青年干警文化生活，增进集体荣誉感。推行业务研讨制度，以案件讨论会、庭室例会等形式，加强业务学习交流，促进干警业务素质的整体提升。全面实施党风廉政建设责任制，院长、分管院领导、部门负责人层层签订责任状，落实一岗双责。扎实开展全国法院系统“纪律作风问题教育整顿”和全市政法系统“队伍建设集中教育整训”活动，推进全面从严治党向纵深发展。集中开展对公款吃喝、收受礼金、公务用车以及违规经商营利等问题的整治工作，严格落实中央、省、市“八、九、十”项规定的要求。加大督查力度，实行院领导带班督查制度，不定期对制度落实、庭审规范等情况进行检查，每月印发《督查通报》。保持对违法违纪行为的高压态势，对投诉举报有报必查、查实必究，确保法院队伍的清正廉洁，全年没有干警因违纪违法受到党纪政纪处分或刑事处罚。

【接受监督】 自觉接受法律监督。主动接受县人大及其常委会监督。积极报告重点工作和重要部署，就刑事审判工作和执行联动工作情况分别向县人大常委会和主任会议专题报告，向县人大内司工委报备重要文件和重大案件12件，按时办结、回复督办、交办件6件；认真开展“司法公正常德行”活动，接受评查刑事案件50件，2名法官接受履职评议；加强与代表的联系，建立联络工作短信平台，邀请代表指导法院工作4次，召开座谈会3次，邀请代表观摩庭审、见证执行45人次。依法接受检察机关法律监督，及时办理检察建议3件，主动邀请检察机关监督执行3次。主动接受民主监督。适时向县政协常委会汇报工作，与县政协派驻我院的民主监督员协商制定民主监督方案，设置公示牌、举报信箱，邀请民主监督员旁听庭审2次，参与重大活动3次，召开民主监督员座谈会2次，充分听取意见建议。不断强化内外监督。进一步完善内部监督，明确21名兼职廉政监察员，实现廉政监察员在各内设机构的全覆盖。主动接受社会监督。恢复形象监督员制度，聘请10名形象监督员，邀请参与重大活动和重要会议；提请县人大常委会任命人民陪审员44名，人民陪审员参与审理案件950件，参审率达99.48%。（罗德军）

司法行政

【概况】 汉寿县司法局成立于1980年12月，作为政府组成部门，履行县人民政府司法行政职能，担负普法宣传、人民调解、安置帮教、社区矫正、法律援助、公证、司法鉴定、法律服务等工作，为全县经济发展、社会和谐稳定起着不可替代的作用。2017年，局机关有4股2室1处1中心，即政工室(公证律师管理股)、办公室(法制股)、法治宣传股、基层工作股、社区矫正股、行财装备股、公证处、法律援助中心，下辖龙阳、辰龙、周建新三个律师事务所，龙阳司法鉴定所，法律服务中心，21个司法所，1个司法办。有工作人员68人，其中中央政法专项编制69个，在职在编58人；下属法律服务中心有地方事业编制5个，在职在岗职工10人。局机关有43名工作人员，乡（镇）司法所有25名工作人员。现局班子成员共有7人，局长1名，副局长4名，党组成员和政工室主任各1名。

2017年，县司法局紧紧围绕县委县政府的统一部署，狠抓各项工作落实，法治宣传教育、特殊人群管控、法律服务质量、基层基础建设等方面取得新进展。

【法律援助工作】 共开展宣传35场次，发放法律援助便民手册3600余份，农民工维权宣传年画500份，解答咨询150余次。开展对未成年人、残疾人、妇女、老年人及军人的特色法律援助，对患病、残疾的受援人上门服务，对交通不便、路途遥远、情况紧急的法律援助案件提供先行援助。共办理法律援助案件153件，其中民事案件129件，刑事案件24件。

【律师工作】 全县3家律师事务所11名律师受聘32家单位担任法律顾问，办理民事诉讼代理158件，刑事诉讼辩护及代理17件，行政诉讼代理5件，办理法律援助案件10件，免费解答法律咨询780余次。

【公证工作】 共办结各类公证615件，其中国内公证540件，涉外及涉台公证75件，涉案金额6800余万元。

【社区矫正工作】 2017年，累计接收社区服刑人员1774人，解除社区服刑人员1122人。在册列管社区服刑人员352人，给予书面警告处罚20人次，撤销缓刑收监执行1人，变更居住地6人。全年全县新增安置帮教对象140人，期满解除帮教133人，正在接受帮教的有1335人。

【普法依法治理工作】“七五”普法全面启动，“谁执法谁普法”，普法责任制得到很好落实。法治宣传教育不断深化。积极开展主题活动营造法治氛围。积极开展“三八维权周”“五月农村法治宣传月”“千名干部回乡访民情”等专项活动开展法治宣传。开展法制讲座12场，开展送法进校园、进社区活动22次，受教育面达数十万人。在岩汪湖镇陈军堤村投资新建了一个法治文化广场。

【矛盾纠纷调处工作】 全县各乡镇区（街道）及村居（社区）均已建立人民调解委员会，共建人民调解委员会227个，人民调解员1506人，人民调解组织建成率达到100%，基本形成纵向到底、横向到边的全方位人民调解组织网络。全年，共排查矛盾纠纷825件，调处1900件，调处成功1862件，调处率达100%，调处成功率达98.1%。

（刘健健）

军　事

综　述

【概况】 2017年，是国防和军队改革的深化之年，是省军区系统编制体制调整之年，是中共十九大召开之年，政治要求高、改革压力大、工作任务重，人武部全面建设面临较大考验。汉寿县人武部认真贯彻上级党委会议精神，按照“看齐追随铸军魂，不忘初心促改革，聚焦主业谋发展，正风肃纪树形象，从严治军保稳定”的工作思路，下大力气抓好各项工作落实。

【抓根本 坚持强化思想政治建设】 紧紧扭住举旗铸魂这个根本，坚持运用理论学习“五步法”，深入抓好学习教育。一是抓“两学一做”学习教育常态化制度化落实。以习近平主席系列讲话和党章党规为基本教材，突出现役干部这个重点，按照原汁原味普遍学、重要内容专题学、区分层次重点学的思路，抓好学习教育常态化制度化落实，切实准确掌握新思想、新论断、新要求，着力在学深悟透、学以致用上下功夫见成效。按照上级要求建立了党员活动室，促进“两学一做”学习教育常态化制度化落实。组织民兵开展“学习宣讲系列讲话活动”，召开了动员大会，下发方案计划，印制下发学习宣传资料和专用学习笔记本。以橱窗、横幅、标语等传统方式和“掌上汉寿”的武装工作专栏和“基干民兵”微信群等新兴媒体平台进行宣传发动，并将活动融入日常工作和大项任务。二是抓专题学习教育。按照上级要求，扎实抓党委中心组带机关专题理论学习，在参加上级统一组织的理论学习基础上，本级组织人武部全体干部职工集中学习相关会议精神和理论文章。围绕“怎样以实际行动践行‘坚定维护核心，坚决听党指挥’‘坚决维护核心，严守纪律规矩’”进行讨论交流。三是抓改革教育。按照上级部署，组织“坚决服从改革、正确对待去留”专题教育。采取民主生活会、集体谈话、个别交心等方式，摸清干部思想底数，切实统一了思想，澄清了认识，凝聚强军兴军的正能量。深入宣传现役干部转改文职人员相关政策规定，积极为符合条件的干部分析利弊、答疑解惑。全体干部思想稳定。四是抓中共十九大学习。中共十九大召开后，集中组织全体干部职工、专武干部和基干民兵围绕中共十九大精神进行学习讨论，交流心得体会。开展手抄中共十九大报告原文活动，对中共十九大精神反复学、深入学，力求入心入脑。通过开展中共十九大学习演讲活动，遴选培训民兵宣传骨干，深入基层开展中共十九大精神巡回宣讲活动。

【抓主业 坚持聚焦本职中心工作】 按照“主业主抓”的指示要求，坚持以作战任务为牵引，注重将整组与作战问题对接，抓好战备训练落实，不断提高民兵预备役人员遂行任务的能力。一是抓战备工作落实。按照省军区和军分区的决策部署，着眼可能担负3种作战行动、5种支援保障行动及3种社会救援行动，狠抓战备工作落实。3月份，利用一季度整组工作成果，结合汉寿县实际，进一步修订完善大规模作战背景下防卫作战计划、国防动员计划和非战争军事行动方案。及时维修各类防汛抢险、森林灭火装备，并根据需要新增冲锋舟、操舟机、冲锋舟拖车、伸缩梯、防护服等应急救援装备物资和防爆恐装备。更换了武器装备仓库密码锁和保密室报警器，对营院2个问题摄像头和门卫值班室警报器进行了维修。按照《战备工作规定》全面规范人武部战备工作秩序。结合重大节日、全国“两会”，“一带一路”高峰论坛、“建军九十周年”和“中共十九大”等重要敏感时期，狠抓战备教育、战备值班等经常性战备工作落实。

进一步规范人武部战备值班制度，突出加强对作战值班和战备值班的组织领导和监督检查，规范值班职责、内容、程序和方法，严格落实值班制度。二是抓整组工作落实。认真贯彻省军区和军分区指示精神，按照“编为战、编为用”的工作指导，以民兵应急连建设为重点，扎实抓了整组工作落实。部党委召开专题会议研究民兵整组工作，对存在的问题进行了认真分析，成立整组工作领导小组，拟定整组方案，确立整组目标。召开县民兵整组工作培训暨任务部署会，部署整组工作任务，明确整组工作的内容、程序、方法和要求，编印下发《民兵整组业务知识手册》。组织召开民兵整组暨基层阵地建设推进会。推进会采取现场观摩、讨论交流、行政例会的形式进行。通过观摩人武部本级、洋淘湖镇武装部和陈军堤民兵营3个现场点，对民兵整组和阵地建设进行典型示范。采取领导分片包干责任制的方式，联合政府督查室对全县各乡镇整组落实情况进行全面检查督导，及时指出存在问题。摸清核实全县符合条件编入民兵组织人数6.7万人、退伍士兵人数2.2万人，其中35岁以下退伍士兵服预备役人员4274人，35岁以下地方与军事专业对口技术人员685人。全县18周岁男性公民3954人的网上兵役登记任务已全部完成。完成本级应急连（125人）和23个乡镇（街道）应急排（30人）共815人的基干民兵编组任务。三是抓军事训练落实。始终坚持以《军事训练大纲》《民兵预备役工作手册》等法规为依据，以军分区军事工作指示为指导，坚持党委议训、主官主抓、机关合力，按照分层次、分阶段的方式，高标准完成年度军事训练任务。按照军分区指示要求，严格落实干部在职训练制度，按照计划，主要采取个人自训和集中强化训练相结合的方式，完成4期干部在职训练。在年底军分区组织的年度军事训练工作检查考核中取得较好成绩。全年围绕森林灭火、抗洪抢险、“四会”教学、应急维稳等内容，共组织了五期47天共330人次的基干民兵军事训练。圆满完成落水儿童搜救、抗洪抢险、新兵役前训练和新大纲试训任务。四是抓征兵工作落实。征兵工作坚持以《湖南省征兵工作责任目标考评暂行办法》为指导，以“五率”征兵要求为依据，按照及早宣传发动，加强组织领导，严密组织实施的工作思路，狠抓各项征兵工作落实。抓好征兵宣传，采取电视、广播、微信、网络、标语等多管齐下手段，扩大征兵宣传面。辖区内年满18周岁男性公民总数3982人，完成兵役登记3982人，完成率100%；征兵报名总人数2212人，大学生报名总人数605，占27%；预征对象总人数751人，大学生预征对象数361人，占48%；上站体检总人数751人，大学生上站体检人数361人，占48%；双合格人数335人，大学生双合格人数141人。今年新兵征集任务数246人，选送新兵246人，其中大学生新兵数141人，占入伍总数的57%，初中学历新兵数2人（民兵）。目前为止，新兵思想总体较为稳定，各方向新兵复检均已结束，未出现退兵问题。

【抓基础 坚持夯实基层武装工作】

根据省军区基础建设会议精神，按照“全面搞建设、扎实打基础、反复抓落实、长期铸特色”要求，牢固确立“研究解决问题、规范工作标准、推动工作落实”的抓建基点，坚持把工作关注点和落脚点从抓硬件建设为主向抓武装工作组织为主转变，从抓自身建设为重点向抓武装工作落实为重点转变。一是抓专武干部配备。结合区划调整，按照分区抓好专武干部调整配备的指示要求，协调县委组织部对全县21个乡镇（街道）专武干部进行了考察、任命。按照《专职人民武装干部工作规定》要求，新招录2名专武干部，并落实了跟班学习制度。目前全县43名乡镇专武干部事业心责任感较强，工作积极性较高。二是抓专武干部能力素质提高。针对专武干部能力素质较弱、业务能力不强、工作不懂不会的实际，结合民兵整组和兵役征集等大项工作积极组织专武干部业务能力培训，指导专武干部抓管理、抓教育和组训。通过系列培训，进一步增强了基层专武干部抓建武装工作的能力。同时，选派10名专武干部和3名基层武装部长参加了军分区和省军区组织的新任职专武干部集训，1人被军分区评为先进个人。三是抓基层阵地建设。根据分区统一的基层规范化建设标准要求，在去年抓建基层阵地建设现场会的基础上，结合汉寿县实际，2月在洋淘湖镇、岩汪湖镇抓了基层阵地规范化建设试点，并召开了现场会，专门下发了《关于大力推进基层达标建设的通知》，对基层阵地建设要求进行了进一步明确，对抓建基层的主要职责、工作流程、基本制度、各种登统计进行了完善，为全县基层武装部阵地建设提供样板，有效促进基层规范化建设的整体提升。目前，全县23个乡镇（街道）（含西湖管理区2个乡镇）武装阵地建设全部达标，70%的村（居）武装阵地达标，其余村（居）正在抓建之中。

【抓治理 坚持提升后勤保障能力】

部党委对保障工作高度重视，凡大项工作开展或大项经费开支一律经党委会研究决定，坚持党委把关定向和党委理财。一是抓基础改造。部党委着眼长远，在去年营院建设基础上，进一步改善营院设施环境。协调县政府投入110万元，对弹药仓库进行全面维修改造，投入19万元修建了军营文化墙，投入4万元更换营院灯箱，投入近3万元进一步完善生活区招待所及公寓住房的配套设备设施。营院整体面貌焕然一新。二是抓清查整治。坚持“高度重视、严密组织、务求实效”的原则，扎实深入地开展专项清查整治活动。自年初以来，该部重点对2015年至2016年财务工作存在问题进行了全面清查，对报销凭证手续不齐全、发票不正规、超范围报销、固定资产未登记等方面存在的问题进行专题整改。10月份，配合南宁审计中心审计查找问题3项，逐一进行整改，并退款1.2万元。上半年，根据上级统一安排部署，该部组织对综合楼出租项目进行了清查整治。协调县委县政府、县国资中心和泰尔顺公司，签订移交代管协议、解除合同协议，所有出租场所均已按上级要求，妥善完成停偿任务，无任何矛盾纠纷。年初，根据分区统一部署，该部成立固定资产清查小组，采取逐个场所、逐项物资过的方式对人武部固定资产进行全面清查，共清查出打印机、碎纸机、扫描仪、空调、电脑等新购物资设备未入系统登记上报的固定资产10余件，在入系统登记的同时重新制作更换了固定资产责任卡片，明确了管理责任人，进一步规范了固定资产管理。三是抓综合管理。以坚持制度落实为根本，以加强协调、加大投入为手段，以利于工作、方便生活为目的，扎实开展各项保障工作。严格车辆管理，按照“安全节能、高效保障”的原则，归口集中派遣车辆，减少车辆派遣使用次数，避免司机疲劳驾驶。定期对车辆进行检测维修，全年共投入2万余元对小车进行维修保养，有效杜绝了带故障出车的问题。坚持伙食费单列，根据就餐人数、季节变化搞好伙食调剂。坚持依托人武部饭堂进行接待，多次协调县委接待办承担部队领导到汉寿的接待保障任务，既提高了接待质量又降低了接待成本，2017年，接待经费与2016年同期相比，下降20%。先后4次协调市政园林公司为部园林花草树木进行大面积修剪、喷洒农药等园林绿化工作。全年先后投入2万余元补充苗木，并组织全体干部职工集体施肥，营院进一步绿化、亮化、美化。

【抓底线 坚持稳固安全稳定局面】 始终坚持安全发展、安全建设的理念，突出重点环节掌控、重点区域管理、安全制度落实，先后建立健全保密、安全、维稳工作领导组织，严格落实“月法规日”“季法规周”“年法规月”制度。及时开展“三防”“四反”教育，每季度及时进行安全形势分析总结，纠正有悖法规制度的问题，部队保持高度安全稳定。一是抓专项整治。1、2月份，围绕保密工作和枪弹管理开展了涉密文件和枪弹管理专项清理清查。6月份和9月份，分别针对军分区安全工作检查指出的问题进行了集中分析整改，消除各类安全隐患。9月15日到12月底，根据军分区统一部署安排，结合人武部实际开展了“百日安全活动”，制订实施计划，成立领导小组，明确责任分工，通过活动开展，确保人武部安全稳定的既定目标，为中共十九大胜利召开和学习宣传贯彻中共十九大精神营造和平安全稳定的环境。二是抓经常性教育管理。严格按照部队条令条例和各项规定抓经常性管理，坚持每月进行一次安全形势分析，每周对营院和办公场所进行一次安全保密检查，大项活动前进行一次安全风险评估。规范办公保密秩序，完善保密措施，对涉密文件和载体做到日强调、周清理、月清查，确保不发生失泄密问题。严格按照年度安全教育计划，及时对干部、职工和民兵进行安全保密教育，通过教育进一步筑牢人员思想防线。三是抓长效机制落实。成立了安全领导小组和保密委员会，落实安全管理工作责任到人，消除管理工作中的盲目性和随意性，提高科学管理能力。对已有制度规定进行修订完善，突出层级和责任管理，明确各级各类人员安全管理职责要求，形成了安全工作各司其职、齐抓共管的良好局面。

【抓融合 坚持浓厚党管武装氛围】 强化武装工作双重领导，结合换届选举，提高工作认识，强化工作责任，落实工作制度，促进军民融合。一是抓党管武装意识教育。3月份，召开人武部党委扩大会，总结讲评去年武装工作，表彰一批先进单位和先进个人，并以提高工作意识为抓手，结合当前形势任务进行授课辅导，进一步强化了各级党管武装工作意识。“八一”前夕，县委召开议军会议，专题研究新建“国防教育示范学校”、建立大学生义务兵奖励机制和民兵武器装备库修整等武装工作问题，与会常委一致表示全力支持武装工作。12月份，结合乡镇（街道）党管武装工作绩效评估，抓好各乡镇（街道）党管武装工作述职，并与乡镇（街道）党（工）委书记就如何加强党管武装工作逐一交换意见。二是抓双拥工作落实。坚持把做好双拥工作作为党管武装工作落实的重要手段。人武部主动向县党政主要领导汇报武装工作情况，党政主要领导主动到人武部现场办公，研究解决民兵预备役建设中遇到的困难问题。武装工作经费坚持按照每年10%的比例增长，2017年已达到211万。民政部门严格落实优抚政策，全年发放义务兵家庭优待金228万元、各类退役人员优抚金1490万元，积极开展退役士兵免费培训工作，171人拿到相关证书，除汽车驾驶专业外，其余专业人员推荐就业率达到100%。积极参建参治，发动全体干部职工和民兵预备役人员积极参与义务植树和义务献血活动。深入协助开展精准扶贫工作，2017年，为2个联点村协调扶贫资金90多万元，连续第13年资助东岳庙中心学校贫困学生10名。组织现役干部和民兵预备役人员参与抗洪抢险，巡堤排险、解救群众，出色完成任务，受到了地方领导和当地群众的好评。三是抓国防教育氛围营造。坚持把国防教育覆盖到党政机关、学校、社区等方方面面。2月份，联合民政局慰问在新疆阿克苏拜城县“9·18”暴恐事件中荣立一等功的汉寿籍战士高浩，并通过电视台、手机报、微信平台和政府网站等多种形式，大力宣扬先进典型事迹，营造当兵光荣、荣誉至上的浓厚氛围。结合民兵整组、征兵工作和学习宣讲中共十九大精神活动，协调县委宣传部在城区12个大型室外LED广告屏上播放国防教育宣传内容。严格落实国防教育教材进学校，县财政划拨72万元专项经费，为3—9年级学生免费发放春秋两季国防教育教材。9月份，开展了以“赞颂辉煌成就，赓续红色基因，支持改革强军”为主题的全民国防教育活动，组织广大青年学生积极参与“致祖国的一封家书”活动。拟投入40万元，将罐头嘴中学建成汉寿第三所“国防教育示范学校”。

（郭　旭）

社会团体

汉寿县总工会

【概况】 汉寿县总工会坐落在汉寿县龙阳镇小南门1号,西临辰阳南路,北抵辰阳东路,东接休闲广场,院落总占地面积约6500平方米。机关内部设置1室1部:办公室、业务工作部(加挂财务室牌子),行政编制9人,事业编制2人。在职干部6人,退休干部18人。下属事业单位3个:法律保障工作办公室、工人文化宫和职工学校。法律保障工作办公室属县总工会管理的正股级事业单位;工人文化宫属自收自支事业单位;职工学校属差额拨款事业单位。

2017年,汉寿县总工会深入学习贯彻新时代中国特色社会主义思想理论,牢牢把握为实现中华民族伟大复兴而努力奋斗的时代主题,在服务大局中明确政治站位,在聚集主业中把握职责定位,在稳中求进中积极主动作为,不断推进全县工会工作发展与创新。

【劳动竞赛】 3月,组织开展全县女职工参与全国第五届“书香三八”读书征文活动。活动共收到征文、家书、书画、视频作品200多件,表彰评选出的10篇优秀征文10篇、10篇优秀家书和4个优秀组织工会。同时向上推荐67件优秀作品,其中东岳庙中学李自力撰写的《沉默的爱》荣获全国三等奖,二中解江浩撰写的《蒲扇下仰望星空的日子》荣获全国优秀奖。4月,组织开展全县“好家风·最美职工家庭”评选活动。经初评后向上推荐,县一中田多元家庭荣获市“最美职工家庭”称号。5月,组织开展“常德工匠”评选推荐活动。通过层层评选,向市总工会推荐的5名选手在常德技能大奖赛表彰大会上获得表彰,其中,中联重科代亚涛获得特别奖,被授予“常德市五一劳动奖章”和“常德市技术能手”荣誉称号;快车品味万道敏获得“当代工人风采奖”;县总工会获得优秀组织奖。6月,进行“湘茶、湘酒、湘瓷、湘绣、湘竹”“五湘”技能人才选拔,组队参加市“湘茶”“湘竹”技能竞赛。10月,组织开展“芙蓉杯”竞赛活动。通过评比、推荐,毓德铺中学曾凡利被评为常德市“芙蓉百岗明星”建功明星,中国建设银行汉寿县辰阳中路分理处缪习晴被评为常德市“芙蓉标兵岗”技能型标兵岗。基层工会技能竞赛有声有色。卫生行业工会举办全县卫生行业技能比武;教育工会组织举办全县教职工书法艺术大赛。通过丰富多彩的劳动技能竞赛,在全县营造出争先创优的良好氛围。

【劳动精神】 为纪念“五一”国际劳动节,在全社会大力弘扬劳动精神、劳模精神、工匠精神,4月28日,在县休闲广场举办劳动者风采展暨庆“五一”工人阶级宣传月活动启动仪式。活动现场展示了40位劳动模范、最美劳动者、最美劳动集体的照片及事迹,全国劳模吴和枝代表宣读了以“中国梦·劳动美”为主题的倡议书,现场发放工会法律知识等宣传资料3000余份,约500人次参加了启动仪式。此外,还通过移动短信平台向全县广大劳动者发送节日祝贺和慰问短信8000余条。在“工人阶级宣传月”活动期间,开通县总工会官方微博、官方微信公众号,通过新媒体在全社会营造学习劳模、尊重劳模、争当劳模的氛围。

【劳模管理】 劳模建档。为进一步健全劳模档案,实行劳模网络化、信息化、动态化管理,进一步促进劳模有关待遇落实,不断提高为劳模服务工作水平,4月,对全县397名市级以上职工劳动模范现状进行了一次全面的摸底调查,调查工作涉及劳模的工作、生活、住房和社会保障等基本情况，实现了一人一档、动态更新。劳模体检。按照市委、市政府“对省级以上劳动模范每年进行一次身体检查，市劳动模范每两年进行一次身体检查”的要求，落实了劳模体检经费，并进入财政预算。5月，组织全县市级以上职工劳模进行了体检，彰显了党和政府对劳模的关爱。劳模慰问。2017年春节期间，走访慰问劳模74人次，发放慰问金8.03万元。劳模救助。全年为国、省困难劳模争取上级生活困难补助金74508元，特殊困难帮扶金49000元。通过积极向县委、县政府汇报，为52名低收入市级职工劳模落实生活困难补助255757元。

【法保维权】 3月，组织开展“女职工维权行动月”活动，广泛发动全县基层工会开展女职工权益保护法律法规知识竞赛活动，下发2000余份女职工权益保护法律法规知识竞赛题目，大力推进女职工权益保护专项集体合同工作，有效扩大了女职工权益保障法律法规普及度，提高了女职工法律维权意识，推动全社会形成尊重女性生育社会价值、保障女职工合法权益的良好环境。通过县总工会与县法律援助中心协商，重新建立县困难职工法律援助平台，作为县法律援助中心的组成部分。固定援助律师（或法律工作者）10名，其中社会律师3名，法律工作者3名，法律援助中心援助律师4名。县内其他所有律师和法律工作者均为困难职工法律援助平台不固定律师（法律工作者）。一年来，在县法律援助中心的支持下，县困难职工法律援助平台受理了开源水电建筑工程公司临聘人员施工过程中触电身亡索赔案、毛家滩乡村民务工期间受伤赔偿纠纷案等援助案件4件，有效维护了农民工权益，真正为职工办实事做好事解难事。

【互助帮扶】 职工医疗互助。针对教育机构一直没有参与全市职工医疗互助的现状，为摸清情况，把脉问诊，3月，县总工会召集教育局联合工会及城区学校、高中学校工会负责人进行座谈，一是深入宣传医疗互助政策，讲清讲透参互的六大实惠；二是号召各教育机构工会积极参与；三是找准问题与障碍，及时排除解决。4月，县总工会与教育局联合工会负责人到乡镇各学校走访，宣传发动参互工作。经广泛深入宣传发动，教育机构38家4660人全部参加了第六期职工医疗互助。由于教育机构的参互，全县职工医疗互助参互人数由去年的7551人增长到11705人，增加4154人，增幅55%。困难帮扶。年内，县总工会重新出台帮扶办法，制定新的帮扶方案，严格按照全总和省总要求，规范帮扶资金的使用管理。一是严格审核程序，规范工作流程；二是严格公示程序，实施阳光帮扶；三是严格档案管理，信息完整准确；四是严格资金分配，科学统筹救助；五是严格平台对接，拓宽帮扶渠道。“五严格”全面推进阳光帮扶，受到市总工会高度评价。今年，县总工会多方筹措帮扶资金共53万元对全县困难职工进行了三批集中帮扶，其中单笔帮扶金额3000元的19人，2500元的16人，2000元的45人，大幅突破以往单笔最高1000元的帮扶标准，避免了“撒胡椒面”的弊端，让帮扶发挥真用实效。双联帮扶。5月，按照省总、市总要求，调整县双联帮扶工作领导小组组成人员，明确各成员单位工作职责。配合科工局明确各单位的结对企业，对困难企业进行“一对一”结对帮扶。7月，经多次努力多方协调，将双联帮扶工作纳入全县绩效考核。

【厂务公开】 全民企事业单位厂务公开工作逐步走向标准化。以教育工会、卫计局工会为代表的全民企事业单位，根据年初确定的工作目标，在“公开的程序、公开的形式、公开的内容、公开的责任人”标准化方面取得重大突破。市三方四家组成单位在詹乐贫中学、株木山中学调研时，对汉寿县厂务公开“标准化”方面的工作给予充分的肯定。非公企业厂务公开逐步向规范化方向迈进。太子化工、中汉高科、汉寿煤机、广源麻业等非公企业，在公开的内容方面，将职工关心的热点和企业发展的难点向职工公开，取得企业经营者与职工的广泛共识，促进了企业稳定发展，保障职工权益，得到了上级工会的高度肯定。

【安全生产】 为落实安全生产各项防范措施，进一步加强高温季节和高温作业职工劳动保护和防暑降温工作，6月，组织全县基层工会开展劳动保护监督检查，深入企业车间、班组等一线作业场所进行一次普遍走访调查，预防中暑及生产安全事故的发生，维护广大职工在劳动生产经营过程中的安全与健康。与县安监局联合，在全县开展“查身边隐患、保职工安全、促企业发展、创安全汉寿”群众性安全生产活动，全县125家企业参加活动。全年共举办安全生产知识培训班2期，图片展览2场，组织职工开展隐患排查治理活动56次，发现和处理安全隐患100多处。11月，通过认真评比、积极向上推荐，在2017年的常德市“安康杯”评选中，康尔佳制药有限公司获优胜单位荣誉称号，康普制药有限公司获优秀单位荣誉称号，中联重科有限公司郭武获优秀个人荣誉称号，金江水泥有限公司获市优胜班组荣誉称号。

【工资集体协商】 5月，由教育工会牵头，组织开展全县教育系统工资集体协商会议，利用半个月的时间跑遍全县各个乡镇民办学校，针对当地具体情况先后单独签订补充协议200余份。太子化工、开源水电、自来水公司、中汉高科等10余家规模企业工资集体协商续签。在推行中，工作理念实现了三个转变，一是企业方要我协商转变为我要协商，二是职工方无序协商转变为规范协商，三是政府从领导指导转变为全力支持。协商内涵实现协商触角向劳动权利延伸、协商程序充分体现和尊重职工民主权利、协商重心涵盖和保障职工物质利益“三个覆盖”。协商举措做到三个到位，法律法规宣传到位，督查辅导到位，奖惩激励到位。协商实效体现企业发展基本健康有序、职工利益基本健康维护、社会反响基本健康向上三个价值。

【职代会建设】 全民企事业单位职工代表大会制度走向制度化。县妇幼保健院、五中、株木山中学、自来水公司等一批企事业单位落实职代会职权，充分尊重职工的主人翁地位，促进了单位的和谐发展。非公企事业单位职工代表大会制度日臻完善。职工代表大会在行使职权上，抓住企业发展、企业改革、职工工资等关键事项，使职工的权利与企业的发展和改革良性互动。广源麻业无震荡分流职工，汉寿煤机在企业效益下滑的情况下有序降低工资，龙池实验中学大面积提升教职员工工资，充分发挥职工代表大会的重要作用。

【工人文化宫清理整改】 在全市工人文化宫清理整改工作会后，县总工会迅速组织开展工人文化宫清理整改工作。一是县委书记杨昶召开县委常委议事会，研究县职工文化活动中心（工人文化宫）项目建设工作；二是调整汉寿县工人文化宫项目建设领导小组，刘毅翔任组长，曾群、李芳、李碧波、龚玉德任副组长，县总工会、县发改局、县财政局、县住建局、县审计局、县法制办为成员单位，召开多次领导小组协调会；三是召开多次县总工会主席办公会、党组会，专题研究工人文化宫清理整改工作。通过多方协调、多次努力，依法依规解除与湖南锦达建筑有限公司关于后期经营的合同，平稳推进主体工程建设、装修及后期经营事宜。

【“一户一产业工人”培养工程】 7至9月，县总工会法保办与县人社局就业处协同配合，实施“一户一产业工人”培养工程。共同举办了7期“一户一产业工人”培训班和多期兴昂鞋业初上岗职工培训班。培训专业以维修电工为主，以月嫂、龙虾养殖为辅，涉及培训人员400人。

【工会“四送”】 春送岗位。2月14日，与县人社局、县工商联等单位一同承办汉寿县2017年“万众创业，就近就业，建设家园”招聘会。全县共90家招聘单位参加，提供储备干部、店面经理、电工、焊工等近5000个岗位，吸引求职人员12000多人，3200余人达成就业意向。夏送清凉。6月，开展以“清凉一夏，关爱同行”为主题的“送清凉”活动，先后为县环卫所、湘北通程建设工地、康尔佳、康普、太子化工等单位一线工人送去绿豆、白砂糖等共计8000元的清凉物资。金秋助学。助学自有资金由2016年的6万余元增加到2017年的8万元余元，并为特别困难的职工向县教育基金会申请助学资金，整合资金5万余元，实现帮扶人数逐年增加，金额逐年增加。冬送温暖。2017年春节期间，为困难职工送大米7吨，集中帮扶困难职工342人，折合金额425000元。

【党风廉政建设】 开展集中学习全县经济工作会精神、集中学习中共十九大精神等党员活动日活动。机关党员干部对照自身实际学习讨论，绷紧政治纪律和政治规矩这根弦，不触底线、不碰红线，确保政治上清醒。坚持和完善党组中心组学习制度，学习做到“四有”：有计划、有记录、有考核、有学习心得。突出抓好党组中心组、中层干部、全体党员干部三个学习层面，切实提高工会干部政治素质、理论水平和业务能力。坚持从严治机关、从严管干部，进一步严明政治纪律，严守政治规矩，切实加强机关党支部建设，强化党组职能，抓好党风廉政建设工作。

【工会经费审计】 对20家基层工会2015年、2016年工会经费使用情况进行审计。审计中发现62个问题，提出63条整改建议，出具20份整改通知书。同时，联合地税局开展工会经费计提拨缴联合稽查工作，全年完成50家基层工会的计提拨缴审计。通过加强对工会经费使用情况的监督审计，促进工会经费的足额拨缴及合理列支。

【干部队伍建设】 2月开始，由县总工会主席龚玉德带队，全体机关干部分成三组，对全县乡镇（街道办）工会和部分非公企业工会进行“大走访、大调研”，将“贴近基层”原则落到实处，真正做到工作去形式化、方法去教条化、作风去机关化。3月29日，举办全县工会主席培训班，全县各乡镇（街道）、县直单位，部分企业、系统工会主席180余人参加了培训。通过培训，进一步明确工会工作的重点，激发工会干部的责任感和使命感，提高了工会干部队伍整体素质。（范贤颖）

共青团汉寿县委员会

【概况】 团县委核定编制4名，

实有在编工作人员3名，书记1人、副书记1人、办公室工作人员1人。2017年，汉寿团县委在县委、县政府的正确领导和团市委的指导下，把握共青团工作主线，根据共青团系统改革要求及共青团常德市六届四次全委（扩大）会议精神，围绕县委中心工作和青年需求做了一些基础性的工作。

【自身建设】 加强团员管理，提高团员素质。通过对全县团员分行业、区域进行全面摸底，在此基础上制定团员发展规划，强化全县统筹，实现2017年年底和2018年年底分别将初中毕业班和高中阶段毕业班团青比例控制在30%、60%以内。探索制定团员具体标准，严格按照团的章程和有关规定发展团员。扎实开展“学习党中央书记讲话，做合格共青团员”教育实践，制作转发“团团带你学”系列内容给全县各级团组织，向全县各团组织推广“入团第一课”视频课件，要求作为团员的必学课程，对新团员加强团的意识教育，让老团员重温团的历史。此外，按照“党建带团建”工作要求，进一步加强对两新团组织的建设，开展团组织活动给青年提供学习、就业、婚恋、维权等服务。通过扩大团组织的覆盖面，做好非公组织青年的教育工作。

推动学校共青团改革，激发中学共青团活力。中学阶段是一个人世界观、人生观、价值观形成的关键时期，更是共青团开展工作的黄金时期，是团员发展的主要源头，学生团员是汉寿县共青团工作的主战场。为进一步建设团的主阵地，激发中学共青团活力，11月，团县委联合县教育局出台《汉寿县中学共青团改革方案》，方案通过改革加强团教协作、完善团学组织制度、健全初中团队衔接机制等来改革优化组织制度和运行机制；通过严格发展团员制度，健全团员教育管理、创新基层组织建设等来加强共青团的先进性建设；通过创新思想政治引领和价值引领，建立健全以志愿服务及社团活动为核心的实践育人制度，建立健全中学生困难帮扶和权益维护机制等措施，创新工作内容和方式方法；通过优化团干部发展机制、完善团干部选配使用机制来改革完善中学团干部制度；通过加强完善党建带团建机制、优化资源保障机制强化机制保障。

建设“青年之家”，服务青年零距离。为进一步凝聚引领青年，让青年就近就便参加共青团活动，为广大青年朋友提供更多的工作技能培训、联谊交友、就业指导等机会，着力打造成青年身边的共青团，团县委出台《共青团汉寿县委关于开展2017年度“青年之家”综合服务平台创建活动的通知》。为推动“青年之家”项目建设，团县委组织各单位团组织负责人到常德市青少年活动中心参观学习、邀请专家示范讲解操作办法，让各单位团干部对建设“青年之家”有一定的认识。并从单位的工作经费中拿出部分经费用于各乡镇“青年之家”建设考核奖励。全县已建成省级示范性“青年之家”2个、市级示范性“青年之家”2个，全县所有的街道和60%的乡镇通过单独建或整合资源建设的方式成立“青年之家”综合服务平台。这些共青团门店的建立，为当地青年提供零距离沟通服务，成为青年成长的加油站、靠谱朋友圈和温暖心家园。

【服务青年成长】 预防青少年违法犯罪。2017年，团县委开展系列预防青少年违法犯罪宣传工作。组织青年志愿者在春节期间开展《未成年人保护法》《预防青少年违法犯罪》等相关法律知识宣讲，在火车站广场、汽车总站、步行街口等人流密集场所发放未成年人法制宣传单页近2000份。与县禁毒委员会一起开展6·26禁毒日活动，向社会发放禁毒手册，宣传毒品的危害性，与广大青年携手抵制毒品。为推进青少年诚信教育，团县委10月份在一职中开展了诚信文化教育进校园活动。服务青年创业就业。一是服务青年创业。联合县商务粮食局共同举办汉寿首届电商创业新力量分享大会，邀请青年电商们一起分享创业历程，营造浓浓的电商创业氛围。组织县青年企业家协会开展交流活动，尽量达成资源、信息互通，实现共同发展。二是服务青年发展就业。11月，团县委在充分调研青年实际需求的基础上，联合北京华图教育常德分公司举办汉寿县公务员及事业单位考试免费考前培训班。来自全县的110名建档立卡贫困户待业大学生、青年志愿者、大学生村干部、待岗教师、退伍军人报名参加此次为期6天的培训。全部参加人员培训费、教材及讲义费全免。此外，还为建档立卡贫困户待业大学生提供免费食宿，以解决学子的后顾之忧。选树先进榜样，弘扬社会正能量。开展汉寿青春榜样等评选活动，让广大青年从身边的感人事迹和优秀品质中受到鼓舞、汲取力量。“五四”期间，团县委举行“汉寿好青年”评选表彰，前后历时近2个月时间，在近两百个申报人选中通过组委会初选、网络投票支持、现场大众评审评点的方式推选出了汉寿“爱岗敬业好青年”“创新创业好青年”“诚实守信好青年”“孝老爱亲好青年”“崇义友善好青年”各2名。颁奖典礼现场邀请县委书记为汉寿青年寄语，县委副书记、县委组织部部长、县委统战部部长、县人大及县政协领导参与“五四”活动，为好青年加油、助威。此次活动吸引近20万人次参与，有效弘扬了社会正能量，展示了汉寿青年的风采，活动在五四当晚被湖南卫视新闻联播导报。开展文体活动，促进青少年健康成长。共青团一直把开展文体活动作为联系青少年的一条纽带、促进青少年德智体全面发展的重要抓手。上半年，因时制宜开展了形式多样的活动。2月，举行科普动漫电影展、阅读、趣味灯谜活动，让汉寿的青少年朋友在快乐中接受传统教育，4月，举行“大美汉寿，善阅读爱环保”大型亲子涂色活动，邀请青少年朋友一起为汉寿涂上美丽的色彩。长期坚持举行“大手牵小手，讲文明爱环保”活动，旨在让更多的青少年加入环保队伍，从小事做起，养成良好的行为习惯。6月，举办第二届青少年才艺大赛，活动分乐器组、舞蹈组、声乐组、表演组、绘画组五个赛区进行现场表演，现场从200多名参赛选手(节目)中评出56人(节目)参加常德市的总决赛。10月，举行“青少年读书大会”，培养汉寿县青少年爱阅读、善阅读的良好习惯。

【探索志愿服务新模式】广泛开展志愿服务活动，弘扬社会正能量。2017年，共开展各类志愿活动100多场次，“青春志愿行，温暖回家路”志愿者服务春运活动、“爱心系弱势，温暖过小年”“元宵趣味灯谜及动漫电影展”“我与环卫工人一起过元宵”“志愿者参与抗洪救灾”及每月都坚持开展的“走进敬老院关爱五保老人”“讲文明爱环保”“保护母亲河”等系列活动。志愿者服务大型赛会也得到了更多部门的认可，为“汉寿好青年”颁奖典礼现场提供志愿者服务，为“环中国自行车赛”提供活动主会场志愿者服务，为省级卫生县城检查提供道路文明劝导志愿者服务等。通过这些志愿活动潜移默化的影响，现在有更多的居民正自觉加入到志愿者团队中来，志愿者服务让爱正在慢慢传递到汉寿的每一个角落，更为汉寿成功申报省级文明县城打下坚实基础。

【助力脱贫攻坚】 积极响应县委、县政府工作部署，把脱贫攻坚工作作为共青团围绕中心、服务大局的重要手段和载体，在脱贫攻坚中体现青春担当。一是开展结对帮扶行动。团县委组织动员各级力量与50户贫困户结对帮扶，开展志愿服务活动，每月到户不少于1次，询问家庭状况、分析致贫原因、记录发展需求，找出症结，力求精准，扶到根上。积极邀请常德市青年企业家协会汉寿籍会员到贫困点村开展扶贫慰问活动，青年企业家们主动为贫困家庭子女就业、农产品销售牵线搭桥。二是开展助学扶贫行动。整合团内各类项目资源，争取各方资金，加大对贫困生的助学力度，帮助贫困学生圆满完成学业。拓展资助渠道，加强助学行动宣传，积极引导社会组织、爱心人士与贫困学生结对帮扶，加强团组织与各类社会组织融合协同，推动农村和县城、贫困村和非贫困村青少年的交友互助。2017年，资助贫困大学生12人，中、小学生70人，共计发放助学金近10万元。三是扎实做好扶贫点村工作。选派团县委副书记任智慧担任朱家铺马家村扶贫工作小组副组长，其他干部按要求结对帮扶一名建档立卡贫困户，结亲入户，真心帮扶。克服困难保证驻村工作时间，在宣传扶贫政策、整理各类资料、谋划扶贫点村发展上做了大量工作，与贫困对象充分沟通，与县扶贫办联系对接，认真落实“五个一批”“六件实事”等脱贫政策，帮助点村群众脱贫奔小康。　（杨　雯）

汉寿县妇女联合会

【概况】 汉寿县妇女联合会是县委领导下负责全县各界妇女工作的群众团体，是党和政府联系妇女群众的桥梁和纽带。基本职能是代表和维护妇女权益，促进男女平等。2017年，县妇联以中共十九大会议精神和县委经济工作会议精神为指导，紧紧围绕县委、县政府中心工作，在求真务实中创新，在积极参与经济社会建设中发展，不断提高广大妇女的综合素质，服务大局，服务妇女，为推动科学发展、促进社会和谐、建设幸福汉寿做出了积极贡献。

2017年，汉寿县妇联在职在岗5人，其中行政编制4人、事业编制1人。领导职数3人，其中正科级1人，副科级2人。

【妇女创业就业】 一是开展“春风送岗位”活动。2月14日，汉寿县2017年“万众创业·就近就业·建设家园”新春招聘会在县休闲广场举行。此次招聘会由县政府主办，县人社局、县总工会、县妇联、团县委、县工商联承办。来自全县90家招聘单位，提供了储备干部、店面经理、电工等近5000个岗位，吸引求职人员12000多人，达成就业意向的有3200人，其中女性占比40%以上。二是推进妇女小额担保贷款工作。2017年，全县累计发放妇女小额担保贷款270万元，助推27名农村、城镇妇女和女大学生实现创业。同时，按要求做好全国妇女小额担保财政贴息贷款统计系统填报工作。

【精准扶贫工作】 一是开展贫困妇女技能培训。3月24日，县妇联联合常德市众一家禽养殖专业合作社开展生态养殖技术培训，组织50多名农村妇女和养殖户参观众一公司的现代化养殖基地和生态养殖基地。常德市众一家禽专业养殖合作社董事长郑明华与参观者分享其创业经历，并就如何发展庭院养殖进行技术讲解，以此带动广大农民特别是农村妇女创业就业。二是开展结对帮扶。县妇联班子成员在联点村太子庙镇涂家段村分别结对一户贫困户。坚持每月深入贫困家庭中，了解其生产和生活情况，帮助其制定脱贫措施，并对贫困户家庭学生开展助学活动。三是开展一系列扶贫爱心活动：爱心公益助学活动。5月28日上午，汉寿县“精准扶贫·慈善助学·大爱汉寿·温情六一”结对帮扶助学活动在县休闲广场举行，本次活动，共募得爱心善款251966元，帮扶贫困中、小学生100名，每人保底爱心善款2000元。奶粉捐赠公益活动。5月19日，由中华社会救助基金会和Ofmom妈咪爱合作发起的“关爱贫困婴幼儿，呵护宝宝成长”奶粉捐赠公益活动共向汉寿县Ofmom妈咪爱健乳配方奶粉捐赠900盒，共计总价值人民币97000元。为了把爱心项目落到实处，县妇联严格按照项目管理办法和要求，结合精准扶贫工作，对受赠家庭进行详细调查摸底，采取现场发放和上门慰问的形式为龙潭桥镇唐家桥村、太子庙镇涂家段村、太子庙镇金孔村、丰家铺镇包狮村等260多名贫困婴幼儿家庭送去了爱心奶粉。“扶贫帮困·情暖中秋”活动。9月27日，县妇联携手汉寿县旗袍研究协会到太子庙镇涂家段村走访慰问6户贫困户，并为他们送去1800元的节日慰问物资。

【妇儿维权工作】 县婚姻家庭调解委员会继续发力，秉成依法、依理原则，认真受理恋爱、婚姻、赡养、扶养、继承、财产纠纷及家暴案件，对双方愿意调解的，秉公调解。共受理婚姻家庭纠纷调解案件49件328人次，其中，婚姻家庭权益案件40件，占该期间案件总数的81.6%；劳动和社会保障权益案件1件，占该期间案件总数的2%；人身权益案件2件，占该期间案件总数的4.1%；财产权益案件3件，占该期间案件总数的6.1%；其他性质案件3件，占该期间案件总数的6.1%。在婚姻家庭权益案件中，家庭纠纷案件占多数共24起；其次是家庭暴力案件共10起；配偶有外遇案件2起；遗弃与离婚投诉案件各1起。同时，认真做好信访接待工作，共接待咨询法律程序、行政、民事法律程序319人次，做到热情、耐心、不厌其烦，并为其提供一定的法律援助。

【妇女儿童关爱】 一是组织召开妇儿工委成员单位扩大会议，通报上一轮《妇女儿童发展规划》的落实情况，对新一轮规划进行讨论研究，颁布实施新一轮《汉寿县儿童发展规划》，对《规划》确定的指标进行责任分解。调整充实妇女儿童工作委员会组成人员。组织开展《两个规划》宣讲活动，切实推动妇女儿童事业发展。二是开展丰富多彩的妇女文化活动。县妇联组织参与全市庆“三八”妇女节暨“传承好家风·家庭故事会”，拍摄和讲述汤金香家庭故事，传递正能量，深受观众好评。县委书记杨昶主持召开了庆“三八”女干部座谈会，并对女干部如何摆正位置，找准角色，成就自我提出“三多三少”要求：要多想点做事，少想点做官，追求进步很正常，一味地追求就是本末倒置；要多读点书，少点应酬，要读好书，要沉下心来多给自己充电；要多想些别人，少想点自己，活出自己，少抱怨，每一个人的成功都不是偶然。组织召开全县妇女工作暨庆“三八”表彰大会，对全县优秀基层妇联组织、优秀妇联干部、优秀村妇代会主任、最美家庭、最美创业者进行表彰，在妇联组织和妇女干部中营造争先创优的良好氛围。各基层妇联组织广大妇女开展春游踏青、趣味运动等各类活动，丰富了广大妇女的精神文化生活。10月，联合县文明办在全县开展十佳“文明家庭”、十佳“好媳妇、好婆婆”评选活动。活动通过民主推荐、组织评选，最终在“重阳节”期间召开表彰大会，对评选出的杨建星家庭等10个“文明家庭”、高赛等10名“好媳妇、好婆婆”予以表彰，并选取其中的部分典型事迹在新闻媒体上予以展播。三是继续推进“两癌”免费检查工作。制定《汉寿县农村适龄妇女“两癌”免费检查项目实施方案》，争取县政府重视，以汉寿县人民政府办公室名义下发《汉寿县农村适龄妇女“两癌”免费检查工作方案》，将检查任务分解及检查时间作了具体安排。全县共完成检查任务12782人，完成任务106.5%。加大贫困妇女的救助力度。切实做好农村“两癌”妇女数据信息的采集，组织乡镇妇联进行调查摸底，共填报农村“两癌”妇女357人。积极开展“两癌”妇女救助工作，3月16日，举行“贫困母亲两癌救助金”发放仪式，为51名“两癌”贫困妇女发放“两癌救助金”51万元。8月31日，为15名“两癌”患病妇女发放“两癌救助金”18万元。四是组织开展关爱儿童系列活动。开展“法治进校园”活动。“六一”期间，联合县人民检察院在詹乐贫中学开展了以“防治校园欺凌，护航未成年人成长”为主题的“法治进校园”活动，活动通过模拟法庭、观看宣传片、法治讲座，现场问答等生动的环节，大大激发了同学们学法、知法、守法的积极性，提高了青少年的法律意识和自我防范意识，营造文明守纪、和谐的校园。开展走访慰问活动。“六一”期间，县妇联和县直各单位对结对帮扶的贫困学生进行了走访慰问，调查了解他们的学习、生活情况，并为他们送去助学金。6月1日，市妇联在袁世平主席带领下，深入龙潭桥镇月明潭学校慰问17名贫困学生，为他们每人发放一份爱心包，送上妇联组织对小朋友的节日祝福。争取校园安全饮水计划项目。2017年，县妇联为毓德镇中学、坡头镇中学、岩汪湖镇中学、太子庙镇岩嘴小学等四所学校争取到全国妇基会“母亲水窖·校园安全饮水计划”项目各10万元，为3000余名师生解决了安全饮水问题。

【自身建设】 为认真贯彻中共中央、省委、市委关于加强和改进党的群团工作的意见，按照全国妇联、省市妇联“重心下移、力量下沉、服务下沉”的总体部署和总要求，2017年，县妇联着力推动“妇代会”改“妇联”工作。通过采取召开会议，广泛宣传，组织业务培训，层层试点，督查指导等措施，扎实推动了全县“会改联”工作。截至目前，全县21个乡镇(街道)、278个村(社区)已全部完成改建任务，乡村两级共选举出5056名执委，改建率达100%。（蔺雪如）

汉寿县科学技术协会

【概况】 汉寿县科学技术协会是中国共产党领导下的人民团体，是代表科技工作者的群众组织，是党和政府联系科学技术工作者的桥梁和纽带，是国家推动科学技术事业发展的重要力量。县科协有在职人员6名，退休人员6名，机构级别一级，单位性质为行政机关，经费属财政全额拨款。主要职能是开展学术交流，活跃学术思想，促进学科发展，提高学术水平。弘扬科学精神，普及科学技术知识。传播科学方法，捍卫科学尊严，推广先进技术，开展青少年科学技术教育活动，提高全民族科学素质。

2017年，科协认真履行党和政府联系科技工作者的桥梁和纽带职责，充分发挥科普工作主要社会力量作用，切实按照“三服务一加强”工作定位，围绕县委县政府工作大局，立足科学发展，开拓创新，积极进取，为汉寿县经济社会又好又快发展做出了积极贡献。认真履行《全面科学素质纲要》，积极推动全民科学素质工作，开展“科技下乡”“科技活动周”“全国科普日”等大型活动；与教育局联合举办汉寿县2017届青少年科技创大赛；同时积极推进“科普惠农兴村计划”和“社区科普益民计划”的实施。

【自身建设】 深入开展“两学一做”学习教育常态化制度化活动。根据汉寿县委印发的《关于推进“两学一做”学习教育常态化制度化的实施方案》的通知精神，为保证“两学一做”学习教育常态化制度化的顺利开展，县科协党组成立了“两学一做”协调领导小组，由党组书记负总责，分管组织和政工的负责“两学一做”学习教育常态化制度化方案的制定、具体活动的开展等。制定了《科协推进“两学一做”学习教育常态化制度化实施方案》，开展了四次“两学一做”集中学习讨论活动，班子和个人分别制定了学习计划，通过学习查找存在的问题并制定了整改措施。通过活动开展，解决了一些党员理想信念模糊动摇、党的意识淡化、宗旨观念淡薄、精神不振的问题，推动单位党的作风不断好转，进一步转变了工作作风，提升了工作执行力和领导班子的战斗力。

坚持廉洁自律，落实各项规定。定期组织班子成员和党员干部对《廉政准则》《纪律处分条例》及有关规定的学习，要求干部严格落实中央八项规定、省委九项规定、市委十项规定精神和县委干部作风建设七条禁令和三项工作纪律，严格按照“为民、务实、清廉”的要求，认真落实领导干部廉洁自律各项规定，自觉树立廉洁自律的意识，严于律己，防微杜渐，时刻筑牢拒腐防变的思想道德防线，做到廉洁为人、廉政做事。党政一把手定期和班子成员每月开展谈心谈话，做好班子成员的思想政治工作，及时进行廉政提醒，确保本单位不出现违法乱纪现象。

【青少年科技创新】 3月29日，在县教育局的大力支持和配合下，县科协组织召开全县青少年科技创新工作座谈会。与教育局共同颁发《关于加强青少年科技创新工作的意见》，强调加强青少年科技创新工作的重要性，明确青少年科技创新工作的指导思想和目标。5月4—6日，组织全县15名科技辅导员观摩了湖南省在衡阳市举办的第38届湖南省青少年科技创新大赛。参加观摩的辅导员参加大赛开幕式、作品公开展示、创客教育论坛、学生技能测试等大赛主要活动，通过观摩比赛，提高了全县科技创新教育工作水平和学校科技辅导员业务素质，为以后辅导员当好孩子们实现科学梦的引路人，引领孩子们在快乐和兴趣中提升创造力起了很大作用。9月28日—29日，科协与教育局组织参加了常德市举办的中小学科技辅导培训班，本次培训邀请了湖南省科协青少年科技中心刘志平、中南大学肖云龙教授、湖南长沙中小学创新教育研究所张胜武研究员为全体参会人员做专题辅导，全市青少年科技教育组织工作者及科技教师200余人参加了培训会。通过参加此次培训，进一步提高了全县中小学科技辅导员组织开展科技活动的能力，推动汉寿县青少年科技教育工作创新发展，鼓励全县科技教师、科技辅导员为进一步实施青少年科学素质教育作出更大的贡献。11月8日，在县教育局举行2017年汉寿县青少年科技创新大赛作品评审会，由县科协、教育局、科技局、团县委以及有关专家组成的评审小组参加了作品评审，大赛组委会共收到38所学校的作品共466件。其中科技成果类67件，科幻创意类12件，科幻绘画类350件，科技实践类15件，科技辅导员类2件。

通过评审，评选出优秀科技创新作品10件，优秀科学幻想绘画80件。通过大赛的开展，培养了汉寿县青少年的创新精神和实践能力，提高科技辅导员队伍的科学素质和技能，推进科技教育事业的科学发展。

【科技表彰与奖励】 为进一步营造尊重劳动、尊重知识、尊重人才、尊重创造的良好氛围，调动激发科技工作者的创新热情和创新活力，在全国首个“科技工作者日”到来之际，5月18日，县科协与县人社局召开汉寿县优秀科技工作者评审会，制定《汉寿县十佳科技工作者暨优秀科技工作者评选办法》，按照不同领域对候选人事迹材料进行了评审和讨论。10月26日，召开全县科技工作者表彰大会，会上表彰了刘骏等10位“十佳科技工作者”和梁成桂等32位“优秀科技工作者”。

【科普惠农兴村益民】 认真做好中国科协、省科协“科普惠农兴村计划”的典型推荐工作。成功推荐龙阳街道南郊社区、宝塔河社区为省级科普示范社区；推荐龙阳街道龙珠园社区为市级科普示范社区；推荐汉寿县生猪养殖协会会长周昌波为常德市科普带头人。

【调查走访农村专业技术协会和科普示范基地】 为全面掌握县农村专业技术协会、农村科普示范基地发展现状，理清全县农技协、科普示范基地数量、种类、示范效果等准确数据，更好地进行分类指导和科学决策，推动农技协事业发展，推进“银会合作”有效开展，2017年，对全县近20个农技协和科普示范基地进行了调查走访，建立了示范基地和农技协档案。推荐了王兆久等13名专业技术协会负责人为常德市农村专业技术协会联合会会员。此次调研为成立市级农村专业技术联合会和推进“银会合作”打好了基础。同时，2017年，还在8个学校协会中成立了党组织，建立了工作台账，按照上级要求开展了党建工作。

（吴宛艺）

汉寿县工商业联合会

【概况】 汉寿县工商业联合会（汉寿县总商会）是县委、县政府联系非公有制经济人士的桥梁纽带，是政府管理非公有制经济的助手，是具有统战性、经济性、民间性的人民团体和商会组织。

2017年，县工商联以发展为主题，以服务为根本，充分发挥桥梁纽带和助手作用，围绕“两个健康”扎实工作，取得了较好成效。被中华全国工商业联合会授予“全国‘五好’县级工商联”荣誉称号。

【强化组织建设 发挥商会作用】 开展驻外异地商会建设，为对外招商搭建平台。深圳、广东2家异地汉寿商会，相继注册挂牌成立，县四大家领导率团参加了隆重的成立仪式，现场签约项目5个，投资额16.36亿元，收集各类商务信息15条。制定会员发展规划，建立会员管理制度和执常委数据库，并实行动态管理。加强基层商会和行业协会建设。按照建立基层商会标准，制定乡镇商会发展五年规划，建立完善基层商会和行业协会考核评价机制．经过近3年的发展，全面完成规划发展目标，在全县组建了由22个乡镇商会、11个行业协会组成的商会组织体系。会员总数1028名，年新增261名。开展全国和全省“五好”县级工商联创建成果巩固。制订计划指导全县乡镇分会和行业商协会积极开展“四好商会”创建活动。目前，正在对8家验收评审。充分发挥联系非公企业的优势和作用，以商招商，想方设法，引资金、招项目。2017年，成功引进湖南康尔佳化妆品项目一个，项目固定资产投资超过3500万元，已竣工投产，年可创利税近800万元。

【强化机制创新 发挥服务作用】 搭建参政议政平台，积极推荐非公经济代表人士担任各级人大代表、政协委员，着力引导他们提高参政议政水平。工商联会员中，有省人大代表3名，市、县人大代表12名，市、县政协委员16名。组织工商联界人大代表、政协委员撰写提案、议案30多件。向县委、县政府等有关部门反映各类问题10多个，深入非公企业开展调查研究120人次，形成《中小企业发展的思考》上报省、市相关部门获好评。搭建企业用工平台。积极与高校、职校联络，组织一批会员企业与学校对接，双向沟通洽谈，实现大学生、职技学生就业和企业用工双赢，解决企业用工实际问题。搭建融资平台。加强与银行沟通联系和合作，开展银企对接，共为39家企业签约融资3.1亿元。搭建法律维权平台。积极与监察、公安、税务、市场与质量监督等政府管理部门建立紧密的工作合作关系，协调职能部门与企业的关系，努力打造非公经济服务环境，为企业发展保驾护航，促进了企业健康发展。召开各种座谈会、联席会10余次。8月，组织召开高规格政企恳谈会议一次。搭建宣传教育平台。利用主席会、座谈会和交流会形式，切实加强企业家思想政治工作，通过不断更新培训内容，帮助企业家们拓展思路，提升自身素质。开展“汉寿蔬菜，自然领鲜”为主题的蔬菜节活动，吸引国内外135家企业相互交流。组织华乐食品等企业走出境外国外，与中国香港、马来西亚、新加坡等地客商建立起稳固的商贸关系。

【抓好非公党建 发挥核心作用】 县工商联党组认真贯彻落实《中国共产党党组条例》的各项规定要求，建立健全党组议事规则。通过走访会员单位，了解非公企业党组织的运行情况及企业中的贫困党员，帮助会员企业创造条件组建党组织；组织开展技能比武、党员示范岗、“我为企业发展献计策”等活动，让党组织的作用看得见，摸得着，进而成为非公企业健康发展的“助推器”。培养入党积极分子 30 多人，先后选送优秀人才 38 名到县委党校学习，组建非公经济组织党组织共 76 家。认真开展“两学一做”学习教育活动，多措并举，实现了两个全覆盖，非公经济组织党组织建设规范有序，活动开展正常。

【开展“百企联村”,发挥引领作用】 引导非公人士参与“百企联村、共同发展”活动，投身扶贫攻坚和美丽乡村建设。全县共有 9 家非公企业与 12 个村对接，建立高标准示范基地 3 个，投入资金及物资近 1500 万元，投入农村公益事业资金近 150 万元。有 6 家企业重点招收贫困村人员近 200 人。在全县“两学一助”活动中，金湾超市以“万店千乡”项目带活乡村商贸，带富流通行业从业人员。2017 年，县工商联扶贫点村朱家铺镇断堤村已接受省市检查 3 次，扶贫工作得到省市县领导的一直肯定。

【加强自身建设 发挥保障作用】 健全机关学习制度，不断提升干部职工理论政策水平，切实转变工作作风。每一名干部都能够自觉参加各种学习培训活动，态度端正；上下班严格按照作息制度要求，没有出现迟到早退现象；上班时间没有打游戏、聊天的情况；领导干部深入基层商会、会员企业、联系点村时间更多。增强全体机关人员的公仆意识和服务意识，不断开拓工作新领域、开创新业绩，不断深化新的工作，积极创建和谐机关、和谐商会，为工商联工作奠定良好的基础。认真开展计生、综治创优和文明创建活动，效果明显。

（柳海燕）

汉寿县残疾人联合会

【概况】 汉寿县残疾人联合会为群团组织，归口政府管理，为正科级机构。机关行政编制 2 人、工勤编制 1 人、事业编制 1 人，实有 7 人，内设 4 个股（室）：办公室、康复股、群宣股、维权股。二层事业机构三个：汉寿县残疾人服务总社、残疾人康复服务指导站、汉寿县残疾人劳动就业服务所，财政拨款事业编制各 7 名。残疾人联合代表残疾人的共同利益，维护残疾人的合法权益，教育团结残疾人，为残疾人服务，承担政府委托的各项工作任务，动员社会力量，推进残疾人事业的发展。

全县共有各类残疾人 60648 人，占全县人口的 7. 98%，其中视力残疾 9679 人，听力语言残疾 14967 人，肢体残疾 19067 人，智力残疾人 4221，精神残疾 3762 人、多重残疾人 8952 人。

【中心工作】 汉寿县召开残疾人联合会第六次代表大会。11 月 19 日，残疾人联合会召开汉寿县残疾人联合会第六次代表大会。县政府副县长罗永峰、政府办副主任李铁蓉出席会议。此次大会，共有 100 名代表参加，包括各类残疾人代表，智力、精神残疾人亲友，及社会各界人士。残联理事长鄢纯忠在大会上作工作报告，对前五年汉寿残联的各方面工作做细致的总结，并提出未来工作的发展方向。大会投票选举产生汉寿县残疾人联合会新一届主席团。选举罗永锋为主席团主席；选举李铁蓉为县残联第六届执行理事会理事长；选举鄢纯忠为县残联第六届执行理事会副理事长。

超额完成精准康复服务管理系统录入工作。年初，将残疾人康复需求入户数据采集与残疾人动态更新工作同布置、同实施，确保真入户、真采集、需求真，从源头上确保康复需求数据采集的真实性。县残联在省残联培训的基础上，对精准康复录入系统进行了认真研究、根据全县康复需求数，将任务细化分解至各乡镇。8 月份召开精准康复服务管理系统网上录入培训，全县 22 个乡镇（街道）区参加培训。到 12 月中旬，有需求的康复对象录入率已完成了 51%。

认真完成 2017 年残疾人基本服务状况与需求信息数据动态更新工作。7 月 3 日，县残联举办动态更新工作培训班，鄢纯忠理事长对残疾人信息数据动态更新工作做了指示，各乡（镇）、街道（社区）残联理事长参加了此次培训。汉寿县持有第二代“中华人民共和国残疾人证”的残疾人共有 17649 人。县残联理事长鄢纯忠带领残联工作人员到农村残疾人家庭中入户调查走访，了解残疾人的实际生活状况。9 月份，此项工作已圆满完成，通过此次残疾人数据信息采集，时刻更新动态数据，及时对比分析，为掌握汉寿县残疾人基本状况提供了科学依据。

【残疾人教育就业和社会保障】 残疾人面对的主要问题是生存生活问题。要解决这个问题，最重要的是要抓好残疾人的教育、就业、扶贫和社会障碍这四项工作，要把这四项工作作为助残的主攻方向和奋斗目标。

残疾人教育。召开专门会议。积极宣传《湖南省残疾人大学生资助办法》《湖南省高中阶段残疾学生和高中阶段贫困残疾人家庭子女资助管理办法》等优惠政策。鼓励残疾人去特教学校就读，适时走访慰问特殊教育学校等残疾学生，资助贫困残疾人家庭子女等，提升残疾学生入学积极性。督促各基层残联收集整理新录大一新生情况，符合条件将给予资助。残疾人有了知识，就有工作和参与社会活动的条件，也就有了生存生活的本领。

残疾人就业。一是开展好残疾人就业援助月活动。积极组织10名残疾人参加1月14日常德市“就业援助月”专场公益招聘会，现场有6名残疾人与用人单位达成就业意向。2月14日，汉寿县举行2017年“万从创业、就近就业、建设家园”新春专场招聘会。就业援助活动月期间，共印制发放宣传资料3000多份，走访各类就业困难残疾家庭45户，登记就业困难残疾人12人。二是搞好残疾人大中专毕业生就业服务工作。对全县的残疾人大中专毕业生进行了一次调查摸底，走访了3名残疾人大中专毕业生家庭，了解他们的就业现状及需求，为他们提供就业服务，推介2名残疾人大学生就业。三是实施好“城镇百万残疾人就业工程”。对残疾人进行求职登记。四是搞好残疾人培训工作。半年内共培训残疾人203人，主要是针对今年拟退出贫困村的11个村残疾人进行农村实用技术培训，将老师和设备以及培训教材运到当地村部开展培训，让广大残疾人在家门口享受到培训服务，通过培训他们都掌握一定的农村种养殖技术。

残疾人扶贫。一是扶助困难残疾人就业或创业。全县挑选了20名残疾人创业对象给予资金扶助。二是结合政府扶贫工作及上级残联“连千村帮万户”工程扶助残疾人。残联联点干部走村入户排查矛盾纠纷、办公接访、做群众工作、处理信访问题、帮助点村丰家铺镇笔架村残疾人解决困难。三是残疾人托养帮扶贫困残疾人家庭。已对20名残疾人寄宿托养和75名居家托养补贴对象进行调查，并拨款到位进行扶助。

残疾人社会保障。一是配合民政搞好低保五保排查。积极配合民政搞好低保五保排查工作，对生活困难的残疾人及其家庭，做到应保尽保，处于“低保边缘户”的残疾人基本保障问题，将符合条件的残疾人员纳入社会救助范围。二是保障残疾人家庭住房。争取将残疾人无房户或危房户纳入住建局的危房改造项目和廉租房对象管理，改善残疾人住房条件。三是协助民政做好两项补贴发放工作。重点协助民政把好残疾人证的审核关，有效地预防了用假证骗取两项补贴的行为。

【健全完善康复功能】 残疾人康复，是助残工作的重要和关键部分。2017年，为提高残疾人康复质量，改进工作方法，抓住关键，突出重点，加大力度，推进了康复工作有效化、最大化和精细化发展。在康复工作上具体做了以下四件事：组班子，建成领导体系和服务网络。县政府办于3月6日出台了《汉寿县残疾人精准康复服务行动实施方案（2016—2020）》，为全县实施精准康复服务打下了基础。《方案》一是明确了县、乡、村（社区）康复领导机构的组建；二是明确了工作职责；三是明确了工作方法；四是明确了县、乡、村（社区）服务机构和专业康复机构。为进一步明确责任，县人民政府残疾人工作委员会出台《关于成立残疾人精准康复服务专家指导组的通知》。为推进残疾人康复工作，召开乡镇残联理事长会议进行培训。目前乡镇正在开展新一轮残疾人康复和非持证残疾儿童调查。

建机构，逐步完善服务功能。在专业机构建设方面，一是支持机构发展。县妇幼保健院新儿保中心已投入运营，为业务发展作了准备，现31名智残儿童正在接受训练；崔家桥精神康复专科医院新住院大楼已建成，可接收住院病人200人。二是合理布局。精神康复已形成南（崔家桥精神康复医院）、中（五里桥恒泰康医院）、北（西港普善医院）布局。视力康复已形成县人民医院、眼科医院、爱尔眼科、鼎城血防竞争争服务。辅具供应县、乡连锁药店与县残联互补。在社区康复方面，已在太子庙、朱家铺、崔家桥、龙潭桥社区建立社区康复站。为更好地开展服务各机构都组织人员到上级培训。如崔家桥组织4人转岗培训，妇幼保健院派人跟班培训等。县残联带领社区康复站人员参观学习。

分担子，确保完成年度康复任务。汉寿县共有持证残疾人16985人，其中有康复需求的有9154人。2017年，市残联下达康复任务3662人次（其中辅具服务2046人次）。已有50名残疾儿童在康复机构接受了康复治疗，涉及脑瘫、智力、孤独症等方面的贫困残疾儿童；共完成白内障患者筛查任务200多例，已有138人在常德市鼎城区人民医院、汉寿眼科医院做完免费手术。年内，继续对250名贫困精神病患者分别给予450元/人/年、800元/人/年的服药补贴，对18名贫困精神病患者给予4000元/人/年的住院补贴，实现精神病全覆盖。以“全国助残日”为契机，在县残联院内举行“辅助器具捐赠仪式”现场为残疾人赠送900多件辅助器具。全年免费为各类残疾人提供轮椅450台、拐杖300副、助听器15个、助视器35付、盲杖300副、坐侧椅300个，凳杖200个、盲表300个，极大地方便和改善了残疾人的生产、生活条件。年内，根据残疾人需求，组织四次近60名残疾人到省假肢站安装假肢。

强服务，残疾人康复工作有地位。一是签约服务。与卫计部门联系，将残疾人康复纳入签约服务范围。进一步与财政、相关企业和医院沟通，联合各方面力量，制定有关条约，健全为残疾人服务的体系，形成部门配合、齐抓共管的助残新局面。二是专业机构在爱眼日、爱耳日、精神卫生日等节日开展主题活动。三是县残联利用全国助残日、扶贫、残疾人培训等直接服务到人。四是积极为残疾人争取康复机会、联系就医等，如争取人工耳蜗指标。五是积极解困。如上门办理残疾人证、联系医疗救助、组织慰问等。六是经常开展服务机构督查，确保康复效果。

【积极处理信访和维护残疾人权益】 做好残疾人的信访工作，落实有关对残疾人的优惠政策和各种补贴，是稳定残疾人情绪和稳定社会的举措。

发放残疾人燃油补贴。从2017年3月10日至28日，对全县已领取燃油补贴的残疾人进行核查，2017年新增残疾人燃油补贴300名。

改造残疾人无障碍设施。年内，残疾人无障碍设施改造的任务是30户，理事会对此非常重视。4月10日，召开针对残疾人无障碍设施改造专题会议，由分管领导李秋生负总责，维权股何建民、龙阳镇民政办宋维楚负责项目的具体实施。5月10日，制定工作方案和施工时间表。5月13日，落实施工队，由常德市泰尔顺工程有限公司组织施工。5月25日，落实残疾人无障碍设施改造人员花名册并进行7天公示。6月1日，开始入户调查，完善项目信息采集表，做到一每一方案、户户有预算。6月9日正式施工，目前，40户无障碍改造已全部验收。

处理好来信来访事宜。由于信访维权工作到位，全年没有一名残疾人进京、进市上访，共接待来信来访56人次。其中接待残疾人及其家属咨询政策35人次，要求解决问题21人次。他们来残联后能够解决的困难都得到照顾解决，理事长亲自下基层做稳定工作不少于28次，为全县的残疾人信访稳定工作付出辛勤劳动。由于领导的模范带头作用，本单位信访稳定工作效果显著，全年没有出现重大信访事故。群众上访满意率达98%，确保残疾人群体的稳定。

【实施地税代征残疾人就业保障金】 地税代征残疾人就业保障金工作是残联2017年度的重点工作之一，是一件大事。县残联与地税局沟通协商，采取系列举措，扩广度、增深度，进一步规范保障金征收流程，整体提高全县保障金征收水平，确保今年保障金征收工作有新突破，2017年，地税已征收420万元保障金。一是精心部署。为巩固保障金征收成果、总结经验、探讨征收新方法，扫除死角，扩大征收范围，保证残疾人就业保障金全范围足额征收，3月，召开由县政府副县长罗永锋主持、全县所有行政、事业单位分管财务负责人参加的全县保障金征收工作会议，全面安排部署保障金征收的相关事宜。二是部门联动。县残联牵头，与财政、地税等有关部门联合开展工作。3—4月，县残联会同地税对全县企业、建筑安装企业进行一个月的摸底核查，审核企业87个，建筑安装企业23家，5月，全面完成审核任务，6月，地税开始代征，12月中旬全部完成。三是宣传造势。充分利用报纸、电台、电视台、网络等新闻媒体，搞好宣传，共同营造地税代征残疾人就业保障金的良好社会氛围，扎扎实实地把这项工作抓实、抓好。四是加强协调。做好协调服务工作，发挥县残工委办公室主任职能作用。多请示，多汇报，多与财政、地税部门主要领导加强沟通。每年“征收时节”残联主要领导亲自到财政支付局和地税税征科负责做好征收工作中相关协调服务。

【发展文化和体育事业助残】 一是搞好残疾人事业宣传。2017年，县残联先后通过多种媒体形成助残宣传立体网络。先后通过电视台、报纸、电台等形式宣传残疾人事业。积极开展“助残日”主题宣传活动，下基层走访慰问残疾人。借助各种宣传媒体大力宣传残疾人自强自立典型和优秀残疾人工作者，危恩龙、朱进、邓剑平等残疾人及优秀残疾人工作者参加市残联表彰大会，县残联向波被评为县“双十佳”评选优秀共产党员。二是丰富残疾人文娱生活。积极组织开展各种健康有益的文艺娱乐活动，丰富残疾人文化生活。与文联发行一期残疾人宣传报纸，与电信发行一批宣传画册来正面宣传残疾人事业，倡导残疾人参加正当有益的文娱活动。三是促进残疾人体育发展。积极发现和培养残疾人体育运动苗子，年内，摸底3名残疾人运动员苗子，7月下旬，朱家铺镇残疾人运动员危恩龙在英国伦敦举行的2017年世界残疾人田径锦标赛上，获得F46级铅球冠军和F46级铁饼亚军，成为汉寿县历史上唯一一位残疾人世锦赛冠军。

（童艳玲）

汉寿县文学艺术界联合会

【队伍建设】 一是加强协会文艺理论学习。年内组织了三次集中培训学习活动：第一次是组织各协会主要负责人全面学习习近平总书记在文艺座谈会上的讲话、在中国文联十大作协九大会上的讲话精神。第二次是4月13日召开汉寿文艺工作座谈会，邀请各协会主要负责人、骨干作者座谈，传达市委文艺工作会议精神，商讨和研究贯彻会议精神的相关举措。第三次是中共十九大精神专题学习活动。县文联按照市文联的部署，要求各协会会员认真参加各种形式的中共十九大精神的学习，各协会党支部组织专题学习。11月27日，县文联组织各协会负责人和党建联络员开展了一次专题党建活动日活动。二是调整整合协会组织。根据2017年县委常委会第七次会议纪要、汉老干〔2017〕6号文件、县委宣传部部务会议精神，对县文联原管理的13个协会调整为9个，分别为作协、书协、美协、音协、摄协、青年美协、屈原学会、京剧戏迷协会、知青文化交流协会；协会实行分类制管理，对承担中心工作任务的作协、书协、美协、音协、摄协等5个协会，实行一级管理。三是有关协会进行了换届。县音协选举崔建民（兼）任主席，县屈原学会选举傅立民任会长，县知青文化交流协会选举陈业凡任会长。

【协会党建】 在县“两新”工委的统一领导下，县文联管理的9个文艺类协会，组建了7个协会党支部，选出了支部班子，完善支部阵地硬件设施，7月下旬接受了全市的交叉检查验收；各协会在七一期间、学习中共十九大精神热潮中，均开展党建活动。

【文艺活动】 各协会按照“围绕党委中心、突出协会特色”原则开展活动。县文联组织协会有关人员，完成了《常德故事》《汉寿篇》的撰写任务，完成“汉寿八景”的创作任务；县作协组织开展了以鹿溪旅游为主题的集中采风、创作活动，收到作品23篇；县书协组织开展了书协成立30周年创作活动，作品集《继往开来》由中国出版集团现代出版社出版；县摄协组织开展“沅岸明珠、诗韵汉寿”摄影展，承办“汉寿八景”摄影创作任务；县美协开展“学习宣传中共十九大、最美汉寿洞庭西”创作活动；县知青协会承办常德知青协会年度迎新春晚会。本年度的协会活动，一是参与人员广，二是主题集中，围绕党委、政府的中心工作来组织活动。

【优秀文学艺术作品成果奖励】 完成了2013—2015年度汉寿县优秀文艺类作品的评比，文联口优秀作品得奖率占74%。

（胡　君）

科技工信·高新技术产业园区

高新技术产业园区

【概况】 汉寿高新区成立于1992年5月，属省级经济开发区之一。园区紧邻长常高速出口处，长石铁路、长常高速、319国道、205省道穿境而过，距长沙、常德仅1小时车程，区位优势明显。2008年，被确立为全省10个承接产业转移发展加工贸易重点工业园区和常德工业走廊组成部分。2012年4月，经省人民政府批准，正式更名为“湖南汉寿高新技术产业园区”。2017年2月，经国务院批准，正式升级为常德国家级高新区的核心拓展区。

园区近期规划面积9.52平方公里，现开发面积5.08平方公里。区内水、电、路、气、通信等基础设施齐备，项目承载能力和现代化综合服务水平迅速提升。已建规模企业74家，初步建成装备制造、生物医药、精细化工等三大产业集群，拥有中联重科、康普制药、徕木电子等一批优势骨干企业。

2017年，全区规模工业企业完成工业总产值159.8亿元，上缴税收1.52亿元，分别占到全县总数的75%和95%，成为汉寿名副其实的工业经济主战场。

【主要经济指标】 2017年，全区规模工业总产值完成159.8亿元。上缴税收1.52亿元。标准化厂房。已有金能科技、康尔佳综合车间、越洋玩具、沃博特农业等标准化厂房基本建成，建筑面积10.72万平方米；另有晟泰化工标准化厂房已完成正负零；潇汉新材料标准化厂房已完成平地和围墙建设，正在进行厂房设计；再生资源回收项目约3.4万平方米正在抓紧进行征拆平整工作，计划年内动工建设。预计全年可超额完成任务。

基础设施投入。1至10月，高新区已投入基础设施建设资金6.6亿元，其中财政投入4.34亿元。全年任务目标是5亿元，2017年，可大幅超出任务。

亿元工业项目。高新区新开工固定资产投资1亿元以上工业项目6个，其中精密橡塑制品、服装饰品生产项目一期已经在创业园标准化厂房试生产；子明真空高温炉、恒伟干混砂浆、红云机械、泰达电线电缆机械生产等项目已经投入生产。

园区自主融资。2017年，新成立的高新投正式开始运营，负责园区融资和项目建设等相关事宜。截至10月，已有国开行2.4亿元融资到位，计划用于创业园二期项目建设。另有约10亿元的项目融资正在积极对接中，其中工商银行2亿元已到位。

新增规模工业企业。全年任务为9家，1—10月份，已有汉和食品、壹鹰包装、棉创袜业、艾利特新材料等11家上报相关资料，近期可入规。已超额完成任务。

城市综合体。为满足园区三产配套需求，启动了高新区三产业园项目，总投资6.1亿元，建设面积26万平方米，一期已建成9万平方米投入使用，截至2017年10月底已建成6万平方米。项目共分九个区，集商业贸易、医疗卫生、休闲娱乐、星级酒店等于一体。

创新创业园。创新创业园一期项目已全部建成，8栋厂房已入驻企业14家；同时，总投资近8亿元的二期项目已完成土地报批，建设资金融资到位，正抓紧工程设计、征地拆迁等前期工作，力争年内动工建设。

【重点工作】招商引资来势较好。2017年，县委、县政府继续大力推进招商引资活动，有文锦通信设备、珠海精密橡塑、粉末冶金生产设备、元鼎净水材料、湘盈电气、顶辉彩印、俊逸电器、旭晨科技等17个项目签约落户园区，总投资达11.5亿元，用地面积约27.3公顷，盘活闲置企业4家，盘活闲置厂房约3万平方米。

重点项目进展顺利。已有名富鞋业、湘盈电气、精密橡塑制品、徐晨科技、俊逸电器等13个项目投入生产；沃博特农业已完成100米复合肥反应塔及厂房主体建设，正抓紧工程煞尾和设备安装，年内可试生产；小飞象生态食品项目正抓紧建设；创业园二期项目已完成青苗及征地款品补，力争年内动工建设。

基础配套及时跟进。完成了汉太路改造、天星东路、麒麟路四期、麒麟东路、龙腾路等主干道的新建；金鹰路、龙兴大道正抓紧建设，力争年内基本建成；竹子陂安置小区、正在抓紧进行土地平整，年内可动工建设。同时，为满足新进项目的落地需求，在2016年已完成26.67公顷土地预征的基础上，2017年又完成约66.67公顷土地的报批及预征工作，目前正抓紧征拆平整，年内可以交地。

三大平台推进迅速。高新区规划展示大厅已累计接待各类考察客商、领导近2000人次；电商平台已完成11期学员培训，累计培训学员近1000人次；科技企业孵化器已有在孵企业63家，正在为创建国家级科技孵化器而努力冲刺。

9月28日，中国航天汽车有限公司董事长李权忠一行到园区，就新能源汽车项目进行沟通洽谈。县委副书记、县长车世忠，副县长李碧波、孙金平以及相关部门负责人参加洽谈会。

重点企业简介

中联重科汉寿工业园简介

中联重科汉寿工业园占地面积1080亩，首期投资3.9亿元，2010年1月10日开工建设，2011年8月1日正式投入运营。园区产品定位为混凝土搅拌楼站、干混砂浆站、机制砂设备的科研、生产、物流、试验基地。其混凝土搅拌站类产品全国排名第一，也是中联全球16家园区效益最优的园中园。

企业按属地化招聘员工，大部份员工为常德及周边本地人。2013年9月，中联重科汉寿工业园正式注册成为独立法人，新成立了“湖南中联重科混凝土机械站类设备有限公司”。

中小企业创业园项目简介

该项目于2014年1月正式启动建设，是汉寿县委、县政府积极响应“新常德新创业”战略的重点工程，也是“园区攻坚”战役的骨干基础建设项目。

项目总占地380亩，分二期建设，总投资近7亿元。一期建设用地107.3亩，投资3.9亿元（含安置小区）。其中，建设标准化厂房8栋，每栋四层，共21万平方米；另配套建设小微企业孵化器写字楼、高管公寓及单身公寓、公共食堂等配套辅助设施4.35万平方米。

2017年，8栋厂房已全部建成并全部租赁，已入驻企业11家，其中已投产5家，另6家正在安装设备，计划春节后投入生产。

常德金江水泥有限公司

2005年与县人民政府签订投资建设免烧结30万吨水泥生产线，注册成立常德金江水泥有限公司。公司占地35亩，总投资2300万元，主体工程2006年年初动工建设，2006年8月13日全部竣工投产。公司原料由湖南印山集团提供熟料，日产各类标号水泥达300吨以上，公司年可实现销售收入3500万元，上缴利税250万元。2011年初，公司与汉寿县人民政府签订了二期扩建合同，受让建设用地23亩，项目总投资3800万元，其中固定资产投资3000万元，将新建厂房、仓库，扩建年产30万吨水泥熟料粉磨站生产线。目前，二期扩建工程已基本完成并投入运营。

万华生态板项目简介

该项目由湖南粮食集团投资兴建，项目总投资约人民币6亿元，用地约33.3公顷，计划建设年产15万立方零甲醛万华禾香生态板、300万平方米贴面板及20万件家具的整体产业链，全面建成投产后，预计年产值可达30亿元，解决就业200人。

2017年，该项目正在抓紧征地拆迁，已完成近130亩土地的征拆平整工作。

沃博特新型复合肥项目简介

该项目由湖南乐农佳科技集团有限公司投资兴建，项目占地约220亩，总投资约2.2亿元。新建秸秆及农业废弃物生化处理制肥机暨年产100万吨新型生物复合肥料生产基地。

项目分二期建设，其中一期项目占地约7.3公顷，投资1.1亿元，总建筑面积约6万平方米，目前一期项目的厂房、仓库、100米高复合肥反应塔、办公楼等等主体工程已基本完成，年内可试生产。

项目全面建成投产后，预计可实现年产值20亿元，上缴税收8000万元以上，解决就业800人。（王　斌）

科技和工业信息化

【概述】 2017年，汉寿县工业科技战线一班人在县委、县政府的正确领导下，在社会各界人士的鼎力支持下，高举“3358”工业跨越发展旗帜，紧紧围绕市委“开放强市、产业立市”，县委、县政府“建设生态宜居的大湖经济强县”战略发展目标，通过坚持不懈抓科技创新驱动引领产业升级，坚持不懈抓工业支柱行业产业链的完善与延伸，坚持不懈抓工业项目的引进与落地服务，全县工业经济总量进一步壮大，工业企业行业结构进一步优化，规模工业企业经济效益进一步提高，较好地完成了县委、县政府年初制定的工业经济及科技发展目标。

工业总体规模及布局。截至2017年年底，汉寿县拥有规模工业企业106

户，主要分布在“一区两园四个工业集中区”（一区：高新区；两园：龙阳镇工业园、蒋家嘴镇工业园；四个工业集中区：军山铺工业集中区、聂家桥工业集中区、罐头嘴工业集中区、沧港工业集中区）。

工业产业结构及比重。当前，汉寿县工业已形成五大支柱产业、四大特色产业并举的格局。五大支柱产业包括：机械装备制造（龙头为中联重科股业、骨干企业包括煤矿机械、龙宏船舶、恒晖机械等）、生物医药（龙头为康普制药、康尔佳，骨干企业包括康利来、康怡）、服装纺织（龙头企业为广源麻业、骨干企业包括圣迪服装、凯伦堡、鑫达、隆源、裕兴等）、农副产品加工（龙头企业为华乐农业，骨干企业包括金牛、荣祺、立成饲料等）、精细化工（龙头企业为沃博特，骨干企业包括中汉高科、太子化工、正阳生物、东永化工、新力华等）；四大特色产业包括：建筑建材业（包括金江水泥、亿真混凝土、骏业混凝土、恒伟混凝土、宗辉门窗、小枰水泥）、林木造纸业（包括天耀纸业、华鑫木业、林钰王）、电子信息产业（徕木电子、阳泰、泰盛、星晨照明、中国光能）、新型能源（昊晖光伏）。2017 年度，九大产业累计实现产值 194.8 亿元，占全县规模工业总产值的 93.2%。

主要工业经济指标完成情况及全市排位。规模工业总产值增长率。1—12 月，全县规模以上工业企业累计完成产值 209 亿元，同比增长 26.2%，在全市 8 个区县市中排名第 3。规模工业增加值增长率。1—11 月，全县规模以上工业增加值增长率 9.6%，在全市 8 个区县市中排名第 4。预计全年工业增加值增长率在 9.7% 以上，力争进入全市第一方阵。工业固定资产投资增长率。1—12 月，全县累计完成工业固定资产投资 112.1 亿元，同比增长 28.8%，预计在全市排名第 2。规模工业企业实缴税金增长率。1—11 月全县规模以上工业企业累计实缴税金 14584.3 万元（含出口退税），同比增长 27.1%，预计全年完成 1.8 亿元以上，同比增长 33% 以上，在全市排名进入第一方阵。新增规模工业企业。1—12 月全县新增规模工业企业 20 家，在全市排名第 3。

科技指标完成情况。2017 年，科技指标完成较好，增速较快，预计在全市处于第二方阵。其中，发明专利申请量全年完成 159 件，超考核任务 20 件；RD 研究经费全年完成 5.3 亿元，超考核任务 0.3 亿元；高新增加值全年完成 28.8 亿元，同比增长 94%。汉寿县科技企业孵化器。2016 年由县科工局牵头，汉寿县全面启动科技企业孵化器的创建和运营工作，并于当年被省科技厅认定为省级科技企业孵化器，县科技企业孵化器以培育科技型企业和企业家作为自身的主要目标，采取政府托管，专业团队具体负责的市场化运作模式开展相关工作。2017 年，县委县政府出台《汉寿县科学技术奖励办法》《汉寿县科技企业孵化器奖励扶持暂行办法》等有关科技创新奖励的政策性文件，进一步鼓励科技创新。县财政筹集 50 万元建立科技奖励基金，用于奖励在科技创新方面的有功企业和人员；此外，县财政每年设置科技企业孵化器种子基金 300 万元，科技企业孵化器专项资金 1000 万元，其中县财政每年预算 500 万元，对入孵的重点科技项目、小微科技型企业、大学生创业项目、众创空间、民营科技企业孵化器等进行扶持奖励。2017 年，入孵企业达到 53 家，获专利 58 项、注册商标 15 个，孵化器生产基地企业年实现销售约 2000 万元，上缴税收约 200 万元。支持企业搭建科技创新平台。积极培育和引导企业成为科技创新的主体，协助企业大力引进与培养科技领军人才和创新团队，切实提高企业持续创新能力和核心竞争力。截至 2017 年，全县拥有国家级研发中心 1 家（中联）、省级研发中心 3 家（康普、中汉、广源）、市级研发中心 2 家（太子、康尔佳），县级研发中心 20 家；拥有高新技术企业有 15 家。拥有 30 多个市级及以上名牌产品和著名商标，其中“林钰王”为中国驰名商标。

【工业产业扶持】 2017 年来，积极引导企业加大技改投入，广泛运用新技术、新设备、新工艺改造提升传统产业，全县共实施 1000 万元以上工业技改项目 14 个，完成投资 8.8 亿元，淘汰科技含量和附加值较低的产品 12 个，开发引进新产品 21 个。康尔佳、中汉高科、正阳化工、涂料化学、华馥生物、东永化工、金牛粮油、龙宏船舶等重点企业通过技改投入完成产品的转型与升级，每年新增产值 15 亿元以上、税收 3000 万元以上。加大总部经济转移推进力度，汉寿县按照“价值高端链在汉寿、生产的核心环节在汉寿、利税的主要成分在汉寿”的目标，积极引导总部经济向汉寿转移。7 月 26 日，县委、县政府召开了康普药业总部转移及岳阳基地搬迁专题会议，明确了各相关部门工作责任及时间节点，11 月 27 日，康药总部注册地及相关药品生产资质迁移至汉寿县高新区。加大兼并重组政策扶植力度。近年来，县政府非常重视企业兼并重组工作，出台了政策或是召开专题会议研究相关奖励扶持政策。

【精准服务企业】 2017 年，重新修订了联系企业文件，出台了《县级领导和县直单位、乡镇（街道）区联系服务工业企业工作方案》（汉办〔2017〕19 号）文件，明确一名县级领导、当地党委（政府）主要负责人、一名帮扶工业企业特派员及相关县直部门联点的“五包一服务班子”，制定了定期走访、定期调度、定期督导、定期通报的“四定服务机制”。制定了企业特派员管理制度，建立《企业帮扶解困台账》《企业名优产品目录》《企业安全生产隐患台账》等一批涉企问题清单。提请县委、县政府多次召开“书记办公会”“县长办公会”，力促康普总部转移及岳阳基地搬迁，通过中联重科、康普药业、康尔佳、正阳生物、广源麻业等战略发展有关事项，有力促进龙头企业的壮大发展。2017年累计为企业争取各项工业扶持资金560万元。

【维护企业稳定】 及时跟进全县黏土砖厂业主进京上访，组织专门力量积极应对砖厂业主市中院、省高院上诉，成立由老干部牵头的汉氮化工、广源麻业等企业突出隐患工作小组，随时掌握涉稳苗头，积极应对，确保了全县工业企业大局稳定。

【安全环保工作】 2017年，按照环保部督察工作要求，县局深入全县177家工业企业进行现场巡查，共发现问题361个，下达整改通知书128份。根据省、市安全生产工作精神，深入全县252个工业企业进行安全生产大排查，下达98份整改书，协调相关部门切实整改广源麻业的安全生产隐患，按时让市安委挂牌销号。2017年，县科工局被评为县安全生产红旗单位。

（肖志勇）

重点企业介绍

中联重科股份有限公司汉寿分公司

中联重工科技发展股份有限公司创建于1992年，2000年10月在深交所上市（简称“中联重科”，股票代码000157），是中国工程机械装备制造领军企业，全国首批创新型企业之一。主要从事建筑工程、能源工程、交通工程等国家重点基础设施建设工程所需重大高新技术装备的研发制造。2009年7月，中联重科正式与汉寿县人民政府签订汉寿工业园项目合同，计划投资额15.3292亿元，其中固定资产投资7.3292亿元。新设9万平方米钢结构厂房、2万平方米宿舍及2万平方米办公楼，建设年产1.2万辆专用车辆生产线和年产1500个混凝土搅拌站生产线。汉寿工业园于2011年5月正式投入生产，2011年实现产值28亿元，上缴税金0.38亿元。2012年，中联重科汉寿分公司完成产值、营业收入均达46.45亿元，上交国地税共计1.14亿元。2013年实现产值53.38亿元，实现主营业务收入50亿元，上缴税金1.42亿元。2014年实现产值41亿元，实现销售收入39.5亿元，实缴税金1.48亿元。2015年实现产值15.16亿元，实现销售收入16.44亿元,实缴税金0.81亿元。2016年实现产值7.79亿元，实现销售收入7.41亿元，实缴税金0.16亿元。2017年实现产值7.79亿元，实现销售收入9.96亿元，实缴税金0.34亿元。

康普药业股份有限公司

康普药业股份有限公司（简称康普药业）成立于1991年，由其前身湖南康普制药有限公司整体变更设立。康普药业注册地位于湖南省常德市汉寿县高新产业园，注册资本7500万元。经历二十多年的发展，现已成为集科研、生产、销售于一体的独具有特色的现代中西药制造企业。康普拥有注册产品批文达两百多个,拥有“康普”“新快康”“郎力夫”“孢克”等品牌的化学药和“喜来乐”牌中成药系列产品。产品涉及治疗消化系统疾病类、心脑血管疾病类、肝肾疾病类、抗微生物感染类、补益营养和辅助类、原料药等类别。众多精心制造的产品为公司与客户合作、为解除病患提供了宽泛的选择和解决方案。康普牌奥美拉唑肠溶胶囊是治疗消化性溃疡的首选药物，其微丸技术获国家发明专利，主要技术指标释放度和耐酸力均高于药典标准，疗效出众，在经销商和患者心目中具有良好的口碑。喜来乐牌补肾益寿片入选2010年国家火炬计划项目，其制备工艺获国家发明专利保护，采用现代中药生产技术，克服了大多数常用补肾药物疗效短、易反复等缺点，温和补肾，阴阳双补。肝复乐胶囊，是公司成长性最快，引领销售、利润增长的核心产品，以其科学的组方，确切的疗效和安全性，得到肝病专家的推崇和患者的信赖。肝复乐胶囊的产业化得到国家发改委中药产业现代化的专项支持。“康普”“喜来乐”“新快康”连续被认定为湖南省著名商标，拳头产品奥美拉唑肠溶胶囊、补肾益寿片、阿归养血颗粒等多个产品被授予“湖南名牌产品”称号。奥美拉唑肠溶胶囊、肝复乐胶囊等59个产品被列入国家医保目录，专利新药酸谷胺注射液、裸花紫珠分散片、杜仲降压片、阿归养血颗粒等多个品种新增进入湖南省医保目录。奥美拉唑肠溶胶囊、苯磺酸氨氯地平片等30多个品种进入国家基本药物目录。

湖南星晨照科技有限公司

湖南星晨照科技有限公司是响应汉寿县委、县人民政府招商引资号召，回乡创业的一家专业研发生产各类路灯灯具的企业。公司落户汉寿高新技术产业园区，于2016年5月12登记注册成立，注册资本1000万元，法定代表人蒋安平，统一社会信用代码91430722MA4L4AR12N，经营范围：照明灯具制造、研发、设计、安装、销售。主要产品：城市道路照明路灯、广场灯、庭院灯、草坪灯、立交桥景观照明、高杆灯、LED灯具、电池板组件、单臂灯、双臂灯、组合灯、交通信号灯、不锈钢景观灯以及电力杆、指示牌、龙门架等。公司是江苏扬州星慧照明工程集团有限公司战略合作企业。

回乡创业项目计划总投资5000万元，分两期实施。一期投资1500万元，其中，固定资产投资1000万元、流动资金（含备用金）500万元，在汉寿高新区租赁现有闲置厂房，建设照明灯具生产线和配套产品生产线。二期投资3500万元，其中，固定资产投资3000万元、流动资金500万元，在汉寿高新区征地30亩，修建厂房、办公楼、宿舍及各类灯具生产线及配套产品生产线，建设企业研发中心。公司为缩短建设周期，尽快投产增效，占据市场先机，先期租赁现有厂房进行生产经营。6月份开始正式建设，7月份开始试生产。公司产品从单色到全彩，从低端到高端，全面覆盖产品全系列，能够全面满足客户的各类需求，真正成为全面系统解决客户所遇到的照明问题的专家与顾问。"节能、绿色、环保、美观、实用"是公司产品遵循的原则与目标。

公司以"开拓、创新，立足市场求发展;优质、高效，用心服务为用户"为宗旨，产品科技含量高、性价比高、售后服务及时、全面、到位，逐步进入本地市场，并得到市场青睐，2016年10月，市人民政府将公司"星慧牌"路灯灯具等产品列入《常德市名优产品》目录。

湖南康尔佳制药股份有限公司

湖南康尔佳制药股份有限公司成立于2012年6月,注册资金9602万元,是一家集药品生产、药品批发、药品零售连锁于一体的大型综合性制药企业。公司旗下有湖南康尔佳药业有限公司、湖南康尔佳医药有限公司、湖南康尔佳制药有限公司、湖南万寿制药有限公司、张家界康尔佳制药有限公司、湖南康尔佳福泉医疗科技有限公司、湖南康尔佳糖尿病中医药研究院有限公司、湖南宝庆医药有限公司和湖南康尔佳宝庆大药房连锁有限公司等9家子公司。其下辖公司已全部通过医药行业GMP、GSP认证体系。

近年来，公司狠抓产品质量、设备升级改造、节能降耗、销售等工作，内挖潜力、外拓市场，先后投入2.7亿元，新建了颗粒剂车间、科研综合楼、综合固体制剂楼、后勤服务综合楼、综合液体制剂车间、中药饮片车间，对生产线全面技术升级。通过运用现代新技术、新工艺、新设备，实现了药品生产规范化、标准化和现代化，产品达到了安全、有效、稳定、可控现代标准。相继研究和开发了六味地黄胶囊、新生化颗粒、九味肝泰胶囊、小建中颗粒、五味安神颗粒等83个中西药品种，产品辐射全国各省市。截至2017年年底，公司总资产达到31094.96万元，现有员工290人，其中研发人员22名，占职工人数比例7.59%，中高级职称现有5人，含本科以上学历12人。研发团队长期致力于中药产品研发及质量控制技术的研发，研发经验丰富，具有合理的专业结构和年龄结构。管理和技术人员具有较强的专业知识、研发经验和组织能力，优秀的人才队伍为公司完成本项目奠定了坚实的基础。

湖南太子化工涂料有限公司

湖南太子化工涂料有限公司成立于1999年4月，是一家专业从事涂料研发、生产、销售、涂装于一体的高新技术企业。公司年生产能力突破20000吨/年，是湖南省大型涂料生产基地之一。公司整合了武汉大学、南开大学、中山大学等高校最先进的环保树脂合成技术，配备了完善的创新研发体系，拥有先进的检测仪器和生产设备，在行业内处于领先地位。公司现有博士6人，硕士8人，教授、研究员6人。通过科技创新工作的开展，公司近五年取得了可喜的工作成绩。销售收入、上缴税收保持稳步增长。

长期以来，太子化工专注于工业涂料、建筑涂料与木器涂料的研发、生产和销售，业务范围涵盖家具涂料、内外墙建筑涂料、家装木器涂料、工业重防腐涂料、工业水性涂料、装修辅料、涂装服务等领域。"环保就是关爱"，太子化工致力于在业务的各个环节成为放心涂料的倡导者和践行者，以保证客户、施工者和生产工人的健康和安全。在这种理念的引导下，太子化工推出了水性工程机械涂料、水性儿童漆、海藻泥墙面漆、水性木器漆等极富竞争力的产品，成为中国环保涂料领先品牌。为了给消费者提供放心的产品，太子化工用心聆听每位顾客的心声，用心满足市场的每个需求，用心做好每项技术创新。"国家高新技术企业""环保涂料功能树脂与助剂湖南省工程技术中心""常德市新型环保涂料工程技术研究中心""湖南省新材料企业""湖南省科技进步奖""湖湘青年英才""消费者信得过单位"等荣誉，既是对太子化工的肯定，也是见证环保涂料新标杆的一座座丰碑。公司注重产品科技含量的提高，每年从销售收入中提取5%以上的资金用于新产品的开发、研究、检测，确保产品质量的同时全方位的提升产品的性能。同时不断对生产工艺及生产设备进行新技术的应用升级，降低产品的成本，提高产品的质量。另外公司积极引进大量科研专业人才，加强自有科研队伍的培训和建设，提高产品的科技含量，提升产品的核心竞争力。随着我国环境问题愈发突出，公司所倡导的环保水性涂料将彻底取代溶剂型涂料，从而承担起更重要的环保责任。其远低于国家标准的VOC排放量将会对我国的环保产业做出巨大贡献。

湖南华乐食品有限公司

湖南华乐食品有限公司成立于2010年1月8日，是一家外向型民营企业，也是全国仅有三家拥有对新加坡直接出口资质的肉品加工企业之一。目前正在申办对日本出口肉制品的相关手续，是国内南方省份首个对日注册的肉品加工企业。主要从事生猪繁育、养殖、加工、农产品冷链配送等项目，肉类产品系列主要包括白条及分割猪、烤制中乳猪、肉质熟食品，远销香港、新加坡等国家和地区。

公司现拥有一个现代化实验室和检测室，可进行动物疫病检测诊断，饲料营养分析，动物产品微生物和药物残留检测分析，能很好地为自身产品做出质量检测，保证产品的质量安全。公司已通过中华人民共和国出入境检验检疫局出口卫生注册，HACCP 认证、ISO 9000 质量体系认证、ISO 14000 环境体系认证和 ISO 18000 职业健康安全体系认证。公司按现代企业制度创建，实行董事会领导下的总经理负责制，下设生产经营部、仓储配送部、综合管理部、货运信息部、财务部等部门公司现有职工 126 人，其中专业技术人员 40 人，高级专业技术人员 12 人。2010 年 12 月获汉寿县人民政府“农业产业化龙头企业”荣誉称号，2012 年 1 月常德市人民政府授予“常德市农业产业化龙头企业”称号，2016 年被评为“湖南省农业产业化龙头企业”。

公司大力拓展海外业务，成为全国三家拥有对新加坡直接出口权资质的猪肉加工企业之一，获得了常德市 2011 年度自营出口十强企业和汉寿县 2011 年出口创汇第一名的荣誉称号。

湖南金牛粮油实业有限公司

湖南金牛粮油实业有限公司成立于 2004 年，以粮食种植、收购、储存、加工（含油脂，政策允许的农副产品加工）及销售于一体的国有控股股份制省级农业产业化龙头企业。公司注册资本 8750 万元，是国有控股企业，县粮食局控股 20%，湖南粮食集团有限责任公司控股 80%。公司占地 286.3 亩（未含新征），现有仓容 15 万吨，年加工大米生产能力为 5.8 万吨。技术及装备属国内先进水平。公司产品 2009 年荣获中国中部（湖南）国际农博会“金奖”产品荣誉称号，2012 年被中国绿色食品发展中心认定为“绿色食品 A 级产品”。公司 2009 年 10 月被常德市人民政府授予常德市农业产业化龙头企业;2011 年、2012 年被消委授予“维护消费者合法权益先进单位”；在 2012 年 8 月被中国粮食行业协会授予“省级放心粮油示范企业”；2015 年被政府授予“十佳龙头企业”称号；2016 年 6 月被湖南省农业委员会评定为“农业产业化龙头企业”。

湖南广源麻业有限公司

湖南广源麻业有限公司成立于 2003 年 4 月 4 日在汉寿县工商行政管理局注册成立，注册地址为湖南省汉寿县蒋家嘴镇北区社区工业路，法定代表人伍文广，注册资本 6668 万元，实收资本 6668 万元，经营范围为苎麻纺织品制造、销售；麻、棉纱线、化纤纱线及相应的混纺纱线、坯布、色织布、工业用布制造、销售;棉花、麻类、纺织原材料购销；五金交电、纺织配件销售；地磅服务；工业用油脂加工；劳保用品、化工原料（不含危险品）购销；道路货物运输；货物进出口业务。年生产加工能力折合成普通环锭纺为 16.30 万锭。行业类型为制造业——大型纺织业。

公司为农业产业化国家重点龙头企业、省级技术中心、高新技术企业，国家纺织产品开发中心“苎麻面料开发基地”的任务承担单位，2009 年被常德市人民政府确定为“常德市 11 大产业集群中——纺织产业集群旗舰企业”，2010 年 12 月被中国麻纺行业协会授予“农业产业化优质苎麻纺织原料基地”。是中国新型纤维牛仔纱特色产品生产基地和中国针织行业最佳供应商，综合实力在全省行业中位居前列。2013 年被农发总行评定为总行级“黄金客户”、省行级“战略性客户”。

公司拥有产品自营进出口权。主要产品为麻棉纱、棉纱线、麻棉竹节纱、纯棉竹节纱、OE 纱、苎麻坯布、色织布等共 6830 多个品种。生产的“广源”牌高档精梳亚麻棉混纺纱、优质气流纺纱、麻棉纱、棉纱线、麻棉竹节纱、纯棉竹节纱、OE 纱、苎麻坯布和高档高密织物等共 6830 多个品种。公司产品均使用了自己注册的“广源”牌商标，其“广源”牌系列产品荣获了“湖南名牌产品”称号，“广源”牌注册商标已被湖南省工商行政管理局认定为“湖南省著名商标”。公司导入并建立了符合 ISO 9001：2000 和 ISO 14000 等国际国内先进标准要求的质量管理体系和环境管理体系。产品经国家、省、市三级监督部门监督检验，产品合格率为 100%。

公司构建了较为完整的销售网络，目前在广州、浙江、江苏、非洲多哥等地均设有办事处，国内主要销售网点在广东和江浙一带，境外主要销往韩国、多哥、中国香港、印度等地，建立了一套比较完整的营销网络并具有比较稳定的客户群体。现已和韩国三江公司、香港民华实业有限公司、江阴诺金纺织有限公司、土耳其艾尔卡公司、韩国白润通商、印度酷纳集团、荷兰北方亚麻、多哥 AKAKPOVI、青岛裕宗成纺织有限公司、广州中麻纺织有限公司、绍兴溢兴纺织有限公司、深圳利纺亚麻有限公司、香港宝华麻棉有限公司、增城新塘华冠实业公司、广州光明制衣有限公司、广州德通纺织有限公司、铜陵华源麻业有限公司、宜兴市金云纺织有限公司、纽珑实业(上海)有限公司、宜兴市华芸亚麻纺织有限公司等多家企业建立了长期合作关系。（肖志勇）

防震减灾

【概况】1976 年 10 月，成立汉寿县地震办公室，无独立机构和编制，指定由县计委1名工作人员负责，1982年地震办撤销。1997年11月重新成立汉寿县地震办公室（汉编办发〔1997〕11号），为参照公务员法管理的事业单位，归口县科技局管理，核定财政拨款事业编制3名。2004年3月，汉寿县地震办升格为汉寿县地震局（常编发〔2004〕5号），为县政府直属副科级事业单位，核定财政拨款事业编制3名。局机关内设2股1室，即震害防御股、监测预报股、办公室。主要职责：贯彻执行《中华人民共和国防震减灾法》等有关法律、法规和规章，监督、检查全县防震减灾的有关工作，拟定地方规范性文件并组织实施。贯彻落实国家防震减灾工作方针，政策，编制防震减灾规划，制定防震减灾工作年度计划并组织实施。负责建立地震监测预报工作体系，管理全县地震监测预报工作；制定地震监测预报方案并组织实施；组织和管理群测群防工作；负责地震前兆信息的检测和分析，提出地震趋势意见；会同公安等有关部门依法保护地震监测设施和地震观测环境。负责地震监测信息的检测，分析和传递；处理地震事件和其他有关自然灾害事件，维护社会稳定。承担县人民政府防震减灾工作委员会办事机构的职责；负责震情速报和灾情速报；管理地震灾害损失评估，参与制定地震灾区重建规划；拟定破坏地震应急预案，综合防御措施，检查并监督其落实。负责建设工程抗震设防要求审批工作；管理地震动参数区划及震害预测工作；制定城市抗震防灾规划；管理城镇及重大建设工程和可能发生严重次生灾害建设工程地震安全性评价及服务工作；负责地震安全性评价工作资格审查，认证和任务登记；会同有关部门管理地震次生灾害的防治工作。承担本行政区域内的地震行政诉讼工作；负责地震行业质量与技术监督管理工作；负责地震技术标准的宣传、贯彻、实施和执行监督；管理地震计量工作。会同有关部门开展防震减灾宣传教育工作，普及防震减灾科学知识，提高全民防震减灾意识。组织，管理地震科学技术研究，科技成果的推广应用；组织开展地震科技知识培训与交流；指导并监督乡（镇）防震减灾工作；承担县委，县人民政府交办的其他工作。

【防震减灾工作】 2017年年初，完成《地震应急预案》修订及备案工作，明确和细化了各部门防震减灾工作职责，提高了预案的责任性和可操作性。5月10日，县地震局、县教育局、人防办，举办“汉寿县职业中专学生疏散演练暨安全法制教育报告会”。随着警报声响起，县职业中专1000多学生在老师的指导下有序地从各班教室撤离到操场，整个疏散过程快、静、有序。随后地震局局长熊淑琼对此次演练做了重要点评，并进行地震科普知识讲座。5月12日上午，参加县应急办集中宣传活动，在县休闲广场设立集中宣传咨询台、制作5板宣传展板、2条宣传横幅、发放宣传资料1200多份。5月12日下午，县地震局、县教育局、县人防办在株木山中学组织了应急知识讲座暨疏散演练活动。全校400多名初中生，在老师的统一指挥下，按照地震来临时应急疏散演练的要求，迅速、有序的撤离教室，抵达学校操场，整个撤离的过程仅用了2分钟，达到了预期的效果。随后进行了地震、人防等知识讲座。5月18日，在县东正街小学开展地震应急疏散演练和防震减灾科普知识讲座。提升了学生的防震减灾意识，强化应急避险和自救互救能力，也起到“教育一个孩子，带动一个家庭，影响整个社会”的效果。6月13日，接到汉寿县蒋家嘴镇凤杨村李家湾群众反映有宏观异常现象，局领导和工作人员对上报的宏观异常现象，迅速开展现场调查与核实，消除群众疑虑，并填报《宏观异常现象登记表》上报市局。10月31日，对宏观观测员进行了为期一天的业务知识培训。提高了观测员的业务素质，并要求他们担任宏观观测员的同时，担负本地防震减灾知识宣传员的职责。该局与住建局联合组织了两次农村工匠培训，免费发放《常德市农村抗震民居设计示范图集》。利用科技活动周、防震减灾日、科技下乡、扶贫工作日等活动深入到乡镇开展农村民居的防震减灾知识宣传，力求通过多种形式，不断提高农民的防震减灾意识和农民的防震保安能力。汉寿县龙池实验中学获得常德市科普示范学校称号；汉寿县杨旗嘴社区通过了市级地震安全示范社区的复检工作；丰家铺铁甲村被选定为汉寿县农村民居安居工程示范点。通过多种示范创建工作，以点带面，不断提高汉寿县民众的防震减灾意识。

（刘　琼）

特种水产开发与研究

【概况】 汉寿县特科所是国内最早从事特种水产开发与研究的科研事业单位，长期与湖南师范大学及湖南农业大学进行技术合作，为全县乃至全国的特种水产事业作出了巨大的贡献。特科所占地面积40公顷，其中水面21.61公顷。现有干部职工40人，其中副研究员2人，工程师4人，助理工程师8人。设置办公室、经济爬行动物研究室、名贵淡水鱼类研究室、科技成果开发办公室、安全保卫股。

【科研项目】 科研项目《甲鱼优质雄苗规模化生产》获汉寿县科技进步二等奖。目前，市场上甲鱼雄性苗因生长速度快，抗病性强，经济价值高而广泛受到商品养殖户的青睐。该所于2017年实现甲鱼优质雄苗规模化生产。

与湖南师范大学和湖南文理学院共同承担的科研项目《洞庭湖中华鳖种质提纯与性别控制研究》进入课题关键期。2017年7月中旬，文理学院刘飞教授带领两名在校研究生到该所甲鱼亲本培育基地采用多种技术手段安全、环保、简便、高效地开展“汉寿甲鱼”孵化性别比的实验，对下一代稚鳖进行优选，投入池塘进行生态养殖。该项目建设旨在充分运用汉寿县特科所现有独特资源、研发能力和实用技术，联合实力雄厚的湖南师范大学鱼类发育生物学实验室和湖南文理学院生命科学学院，在完善相关基础设施条件的基础上，合理利用“汉寿甲鱼”种质资源，采取种质提纯复壮，建立汉寿甲鱼DNA条形码，控制汉寿甲鱼孵化性别及进行生态养殖等一系列工程技术，快速有效的繁育出生产性能、经济性状更优的纯种“汉寿甲鱼”种苗;形成以种苗供应为基础，以品牌创建为核心，以科技服务为手段，以订单生产为助力，以市场占有为终端的生产经营模式，实现经济效益和社会效益的最大化，打造全国规模最大，繁量最多、品质最优、服务最好的国内一流的科技型“汉寿甲鱼”亲本繁育基地，为加快国家级和湖南省“汉寿甲鱼”标准化生态养殖示范区和重点县建设打下基础。

【生产建设】 2017年，全所共有存塘“汉寿中华鳖”亲本1.5万公斤，存塘中华草龟亲本18万公斤。2017年，产纯种汉寿中华鳖苗280万尾，中华草龟苗200万尾；利用汉寿县水域宽广、气候适宜、水体营养，进行汉寿中华鳖大水面生态养殖推广。8月29日，该所对太白湖和西脑湖进行“汉寿中华鳖”增殖放流十万余尾，以保护和恢复大自然的甲鱼种质资源，保护生物的多样性。（李　明）

电　业

【概况】 2017年，国网汉寿县供电公司紧紧围绕县委、县政府工作目标，狠抓安全生产和营销服务工作，促进生态宜居的大湖经济强县建设。

【经营指标】 2017年，公司完成售电量6.9亿千瓦时，同比增长5.77%；售电均价677.18元/千千瓦时，较计划高1.18元/千千瓦时；售电收入4.41亿元；电费回收率100%；综合线损率9.76%，同比下降0.71%；城网供电可靠率99.92%，农网供电可靠率99.74%。全年最高负荷250.731兆瓦，同比增长10.65%。公司未发生任何人身、设备、电网事故和交通等方面的事故，公司安全记录累计8380天。

【优质服务】 一是班子带队“沉”下去。班子成员带队跟踪抄表、监督性巡线、特巡测温，跟班抢修，走访大客户和乡镇场，帮助基层解决困难问题。对县委、县政府部署的工作，人大代表、政协委员的建议提案，现场解决，“面对面”落实；二是管理考核“严”起来。进一步完善绩效措施，加强工作质量考核，2017年，针对安全和服务工作质量等共考核262人次，考核金额38万元。三是工作协同“活”起来。事前报备95598，召开有关乡、村会议部署，村村通广播宣传；事中台区员蹲点守护解释，有效化解停电造成的不良影响。

【基础建设】 完成220千伏同心变主体工程和其他输变电工程建设。配网方面完成投资5335万元，涉及33个完善村、35个重过载台区，集抄户表5.24万户。完成罐头嘴所房建设，龙阳供电所老所房维修。全面推动智能电表费控管理，费控比例100%；电费预存占电费总金额比例72.83%；推广微信、支付宝、电E宝线上缴费，线上缴费应用率41.93%。

【队伍建设】 成立了党委和纪委，广泛开展中共十九大精神集中学习和支部分开学习，完善所属5个支部的标准化阵地建设。开展“六型本部”建设和“电骡子”共产党员服务队主题实践活动，严格执行“三会一课”制度，发放廉政建设书籍助推“廉政书籍下基层下支部”活动。

【大事记】 3月15日，汉寿县委、县政府召开220千伏同心变至太子庙变线路建设启动会。同太线为新建220千伏同心变电站配套工程，路径总长度为38.725公里，线路建设计划总投资5600万元，计划于2017年9月全面完工，项目投产后将满足汉寿北部及西湖、西洞庭和鼎城东北部的用电负荷需求，提高电网的可靠性及电网安全稳定性。

3月24日，常德供电公司总经理颜宏文深入到太子庙供电所、余家桥台区、220千伏同太线建设项目部检查春检自查整改情况，调阅供电所线路设备缺陷台账、三危用户整改通知书等档案记录，查看台区低压设备。

4月24日，国网汉寿县供电公司联合扶贫点村3家单位共同为罐头嘴镇福兴村送去了12.5吨化肥，支援该村贫困户春耕生产。公司累计投入扶贫专项资金5.75万元，帮助10户贫困户建立养殖鱼池20余亩，蔬菜大棚1个，教育助学结对4户，医疗救助3户。

6月28日，国家能源局湖南省监管办检查组在国网汉寿县供电公司召开“2016年新一轮农网改造升级工程监管现场检查”启动会。常德市供电公司副总经理张欣、汉寿县政府副县长李碧波及市、县供电公司相关负责人参加会议。

此次现场监管现场检查的重点是项目建设进度、项目建设管理、项目资金使用、项目建设“五制”执行、项目建设质量及项目建设中涉农涉负问题。

7月24日，汉寿电网最高负荷达23.63万千瓦，年内第2次刷新历史纪录，同比去年22.4万千瓦增长5.46%。

9月7日，110千伏太蒋线技改工程协调会在国网汉寿县供电公司召开。该项工程主要是对220千伏太子庙变至110千伏蒋家嘴变110千伏线路进行技术改造，总投资580万元，共更换杆塔45基，预计11月份完工，线路走向涉及5个乡镇12个村。

9月29日，汉寿县第二座220千伏变电站——同心变电站顺利投运。该变电站为常德市首座220千伏全户外GIS智能变电站，将进一步优化电网结构，更好地服务全县经济新发展。同心变电站位于罐头嘴镇保南村，总投资3.2亿元，占地面积仅有17.7亩，本次新建主变1台，容量180兆伏安，220千伏出线2条，110千伏出线4条。该站采用全户外GIS智能变电站标准设计建造，它的投运标志着常德电网220千伏变电站跨入GIS时代，为实现“一键式操作”目标打下坚实的基础。

10月26日，中共国网汉寿县供电公司党总支撤销，成立中共国网汉寿县供电公司委员会，选举产生党委委员和纪委委员，朱勇担任党委书记，曾志耕担任纪委书记。

11月19日，国网汉寿县供电公司在年前完成417户棚改户新房入住送电。 （郭　俊）

城乡建设与管理

城乡规划与建设

【概况】 汉寿县住房和城乡建设局地处龙阳镇辰阳中路322号，是汉寿县人民政府工作部门，正科级单位，主要承担全县城乡规划和建设管理工作的责任。根据县委、县政府机构改革相关文件精神，2016年年初，原规划局承担的主要职责、房地产管理局承担的部分行政职能划入住建局，主要承担指导全县城乡规划和建设工作。机构调整到位后，积极谋划职责职能的合并，依据“三定”方案和现实工作需求，将部分股室站的职能进行了整合。现有在职干部职工67名，退休员工42名，党组成员10名，内设办公室、政工股、财务股、法制股、行政许可办公室、综合技术室、建设规划管理股7个机构，下设汉寿县建设执法监察大队、汉寿县规划测绘站、汉寿县村镇规划建设管理站、汉寿县建筑工程管理站、汉寿县建设工程质量监督站、汉寿县建设工程招标投标管理办公室、汉寿县建筑工程安全监督站、汉寿县燃气热力管理办公室、汉寿县城建档案室、汉寿县城市建设管理站、汉寿县风景园林绿化管理所等11个股室站，归口管理县市政工程管理所和县自来水公司。

2017年，汉寿县住建局紧紧围绕建设“生态宜居的大湖经济强县”的奋斗目标，着力打好民生升温、园区攻坚、城市提质三大战役，扎实推进城乡规划编制、重点项目建设、建筑市场监管、城乡统筹发展等重点工作，基础设施不断完善，城镇功能日趋健全，城市品位显著提升，全县城乡规划建设事业取得显著成果。

2017年，汉寿县住建局荣获“招商引资工作先进单位”“建议提案办理工作先进单位”等荣誉称号。

【规划编制】 清水湖旅游新城总体规划（含高铁新城）、高新区太子庙协调发展规划已完成初稿和部门对接；消防专项规划已编制完成，并通过了规委会审查；电力专项规划正经市、县电力部门初审；乡镇污水治理专项规划已编制完成并通过评审，正准备审批；预拌混凝土与预拌砂浆、农贸市场布点、加油站与加气站充电桩布点等3个专项规划均已编制完成，经过了专家评审，其中加油站与加气站充电桩布点已经上报规委会审查，正在按相关意见修改完善；出台《汉寿县城乡规划管理委员会工作规则》，在蒋家嘴、罐头嘴等重点镇率先建立并实行规划例会制度，为全县规划管理工作提供规范性指南。

【规划管理】 进一步强化规划的龙头地位，将科学化、人性化、制度化和精细化理念贯穿于城市规划建设的全过程，树立全县城市规划、土地利用一盘棋的思想，实行统一规划、统一审批、统一管理，落实审批责任，严把规划审批关，切实抓好违法违规行为的责任追究和查处工作，维护规划的前瞻性、连续性、严肃性和权威性，坚持一张蓝图干到底。启动汉寿县规划展示中心建设，建成后将全方位、多角度展示汉寿县规划建设成果，提升规划信息化建设水平。其次，完善了规划制度建设，并在朱家铺、岩汪湖、太子庙、蒋家嘴、罐头嘴等5个乡镇率先建立乡镇规划例会制度和规划审查例会制度。

【规划队伍建设】 整合乡镇国土、规划、建设等站所力量，明确规划管理职责，局配备专人对村镇规划进行综合指导，提高规划管理水平。抓好规划管理专业人才的引进与培养工作，积极向编办申请规划人才编制，有计划的分批引进规划专业人才。年内，局里通过公开招考的方式遴选了一名规划专业硕士充实到规划管理队伍中。9月，组织全县规划建设干部54人，到湖南城市学院参加为期40天的业务培训，提升专业队伍的业务能力，取得了良好效果。

【城市建设】 市政建设。对小银水湖实施清淤，清淤近9万立方米；完成小银水湖与龙珠湖连通顶管工作，顶管130米；对休闲广场西、南两侧排水系统实施改造，铺设Φ600的雨、污水管各一条；修复人行道2000平方米、雨水栅300套、井座井盖60套、交通设施1300根。县城区7条小街小巷提质改造工作顺利完工，改善了居民出行条件，提升了县城市品质。其他由县城投公司牵头的如龙珠湖公园、净心广场、休闲广场提质改造、纬十五路、神庙路等项目在该局的协调配合下均顺利推进。

供水设施。按照省、市、县卫监、公安等部门提出的确保供水安全的要求，投资60多万元对地表水厂围墙进行了加高施工，在水厂及水源地取水口重要位置安装高清红外线监控系统，确保供水安全万无一失；配合县委、县政府拟定“十三五”供水规划方案以及汉寿县饮水安全巩固提升任务方案；配合完成了沅澧快速干线6号大道主管网铺设一期工程；完成了全县25处压力实时在线监测点布置，以及水质在线监测系统安装调试；投资20多万元编制城区供水和水源地应急保护预案并通过专家评审，确保城市供水安全。

污水处理。2017年，县城新建污水管网15公里，其中汉寿大道污水管网完成8.5公里，城投公司新建道路配套管网完成6.5公里；县城污水处理厂二期扩建项目总投资3900万元，新增污水处理规模2万吨/天，已于10月正式投产运营；县城污泥处理厂总投资2600万元，处理规模20吨/天，已于10月正式投产运营；21个乡镇街道污水处理厂已完成可研，其中丰家铺镇及军山铺镇污水厂已正式试运行，罐头嘴已开工建设，蒋家嘴预计2018年5月份动工；18处黑臭水体整治项目小银水湖整治工程已于12月份开工建设，龙珠湖渔场水体整治工程已与龙珠湖公园建设工程合并，预计春节前完成。

市场管理。一是招投标监管有序进行。2017年，该局共受理项目备案登记25个，中标价总额5.7亿，招投标过程中未发现违法违规现象，没有一例投诉发生。二是建筑企业服务不断优化。制定了施工许可报建流程图及施工许可办理资料目录清单，全力配合做好技术交底，积极帮助企业做好资质申报、增项、升级工作。全年共办理工程报建手续38宗，总建筑面积80万平方米，总造价12亿元。共核发建设项目选址意见书11本、建设用地规划许可证40本、工程规划许可证45本、建筑工程施工许可证38本。三是工程安全检查常抓不懈。全年对全县在建项目共开展安全生产隐患排查整治行动13次，下达安全隐患整改告知书89份、停工整改告知书28份，下达不良行为告知6份，安全管理水平不断提升。四是工程质量监管稳步推进。不断完善质量监管体系，落实质量责任主体终身负责制，加强质量通病防治，全面实行样板引路，工程质量始终处于可控状态，全县未发生一起质量事故。五是行政执法监管严格落实。2017年，该局执法监察大队共执法174次，参与人员311人次，共对施工项目口头警告62次，下达整改69次，停工51次，立案16件，处罚金额42万元，查处率100%，结案率100%，公示率100%。

【小城镇建设与管理】 为进一步推进新型城镇化进程，我们加大乡镇建设管理力度，不断完善小城镇市政基础设施，提升小城镇形象，增强小城镇的吸引力、集聚力和承载力。投资120万元改建汉寿五中校前路，含道路硬化拓宽、沥青油石路面，排污功能配套、亮化等工程，全面验收合格。老汉太路拓宽工程和国道319太子庙集镇段排污、排水、给水供气、亮化、绿化及人行道路板工程彻底改观了过往脏乱差和城镇建设功能不全的局面。组织乡镇分管领导以及城建站长到湖南城市学院进行乡镇规划管理培训学习，增强了他们的规划意识和管理能力。扎实推进乡镇建设，抓好蒋家嘴美丽城镇试点，对蒋家嘴镇进行人民路路灯亮化工程和枇杷坳生态修复工程，新建污水管网5公里。切实抓好农村危房改造，2017年，申请危房改造指标1696户，发放补助资金2993.5万元，已竣工1748户，极大地改善了农村贫困群众的居住环境。（邓文明）

城乡供水

【概况】 汉寿县自来水公司是县公共服务行业之一，由县住建局归口管理，企业化经营，主要负责县城区、撇洪河以北区域城乡一体化近18万人口和企事业单位人员的安全饮水任务。公司现有员工252人，其中大专以上学历78人，拥有专业技术职称的工程技术人员76人，工人技师80人。公司当前生产运营水厂为龙阳大水厂和第三水厂，水厂设计日供水总量为9万立方米，用水高峰期实际供水总量达到5万立方米/日，城乡一体化供水普及率100%，全年出厂水水质合格率100%。

【经营管理】 2017年，完成销售水量1048万吨，同比增加5%；新增城区用户2872户。2017年年底，城区验收入网用户总量为51670户。

【水厂建设】2012年12月30日，日产6万立方米取水水源为沅江地表水的龙阳大水厂于开工，2014年11月18日建成投产试运行。新建具有42项检测能力的水质检测中心与新水厂同步投入使用，原有的一水厂和大杨水厂停产关闭。县城已建成以龙阳大水厂生产供应为主、三水厂供应为辅的一备一用双水源供水保障体系。2017年，根据国家水资源环保要求，公司投资20多万元编制了城区供水和水源地应急保护预案并通过专家评审。按照省市县卫监、公安等部门提出的确保供水安全要求，公司投资60多万元对水厂及水源地取水口等重要位置进行安保升级，确保供水安全万无一失。

【管网建设】由县住建局牵头实施的2015—2016年老城区管网改造项目共投资6600万元，主管网改造33.75千米，支管网改造300千米。2017年，完成县城棚户区管网拆迁改造、沧浪东路主支管改造及沅澧快速干线6号大道汉寿段、纬十九路主管铺设工程。

【智慧县城和饮水安全】2017年，公司投资70多万元对紫晶城、今都王府、御龙湾等小区安装了远传智能水表超过2200台，公司计划5年内更换4万台智能水表。2016—2017年，公司投入60多万元在县城供水管网布置25个压力监测点并安装压力监测系统，确保供水主管网安全运行和水厂管网恒压供水。

【农村供水】2017年，全县共有28个集中供水厂，城乡日供水146060立方米，保证了721027人的饮水安全。

（彭立群）

城市管理行政执法

【概况】县城管执法局于2006年3月31日经省人民政府湘政函〔2005〕204号文件批准成立，系财政全额拨款、独立行政执法单位，下设二层独立法人机构环卫所。内设办公室、财务室、政工股、法制股、督查股、广告办、市容市貌执法一大队、二大队，规划监察执法大队、规划测量大队、渣土办、太子庙执法大队，控违拆违办公室。公务员17人，行政编制64人，事业编32人，人事代理8人，挂专业士官5人，协管员57人。

【职能职责】根据《湖南省人民政府关于〈汉寿县开展相对集中行政处罚权工作〉的批复》（湘政函〔2005〕204号）、汉政办发〔2011〕13号关于《汉寿县城市管理行政执法局职能配置、内设机构和人员编制方案》精神，行使全县城市管理领域相对集中行政处罚权（9+1职能）。负责贯彻执行国家、省、市有关城市管理方面的法律、法规和政策，负责拟定有关城市管理领域政策及规范性文件，并组织实施。按权限负责行使市容环境卫生管理方面法律、法规、规章规定的行政处罚权，强制拆除不符合城市市容标准、环境卫生标准的建筑物或者设施。承担城市环境卫生方面的行政管理职责。负责大型户外广告设置审批，临时占用街道两侧和公共场地许可，城市建筑垃圾处置核准，城市生活垃圾经营性清扫、收集、运输、处理服务审批，关闭、闲置、拆除存放生活垃圾的设施、场所核准。

按权限负责行使城市规划管理方面法律、法规、规章规定的行政处罚权。按权限负责行使城市园林绿化管理方面法律、法规、规章规定的行政处罚权。按权限负责行使市政管理方面法律、法规、规章规定的行政处罚权。按权限负责行使环境保护管理方面法律、法规、规章规定的对生活噪音污染、建筑施工噪音的行政处罚权；对饮食服务业油烟污染的行政处罚权；对向大气排放粉尘、恶臭气体或者其他含有有毒气体的行政处罚权；对在人口集中地区焚烧产生有毒烟尘和恶臭气体的物质的行政处罚权；对未采取密闭措施或者其他防护措施运输、装卸、储存能够散发有毒有害气体或者粉尘的物质的行政处罚权；对向城区河道、水面倾倒工业废渣、城市垃圾和其他废物的行政处罚权。按权限负责行使水利管理方面法律、法规、规章规定的部分行政处罚权。按权限负责行使城市公安交通管理方面法律、法规、规章规定的对乱停乱靠车辆、当路摆摊设点、堆物作业等侵占城市道路行为的行政处罚权。按权限负责行使市场和质量监督管理方面的法律、法规、规章规定的对无照商贩以及有照但不按执照规定场地经营而进行店外经营、店外作业的商贩的行政处罚权，行使对自产蔬菜和农副产品未进入政府指定地点销售的行政处罚权，行使对违规设置户外广告行为的行政处罚权，行使对破损或者残缺等影响市容的广告行为的行政处罚权。承办县委、县政府交办的其他事项。

【市容市貌管理】2017年，开展城区油烟污染整治行动，对全县200余家大小餐饮场所使用的燃料进行排查整顿，对使用煤、木材、重油等污染大气环境的餐饮场所下发整改通知200多份，责令改道排放、拆除破损排烟管道300余米，已有150余家基本整改到位。开展县城区夜市集中整治，联合市监、公安、环保、卫计等部门，出动执法车96台次，参加执法人员828人次，关停5家不合格的经营户，暂扣出店经营的桌椅385张，拆除违规搭设帐篷 32 顶，收缴老式烧烤车 5 台。发放《致经营业主一封信》2000 余份，开展集中整治 90 余次，重点对曹家巷、城墙路等长期影响交通和市容市貌的 25 个摊点进行了撤除，收缴竖置店招牌 264 个，撤除主次干道伸缩棚 359 个，规范出店经营违规行为 258 处，处置占道经营违规行为为 775 起。对银鑫市场、东套市场、花木兰市场、南星市场、五里桥市场、一中、九中、龙池中学、南岳路试验学校、东正街小学、中心幼儿园等市场、学校周边经营的食品摊点及小商小贩进行集中整治 18 次，取缔食品摊点 14 处，收缴餐车、灶 8 台次。制定《县城区主要街道划设摩托车自行车停车位实施方案》，协助交警部门在县城区主干道两侧人行道划设车位 5000 余个，每月开展摩托车、电动车、自行车停车规范整治 2 次以上，劝导电动车、摩托车、三轮车车主规范停放千余次，暂扣车辆 50 多辆。整治建筑物楼顶私制乱设的广告牌及道路两侧乱设指示牌、广告牌等行为，累计拆除各类违规设置的户外广告牌 900 余块，清理橱窗广告 3000 余处。

【规划监察执法】 根据县政府出台的《县城区控违拆违工作管理办法》，实现执法力量下沉、执法重心下移，确保了违法建筑第一时间发现、第一时间制止、第一时间拆除。2017 年，共组织实施集中拆违行动 57 次，大型机械及执法人员手工整体拆除各类违章建筑 158 处，拆除违章面积 4 万多平方米，下发停工(核查)通知书 596 份，限期改正通知书 702 份。其中拆除墙体 21395 平方米，拆除模板 9695 平方米，拆除木棚、钢架棚 12704 平方米，拆除预制板 197 块，拆除门窗 388 处，拆除立柱 167 根，切割钢筋 506 根。在此高压打击态势下，杜绝黑市开发与土地非法交易。县城规划区内未出现新的黑市开发及土地非法交易现象，已控停控死的黑市开发与土地非法交易工地一直处在“零”复工状态。

【渣土运输管理】 根据县政府出台的《县城区建筑垃圾管理办法》和《建筑垃圾运输企业监督管理办法》等文件规定，实施了对建筑垃圾处置的审批许可，对洗车平台、运输时间路线、消纳场所等建筑垃圾处置的各个环节实施严格把关。截至 2017 年，已对县现有 7 家渣土公司的 146 台渣土运输车辆（新型环保车 90 台、老式渣土车 56 台），统一改漆、加盖，注册、编号、存档，对其中不合格的 43 辆渣土车辆淘汰清除，对违规渣土运输车辆进行宣传教育 780 次，处置各类道路污染情况 150 余起，查处违规运输车辆 628 台次，处理 241 台次。通过不断的努力，在渣土运输公司管理和采用新型环保车方面，汉寿走在全省全市前列。

【环卫清扫保洁】 县局按照县委、县政府工作安排，着力推进城乡环卫一体化 PPP 项目建设。4 月份，与中联重科环境产业集团正式签订 PPP 协议，完成城区、高新区的清扫保洁、清运、清洗、公厕保洁、大型压缩站等工作的整体移交和正常营运。目前，县城区、太子庙、高新区卫生清扫保洁工作步入正轨，每天保洁时间不少于 19 个小时(太子庙及高新区不少于 14 个小时)。城区 19 个公厕实现了全天候保洁，城区垃圾实现日产日清、及时收集及时处理。乡镇垃圾中转站已开工建设 11 座，即将开工建设 3 座，其他 13 座的地勘、红线图及设计图纸等工作正有序进行，计划在 2018 年 6 月前全部建成投入使用。

【乡镇集镇管理】 加大了对太子庙镇、高新区、蒋家嘴镇城管执法工作的指导、监督、考核。取缔占道摊点 230 余个，扣缴占道经营商品 70 多户，拆除违章搭建遮阳棚、伞 160 多个，拆除横幅 1300 多条、违规户外广告 320 多块；组织大型拆违行动 7 次，强制拆除违章建筑 12 处，面积 5000 多平方米。

【评先模彰】 2017 年，获全省抗洪救灾先进集体。（施佳丽）

房地产管理与开发

【概况】 汉寿县房地产管理局是隶属县住建局管理的正科级事业单位。截至 2017 年，全局共有干部职工 117 人，其中局机关 19 人，局属事业单位 52 人，提前退休人员 2 人，退休人员 44 人。有中共党员 72 人，其中在职党员 47 人，退休党员 25 人。局机构设置分为内设股室和下属二层事业单位，二层事业单位中有二个具有行政职能的副科级事业单位，分别是汉寿县住房保障办公室和汉寿县国有土地上房屋征收与补偿管理办公室。汉寿县房地产管理局主要职责有：（一）贯彻执行国家、省、市有关房地产产业的法律法规和方针政策，拟订实施办法并组织实施；拟订房地产产业与城市住宅建设发展规划并组织实施。（二）承担规范全县房地产市场秩序和监督管理房地产市场行为的责任。负责房地产开发经营的管理；负责房地产开发企业资质审核报批；负责房地产开发项目的审核工作；参与房地产开发项目设计方案和施工图纸审查；参与房地产开发项目的竣工验收工作；负责推进产业化；负责商品房（预）销售管理；参与城镇土地使用权出让、转让和开发利用工作；负责规范全县商品房屋的交付使用和房地产开发企业的商品房保修行为；负责全县房屋价格信息监测采集、房地产市场监测和预警预报工作。（三）承担监管全县物业服务企业物业服务行为和物业服务市场秩序的责任。负责全县物业服务企业资质审核、报批发证工作；负责指导、监督规范物业服务行为；指导全县物业服务招投标工作。（四）承担监管全县房屋交易秩序的责任。负责存量房转让、抵押、租赁等房屋交易管理；负责房屋测绘及面积管理、楼盘表的建立；负责房屋交易资金监管、购房资格审核、房源验核；负责政策性住房上市交易管理；负责房屋交易档案管理和房屋产权产籍管理；负责个人住房信息系统的建设与管理。（五）承担监管房地产咨询、评估、经纪、测绘等中介服务市场的责任。负责房屋中介服务机构资质的审核和报批工作；负责对全县房地产开发企业、物业服务企业及房屋中介服务机构和从业人员等市场主体的信用信息管理。指导房地产行业协会工作。（六）负责全县房屋安全鉴定和管理工作，制定房屋安全管理措施，负责房屋装修，结构安全管理。负责房屋安全状况鉴定管理工作和危房普查工作，负责全县房政执法监察检查工作，依法查处各类违反房产法律法规的行为。（七）贯彻落实国家、省、市关于推进城镇住房制度改革的方针政策和措施；拟订全县住房制度改革的方案并组织实施；负责房改遗留问题的处理。（八）负责组织、指导、监督房地产项目房屋维修资金归集和使用管理工作。（九）负责组织、指导、监督白蚁和灭治工作。（十）负责组织、指导、监督国有土地上房屋征收与补偿工作；负责房屋征收项目房屋评估报告技术审查工作；组织县城区旧城改造和城市棚户区改造。（十一）负责组织、指导、监督房屋租赁市场的培育和管理工作。（十二）承办县委、县人民政府交办的其他事项。

【房地产开发】 2017年，全县房地产开发总投资12.7亿元，新商品房供应面积（以预售为准）58.2万平方米、5193套，比2016年同期分别减少7.6%和9.3%；实际销售60.5万平方米、5043套，实现销售金额24.5亿元，比2016年同期分别增长20.8%、24.2%和25%。据不完全统计，房地产业累计协助完成税收约3亿多元。

【住房保障】 2017年，省、市下达给县的棚户区改造目标任务是完成货币化安置5400户。其中，1个城市棚户区改造项目，共9个点，3551户；2个城中村片区改造项目（沧浪、三堤两港及宝塔河、沿江北路项目）共4个点，1849户。发放租赁补贴1800多户次，发放金额340多万元。

（邓新权）

经济执法与监督

国土资源管理

【概况】 汉寿县国土资源局于1987年3月组建，2002年机构改革时由原县国土局和原县地矿局合并组建成立县国土资源局。主管全县土地、矿产资源调查、规划、管理、保护、合理利用和测绘事业。主要工作职责是保护耕地，保障发展用地。共有干部职工213人，其中在编在岗211人（机关123人，乡镇88人），退休65人，因历史遗留问题停薪留职2人。具有大专以上文化程度的156人，占74%。局机关共设14个职能股室（含工会和后勤中心）和8个直属二层事业单位（其中副科级5个），在全县设1个分局（副科级），有21个乡镇（街道）国土资源所。

【保障发展】 2017年，省厅分配给汉寿县的农转用计划指标仅有69公顷，而年初摸底全县实际需求在267公顷以上。为保障全县的建设用地需求，多次跑省进市，加强和省厅、市局的衔接汇报，积极争取计划外用地指标。全年批回35个项目201.47公顷，同比增长27.36%，有效保障了县域各类建设的合理用地需求。依法阳光推进征地拆迁，共征收土地15宗124.87公顷，支付征地拆迁补偿款23851.35万元，拆迁房屋栋56832平方米。同时，在县城区各街道办的支持下，完成46.67公顷储备土地的腾地入库工作，既保证了项目的成功落地，又维护了人民群众的合法权益。完成年度49.33公顷储备土地的腾地入库任务。进一步规范土地市场，全年供应土地50宗54.05公顷，总成交价款4.5541亿元，实现土地纯收益2.3709亿元（其中工业用地13宗36.21公顷，成交总价款1.0658亿元，土地纯收益3527.83万元；经营性用地35宗17.83公顷，成交总价款3.4879亿元，土地纯收益2.018亿元）。继续深入开展“全国国土资源集约节约模范县”创建保牌工作，此项荣誉自2013年以来保持至今。

【保护资源】 2017年，继续强化耕地保护责任和占补平衡、日常巡查监管等措施，年内完成全县5.126万公顷永久基本农田的划定，连续18年实现耕地占补平衡和耕地总量动态平衡，年末实际耕地保有量、基本农田保护面积均超过省政府下达的耕地保护责任目标任务。全年完成土地开发综合整治项目15个，实施城乡建设用地增减挂钩项目26.67公顷，建设规模1000公顷，投资规模近4000万元，新增耕地129.33公顷。超额完成了县政府下达的666.67公顷年度刚性任务目标，为县财政节省用地报批费近2000万元。改善了项目区群众的生产生活条件，助推了全县新农村建设发展。加强执法监察。共开展动态巡查5800人次，联合城管、公安等部门开展查违拆违行动60多次，共立案查处国土资源违法案件179宗，同比下降23%；已结案160宗，立案率100%，结案率89.38%；收取罚没款161万元，拆除违法建筑2300平方米。卫片执法检查工作顺利通过省、市检查验收，实现“零问责、零约谈”目标。

【服务民生】 2017年，为深入推进不动产登记制度改革，按照上级“持续、稳定、安全、高效”发证的要求，严格落实各项政策，扎实开展不动产登记工作，取得良好成效。全年共颁发不动产权证书3011本（其中林权类证书68本），不动产登记证明9669份，不动产登记中心获赠锦旗5面。林权登记工作走在行业前列，不动产登记工作得到了社会的认可和好评。认真编制完成《汉寿县2017年度地质灾害防治方案》，县人民政府与各相关乡（镇）、国土局与各有关乡（镇）所签订了《地质灾害防治责任状》，防治责任得到严格落实。争取上级主管部门应急资金60万元，对全县地质灾害隐患点进行了及时有效治理。受理群众来信15件，来访16批29人次，处理率达99.3%，落实班子成员信访接待日制度，涉土信访总量同比减少17%，人次减少12%。

【基础工作】 抓好规划编制。充分考虑项目建设需求，结合规划、林业、交通、水利、旅游等行业规划，顺利完成了土地利用总体规划修改完善，共调整城镇用地规模207.28公顷，农村居民点817.46公顷，交通水利用地273.78公顷，共407个项目纳入了调整完善，使建设布局更趋合理；完成了矿产资源总体规划编制和汉寿县“十三五”土地整治规划编制。推行依法行政。修订完善权力清单，完善行政许可服务指南，依法依规做好信息公开；所有行政审批事项实行统一受理，运作程序公开透明，项目办结率和群众满意率均为100%；进一步加强法制宣传，强化依法行政意识，规范行政复议和行政应诉工作；坚持信访投诉请求通过法定途径分类处理，有效解决突出问题和群体性问题。率先启动“数字汉寿”建设。为适应新时代发展的需求，在省、市主管部门的正确指导和县委、县政府的重视支持下，在全市率先启动了“数字汉寿”地理空间框架建设。争取县政府投入500万元专项经费，经过两年的努力，“数字汉寿”地理空间框架建设的技术成果基本形成，已进入申请审查验收阶段。完成野外测绘1200公顷，绘制图1705幅，完成产值203万元。认真做好测绘成果及地理数据保密工作，无测绘成果泄密事件，为县域经济发展提供有力的测绘保障。

【队伍建设】 2017年，继续以创先争优为抓手，强化素质提升，着力建设优质干部队伍。开展9次作风督查，对违反制度的4个单位和6名同志在全系统进行通报。加强廉政教育。举办了为期2天全封闭式的以“守规矩、讲纪律、强本领，依法履行守土职责”为主题的全员综合培训教育活动，采取请纪委、检察院的负责同志授课，观看警示教育片等形式开展廉政教育。全年共组织干部职工观看廉政教育警示片4次，为干部职工上廉政党课2堂。以工会为平台,开展“党员进社区”服务、义务献血、爱心捐款、庆祝建党96周年等一系列主题活动。继续推进文明创建。组织开展4期道德讲堂、8次志愿服务活动、7次“我们的节日活动”，开展文明劝导、绿化、环境卫生整治等行动。常德市文明标兵单位保牌成功。

【常德市林权类“不动产权证书”在汉寿首发】 2月27日，常德市首本林权类“不动产权证书”在汉寿县不动产登记中心颁发。

当天，本土企业——汉寿县银河岸农林科技发展有限公司负责人领到了全市第一本林权类“不动产权证书”。登记的权利包括土地承包经营权，森林、林木所有权。此前,全市颁发的“不动产权证书”仅涉及土地和房产。

据悉，自2016年8月26日，汉寿在常德各区县市（澧县为全省试点除外）第一个进行不动产登记中心揭牌和首证颁发的县，颁发房地类不动产权证书，什么时候颁发林权类不动产权证书成为社会关注的热点之一。汉寿县国土资源局把探索林权类不动产权证书的颁发列为其重点工作。在该县县委、县政府高度重视下，国土和林业部门积极配合，县不动产登记中心工作人员更是克服林权调查线长面广，登记发证无技术力量指导等诸多困难，经过多次探索，成功走出了第一步。

林权类不动产权证书的颁发，不仅开启了全市林权类不动产登记的新征程，同时，也标志着不动产统一登记的改革任务上新的台阶。

【举办山洪地质灾害防治工作培训会】 为进一步提高基层地质灾害防治管理人员的防灾救灾能力，保护好人民群众的生命财产安全，4月19日，汉寿县举办2017年小型水库巡查暨山洪地质灾害防御培训会，该县山区乡镇国土资源所所长、水利站站长、相关村（居）支部书记、监测员等共200余人参加此次培训。

【开展防灾减灾日义务宣传活动】 5月12日是以“减轻社区灾害风险，提升基层减灾”为主题的我国第9个“防灾减灾日”。当天上午，汉寿县国土资源局10余名志愿者到汉寿县休闲广场，在全县“防灾减灾日”应急知识集中宣传活动现场开展了一次义务宣传活动。

活动中，该局志愿者结合国土部门的职能职责，对地质灾害防治知识进行宣传。他们向前来观摩学习的各位领导、社会各界群众和中小学生免费发送《地质灾害防治宣传手册》，并且耐心宣讲地质灾害防治的有关知识，让地质灾害防治知识都得到普及。

活动从上午8:00开始，到下午4:30结束。该局志愿者先后免费发送宣传手册1500余份。

【汉寿举行“6·25”土地日宣传活动】 6月25日是第27个全国“土地日”。6月23上午，汉寿县国土资源局组织工作人员到县休闲广场开展“6·25”全国土地日宣传活动。

2017年“土地日”的宣传主题是“土地与生态文明建设”。在宣传活动中，该局通过设立咨询台、悬挂横幅、摆放宣传展板等形式，向前来咨询的市民现场宣传地质灾害防治、不动产登记政策、节约集约用地及土地管理法律法规等方面的知识，并现场发送宣传资料1500余份。针对市民关注的土地征收补偿、宅基地的审批、集体土地使用权登记、不动产登记等热点问题，工作人员还逐一进行耐心细致地解答。活动受到了社会各界的好评。与此同时，该县各乡镇及街道国土资源所也积极参与宣传活动，分别采取张贴标语、悬挂横幅、发送宣传资料、出动宣传车和举办培训班等多种形式开展宣传，营造了良好的宣传氛围。

【举行土地执法动态遥感监测专项工作合作签约仪式】 2017年9月11日下午，省地质科学研究所与汉寿县土地执法动态遥感监测专项工作合作签约仪式在该县国土资源局举行。市国土资源局执法监察支队副支队长丁昌法出席签约仪式。

合同约定从2017年第三季度开始，由省地质科学研究所利用多源国产卫星影像，对该县全辖区2021平方公里的土地利用情况进行遥感监测，每季度为该县提供一次2米精度的遥感正射影像资料，并包括土地利用信息的提取。省地质科学研究所按合同约定提供的卫星遥感影像资料将作为该县土地执法和乡镇集体建设用地管理工作考核的主要依据。此次签约成功，将有效促进汉寿县土地卫片执法工作和集体建设用地管理工作取得好的成效。

【开展“问题地图”专项治理行动】 为贯彻落实中央领导近日关于全面覆盖排查整治“问题地图”的重要批示精神，切实维护国家主权、安全和利益，9月29日，汉寿县国土资源局按照省、市主管部门的统一部署，在全县开展“问题地图”专项治理执法行动。

在执法检查中，执法人员对新华书店、西套市场、读读书城、广见文体超市和易事快文体超市等地图经销商和县政府电子政务办、广播电视台、住建局、旅游局等单位进行认真检查，对生源学校、南岳路实验学校、詹乐贫中学等城区学校教学使用的地球仪、地图进行仔细甄别。执法人员在检查中发现，县内正在销售和使用的地图中，个别存在不按规定标示南海断续线，漏绘钓鱼岛、赤尾屿等重要岛屿，未经审核出版发行等问题。执法人员对“问题地图”产品进行现场收缴，并结合存在的问题下达限期整改通知书。同时，执法人员还向受检单位和广大群众宣传讲解国家版图和地图知识。

此次执法检查，不仅引起全县各级各部门对“问题地图”清理整治工作的高度重视，促进汉寿县对国家正规地图的规范化使用和销售，而且切实增强全县广大干部群众自觉维护国家领土主权完整的主人公意识，进一步激发广大干部群众的爱国主义情感。

【国家土地督察武汉局督查汉寿县国土资源管理工作】 12月25日，国家土地督察武汉局副专员杭邦明一行到汉寿，对汉寿县2017年土地督察整改工作进行检查验收。市国土资源局党组书记、局长吴德新，县委副书记、县长车世忠，副县长宋万林，市国土资源局副调研员、县国土资源局党组书记、局长李文广陪同检查。

检查组一行先后核查崔家桥光伏发电项目、军山铺砖厂拆除复耕现场，视察了围堤湖蔬菜基地，并在军山铺镇召开座谈会，听取县人民政府关于2017年土地督察整改和集体建设用地管理工作的情况汇报，走访座谈当地干部群众，详细解基层国土资源管理工作的有关情况。

检查组一行对汉寿县的土地执法、耕地保护、后备资源开发和用地保障等方面的工作给予充分肯定。同时，杭邦明对汉寿县的集体建设用地管理给予高度评价，并嘱咐随行的市国土资源局主要负责人，一定要把汉寿的集体建设用地管理的创新模式和经验在全市乃至全省进行推广，以促进全省国土资源管理工作不断迈上新台阶。杭邦明还认为，汉寿县的土地利用后备资源有很大的开发潜力，建议汉寿县委、县政府合理开发利用，为县域经济社会发展提供强有力的土地资源和财力支撑。（童　坤）

环境保护

【概况】 2017年，在省、市环保部门的正确指导下，在县委、县政府的高度重视下，全县环境保护以改善县域环境质量、保障群众健康环保为根本出发点，扎实开展中央环保督察问题整改，强化大气、水、土壤环境治理，圆满完成了中央环保督察及全年各项工作任务。全县终止各类环境违法合同220份，涉及合同资金4.3亿元，县财政投入突出环境问题整改资金1.76亿元，立案查处环境违法行为45起，罚款金额222.8万元，全面解决多年没有解决的环境问题160多个，涉及水、土、气污染、水土流失、生态破坏等方方面面，打赢2017年蓝天保卫战和水土保护攻坚战，进一步健全环境保护工作机制和大环保工作格局，全县干群环保意识得到较大提高，形成人人关注环保、个个保护环境的良好氛围。

【中央环保督察】 高度重视。2017年4月份，中央环保督察组进驻湖南省，共交办汉寿县群众投诉信访问题20件，中央督察组反馈意见指出问题14件，省内排查发现突出环境问题2件。对中央环保督察交办的环境问题整改工作，县委、县政府高度重视，先后召开2次县委常委会、1次县政府常务会、3次县长办公会进行专题研究部署，成立了由县委书记任顾问，县长任组长，常务副县长任常务副组长，县纪委书记及三位分管副县长任副组长的汉寿县突出环境问题整改工作领导小组，制定《汉寿县贯彻落实中央第六环保督察组督察反馈意见整改方案》，由县委办、县政府办联合行文下发。形成了一个问题、一套方案、一名负责县级领导、一个牵头负责单位、一抓到底的工作机制。

措施过硬。对中央环保督察交办的环境问题，县委书记和县长共召开20多次现场调度会亲临现场调度督办，各分管副县长每天一调度，每周一总结，县委督查室、县政府督查室、县环委会办公室组建联合督查组，对全县环境突出问题整改工作进行现场督查督办，进一步夯实责任，确保整改成效。尤其是清理湿地保护区欧美黑杨、环洞庭湖砂石码头整治、农村垃圾填埋等环境问题的整治，县委、县政府提高政治站位，采取超常举措，以防汛之势抓整改攻坚，特别是在欧美黑杨清理专项整治行动中，按照防汛抗洪的组织体系，成立黑杨清理攻坚指挥部，由县委书记任顾问，县长任总指挥长，下设“五组一室”和6个分指挥部，总指领导坐镇指挥，分指领导一线调度，县委书记、县长一天一调度、一天一会商、一天一督导，共调度15个乡镇、56个县直部门的力量，累计投入劳动力5586人次，调集油锯等作业设备1141台、专业人员1087人次，出动运输船只310次，不折不扣地打赢了这场全民战役。

成效显著。通过采取有力举措，2017年，中央环保督察交办汉寿县的36个环境问题全部整改完成，尤其是十多天时间清理湿地核心区五万多亩欧美黑杨，一个多月取缔关停沿湖32个砂石码头，总共关停67个砂石码头和碎石场，力度之大，举措之实得到了省市领导的充分肯定，中央电视台、新华社、经济日报、湖南卫视、湖南电视台等多家主流媒体先后多次报道。

【环境治理】 大气污染防治。开展燃煤锅炉整治。县城区、高新区17台使用燃煤的锅炉，全部关闭或改烧清洁能源。禁止销售高污染燃料，取缔关闭县城区内的散煤堆场和藕煤加工厂。开展扬尘综合防治。以县城、高新区为重点，所有建筑工地、拆迁现场，全面落实防尘措施、设置洗车槽，推广新型渣土运输车，所有渣土运输车辆密闭运行，城区道路机械化清扫率100%。开展油烟污染治理。县城区大中型（3个灶头以上）餐饮企业和单位食堂全部安装高效油烟净化装置。整治了露天烧烤，县城区内所有烧烤摊点进店经营，使用环保烧烤灶。禁止露天焚烧秸秆和垃圾，加大巡查力度，每个乡镇、村明确专人巡查，发现一起，处罚一起，形成震慑力，有效控制了秸秆焚烧现象。推行城乡垃圾收运处置一体化模式，建立了生活垃圾、秸秆常态化禁烧机制，解决“村村点火、处处冒烟”的问题。开展机动车环境污染整治，淘汰“黄标车”。制定黄标车淘汰工作实施方案，明确任务目标，责任到乡、到村试行包干，2017年，淘汰黄标车297台，发放补贴130万元，完成率100%，占全市前列。

2017年，县域空气环境质量明显提升，空气质量优良天数322天，12月份空气质量进入全省前17名，全市排名第一。

水环境治理。安乐湖流域治理。启动安乐湖流域一期工程和河道污染治理一期工程，投入资金1.09亿元，实施安乐湖流域污水处理厂及配套管网建设，开展安乐湖流域畜禽养殖污染治理，对江东市水库水源地实施围栏隔离、警示标志工程，实施安乐湖流域截污管网工程、污水拦截工程、排污口综合整治工程、湿地生态修复工程。2017年，完成整治工程80%，2018年3月份前将全部完工。

饮用水源保护。先后设定7个省级饮用水源保护区及西湖高水内江等23处县级饮用水源保护区，完成了饮用水源保护区划定，对全县划定的7处集中式饮用水源保护区内非法排污口及违法建设项目进行拉网式排查，取缔了保护区内所有排污口、砂石码头、网箱养殖、畜禽养殖场等违法项目，开展了饮用水源保护区规范化建设，进一步完善了饮用水源保护区地理界标、交通（航运）警示标志、宣传牌、隔离防护等基础设施。对域内饮用水源保护区每月开展一次常规监测，良好率达100%，确保饮用水源保护区水源达标，维护城乡居民饮水安全。

土壤污染防治。在全县范围内组织开展土壤污染源、污染地块调查工作，形成《汉寿县土壤污染源、污染地块调查报告》，开展了农用地土壤污染状况详查点位核实工作，对县域内土壤污染重点行业企业及其空间位置、土壤污染问题突出区域进行逐一核实，在此基础上，补充划定农用地土壤污染状况详查单元，最终划定详查单元23个，核实农用地详查点位212个。开展土壤污染综合防治先行区建设，实施了崔家桥连家坝金矿遗留场地风险管控工程。申报了2018年土壤和重金属污染防治项目库，其中丰家铺镇笔架村历史遗留选金尾砂风险管控工程通过省厅组织的技术审查，列入2018年土壤污染防治项目储备库A类项目。

农村环境整治。2017年，开展以饮用水源保护、畜禽养殖污染治理、农村生活污水处理、生活垃圾处理为主要内容的农村环境综合整治。项目投入中央专项资金3500万元，配套部门整合资金1.75亿元。建成农村分散式污水处理系统2040套，完成了7个生活饮用水源地保护工程，包括设置水源防护栏、截污沟、教育宣传牌、警示牌等，建成农村生活垃圾采集点52个，完成12家规模养殖场污染治理工程建设。

【环保执法】 监察执法。制定《环境监管网格化实施方案》，建立环保网格化监管体系，共检查企业192家，对其中31家企业的环境违法行为予以立案查处，罚款176万元，行政拘留4人，移送刑事案件1起。开展环境污染隐患排查，对全县7处集中式饮用水源保护区内非法排污口及违法建设项目进行拉网式排查，进一步完善了饮用水源保护区界标、宣传牌、隔离防护等基础设施，确保饮用水源保护区水源达标，维护城乡居民饮水安全。对全县化工企业、机械加工、苎麻纺织、污水处理厂和自然保护区及存在突出问题的畜禽养殖场进行重点检查，对相关企事业单位环评审批落实不到位、未建污染防治设施或设施运行不正常、危险废物处置不规范、污染物排放不达标等存在的问题提出限期整改要求和处罚措施。加强固废及危险废物管理，完成县城内所有注册单位涉危检查并建立台账。完成涉危企业圣宝登记，对无证无照的涉危经营单位进行排查，对涉危企业进行规范化管理。

环境投诉处理。2017年，共受理来信、来电、网上投诉、县长热线、上级交办等环境投诉103起，主要涉及水污染、大气污染、噪音污染、固体废弃物污染等，处理领导交办件9件。对所有环境投诉件，做到及时受理，及时调查处理，并按时回复当事人。处理率达到100%，结案率达到98%以上，较好地保障了群众的环境权益。

【环境监测】 降水监测。2017年，降水监测采取逢雨必测，据监测结果显示，2017年全县降雨总量为975毫米，pH平均值为5.94。酸雨出现率为0。

地表水监测。2017年1、2、4、5、6、8、9、11、12月沅水白鹤洲地表水委托湖南华科环境监测技术服务有限公司进行常规24个项目的监测。2017年3月、7月沅水白鹤洲地表水委托湖南华科环境监测技术服务有限公司进行监测，共监测了62个项目。10月沅水白鹤洲地表水委托湖南华科环境监测技术服务有限公司进行全项目监测，共监测109个项目。白鹤洲饮用水源每月的监测结果都达到Ⅱ类标准。

2017年9月委托湖南华科环境检测技术服务有限公司对全县万人以下地表水集中式饮用水源汉寿县火烧冲水库、斋家冲水库、肖家冲水库3家饮用水源进行全项目监测，监测项目为水温、pH值、溶解氧、高锰酸盐指数、氨氮、总磷、阴离子表面活性剂、硫化物、粪大肠菌群等109个项目，都达到Ⅱ类标准，1—12月汉寿县环境监测站对源泉大水厂、颜家庙水库、江东市水库、火烧冲水库、斋家冲水库、肖家冲水库6家饮用水源进行了监测，监测项目为水温、pH值、溶解氧、高锰酸盐指数、氨氮、总磷等11个项目，都达到Ⅱ类标准。

2017年10月沅水新兴咀断面委托湖南华科环境监测技术服务有限公司进行全项目监测，共监测109个项目。其他月份对沅水新兴咀断面委托湖南华科环境监测技术服务有限公司进行常规24个项目的监测，每月的监测结果都达到Ⅲ类标准。

2017年8月对蒋家嘴安乐湖闸口等5个点位进行环境质量监测，监测项目为水温、pH值、溶解氧、高锰酸盐指数、氨氮、总磷等11个项目，5个点位均为Ⅳ类水质，超标因子主要为总磷。2017年12月对安乐湖、太子河、向阳河、太白湖、目平湖（象鼻咀）等9个断面进行监测，监测项目为水温、pH值、溶解氧、高锰酸盐指数、氨氮、总磷等10个项目，目平湖（象鼻咀）、目平湖（西港）、目平湖（岩汪湖）、太白湖的总磷为Ⅴ类水质。

汉寿县坡头断面为常德市环境监测站监测，每月监测结果水质都达到了Ⅲ类标准。汉寿县蒋家嘴断面为常德市环境监测站监测，除总磷外其他项目每月监测结果都达到了Ⅲ类标准，总磷也达到了国家考核指标标准。

大气监测。汉寿城区大气监测点设在环保局监测站楼顶，监测项目为PM10、SO2、NO_2、CO、O_3、PM2.5。2017年城区年平均值SO2为15μg/m3，NO_2为20μg/m3，PM10为64μg/m3，CO:0.9mg/m3,O_3:日最大8小时平均85μg/m3，PM2.5: 39μg/m3。

2017年度整个城区大气监测年平均浓度除PM2.5外其他五个参数均低于《环境空气质量标准》GB3095-2012）二级标准。

全年首要污染物PM2.5为111天，PM10为71天，O_3为73天，NO2为2天，CO为3天，SO_2为1天。全年O3日平均值超标4天，PM2.5日平均值超标38天，总超标天数42天。2017年全年共监测363天，超标42天，达标天数321天。空气质量达标率为88.4%。

城区噪声监测。城区噪声分为区域噪声和交通噪声。区域噪声全县设点107个，交通噪声设点15个。2017年，城区环境噪声等效声级平均值49.5dB，较标准55dB低5.5dB，较2016年下降了1.3dB，城区环境噪声总体达标。

2017年，城区主要道路的交通噪声等效声级平均值为69.2dB，平均车流量为424辆/小时，其中轻型车平均车流量为261辆/小时，重型车为163辆/小时。交通噪声最高的是新车站72.0dB。城区交通噪声有邮电局、照相馆、新车站3个点位超标。城区交通噪声等效声级较标准70dB低0.8dB，与去年相比交通噪声降低 1.5dB。

（李明好）

湿地保护

【概况】 湖南西洞庭湖国家级自然保护区（属西洞庭湖国际重要湿地）位于湖南省常德市汉寿县境内的沅、澧水尾闾，其主体湖泊为汉寿县目平湖，北纬 28° 47′ 52″ ~ 29° 07′ 21″，东经 111° 55′ 16″ ~ 112° 17′ 13″，总面积 30044 公顷。其中，湿地面积 26960 万公顷，核心区面积 9061 公顷，缓冲区面积 6165 公顷，试验区 14818 公顷。

西洞庭湖湿地承接沅、澧二水，吞吐长江松滋、太平二口洪流，纳汉寿县境内沧、浪等 8 河入湖，是江湖复合湿地生态系统的典型代表，是洞庭湖区江湖生态系统平衡的调节器，在国家防洪抗旱、生态安全保障、生物多样性保护、水产渔业资源发展上具有重要的战略地位。区内水系发达，水质净化能力强，湖泊换水周期一般小于 20 天，“涨水为湖，退水为洲”是其主要特征。

保护区以黑鹳、白鹤等珍稀濒危物种及湿地生态系统为主要保护对象。区内湿地资源十分丰富：有维管束植物 87 科 259 属 414 种，其中国家 I 级重点保护植物有水杉（引种栽培）1 种，国家 II 级重点保护的有粗梗水蕨、野菱、野大豆等 5 种。鸟类 217 种，分属 15 目 50 科，其中国家 I 级保护鸟类有白鹤、白尾海雕、白头鹤、黑鹳和东方白鹳 5 种；国家 II 级重点保护物种有小天鹅、鸿雁、白琵鹭、卷羽鹈鹕等 21 种。鱼类 9 目 20 科 111 种，鱼类资源以鲤科鱼类为主，珍稀鱼类有中华鲟（国家一级保护）、胭脂鱼（国家二级保护）、长体鳜（国家二级保护）、银鱼和日本鳗鲡等。另有两栖动物 13 种、爬行动物 20 种、底栖动物 65 种、哺乳动物 26 种。

西洞庭湖湿地在全球生物多样性保护中占有重要地位，是我国淡水湿地生物多样性最丰富的区域之一，是长江流域湿地生物多样性保护的关键区域之一，是全国 49 块国际重要湿地之一（含香港米埔），也是世界自然基金会确认的全球 200 个生态热点地区之一。西洞庭湖自然保护区于 1998 年 1 月由省人民政府批准成立，2002 年 1 月，被列入《国际重要湿地名录》，2013 年 12 月 25 日，国务院办公厅以国办发〔2013〕111 号文件批准西洞庭湖自然保护区等 23 个保护区为新建国家级自然保护区。2014 年 12 月，中共汉寿县委机构编制委员以汉编发〔2014〕3 号文件批准湖南西洞庭湖国家级自然保护区的管理机构名称由“湖南省汉寿西洞庭湖省级自然保护区管理局”变更为“湖南西洞庭湖国家级自然保护区管理局”。

保护区管理机构为副处级具有行政职能的全额财政拨款事业单位，由汉寿县委、县政府直接管理，内设 5 个科室（即办公室、财务科、资源保护科、宣传教育科、旅游管理科），2 个分局（蒋家嘴分局、岩汪湖分局，均为正科级）和 1 个公安派出机构（保护区派出所），下设 3 个管理站（龙王湖管理站、朱家山管理站、淤洲管理站），配备局级领导 5 名，局长、书记、纪检书记各 1 名，副局长 2 名。单位核编 39 人，实有上班人员 51 人。

2016 年 5 月 13 日，中共汉寿县委机构编制委员会下达《关于设立湖南汉寿西洞庭湖国家级自然保护区管理局综合行政执法大队的批复》（汉编发〔2016〕8 号），同意设立湖南汉寿西洞庭湖国家级自然保护区管理局综合行政执法大队，为湖南西洞庭湖国家级自然保护区管理局直属机构，机构级别为正科级。执法大队下设 3 个内设机构：游巡塘综合行政执法中队、柳林咀综合行政执法中队、法制股，机构级别均为正股级。综合行政执法大队确定全额拨款事业编制 12 名，其中大队长 1 名（正科级），副大队长 3 名（副科级），其他工作人员 8 名。

保护区管理局的主要职责：以水禽、水禽栖息地以及湿地生态系统为主要保护对象，以阻止湿地进一步萎缩退化和实现湿地资源可持续利用为主要目标：传贯彻国家有关自然保护区的法律法规和政策；制定和实施保护区的各项管理制度，行使自然保护区的各项管理职能；综合协调管理范围内水利、渔政、国土资源、环境保护和社会治安工作；组织编制保护区发展计划、规划，实施保护区的功能建设；组织实施保护区内自然资源的调查、监测和保护工作，救护和处理送交的野生动植物及其产品；组织开展湿地保护科学研究工作，参与国内、国际学术交流与技术合作；组织开展湿地保护知识的宣传教育；规范湿地保护区旅游秩序，组织开展观光旅游；调查、处理违反湿地保护法规的行政案件；在湖南汉寿西洞庭湖国家级自然保护区区域范围内开展相对集中行政处罚权工作，具体行使自然保护区管理、旅游管理、林业管理方面法律、法规、规章规定的行政处罚权；行使农业管理、环境保护管理方、水利管理、国土管理、交通运输管理方面法律、法规、规章规定的部分行政处罚权；履行湖南省、常德市和汉寿县人民政府依法规定的其他职责，完成县委、县政府交办的其他事项。

【湿地监测重大突破】 西洞庭湖国家级自然保护区于 2002 年 1 月被列入国际重要湿地名录，为实现作为国家级保护区和国际重要湿地应尽的监测职责、进一步提升湿地保护与管理质量与水平，保护区管理局会同北京林业大学自然保护区学院一道制定具有系统性和科学性的监测方案。

签订双方长期合作协议。湖南西洞庭湖国家级自然保护区管理局与北京林业大学自然保护区学院签订长期合作协议，协议内容主要包括双方将加深在教学实习和科研方面的合作。

拟定湿地监测方案。北京林业大学自然保护区学院应湖南西洞庭湖国家级自然保护区管理局请求，依照国内外湿地监测相关法律和前沿监测方法，双方合作拟定“西洞庭湖国家级自然保护区监测指南”。

制作湿地监测日历。根据已拟定的“监测指南”，保护区管理局与学院双方对监测责任进行划分，拟定监测日历。监测日历是根据生物物候和水文变化等自然节律，科学性的将监测任务确定到每天，使得监测项目的实施更具有系统性。

确定湿地监测项目负责人。在双方友好合作的基础上，为实现“西洞庭湖国家级自然保护区监测指南”项目的按时保质量完成，协议双方指定雷光春教授和雷霆教授作为湿地监测项目总负责人，并依照监测责任的划分具体细化每个监测小项目的具体实施负责人。

开展生态系统组分监测工作。以湿地监测方案为依据，双方在 2017 年的 4 月、6 月和 8 月 20—30 日实施两栖、爬行动物的调查；9—10 月进行底栖动物的监测；在 11 月份完成监测鱼类、初级生产力等指标；12 月份进行植物监测、水鸟、兽类、动物迁徙指标的监测。

保护区管理局监测工作。管理局监测团队针对水鸟、鱼类、两栖、爬行动物等进行了定期观测和记录。

两栖类监测

以洞庭湖自然保护区蒋家嘴分局为中心来确定样区，该区域像个半岛一样嵌入西洞庭湖区，湖区生态环境变化对两栖动物种群变化存在潜在影响，共设置 10 条样线，该区域的生境类型包括：农田、沟渠、河流丘陵、人工林、湿地、滩涂、湖（内、外）堤等多种湖区典型生态类型。2017 年 4 月、6 月和 8 月 20—30 日，三次前往样区进行观测，每月每条样线 3 次重复（晚上开展，不同天）。每条样线 2~3 人同时完成。观测时间为天黑后半小时至次日凌晨 1 点之前。观测时行进速度为每小时 1 公里（行进期间，以记录物种和个体数量为主），水陆交汇处各 1 米宽度（2 米宽）。对于树栖蛙类,记录 2 米（含 2 米）以下的个体。

2017 年共观测到两栖类物种有 5 科 8 属 11 种，与 2016 年 5 科 8 属 13 种观测结果比较，2017 年少了花姬蛙和斑腿泛树蛙 2 种。由于 2016 年斑腿泛树蛙只听到了一次叫声，花姬蛙后证明为饰纹姬蛙，所以实际比 2016 年观测种类减少了 1 种。对 10 条样线 4 月、6 月、8 月取连续观测的物种数量最大值，观测频次前三位的物种分别是泽陆蛙、饰纹姬蛙、黑斑侧褶蛙，与 2016 年的结果相同。

2017 年 4 月份，两栖类物种种类数量共计观测到 1200 只次，6 月份共计观测到 2241 只次，8 月份共计观测到 1134 只次，与 2016 年 4 月、6 月、8 月份观测到 2993 只次、1947 只次和 1227 只次相比，今年 4 月份观测到的数量明显减少。这可能与温度及降水等因素密切相关，2016 年 4 月份观测期间，雨水较多，气候潮湿，气温较高，而 2017 年 4 月份气候干旱，气温较低，蛙类活动减少，因此观测数量明显减少。数量减少的种类主要为泽陆蛙，2016 年 4 月份，监测到泽陆蛙数量为 1738 只，而在 2017 年 4 月为 550 只，与泽陆蛙为优势种及季节性的气温、水温、湿度、气候等环境因素密切相关。6 月、8 月份观测的数量与去年基本持平。

从 2017 年物种数量的样线分布来看，10 条观测样线中，9 号样线最多，与 2016 年相同，主要是因为 9 号样线为纯农田生境类型的样线，其次是 1 号样线，主要是因为 2017 年 1 号线做了调整，将 2016 年林地、农田结合生境的 1 号线调整为农田—沼泽结合类型的 1 号线，调整主要是为了增加观测样线中沼泽生境类型比重。

鸟类监测

湿地鸟类是湿地生态系统中的重要成员，鸟类的群落组成及种群数量大小被认为是湿地监测与评价的重要指标之一。

依据《西洞庭湖保护区监测方案》完成了本年度的鸟类监测工作，2017 年常规监测共记录到水鸟物种 50 种，分属 7 目 13 科，共计 21473 只 / 次，数量占前三位的水鸟物种分别为罗纹鸭 (8684 只 / 次)、普通鸬鹚 (4198 只 / 次) 和赤颈鸭 (2150 只 / 次)。在记录到的水鸟物种中，属国家Ⅰ级重点保护物种的有 4 种，分别为白鹤(20 只 / 次)、东方白鹳 (1 只 / 次)、白头鹤 (22 只 / 次) 和黑鹳 (48 只 / 次)；属国家Ⅱ级重点保护物种的有 6 种，分别为小天鹅 (998 只 / 次)、大天鹅 (2 只 / 次)、白琵鹭 (289 只 / 次)、灰鹤 (8 只 / 次)、白枕鹤 (1 只 / 次) 和白额雁 (270 只 / 次);根据《世界自然保护联盟濒危物种红色名录》（IUCN red list）的界定：极危的 1 种为白鹤，濒危的 1 种为东方白鹳，易危的 3 种分别为鸿雁、白头鹤、和白枕鹤，近危的 1 种为罗纹鸭，其他为无危。

在越冬鸟类日常监测中，于 3 月 7 日在半边湖区域记录大天鹅 2 只，经查阅西洞庭湖历史文献记载可以确认为保护区的鸟类新纪录种。

在日常监测过程中了解分析，对保护区内鸟类构成威胁的因素主要有：①畜牧业和人为活动对候鸟的栖息、繁衍和觅食影响较大。②湿地水资源的短缺使得水生植被多样性和群落多样性降低，鱼、虾等水生、底栖动物相对减少，最终造成水鸟生存的适宜环境不断缩减，直接影响到其种群的发展。

自然保护区学院监测工作。

植物多样性

在植物初级生产力和植物监测中采用样地调查法，分别沿沅水洪水流向在坡头村太阳汊、监测塔西和沿澧水洪水流向在打靶台西、大连漳及沅水澧水洪道汇合处设置5个样地，记录植物多样性，计算各样地的重要值、α 多样性、β 多样性。

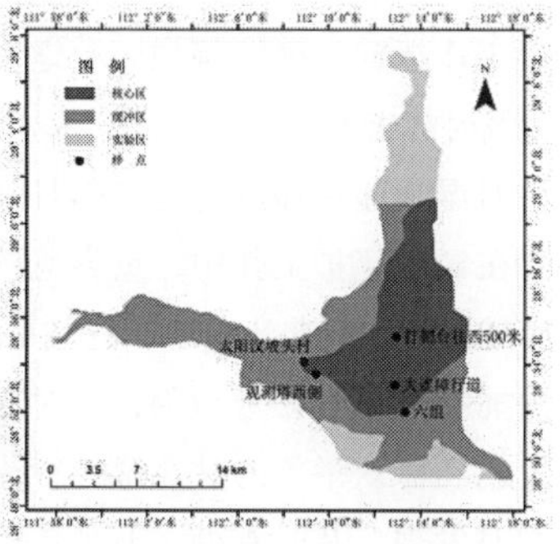

西洞庭湖保护区植被调查样地图

对西洞庭湖保护区天然洲滩湿地五个样地植被调查结果为共计49个种，其中优势物种主要为蔗草、短尖台草、鹅肠菜、风花菜、黑麦草、荔枝草、蓼子草、蒌蒿、芦苇、陌上菜、南荻、水田碎米荠、碎米荠、铁苋菜、通泉草、野胡萝卜、虉草、沼生蔊菜等物种。坡头村太阳汊样地主要优势种为苔草和南狄，重要值分别为0.50和0.17，margalef 丰富度指数为2.26；观测塔样地主要优势种为短尖苔草和碎米荠，重要值分别为0.19和0.18，margalef 丰富度指数为3.59；打靶台样地主要优势种为碎米荠和野胡萝卜，重要值分别为0.09和0.10，margalef 丰富度指数为2.45；大涟障样地主要优势种为苔草和碎米荠，重要值分别为0.18和0.26，margalef 丰富度指数为1.78；六组样地主要优势种为虉草和铁苋菜，重要值分别为0.47和0.22，margalef 丰富度指数为2.80。

底栖动物

2017年3月起在西洞庭湖打靶台、中苇洲、杨幺水寨等区域21个样点开展了15次底栖动物调查，共计调查到底栖动物35种。

地表高程和种子库

以洪水脉冲方向和淤积情势梯度为基础，设置5个样地，开展了地表高程和洲滩湿地植被土壤种子库组成监测工作。

地表水体质量

在西洞庭湖入水口、出水口、洪水方向和人为干扰不同区域设置了12个水质和水文监测点，按照每季度采样一次的频率，目前已获取了2轮数据，每个点检测20项水体质量指标。

土壤重金属

在监测土壤全磷与土壤重金属污染分布特征，沿沅水洪水流向在坡头村太阳汊、监测塔西和沿澧水洪水流向在打靶台西、大连漳及沅水澧水洪道汇合处设置5个样地，共取得81个湿地土壤样品。采用高氯酸—硫酸消解—钼锑抗比色法测定各个样品的全磷含量，采用硝酸—高氯酸—氢氟酸消解重金属检测样品，最终获得监测区域的土壤全磷与土壤重金属污染监测情况。

启动湿地大样地建设项目。保护区学院已于2017年完成了对湿地大样地的前期植物调查工作，已根据相关文献资料对大样地的建设准备具体实施方案，待2018年春季正式湿地大样地的建设工作。

迎接国家林业局考察团视察。2017年8月，保护区学院作为技术支撑单位协助保护区管理局迎接“国际湿地城市”评审认证专家组到西洞庭湖国际重要湿地开展现场评审。

开展北京林业大学本科生教学实习。2017年11月，北京林业大学自然保护区学院2015级本科生实习团队在湖南西洞庭湖国家级自然保护区进行为期10天的实习课程，该次实习由雷霆、邢韶华和李红丽等老师带领，实习内容包括湿地植物监测、湿地土壤监测、保护区管理等内容。

【中央环保督察整改措施得力】 2017年，湖南西洞庭湖国家级自然保护区管理局为迎接中央环保督查做了一系列扎实有效的工作。根据中央环保督察反馈意见和省政府督查室《关于对突出环境问题进行整改的函》（湘政督函〔2017〕45号）要求，针对西洞庭湖突出环境问题进行了认真整改，对突出违法违规行为进行严厉查处打击。具体做了以下工作：

对湖洲土地承包合同进行了全面清理。在中央环保督查中，为全面了解保护区土地权属和经营情况，县政府要求对湖洲土地承包合同进行全面清理。4月份，保护区管理局（恒宇公司）、县水利局（蒋家嘴水闸）、沅南水利会、西湖水利会、县商务粮食局、西港镇、坡头镇、洲口镇、罐头嘴镇、岩汪湖镇、蒋家嘴镇等11个湿地资源权属单位上报了外租湿地资源合同（口头协议备忘）197份（合同185份、协议备忘12份），其中33份合同没有体现承包面积；5月份，收集合同15份；9月份，按照县政府要求（合同需单位一把手签字，加盖公章），仅坡头镇、西湖水利会、沅南水利会等3个单位上报合同24份（其中新增合同8份）。截至目前，累计收集清理合同（口头协议备忘）220份，其中正式合同208份（包括1份合同涉及5个洲块，计5份）、口头协议（便签记录备忘）12份。按功能区划分具体情况为：核心区上报清理合同76份、缓冲区73份、实验区71份（其中，口头协议12份）。

对非法捕捞行为开展严厉打击。

①按照县环委会交办要求，督促乡镇（街道）加强管理，加大宣传力度，完成电捕鱼船的拆除清理工作，并逐户上门进行限期自行拆除迷魂阵、地笼的宣传工作。②加强执法力度，对在保护区内设置迷魂阵、地笼的业户下达《限期拆除通知书》（共下达46份），对非法电捕鱼行为予以严厉打击，杜绝电捕鱼行为。③开展集中整治。在4—6月份，重点对保护区内蒋家嘴外围水域、孔家湖外围水域、东洼、北洼、窝火障、当子湖、灰铺障、马家铺、半边湖周边等非法捕捞现象分阶段开展了强拆行动：一是配合乡镇对所辖区域的迷魂阵、地笼进行了自行清除。4月份岩汪湖镇采取补偿拆除人工费的方法，要求灰铺障迷魂阵、地笼经营对象进行了自拆，现场进行了拆除质量标准的监督；随后蒋家嘴镇采取集中清除的方法，请工进行了全面清除。二是对窝火障开展了连续三天的清除行动，使渔民知晓了当前的环保政策、县政府的整治力度，使渔民从思想上接受非法猎次的取缔工作。三是对北洼实行了集中清除行动（现因涨水暂停实行）。四是对零散地笼进行了“地毯式”清除(已连续5天开展清除行动)。五是对蒋家嘴外洲等部分区域反弹地笼进行了再次集中清除，即为确保集中清理整治行动成效，集中行动后各中队同志仍未停歇，即使双休、节假日也加班加点，组织少量船只和劳力，对部分反弹区域进行清理。2017年，在打击非法捕捞行动中，共拆除迷魂阵、高阵、稀阵、矮阵、布网20万多米,清理拆除迷魂阵、地笼近2000多张，涉及水域面积10万多亩。为保护西洞庭湖水产资源，维护西洞庭湖湿地生物多样性打下了坚实基础。

对核心区黑杨进行“清零”。①建立了保护区杨树资源台账。以中队为小组分区域收集杨树资源数据（包括所属单位、面积、合同、期限、树龄等）相关数据，并绘制了保护区核心区杨树分布图，对核心区杨树50852亩列表统计上报（保护区杨树种植面积122582亩，其中核心区50852亩、缓冲区38280亩、实验区33450亩）。②制定了杨树清理方案。呈报县政府召开相关单位交办会，对核心区杨树清理任务进行了具体交办。③协助核心区杨树清理做了一系配合工作，如区域确界、林勘鉴定、砍伐前后视频资料、进度收集上报等等。

全面启动保护区禁牧工作。①禁牧宣传到位。2017年2月24日，县政府在保护区管理局召开了全县禁牧工作会议。随后，保护区管理局执法大队组织宣传车巡回宣传，张贴《汉寿县人民政府关于禁止在湖南西洞庭湖国家级自然保护区内放牧的通告》，同时，各乡镇分别召开保护区禁牧工作动员会，保护区执法人员与养殖户见面，宣传解释政策，发放《禁牧告知书》，使保护区禁牧工作家喻户晓。②重点区域畜禽强制驱离。对保护区内4个养殖户进行了强制驱离，即游巡塘区域的3户（羊2户500多只、猪各1户308头），坡头区域1户（羊220只）按程序对其实行强制驱离。③组织乡镇进行集中驱赶。由保护区执法大队牵头，组织恒宇公司、相关乡镇对重点区域（如高阳、南堤外洲）开展了集中驱赶牛群行动。

对沙卵堆集码头进行了配合整治。①于3至4月份对保护区范围沿线外河码头沙砾堆集场所，进行一次全面彻底的摸底调查，并按照县环保交办要求，对32处沙卵码头下达《限期整改的告知函》。②按照县水利局许可标准，对32处砂卵堆集码头进行了现场勘验，丈量沙卵堆集场面积范围，并进行登记、建立台账，同时针对超范围经营或不符合堆集要求的沙砾堆集场所下达限期整改通知书，督促其整改到位；③按照县政府对砂卵码头的整体要求，对前后交办的10多个码头进行包干监督负责，使其沙卵限期清场。

对其他问题进行了调查处理。①围网养殖进行了再次调查处理。即对交办的16处围网养殖对象进行了现场勘验、询问笔录和现场图片,并按照“一户一档”的要求建档。同时，协助乡镇对蒋家嘴（肖家叉、三叉障）、马家铺、正喜障四处围栏养殖进行了拆除（马家铺已拆除，其他三处正在处理）。②对农业生产问题进行了制止处理，如茅镰洲、神护洲已警告约谈，凉爽洲种植前已制止。

【**整治打击强硬有力**】2017年，派出所和执法大队实行联动执法，从基础工作抓起，确保保护区湿地违法行为及时打击到位。

对湿地违法违规行为加强日常巡护。在日常巡护工作中，重点巡护所辖区域内是否有非法种植、乱垦乱围、违法捕捞等破坏湿地行为，针对巡护中发现和群众举报的破坏湿地行为做到及时发现、及时查处，上半年共进行了121次日常巡护，发现破坏湿地行为十多起，对一般破坏湿地行为进行劝导制止。

对黑鹳守护站开展长期坚守。执法大队以游巡塘中队叶定友、黄云凤为主，队里全体人员参加的方式，按照上级要求，从2016年11月份到2017年3月31日止，所有人员无论节假日还是晚上都坚守在黑鹳守护站，牺牲大量的休息时间，确保了值守期间守护站24小时有人值守，为冬候鸟在西洞庭湖安全越冬提供一个安全、舒适的栖息环境。

对各类违法行为进行立案查处。2017年以来，保护区综合行政执法大队累计受理违规开垦、非法捕捞、非法养殖、非法放牧、违规建设等行政案件21件，其中立案调查18件，已办结案件13件，正在办理案件5件，完成行政处罚42000元。即已办结案件13件包括非法开垦1件，非法捕捞7件，非法种植1件，非法放牧1件，违规建设1件，不服从管理2件。正在办理案件5件，其中，非法围网养殖3件,非法种植1件。另外受理3件：非法捕捞1件，非法放牧1件，非法种植1件。同时配合保护区派出所开展电捕鱼行动。

【争资引项成绩突出】 项目申报取得重大突破。争取多渠道申报，一是向发改委申报《西洞庭湖国际重要湿地及周边区域湿地保护与修复工程》项目；二是向国家林业局湿地办申报《西洞庭湖退耕还湿项目》；三是继续向国家林业局申报《西洞庭湖国家级自然保护区基础设施建设项目》和《西洞庭湖国家级自然保护区补助项目》。2017年2月，湖南西洞庭湖国际重要湿地及周边区域湿地保护与恢复工程建设项目获得湖南省发展和改革委员会批复，项目总投资1.25亿元，占全国湿地恢复项目的三分之一强，其中西洞庭湖0.75亿元，中央财政投资到位资金0.6亿元。

项目实施进展迅速，成效显著。一是西洞庭湖保护区的GEF项目的实施得到省领导的肯定，项目区国家珍稀濒危保护物种不断增加，有效地保护了西洞庭湖的生物多样性；二是“三峡完善项目”“西洞庭湖国际重要湿地保护与恢复二期工程”“2015年湿地生态效益补偿试点项目”“2014年补助资金项目”等四个项目的实施，修复了砍伐迹地类型的退化湿地3万亩，改善了湿地生态环境，为维护保护区生物多样性提供了保障。三是围绕发展西洞庭湖湿地生态旅游进行湿地保护、科普宣教与湿地生态景观修复等项目建设，如宣教中心、半边湖越冬候鸟栖息地打造、建观鸟屋、修巡护路、对砍伐迹地类型退化湿地进行修复等，为西洞庭湖生态旅游打下基础。

【宣传教育影响广泛】 宣传教育一直是湿地保护工作的重中之重。保护区管理局借助“爱鸟周”“湿地日”“环保日”等契机，开展一系列对外交流和宣传活动，营造良好的湿地保护社会氛围，扩大湿地保护的影响力，提升汉寿县的整体形象和知名度。

2017年，在对外宣传教育工作上取得新进展。成功策划、组织并举办“第六届湖南省护鸟营项目暨湖南西洞庭湖国家级自然保护区第36届爱鸟周启动仪式”，全国人大代表、著名佛学大师——圣辉大和尚亲临汉寿主办“圣辉护生功德奖”颁奖典礼，全省近百人生态环境保护志愿者、全县近千名干部、职工及中小学师生参加此次活动，收到良好的宣传效果。配合汉寿县电视台记者深入保护区内进行采访，使保护区内清理白色垃圾、村民义务护鸟类等多条新闻上了湖南卫视晚间新闻，为保护区湿地生态环境保护竖立良好的社会形象。

配合县委、县政府完成中央、省级媒体采访报道，新华社以《西洞庭湖“多位一体”坚守湿地生态红线》为题，CCTV-2财经频道《第一时间》以《湖南常德：“种树能手”砍树 守护候鸟家园》为题专题报道西洞庭湖核心区杨树清理工作,《经济日报》以《【央媒看湖南】西洞庭：天鹅提前“回家”了》报道西洞庭湖生态环境改善成效，湖南经视《[高清]新时代，新征程！落实生态文明新理念 建设大美“西洞庭”》《梦回八百里洞庭》《汉寿西洞庭湖：重现传统捕鱼》等专题报道中央环保督察反馈问题西洞庭湖整改工作，新浪、网易、凤凰、红网、华声在线等网络媒体均大量报道了西洞庭湖保护区整改主工作，并有《常德汉寿实施“三大工程”保护鸟类栖息地促进西洞庭湖生态改善》《汉寿县探索组建“水上城管”创新开展西洞庭湖湿地保护综合执法成效明显》《常德汉寿三举措探索建立西洞庭湖湿地周边区域垃圾治理长效机制》等调研文章被省委办公厅信息处采用。

2017年12月1日,综合网络投票、专家评审团打分，由湖南日报社联合湖南省公检法系统主办，三湘都市报承办的“2017CCTV中国(湖南)法治人物”评选结果最终揭晓，西洞庭湖国家级自然保护区管理局局长梅碧球被评为“CCTV中国(湖南)法治人物”。

【健全制度管理规范】 2017年，保护区管理局从三个方面健全制度规范管理：一是高度重视健全制度、规范管理工作，不断探索，建立健全一系列规章制度，提高科学管理水平。制定《保护区管理局关于进一步加强自身建设的意见》，为建成学习型、创新型、团结型、廉洁型、勤政型党组奠定基础；下发《党风廉政建设和反腐败工作意见》，增强党组拒腐防变的能力；完善各项内部管理制度，修订完善《岗位考核制度》《社区共管机制》《创先争优奖励制度》《财务管理制度》等各项内部管理制度，使工作人员的岗位职责进一步明确，各项工作制度化、规范化。进一步修订完善《岗位考核制度》《社区共管机制》《创先争优奖励制度》《财务管理制度》等各项内部管理制度，使工作人员的岗位职责进一步明确，各项工作制度化、明细化，进一步规范工作人员行为，用制度管人管事,确保年终考核公平公正。同时，全局工作人员统一服装，提升了形象。二是坚持民主集中制原则，建立班子内部自我监督、自我约束的机制，严格按照“集体领导、民主集中、个别酝酿、会议决定”的程序推进决策的科学化、民主化；坚持集体领导和个人分工负责相结合的原则，建立了班子成员工作规则和议事规则，明确在重大问题上发扬党内民主的程序和途径，鼓励班子成员参政议政，培养班子成员的能力和水平，从根本上杜绝重大问题个人说了算的现象；坚持党员领导干部民主生活会制度，在充分征求意见的基础上，党组成员间开展深刻的批评与自我批评，坚持整改落实与完善规章制度结合起来，有力地促进民主决策水平。坚持深入扎实的开展民主议政活动，建立了有在职职工和离退休老干部参加的民主议政小组，实行定期和不定期民主议政小组会议制度，努力促进和谐单位建设；建立严格的局务公开制度，建立健全了符合单位特点的局务公开信息发布渠道，关系全局整体利益、与群众利益密切以及群众关心的热点问题在职工大会公开，保证决策科学、公正、合理。三是作风建设永远在路上，改进作风永远无止境。2017 年，全局继续开展“两学一做”学习教育活动，领导干部对照要求，查摆不足，严格落实中央八项规定，坚决纠正“四风”问题，规范“四费”开支，切实解决工作中存在的一些突出问题。全体党员用“讲政治、有信念”升华党性修养，以“讲规矩、有纪律”加强党规党纪的约束性，在系列学习教育中认真学、踏实做，把“两学一做”学习教育与保护区各项工作有机结合，做到内化于心、外化于行，不忘初心、继续前进。

【狠抓法治强化职能】 西洞庭湖自然保护区内“相对集中行政处罚权”的实施，为全国推广相对集中行政处罚权创造了经验，是全国的一面旗帜，极大提高了汉寿在全国的知名度。2017 年，保护区管理局根据《湖南西洞庭湖开展相对集中行政处罚权暂行办法》的规定，切实履行了保护区（湿）、林业、旅游、农业、水利、环保、交通、国土等 8 个部门集中给我们的职能，受理行政案件 26 件，立案 23 件、结案 17 件，入档 12 件。同时，为新疆、江苏、北京等十多个“到汉寿取经”的保护区提供了经验，得到国家、省、市部门的认可。为西洞庭湖今后的执法体系建设奠定坚实基础。

为加强湖南西洞庭湖国家级自然保护区的建设和管理，维护湿地生态功能和生物多样性，促进生态文明建设和经济社会可持续发展。汉寿县人民政府出台《湖南西洞庭湖国家级自然保护区周边乡镇街道湿地保护工作目标管理考核办法（试行）》，保护区管理局制定《西洞庭湖保护区沿线 11 个乡镇（街道）湿地保护工作考核方案》，成立保护区周边乡镇湿地保护目标管理考核领导小组，由县农村工作领导小组牵头，湖南西洞庭湖国家级自然保护区管理局具体负责。并要求保护区周边乡镇党委要重视湿地保护工作，广泛开展湿地保护宣传，配合做好所辖区域湿地保护工作，发动群众加强湿地监督与管理，建立湿地保护工作联系机制。

通过湿地保护目标管理，保护区周边各乡镇积极作为，主动开展一系列湿地保护工作，较好地完成了湿地保护目标任务，为湿地保护社会化管理打下一个良好的基础，主要表现在三个方面：一是建立健全了管理机制，各乡镇湿地保护工作责任到位。二是迅速调查了经营现状，各乡镇湿地保护工作配合主动。三是广泛开展法规宣传，各乡镇湿地保护工作氛围良好，措施得力，开展有序，真正把湿地保护工作落在了实处。

【管理模式逐步升华】“西洞庭湖模式”内涵的升华，为争创全国先进保护区奠定基础，为全国保护区建设提供了典范。

西洞庭湖模式，即西洞庭湖社会化管理模式，包括政府统管、部门协作、乡镇支持、社区共建、协会引导、社会参与等 6 个方面，开创了全国保护区创新管理模式先河。极力升华“西洞庭湖模式”内涵，取得很好成效。

政府统管。一是将湿地保护工作考核纳入全县考核统一范畴；二是政府牵头打响西洞庭湖生态保卫战，将西洞庭湖保护区当前存在的环境问题逐一解决，特别值得一提的是，成立杨树清理指挥部，13 位县委常委、2 位副县长站在一线参与行动，在 9 天内彻底清除保护区核心区内的杨树。

部门协作。在 2017 年的西洞庭湖生态环境保卫战中，全县 43 个县直部门全面参与，与保护区既分工又合作，中央环保督察反馈的问题整改到位，工作取得了很好的成效。部门协作，共同保护西洞庭湖湿地形成长效机制。

乡镇支持。2017 年，沿湖 11 个乡镇（街道）向县政府递交西洞庭湖突出环境问题整改工作责任状，各乡镇（街道）按照各自责任，认真履职，全力以赴解决各自辖区内的各类环境问题。为洞庭湖治理作出很大贡献。

社区共建。该局在青山湖垸“社区共建”成功模式（为长江流域社区共建十个典型案例之一）的基础上，2017 年重点开展了半边湖、北洼等区域“社区共建”工作，进行蓄水留鱼留鸟、植被恢复等工程，生态环境得到很大改善。

协会引导。进一步完善协会管理制度，推进白色垃圾清理长效机制，加大宣传力度，协会正式成为湿地保护重要一环。2017 年，协会自发组织，清理湖内垃圾 50 多吨，清理面积 3 万多亩，进村入户宣传 200 多人次，提高周边居民湿地保护意识。与湖南省环保志愿服务联合会合作，建立“西洞庭湖黑鹳守护站”，在冬候鸟来临期间，对半边湖、窝火障区域进行长期值守，取得良好效果。

社会参与。建立健全西洞庭湖国际重要湿地保护协管员制度、志愿者候鸟守护制度、湿地保护社会参与宣传制度。聘请社会人士为湿地保护协管员、建立湿地教育示范学校以及在周边乡镇社区进行广泛的宣传活动。4月5日，举行了第六届湖南省护鸟营项目暨第36届“爱鸟周”湖南西洞庭湖国家级自然保护区启动仪式；10月25日，举行了壹基金2017年净水计划净水器捐赠暨湿地保护“小手牵大手”活动启动仪式，营造浓厚的湿地保护氛围，使周边乡镇群众的生态环境保护意识不断提升，生态环境保护成为群众的自觉行动。

【化解矛盾确保稳定】 2017年，在县委、县政府的领导下，保护区管理局认真贯彻落实省、市、县政法工作会议精神，进一步落实领导责任制，坚持“打防结合，预防为主”的方针，大力开展创建“平安汉寿”活动，不断增强社会治安防控能力，加强矛盾纠纷排查调处力度，全力维护社会政治稳定，为汉寿经济稳步发展创造良好的社会治安环境。

保护区管理局以创建“平安示范单位”活动为载体，全面实现无各类案件发生、社会稳定、群众满意的工作目标。成立平安创建领导小组、维稳领导小组、民调领导小组、防范和处置邪教工作领导小组等综治机构。制定出台《干部职工岗位责任制度》《综治信访维稳责任追究办法》《关于信访维稳责任追究十条规定》等规章制度。局班子成员分别签订了《信访维稳综合目标管理考核责任状》《信访对象稳控责任状》《综治信访维稳矛盾纠纷隐患排查责任状》，任务、目标、责任、奖罚进一步明确。坚持把“摸排隐患、化解纠纷，及时了解信息、随时掌握动态”作为综治信访维稳工作的重中之重来抓，做到早发现、早介入、早处理，努力将各种矛盾纠纷隐患消除在萌芽状态。着力加强不稳定因素排查，健全工作台账，做到上下信息互通，有效化解矛盾。全年重点抓好了“国庆”“中共十九大”等节点矛盾纠纷排查化解工作，确保敏感时段安全稳定。成功化解邪教“法轮功”人员曾某某问题，身份置换人员曾立华问题，君毅财富人员王秋娥问题，临时工人员张长春问题，天宏苇业廖建明问题。进一步巩固和加强民调工作，多次组织召开全体干部专题民调会议，督导干部下乡下点和民调包保对象沟通，确保民调工作有序稳步开展。

【特色工作】 通过保护区管理局全体工作人员的共同努力，形成四个方面的特色：

“依法治区”的推进，为中央环保督察作出贡献，为常德争得荣誉。保护区管理局以问题为导向，以整治为抓手，以效果为目标，围绕中央环保督察反馈问题，按照“绿盾2017”专项行动要求，提高政治站位，11月，全部清除西洞庭湖核心区3390.13公顷杨树，全力以赴打好了环保“攻坚战”。11月1日，省委、省政府召开省市县乡村五级干部电视电话会议，就洞庭湖生态环境专项整治工作进行再动员、再部署、再推进、再落实。会上，省委书记、省人大常委会主任杜家毫对西洞庭湖湿地生态环境修复工作进行了肯定，在前一日的西洞庭湖考察现场，表示杨树砍伐后的生态环境有很大改善，“草清了、水绿了、鸟多了”。

在2017年8月的“国际湿地城市”初评活动中,西洞庭湖湿地作为“创湿”工作的核心一环，保护区管理局干部职工立足本职工作，解放思想，与时俱进，扎实工作，以良好的管理秩序、健康的湿地生态系统和丰富的生物多样性，获得评审专家及各级领导的一致好评，为常德市“创湿”预选位列全国第二作出了巨大贡献，为常德争得荣誉。湖南西洞庭湖国家级自然保护区管理局在创湿工作中的突出贡献受到常德市委、市政府的高度肯定，保护区管理局被评为先进单位，梅碧球、李跃飞被评为先进个人。西洞庭湖湿地保护管理体制机制改革创新被纳入湖南省生态文明改革创新案例。

建立健全西洞庭湖国际重要湿地保护协管员制度、志愿者候鸟守护制度、湿地保护社会参与宣传制度。聘请社会人士为湿地保护协管员、建立湿地教育示范学校以及在周边乡镇社区进行广泛的宣传活动。4月5日，举行了第六届湖南省护鸟营项目暨第36届“爱鸟周”湖南西洞庭湖国家级自然保护区启动仪式，并进行“圣辉·护生功德奖”评选，西洞庭湖国家级自然保护区管理局荣获“优秀团体”称号。10月25日，举行了壹基金2017年净水计划净水器捐赠暨湿地保护“小手牵大手”活动启动仪式，捐赠净水器价值近60万元，营造了浓厚的湿地保护氛围，使周边乡镇群众的生态环境保护意识不断提升，生态环境保护成为群众的自觉行动。（蔡教慧）

市场和质量监督管理

【概况】 2015年12月，“三局两办”（原工商局、原食药局、原质监局、原食安办、原酒管办）合一新组建成汉寿县市场和质量监督管理局，2017年5月，更名为“汉寿县食品药品工商质量监督管理局”（简称“食药工商质量局”），设立19个内设机构,5个直属机构，4个挂靠机构，21个派出机构（按一乡一所设置）。二层机构负责人和工作人员一并调整到位。全局共有在职在岗工作人员186人，退休人员110人。建立一系列管理办法,县、乡、村三级食品药品监管体系、行政处罚案件办理程序规定、计划生育综合治理工作意见、财务收支管理办法等。创新一系列运行模式，“许可、监管、执法”三权分离，避免多头执法；健全和完善与公安、法院、检察院联合办案工作机制。办一系列实事，践行商事制度改革，建立事中事后监管平台；率先实施“双随机、一公开”，率先实现部门涉企信息全量归集；扣住首要责任，规范行政执法，确保三大安全（食品、药品、特种设备）；推进质量大提升行动，特别是质量强县、品牌亮县、计量惠民；畅通消费维权渠道，加强权益保护；加强对接交流，明确专人专车专事。

【工作亮点】 建成了沅水流域食品药品、特种水产品及其他工业产品检验检测区域中心，引进高端专技人才2名。全面规范行政执法工作，实现执法理念、执法模式、执法文书、执法程序、执法服装“五统一”。选定聂家桥、太子庙2个基础条件较好的监管所，重点进行规范化、标准化建设。按照“谁检查、谁负责、谁反馈、谁公开”原则，对“双随机一公开”抽查工作做到全过程记录。开展市场主体亮照亮证工作。实现特种设备监管模式转型，全面推行“规范维保＋保险”新模式。引导1家单位（汉寿县特种水产品科学研究所）获得“汉寿甲鱼”地理标志保护产品专用标志使用权，10家企业纳入2017年度市长质量奖培育企业名单，2家企业（湖南康利来医疗器械有限公司和常德振邦米业有限公司）申报了湖南名牌，并成功获牌。开展农村集体聚餐食品安全监管工作。大力推进招商引资，完成“湖南永发电力建设有限公司”和“两市场一中心”两个招商引资项目。下大气力服务百姓民生，特别是关注百姓民生，计量惠民。

【商事制度改革】 实行注册资本认缴制，探索“一照多址、一址多照”，实行“一套材料、一表登记、一窗受理”的工作模式。2017年8月在企业“五证合一”、个体工商户“两证整合”的基础上，汉寿县协同实施市县以下企业“二十证合一”和个体工商户“七证整合”改革。其中，汉寿县实施个体工商户“七证整合”改革是当时全省第一、全国整合备案登记事项最多的试点县，也是全省第一个将“多证合一”改革政策覆盖所有类型市场主体的县。2017年9月，原《常德市部门涉企信息归集与事中事后监管平台》升级为《国家企业信用信息公示系统—部门协同监管平台》（下称协同监管平台），汉寿县第一时间做好平台升级对接、应用培训等相关工作。至2017年10月中旬，成为全市第一个实现政府部门协同监管“互联网＋政务服务”全覆盖县。全县35个涉企部门及其145个内设、派出机构开通运用协同监管平台，为“多证合一”改革和“双告知”“双公示”“双随机”等部门协同监管提供了信息化支撑。

【企业年报】 开展年报考核工作。截至全省年报考核时间（6月25日），该局企业年报率位居全市系统县（市）局第三名，其中，企业年报率98.57%；农民专业合作社年报率98.08%；个体户年报率99.32%，市场主体年报率有较大幅度提升。

【商标和质量】 制定《商标品牌创建工作实施方案》《商标品牌战略三年规划》，大力开展商标培育发展工作，编写《质量工作考核自评报告》和《质量工作考核自评表》。对照《2016—2018年湖南名牌产品培育计划》，引导1家单位获得“汉寿甲鱼”地理标志保护产品专用标志使用权，10家企业纳入2017年度市长质量奖培育企业名单，2家企业申报了湖南名牌。2017年，全县新增注册商标226件，全县有效注册商标1263件。

【标准计量认证检验检测】 推进“标准强县”建设。新增声明公开企业产品标准153项，接港渔场生态养殖标准化示范区和汉寿围堤湖蔬菜产业园标准化示范区成功申报省级农业标准化示范区建设项目。开展计量监管工作。全年共检定加油机554台次，各类衡器385台次，出租车201台次，压力表762块，医用计量器具506台（件）。全年食品委托检验51个，不合格3个;农资（化肥类）委托检验21个。目前，共有43家企业取得有机产品认证证书、强制性产品认证证书及其他自愿性认证证书72张，并有效运行各项制度。其中，2017年新增或延续的有9家企业12张证书。

【食品药品】 开展学校食堂食品安全专项整治、食品安全护苗行动、农村集体聚餐监管等，督促5所学校完成食堂实质性升级改造，完成视频厨房2家，农村集体聚餐网络已完成厨师录入124人。开展了湿米粉、桶装水、查无证换新证等专项整治，向执法局移交案件线索6起。开展了保健食品安全专项整治、食品保健食品安全“护老行动”，处理群众举报投诉2起。先后出动执法人员300余人次，顺利完成了春节、五一、端午、中秋、国庆等重大节日，以及“三考”（高考、中考、会考）“两会”（人代会、政协会）“汉寿县蔬菜节”“环中国”自行车赛期间等重大活动和会议的饮食安全保障，做到重大活动食品安全“零事故”。召开12次专题食品安全巡回培训会，培训1700人次。对47家企业进行了风险等级评定，其中A级4家，B级38家，C级5家，督促企业签订食品安全承诺书47份。新办（换发）食品生产许可证11家。对药品生产、经营企业和使用单位开展了日常检查和各类专项整治，检查药品生产企业2家、经营企业136家、县直医院4家、民营医院13家，下达责令改正通知书52份，向执法局移送案件线索12起。开展双随机抽查2次（终止妊娠药品及避孕药具整治）。开展药品零售企业飞行检查1次，共检查药品经营企业30家，上报市局撤销GSP认证证书1家。组织各监管所开展城乡接合部和农村地区诊所药品质量集中整治，收集自查报告546份，检查药品使用单位546家。全年共上报药品不良反应报告775份(任务数574份),其中严重报告65份。全年无一起食品药品安全突发事件。

【特种设备】 与47家特种设备使用（生产）单位签订《特种设备安全管理承诺书》，开展“3·15”“安全生产月”宣传咨询活动，发放宣传资料1300余份。开展元旦、国庆等5次节日期间全县特种设备重点使用单位的安全专项大检查，出动执法人员125人次，监察单位59家，发现隐患27处，发出《特种设备安全监察指令书》10份。开展电梯（扶梯）、移动式压力容器、起重机械专项整治工作及特种设备领域“九打九治”打非治违工作。全年共发出《特种设备安全监察指令书》28份，提出整改意见38项，涵盖锅炉、电梯、压力容器、起重机械的使用单位。通知无持证特种设备单位人员参加市级培训21人。对全县12家气体充装单位负责人进行年度培训。移交违法案件线索10起。已对8家单位使用超期、未经登记注册的特种设备的行为进行立案查处，全年无一起特种设备安全事故发生。

【依法行政】 出台《关于进一步完善事权划分及行政处罚相关事项的通知》和《行政执法人才库建设管理办法和行政处罚案件主办人制度及案件移送管理规定》，修订《重大行政处罚案件集体讨论制度》。2017年来，该局继续实行分散立案指定办案模式，简易程序实行适时备案制度。一般程序案件立案145个，撤案16个。现已核发处罚决定书130个，办结118个；简易程序案件791个。酒类监管上，严格新酒产品市场准入，全年共办理酒类市场准入8家。全县32家酒类批发经营户注册电子随附单服务平台。对“三无”酒类，加大稽查频率，收缴查扣各类侵权假冒白酒600多件，近10000瓶。食品安全执法上，全年共查处食品安全违法案件58件；全年配合上级做专项整治检查5次，配合公安机关查获案件3件。药品药械执法上，县辖区内管辖的涉药涉械单位共有150家，其中生产企业3家，药品批发企业1家、零售药店128家、县直医疗机构5家，民营医院13家，全年对上述企业检查完毕。公平交易执法上，共立案33件，罚没入库80万元。与烟草专卖局联合执法3次，对卷烟市场开展全方位清理整治行动。产品质量执法上，检查农资经销单位53家，抽样检查农药化肥82余批次，查处违法案件3件。对全县31家特种设备使用单位进行专项检查，对存在严重问题的3家单位立案处罚。加大对“地条钢”的查处。开展成品油和液化石油气市场整顿，共出动执法人员147人次，执法车辆58车次，共抽取汽、柴油30批次,液化石油气5批次,查处汽、柴油不合格案件10件，液化石油气案件2件。全年无一起行政复议案件和行政诉讼案件。

【消费维权】 整合12315、12365、12331投诉举报平台，共受理、分流、处置登记投诉举报人的咨询（来电、来函）、投诉举报案件295件，其中投诉233件、举报62件，食药类63件、互联网及服务类126件、其他106件，已办结290件，办结率98.3%。处理调解消费纠纷3起，处理省局交办1起，双随机抽查1次，抽检建材10组、家具5组、手机充电宝8组、电线电缆5组，检查消防器材3次，移送案件线索10起。制定红盾质量维权方案，完成“幸福常德，消费无忧5588工程”24户。

【党建工作】 全局成立9个党支部，其中机关支部建立4个党小组。投入资金3万多元建成综合执法局、老干支部活动示范阵地。将基层党建工作纳入全局绩效考核，全局基层党支部“三会一课”“两学一做”呈现常态化。

【队伍建设】 采取集中学习为主，自学为辅，一周一学，一课一评等多种学习方式。全年共举办各类培训班18期，培训总人数1500人次。采取走出去请进来的方式，全年共选派业务骨干参加上级省市二级三个局的业务培训23期，180人次。认真落实党风廉政建设责任制，推进廉政文化进机关工作，大力开展党性党纪党风教育，引导党员干部讲党性、重品行、作表率，形成为民、务实、清廉的作风。

【宣传报道】 全年发布各类新闻信息352篇次，其中电视媒体18篇次，市级以上网站及报刊37篇次，该局网站177篇次，该局公众号120篇次。

（龙　凤）

审计监督

【概况】 2017年，县审计局在县委、县政府和上级审计机关的正确领导下，以党的十八大、中共十九大和习近平总书记系列重要讲话精神为指导，认真贯彻全国、省、市审计工作会议精神，紧紧围绕汉寿经济工作中心，认真履行审计监督职责，不断促进经济发展、民生改善、反腐倡廉等工作，充分发挥审计在县域经济运行中的重要作用。全年开展和完成审计项目31个(计划内项目18个，计划外项目13个)。截至目前，审计查出违规金额1652万元，管理不规范金额27.11亿元，移送处理金额507万元，审计促进整改落实有关问题金额1337万元，审计促进拨付资金到位5.28亿元，审计后挽回损失214万元，核减投资额2953万元。提出审计建议105条；办理审计案件线索移送27起；被各级报纸杂志网站采用审计信息110篇，其中国家级12篇，省级43篇，市级55篇。向县委、县政府提交审计专报4篇、审计要情3篇。在审计项目质量考核上，该局的“新农合2016年财政收支审计项目”被评为全省优秀项目第五名、全市优秀审计项目第一名。

【财政预算执行审计】 精细开展财政预算执行审计。一是全面审计，把握基点。在把握县本级财政预算执行总体情况的基础上，对公共资金、国有资产、国有资源实行审计全覆盖。对财政管理、预算执行、扶贫、医保、住房保障等资金和农业保险等重点项目进行严格审计。二是联网审计，突出重点。成立了计算机审计攻坚小组，先后采集财政、税务等多个部门的相关财务数据及业务数据，筛查出违规调剂预算指标、挪用专项资金弥补行政经费、预算执行进度不均衡、支付管理不规范的疑点事项800余条，有效地提高了审计工作质量和效率。三是民生审计，关注疑点。紧扣“民生”主题，核查2016年通过惠农“一卡通”，发放各类惠农补贴163.16万户次，共计38436.99万元，涉及9大类52小类补贴。特别对金额较大的耕地地力保护补贴、畜牧成品油补贴、生态公益林补贴进行延伸审计，对疑点数较多的13个乡镇24个行政村进行实地走访调查。及时揭露和查处损害群众切身利益的不正之风和腐败问题。

【政府投资审计】 跟踪问效政府基建投资审计。一是为加强政府投资建设项目预、决算的监督管理，进一步强化对建设单位的监督，提高资金使用效益，牵头出台了《汉寿县政府投资建设项目预、决算管理办法》。二是以规范政府投资项目建设行为、促进提高资金效益和项目管理水平为目标，先后开展了县房产局拟建新办公楼基础工程、洞庭花海新建工程、花木兰车站新建工程、县江东水库地表水厂集中供水工程等审计。累计送审金额29567.5万元，核减投资额2953万元。充分发挥审计机关在控制重大项目成本、加强项目管理中防腐倡廉的作用。

【经济责任审计】 严格实施领导干部经责审计。一是强制度，完善分类管理机制。制定《汉寿县审计局关于印发〈汉寿县经济责任审计纲要〉的通知》，提升审计实效。二是促合力，构筑齐抓共管格局。加强与组织、纪检、监察等部门的工作衔接，将领导干部经责审计制度纳入干部监督管理体系。对县直部门、事业单位、乡镇党委等7位主要负责同志实施了经济责任审计。审计发现存在工程未进行招投标、财务管理不规范等普遍性问题，并提出审计整改与意见建议30余条。同时，探索将领导干部履行自然资源资产管理和生态环境保护责任纳入审计范围，促进领导干部依法依规、守纪尽责。为县委选拔、任用干部提供有效的参考依据。

【审计结果公开】 科学推进审计公开结果运用。一是督促审计整改落实。严格落实被审计单位审计整改主体责任、审计机关审计整改督促责任，建立健全政府主导、部门联动、跟踪督办、责任追究、结果公告的审计整改工作机制。坚持由审计组长对审计整改情况进行跟踪督促，确保整改工作落到实处。督促财政整改，积极推进国库集中支付改革；落实惠农政策，全面清查农业支持保护补贴；强化审计整改力度，落实精准扶贫政策；关注基层卫计，确保医疗卫生整改惠及民生。截至目前，审计报告中所反映的问题整改到位率达90%，涉及单位26个，部分问题正在整改过程中。二是推进审计适时公开。明确审计结果公开的基本要求、编审流程、时限等，扩大审计公开范围，提高审计公开操作的规范性，全年累计发布审计结果公告22个。

【大数据审计】 探索创新审计大数据应用。一是加大外围数据的比对，通过采集相关财政供养人员、职业中学在校学生等业务数据关联分析，发现部分培训机构违规申报就业培训人员领取补贴资金、违规拨付就业见习补贴等违纪违规情况。针对问题下达审计决定书，追缴违规申报领取的补贴资金52.4万元。二是深化对农机购置补贴资金发放对象的真实性、合法性审查，建立多部门信息共享机制，开展大数据核查，对购机者的姓名、身份证、地址、机具型号、购置数量、补贴金额进行逐项核实，实现补贴资金事前、事中、事后的全程监督。通过计算机审计发现并移送县公安局案件线索3件。公安机关分别进行立案处理，所骗取的农机购置补贴35.79万元，全额追缴财政。

【跟踪审计】 一是强化跟踪审计服务政策落实。强力整合审计力量，按季度节点分4次对全县各级各部门贯彻落实宏观政策措施情况开展跟踪审计，重点关注供给侧结构性改革、“三去一降一补”、“放管服”改革等政策落实情况，通过审计推进国家宏观政策在县域落地生根。二是突出政治担当服务脱贫攻坚。对2016年度全县精准扶贫政策落实与扶贫资金管理使用情况进行专项审计。审计发现贫困户建档立卡识别不准、扶贫资金管理和使用不规范、易地扶贫搬迁项目进度较慢等问题。对此，提出促进脱贫攻坚政策措施落到实处的一系列审计建议。县委、县政府和县扶贫办高度重视，及时采纳建议，认真制定整改措施。

【内部审计】 加强领导，增强内部审计约束力。2017年，在市审计局、市内审协会的指导与帮助下，汉寿县局继续学习《湖南省内部审计办法》，对照市局《2017年度对县市区审计局指导内部审计工作目标管理考核办法》的要求，积极履行“县级以上人民政府审计机关指导和监督本行政区域内的内部审计工作”职责，以求真务实的工作态度，在指导内部审计工作方面做一定工作，取得明显成绩。截至2017年，汉寿县加入市内审协会的会员单位12个，全县持有内部审计岗位资格证书的72人（部分已经离岗或换岗）。汉寿县农村商业银行、汉寿县人民医院获市审计局表彰的内部审计先进单位，汉寿审计局获指导内部审计先进单位，两人获先进个人。

【法治工作】 强化依法执审，推进法治举措有力。一是规范审理管理制度。修订和完善了9项审计质量控制制度和《关于审计处理处罚的四项原则》提交局长办公会通过，行文下发各股室。把质量管理目标和要求贯穿于审计工作全过程。以县委、县政府两办的名义出台《汉寿县领导干部离任交接管理办法》，该局下发《汉寿县经济责任审计纲要》。二是加强审计质量建设。始终围绕审计质量“生命线”主旋律，明确主体责任，强化质量管控，通过组织培训学习、开展优秀项目评比等形式促进审计人员提升业务能力。严格执行审前、审中、审后三环节实施操作规程，全面落实审理管控责任。组织年度审计项目质量全面自查，有效提高审计质量。三是做好法制保障工作。为了保障法治工作力量，我局2017年为法制股增加人员一名，为每个业务股室购买一套新版的《财经违法行为审计定性与处理处罚指南》。

【单位建设】 一是提升队伍素质。全年参加审计署和省厅培训19人，党组书记、局长杨长富参加审计署举办的市县审计局长培训班；投资审计处4人参加了审计署举办的投资审计业务培训，3名年轻骨干参加省厅举办的知识结构调整培训班和2017年审计师资格考试。二是加强廉政建设。开展“机关作风建设月”“反腐倡廉电教月”活动，每月班子成员与二层骨干都认真进行“两同时、两谈话”，严格要求干部公正廉洁、依法行政，营造风清气正的工作环境。三是推进文化建设。在成功创建市级文明标兵单位的基础上，2017年乘势而上，开展多次文明创建活动，争创省级文明单位。组织开展7次“我们的节日”系列活动、4次“道德讲堂”活动，10次志愿者活动。对机关院落和办公室环境进行修善，营造良好的工作环境，不断推进该局审计文化建设。

【中心工作】 围绕中心大局，党建、民调、脱贫攻坚亮点频现。一是扎实抓基层党建。县审计局将党建工作纳入年度目标管理考核，制定党建工作计划与方案。组织召开“两学一做”专题会议，并以不同形式开展“三会一课”活动，党支部组织机构和“八项制度”全部“上墙”，建立党员公开承诺台账。二是踏实抓民调包联。进行了全局干部职工、家属、退休人员、临聘人员电话采集，召开了民调推进会。开展了机关院内住户信息采集、上门指导宣传、包联到户，实施办公电话领导包联责任制。开展干部“下基层联群众创满意”入户走访，一般干部包联3户普通群众，班子成员包联30户普通群众。形成“人人了解民调、人人参与民调”的良好氛围。三是切实抓扶贫帮困。深入罐头嘴镇福兴村精准扶贫，建立联点贫困村结对帮扶台账，全年投入扶贫资金18万多元。一年来，我局开展“三送下乡”活动2次，给20多位贫困户每人送上了160公斤的复合肥，为贫困户送上桃源黑仔猪12头，走访、慰问贫困户、贫困老人60多人，发放慰问金2万多元。计划帮助贫困村搞好蔬菜大棚和其他基础设施建设。

【党风廉政建设】 一是坚持责任上肩。建立“一把手”总责制、局副职分责制、股长主责制、审计组长直责制的党风廉政建设“四级责任制”，局党组书记自觉履行“第一责任人”责任，坚持将党风廉政建设和审计业务工作同研究、同部署、同落实，组织层层签订廉政责任书，全方位推进“两个责任”落细落实。二是坚持防控在前。建立了审计廉政风险预警和处置新机制。推行“廉洁预案+廉洁备案”制度，建立审计人员廉洁档案，加大审计现场巡察力度，落实了审计一线廉政监督“三必到”，全程记录审计组和审计干部纪律执行情况。不断加强党章党规和准则条例学习力度，通过观看警示教育片、聆听廉政党课、接受警示教育等方式明显增强干部拒腐防变能力。

（徐　锐）

烟草专卖

【概况】 汉寿县烟草专卖局（分公司）组建于1985年，局（分公司）

地址位于汉寿县龙阳镇沧浪西路358号。全局共有班子成员3名，在职员工49人，离退休员工29人。其中股室设置有办公室、综合室、财务室、基建办、内管派驻组办公室、专卖监督管理股、市场服务部。

【卷烟销售】 2017年，汉寿县烟草专卖局在县委、县政府正确领导下，完成卷烟总销量3.17万箱，完成卷烟销售收入88790.3万元，单箱均价为2.80万元/箱，实现毛利(不含税)22959.15万元。

提升市场管理，落实规范经营。始终把严格规范作为保持行业持续健康发展的“生命线”，深入开展“规范自律”活动。一是建立用制度办事、按流程运作的工作机制，坚决遏制各类违规经营行为，摒弃卖大户的错误思想，发展中户、扶持小户。二是围绕同一IP、同一机器码订货等重点问题，加大自查力度。

强化品牌培育，优化卷烟结构。推广自律互助小组，稳定卷烟市场秩序。积极探索“互联网+营销”新模式。

【市场监管】 严格规范程序，许可证管理工作有保障。严格按照市局《依法严管违法违规卖烟大户专项行动实施方案》实施方案的要求，对辖区零售许可证进行全面清理整顿，尤其对虚拟客户、一户多证及大户控制小户等情况进行了一次专项整治，对情况恶劣者坚决予以注销、对不符合许可证管理要求的零售户采取“一警告、二停业、三注销”的管理办法，对许可证管理工作进行了一次全面梳理。迄今为止，共注销零售许可证242户，停供限供287户。

把握重心转换，市场监管工作上水平。一是将打假工作的重点转移到物流寄递环节上来。截至2017年10月，共查处假冒卷烟案件122起，查获假烟55.806万支，同比增长665%；二是进一步强化真烟非流案件的查处力度。到目前为止，共查处大要案6起，查获涉案卷烟133.66万支，其中有3起为本地大户违法收购、囤积卷烟案件。

加强组织协作，大户治理工作有突破。一是进一步创新监管方法，优化检查方式。二是强化许可证后续监管。三是建章立制长效监管。制定《汉寿县局违法违规卖烟大户治理工作制度》，对重点监管对象确定、重点对象监管措施、单位内部整改措施、监管效果考核等做出详细规定，为大户治理工作的长期开展提供具体可行的操作方法。截至2017年，千条户数量已控制在17户，数量占比0.69%，销量占比2.90%，共计查处重点监管户案件6起，查获卷烟数量24.96万支，经查处及教育劝退后，取缔违法违规重点大户9户。

【管党治党】 切实推进党风廉政建设。汉寿县局牢抓作风建设不放松，坚持在言与行上引正纠偏。着力强化主体责任，严格落实纪律监督，严格实行中央“八项规定”,确保招待、用车、会务等关键费用符合规定。大力开展宣传教育，制作廉政风险防控宣传展板，节假日发送廉政短信，邀请检察院专家开展预防职务犯罪讲座，党组书记上廉政党课，观看反腐倡廉宣传片等，积极宣传廉政文化，增强廉政文化的渗透力，大力开展学廉、颂廉、倡廉、用廉活动，以廉塑人、以廉促管，以廉育人。扎实开展“两学一做”学习教育活动。将“两学一做”学习教育和党建工作摆在重要位置，与业务工作同部署、同检查、同考核。将脱贫攻坚作为单位党建工作的一项重大政治任务，初步为帮扶对象确定发展养殖业、医疗救助和政策托底等方面的脱贫计划，对龙潭桥乡愈家桥村党支部捐献党费两万余元，2016年为汉寿县扶贫、助学、修路及新农村建设累计捐赠30余万元。（周成军）

商业贸易

商务·粮食

【概况】汉寿县商务粮食局，为县人民政府主要经济管理工作部门。二层机构有汉寿县商务综合行政执法大队、汉寿县粮食稽查大队、汉寿县市场服务中心和县南荻科学研究所。直属事业单位有汉寿县投资促进事务局、汉寿县粮油质量监测站、汉寿县粮食批发市场管理办公室、汉寿县粮食企业生产经营指导办公室。下设10个内设机构：办公室、政工股、财务股（国有资产管理股）、行政许可办公室（法制股）、外经外事股、市场建设贸易发展股、市场运行和消费促进股、电子商务股、行业发展与调控储备股（军粮供应站）、信访维稳办。

2017年，汉寿县招商引资项目落地、开放型经济工作分别在2月9日全省开放强省培训会（全省仅3个县级政府发言）、2月24日全市开放型经济工作会（全市仅2个县级政府发言）上作经验典型发言。县商务粮食局获得全省"优质粮油工程"项目县级质监能力建设单位、全省"商务行政执法优秀队伍"荣誉称号。招商引资工作连续5年被评为全市先进工作单位。2017年外贸出口创汇总额突破1亿美元大关，连续10年实现递增并保持全市第一方阵。11月27日，《湖南日报》市州头版以《汉寿年创汇可突破1亿美元》为题，报道汉寿发展外向型经济成果与经验。粮食工作被国家粮食局评为"全国粮食系统法制宣传教育先进单位"，继续保持"全国粮食依法行政示范单位""全国粮食流通监督检查示范单位"和市粮食局连续12年授予的"目标管理先进单位"等荣誉称号。

招商引资

2017年，在县委、县政府的正确领导下，县商务粮食局紧紧围绕"一五五"战略部署，牢固树立"招商引资是唯一选择，项目建设是唯一载体"理念，扎实推进"百日攻坚"和"百日落地"（简称"双百"）活动，积极培育开放型经济主体，创新内外贸易发展举措，招商引资工作成效显著。全年引进内资73.26亿元，占计划任务104.65%。全县签订2000万元以上项目合同47个，占计划任务117.5%，合同总额76.1亿元，含亿元项目18个，占计划任务120%，投资总额为44.56亿元。全年新增外资企业2家，即沃士达数码电子、香港圣迪校服。

【率先垂范立标杆】2017年，全县以招商引资"双百"活动为抓手，坚持"走出去，引进来"，主动广泛对接客商。县委书记杨昶、县长车世忠高度重视，带头推动全县招商引资工作，先后10多次带队赴珠三角、长三角和省会长沙等地洽谈招商项目，考察万达集团、恒大集团、中国航天科工、汉唐福、九兴控股集团、韬略集团、手机产业园等一批大财团、大企业。县人大常委会主任袁佑清和县政协主席解以刚先后带领有关部门负责同志多次对接在外工作的汉寿籍企业老板，成功引进风电新型能源、宏志钢材等项目，为汉寿县经济发展注入源源活水。分管副县长孙金平带领商务粮食、高新区等部门，前往广东、四川招商考察，加强商会联系，为招商引资牵线搭桥。全县各级各部门在联点县级领导带领下，成立了"一把手"负总责，班子成员分管、专职招商人员参与的工作班子，组织外出开展招商活动。对接招商活动73次，对接客商962人次，捕捉招商信息181条，包装推介项目45个。2017年，重点引进总投资3亿元的安和寿高端中药饮片及医药仓储物流、投资2亿元的业佳精密橡塑、投资1.1亿元的智能农业机械产业园、投资6000万元的康尔佳医药仓储物流等项目，为县域经济发展打下坚实的基础。

【多措并举搭平台】一是加大招商宣传力度。成功利用网络、电视、广播、报纸等媒介整体联动，推进招商引资“双百”新常态活动深入开展。全年“掌上汉寿”微信平台发布汉寿招商新闻120多篇（条）次，编发专刊22期；招商引资宣传片、招商微电影受到广大客商和微友的一致赞誉。二是举办招商推介活动。利用春节、清明节、中秋节等大批家乡成功人士回乡返家的机会，召开“招商引资推介会”“汉商恳谈会”等，先后吸引80多名汉寿籍人士返乡建功立业。湖南经视频道专题报道了汉寿县第二届汉商恳谈会，“引老乡、回故乡、建家乡”宣传成效较好。4月1日恳谈会当天签约项目18个，合同意向投资161.5亿元。10月1日，汉寿县举行“国庆献礼”招商引资项目集中签约仪式，共有工业烤箱、预应力混凝土、纳米陶瓷防氧化材料3个项目签约。三是利用异地商会招商。2017年，县政府与深圳汉寿商会秘书长李辉、广东汉寿商会会长周文财等现场签署了3个委托招商协议，资金达40多亿元。大力发挥商会作用，联系客商，引进项目，推动发展。

【精准招商严把关】一方面严格评审，坚持“科学招商、理性选资”原则，相关职能部门开展联合审核，严把项目准入关。坚决从源头上杜绝不符合国家产业政策、不符合准入门槛、不具备污染处理能力的“三高”项目，确保招商引资项目质量。另一方面严格履约，加大项目督促力度，对未能按条款及时履约的，严格清理；对因无力履约或环评、安评审批未能通过等原因停滞的项目，实行签约项目退出机制，集约节约项目用地3.33公顷、标准厂房3万平方米，确保企业开工达产。

【项目落地结硕果】强化各级各部门服务项目落地工作责任，实行调度管理，协同合作，开展优质服务，提供“保姆式”服务。切实解决项目审批、拆迁用地以及路、电、气等问题，促进项目早开工、早建设、早投产。全县共有鸿洋鞋业、潜固化剂产品、周记家具等26个项目产生税收，乐农佳高塔制肥、名富鞋业等53个项目投产运营，小飞象豆业、汉寿中晖80兆瓦光伏发电等35个项目动工建设，军山铺、崔家桥风力发电及杰创钢构等项目相继开工建设，万华生态板等39个项目前期准备工作进展顺利。项目落实速度快、质量好，落地率高达73.2%。

商　业

【概况】2017年，县商务粮食局管辖的商贸城、县市场服务中心管辖的西套等8个集贸市场商品年交易额由2016年4.65亿元增加到2017年4.77亿元，年上缴税费上升到325万元。进一步规范商务和粮食市场秩序，严格行政执法，大力开展成品油等重点行业专项整治，提高粮食购销监管效率和水平。营造良好的商贸流通经营环境，建立健全确保粮食安全的长效机制，保障消费者和企业的合法权益。新增入限企业有汉寿县泽丰电子商务有限公司、太子庙锦鸿石化加油站、思漫珠宝有限公司、虎三汽车贸易有限公司、汉寿县新汉太路加油站、汉寿县龙欣加油站、汉寿县金鸿加油站等7家，完成全年任务。全县实现社会消费品零售总额84.5亿元，比2016年同期75.7亿元增长11%，名次保持全市第二方阵。

【电子商务】2017年，全县大力推进全国电子商务进农村综合示范县创建，实施“六项工程”，开展“两项服务”。全县已落实站点建设合同160家，按照建设标准，建成143个，占应建278个的51.4%。特别是着力开展电商扶贫，帮助贫困户脱贫致富。全县33个贫困村已建村级站点20个，占应建站点的60.6%，高出全县已建51.4%的9个百分点。建成电商产业孵化园，举办电商培训班15期，655人参加培训，参训5328人次。成功孵化电商企业67家，提供创业就业岗位635个。7月，全县投资50万元引入专业农产品溯源机构，从事蔬菜生产、水产养殖、农产品加工等15家特色涉农企业先行先试，全面启动农产品溯源体系建设。高新技术产业园建成1万平方米的电商物流仓，完善县乡村三级物流体系，中通、韵达等7家快递企业与邮政签订了快递派送下乡合同。金湾购物广场有限公司、通程百货商贸等6家传统商贸配送企业已将快销品入仓统一配送。通过整合，逐步实现提速降费的目标。开展农特产品网销及物流整合工作，多渠道营造良好电商氛围。依托汉寿蔬菜文化节、邮乐购电商日、年货节促销日、扶贫助农电商节及邮乐919购物狂欢节等节会，组织开展主题营销活动10多场次，50多家企业和网商代表通过主题营销活动实现网销交易额500多万元。以年网销大米近1000万元的国娃米业，年网销甲鱼800万元以上的湘湖水产等电商企业为典型，推介推广，逐步壮大市场主体。全县现有电商企业143家，微商网店1500多家，获省商务厅认定的电商企业10家。2017年，全县完成新注册电商企业53家，交易额过8.05亿元。

【成品油】为确保加油站无重大

安全事故发生，2017年县商务粮食局按照“全覆盖、零容忍、严执法、重实效”的工作思路，重点对加油站经营资质、管理制度、安全营运情况进行“拉网式”排查，并对非法加油站（点）和再生资源回收违规经营行为依法进行行政处罚。2017年3月，全县成品油市场管理工作会议上，共有63个加油站（点）向县商务粮食局递交“安全经营目标管理责任状”；开展第二届成品油市场“诚信经营、优质服务”示范、满意单位评选活动，辰阳路加油站、龙欣加油站、中石化汉寿龙阳加油站等15家企业获评；坚持每月对所有加油站进行安全隐患排查，共发现安全隐患17处，并下达20多份限期整改通知书，使安全事故实现零发生；根据国家、省市安全生产大检查和重大事故隐患治理工作要求，印发《汉寿县商务粮食局安全生产百日整治大会战工作方案》等规范性文件，明确总体要求、工作重点和责任清单；高温期间，积极配合县级领导对全县各加油站（点）进行安全督导检查，保证无重大安全事故发生；按照公安部的要求，对各加油站销售散装汽油的情况进行专项检查，并通过印发通告、建立台账、添置容器等有效措施，使全县销售散装汽油的违规行为得到遏制。

【商务执法】 重点抓好成品油、再生资源回收、单用途预付卡、汽车销售等商务领域的市场监管和行政执法，取得较好成效。2017年，共开展日常稽查和专项督导检查183次，依法查处各类违法行为69起，其中，立案查处案件3起，行政拘留2人。取缔和查封非法加油点13个，完成再生资源回收企业备案登记12家。成品油零售经营许可证全县共发证65家，其中社会加油站49家，中石油4家，中石化12家。汉寿县商务执法工作先进事迹得到市商务局高度肯定，12月21日，全市商务执法暨法制培训会在汉寿召开。

粮 食

2017年，全县粮食复种面积10.77万公顷。其中，早稻4.9万公顷，中稻0.43万公顷，晚稻5.43万公顷（与上年持平）；全年粮食总产量达6.4亿公斤，其中，早稻2.585亿公斤，中稻0.29亿公斤，晚稻3.525亿公斤。全县有粮食企业58家（其中，国企3家，民企55家），省级农业化产业化龙头企业5家，市级7家，有效仓容45万吨，常年粮食库存30万吨左右，日大米加工能力3900吨，日粮食烘干能力3500吨。轮换粮销售超历史同期水平，政策性粮食收购点及托市收购数量和全年收购总量在全市名列前茅。

【粮食购销储】 2017年，全县收粮32万吨，其中，中央、省、市、县储备粮轮换5万吨（中央储备粮轮换0.6万吨，省储粮轮换2万吨，代省储粮轮换2.05万吨，县储粮轮换0.35万吨），托市收购5万吨，其他收购22万吨，充分发挥国有粮食企业主渠道作用，确保国家惠农政策落到实处，确保丰收之年农民增产增收。全年销售粮食30万吨，有效地化解“镉大米”事件对全县粮食的影响，提高粮企和粮农的积极性，保障汉寿县粮食生产的可持续发展。全县常年储存中央储备粮5万吨，省级储备粮3万吨，县级储备粮0.45万吨，省级动态储备粮1.7万吨。按照《粮食流通管理条例》和各级储备粮管理办法，忠实履行职责，确保全县粮食储得进、管得好、调得动，确保国家粮食安全。

【托市布点】 2017年，汉寿县粮食企业58家，拥有点库70个。全年执行政策性粮食收购的点库有19个，其中：地方储备粮轮换收购的有7个，启动托市粮收购的有12个，且分布合理，在全省是启动“托市粮”收购点库最多的县，也是收购政策性粮食最多的县，未出现农民卖粮难的情况，确保农民粮食应收尽收。

【粮食执法】 2017年，县商务粮食局严格贯彻落实国务院《全面推进依法行政实施纲要》，进一步推进依法行政、依法管粮，营造良好的粮食流通管理法治环境。一是开展粮食清仓查库大检查，下达整改通知书9份，落实整改9起，确保储粮安全和依法依规开展粮食经营活动。二是举办法律法规暨安全生产培训。举办全县粮食经营主体从业人员参加的法律法规暨安全生产培训班一期，营造良好的执法环境和良好的粮食经营秩序。三是全面开展粮食“大快严”检查，为国家粮食安全保驾护航。四是严格执行重金属超标粮处置监管办法。2017年，是全县重金属监管工作开展的第一年，周密部署、合理布局、摸索经验，协同配合、尽职尽责做好重金属超标粮的处置监管工作，取得圆满成功。

【品牌创建】 2017年，全县以规模粮食加工企业为核心，依靠资源优势，着力打造具有汉寿特色的粮食品牌，全县大米品牌创建企业11家，金穗米业的“国娃”牌、金牛米业的“古索香”牌、金德米业的“德中德”牌、中祥米业的“家家盈”牌为全省著名商标，11个产品通过绿色认证，金穗米业坚持品种优先，构建育繁推一体化发展格局，坚持品质保证，构建绿色高产高效技术体系，坚持品牌引领，构建一、二、三产业融合发展机制。2017年，金穗米业着力打造“国娃”系列优质大米，通过品牌创建电商推广，实现企业增效，农民增收，其“国娃”牌优质大米成功入驻天猫旗舰店，仅此项企业销售优质大米2380吨，获利370万元。

对外经济贸易

【概况】2017 年，县商务粮食局积极对接争取上级资金，扶持企业发展。各项开放型经济发展资金合计约 846.82 万元，在全市属前列。重点加大对食品加工、棉麻纺织、特种水产、生物医药、五金电子等优势资源行业的支持力度，依托华乐农业、岩下荣祺食品、广源麻业、三建水产食品、新力华纳米涂料、汉星机械等特色进出口企业，不断开拓国际市场，全力打造好汉寿县“国家级出口食品农产品质量安全示范区”“湖南省出口基地县”“湖南省农产品出口基地县”等名片。不仅落实政策及资金上对外贸（外资）企业的支持，更加大对企业的服务力度，增强为企业服务的责任心。全县甲鱼、小龙虾、鸡蛋、汽车零配件等农产品和汽车零配件首次走出国门，分别填补省、市、县特色农产品、汽车零配件出口的空白。2017 年，全县具有自营进出口权的外资（外贸）企业累计 43 家，其中，已开展或拟开展进出口业务的企业 33 家，已实现进出口业绩的企业 15 家，占自营进出口企业总数的 35%。主要出口的产品有棉麻布（纱）、冻乳猪、分割肉及火腿肠系列、甜酸荚头、洞庭湖大闸蟹、电线管配件、防潮阻燃装饰板材等，形成以食品加工、机械制造、棉麻纺织、医药化工、五金机电、竹木林纸、制鞋箱包、特种水产等产业为主的八大支柱产业，汉寿蔬菜出口的业绩也实现了回流；产品主要销往韩国、非洲、新加坡、美国、日本、中国香港和台湾、泰国、柬埔寨等国家和中国地区。

【外贸进出口】全年实际完成进出口总额 1.05 亿美元，占计划任务 105%，位居全市第一方阵。全年新增外资企业 2 家，即沃士达数码电子、香港圣迪校服；新增东永化工、裕兴纺织、湘湖水产、新丰阳光禽业、康尔佳药业、汉美蔬菜、顺民蔬菜、华试蔬菜等 8 家进出口企业，超任务 6 家，为全县对外贸易工作注入新的活力。汉星工业科技有限公司汽车零配件出口俄罗斯，2017 年实现出口额 2 万美元；和利兴农产品公司蔬菜出口东南亚 7.2 万美元，实现蔬菜外贸业绩回流；6 月 9 日，汉寿三建水产 50 公斤甲鱼经检疫合格报检入港，实现汉寿甲鱼出境零的突破。

【外资】全年实现外资 9261 万美元，占计划任务 119.03%。

【外经】2017 年，全县新增中方合同境外投资 190 万美元，占计划任务的 102%；新签对外承包工程金额 3095.2 万美元，完成对外承包工程营业额 1088.2 万美元，占计划任务的 109%，外派劳务人员 709 人。

（陈智勇　章文端）

市场服务中心

【概况】汉寿县市场服务中心成立于 2000 年 7 月，位于汉寿县龙阳镇孟奇路，系独立核算正科级事业单位，下设办公室、政工股、市场管理股、财务股和西套市场管理所、城东市场管理所、蒋家嘴市场管理所、银鑫市场管理所等二层管理机构。现有工作人员 100 人，归口管理全县城乡市场。自有市场 6 个（西套农贸批发大市场、城东农贸市场、蒋家嘴大市场、军山铺市场、沧港市场、银鑫市场）。经营宗旨为适应社会经济需要，促进市场发展。业务范围主要是负责市场内的物业管理、市场规划、市场开发与维修；提供交易场所和服务设施，收取场地租赁费；开展代储、代运、信息咨询和其他服务。

【市场建设】2017 年 3 月 1 日，西套新市场建成并投入使用运营，经营户从临时安置点搬迁至新市场，落户经营。新建的西套大市场规模宏大，设计新颖，设施完善，布局合理，分为办公楼、外围商铺区、农贸区、工贸区，地下停车场五部分。可供 400 多家商贾经营，可停放近 200 辆小车，并设有摩托车停放区、三轮车停放区、货车卸货区。

【制度建设】2017 年，市场服务中心全年制定和完善如下制度：劳动人事制度、财务及经费管理制度、计划生育管理制度、综治维稳管理制度、办公、会议、用印、学习管理制度。对人事、考勤、请销假、值班、考核奖励、票据管理、合同现金管理、公务费管理、经费管理、办公用品管理、电话费管理、市场维修改造项目管理、计划生育管理、综治安全管理、会议管理、印章管理、学习制度等各方面都有细致有效的规定。这些制度的制定进一步强化了机关和股所的内部管理，严明工作纪律，转变工作作风，提高了市场队伍的综合素质和工作效率。

【市场管理】市场日常管理归纳起来主要体现在市容市貌及市场秩序的监管和市场设施设备的维修保养两大块。对各大市场的监管做到多下基层所督导检查，发现问题及时上报或处理；维修保养方面要及时查看现场，及时拟出方案上报领导，及时安排人员维修，决不给基层所的工作制造障碍。2017 年是汉寿县“省卫生县城”复查的关键一年，市场服务中心以此为契机，强化了、市场环境卫生、经营秩序、营业证照、消防安全、食品安全等方面的管理，并开展了、诚信文明经营户和先进工作者的评选活动。通过上述举措让文明创建工作深入人心，使得人人讲诚信、人人讲文明，形成了、"环境卫生好，市场秩序好，证照齐备好，诚信经营好，食品安全好"的普遍共识。

【创建平安市场】 按照县委确定的平安工作的整体部署，广泛发动群众，齐抓共管，全力推进各项工作措施，确保市场平安、和谐，进一步提高人民群众的安全感和满意度，确保全年无火灾，无群体上访，无黄、赌、毒等事故发生。①调整充实综治队伍，大胆任用一批年轻、有知识、懂业务的管理人员从事平安消防工作。②整章建制，层层签订，落实平安创建工作责任状。③邀请相关方面的专家和从业人员组织开展了一次"综治维稳、消防、安全生产、道路安全管理"知识培训讲座。④组织消防管理人员与义务消防队员联防队员召开联席会，为市场消防、安全建言献策。⑤组织开展宣传教育活动。如主办宣传栏，在市场内显眼处张贴《电动车停放充电场所消防安全须知》《电梯乘坐安全须知》《消防安全三提示》等。⑥按照每天、每月、每季、半年、全年要求开展消防、安全生产隐患排查、整改。⑦建立微型消防站。

【党建工作】 切实加强班子队伍建设和全体党员干部的政治纪律，思想作风建设，以抓党建工作来促进市管工作的推进。①坚持开展"三会一课"制度；②加强支部阵地建设；③加强党员学习。主要学习了马列主义、毛泽东思想、中共十九大精神、《中国共产党党章》《准则》《中国共产党纪律处分条例》、习近平总书记的系列讲话精神、党的路线方针政策等；④建立党员思想汇报制度；⑤建立民主评议制度；⑥建立党员信息台账；⑦参与精准扶贫工作，经常看望慰问扶贫对象，帮助他们解决生产生活中遇到的困难；⑧开展了助学捐款活动。

【财务管理】 财务人员必须按岗位责任制坚持原则，秉公办事，作出表率。在财务管理上讲求科学化，核算规范化，费用控制合理化。2017年，规范报账程序，加强运算管理，做好正常出纳核算工作，做好收费工作等各项财务工作。

【工会活动】 2月份慰问了特困职工，3月份开展了庆祝"三八"妇女节活动，4月开展了春季登山活动，5月组织干部职工进行体检，7月庆祝建党节开展了读书竞赛活动，8月开展了庆祝"八一"建军节活动，9月开展了迎"中秋、国庆"双节文体活动，10月组织"重阳节"慰问活动。通过这些活动的开展，增强了工作人员的积极性与凝聚力。

（童自政）

供　销

【概况】 汉寿县供销合作联社是县人民政府的经济工作部门，为县政府直属正科级事业单位，实行参照公务员法管理制度，现有定编26名。县社机构内设办公室、经贸发展股、政工人事股、财务统计审计股、社会管理综合治理办公室。县供销社主要工作职能：研究拟定全县供销合作社的发展规划、体制改革方案，并在实施中起到组织和指导作用；按照国家政策和县人民政府授权，对全县供销社系统的农业生产资料、棉花及其他商品的经营进行组织、协调和管理；指导社有企业、合作企业以及基层社立足农村、面向农业，扎实开展为农服务，积极开拓农村市场，推动农业产业化经营。

【综合改革】 为贯彻和落实《中共中央国务院关于深化供销合作社综合改革的决定》中发〔2015〕11号)、《中共湖南省委湖南省人民政府关于深化供销合作社综合改革的实施意见》(湘发〔2016〕3号）和《中共常德市委市人民政府关于深化供销社综合改革的实施意见》(常发〔2016〕8号）文件精神，县供销社2017年度狠抓供销社综合改革，着力重建供销社基层新型惠农服务体系。

成立改革领导小组，制定改革方案。县供销社积极向县委、县政府领导汇报，得到上级领导对供销社改革的重视和各职能部门的支持。经2017年第七次县长办公会议决定，成立汉寿县深化供销合作社改革工作领导小组，县委副书记、县长车世忠为组长，县委副书记刘毅翔、副县长李功文为副组长，县政府办等21家单位为成员单位；2017年，县政府第七次县长办公会议和第十次县委常委会研究出台了《中共汉寿县委县人民政府关于深化供销合作社综合改革的实施意见》（汉发〔2017〕3号），以文件的形式明确汉寿县供销社改革的方向和改革工作中的各方面保障；2017年9月18日，县政府召开全县各乡镇（街道）和改革领导小组各成员单位参加的"汉寿县深化供销社综合改革动员会"，加大了供销改革的宣传力度。

参观学习先进经验，改革试点先行。供销社综合改革办公室于2月21日至3月10日，到常德市石门供销社，张家界市慈利县供销社，天津市静海供销社学习考察，借鉴和学习先进经验，积极稳妥地制定切实可行的改革方案。同时按照本县供销社自身特殊因素，另辟蹊径、大胆试点先行。上半年，在军山铺、朱家铺、沧港、聂家桥等乡镇试点，下半年，又在坡头、毛家滩、龙阳等地开展惠农服务中心社的创建工作。2017年，已经创办农民专业合作社8家、建成基层惠农中心社7家、村级服务社12家。

提升本级服务平台，加强企业合作。县供销社着力搭建本级综合服务平台，提高惠农服务质量。县供销社依托总社“供销e家”全国平台，成立“汉寿县供销社农村信息化中心”；与湖南智慧民生信息科技有限公司合作成立“汉寿县淘满龙阳电子商务公司”；县供销社直属企业“汉寿县供销商贸公司”拓展了经营服务领域。本级综合服务平台的搭建及升级，将业务涵盖到农资、电商、再生资源回收、信息服务等多个方面，完善了惠农服务体系建设。此外，重视与企业合作，推动农业产业发展，年内合作企业已有20家。其中，在湖南泽丰公司入股35%，成立并运营“汉寿县土地托管服务中心”，全年土地流转和托管面积突破五万亩，种植效益提高近2成；与常德百隆、华诚蔬菜、汉寿华晟、湖南泽丰、锦麟香食品等企业合作，创新发展思路，效益增幅均在20%以上；与湖南植歌茶叶、汉寿县湘湖水产、汉寿县金穗农资、航天小蜜蜂等企业合作，大力发展茶叶、柑橘、荻笋、蔬菜、甲鱼、蜂蜜等农业特色产业。

荣获省示范县项目，加快改革进程。2017年11月，县联社成功申报2018年湖南省深化供销合作社综合改革惠农综合服务工程示范县，2018年将按项目书的要求，抓好县惠农平台和坡头、朱家铺两个中心社的示范建设，加速创建具有供销特色的全县农业社会化服务体系。（杨　茜）

盐　业

【概况】汉寿县盐业公司成立于1984年3月，负责全县盐业行政管理、盐政执法和食盐专营工作，为全县各类盐的供应和消除碘缺乏病提供保障。公司的性质为国有企业，现有的管理模式是两块牌子（盐业公司和盐务管理局）、一套人马，合署办公。在龙阳镇、太子庙和坡头设有3个盐仓库。《盐业体制改革方案》实施后，截至2017年年底，公司在册职工12人，其中在岗8人．公司地址位于汉寿县龙阳镇花木兰社区龙阳中路23号。

【各类盐的销售】2017年，全年共调入各类盐7496吨，较上年4356吨，多调3140吨，增幅42%。全年共销售各类盐6378吨；其中小包盐销售3820吨，较上年2382吨，多销1438吨，增幅38%。

【营销工作】2017年，营销工作重点是深化食盐侧结构性改革，提供多样化产品。为满足消费者多样化的需求，提供更加健康、环保、安全的盐产品，公司对汉寿市场进行考查和分析后决定按需求、产品的价格和广大群众的消费层次“分三抓三”：一是分三个阶梯，第一阶梯是基盐，抓500克绿色加碘精制盐；第二阶梯中端盐，抓320克海藻碘盐；第三个阶梯高端盐，抓雪天科技320克天然钙盐。二是在继续采取片区经理责任制、盐政捆绑责任制和加强营销终端网点建设的同时，以基盐占市场进一步扩大320克海藻碘盐在农村市场的销售份额。三是组织营销盐政人员经常深入到全县商场、超市和各经营网点，通过地推活动耐心细致的宣传介绍雪天科技320克系列高端小包盐，逐步满足不同层次经销户和消费者的需求，提供多样化产品，进一步推进食盐侧结构性改革。

【盐政工作】2017年，加强盐政管理，强化市场监督，保障人民群众食盐安全。盐政执法的宗旨是规范盐业市场，打击涉盐违法，保障人民身体健康。为给改革营造良好环境，确保平稳过渡，公司一是组织开展了经常性的盐改政策宣传咨询活动。在2017年“3·15”国际消费者权益保护日和“5·15”碘缺乏病宣传日，联合工商、卫生等部门，组织开展了较大规模的盐改政策宣传及伪劣食盐辨别咨询活动，引导公众科学、健康用盐。二是走村串户加强对食盐市场全方位监控，联合职能部门查处打击盐业违法行为，清理不符合工信部文件标准的外来盐，强力整顿市场乱象，确保食盐市场的规范有序。三是片区销售人员在对食盐终端网点进行访销、配送的同时对网点和用户进行检查，对有问题的网点和用户信息及时上报，盐政人员及时对其进行查处，切实做到管理有序、监察有力，为全县食盐安全护航。

【党建工作】2017年，党建工作重点是以业务经营为基础，强化了党风廉政建设。建立市场化的风险防控机制。适应“市场营销”新形势、新特点，建立健全以纪检、监察、财务、法律为核心的市场化风险防控体系。不断增强依法治企意识，落实重要规章制度、重大决策和重要经营活动的合法性监督。探索“业务重构”后，筑牢拒腐防变的思想防线和制度防线，不断完善权力运行制约和监督机制。每季到市公司党委参加分公司党建暨党风廉政建设和反腐败工作会议，与市公司党委签订《党风廉政建设责任书》。严格落实管党治党责任，将从严管党治党的理念贯穿于经营管理的各个方面和各个层次。在集团党委、市公司党委的正确领导下抓好各方面的学习，结合企业精神、企业哲学、核心价值三个层面，进一步提炼宣传推销集团企业品质，构建价值、行为、视觉相统一的现代企业文化体系。

农业·水利·林业

农业·农村

【概况】 汉寿县农业局作为县人民政府组成部门，主要职责：研究拟定农业生产和农业经济发展战略、中长期规划，经批准后组织实施；拟定农业开发规划并监督实施；引导农业产业结构合理调整、农业资源的合理配置和产品品质的改善；调查了解农业生产情况，制订落实农业增产措施，指导组织引进、示范和推广农作物新品种、新技术、新成果；实施抓好项目建设与管理，抓好农作物基地建设，发展高产、高效、优质农业；组织起草种植业规范性文件草案，负责农业行政执法和农业行政诉讼及行政复议工作；研究拟定农业产业化经营的措施办法与发展规划，促进农业产前、产中、产后一体化；组织协调农产品、农业生产资料市场体系建设，预测并发布农业产品及农业生产资料供求情况等农业经济信息；组织农业资源区划，生态农业和农业可持续发展工作；指导农用地及宜农荒滩、宜农湿地、农村可再生资源的开发利用以及农业生物物种资源的保护和管理；在环境保护部门统一监督指导下，对农业环境保护工作实施具体监督管理；组织有害生物疫情普查；实施节水农业。拟定农业科研、教育、技术推广及其队伍建设的发展规划和有关措施，实施科教兴农战略；组织科研技术推广项目的实施；指导农业教育，农业职业技能开发工作和有关协会、学会、社会团体的工作，组织农村劳动力转移培训阳光工程实施与监管工作。组织实施优质农产品、绿色食品、有机农产品的质量监督，认证和农业植物新品种的保护工作；组织协调种子、农药、化肥等农业生产资料质量的监测、鉴定和执法监督管理。会同有关部门管理国家、省、市、县农业项目资金投入；协助公安部门铲除毒品源植物。会同有关部门组织实施惠农政策的调查与落实。2017年，汉寿县农业局在职在编人员96人。内设机构有办公室、计划财务股、政工股、行政许可办公室（法制股）、农产品质量安全监督管理股、农业产业化办公室、新农村建设股、县域经济发展股、汉寿县蔬菜管理办公室（简称县蔬菜办）、纪检监察室。直属事业单位有汉寿县耕地质量管理处、汉寿县农村能源服务中心、汉寿县农民教育办公室（湖南省农业广播电视学校汉寿县分校）、汉寿县农业行政执法大队（简称县农业行政执法大队），加挂汉寿县种子工作管理站和汉寿县农药监督管理站牌子、汉寿县农业科技教育工作站（简称县科教站），加挂县农业技术推广中心牌子、汉寿县粮油作物工作站（简称县粮油站）、汉寿县经济作物工作站（简称县经作站）、汉寿县植保植检站（简称县植保站）、汉寿县农产品质量检测中心（简称县农产品检测中心）、汉寿县农业资源与环境保护管理站（简称县农环站）、汉寿县农村经济信息中心（简称县经济信息中心）。

【农业生产】 2017年，全县粮食播面11.155万公顷，较2016年增加1.367万公顷；总产65.83万吨，其中稻谷（包括玉米）总产64.8万吨，比2016年略增，实现连续14年增产的目标，被评为“全省粮食生产标兵县”。蔬菜种植2.8万公顷，总产120万吨，产值17亿元；油菜种植40.066万公顷，产量7.8万吨，产值4亿元以上；棉花0.48万公顷，籽棉总产2.4万吨，产值1.7亿元。

粮食。粮食是汉寿县种植业生产的第一大作物。全年水稻播种面积10.767万公顷，总产64.67万吨。其中，早稻4.9万公顷，较上年增加533.33公顷；总产25.85万吨，比上年略增。一季稻0.43万公顷，总产2.88万吨。晚稻5.433万公顷，较上年增加220公顷，总产35.94万吨，较上年略有增加；旱杂粮（不含玉米）0.36万公顷，总产（折合稻谷）1万吨以上。

坚守耕地红线。近年来，汉寿县严格坚持耕地占补动态平衡原则，实现全县耕地稳中有升，耕地面积由2008年的6.3万公顷增加到6.554万公顷。同时，以实施高标准良田粮丰产工程为契机，大力改造中低产田，开展水稻测土配方施肥，全县推广水稻配方肥63.333万公顷，占水稻面积的60%以上；建成高标准粮田0.133万公顷。杜绝耕地抛荒。县委、县政府继续把确保耕地不抛荒作为乡镇重点目标管理考核的重要内容，发现一丘1亩以上的耕地抛荒，农业农村工作实行“一票否决”。2017年，坚持压单扩双，对于宜种双季稻的一季稻习惯种植区，采取县领导包片、农口科局包点、明确专人负责，县农业局派出专门技术人员进村入户为农户提供技术服务；在岩汪湖、罐头嘴、株木山等乡镇育早稻备用秧苗，为缺秧农户提供秧苗；双季稻区没有一季稻“插花”现象，双季稻面积占水稻面积的96%。近年来，在保障粮食安全的前提下，汉寿县充分发挥湖区水源方便的优势，积极引导推广稻田绿色高产高效种养结合的新模式，拓展种粮农民的增收空间。目前，全县已发展稻田生态种养基地2.25万公顷，为农民年增收入11亿元以上。

蔬菜产业。在县委、县政府的高度重视和相关部门的大力支持下，认真贯彻落实“产业强县”发展战略，积极推进蔬菜产业发展建设，生产总量不断扩大，产业特色不断凸现，2017年，全县蔬菜播种面积2.8万公顷，产量120万吨，产值18亿元。蔬菜产业发展迈入新台阶。为进一步加快汉寿县蔬菜产业发展步伐，推动现代农业转型升级，打造“汉寿蔬菜”大品牌，努力实现“南汉寿、北寿光”战略目标，出台《关于进一步加快蔬菜产业发展的实施意见》《汉寿县促进蔬菜产业发展扶持办法》《汉寿县2016年蔬菜特色农业保险工作实施方案》，将重点工作放在优化产业布局、推进科技兴菜、健全产业体系、提升品牌质量、夯实产业基础上，连续五年，每年投入奖补专项1000万元，用于蔬菜产业发展，全面实现生产布局合理、总量满足需求、品种更加丰富、品质更加优良、产销衔接顺畅、质量安全可靠、农民增产增收的目标，力争成为全国蔬菜生产特色县、南方蔬菜主产县、省智慧蔬菜示范县、“放心蔬菜”重点县、“湘菜进京和粤港澳地区”重要的蔬菜供应基地县。为进一步扩大汉寿蔬菜影响，提升汉寿蔬菜开解，做强做大汉寿蔬菜，县人民政府联合湖南省蔬菜协会举办汉寿县第二届蔬菜文化节。为打造好“南汉寿”围堤湖蔬菜产业核心示范园，确保园内基础设施建设升级达标，县委、县政府高度重视未来三年，已投5000多万元，加大对围堤湖蔬菜产业核心示范园基础设施的升级改造，分别从公路硬化，渠系抗旱、电力设施等方面基础配套设施加大投入，完善建设，目前，公路硬化部分已逐步展开。届时，围堤湖核心示范蔬菜基地将全部实现旱能灌、涝能排，为基地现代化、标准化、机械化生产打下坚实基础。针对围堤湖园区内污染企业的情况，县委、县政府加大整治力度，依法依规关停并转，成立由农业、国土、安监、环卫、水利、住建、市监、办事处等13家单位组成的联合执法队，开展围堤湖蔬菜基地污染企业“查问题、造声势、做宣传”的专项行动。凭借省蔬菜所、湖南农业大学、市蔬科所强有力的技术支持，汉寿县蔬菜品种、生产技术不断创新与转化，以思雅园公司现代设施为基础，搞好了管道水培、雾培、基质培、无土栽培新技术，引进各种颜色的樱桃番茄、辣椒、西甜瓜、南瓜及水果黄瓜，展示国内外优质新品种；采用物联网技术、智能温室大棚、玻璃温室等，展示各种新设施（设备）；继续推广工厂化育苗，半年内，育苗1.8亿株，机械化移栽400公顷；大力推广配方施肥、膜下滴灌、工厂化育苗、生物肥施用和人工授粉等新技术。

【农技推广】 推行农技服务“零距离”。一是组成农技推广服务小分队，深入田间地头指导农民生产、培训农业技术。通过职业农民培育，2017年共培育700人。其中354人通过了新型职业农民认定。二是开展电子“保姆”式服务，利用农技服务短信平台，适时发布农业技术短信30万条；开展测土配方施肥电子查询服务，全县布设7000多个点，涉及近10万农户。三是实施绿色病虫防控，及时准确发布《病虫情报》15期，指导全县大面积防治，确保防治效果，农作物病虫害总损失率控制在5%以内，单个病虫损失率控制在3%以内。采取走出去的方式培训农技人员，利用农技推广补助项目共3次派出38名农技人员到省农业大学培训；用请进来的方式培训种植大户与能手，先后聘请省蔬科所、中国农科院、省农科院专家、教授到汉寿讲授蔬菜、水稻等技术课，参训大户等近700人次。

病虫防控。植保站安排3名专业技术员从事病虫测报工作，全年及时准确发布《病虫情报》15期，指导全县大面积防治，确保防治效果，农作物病虫害总损失率控制在5%以内，单个病虫损失率控制在3%以内；引进物联网测报系统一套，提高测报水平和测报质量，开展农作物病虫害专业化统防统治和绿色防控，服务面积1.67

万公顷，服务面积和服务质量稳步提高。2017年，县植保植检站牢固树立“绿色植保、公共植保、科学植保”的植保理念，深入贯彻“预防为主、综合防治”植保方针，加强病虫预警监测，突出植保工作重点，大力实施“农药使用量零增长行动”，推广绿色防控技术及病虫害专业化统防统治，较好地控制了病虫发生与危害，全县病虫害总损失率控制在5%以下，单个病虫害损失率控制在3%以内，确保农业生产安全、农产品质量安全和农业生态环境安全。强化病虫害监测预警，确保病虫预测预报准确、及时，维持7个病虫监测点，完善病虫自动预警监测系统。加强大面积调查，准确掌握全县病虫发生、发展态势；积极探索稻秆潜蝇发生规律、防治措施及二化螟抗性治理。及时准确发布病虫情报，用建立微信群、手机短信群，印发病虫防治通知单、公告版和广播等多种形式发布病虫信息，及时把病虫防治信息传送到千家万户，努力提高病虫信息进村入户率。加强宣传，积极推动“农药使用量零增长行动”；悬挂宣传横幅50条，张贴标语1000条，发送宣传短信50000条，出动宣传车15台次。推进专业化统防统治，提升植保防灾减灾能力；专业化统防统治服务组织达20个，服务面积2.33万公顷。加强植物检疫，确保植物疫情不扩散；积极组织力量扑灭柑橘溃疡病和扶桑绵粉蚧疫情。

耕地地力保护与提升。继续做好耕地质量监测工作。省级地力监测点15个，部级监测点1个，涉及沧浪街道办、聂家桥等乡镇（街道办）。开展耕地质量评定与管理，对罐头嘴、沧港、辰阳街道等国土新开耕地及旱改水项目耕地质量进行评定，评定总面积182.73公顷。鉴定毛家滩乡耕地毁损案件一起，毁损特别严重面积0.64公顷。化验分析土壤样品，掌握地力状况，全年化验各类土样582个，检测4074项次。完成各类田间肥效试验5个。着力增施有机肥，推进绿肥生产，全县绿肥种植面积1.33万公顷。测土配方施肥推广面积13.73万公顷，推广施用商品有机肥3500吨，畜禽粪便堆沤等其他有机肥1200吨，较上年增加600吨。创办毛家滩埃及糖橙有机肥替代化肥示范点1个，示范面积46.66公顷。发展节水农业，引进实施水肥一体化项目，实施主体汉寿县思雅园，实施水肥一体化面积57.33公顷。

【农产品安全】 农业生产安全。农业行政执法大队着重抓好农业执法体系规范化管理与建设，按照“打防结合、标本兼治”农资打假工作原则，牵头开展春、夏、秋三次农资打假治理联合行动，对县内621家农资经营户、1家肥料生产企业的农资产品生产、经营行为进行登记检查，对进入汉寿县市场的250个农药产品进行入市检查；充分履行农资打假牵头部门职责，采取日常监管与联合整治行动相结合的方式，对全县535家农资门店进行有效监管。立案查处农业案件21起、农药70公斤，有效保障了全县农业生产安全。

保障“舌尖”安全。严把农产品质量检测关，采取生产基地检测与市场检测相结合的方式，对辰阳街道、沧港镇、坡头等蔬菜生产基地以及县城区花木兰等四大市场与步步高、金湾等七大超市的农产品开展抽检检测，检测蔬菜、水果样品等农产品样品31758个，其中1个水果（草莓）样不合格；合格率达99.9%。2017年，农业部、省农业委在汉寿县抽检两百多个蔬菜样，全部合格，全县没有出现一例农残超标事故。在乡镇监管体系建设方面，2017年，创建了岩汪湖省级示范乡镇站，辰阳街道办市级示范乡镇站。

【农业项目建设】 一是及时足额发放惠农资金。主要有耕地地力保护补贴、粮食规模经营补贴、棉花价格补贴。规范补贴资金发放程序，通过农户上报，乡镇统计，县局与财政部门一并核实后，通过“一卡通”直接打卡发给农户，没有截留、挪用现象。二是加大农业项目引资力度。积极争取上级农业项目资金作为增强农业发展后劲的重要举措，先后争取新增粮食生产能力田间规划工程建设项目中央预算内基建资金、产油大县项目资金共2450万元，以及粮油绿色高产高效创建专项资金、早稻专业化集中育秧专项资金、粮食生产奖励资金、农业生产救灾资金、中央财政基层农技推广体系改革与建议补助资金等28项农业专项资金1013万元，共争取农业项目资金3463万元。

【美丽乡村建设】 全县筹集美丽乡村建设资金6.5亿余元，其中县财政投入3829万元、整合项目2.4亿元、农民自筹3.8亿元，共硬化乡村公路77公里（乡、村、组水泥路连通率100%），整治病险水库179座，疏浚沟渠160公里，新建、改造、维修机埠135处，新建机耕道58公里，新建农村住房725套，改造农村危房1660户，完成五改户7750户，新建、整修村部185个，电力改造2.84万户，建成秀美庭院3369户，安全饮水全部实现“清零”。

2016年来，全县建成了“菜都花海”韩文村、“红色故里”陈家湾村、“秀美水乡”小凡洲村、“村企共建”武峰村、“糖橙之乡”马涧村。“旅游名村”陈军堤，2017年经省验收，被评为省级美丽乡村示范村。以沅澧快线6号大道为中轴，连接汉岩公路，到达西洞庭湖的美丽经济示范带，经过2017年一年打造，已初具雏形。

县财政累计投入资金5165万元奖补农村环境卫生整治工作，新建垃圾池 7580 个、垃圾分类池 8680 个，新置斗车 1012 辆、机动垃圾清运车 361 台、移动垃圾车 856 台；新增保洁员 1478 人，下发保洁员服装、雨衣、遮阳帽等劳保用品 1943 套。撤除马路市场 15 个、乱搭乱建 11391 处，安装路灯 1503 盏，完成公路绿化 472 公里，新建垃圾中转站 15 个，配置封闭式垃圾箱、垃圾屋 725 个，22 个乡镇区、街道集镇生活垃圾集中中转至市垃圾发电厂。评选出“文明卫生家庭”“最清洁户”“清洁之星”“季度之星”4.5 万户；县、乡组织集中检查、暗访 1550 次（其中县整治办组织集中检查、统一暗访、专项督查 305 次），下达整改通知 4496 份；兑现奖金 337 万元、罚款 139.1 万元。

【农民教育培训】 汉寿县农民教育办公室负责研究拟订全县农民教育培训规划并开展各项培训；督导各乡镇（街道）、农民教育成员单位开展农民教育培训。汉寿县农民教育办公室为参照公务员法管理单位，在编人数 3 人，其中：主任 1 名，管理人员 2 名。

【培训情况】 2017 年，全县完成各项培训 40000 人次，其中农村实用技术、法律法规、诚信文化等培训 15000 人，产业扶贫培训 9000 人，农村环境保护与卫生整治培训 8000 人，就业技能培训 5000 人，新型农业经营主体 2500 人，新型职业农民 500 人。

（朱小明）

能源建设

【概况】 汉寿县能源办公室负责研究拟订全县农村能源建设发展规划；指导和实施农村能源开发利用和农村节能工作；指导协调全县沼气生态农业建设以及完成农业局交办的其他工作。2017 年，汉寿县能源办公室因机构改革，更名为汉寿县能源服务中心，在编在职干部 5 人，其中：聘用 1 人。

【沼气项目】大型沼气工程。2017 年，中央投资 300 万元兴建两个大型沼气工程，即：湖南新丰阳光现代农业发展有限公司 1200 立方米，中央投资 180 万，地点：岩汪湖镇金盆岭村；珏兴牲猪养殖场 800 立方米，中央投资 120 万，地点：朱家铺镇断堤村。两个工程于 2017 年 10 月底投产完成，且正常运用。年可处理猪粪污水 6 万吨，年产沼气 27 万立方米，年沼气发电 23.36 千瓦，农户集中供气 320 户，年产初级有机肥 2774 吨，年产沼气液 6.44 万吨。

（朱小明）

农业机械化

【概况】 汉寿县农业机械化管理局为县农业局管理的公益一类事业单位，主要承担农业机械化管理相关行政职能，贯彻实施国家农机化方针、政策和法律、法规，科学制定全县农业机械化发展规划，指导推广先进适用的农机新机具、新技术、优化农机装备结构，提升农业生产机械化水平和农业综合生产能力，推进现代农业建设。下设办公室（法制办）、计财股、科教质量股、监督管理股、人事股、农机安全监理站 6 个股室和 1 个农机技术推广中心，在编在岗干部职工 26 人。

根据省人民政府办公厅《关于加快推进农业机械化的通知（湘政办发〔2016〕40 号》和《湖南省农业委、湖南省财政厅〈关于实施洞庭湖区农业机械化提升工程〉的通知》（湘农联〔2016〕265 号）的要求，通过竞争性陈述和专家评审，汉寿县、桃源县、赫山区等 9 个县（市）（区）被授予环洞庭湖粮油生产全程机械化示范县。

2017 年，县农机局以粮油生产全程机械化示范县创建为契机，突出农机购置补贴，机械化育插秧，油菜机播推广。狠抓农民职业技术培训，推进农机合作社建设，构建农机社会化服务体系，加强农机安全监理，优化经济发展环境等工作重点，攻短板、破瓶颈，工作有条不紊，成效显著。截至 2017 年 12 月，全县农机保有量 116 万千瓦。

【农机购置补贴】 农机购置补贴是国家为发展农业生产、支持和鼓励农民购买使用先进适用的农业机械，推进农业机械化进程，发展现代农业而实施的一项强农惠农政策。政策实施 13 年来，为提升汉寿县农机化水平，提高土地产出效益和比较效益发挥了重大的推动作用。汉寿是全国产粮大县，“全国农业机械化示范县”。2017 年，使用国家购机补贴资金 2596 万元，补贴各类农机具 1270 台套，受益农户 690 户，拉动农民购机资金 7680 万元。农机购置补贴按照“自主购机、定额补贴、打卡到户”的要求，坚持公开、公平、公正原则，重点向粮油生产瓶颈环节机械倾斜，强化乡镇（区）和部门监管责任，经省、市农机、财政、监察等部门多次抽查和检查，汉寿县农机购机补贴程序规范，操作严谨，公开透明。

【技术推广】 自 2005 年开始，汉寿县一直是“水稻机械化育插秧技术”项目县。2017 年，通过采取宣传发动、行政推动、示范引领、典型引路等手段，推广插秧机 239 台，机插面积 4.2 万公顷，机播油菜 2.133 万公顷，办粮油生产全程机械化 4000 公顷以上示范片 2 个。全县烘干机推广应用骤增，2017 年，新增粮食烘干机 173 台套，烘干中心达 50 家，其中日烘干 100 吨以上的 20

家，100吨以下的30家，日烘干粮食达5000吨以上。无人机植保得到长足发展，全县已达51台。

【社会服务】 全县现有农机社会化服务组织883个，其中通过工商注册的农机专业合作社145家，2017年申报并获得批准为省两个“百千万”工程项目的现代农机合作社34家，现代农机合作社示范社9家。金穗农机合作社获批全国农机合作社示范社。农机固定资产原值50万元以上的农机大户538家。农机二级维修网点2家，三级维修网点51家。全县形成了以农机专业合作社、农机大户为主体，农机部门为中枢的农机社会化服务格局，呈现出政府引导、形式多样、主体多元、规范有序的市场服务体系。服务功能涵盖水稻、油菜、果蔬、畜禽、养殖等生产环节，并向跨区作业延伸，向产品深加工拓展。

【安全监理】 强化“安全第一、预防为主、综合治理”的方针，推动平安农机创建活动，认真落实农机安全生产责任制。2017年，完成了拖拉机、联合收割机登记及牌证换发和年度检审工作，共办理拖拉机上户186台，联合收割机上户341台，年检拖拉机1782台。轮训农机操作手1250人。

潜聚内力，组织监理工作人员进行2期专题培训，对监理装备及时补充，监理工作整体水平得到提高。完善政府牵头、部门联合、社会参与、齐抓共管的农机安全生产管理长效机制，新建农机“平安村”3个。“打非治违”，查处黑车非驾效果良好，全年内出动执勤车180台次、720人次、纠正违章122起，整改隐患48起，查处黑车非驾33起。农机互助保险工作取得进展，参保率100%，交强险率100%，居全市第一，在全省靠前，连续七年获全省农机监理先进单位。

【教育培训】 培训新型农民，使农民成为全社会的体面职业，使农业成为有前途的产业。培养农民有文化、懂管理、会经营，是新时期赋予“三农”工作的时代要求。县农机局以“新型职业农民培训”为平台，根据新农村出现的新情况、新特点、新形式、多渠道对农民进行农机职业教育，开展农机实用技术和农产品加工培训，全年共培训各类农机手1875名。（戴新贵）

农村经营服务

【概况】 汉寿县农村经营服务站属行使行政职能财政全额拨款的正科级事业单位。站机关内设办公室、农村土地承包管理股、农村财务资产管理股共3个股室，加挂汉寿县农民负担监督管理站、汉寿县农村土地经营权流转服务中心和汉寿县农村土地承包纠纷调解仲裁委员会办公室牌子。现有在职干部职工21人，退休干部职工11人。职能职责主要有八项：贯彻执行国家、省市有关农村经营管理及服务的方针政策和法律法规，起草汉寿县有关农村经营管理的规范性文件并指导实施；参与农村改革创新有关工作，承担深化农村经营体制改革等方面政策建议的调研、起草工作；参与指导农村土地承包合同管理和承包经营权流转工作，承办权限内农村土地承包合同纠纷的调解、仲裁工作；指导农民专业合作组织、家庭农场的建设与发展，参与推进村级集体经济发展和农村集体经济组织建设，指导农村集体经济组织的财务会计和审计工作；开展农村经济收支、农民收入、农民专业合作组织与农村集体经济组织运行情况监测、统计和调查；承担农民负担监测工作，参与农民负担督查，协助调查涉及农民负担的有关案（事）件，承担县农民负担监督管理领导小组办公室日常工作；指导全县农村经营服务体系和农村财会队伍建设；承办县委、县人民政府和县农业局交办的其他事项。

2017年，该站在县委、县政府的正确领导下和上级业务部门的正确指导下，坚持以十八届六中全会和中共十九大精神为指引，改进工作作风，创新工作思路，扎实推进农村经营管理工作，被评为全省农经管理工作先进单位、全省农村土地承包经营权确权登记颁证工作先进单位、全省培育家庭农场先进单位、全市农民权益维护和农民负担监督管理工作先进单位。

【农村土地承包经营管理】 土地承包经营权确权登记颁证工作基本完成。6月30日，县政府向省、市确权办递交了《关于基本完成农村土地承包经营权确权登记颁证工作的报告》，完成进度排名全省前10位。11月8日，通过省确权办数据汇交，11月29日通过农业部质检。村级自查、乡镇核查和县级验收全面完成，合同签订与证书发放有序推进。

抓实自查确实权。一是抓乡村自查。2017年8月，召开全县确权登记颁证县级检查验收工作布置会，下发了《汉寿县农村土地承包经营权确权登记颁证成果检查验收办法》。全县成果检查验收以乡镇为单位，采取村级自查户户到、乡镇核查组组到、县级验收村村到的三级检查制度，村级自查、乡镇核查合格后，填报《汉寿县农村土地确权登记颁证自查情况统计表》《汉寿县农村土地确权登记颁证人口、地块信息核查表》，并向县确权办递交《关于基本完成农村土地承包经营权确权登记颁证工作的报告》。尤其是针对村级自查中发现的部分数据不准确问题，要求技术公司到村到组与村干部一道现场核对、现场修改，确保不漏一个人、不错一块地。在乡村自查、督查中，汉寿县在丘陵区树立了蒋家嘴镇“村级自查户户到，乡级自查村村到”样板，在湖区树立“罐头嘴镇把侵占、捡种承包户面积坚决归位”样板。二是抓县级验收。11月13日，县委书记杨昶专门听取县确权办关于省确权工作紧急会议精神的汇报。15日，县委召开全县确权登记颁证专题会议，传达省确权工作会议精神，部署汉寿县确权登记颁证工作，各乡镇书记、县确权领导小组成员单位参加。会议要求进一步认清当前形势，统一思想认识，切实抓实抓好，确保如期完成任务；进一步明确工作重点，抓好乡、村自查和县级验收；进一步压实工作责任，各乡镇区（街道）要继续坚持一把手负总责，高位推动，压实责任，切实抓好扫尾工作。县委、县政府督查室加大督查通报力度。县确权办积极组织力量，抓好县级验收。对于验收走过场、外业检查、数据纠错敷衍塞责、弄虚作假、隐瞒不报的，一经发现，一并追责。11月17日，县确权办召开全县经管站长会议，县经管局全体干部参加，传达省、县关于确权登记颁证工作主要精神，并对如何抓好县级验收进行培训。从11月24日开始，县确权办集中经管局业务骨干、各乡镇经管站长、技术公司代表共48人分10组逐乡逐村开展验收。检查验收统一食宿，现场抽样，每村不少于两个组、每组不少于3个承包农户10个承包地块。两个村合为一个村的查3个组，三个村合为一个村的查4个组。二是抓颁证到户。12月5日，县确权办召开农村土地承包经营权证书打印工作培训会，由盛鼎公司技术人员现场为各标段项目经理、内业人员演示证书打印软件安装、调试过程，组织学习农业部第2330号公告关于农村土地承包经营权证书的填制办法和规定，要求各技术公司严格按照技术标准打印证书。同时要求各乡镇全面做好《公示结果归户表》的核对工作，核对无误后方可签订《农村土地承包合同》，确保“不错发一本证、不漏发一本证”。对县级验收不合格的村责令限期整改后再申请验收，“验收合格一个村、颁证一个村”。12月7日，县人民政府在蒋家嘴镇康家塘村举办首批农村土地承包经营权证书发放仪式。

土地经营权抵押贷款试点稳步推进。通过强化与土流网合作、发动县域担保公司参与、进一步完善经营权价值评估和风险防控机制等方式创新贷款模式。为有效规避和防范金融风险，最大限度地鼓励金融机构加大信贷投放力度，制定下发《汉寿县农村承包土地经营权抵押贷款风险补偿金管理办法》（汉政办发〔2017〕5号），对相关金融机构出现贷款损失的，按照30%比例给予风险补偿，坚定金融机构向农户放贷的信心。上半年，新增农业发展银行开展农村土地经营权抵押贷款业务。截至11月底，全县已发放农村承包土地的经营权抵押贷款468笔，金额2.8亿元，试点工作取得较好成效。5月份，局投稿的《汉寿：破解抵押难题有办法》一文在农业部主管的全国农经类核心期刊《农村经营管理》上发表。

规范土地流转市场有序运行。一是规范管理。严格按照《汉寿县农村土地流转管理办法》规范土地流转操作程序，按照不同流转类型，统一合同文本，统一编号管理，对受让流转面积超过6.66公顷或跨乡镇流转的大户，要求县、乡、村三级鉴证。在2017年全县家庭农场奖励项目申报和种粮大户奖补申报中，严格要求使用规范的流转合同，经县、乡、村三级在调查核实的基础上鉴证方可进行申报。二是防范风险。对长时间、大面积流转土地的工商资本，探索完善土地流转风险保障金制度，代收一年土地流转金至县财政专门账户，形成沉没资本，防范经营风险。坚持流转土地不改变农业用途，严格落实《关于加强农村土地流转用途监管和风险防范的意见》。据统计，截至2017年，全县土地流转面积53.56万亩，占家庭承包耕地面积的57.9%。

农村土地承包纠纷调解仲裁工作成效明显。始终坚持“把矛盾化解在基层、把问题处理在萌芽状态”的工作原则，进一步加大农村土地承包纠纷的调处力度。截至2017年，该局农村土地承包经营纠纷调解仲裁委员会共受理农村土地承包经营纠纷89起，均已成功调解。6月19日—23日，农业部经管司、经管总站在湖南省湘潭市举办全国农村土地承包仲裁师资骨干培训班，副局长李娟以《仲裁庭审技巧及裁决书的制作》为课题，为各省（区、市）的278名仲裁骨干学员上了一堂生动的仲裁文书写作课，很好地展示汉寿县农村土地承包纠纷调解仲裁人员的业务素质和工作水平。

【农村财务资产管理】 农村集体资产和财务管理是农经工作的基础，是做好其他各项工作的根本。为此，着重从重点业务上入手，切实加强了对农村集体资产和财务的管理。

开展了村居财务清查和村居组织成员任期经济责任审计督查。为切实抓好汉寿县村民委员会、居民委员会换届选举工作，对村居干部任期经济责任做出实事求是的评价，从严查处村级组织“雁过拔毛”式腐败问题，该局召开专题会议全面部署村居财务清查和村居组织成员任期经济责任审计督查工作，制定并下发督查工作方案，明确督查内容、督查时间、督查分组和督查要求。各督查组在每个乡镇选取1~2个重点村进行审计，认真细致查找问题，准确掌握真实情况。通过督查发现各乡镇在执行强农惠农政策、财务管理、账务处理、执行财经纪律等工作中存在一些问题。对于在督查中发现的重要问题线索，将依程序移交给县纪检监察部门立案查处，从严追究。

对重点村开展村级财务审计。6月上旬，受市巡查组委托，该局抽调专人组成审计小组，历时4天，采取审查会计账目和查阅原始凭证为主，并与调查相关人员相结合的方式对太子庙镇金孔村、吉庆村、涂家堰村2015年—2016年的财务收支、债权债务、专项资金的管理和使用、资产的处置以及其他有关财务情况进行全面审计。将各村的具体审计情况及时向市巡查组进行反馈。

优化村级财务公开，助力全省“互联网+监督”平台建设。按照全省“互联网+监督”平台建设要求，该局联系软件开发商对现有村级财务软件进行系统升级改造，以满足村级财务公开的需求。按照乡镇区（街道）的建制，将软件系统升级改造前各村（社区）1月至6月的相关财务信息按要求导出，并通过全省统一开发的数据采集程序，上报到省“互联网+监督”平台；9月1日以后的收入、支出信息和附件信息，按照季度定期上报到省“互联网+监督”平台。同时，对乡镇区（街道）财务管理人员就新版软件的操作进行业务指导。

【农民负担监督管理】 强化惠农减负工作责任。2017年，继续将农民权益维护和农民负担监督管理工作纳入县委、县政府绩效考核和党风廉政建设考核和县、乡党政、涉农部门领导班子考核的重要内容，进行严格考核；继续强化农民权益维护和农民负担监督管理工作领导负责制和部门工作责任制；继续实行党政一把手亲自抓、负总责和一级管一级的工作制度。在全县农村工作会议上各单位、乡镇一把手向县长递交了责任状，同时各单位、乡镇都与二层机构及村级组织层层签订了责任状。

深入开展“雁过拔毛”式腐败问题专项整治“回头看”。为进一步巩固汉寿县“两个专项”整治行动成果，按照省市减负办要求，县减负维权办在4月份组织专门力量对全县减负惠农政策落实、部门涉农收费等情况进行一次“回头看”式的清查。问题主要表现在部分惠农项目资金没有专款专用，个别村级组织乱发乱补，来客招待还有烟酒开支，个别农村义务教育阶段学校行政与学生食堂水电没有分户。减负办将对相关问题逐一下发限期整改通知书，对问题严重的有关单位实行农民负担预“否决”。

扎实开展惠农资金和农民负担专项整治。一是开展农村义务教育乱收费的专项治理。3月初，县减负办联合发改、教育等部门，重点检查农村义务教育学校免费制政策的落实情况，贫困住宿生生活补助发放情况、学校食堂经营情况，特别是加强对教辅资料的管理，巩固治理教育乱收费的成果。9月份，配合县纪委开展农村义务教育学校教辅资料专项整治，确保自愿征订、一教一辅，规范办学行为。二是开展涉农乱收费、乱摊派专项治理。根据省、市关于开展涉农乱收费乱摊派专项治理工作的通知，汉寿县于7月上旬召开惠农减负工作动员部署会议进行专题部署，各乡镇、部门全面开展了自清自查，县减负办对各单位自清自查情况进行督导检查。三是开展耕地地力保护补贴资金发放使用情况专项督查。8月初，各乡镇对本辖区2016年耕地地力保护补贴资金发放使用情况进行全面自清自查。9月，县委督查室、县政府督查室、县减负办、县财政局、县农业局为牵头单位，分五个组对全县耕地地力保护补贴发放情况进行专项检查，发现还存在补贴资金发放对象不合规，存在套取、挤占、挪用补贴资金，补贴公示不到位的情况。四是参与全市农民负担检查。8月，县减负办派出一名工作人员配合市减负办对澧县等五个区县市惠农减负政策落实情况进行了为期半个月的专项检查。

积极配合开展村级党风廉政建设巡察。根据《汉寿县村级党风廉政建设专项巡察工作方案》要求，县减负办从3月初开始，抽调骨干人员分五组配合县纪委在全县范围内开展村级党风廉政建设专项巡察。对村级组织2012年来的项目资金、民生资金管理使用情况，各项惠农惠民补贴资金拨付到位情况，村级组织“三资管理”情况，村级组织乱发乱补等12大类问题进行巡察。截至2017年，第一批60个村已基本巡察完毕，对巡察情况进行公示公开，相关问题全面进行整改，县纪委对相关责任人实施了责任追究。

严把“一事一议”财政奖补项目审批验收关。将所有纳入“一事一议”筹资筹劳财政奖补的项目在县政府网和乡镇政务公开栏公开，接受群众监督。县农民维权监管办、县综改办组成“一事一议”财政奖补项目验收组，对试点村“一事一议”财政奖补项目逐一验收。2017年共争取上级“一事一议”财政奖补资金2050万元，组织村民筹资310万元，完成了154个村次公路硬化、渠道硬化、山塘整修、渠道清淤、亮化绿化等村内公益事业项目建设。6月，组织开展2016年“一事一议”所筹资金和劳务、转移支付资金和退耕还林补贴资金的专项审计，保护基层组织和农民的合法权益，审计面达10%，对审计中发现的问题提出限期整改和处理意见。

严格落实农民维权监管制度。一是落实惠农补贴资金备案制。各业务主管部门必须在惠农资金发放后15个工作日内报县农民维权监管办备案。从2017年4月初开始，县减负办对全县惠农补贴项目资金业务主管部门所涉及的惠农补贴项目进行调查摸底，4月中旬召开县直惠农补贴业务主管部门春季补贴资金信息公开和备案工作会议；二是落实惠农补贴资金“一卡通”发放制。县人民政府办公室出台《关于进一步规范和完善惠农补贴“一卡通”发放管理的通知》(汉政办函〔2017〕71号)，确保各项惠农补贴资金和扶贫资金通过“一卡通”发放到农户手中，杜绝截留、挪用、套取、贪污等违纪违规行为发生。预计2017年底前通过“一卡通”一个漏斗向下发放直接兑付给农民的各项惠农补贴资金可达72项。截至10月底，已通过“一卡通”发放各项惠农补贴资金达3.54亿元。三是落实农民负担及惠农补贴公示制。通过《农民负担监督卡》、“县阳光三农网”等平台将惠农补贴的主要项目、标准、政策要求、监管部门信息和补贴到户明细情况等内容及时面向社会公示，方便群众查询，接受公众监督；四是落实报刊限额制，各村及组织必须严格落实公费订阅报刊限额制，严禁超标准公费订阅报刊。

严格违纪违规问题责任追究。2017年，全县共清退村级组织向农民违规摊派6000元，收回村干部违规报销的招待费、烟酒款31653元，违规支付的利息1800元，违规支付的税金9049.5元，违规开支1787.2元；收缴乡镇干部乱发乱补102774元，清退截留的耕地地力保护补贴34300元，清退违规征订的教辅资料费226432元，收缴被套取、骗取的耕地地力保护补贴20万元。县纪委对违规征订教辅材料的60名中小学相关责任人进行诫勉谈话；洲口镇明光村截留惠农补贴资金的问题作为“雁过拔毛”式腐败问题线索移交县纪委立案查处；因工作责任心不强、不坚持原则，撤销聂家桥乡村账双代管总会计职务；因违反“四风”和挪用项目资金，对聂家桥乡十甲山社区支部书记张立红、社区会计何英顺由聂家桥乡纪委立案调查；因违反“四风”和村级财务管理混乱，对原保北村支部书记，现保南村村会计刘学佳由罐头嘴镇纪委立案调查，实施责任追究；因违规统一定制校服，罐头嘴中学副校长丁仁和被县教育局纪检监察室给予诫勉谈话。

【新型农村经营主体培育】 成功申报家庭农场示范县。目前，全县家庭农场总量达412家。11月，省农业委下发《关于2017年度湖南省家庭农场示范县的批复》，确定包括汉寿县在内的15个县市区为2017年度湖南省家庭农场示范县。为强化家庭经营基础地位，推动汉寿县家庭农场健康发展，做了以下工作。一是科学制定规划。按照“引导发展一批、注册登记一批、规范提升一批、示范带动一批”的工作要求，坚持农民自愿、因地制宜、市场导向、政策扶持、可持续发展原则，重点发展种养结合、产加销一体、生态环保农业为主的家庭农场，通过不断激活政府引导、社会资本投入、农技能人参与、农民合作社和农业龙头企业对接的培育机制，力争全县家庭农场年增速超30%，到2020年家庭农场达到1000家以上，覆盖全县所有行政村及社区、街道办；从生产标准化、经营品牌化、管理规范化、成员知识化、产品安全化的方面着力，深入打造“6号大道”和“省道205”沿线家庭农场示范带，继续深入开展省、市、县三级示范家庭农场评定、创建工作，力争建成县级示范家庭农场100家，市级示范家庭农场50家，省级示范家庭农场20家，为全县家庭农场起到显著的示范带动作用。二是强化跟踪核查。对2014—2016年“万户工程”中享受补贴的种粮家庭农场进行了摸底核查，通过检查，发现1家家庭农场2017年没有种粮，已将情况向省农委上报，将取消其享受资格。通过跟踪核查，促进家庭农场规范发展。三是严格申报把关。把好流转合同鉴证关。所有纳入项目申报的家庭农场前提条件是流转土地面积100亩以上，剩余流转期限5年以上，且其土地流转合同须经土地流转服务中心登记备案；把好实地核查关。通过走访农户，核查其流转合同面积及期限的真实性。四是实施规范管理。全县家庭农场实行“四个统一”管理，即统一农场认定注册程序；统一核发湖南省家庭农场认定证书；统一制作家庭农场标示牌；统一印制家庭农场生产经营台账。家庭农场基本情况、土地流转情况、农业生产经营情况由村、乡镇、县农经局三级审核把关。同时，对2015年和2016年已申报“万户工程”中涉及家庭农场项目进行清理，共清理不符合项目要求的家庭农场2家，并上报上级主管部门，取消了享受项目补贴资格。五是开展示范创建。根据汉寿县县级示范家庭农场认定管理办法，每年评选出20家县级示范家庭农场，并从中择优推荐其申报省级、市级示范家庭农场，通过示范创建带动全县家庭农场提质增量。2017年，推荐汉寿县新平家庭农场成功申报省级示范家庭农场。

积极引导农民合作社提质增量。目前，汉寿县已注册的农民专业合作社有674家。在引导农民合作社规范发展方面，一是注重业务指导。3—5月，利用三个月时间，深入全县各个专业合作社，及时解掌握农民专业合作社的运行情况，并针对合作社发展面临的问题实行点对点具体指导和帮扶，指导其规范管理，帮助其制定长远发展规划，增强农民专业合作社抵御市场风险的能力。引导11个脱贫村建立1家以上的农民专业合作社，积极探索帮扶村产业发展新思路，通过招商引资、流转贫困户土地、发展特色产业、成立专业合作社、入股分红等方式脱贫致富。在指导过程中,对“空壳社”“冒牌社”“套牌社”“僵尸社”进行清理。二是加强业务培训。上半年,组织全县省级示范农民专业合作社理财会人员到市里参加为期3天的财务知识培训;组织了昌元水稻种植专业合作社法人代表赴台湾考察学习新型农村经营主体发展先进经验;组织华诚蔬菜合作社理事长赴德国等欧洲四国考察学习现代农业发展理念。通过培训来统一认识,掌握政策,熟悉知识,增长技能,为做好农民专业合作社管理和服务工作奠定坚实基础。三是强化宣传。2017年,向《常德时报》推荐汉寿县1家优秀示范社,并对此进行整版报道。积极利用汉寿县第二届蔬菜文化节,多家合作社推出特色优质产品,有效地进行品牌推广。

(夏　亮)

林　业

【概况】 2017年,县林业局下设办公室、政工股、计财股、营林股、巡查大队、林政法制股、资源站、森保站、林权管理服务中心9个股室,另有县森林公安局(正科级)和局机关合署办公,统一管理。全局共有干部职工101人,其中在职57人,离退休44人。

主要贯彻执行国家、省、市有关林业的方针、政策和法律、法规、规章,拟定全县林业政策并监督实施;拟定全县林业发展战略、中长期规划,并组织实施;负责林业生产过程中的技术指导;负责森林调查、规划设计工作;负责林业采伐限额管理和征占用林地的审批;与有关部门共同负责林业专项资金管理及项目审定、报批工作;负责林业新技术引进、推广应用及人员培训工作;依据《中华人民共和国植物检疫法》《国务院森林病虫害防治条例》,组织林业病虫害检疫、防治具体工作;贯彻执行《中华人民共和国野生动物保护法》,负责做好野生动物的保护工作;依据《中华人民共和国种子管理法》,负责做好林业种子、苗木管理工作;负责对违反林业法规案件进行行政处罚或起诉到公、检、法部门进行刑事处罚;负责全县森林防火工作。

【植树造林】 2017年,全县共完成人工造林任务3600公顷,封山育林1333公顷,退化林修复1600公顷,长江防护林213公顷,义务植树150万株。

【森林防火】 按照省、市、县工作整体部署,从落实各级防火责任、强化防火宣传力度、严格野外火源管理、增设森林防火设施保障、加大惩处力度等方面出发,切实做好了森林防火工作。全年共计出动森林防火宣传车35台次,张贴、发放禁火令等宣传资料5万余份。全年,全县未发生重特大森林火灾和人员伤亡事故,有效将火灾发生率控制在了1‰以内。

【林地资源管理】 坚持民生建设项目第一、基础设施建设项目优先、县重点招商引资建设项目尽量保证的原则,结合项目建设轻重缓急程度和国土报批情况,妥善安排林地使用限额,按程序对各项申报手续进行办理。全年共办理永久征占用林地手续18宗,征占用林地40.5647公顷;办理临时占用林地手续5宗,征占用林地1.7293公顷,基本解决了汉寿县林地需求和限额管理间的矛盾。

【野生动植物保护】 2017年,结合“世界湿地日”“爱鸟周”“世界野生动植物日”等时间段,对野生动植物保护进行积极宣传。4月5日,组织志愿者在县城休闲广场开展“爱鸟周”宣传活动,共悬挂宣传横幅20余条,展示宣传盾牌10余块,发放《保护野生动物倡议书》等宣传资料1000多份。除此之外,开展对银鑫市场、东套市场、西套市场和城区酒店、餐馆的专项整治行动,对经营户的经营规模、场地等情况进行摸底,重新建立台账,对非法收购、无证经营行为进行行政处罚,有效规范了野生动植物经营户的管理。

【林业有害生物防治】 2017年,全县森林病虫害累计发生面积7663公顷,其中轻度7399公顷,中度263公顷;累计防治面积5643公顷,无公害防治面积5417公顷,防治率73.65%,无公害防治率96.22%。其中化学防治1126公顷、生物防治586公顷、营林防治1773公顷、生物化学防治1577公顷、人工物理防治600公顷,有效地保护了县内森林资源。

【林业产业建设】 一是油茶产业初具规模。以建设全省高产油茶示范园区为契机,鼓励林农种植油茶。2017年,共新造油茶333公顷,成为林农增收的重要来源之一。二是林下经济持续壮大。林下种植、林下养殖业发展迅速,银河岸农林科技发展有限公司、天福农业综合开发有限公司等企业效益良好,年内全县林下经济总产值估计将达到1.4亿元。三是森林旅游发展态势良好。6月,鹿溪森林康养基地被中国林业产业联合会评为全国森林康养基地试点建设单位,基础设施进一步得到完善,吸引游客约30万人次,实现旅游经济收入2000多万元。

【林业重点工程项目】 两年共巩固发展了七大项目。一是退耕还林项目。全年完成2016年度退耕还林建设任务33公顷,荒山造林200公顷,管理好2253公顷退耕地造林;二是抑螺防病林项目。搞好了2016年，抑螺防病林项目的补植补造工作；三是森林抚育项目。年内完成建设任务633公顷；四是油茶产业建设项目。完成油茶林新造66公顷；五是长防林项目。完成年度建设任务新造林213公顷，封山育林133公顷。六是中央财政补贴造林工作，新造林866公顷。七是法开署贷款项目管理，完成年度抚育任务2576公顷。

畜牧兽医水产

【概况】 2017年，汉寿县畜牧兽医水产围绕环境友好型、资源节约型发展思路，以发展现代养殖业为核心，以实施洞庭湖环境整治为抓手，实行综合治理和规范发展两手抓，推进全县养殖业经济持续发展。2017年，汉寿县出口猪肉质量安全示范区建设通过国家组织的复核；汉寿县全国渔业健康养殖示范县建设通过国家组织的复核；汉寿县三建公司的甲鱼产品成功通过国家商检，打入香港市场；汉寿县畜牧兽医水产局被省畜牧水产局、市畜牧兽医水产局评先目标管理先进单位。

【生产发展】 全县出栏生猪100.16万头，出栏肉牛1.45万头，出栏肉羊5.43万只，出笼家禽1023万羽，生产禽蛋4.98万吨；全县养殖水域面积32.2万亩，起水水产品9.17万吨。

【动物疫病防控】 开展春、秋季动物集中免疫，强制免疫病种免疫密度达到100%，其他病种免疫密度达到规定要求，免疫抗体检测达75%以上。采取电子出证检疫生猪83.23万头、家禽286.62万羽；对养殖环节的19373头病死生猪、33870羽病死家禽进行了无害化处理，从源头上切断了疫情的传播。龙阳生猪交易市场的生猪交易始终保持了正常运转和安全运转态势，年交易生猪量突破100万头。

【生猪定点屠宰管理】 全县规划改扩建乡镇宰场17家，新建成生猪屠宰场1家；执法查处私屠滥宰生猪案4起，取缔私宰点2个，查获白板肉1709公斤，处罚款28200元。

【畜禽水产品质量安全监管】 开展兽药饲料专项整治行动6次，共收缴假劣兽药46件，货款金额5600元，处罚款6000元；依法清退兽药经营门店1家；立案查处兽药无证经营2起，受理投诉假兽药案1起，为养殖户挽回直接经济损失4.5万元。抽样送检生猪“瘦肉精”尿样43327头份，禽蛋样20个，禽肉样15个，猪肉样10个，牛肉样5个，水产品样50个，生鲜乳样10个，所抽查样品检测结果合格。

【渔业资源养护】 实施春季禁渔120天，禁渔期间共清除迷魂阵500条、4万米，清除地笼10万张、100万米。7月18日将966万尾鱼苗放归西洞庭水域。

【发展特色产业】 全县饲养龙阳土猪母猪10130头；发展稻虾连作面积1117公顷；发展河蟹养殖133.33公顷；发展生态甲鱼养殖面积4666.67公顷，存塘亲鳖1200吨，年产稚鳖6500万只，商品鳖5600吨。

【特色工作】 畜禽退养。2017年，根据省政府划定的“两个1000米”禁养区范围（是指洞庭湖内湖周边1000米和农村集中饮用地下水源取水点周边1000米），全县原有畜禽规模养殖场321家，其中2家由于取水点调整后被排除之外，实际有畜禽规模养殖场319家，截至12月底，全县共退出畜禽规模养殖场329个，面积192371.32平方米。其中，禁养区319家，中央环保督察整改10家。

河湖两围（矮围、网围）及养殖网箱清理。2017年，全县共清理拆除包括反弹在内的河湖网围、矮围44处，面积6133.6公顷；清理拆除养殖网箱227口、11744平方米。（陈香初）

水 利

【概况】 汉寿县水利局是汉寿县人民政府的水行政主管部门，内设5个职能股室：办公室、财务管理股、人事股、规划计划股、水利工程质量监督股，下属8个执法机构和具有行政职能的事业单位：汉寿县防汛抗旱指挥部办公室、汉寿县机电排灌管理总站、汉寿县水政监察大队、汉寿县水土保持和水资源管理局、汉寿县乡镇供水工程管理站、汉寿县水库管理局、汉寿县湖区水利工程管理站、汉寿县抗旱服务队。主要职责：贯彻中央、省关于水利工作的方针政策；拟订水利工作发展战略、中长期规划；组织编制县确定的江河湖泊的流域综合治理规划、防洪规划等重大水利规划；按规定制定水利工程建设有关制度并组织实施；负责提出水利固定资产投资规模、方向，按照规定权限审批、核准水利规划内和年度规模内固定资产投资项目；提出水利建设投资安排意见并组织实施。负责生活、生产经营和生态环境用水的统筹兼顾和保障；实施水资源的统一监督管理；拟定全县水长期供求规划、水量分配方案并监督实施；组织开展水资源调查评价工作，按规定开展水能资源普查和调查评价工作；组织有关国民经济总体规划、城市规划及重大项目的水资源和防洪论证工作；负责重要流域、区域的水资源调度；组织实施县级立项建设项目水资源论证报告书审批和权限内取水许可、水资源有偿使用制度及水资源论证、防洪论证制度；指导全县供水工作。负责水资源保护工作。组织编制水资源保护规划；按规定权限组织拟定重要江河湖泊的水功能区划并监督实施；核定水域纳污能力，提出限制排污总量建议；指导入河排污口设置审核工作；指导饮用水水源保护工作；指导地下水开发利用和城市规划区地下水资源管理保护工作。负责防治水旱灾害，承担县防汛抗旱指挥部的日常工作；组织、协调、监督、指导全县防汛抗旱工作，对重要江河湖库和水利工程实施防汛抗旱调度和应急水量调度，编制县防汛抗旱应急预案并组织实施；指导水利突发公共事件的应急管理工作。负责水能资源开发利用的统一监督管理；会同有关部门编制水能资源开发利用规划并监督实施；负责水能资源开发利用权有偿取得工作。负责节约用水工作。拟订节约用水规范性文件，编制节约用水规划，指导和推动节水型社会建设工作。组织指导水利设施、水域及其岸线的管理与保护；组织指导江河、湖泊、水库、河口、滩涂的治理和开发；负责河道管理；组织实施县级立项的水利基建项目初步设计审批；组织实施具有控制性的重要水利工程建设及运行管理。负责防治水土流失。拟订水土保持规划并监督实施；组织实施水土流失的综合防治；负责相关区域内县级立项的开发建设项目水土保持方案的审批、监督实施及设施竣工验收，指导重点水土保持建设项目的实施；负责水土保持规费征收制度的实施。指导农村水利工作。组织协调农田水利基本建设；指导小型农田水利规划和农田水利、农村安全饮水、节水灌溉等工程建设与管理工作；指导农村水利社会化服务体系建设；指导农村水电农村电气化、小水电代燃料工作。指导水利行业国有资产监管工作，负责对局属系统国有资产的监管工作；指导水利风景区建设与管理工作。负责重大水事违法案件的查处，受县人民政府委托，协调、仲裁部门间的水事纠纷；指导水政监察和水行政执法。负责全县水利行业安全生产工作，组织指导水库、水电站大坝的安全监管；指导水利建设市场的监督管理；组织实施水利工程建设的监督。负责水利行业的科技工作；组织开展水利行业质量监督工作，组织国家、省有关水利行业的技术标准、规程规范的监督实施；指导水利队伍建设；指导水利信息化工作；承担水利统计工作。承担县委、县政府交办的其他事项。

【防汛抗旱】 2017年，坚持未雨绸缪、扎实准备、科学调度、严防死守，成功迎战6月下旬和7月上旬两次流域性大水，及时处置了车脑内禁脚鼓水、仓儿总堤脚管涌、连兴洲堤段垮坡等一批重大险情，顺利实现“不溃一堤一垸，不垮一库一坝，不因灾死亡一人”的预期目标。通过科学研判旱涝变化，及时保水送水、严格控水管水，切实把握抗旱主动，有效应对了7月份连续20多天高温晴热无雨天气影响，全力确保农业用水需求和群众饮水安全，成为常德市旱灾最轻、损失最小的县。被常德市人民政府评为“全市防汛抗旱先进集体”。

【水利建设】 2017年，累计争取上级投资1亿元。先后完成26处小型泵站改造、3处中型电排除险、5处大堤站房整修、1处小流域水土保持项目、蒋家嘴水闸2号闸拆除重建，启动5处一线堤防重点隐患处险、3处中小河流治理、3座小型水库除险加固、新兴嘴砂基堤段87口压把井封堵、沅水新兴嘴河段吹填压浸等重点防汛抗旱工程，结合水利脱贫攻坚，同步推进12个村的“五小水利”建设、2017年度中央财政农田水利项目县建设、2017年度洞庭湖区沟渠疏浚行动、30处小型电排更新改造、20口水毁山塘修复、22处饮水安全巩固提升焦点工程等一批事关群众生产生活的民生水利工程。通过完善水利工程安全生产和质量监督责任体系，持续开展安全生产检查和质量监督活动，水利工程质量和安全管理水平大幅提升，作为常德市唯一推荐单位，在4月份湖南省水利工程质量监督工作会议上作典型发言。

【河长制工作】 深入推进河长制工作，按照“党政领导负责制”和“一河一长”要求，成立县、乡河长制工作委员会和河长办公室，明确26条县管河流、2处重点湖泊和3座中型水库的副河长和河段长，建立县、乡、村三级河长制责任体系；制定《汉寿县推行河长制实施意见》（汉办〔2017〕31号）、《汉寿县2017年河长制工作要点》《汉寿县实施河长制行动方案（2017—2020年）》，完善《县级河长会议制度》《河长制信息共享制度》《河长制工作督察制度》《河长制工作考核办法》《河湖日常监管巡查制度》和《2017年度河长制工作验收考核方案》等6项工作制度；按照“一河一档”“一湖一档”“一库一档”要求，建立河湖水库档案和负面清单，安装河长公示牌，编制“一河一策”工作方案，确保全县河长制工作的有序推进。

【砂石码头及碎石场综合整治】 集中力量推进沅澧水和目平湖区临水面砂石码头及碎石场综合整治，制定《汉寿县沅澧水和目平湖区砂石码头及碎石场综合整治工作方案》，分“资产评估，限时清场”“核查证照，制定方案”“全面关停，依法取缔”“统一新建，特许经营”等四个步骤，限期转移砂石60多万吨，依法关停砂石码头及碎石场67处，修复河湖岸线50处，按照“证照齐全、经营合法、环保达标”要求，在沅澧水和目平湖区一线堤防内新建砂石场11处。（陈 林）

沅南水利会

【概况】汉寿县沅南垸位于沅水尾闾南岸，北临沅水洪道，地处北纬28° 47′至28° 59′，东经111° 16′至112° 12′° 垸内保护面积497.04平方公里，其中耕地面积2.42万公顷，人口339157人。垸内有汉寿县城和聂家桥、毛家滩、沧港、岩汪湖、蒋家嘴、洋淘湖6个乡镇和沧浪、辰阳、龙阳、株木山4个街道办事处。主要设施有石长铁路，长常高速公路、省道205公路及省道205汉寿沅水大桥。

沅南垸防洪堤防工程全长209.183公里，包括沅水一线堤防工程，南湖撇洪河防洪工程、围堤湖蓄洪垸保安隔堤、新兴间堤、沧浪内江渍堤和南湖调蓄区隔堤。

沅南垸水利管理委员会现有在编人员95人，下设5股一室，分别是办公室、政工股、财器股、工程股、水政股、多经股。有10个基层堤防管理水利组，分别是沅水一线的盘湖昏、北拐、马家铺、大龙湖、岩汪湖、阁金口水利组，撇洪河的翻水口、南阳咀和六合洲水利组，围堤湖蓄洪垸仓儿总水利组。

【处险加固】2017年，主汛期以前，在乡镇和主管部门的配合下对沿线的穿堤建筑物进行维护，整修维护建筑物50多处；更换了盘湖昏电排拍门和启闭设施，更换了龙王的启闭设施，更换了大龙湖电排涵卧管。积极主动地向县委、县政府和主管部门领导汇报，争取领导高度重视，在资金紧缺的情况下筹集资金700多万元，新建南湖撇洪河和沧浪水系两处防汛抗旱指挥中心，完成马家铺堵口长780米堤段的块石固脚和土方回填；完成施家拐长300米堤段块石固脚；完成白渔潭长650米堤段土方回填和块石固脚;完成关云山长120米堤段块石固脚、土方回填和砼六角块护砌；完成沧港新兴堤段内脚11口压把井的灌浆封堵等多处险工隐患处理。堤防的抗洪能力得到了进一步增强。

【防汛工作】为防御“98+”型洪水，立足于防大汛、抗高洪、抢大险、早部署、早行动，强化责任落实，在思想上、组织上、措施上、物质上做好汛前各项准备，有序应对暴雨高洪。

6月22日至7月7日，受集中降雨，五强溪水库泄洪，以及长江来水的影响，沅水、撇洪河均出现超保证水位汛情，河流水位之高、入湖流量之大，均为历史罕见。6月24日上堤至7月7日退出警戒水位，在近半个月的时间里，精心部署、防范当前、靠前指挥、干职合力，积极发挥了桥梁纽带作用。同时集结应急队20多人，抢险各种车辆20多台，安全转移船只6条，以船代仓船只3条，砂卵6000多吨。在自然灾害面前，及时掌握汛情、灾情、水情、工情动态、加强值班值守，科学调度，当好领导参谋，充分发挥职能作用。成功处置沅水一线乾兴堵口堤脚60米范围内大面积的鼓水，新兴社区和围堤湖蓄洪垸大堤内脚翻砂鼓水等重大险情5处，一般险情11处，调动劳力4000多人，调运防汛器材三石2000多立方，编织袋5万条。成功转移橘林垸滞留人口近100人，转移牲畜1600多头。顺利实现“不溃一堤一垸，不因灾死亡一人”的预期目标。黄运来成绩突出，获得了中共湖南省委、湖南省人民政府2017年全省抗洪救灾先进个人。许达哲省长到沅南垸检查防汛工作时，对沅南垸成功的查险、处险工作给予充分肯定和高度赞扬。

【堤防管理】2017年，以打造生态堤防、景观堤防、绿色堤防和安全堤防为目标，坚持科学管理和创新养护，堤防管养标准逐步提高。堤防管养由单一、粗放、简单向综合、精细、规范转变，堤防管养标准明显提高。一线堤防的马鞭草覆盖率达90%左右，杂草清除率100%，盘湖昏、车脑、大龙湖、岩汪湖、阁金口水利组的马鞭草覆盖率达95%以上。注重平时管理与养护，抓经常、管平常、养日常，投入堤防养护资金约50多万元，租用推土机和挖机近400小时，补充卵石2000立方米，投入工日3000多个，完成103.1公里一线堤防堤面平整和硬化。在堤防养护上保障堤防堤面平整通畅，没有车槽坑凼，实现堤肩线直弧圆、堤身无杂草、面平坡顺、无沟坎，达到省洞工局堤防目标管理的规范要求。

【综治维稳】紧扣维护稳定中心，以预防为主，切实履行“保一方平安，促一方发展”的政治责任。利用多种形式组织学习与宣传，将综治维稳工作细化到项，落实到人，责任到位。对水利改革遗留问题等不稳定因素，认真做好各类人员思想工作，加大政策宣传力度，排解消除各类不稳定因素，确保各类人员思想稳定，单位和谐，为平安发展提供强有力的保障。

【党建工作】以党建工作统揽全局，认真践行“两学一做”教育实践，把党建融入日常水利管理及防汛抢险等实际工作中。落实“两学一做”学习教育常态化制度化，坚持“三会一课”制度，班子成员以普通党员身份参加支部学习讨论，为党员讲党课。组织“主题党日活动”，“七一”前夕，在常德烈士陵园举行新党员宣誓暨老党员重温党的誓词活动。在中共十九大胜利闭幕、重阳节到来之际，组织退休老同志老党员深入了解全县水利发展现状，赏沅南巨变，歌水利新风。通过这些活动的开展，广大干部职工及党员的责任意识和发展意识进一步增强，党员的思想素质和觉悟普遍得到提高，党组织的战斗力、凝聚力、感召力进一步增强。（黄首军）

西湖垸水利会

【概况】 西湖垸水利会是负责西湖垸防洪大堤安全的水利部门，主要承担西湖垸防汛保安工作。设有5股1室和7个水利组，其中沅水有龙打吉、小港、坡头3个水利组，目平湖和澧水有全护堤、牛角尖、赵家河、三角堤4个水利组。现共有在职干部职工107人（1人为西湖区籍），其中，上岗92人，退养14人，停薪留职1人。在岗的107人中，有大学本科4人，专科16人，中专及高中学历者87人，获水利工程师职称者38人，助理工程师职称者45人，40—50岁人员居多，年龄结构趋于老龄化。

西湖垸雄踞沅澧大圈东南，东濒目平湖和沅江市赤山毗邻，南临沅水洪道和沅南隔河相望，西抵鼎城乌黄垸和贺家山，北抵鼎城民主阳城垸。垸内辖4镇（罐头嘴、洲口、坡头、西港）和1个市属西湖区，居民21.6万人，集雨面积439平方公里、4.39万公顷，耕地面积2.68万公顷。1984年西湖垸被国务院和省政府定为洞庭湖区重点确保垸之一。

西湖垸一线防洪大堤全长60.29公里，重点间堤有苏家吉间堤长2.65公里，高水内江间堤长161公里。全线建有穿堤建筑物15处，机组56台，总装机容量13815千瓦；防汛器材仓库6栋。

2017年，水利会总支一班人团结奋进，尽心尽责，负重前行，扎实工作，承受住了压力，经受住了考验，完成了县委、县政府交给的各项任务，取得一些实实在在的成效。防汛备汛调度科学、应对有序，堤防管养全面达标，作风建设明显提升，党务、政务公开透明，干部职工的工作环境和待遇明显改善，诸多改革遗留问题和影响社会稳定的因素也得到逐步解决，单位事业稳步推进。

【防汛抗旱】 一手抓防汛，一手抓抗旱，及早动手、全面兼顾，扎实作好人员、物资、查险、处险、预案等各方面的汛前准备工作。重点加强一线60.29公里一线临洪大堤、14处穿堤建筑物的管养维护及堤防管理制度。认真抓好垸内排渍、拦水的科学调度，全力确保重点堤垸和161.6公里高水内江的安全，及早部署，科学防控，确保万无一失，确保旱涝保收。6月底，沅、澧水全面达到或者超过警戒水位，在西湖分指的指挥下，全体干部职工在一线防洪大堤上奋战了20多个日日夜夜，及时处置连兴洲和多处高水内江滑坡、跌窝险情，投放大量块石等防汛器材，投入138万多元，成功确保了西湖垸的防汛安全，实现了“大水无大灾、大险无事故”的良好结局。单位职工黄启文被评为市防汛抢险“先进个人”，西港镇政府被评为市防汛抢险“先进单位”。

【科学管养】 大堤达不达标在于平时的管养，年内，着重抓平时的养护的工作，进行了6次大堤平整和砍草除杂。大堤上利用机械平整、铺砾石耗资50多万元，干部职工为此付出了很多的汗水，特别是在高温天气，大家都任劳任怨，兢兢业业，出色地完成了任务。

【加强党建】 始终把加强基层党组织建设作为深化水利改革，促进单位可持续发展的一项长期任务来抓。在县委的正确领导下，坚持以加强党的执政能力建设为重点，扎实开展“党建工作创五好，水利建设创一流”、“围绕业务抓党建，抓好党建促发展”等活动，有力地推进党建工作的制度化、规范化、科学化。围绕党建抓班子，坚持重大问题决策、重大项目管理、重要人事任免、大额资金使用实行集中研究制度，抓大事，统思想，理思路，育人才，定制度，正风气，建成一支“政治素质好、工作业绩好、团结协作好、作风形象好”的“四好”领导班子队伍。坚持每月召开一次班子成员会，每周召开一次领导班子碰头会，做到重大事情必须民主决策，绝不搞一言堂。充分利用民主生活会、班子碰头会等形式，加强班子成员间的思想交流，把汇报工作与思想交流结合起来，提高班子成员的管理水平。

【依法行政严格执法】 坚持规范管理，依法治水。一是依法行政。坚持按照县水政监察大队制定的《行政执法岗位责任制》《水行政执法过错责任追究制》《水行政处罚自由裁量执行标准》，对涉水涉事严格监管。二是严格执法。对西湖一线大堤的30多处砂卵码头和所辖河、湖、洲、滩开展执法行动，严厉打击违反水法的行为，保障堤防和河道安全。2017年，配合水利局和乡镇对一线大堤30多处砂卵码头进行拆除。为保护湿地生态环境，砍除核心区杨树6657亩。

【加强基础设施建设】 筹资550多万元，新修龙打吉和全护堤两处水利组组房，提质改造机关院子。面貌焕然一新，大大改善工作和生活环境。

（黄　伟）

岩马灌区

【概况】 岩马灌区管理局成立于2016年4月，为财政全额拨款的正科级事业单位，位于汉寿县岩汪湖集镇，主体（前身）为前岩汪湖泵站。泵站于1977年建成投产，目前装机容量为13台共11250千瓦（含车脑泵站5台1250千瓦），属大（一）型泵站。设计排涝流量为78.1立方米/秒（其中车脑泵站14.1立方米/秒）。灌区集雨面积4.50万公顷，设计总灌溉面积2.87万公顷，有效灌溉面积2.63万公顷，受益范围达8个乡镇（街道办）。主要职能：负责贯彻落实上级有关灌溉政策法规，制定灌区中长期发展规划和年度计划并组织实施；负责灌区内水资源管理、开发和利用，编制执行灌区内用水、配水计划，水量调度，承担灌区的防洪排涝抗旱任务；负责灌区骨干工程设施的检查监测、维护养护和调度运行管理；负责灌区配套、节水更新改造等工程建设管理，负责灌区主干渠及附属建筑物运行管理、建设维护；负责制止灌区工程管理和保护范围内各类违法违章行为，配合水行政主管部门依法查处各类违法案件，调解处理各类水事纠纷；负责指导农民用水户协会，指导灌区内群众科学用水、节约用水，综合利用水资源；负责节水新技术推广；承担县委、县政府及主管部门交办的其他工作。下设办公室、人事股、计财股、工程管理股、岩汪湖电排站、水政监督股。全局共有工作人员106人，其中在职63人（编制上岗32人，编制内退11人，停薪留职19），退休44人。在职人员63人中，专业职称人员43人（其中中级职称13人，助级职称26人；技术工人18人）。党员（组织关系在本单位的）33人。

在7月份“三定”正式下达后，在无新进人员的前提下，迅速对现有工作人员进行合理的分配调整，力求人员结构最优化、办事效率最高化、群众满意最大化。

【党建工作】 始终坚持把党建工作放在全局工作的第一方阵，紧密围绕各级所提要求，全面铺开不漏项、全员开展不掉人，对县级主管部门所发考核细则，逐条解压，力戒表面作秀，确保入心入脑。在本年度党建的两次考核中，该局均排在县直单位的中上游、前20名之内。

【灌区规划】 灌区工作作为一项全新且复杂工作，在以往的工作中有涉及但从未整体规划过，截至2017年，此块工作稳步开展，已配合省设计院完成岩马灌区的整体规划编制，为其提供了所辖区域的多方资料；多次参加由省厅举办的诸如全国农田灌溉水利用系数测算、全国现代化灌区建设、全国安全用水许可等一系列培训学习和会议，确保所学专业与所处实际相结合，为灌区开好头。

【排渍抗旱】 在2017年的防汛抗旱大战中，该局大（一）型泵站——岩汪湖电力排灌站作为第一尖刀，一如既往的安全运行，截至10月底，共计运行9422台小时，排渍总量达2.752亿立方米（其中车脑泵站运行822台小时、排渍约835万立方米）；在不影响正常开机的前提下，完成5号、7号、2号机组大修及主轴、冷却器、水导轴承的返厂加工；完成车脑泵站低压总建户线的更新改造；完成4块检修闸门的校正、加固防锈处理和自动化系统调试。

【水政监察】 水政监察工作可谓是长期“扯皮”的一项新工种，因之前水政工作很少开展，群众心中没有账，导致目前灌区渠道普遍存在护坡栽种、堤坝建筑等现象，工作难度大。8月初，局在岩汪湖镇金盆岭村妥善处理因美丽乡村建设致渠道挖掘事件，经多方交涉现已恢复如初；进行主干渠维护管养试点（岩汪湖镇陈军堤社区），总长约415公里（灌溉渠出口——新省道205段），已进入全面除杂阶段；11—12月，对陈军堤闸、沧浪闸升级改造。

【财务监察】 严守财经纪律、加大管控力度、适时培训学习，一切按规章办事，把好“钱袋子”。坚持单位行管账目与工程账目两手抓、两手硬，不允许发生任何有违政策纪律、集体荣誉的事情发生。

【基建工程】 因单位新成立，依托岩汪湖电力排灌站老址，面积较广、环境较差。局成立后，抓住公租房建设的“尾巴”，争取一栋三层18户的项目，现已到交房装修阶段；对单位大门予以修缮，对入户道路和路肩局部整修，新修篮球场、羽毛球场、乒乓球桌和完善相关健身器械，为干部职工提供良好的工居环境。

【扶贫工作】 为扎实做好此项工作，单位在现有工作人员极度紧缺的情况下，安排2名二层骨干进驻2个村，按照县统一部署，听从集体指挥，“5+2”“白+黑”的开展工作，力争为全县扶贫事业尽一份心，让结对帮扶人员感一份情，助单位扶贫工作上一层梯。

此外，局机关的日常工作也平稳进行，没有出现一起因上传下达不力、政策意识不浓、行管能力不足等原因导致的失职现象发生，本着“向兄弟科局看齐，朝先进单位赶超”的态度迎难而上，打造一支肯干事、干实事、干成事的灌区干部队伍。

2017 年，一是由于自然灾害较频繁、工作强度较大，再加上历史债务沉重等原因，给该局造成巨大的经济压力，局财务经常处于入不敷出的困境。二是人员结构单一，除新进班子成员外，一律为电排站员工，专业能力过关、行管能力欠缺，且工作人员数量严重不足、年龄普遍较大，亟须新鲜血液。三是电排站机组设备老化严重，维修护理难度大。四是办公环境简缺，办公楼系危楼。（邱　辉）

西湖灌区

【概况】 西湖灌区管理局于 2016 年 3 月由市编委批复成立，机构级别正科级。灌区地处西洞庭湖冲积平原，省重点堤垸之一的西湖大垸内，属典型的河网堤垸区，境内地势平坦，河湖港汊密布，一般地面高程在 28.00 至 32.00 之间。灌区积雨面积 36.76 万公顷，设计总灌溉面积 26.18 万公顷，有效灌溉面积 20.2 万公顷。灌区主要工作职能是承担西湖大垸防汛抗旱、农田水利建设管理、水政执法等工作。内设办公室、人事股（纪检监察室）、计财股、水政监督股、工程股。直属机构坡头泵站。现有在职在岗干部职工 32 人。

【规划设计】 为构建资源节约型、生态型、现代化灌区，全面启动并完成灌区的摸底调查工作。2016 年，历时 6 个月时间与设计单位就西湖灌区的所有渠道、渠系统一编号、测量、命名、定桩；对西湖垸内所有排灌设施设备、水工建筑物按机组功率、流量、功能、灌溉面积及运行年限进行分类造册存档，绘制了灌区工程现状图；完成了所有渠道、水工建筑物测量工作，地质调查、地勘工作；完成编制的所有外业工作。2017 年 5 月，进行规划设计单位挂网招标，8 月初出规划初稿。经多方征求灌区乡镇及县有关专家意见，并多次到省厅汇报和与相关技术单位汇报衔接，多次修改完善，11 月完成送审稿的编制，为争取项目早立项、早建设、早受益，奠定了良好的基础。

【防汛抗旱】 一是强化防汛抗旱准备工作，落实防汛抗旱责任制。针对 2017 年汛期长、来得早，雨情、水情比 2016 年变化大的特点，局里时刻绷紧防汛抗旱应急抢险这根弦。为确保安全度汛，领导班子及时召开班长骨干会议和全体干部职工大会,成立“一把手”为组长，班子成员为副组长，各班组长为成员的防汛抗旱应急领导小组。二是强化运行调度。在县防指和西湖分指的统一指挥调度下，科学研判，及时研究水情、雨情，及时开机抢排渍水，适时开闸引水、蓄水。汛期机组连续运行 1080 小时 / 台，全年运行 3600 小时 / 台，抢排渍水 36 万亿立方米，输送抗旱用水 3 万亿立方米。三是强化设备安全运行。为确保机务安全正常稳定运行，加强值班备勤，定期检查设备运行情况，对重点部位悬挂安全警示标志，采取有效的安全措施，强化设备日常保养与维护，每季度对机务运行人员进行业务培训，强化值班纪律，严格值班记录，严守操作规程。按照三年一大修，一年一小修的要求，2017 年 11 月 20 日开始对排灌水泵、水闸水泵机组、高低压开关柜、电气设备进行为期 30 天的维护保养和配件更换工作，保证了设备安全运行。

【法制宣传与执法】 以战略的目光正确对待水政执法工作，坚持依法行政，依法治水，维护良好的水事秩序。以二十四届“世界水日”“中国水周”为契机，水政执法中队所有工作人员进行为期一周的水法宣传，共组织 4 辆宣传车通过语音循环播报、悬挂横幅、粘贴标语、宣传画，发放水法律、法规、普法读本、节水宣传手册，设置咨询点等方式，积极宣传生态水资源保护知识。三四季度，处理一系列违法事件。已结案处理洲口镇沙嘴村违法占用渠道建村部；对洲口镇东风村和三益硧村违法占用渠道建房下达停工通知书；对洲口镇镇龙村四户、洲口镇李和村一户、坡头镇三户违法占用渠道建房进行依法劝阻，为灌区水政执法，推进水利现代化，促进水生态文明建设，建设生态灌区起到很好的宣传和警示作用。

【党建工作】 严格落实党建工作责任，建立以党支部主要负责人为组长的工作领导小组，制定管党责任实施方案，明确“管政务就是要管党务”的要求。始终把“两学一做”学习教育作为一项政治性、长期性、根本性任务，紧扣“学”的内容、突出“做”的实效、对准“改”的要求、注重“建”的规范，着力推动学习教育工作的常态化制度化。讲政治抓教育，坚持在“学”上深化拓展。坚持以党支中心组学习为龙头、以党小组学习为基础、以党员学习为主体，原原本本学、联系实际学、带着问题学、不断跟进学，切实增强领导干部和党员的“四个意识”。抓关键领导示范带头做。按照“先学一步，学深一层”的要求，完善《中心组理论学习制度》，制定《局党支中心组理论学习安排》，重点围绕领导讲话、会议精神、教育学习等。坚持一月一主题，每月编印一本学习资料，采取集中学习与个人自学相结合、观看视频与现场观摩相结合等方式，党支部领导带头开展学习教育，学理论、写心得、谈感悟，以普通党员身份积极参加所在党支部的学习活动，率先讲党课。学习教育工作开展以来，党支部先后组织12次集中学习，班子成员人均讲党课在2次以上，为全体党员树立了榜样和标杆，为全局营造良好的学习氛围。全面推行党支部主题党日。把党支部主题党日作为党内经常性教育的重要载体，党支部每月开展一次主题党日活动，"七一"、国庆等重大节日应固定开展主题党日。主题党日活动做到明确主题，紧扣"两学一做"内容，结合党员思想实际，把党性分析、民主议事、志愿服务、帮扶慰问等方面纳进来，使得党员每次活动都有感悟、有收获。

【扶贫攻坚】 作为省级贫困村——洲口镇小河村的帮扶单位和洲口镇乌龙港社区唯一后盾单位的第一责任人，局里多次与村、支两委召开专题会议，制定帮扶措施，调度整合项目，对点村当前影响农业生产的7400米主干渠进行了疏浚；积极争取30万元改造陈家渡机埠，减免抗旱电费50%。从办公经费挤出3万元，用于点村的扶贫资助，为干部结对帮扶的十户贫困户接济生产发展资金，结合实际为贫困户提供鸡苗、仔猪及技术，发展产业扶贫。2017年，洲口镇小河村成功脱贫摘帽，结对的有4户成功脱贫。

【文明创建】 在县文明办的具体指导下，局创建工作取得明显进步。一是领导重视，把创建工作列入年度工作目标。3月13日，召开创建文明单位全体干部职工动员大会，制定文明创建工作方案，明确"文明创建"的指导思想和创建目标，设立领导机构，以局长挂帅全面抓，副局长分工协助抓，股室主任具体抓。详解文明创建方法步骤和内容。按照方案，统筹安排、精心组织、突出重点，强化内部管理，建设生态化、现代化灌区，围绕政治文明、物质文明、精神文明、生态文明建设，完成规划制定的16大活动。各股、室、站负责人轮流表态支持文明建设，以文明创建为己任，团结协作增强文明创建整体合力。二是积极组建西湖灌区志愿者团队，与县义工联联合举办或参与"缅怀先辈，走进故居""保护母亲河""精准扶贫，慈善助学，大爱汉寿，温情六一"等公益活动，开展的"道德讲堂"活动、"缅怀先辈、走进故居"先后被中国文明网—常德站刊登发表。（余顺华）

扶贫移民工作

【概况】 2016年5月10日，根据《中共汉寿县委机构编制委员会〈关于调整县扶贫开发办公室（移民开发局）机构设置的通知〉》（汉编发〔2016〕7号）文件决定，将汉寿县移民开发局、汉寿县扶贫开发办公室统一更名为扶贫移民开发局，为汉寿县人民政府直属正科级事业单位。主管全县移民开发、大中型水库移民后期扶持和扶贫开发工作。负责贯彻落实中央、省、市、县移民开发、扶贫开发和大中型水库移民后期扶持工作的方针政策；负责拟定全县移民与扶贫开发规划、移民后期扶持规划、库区基础设施建设和经济发展规划，负责报批并监管移民和扶贫开发的工程项目，组织并指导移民和贫困群体的技能培训；监督、管理移民和扶贫资金的使用；负责县直有关部门和各乡镇（区）移民、扶贫工作的协调；负责移民与贫困地区群众的来信来访和维稳工作。局机关设有4股1室，即办公室、计划财务股、项目开发股、扶贫规划股、人教培训股。直属正股级事业单位汉寿县扶贫移民开发培训中心。

【移民政策】 一是移民直补资金发放。对移民直补资金，始终坚持随到随发，确保补贴资金以最快速度发放到移民手中，2017年共打卡发放移民8731人，发放直补资金489.5784万元，直补资金到位率100%。二是加大培训扶持力度。将专家主讲与产业大户现身说法的方式相结合，共举办各类实用技术培训和转移就业技能培训班5期，其中实用技术培训班3期，技能培训班2期，培训移民群众和移民干部1044人，为移民群众增产增收打下了坚实基础。三是移民项目实施。一年来，在库区和移民安置区实施后扶项目259个，下拨项目资金1209.015万元，累计改造排灌站4处645千瓦，维修排灌站6处；衬砌、整修渠道8处11.7千米；新建涵闸3座；整修水库、山塘29座；修建机耕道3处3.5千米，硬化、整修村级道路44处42.45千米，新建公路桥4座；新建安全饮水工程1处，解决1600人安全饮水问题，极大改善了移民群众生产生活条件，受到广大水库移民和移民村群众的普遍欢迎。四是计生综合管理。为进一步落实移民计生政策，制定并完善了移民独生子女户和两女户奖励政策，共计发放奖励资金5.3万元，其中，核定考取全日制大学的困难家庭子女7人、移民独生子女户和计划生育二女户特困家庭24户、移民失独家庭6户，按照给予困难家庭大学生每人一次性2000~3000元的奖励、给予特困户每户1000元的扶助金、每户失独家庭2000元的扶持政策，累计发放助学金17000元、特困扶助金24000元，失独家庭扶助金12000元。五是移民避险解困搬迁。经移民户申请，村委会民主评议、公示，乡镇人民政府审核，县级人民政府复核、公示等程序，共确认2017年移民避险解困搬迁290人。进县城安置的为每人补助2万元；进乡集镇或跨乡镇中心村寨安置的每人补助1.5

万元；搬迁到中心村寨安置的每人补助1.2万元；搬迁至当地养老院、敬老院等进行安置的每人补助2万元的标准，对移民避险困难搬迁户进行补助。

【**扶贫开发**】一是减贫任务落实有力。按照省、市下发的贫困人口脱贫计划，召开了扶贫开发工作领导小组会，县直单位和乡镇主要负责人会，下发了《关于下达汉寿县建档立卡农村贫困人口减贫计划的通知》。年初，县委、县政府与各个乡镇签订了2017年度的减贫责任书，并将减贫计划分解到村，减贫任务落实到人。切实做到乡镇有任务有目标，村村有责任有压力，贫困户户户有人帮，县乡村干部个个帮到人。在落实减贫任务的同时，还要求各乡镇将减贫人口在建档立卡系统平台中进行标识，确保脱贫人口到乡、到村、到户、到人。通过一年来对贫困户开展的“五个精准到户”、结对帮扶、金融产业小额贷款、易地扶贫搬迁及后盾单位资金倾斜等多方面帮扶，2017年，2779户9278人已达到脱贫要求，11个贫困村均已达到退出要求。二是压实责任高位推动。2017年以来，县委、县政府分别召开各类脱贫攻坚大小会议、培训近20余次，制定下发《汉寿县2017年脱贫攻坚工作方案》《汉寿县脱贫攻坚工作考核方案》等一系列文件，成立脱贫攻坚大会战指挥部，明确各单位年度目标任务和工作责任，确立脱贫攻坚各项工作管理办法，细化年度工作考评考核细则，书记、县长集中精力到全县所有乡镇和贫困村进行走访督导，工作推进力度、扶贫宣传力度空前。通过电视、网站、广播、手机、展台等各种渠道，向社会进行广泛宣传，共发放宣传册、政策一览表、口袋书等共计30万册。7月份，县脱贫攻坚大会战指挥部再次抽调人员组成11个督查组，对问题整改情况进行“回头看”。8月11日，县委书记带领所有县级领导召开全县脱贫攻坚整改工作会，对突出问题集中整改工作通报排名。10月11日，开展“社会扶贫网”上线工作培训，广泛动员社会各方面力量参与扶贫开发，让贫困户可以在网上直接提出需求，帮扶人根据提出的需求决定是否帮扶。10月18日，由县老年摄影家协会具体承办，县扶贫办和有关部门协办，在县政府前举行“汉寿县2017年度脱贫攻坚工作影展”，集中展示各乡镇、街道（区、办）脱贫攻坚工作推进情况及成果，促使更多社会层面人员进一步了解、关心、支持、参与脱贫攻坚总战役中。三是集中清理全面整改。从2017年4月17日开始，全县开展为期两个月的脱贫攻坚突出问题集中整改工作。共清理出“四类对象”（建档立卡贫困户中财政供养人员、个体工商户、经营企业户、有房有车户）10230人，新增“五类人员”（低保户、大病重病户、残疾人员、重灾户、移民户）9846人。现有建档立卡贫困户16779户54051人，认定为不享受任何政策的2972户9521人。通过4月中旬和5月的入户走访，在对过去几年已脱贫户的梳理中，对没有安全饮水保障、没有义务教育保障、没有基本医疗保障、没有安全住房保障等突出问题实行了专人包户，集中整改，成效较好。四是抓好村级“六件实事”建设。全县采取自筹、整合、募捐相结合的办法，全面推进贫困村“六件实事”建设，共筹集、投入资金近3亿元，完成扶贫项目600余个，特别对2017年，拟退出的11个贫困村，投入资金近9000万元，完成村级公路改造升级、渠塘堤坝整修、农村电（讯）网改造、村级文化中心新（维）修等民生工程项目159个，在2016年全面完成农村安全饮水问题后，2017年重点突出公路硬化、拓宽73.9公里，路灯建设264盏，山塘整修32口，机耕道建设22.6公里，渠道衬砌、清淤43.25千米，电网改造11个村，引水渠建设1.4千米，村级服务中心17个村，机埠新建、改造7座，公路路肩陪护4公里，建设桥梁5座，电排新建、改造3座，4G网络和有线电视实现了贫困村、贫困户全覆盖。五是抓实“五个一批”到户政策。加强部门整合调度，认真落实国家救助政策，对贫困家庭学前教育到高中阶段寄宿生实行救助全覆盖，同时整合各后盾单位、教育基金会、微善风组织、泛海助学行动以及其他慈善组织，开展对所有建档立卡学生实行教育救助全覆盖。全面启动了社会兜底对象核查工作，将全县建档立卡人口全部纳入农合保范畴，其个人缴费部分全部由财政代缴。且将建档立卡贫困人口全部纳入大病互助范畴，将特困家庭人口全部纳入重大危病救助范畴。对易地扶贫搬迁和危房改造对象家庭进行了全面摸底，确保识贫落实落细落小，帮扶精准精细精到。充分尊重农户意愿，积极引导有劳动能力、有发展愿望的贫困农户，自主选择发展优质高效农业。结合美丽乡村建设活动，积极探索扶贫开发与旅游发展、生态保护的有机结合，引导贫困村和贫困农户参与开发洞庭湖湿地旅游、林涛竹海旅游和生态农业旅游。截至2017年，全县33个贫困村均建起了金融服务站，其中农商行28家，邮储银行3家，农业银行2家。2017年发放贷款户数1737户，发放贷款6298.1万元；落实危房改造471户，生态补偿6547人，对贫困人口进行技能培训739人，贫困劳动力转移就业780人，对义务教育阶段贫困寄宿生生活补助6009人，高中免学费436人，建档立卡贫困家庭“两后生”参加职业教育已达全省平均基准线以上，从学前教育到高中阶段贫困人口“一提高、两降低”政策已全面落实，建档立卡家庭的子女和三类残疾儿童的入学率达 100%，辍学率为零。社会保障兜底 1962 人，2017 年，起实现贫困人口医保参保率 100%，落实就医费用报销比例提高了 10%，大病保险实现贫困人口全覆盖，大病保险补偿起付线降低 70%，目前落实医疗救助 2900 余人，共有 200 多户近 700 贫困人口参与旅游开发，年户均增收 2000 元左右，为确保贫困户稳定脱贫、稳定增收，县财政为每个贫困人口投入 60 元，共计 273 万元，购买"扶贫特惠保"，贫困家庭综合保障保险覆盖面达到 100%。六是易地扶贫搬迁规范稳健。2017 年易地搬迁任务为 1213 户 4291 人。其中集中安置 85 户 271 人，建设 3 个集中安置项目，分散安置 1128 户 4020 人。根据省、市督查情况，县委、县政府主要领导多次深入施工现场调研调度，组织开展"百日会战"，加倍提速，全力推进易地扶贫搬迁工程建设，2017 年所有搬迁户已全部开工建设，其中分散安置已建成入住完成 996 户，入住率 83.9%，工程总量已完成 90% 以上。根据省、市督查巡查，没有突出问题。12 月底安置对象能够全面建成入住。七是注重发挥工作组的作用。2017 年来，县委、县政府高度重视驻村帮扶工作组成员的选派问题，根据各村情况安排 1 名实职县级领导挂帅、1 个有实力的县直单位牵头、选派 2~4 个后盾帮扶单位组成驻村帮扶工作组，工作组组长由帮扶牵头单位安排 1 名班子成员担任，工作组组长同时任贫困村第一支部书记。全县 33 个贫困村和 200 个 100 人以上非贫困村共选派县直后盾帮扶单位 114 个，驻村县直单位干部 111 人，驻村乡镇干部 608 人，组成 233 个驻村工作组，帮助点村抓班子带队伍、强基础兴产业、解难题办实事、树新风促和谐，确保贫困村如期退出，所有贫困户顺利脱贫。对非贫困村贫困户，由联系乡镇县级领导负总责，并联合对口联系县直单位的干部、乡镇村组干部、党员以及广泛发动社会力量进行结对帮扶，共结对帮扶贫困户 9431 户，做到了建档立卡贫困人口结对帮扶全覆盖。5 月下旬，按照省脱贫攻坚工作要求，由乡镇党委政府对贫困人口达 100 人以上村派驻工作组进行驻村帮扶。把突出问题集中整改的重担交给工作组牵头落实，工作组协调上下，带领乡村党员干部走访每一个贫困户，把问题剖析透彻，解决彻底。八是注重开展集中扶贫。经县委常委会研究决定，自今年起，每月 16—17 日为全县"集中扶贫日"，除驻村工作组常年驻村扶贫外，全县各级干部每月集中两天时间进村入户扶贫，主要帮助贫困村完成 10 项工作任务，即帮基层党建、帮精准识贫、帮规划制定、帮项目落实、帮产业发展、帮贫困结对、帮项目监管、帮脱贫退出、帮扶贫宣传、帮档案整理，并要求驻村工作组写"扶贫周记"，其余人员填写"扶贫日志"，确保全县贫困村按时退出、贫困人口按时脱贫。

【资金管理】 7 月 3 日，中共中央政治局常委、中央纪委书记王岐山在扶贫领域监督执纪问责工作电视电话会上指出，要严肃查处贪污挪用、截留私分，优亲厚友、虚报冒领，雁过拔毛、强占掠夺问题，对胆敢向扶贫资金财物"动奶酪"的严惩不贷。汉寿县从以严格项目资金管理、项目择优选定、强化项目管理及验收、建立项目资金公开公示制度、加强项目资金检查和审计等五个方面，确保项目资金监管到位。一是严格扶贫项目资金管理。认真执行《湖南省财政专项扶贫资金管理办法》（湘财农〔2017〕21 号）的规定，在实施扶贫开发项目中，严格按照省市批准下达的扶贫项目计划拨付使用资金，坚决杜绝随意改变资金用途、扣减项目资金等现象发生。二是坚持扶贫项目择优选定。在确定年度扶贫开发项目中，坚持瞄准贫困原则，所有资金项目与贫困户脱贫挂钩，严把项目审定、申报关，坚决杜绝人情关系"定项目"或"优亲厚友"等问题发生，确保扶贫项目符合村情民意，资金投向合理。三是强化项目管理及验收。实行项目法人制、工程招投标制、合同管理制和施工监理制，做到"四个及时"，即及时与项目实施单位签订合同、及时下拨项目资金、及时督促项目实施、及时检查验收项目。严格执行三次必到：项目实施前到现场勘察，项目实施中到现场督查，项目竣工后组织施工方、设计、监理、乡村责任人、村民主理财小组等现场验收，确保每个项目实施放得心、过得硬、受得益。四是落实项目资金公开公示制度。要求项目所在镇村在项目实施前后，必须将项目建设内容通过镇村"政务公开栏""村务公开栏"或召开村民大会进行公开、公示，确保农村基层民主管理与决策管理等各项制度的落实。五是严格项目资金检查和审计。县扶贫办和县财政局定期对项目建设和资金使用情况进行跟踪检查，发现问题及时纠正，有效防止了扶贫资金被挤占、挪用等违纪违规问题的发生，确保了财政扶贫资金的安全高效运行。2017 年 2 月份开展 2016 年度项目检查，通过查看档案资料、项目现场、公开公示及资金账目找出问题所在，并对查找出来的问题下发了整改通知，限期整改。

【队伍建设】 一是推进文明创建。面对文明创建测评体系工作的新形势、新要求，该局以创新和实践各类文明创建活动来凝聚人心，展现移民、扶贫新形象，2017 年共开展"我们的节日""志愿服务""道德讲堂"等各类活动 20 余次，极大地促进局的内部团结，增强了局领导干部的亲和力，树立了局干部队伍“可亲、可敬、可信、可靠”的良好形象。二是狠抓党组织建设。根据县委的统一部署安排，该局从年初开始，深入开展了“学党章党规、学系列讲话，做合格党员”为主题的党员学习教育活动，充分利用党员民主生活会，在全局党员干部中深入开展了学习贯彻中共十八大、十八届五中、六中全会及中共十九大精神、学习习近平同志一系列重要讲话精神，学习《党员领导干部廉洁从政若干准则》《中国共产党章程》等和加强党性修养等方面的有关论述，认真开展“群众路线教育实践活动”，进一步增强局党员干部的政治意识、大局意识和服务意识。每季度开展一次集中学习由班子成员上一堂党课，认真落实“三会一课”制度，坚持每周五下午为机关学习日制度，开展党性教育活动，认真剖析党员个人党性方面的不足和今后努力方面，分析和总结党建工作存在的问题和下一步工作安排。通过此次教育活动，使局干部经受到一次严格的党性锻炼和洗礼，受到了一次党的宗旨意义的再教育，达到了思想上有明显提高，政治上有明显进步，修养上有明显加强，作风上有明显改变，工作上有明显改进的效果。三是开展“两个专项”整治。2017年来，该办按照省、市扶贫、移民系统和县委、县政府统一部署，认真开展“雁过拔毛”式腐败问题专项整治，围绕扶贫、移民资金使用、项目管理及干部队伍作风建设中存在的突出问题，坚持上下联动、合力推进，坚持多管齐下、标本兼治。3月份，开展了2016年度项目检查，通过查看档案资料、项目现场、公开公示及资金账目找出问题所在，对检查中发现的问题进行了分析归纳，逐镇逐村逐个项目下达专项治理整改通知书20份，要求对扶贫、移民资金使用管理中存在的问题限期整改，结好政策账、结好纪律规章账、结好良心账。同时，省、市、县相关单位分别对局移民扶贫工作进行多次专项审计。四是强化党风廉政建设。成立党风廉政建设责任制工作领导小组，按照局党组分工，党组书记任组长，负总责，为第一责任人，明确各局级领导对所分管的股室党风廉政建设负直接责任，发现问题及时批评，重大事项向局纪检组报告，机关每季度召开一次主题会，专门研究党风廉政建设问题。制定“学习、工作、考勤、后勤、财务、车辆”等六项管理制度，坚持用制度管人，用制度管事，坚持以中央八项规定、省委九项规定、市委十项规定以及县委七条禁令等当作从政之规，立行之矩，律己之则，不该拿的东西不拿，不该去的地方不去，不该做的事情不做，始终做到堂堂正正做人、清清白白做官、公公正正用权、兢兢业业干事，时刻保持清正廉洁的本色，切实做到立党为公、执政为民。定期组织机关干部职工学习党风廉政建设的理论和党中央、国务院的有关决定；学习党纪政纪条例和市、县反腐工作的有关文件，切实做到警钟长鸣。（刘林东）

气　象

【概况】 汉寿县气象局现有在职干部职工8人，工程师4人，助理工程师3人，见习1人。内设局办公室、测报股、防雷检测所以及人工影响天气办公室，承担汉寿行政区域内的气象行政监管、行业管理、气象服务、气象科研、防雷安全和人工影响天气工作。2017年，汉寿县气象局在市局和县委、县政府的领导下，始终坚持“一年四季不放松，每次过程不放过”的基本理念，深化公共气象服务，强化社会管理职能，提升气象防灾减灾工作水平，为服务地方经济社会发展和人民群众生产生活作出积极贡献。

【气候】 气温 2017年，平均气温为18.1℃，较历年平均17.0℃偏高1.1℃，年极端最高气温为39.9℃，出现在8月6日，年极端最低气温为–0.5℃，出现在12月17日。

降水量 2017年，总降水量为1515.5毫米，较历年平均1415.9毫米偏多99.6毫米，年雨日137天，日降水量≥50毫米的日数有5天，年一日最大降水量90.1毫米，出现在6月30日。

日照时数 2017年日照总时数为1505.9小时，较历年平均1579.3小时偏少73.4小时，年日照百分率为34%。

轻度连阴雨 3月17—24日阴雨寡照天气持续时间长达8天，达到了轻度连阴雨灾害天气标准。

中等冷空气 1月14—16日、10月2—4日、11月17—19日、11月28—30日、12月23—25日：前48小时内的最低气温的最大值与1月16日、10月4日、11月19日、11月30日、12月25日当日的日最低气温之差分别为6.5℃、6.8℃、7.1℃、7.0℃、6.2℃，达中等强度冷空气标准。

强冷空气 2月20—22日、4月8—10日：前48小时内的最低气温的最大值与2月22日、4月10日当日的日最低气温之差分别为8.3℃、9.5℃，达强冷空气标准。

轻度洪涝 6月21日—30日10天内降水总量为227.5毫米，达轻度洪涝标准。

轻度高温热害 8月出现了13天日最高气温≥35℃的高温日，其中8月2日—8日连续7天出现日最高气温≥35℃的高温期，达轻度高温热害灾害天气标准。

中等高温热害 7月出现了16天日最高气温≥35℃的高温日，其中7月15日—28日连续14天出现日最高气温≥35℃的高温期，达中等高温热害灾害天气标准。

强降雨 5月23日的强降雨造成了汉寿县受灾人口312人，受损房屋20间，农作物鱼塘等受灾31.3公顷，造成直接经济损失116.6万元。6月22日—25日的强降水导致汉寿县农作物受灾面积7593.6公顷，总受灾人口77180人，紧急转移安置人口143人，严重损坏房屋37间，一般损坏房屋28间，冲毁公路5650米，直接经济损失6163.18万元。6月29日下午-7月5日的强降水导致县多个乡镇受灾，累计受灾人口49575人，农作物受灾面积4273.9公顷，紧急转移安置人口101人，严重损坏房屋7间，一般损坏房屋9间，直接经济损失3934.9万元。8月13日的强降水导致汉寿县城区及部分乡镇农田受渍，房屋受损，累计受灾人口8623人，农作物受灾面积1099.9公顷，严重损坏房屋3间、2户，一般损坏房屋10间、7户，直接经济损失332.5万元。

干旱 7月下旬—8月上旬，高温日数多，有效降水少，导致农田脱水、开拆、过白、枯苗，截至8月15日，共造成汉寿县6341.5公顷农作物受灾，累计受灾人口33437人，直接经济损失1745万元。8月1日8时20分在清水坝炮点、8时22分在砖墙村炮点进行了人工降雨作业。

综合评价本年度气温偏高，降水量偏多，日照时数偏少。年内出现了低温雨雪、强冷空气、连阴雨、暴雨洪涝、雾霾、高温热害等灾害性天气，对县交通、工农业生产及人体健康等造成了一定程度的不利影响，总体而言，根据气候对国民经济影响评价，2017年度汉寿气候年景评定为正常。

【气象服务】 努力当好地方政府防灾减灾、造福百姓的参谋。2017年气象局共向县委、县政府及相关职能部门报送气象周报103期、气象月报12期、气象旬报24期、农气情报24期，各类专题气象信息34期。该局在春节、高考、国庆和重要转折性天气期间都制作了专题预报，通过电视、电子显示屏、广播等渠道向社会大众发布；为县城的三改四化工程提供长期预报服务；顺利完成了环中国国际自行车赛汉寿赛段的气象保障工作。

【防雷检测】 该局在相关法律法规赋予的职责范围内，通过完善工作机制，拓展服务内容，优化工作手段，提高办事效率等措施，达到工作规范化、服务标准化的目标，以求能真正让群众满意。建设工程防雷许可优化整合和职责交接已落实。严格贯彻落实常气发〔2017〕28号文件精神，与各责任单位切实明确职责分工，于10月30日前完成了相关交接工作。年内对全县各易燃易爆场所、规模企业及机关单位进行检测，防雷安全检测服务及时、程序到位，对检测出来的安全隐患，指派专人上门开展整改指导，确保不留防雷安全隐患。利用“3·23”气象日、“5·12”防灾减灾日、“安全生产月”等活动开展气象宣传，加强雷电防护的宣传力度。采用展示展板、向市民发放传单、接受现场咨询等形式，对气象法律法规、防雷减灾知识、探测环境保护等内容进行了系统的宣传。

【为农服务】 开展关键农事气象保障服务。2017年，该局在关键农事季节和关键性、转折性、灾害性天气来临前，根据农业生产的需求及时向农民专业合作社、专业大户、涉农企业、县、乡政府及村委会等提供滚动专题气象服务，制作发布了春耕春播、短期气候趋势、中期气候趋势、周报、农业气象信息、重大气象信息等材料。每周一固定向农民专业合作社、专业大户、涉农企业提供一周的天气预报，累积发送直通式服务短信12000余条。

【党建和扶贫】 2017年，该局严抓党风廉政建设工作，严格遵循中央八项规定要求，加强领导班子自身建设，继续深入开展“两学一做”“主题党日”集中教育等活动，积极学习中共十九大相关精神，确保党风廉政建设工作落到实处，进一步提高全体党员思想政治意识，以与时俱进的态度积极学习好国家、政府部门的新思想。2017年扶贫工作该局帮扶对象是西港镇鼎山社区的贫困户总计9户21人，局长刘雅亲自带领干部职工对帮扶户开展慰问。针对帮扶村贫困户的情况，该局与镇帮扶干部一起，多次深入到户，了解家庭人员情况，致贫原因，贫困户思想，做到摸清情况，精准制订计划，通过手机短信方式，为贫困户家庭种植的棉花、油菜等提供“直通式”气象服务，指导生产。

（蒯星龙）

水　文

【概况】 汉寿县水文局于2016年1月正式挂牌成立，实行双重管理体制。水文局为全额拨款的正科级行政事业单位，位于汉寿县龙阳街道振新路锦阳丰瑞小区。管辖汉寿县境内中小河流水文站2个（朱家铺、南阳嘴）；中小河流雨量站3个（沧港、杨梅、毓德铺）；洪水易发区雨量站4个（杨旗嘴、清水坝、颜家庙、月明潭）；土壤墒情站1个（三和）；山洪灾害监测系统水位站22个，雨量站20个。

按照《中华人民共和国水文条例》和《湖南省水文条例》规定，汉寿县水文局承担汉寿县境内水文监测、水文情况预报、水环境监测、水资源调查评价、水土流失监测和土壤墒情监测及相关信息发布职能。在汉寿县防汛抗旱、水资源管理保护、安全饮水及服务地方经济等方面，发挥着重要作用。

【防汛抗旱减灾】汉寿水文人积极履行“耳目”和“参谋”作用，为汉寿县防汛决策机构提供实时雨水情信息和水情预测预报，为汉寿县防汛抗旱减灾全面胜利提供重要的技术支撑。

【水资源管理】 参与农村饮水水源保护工作，每年定期对县级水功能区水源地进行水质监测，定期发布水质监测通报和水环境质量通报。科学、客观的监测数据，为全县水库全面禁止投肥养殖，促进水资源保护，服务农村安全饮水做出贡献。2017 年完成了 4 个地下水监测站点的设备安装、水准点埋设工作。

【主要站点水情】 2017 年，朱家铺水文站 2017 年 6 月 24 日出现最高水位 43.67 米；南阳嘴水文站 2017 年 7 月 2 日出现最高水位 35.48 米。

【荣誉】 2017 年，汉寿水文局在全市水文工作会上被评委“先进单位”；在汉寿县防汛表彰大会上，被评委“优秀防汛单位”。

（唐校准）

交通·邮政·通信

交通运输管理

【概况】 汉寿县交通运输局为汉寿县人民政府主管全县公路和水路交通行业的工作部门，主要负责组织拟订全县公路、水路、城市公共交通等行业发展规划、政策并监督实施；参与拟订全县物流业发展战略和规划，拟订有关政策并监督实施；承担全县道路运输、水路运输市场监管责任；承担水上交通安全监管责任；承担全县公路、水路建设市场监管责任；组织实施治理公路水路“三乱”和交通运输超限超载稽查工作；指导全县公路、水路、城市公共交通行业安全生产和应急管理工作；联系协调铁路、邮政、高速公路管理涉及地方的相关工作。局机关内设办公室（人事股）、财务审计股、法制和行政许可办公室（运输管理股）、计划统计股、基建养护股、安全科技股。下辖县道路运输管理处、县地方海事处、县交通建设质量安全监督管理所3个二层事业单位。

【重点工程】 沅澧快速干线6号大道汉寿段。起于省道224汉寿大道与省道315汉岩公路平交口，沿岩马高水渠布线，经沧浪街道八角村、老鹳树村，沧港镇谭平湖村、七星村、青泥湖村、军刘村，止于汉寿与德山交界处的友谊河，全长14.24公里。其中，K0+000 ~ K3+000段按城市主干道路标准设计，路基宽度为47.5米；K3+000 ~ K14+240段按一级公路标准设计，路基宽度32m，双向六车道，沥青混凝土路面，项目总投资8.9亿元。项目于2015年12月25日正式动工建设，2016年年底完成路基工程，2017年9月27日建成试通车，历时641天，创造了汉寿交通建设史上质量最好、速度最快、管理最佳、环境最优纪录，多次作为全市样板工程推介，受到省、市领导及上级主管部门的高度肯定。

太子庙收费站升级改造工程。该工程是实施“交通活县”的重大举措，是长常高速连接军汉公路、汉寿大道、汉德大道的重要枢纽，对于整合长沙、常德、张家界旅游资源，推动汉寿高新区和常德经开区融合发展具有重大的意义。该项目将原有的“两进四出”车道增加为“四进七出”车道（含2进2出4条ETC车道），同时对收费广场、收费岛、收费大棚等附属工程进行调整、扩建。通行能力可达到30000辆/日，从此告别汉寿高速进出口拥堵，从根本上解决制约汉寿经济发展大局和民生福祉的交通瓶颈。

【车站、码头建设】 花木兰二级车站。花木兰二级汽车客运站选址新省道205西湖村路段，用地总面积3.286公顷，总投资6000万元。自2015年开工建设以来，已投资近4000万元，完成了项目主体工程，正在进行装修及附属工程施工。

【农村公路、危桥改造】 2017年，共完成农村公路危桥改造20座，农村公路窄路加宽48.7公里，边界路58.9公里，农村公路安保工程111公里。

【渡改桥】 2017年，完成官兴障、东仓铺、文蔚、捶鼓仑4座渡改桥项目。

【深化行业管理】 加强道路运输管理。全县共有运输企业6家，客运车辆371台，座位8273座，客运线路122条，有货运车辆2400多台。全县乡镇通班车率达100%，村通班车率达100%。2017年，重点开展“旅游客运市场专项整治”和城区“打非治违”，共查处各类违法行为130多起，先后查处违法旅游客车20余台次，非法营运商务车30余台，纠正客运车辆违章52次，及时化解“5·10”常德至汉寿客运班线停运事件等各类线路纠纷11起，同时，对客运站的“三不进站六不出站”进行了严格监管。完成上级交办的“源头治超”工作，共查处超限车辆19台次，吊销道路运输证6本，实施从业资格证扣分处罚92次。针对群众反映强烈的出租汽车甩客、拒载、不打表等违规行为，对出租车行业进行全面整治，共查处出租车违规经营28起。同时加强对出租车、公交车从业人员的素质教育，共对200余名驾驶员进行了职业道德培训，切实保障乘客的合法权益。

加强公路路政管理。全年来，共发现损坏路产案件5件，查处5件，结案率100%。集中开展公路路域整治，清理非公路标志标牌11块，着手建立涉路“一路一档”档案，清理公路路障4次，清除公路占用28处达150余立方。共检查货运车辆300余台次，查处超限车辆50多台次，出动巡查车200多台次，上路巡查人员达600多人次，收缴非法设置的横幅300多条，收取赔补偿及罚款10多万元。加强执法人员培训，认真学习《公路安全保护条例》《公路法》等法律法规，强化路政案件案卷制作的训练，做到人人理论与实际结合，用法律武装自己。

加强水上安全管理。在安全专项整治工作中，重点抓好现场监督工作，特别是严查运砂船超载、船员配备不齐等行为。2017年，共出动海巡艇105艘次，纠正违章307项，实施行政处罚37例，保障了安全畅通通行，有力地维护航行秩序。开展新兴采砂区专项整治行动，对采区情况进行全面摸底调查，建立健全台账，积极与市、县砂管办沟通。同时加大巡航力度，维护正常的通行秩序。配合开展砂石市场整治工作，国庆期间在县政府牵头组织下，联合相关部门，整治坡头至蒋家嘴水域10处砂石码头，截至2017年，沅澧水沿岸砂石码头堆场及碎石场专项整治进展情况为：沧港镇砂石场8个，已清场8个，辰阳街道砂石场11个，已清场11个，岩汪湖镇砂石场3个，已清场2个。

（祝胜前）

公路管理

【概况】 汉寿县公路管理局位于汉寿县龙阳街道龙阳大道586号，原名常德市汉寿公路管理局，2014年整体下放至汉寿县人民政府管辖，更名为汉寿县公路管理局。负责汉寿境内国道319、省道205和3条干线县道的公路建设、日常养护及路政管理工作。局机关内设办公室、政工股、养护股、工程股、路政股、安全股、计划财务股7个股室；下辖1个副科级事业单位（汉寿县沅水大桥管理所）和正股级事业单位南赶超限检测站及道路养护中心。截至2017年年底，实有干部职工226人（其中离、退休职工77人）。

汉寿县公路管理局主要负责管理、养护1条国道(G319)、1条省道(S205)、3条县道（X027、X036、X041），管养里程共计155.153公里。其中，按公路技术等级分：二级公路108.781公里、四级公路46.372公里；按公路路面类型分：水泥路150.653公里，油路4.5公里。管理、养护公路桥梁27座，总长度8052.9米。按桥梁类型分：特大型桥梁1座共7265米、大型桥梁2座共275.6米、中型桥梁2座共148.3米、小型桥梁22座共364米，按线路分：国道9座、省道11座、县道7座。

【工程建设】 2017年，完成G319线严家河桥和牛路滩桥的交竣工验收和所有计量资料的整理等工作，完成2016年G319线路面大修工程送县财政局评审中心进行决算评审的工作和2017年G319线5公里大修任务。同时，为尽快完城汉寿境内国省干线的路面改造，积极向省、市争取大修计划，在国省干线路面改造计划上走在全市前列。

【养护生产】 一是认真开展雨季养护竞赛，以竞赛为依托，开展好日常公路养护。二是加强月度检查和巡稽查力度，认真贯彻落实公路小修保养及养护工程质量管理办法，重点稽查职工出工出勤、安全作业、养护质量、计划完成情况等。三是按竞赛要求严把质量关，确保工作成效。一年来，处治破碎板2917平方米，补栽百米桩955根，公里碑27块，补栽桥梁限载牌6块，桥梁公示牌10块，指路标志牌1块，其他各类标志牌9块，清理石砌水沟7000余米，铲培路肩近6万平方米，刷白行道树47.1千米，完成G319线安保工程建设任务。四是以经常性检查为抓手，以桥梁“三个一”责任制为基准，推动桥梁的规范化养护管理。五是以公路服务能力建设为要点，切实提高人民群众对公路服务的满意度。

【路政管理】 一是切实加强执法队伍建设。健全和完善路政巡查、日常管理等制度和规定，严格依制度办事、靠制度管人。二是大力开展路域环境整治。以“爱护公路，服务出行”为主题，推进依法治理进程为宗旨，开展“路政宣传月”活动。一年来，共下达临时整改通知书20份，控制新增公路控制区建筑15处，整顿规范马路市场3处，清除非标145块，拆除屋前棚两处，清理公路上堆物放料123处。三是严格依法办案。全年来共查处路损案件4起，办结许可案件9件，办结处罚案件3起，实现预期管理目标。

【超限治理】 2017 来，局南赶超限检测站坚持固定站点和流动治超相结合，积极配合县治超办开展联合治超，加大治超力度。截至年底，共检测车辆 13181 辆，处罚 78 台次，卸载 265.37 吨。投入 150 万元，对南赶超限检测站进行后续建设，完成站场道路、卸货场硬化和环境绿化，配备完善的办公设施。同时，开展“创最美交通行业，做最美治超人”活动，进一步提升执法队伍素质，加强服务管理职能，不断夯实执法基础，保障了治超工作的科学发展、统筹发展、和谐发展。

【安全生产】 一是明确责任分工。专题研究部署年度安全生产工作，及时对县局安全领导小组成员进行补充、调整。认真坚持安全生产“一岗双责”工作机制，严格落实领导干部带队检查安全生产工作制度，坚持每月一检查、每季度一公开的安全生产检查机制。二是强化宣传引导。利用电子显示屏、宣传栏长期开展安全生产宣传和警示教育。三是加强隐患排查。对管养路段公路、桥梁、作业施工、设备设施、消防安全进行全面的检查，及时发现安全隐患，及时交办整改。四是开展专项行动。通过“道路桥梁安全隐患排查”等专项行动，确保公路桥梁运行安全。（龚玉刚）

电　信

【概况】 汉寿电信分公司下设 3 个管理部室、34 个四级单元，城乡合作代办网点 136 个。截至 2017 年年末，有正式员工 114 人，劳务外包员工 83 人。

2017 年，汉寿电信分公司坚持以党建为统领，党建融合发展，充分发挥党组织的堡垒作用和党员的先锋模范作用，扎实推进企业转型 3.0 战略，加快网络智能化、业务生态化、运营智慧化步伐，抓实机制创新、划小承包工作，激发组织和员工活力。突破光网宽带瓶颈，抢占新型 ICT 制高点，做大做强云和大数据、物联网。加强干部队伍、技术人才队伍、技能工匠队伍、干部后备队伍、青年骨干队伍建设，为员工打造良好的职业发展通道，为企业持续发展提供保障。推进“青春行动”，为员工创造良好的生产、工作、生活环境，让公司和员工都焕发青春。企业发展基础不断夯实，发展能力不断增强。

【重点工作】 2017 年 1 月 1 日，启动湖南电信作风建设年活动。2017 年 2 月 8 日，岩嘴分局机构调整。2017 年 3 月，开展优秀装维人员、岁末年初装维优秀支撑保障团队、个人评选表彰。2017 年 4 月 12 日，实施现场维护综合化划小承包，设立政企及网络分部。2017 年 4 月 27 日，设立总经理奖励基金。2017 年 5 月 3 日，开展“四个专项治理”。2017 年 6 月 12 日，开展湖南电信优秀共产党员评选。2017 年 6 月 15 日，市分公司纪委书记莫敏鹰上“加强国有企业党建工作，全面推进企业转型升级”党课。2017 年 7 月 4 日，出台加强装维服务管控办法。2017 年 7 月 26 日，实施“两学一做”学习教育常态化制度化。2017 年 8 月 28 日，调整业绩考核办法。2017 年 9 月 1 日，推出不限量套餐业务。2017 年 10 月 18 日，组织收看中共十九大开幕盛况。2017 年 11 月 1 日，开展 2018 岁末年初系列营销活动。2017 年 12 月 15 日，市分公司纪委书记莫敏鹰上“以新时代中国特色社会主义思想引领企业党风廉政建设创新发展”党课。2017 年，被评为中国电信常德分公司业绩管理先进单位。熊海燕被评为 2017 年湖南电信“优秀共产党员”。（高向阳）

邮　政

【概况】 汉寿县邮政分公司位于汉寿县龙阳镇沧浪东路曹家巷 2 号。公司共有干部职工 317 人，下设 2 个管理部室、4 个专业部室、2 个分局、16 个支局、4 个所、13 个代办所。

2017 年，汉寿邮政以党的十八大和十八届六中全会及市委、县委经济工作会议精神为指导，全面贯彻落实集团、省、市公司工作会议要求，继续深入实施“一体两翼”经营战略，贯彻五大发展理念，全力打造五大增长极，构建以“一体”为根基、“两翼”为驱动，各板块业务协同发展的经营格局，深化改革、转型创新，圆满完成了全年各项目标任务。全县共完成邮政业务收入 6185 万元，完成年计划的 100.2%，同比增幅 12.6%。其中 4 个专业收入进度进入全市前三：分别为储蓄（第 2）、保险（第 2）、发行（第 3）、代办（第 3）。公司期末邮储余额为 29.06 亿元，全年累计净增邮储余额 4.1 亿元，年增幅 16.45%，增幅排全市第二名。完成封片卡旺季营销收入 128 万元，报刊大收订完成流转额 777 万元，新邮预订完成 24.9 万元。完成快递包裹收寄 29 万件，完成计划的 100.1%。

【企业管理】 提高财务管控水平。加快推进零基预算管理制度，实行预算动态调整机制，进一步完善县对支局的预算管控，让支局在发展上有更多的自主经营权，着力推进良序发展。强化资金集中、资产集中、核算集中的管控力度，优化作业流程。加强资金资产运营质量，合理安排资金使用额度，提高资产投入产出效能。促进业财融合，推进ERP系统应用。强化财务基础管理，积极进行税收筹划。

提升人力资源配置效率。按照“精简、统一、效能”的原则，完成经营组织架构改革工作，完善与经营发展效益相挂钩的用工总量动态调控机制。加强用工管理和人员盘活，规范劳务承揽和业务外包，盘活用工总量的10%。推动全岗位劳动定额定员标准体系建设，将后台冗余的人员精减到营业前台，充实一线力量，全年精减机关后台人员19人。

加强安全服务保障。始终坚持“安全无小事，责任重于山”的至上观，按照“党政同责、一岗双责、齐抓共管”要求，细化安全生产目标和任务，开展平安邮政创建工作。切实做好普遍服务和特殊服务，机要通信连续26年实现通信质量全红。

提升邮政服务质量。以提质增效为抓手，加强机制管控，增强企业内生动力。改革邮运提质增速，优化投递提升服务，城区投递实行周六班，农村投递实行周五班，乡镇村的邮件全部投送到户。网络布局更加合理，基础设施更加完善，全年投资450万元，完成3处网点装修改造工程，全县网点装修改造率达到100%，完成太子庙仓储建设，完成“一县一仓”“一乡镇一乡镇电商服务中心”的建设目标。

【电商建设】 坚持以推进“全国电子商务进农村综合示范县”工作为契机，以“工业品下乡”“农产品进城＋代办服务＋普惠金融＋仓储批销＋电商培训”的邮政农村电商服务体系，完成了集团公司下达的农村电商任务，2017年，在集团公司“百千工程”竞赛活动中进入“全国百强县”。2017年6月，汉寿县邮政分公司被中共湖南省委、省政府评为“湖南省创新创业带动就业示范基地”。一年来，新增邮政电商企业50家，站点349个，带动1.1万人创业就业，帮助农民精准扶贫60多户，包裹递寄15万多件，实现电商交易额3亿多元，同比增长35%，农产品线上交易额达1.9亿多元。

【党建文化】 深入推进服务型党组织建设，精心组织好“学党章党规、学系列讲话，做合格党员”的“两学一做”学习教育。严明党的“六大纪律”，履行党的“两个责任”。引导党员强化政治意识，保持政治本色，保持干事创业、开拓进取的精气神。按照“组织有保障、管理有效果、队伍有能力”的工作思路，不断完善组织机构、配齐配强党员干部，使党的组织机构全覆盖，党建工作和经营工作有机融合。2017年6月，被湖南省邮政授予创先争优“五好”先进基层党组织。

加大对员工关爱力度，全面落实帮扶制度，为员工办好十件实事，不断深化职工小家建设，改善一线员工生产生活条件，积极开展争先创优，推模争优，典型引路，员工关爱等系列活动，深入推进“建功立业、和谐共享、素质提升、民生关爱”等系列工程，不断深化企业文化建设和精神文明创建工作，建设幸福汉寿邮政。

（朱振华）

移　动

【概况】 2017年，汉寿移动公司在县委、县政府和省市公司的正确领导下，认真贯彻上级各项精神，坚持“服务与业务双领先”战略，坚持“正德厚生臻于至善”的企业价值观，积极为汉寿人民提供良好的通信服务，扎扎实实履行工作职责，齐心协力共谋发展，各项工作取得了较好成绩。

【业务发展】 狠抓经营生产，确保经营业绩不断发展。2017年，多样促销促业务量收稳步增长。精心组织了元旦春节“两节”“5·17”电信日、秋季校园市场等个性化促销，常态化的开展集团单位及农村市场深度营销等工作，有效保证号卡、宽带等业务量收稳步增长；在低份额乡镇开展并网促销，将少数乡镇集团客户小网并成大网，既提升了市场份额，又提高了客户业务感知；同时借助县政府扶贫行动，联合县扶贫办在全县多个乡镇开展了扶贫促销，我们现场赠送了扶贫卡和扶贫机，得到群众一致好评；汉寿移动高度重视客户服务工作，重点从三个方面着手，一是抓好业务培训关；二是做好传帮带工作。发现问题、分析问题、解决问题，站在客户的角度挑刺、改进；三是提升代办前台的服务水平，运用短信和电话测评工具，客观评价代办服务质量，加大奖惩力度，有效地提升客户满意度。

【网络建设】 狠抓网络建设，为良好的业务发展保驾护航。4G网络规模继续扩大。全年完成LTE4期，5.1期两阶段共计100个宏站，17个室分，14个微站的新建，4G网络覆盖县城及乡镇集镇与重要村组的深度与广度覆盖进一步加强；全业务能力稳步提升。2017年家宽网络A、B两个建设阶段新增行政村覆盖54个，接入端口数达到12万，基站下沉OLT22台，极大地提升了农村的家庭宽带接入能力，所有集客业务汇聚至BRSA，政企承载能力进一步加强；综合配套能力不断夯实。实施本地华为OTN传送网络郊外汇聚环搭建，所有PTN接入环完成环网改造，无长单链和超大环，所有接入环均实现双归，有效提升传输网络承载能力。

【企业管理】 狠抓精细管理，构建和谐运营体系。信息管理稳步提升。制定信息管理考核办法，组建了信息员队伍，强化写作能力提升及考核机制，多措并举提高见稿率，信息管理工作排全市移动区县分公司前列；常态开展SOX工作。坚持SOX月检查通报制度，采取各责任单位交叉检查、综合部现场指导及测试检查方式，严控SOX控制点漏洞；狠抓财务资金管理。通过稽查、考核手段，促使资金上缴及时率、准确率明显提升；推行集采不走样。按照上级要求坚持集采制度，规范合同审查手续，有效提高法律风险意识；安全生产不松懈。按月对各生产场所巡视检查并进行通报整改，安全整改及时率达100%。重视员工安全教育，组织开展“安全生产月”、安全知识竞赛、消防安全演练等活动；充分发挥工会工作职能。坚持开展“走听转”“送温暖”活动，回复和解决职工困难10余件，有效维护职工权益；举行形式多样的工会活动及劳动竞赛10多次，尤其在全市移动窗口女职工岗位练功比赛中，获得全市移动女职工岗位练功比武团队一等奖，个人包揽前四的好成绩。

【党建文明】 狠抓党建基础，营造和谐企业氛围。加强制度管控。按要求梳理廉洁风险防控体系，制订党建工作计划，加强党建阵地制度建设，落实“三会一课”制度；持续开展“两学一做”学习教育活动，制定活动方案，按时间进度完成各阶段工作任务；开展形式多样的党团活动。召开各种学习、讨论会并撰写学习心得，组织反腐倡廉教育、党团主题日、党员先锋、乡村扶贫、谈心谈话、批评和自我批评、红色基地教育等活动；重视党建信息工作，参加常德移动党员教育电视专题片制作、演讲及诵读比赛并分获全市二等奖和三等奖，荣获省移动“十百千”先锋工程“优秀党员先锋服务队”、常德移动“先进党支部”殊荣。（杨　纯）

联　通

【概况】 放下包袱、解放思想，进行二次创业是联通汉寿分公司2017年的工作主线。2017年，是汉寿分公司变革发展的一年，这一年，在各级领导关心支持下，公司结合实际情况，因地制宜的开展工作，移动业务、数固业务及其他方面齐头并进，全面发展，变革机制，人力资源充分施展。

【量收完成情况】 移网方面：截至2017年11月，四年累计完成收入15781.32万元，其中4G 50.86万元、2/3G 13087.21万元，完成率82.8%，累计同比3.4%，出账用户104393户，其中4G 7013户、2/3G 97380户；累计发展主推终端8837户，其中高端2997户、超级智能机15697户。固网方面：（自网产品收入）：2016—2017年，计划完成215.33万元，截至2017年11月底，完成240.38万元；全年宽带新增任务3519户，截至2017年11月底，新增宽带1039户。集团方面：截至11月，部门完成集渠收入279万元，完成全年预计的74.6%，同比上年增长64%。移网新增4214户，其中4G 156户，3G 2981户，2G 1077户。同比上年移网增长331%。

【市场专业】 一级渠道规模突破。“夯实基础工作，做强渠道基本面”，贯穿分公司渠道发展，截至2017年11月，系统渠道125家（包括西湖、鸭子港营销中心）。2017年，县分公司渠道建设20家，其中卖场渠道1家、自建他营厅建设3家、意向建设5家、商场渠道1家，完成率全市排名第一名。市公司从实际情况出发，渠道建设完成延迟1月31日，分公司信心十倍完成全年建设任务。一级渠道形象提升。“提升渠道形象、强化品牌发声”，汉寿分公司2017年符合公司形象95家（包括西湖、鸭子港营销中心），乡镇平均2家以上，2017年累计一级渠道换颜69家。

【数固专业】 汉寿项目共138个（其中承包项目16个、合作项目55个、自建项目67个）。项目分布：城区共97个项目（合作项目38个，自建项目59个）城区合作商金诚网络电子服务部及直销经理经营；乡镇共41个项目：汉寿志诚专营型社区沃店承包项目16个、合作项目9个汉寿县三友专营型社区沃店自建项目6个，合作项目4个、汉寿惠友专营型社区沃店合作项目2个，汉寿兴睿专营型社区沃店合作项目1个，汉寿亿达专营型社区沃店合作项目1个，汉寿顺源专营型社区沃店自建项目1个，汉寿联想专营型社区沃店自建项目1个。以上由乡镇合作商各自经营。

【集团专业】 加强基础管理。一是面对部门整体人员的缺乏，大力向人才市场，58同城，大街小巷张贴人员招聘信息等途径，纳入本部门的长期工作范畴。二是培训新人，首先对招聘的新人整体进行培训，从公司的管理制度，怎样树立正确的人生观和价值观，从业务知识培训，考试过关，以老带新等一系列的方式培养新的客户经理。三是每周早夕会的正常召开。每月进行一次销售个人明星评比和网格团队贡献奖评比。每季度组织一次团队活动，增强团队积极性，激活整体团队士气。

加快市场建设，全力做好经营发展工作。一是一季度、二季度市公司组织了万马奔腾、策马扬鞭圈地活动。部门关注几类聚类市场开展促销、摸底、拜访工作。把所有的人员分成4块，把任务分配到各个队长，按照谁带头谁负责的原则开展 PK 赛。主要围绕商务楼宇、工业园区、专业市场、沿街商铺四类市场开展营销。针对不同的市场定格不同的产品进行推广。商务楼宇推广商务宽带、400/800,个信担保、3G 合约终端、B+ 智能机。工业园区推 DIA 专线、企业电话、400/800、一卡通、外勤管家。专业市场推移固融合套餐、3G/4G 合约、宽带、B+ 智能机、沃发卡。沿街店铺推广移固融合套餐、3G/4G 合约、宽带、B+ 智能机、沃快卡、沃派卡。在二季度的圈地活动中获得了全市的第三名，获得奖金 800 元。二是 4G 的到来。省公司刘总经理提出“二次创业”精神，做好从零开始的准备。4G 推广，首先做好“服务牌”。由于市场竞争加剧，服务越来越成为运营商竞争的核心。从 3G 转型到 4G、从语音到流量经营也是一个艰难的过程。公司重新理清思路，改变作战方向。按市公司要求重新针对部门员工进行业务培训，从非专业做到专业。部门还制定了专门的入职手册，包含通讯类 4G 相关的专业知识，工资体系、积分规则、资费政策等。从单一的个人营销转变成组织营销、关系营销等方式。还制定了营销九步法：①查资料、归网格；②全员动、找关系；③电话访、初联络；④上门访、建档案；⑤知需求、做方案；⑥搞促销、签协议；⑦深结交、重维系；⑧勤反思、善总结；⑨做微商。三是公司隆重推出免费一年打超级智能机，锁定乡镇及工地市场，成功销售超级智能机 185 台。

【综合专业】 完成新办公楼购置及装修工程。办公环境得到极大改善，员工身心健康得到保证，同时也提升公司地方品牌形象。配合市公司顺利完成基础单元人员分流调配，人力资源充分利用到位。工会工作进一步提升，随着办公楼的搬迁，工会基础条件得到改善，着手准备省级职工之家申报工作。基础网络建设得到加强，2017 年，全县新开通基站 20 个，其中租赁站 17 个，土建站 3 个。通过新基站的入网，全县网络覆盖率得到提升，为业务发展提供了支撑。全县新装 OLT 设备 9 台，其中城区 2 台，乡镇 7 台。新开通宽带项目 53 个，其中自建项目 16 个，合作项目 37 个。网络维护工作重点明确。2017 年，在做好网络日常维护工作的同时主要做了基站电力整改、移网网络优化、固网小区宽带接入整改三个方面的工作。全县基站电力整改 4 个，转供电改直供电 2 个，更换基站性能下降蓄电池 2 组。组织开展了 2 次网络测试优化，解决 11 个区域的弱覆盖等问题。因 EPON 设备已无维保且无备件更换使用，对 EPON 设备接入的小区宽带完成了割接至 GPON 设备上的整改。

（罗　鹏）

财政·税务

财 政

【概况】汉寿县财政局是汉寿县人民政府的综合经济管理部门之一，坐落在汉寿县龙阳镇龙阳大道。其主要职责是组织贯彻执行国家财税方针政策，指导全县财政工作，参与制订各项宏观经济的决策。财政局机关内共辖正科级单位3个,副科级单位4个，内设机构16个，直属事业单位7个，下辖21个财政所，全局共有工作人员257人，其中局机关122人，财政所135人。

2017年，汉寿县一般公共预算收入共完成110088万元，同比增加14608万元，增长15.3%。地方财政收入完成70693万元，同比增加8556万元，增长13.77%。其中，国税完成16514万元，同比增加5703万元，增长52.75%；地税完成29951万元，同比增加1115万元，增长3.87%；财政完成24228万元，同比增加1738万元，增长7.73%。上划中央收入完成31198万元，同比增加6810万元，增长27.92%；上划省收入完成8197万元，同比减少758万元，降低8.46%。

2017年，汉寿县财政总支出完成491942万元，其中，公共财政预算支出444613万元，上解上级支出2500万元。

【财税收入稳中有增】全县财税部门积极作为，团结协作，努力克服国家结构性减税、部分非税收费项目减少或标准降低等政策因素影响，努力保持收入均衡入库。政府继续完善财税工作联席会议制度，财税收入采取“每月一调度,每季度一结账”模式，积极应对和分析形势，妥善解决收入征管难题。税务部门大力推进办税合作，进一步规范税款代征代缴工作制度，建立税收信息共享平台，定期开展税收入库情况比对分析，加强纳税评估，挖掘增收潜力。加强重点税源和各专业化市场税收的管理，强化税收稽查，严防偷税、漏税行为，保障税收及时足额入库。财政部门严格落实“电子票据管收、依法征收、以查促管”的非税收入征管机制，进一步规范国有资产处置，盘活国有资产，多方组织收入。国土部门准确把握形势与机遇，科学储地推地，超额完成全年收入任务。

【促进发展成效明显】坚持紧扣中心、服务大局，认真落实积极财政政策，激发经济发展的活力。全县一般公共预算支出完成44.43亿元，比上年增加2.66亿元，增长6.38%。一是支持重点项目建设。财政安排资金3650万元，加快城市建设步伐，提升城市品位，推进了城市化进程。加强保障性住房项目建设力度，投入资金11781万元推动城乡基础设施建设。筹集建设资金1.17亿元，加快沅澧快速干线6号大道汉寿段建设；安排2634万元用于渡改桥建设等工作，进一步改善全县交通条件。二是扶持企业发展。国税、地税全年共减免税收2.09亿元，有效地降低了实体经济的税费负担。借助农信担保平台，为52个中小微企业提供融资担保7975万元。引入“惠农担—粮食贷”“惠农担—特色贷”，对基准利率的百分之五十予以贴息，使农户的融资成本大大降低，提高新型农业生产经营主体的生产积极性。三是加强财源培植。积极落实招商引资财政政策，兑现财源建设奖补资金1.39亿元。大力推进园区二次创业，规模工业企业由71家增加至79家，累计完成基础设施投入近6.6亿元，建成“三纵五横”8条主干道路。

【保障民生更加有力】全县用于与民生密切相关的支出311625万元，比上年提高1.18个百分点，占财政支出的比例达到71%。一是促进社保水平的提高。全面推行农村特困人员救助制度，拨付五保发放供养资金1800万元。发放城乡低保资金6589万元，农村低保月保障提高到320元，城市低保月保障提高到500元，16281名城乡低保人员基本生活得到保障。二是促进社会事业的公平发展。按照省里要求，财政筹集近2亿元发放机关事业单位在职工作人员、离休人员和退休人员的生活性补贴补差。按照组织部门对村干部“编制固定化、报酬工薪化、管理规范化”要求，大幅提高了村干部待遇，人均增加1万元以上，增强基层服务保障能力。足额保障义务教育阶段学校公用经费，拨付4620万元确保义务教育阶段各学校的正常运转；安排资金5662万元，支持学前教育、村小、合格学校、义务教育阶段薄弱学校等进行校舍维修改造，有力地推进校舍工程项目建设。安排医疗救助支出1500万元,积极落实“三提高”“两补贴”“一减免”“一兜底”等医疗综合保障政策，城乡低保对象、城乡居民特困人员、兜底脱贫对象家庭的参合率，参保率达到98%。为支持深化医疗卫生体制改革，实行医院药品零差率销售，财政安排补助资金990万元，有效减轻群众就医负担，使群众从医改中得到实惠。三是促进了基层基础建设。落实农业“休养生息”政策，农口投入资金3.5亿元,促进农业增效、农民增收。落实“三补合一”惠农补贴改革，通过“一卡通”发放耕地地力保护补贴资金1.2亿元。财政投入资金2000万元，解决全县城乡居民的饮水不安全问题。大力推进农村综合开发，争取上级投资2520万元，完成一批区域骨干性、示范指导性项目，建设高标准农田面积980公顷。进一步增强乡村两级保障能力，拨付乡镇低限运转经费（含乡镇部分站所人员工资)3440万元,乡镇平均达到156万元，拨付村（社）运转经费7045万元，村级平均达到25万元。全面加强和规范扶贫资金管理，支持了全县9408名贫困人口成功脱贫。

【财政改革稳步推进】一是推进预算管理改革。根据预算法和上级要求，推进四本预算编制管理，逐步建立健全了定位清晰、分工明确的政府预算体系；推进预决算公开，集中公开涉密信息之外的所有政府预决算、部门预决算、“三公”经费、政府债务等信息；建立预算公开定期检查和考核通报机制，考核结果纳入全县绩效考核评价。二是推进国库集中支付改革。基本实现“横向到边、纵向到底”的改革任务，全县所有预算单位纳入国库集中支付管理范围，所有财政资金实行网上支付。三是推进政府采购改革。凡是使用财政性资金以及与财政性资金相配套的政府采购,一律采用“互联网+采购”模式，使用电子化政府采购平台操作。同时为防范政府采购风险，严格按法律法规要求履行政府采购的手续，严禁无预算和无计划组织采购。四是推进农村综合改革。积极向上申报“一事一议”财政奖补项目，扩大财政奖补覆盖面，有效地推进了村级公益事业的开展。五是推进国企改革。进一步完善国有投融资公司结构，建立法人制度、公司薪酬管理和绩效管理制度、党建制度。按照市国资委“三供一业”调度会的安排部署，基本完成改革工作任务，做好了4家央企、422户绩效考核企业的水电气分离。

【财政管理再上台阶】一是支出管理不断加强。紧紧围绕依法理财、科学管理的目标，抓住关键环节开展监督检查，支出管理水平不断提升，资金效应得到充分发挥。环保专项资金紧跟工程形象进度及时拨付，顺利通过环保专项督查，在县域生态功能县考核中位列全省第三。扶贫专项资金配合开展检查，对部分乡镇不正确履行工作职责、贪污挪用、截留私分、优亲厚友、虚报冒领等“雁过拔毛”式腐败问题进行严肃查处。对工程建设项目资金加大财政投资评审力度，组织工程预、决算评审项目633项，评审金额24.58亿元，审定金额19.98亿元，审减金额4.6亿元，综合审减率18.71%，节支增效成绩明显。二是绩效管理不断加强。进一步规范绩效管理体制机制，制定《汉寿县预算绩效管理购买中介机构服务管理办法》《汉寿县预算绩效评价结果应用管理办法》。对100万元以上的财政专项资金支出，实行绩效目标备案，评价结果适时向县人大常委会进行书面报告。共开展绩效专项评价项目43个，资金总额达到3.05亿元。评价结果在2018年预算进行应用，调减专项资金8项，节约资金3521.66万元。三是财政监管不断加强。财政监督管理是财政工作的一项重要内容，主要从七个方面进行加强。①加强对非税收入的规范化管理。落实非税收入执收工作责任制，开展非税收入执收工作绩效考核，有效地防治了非税收入执收工作中的乱作为和不作为。坚持“凭证领票、限量发放、规范用票，及时缴销”，强化对财政票据的“领、审、核”的管理。全年购领票据328.56万份，发放票据317.88万份，核销票据267.74万份。②加强对行政事业单位的财务监管。落实中央“八项规定”，严格厉行节约，大力压缩一般性支出。全县各部门单位办公、会议、差旅、培训及福利费等一般性支出55423万元，比上年减少2918万元，压减了5%。财政拨款“三公”经费支出自2013年以来连续保持“只减不增”，比上年减少5.19%。③加快推进财政监督转型。加强财政政策执行、财政专项资金使用、财政内控制度落实、财政预决算公开、单位会计信息质量的监督检查，推进财政监督长效管理机制建设。围绕民生重点、社会热点深入开展“小金库”和“纠四风、治陋习”、“雁过拔毛”专项治理，从源头上严肃了财经纪律，规范了财经行为。扎实推进“互联网＋监督”工作，汉寿县数据采集工作位列全市前茅。④加强乡镇财政资金的监管。认真落实《乡镇财政管理条例》，强化资金抽查巡查，规范涉农补贴发放，进一步提高乡镇财政财务管理水平。其中乡财局在全市首届“三基”业务比武中获得第二名佳绩，沧港、百禄桥、沧浪街道办3个财政所顺利通过了省市“星级财政所”考核验收。⑤加强政府债务监管力度。认真落实《汉寿县政府性债务管理暂行办法》，严禁各单位举借新债，对政府负有偿还责任的债务资金的借、用、还列入财政预算收支计划。积极争取上级部门支持，尽最大可能将债券资金向汉寿县倾斜，逐步清理化解县本级存量债务。全县共争取债券资金7.47亿元，其中置换债券5.14亿元，新增债券2.33亿元。⑥加强对国有资产、资源的监管力度。强化综合监管，规范监管行为，确保国有资产、资源的保值、增值。全年共处置44宗国有资产，资产总额1009万元，实现处置收入299.37万元。公开拍卖改革公务车74辆，成交额达到53.99万元，溢价13.54%。⑦加强会计基础工作。组织会计人员1300多人参加继续教育网络培训，积极贯彻落实会计新制度新准则。对部分单位开展会计基础工作检查，规范单位会计账务核算，提高财务工作质量，积极推进会计基础工作规范化建设，进一步增强会计工作在维护财经秩序中的基础作用。

【主要荣誉】被省财政厅评为“市县财政管理绩效综合评价A级”（优秀单位）；

被省财政厅评为“预算绩效管理工作先进单位”；

被省财政厅评为“全省财政金融与债务管理工作先进单位”；

被省财政厅评为“全省财政综合工作优秀单位”；

被省财政厅评为“规范预算编制引导奖”。（周　炼）

农业综合开发

【概况】汉寿县农开办为县财政局所属的正科级事业单位，根据县人民政府授权，主管全县农业综合开发工作，人事和资金均归口县财政局统一管理。实有工作人员7人，设办主任1人，副主任2人，纪检员1人。内设三个股室：资金综合股、土地开发股、产业化股。2017年，在县委、县政府的正确领导和上级主管部门的精心指导下，县农开办积极作为，充分发挥农开干部各自的积极性、主动性和创造性，以高标准农田建设和扶持农业产业化龙头为重点，按照发展现代农业，建设美丽乡村，突出精准扶贫的具体要求，进一步解放思想，真抓实干，农开工作取得一定的成效。

【加大争资争项力度】向上争取土地治理项目1个。争取2017年土地治理项目汉寿县百禄桥镇八斗丘高标准农田建设项目，开发任务980公顷，总投资2208万元。其中，中央财政1577万元，省级财政631万元。项目涉及百禄桥镇的新华村、中兴村、八斗丘村、梧桐村、孔家湖村及沧浪社区老鹳树村、株木山街道办事处云台村、岩汪湖镇水果山村、朱家铺乡三祝庵村、太子庙镇龙虎村。该项目将扩建加固拦河坝4座、排灌站5座、机电井1座、骨干灌渠衬砌29.06公里、骨干排水渠衬砌2.45公里、小型蓄排水工程扩建加固30座；田间道路1.1公里，田间防护林33公顷，购置及安装频振式太阳能杀虫灯100台套。这个项目已全面开工建设，预计明年三月份可全面建设完成。

向上争取竞争性产业化经营项目四个，财政投入资金312万元。其中：中央财政资金223万元，省级财政资金89万元。分别是常德金玉米业有限公司所报送的“常德市汉寿县1000吨水稻储藏保鲜库扩建项目”财政投资98万元、汉寿县中祥米业有限公司所报送的“常德市汉寿县4000吨稻谷储藏保鲜库扩建项目”财政投资98万元、湖南天福农业综合开发有限公司所报送的“常德市汉寿县400亩油茶林种植基地扩建项目”财政投资77万元、湖南新合作三维农资有限公司所报送的“常德市汉寿县20万吨农副产品储藏保鲜新建项目”财政贴息资金39万元。这4个产业化经营项目都在实施中，预计今年12月份底全面建设完成。

【强化项目有序推进】2016年度，该办实施的高标准农田建设示范工程项目、产业化经营项目以及部门项目共完成财政投资3505万元，其中：农业综合开发土地治理建设项目财政投入2906万元，农业综合开发产业化经营项目财政投入319万元，部门项目财政投入280万元。汉寿县实施完成2016年度高标准农田1.96万亩（土地治理项目需跨年度），完成农业产业化经营项目4个，其中财政补助项目3个，贷款贴息项目1个，部门项目1个。具体资金投入情况：一是2016年度第一批土地治理项目汉寿县百禄桥镇洪福高标准农田建设项目，总投资2156万元。其中：中央财政1540万元，省级财政616万元，土地治理面积1.44万亩。二是2016年度汉寿县毛家滩、沧港种粮大户农田建设项目，总投资644万元。其中，中央财政460万元，省级财政184万元，土地治理面积0.5

万亩。三是2016年度太子庙镇永兴村、崔家桥镇东花村省级地方立项土地治理项目，总投资106万元(省级财政资金106万元),土地治理面积0.02万亩。四是2016年度产业化经营项目4个，财政投资319万元，其中：中央财政资金228万元，省级财政资金91万元。分别为常德百隆棉花油脂有限公司申报的“常德市汉寿县6000吨稻谷储藏保鲜新建项目投资”140万元（中央资金100万元，省级资金40万元）；汉寿县吉庆特种水产养殖专业合作社申报的“常德市汉寿县10公顷甲鱼养殖基地新建项目投资”70万元（中央资金50万元，省级资金20万元）；汉寿县河家堰水产养殖专业合作社申报的”常德市汉寿县100亩甲鱼养殖基地改建项目项目投资“70万元（中央资金50万元，省级资金20万元）；湖南新合作三维农资有限公司所报送的“常德市汉寿县20万吨农副产品储藏保鲜新建项目”财政贴息资金39万元（中央资金28万元，省级资金11万元）。五是部门项目资金280万元。汉寿县太崔东部门项目水土保持280万元（中央资金200万元,省财政资金80万元）。

项目实施的过程中，严格执行农业综合开发项目招投标制、工程监理制、项目法人制、资金和项目公示制、县级报账制、专户储存、专账核算，确保专款专用。7月份市农开办进行检查验收，工程质量、财务审计等都得到了检查验收组的充分肯定，被评为常德市区县（市）农业综合开发工作先进单位。10月中旬，省农开办考评组到汉寿县检查考评充分肯定汉寿县项目建设任务完成好，项目效益发挥较好，工程质量好等工作成绩。

【突出美丽乡村建设和精准扶贫】 根据年初县委、县政府关于做好“2017年美丽乡村建设示范村”及“分解落实贫困人口脱贫指标”的通知要求，农开办制定“联村扶贫计划”，积极开展美丽乡村建设和扶贫开发工作。按照年初计划要求，农开办相关责任人，积极开展进村入户活动，走访了联点村毛家滩教门岗村群众，帮助了9户极贫困户，每户发放慰问金500元，共计4500元。并与人社局劳动就业培训联合对贫困户进行脱贫技能培训，找对发家致富的门路，因户施策，一对一的帮助他们脱贫。

农开办联系的美丽乡村重点示范村——毛家滩教门岗村，在环境卫生整治、水利设施等基础设施条件的改善给予大力的支持，投入资金近百万元。

【强化项目资金及队伍管理】 在项目管理、资金管理工作中，严格执行“三依、三公、三制”原则，即依法、依规、依程序，公开、公平、公正，项目公示制、项目公开招投标制、项目监理制，确保“三个安全”，即：项目安全、资金安全、干部安全。积极开展“两学一做”学习教育活动，充分发挥宣传工作在“两学一做”学习教育活动中的舆论引导和凝神鼓劲作用，加强作风建设，强化干部服务意识和艰苦奋斗意识。认真学习先进事迹，大力弘扬团结奉献、求真务实的作风，加强舆论监督，大力宣传贯彻落实《党政机关厉行节约反对浪费条例》和中央八项规定、省委九项规定、市委十项规定和县委七条禁令通知，突出实际效果。严守三个规矩：政治规矩、工作规矩、廉洁规矩。使该办全体人员进一步增强大局意识，树立好汉寿农开形象。同时加强业务培训力度，提高农开干部业务素质。通过学习进一步提高工程质量和项目管理水平。

【狠抓党风廉政建设和作风建设】 党风廉政建设是一项长期而艰巨的任务。该办每次召开大大小小的会议，逢会必讲廉政建设，尤其是农开工作，既管资金又管项目，长期与“老板”打交道，稍有不慎，就会出问题，为此该办给全体干部职工订立“约法三章”，即“三个远离”,“五个不准”。远离项目，远离现金，远离老板；不准插手项目招标介绍施工队伍，不准在项目单位报销任何个人费用，不准收受服务对象等非亲属的任何礼品礼金，不准给项目单位推销产品，不准参与项目单位打牌赌博和娱乐休闲活动。约法三章出台至今，收到比较好的成效，一年来，全办无一人受到党纪政纪处分，项目实施无一处因质量等问题受到举报。

作风建设永远在路上，在工作中严格按程序，按规矩办事，该沟通的沟通，该请示的请示，该汇报的汇报。重申并要求干部职工必须做到三条：一是严格遵守中央八项规定，不越雷池不踏红线；二是自觉践行“三个不得”的要求，上班不得迟到早退；上班不得炒股、玩游戏、看电视、网上购物，工作日不得饮酒；三是自觉践行“依法依规”要求，坚决按照法定权限和程序行使权力，履行项目申报、考察、评审等工作职责，做到依法办事，廉洁开发，不得无原则地讲人情、讲交情，不得做“人情项目”，确保农开工作在法治轨道上运行。以上三条，在干部中形成震慑，形成自觉，收效明显。（杨　静）

国家税务

【概况】 汉寿县国家税务局是常德市国家税务局所属10个基层局之一，县局现有干部职工187人，其中在职人员130人（干部114人、职工16人），离退休人员57人（退休56人、离休1人）。内设13个职能科室、1个直属单位（稽查局）、1 个事业单位（信息中心），外辖太子庙税务分局、蒋家嘴税务分局和西湖税务分局 3 个派出机构。2017 年，县国税局坚持组织收入原则，加大挖潜增收力度，严格收入考核机制，实现了税收与经济的协调发展。全年，全局共组织入库各项税收收入 47366 万元，创历史最高水平，同比增长 52.17%，为汉寿的经济建设和社会发展做出重要贡献。

【夯实税收征管基础】 推动个体户“扩面增负”，对个体户进行全面梳理，首次实现国、地税联合定税，全年个体点上户入库税收同比增幅达 27.1%。高质效完成年度所得税汇算清缴，对农商行、涉农企业进行重点辅导，所得税入库同比增长 115%。加强建安、房地产行业税收管理。定期开展房地产“先税后证”和支付建筑安装工程“先税后付”协税落实情况督导，有力促进了建安、房地产行业联控联管。加强税收风险管理，查补收入贡献率位居全市前列，风险识别准确率达到 100%；全力开展打击虚开虚抵工作，不断提升稽查质效。在市局举办的稽查案例讲评中，县局送选案例入选“2017 年度全市国税稽查精品案例”。

【提升纳税服务水平】 持续抓好“放管服”改革，大力推行网上办税，宣传推广微信预约办税、畅易代开、电子税务局、一表集成等便民办税举措，稳步推进实名办税，进一步简明资料、简化流程，提升纳税服务水平。创新服务手段，开通“汉寿国税”微信公众平台升级版，推出在线答疑功能，方便纳税人随时随地进行纳税咨询。努力提升办税服务厅工作质效，进一步完善“一人一窗办税”模式，招聘 6 名合同制工作人员，补充数量的不足，定期开展业务操作培训、服务礼仪培训，建立完善的内控管理制度，提升服务质量。2017 年，县局办税服务厅荣获“全国巾帼文明岗”荣誉称号。

【夯实党建基础工作】 严格落实党建工作责任制，建立科学合理、权责清晰的党建工作责任体系；积极推动“互联网 + 党建”，细致做好智慧党建信息系统录入工作，督导党员干部通过“红星云”参加党建学习；深入推进“两学一做”学习教育活动常态化、制度化。严格抓好从党组、支部到党员的学习教育活动，定期督导“三会一课”活动开展情况；推动党建活动多样化，“梦圆六月 爱心助考”服务高考志愿活动、税企联合党建活动等特色主题党日活动，取得不错反响；认真组织开展中共十九大精神学习，召集共同观看中共十九大视频直播，开展税企党支部共学中共十九大精神的主题党日活动、邀请县委党校校长作中共十九大精神专题宣讲报告。

【加强党风廉政建设】 党组中心组开展反腐倡廉专题学习，对中层副职以上干部开展集体廉政谈话；召开局务会，听取各单位党风廉政建设主体责任情况汇报；认真开展政治生态专项检查，并针对学习贯彻十八届六中全会和中央纪委七次全会精神的情况等 8 个方面查找问题，提出整改措施；加强廉政教育，上预防职务犯罪专题课，开展“以案明纪，以案说法”全员警示教育活动、组织党风廉政知识测试等，党员干部呈现风清气正的良好局面；大力开展巡察问题自查整改，对发现的问题逐个进行整改销号，制定长效管理机制，确保整改成效。

【激发干部队伍活力】 推进文明创建。举办了四期以“廉洁”“敬业奉献”“诚信”“传承好家风”为主题的道德讲堂；认真筹划“我们的节日”主题活动，国地税青年干部“缅怀先烈 不忘初心”清明祭扫、重阳节走进敬老院包饺子等活动，受到干部职工欢迎；定期走访慰问老干部、组织全局干部职工体检，有效提升干部归属感。鼓励比学赶超，1 名干部入选常德市局代表队参加省局纳税服务类比武竞赛，获办税服务厅窗口岗“个人优胜奖”。引导干部参加各类自学考试，统一为参加三师考试的干部开通网络课程，对成功考取各类证书的干部按照证书档次给予奖励，干部学习劲头显著提升。2017 年，县局 1 名干部成功通过司法考试。

【服务地方中心工作】 积极开展招商引资工作，一个项目成功签约；积极配合综治民调工作，发动全局干部开展工作宣传，民调工作位居全县前列；主动参加地方党委组织开展的创先争优、志愿服务等各项活动。组织各类活动志愿者 47 人次，8 名党员组成“抗洪抢险党员突击队”参与抗洪抢险，县局团组织荣获“全县共青团先进单位”。优化经济环境获得肯定，在全县优化经济环境测评中名列垂直管理单位类前列；精准扶贫工作在省、市、县督导检查中处于第一方阵，联点村获评汉寿唯一的“全国文明村”。（周　熠）

地方税务

【概况】 2017 年，汉寿县地税局深入学习中共十九大精神，积极落实省市局和县委、县政府工作要求，着眼“三个地税”目标愿景，贯彻“一调两转”工作思路，找准发展方位，坚持稳中求进，着力加强组织收入、依法治税、国地税合作、征管转型、队伍建设和文化建设等工作，推进地税“二次创业”。

【攻坚克难 圆满完成组织收入任务】 全局全年共组织入库各项收入4.7271亿元，完成调增后年计划任务的113.9%。其中，税收入库4.0687亿元，完成年计划的112.3%；入库费金6584万元，完成年计划的124.46%，基本达到了年初“三量齐升”的工作目标。

【真抓实干 深入推进“111”税收治理】 重点推进一大行业（建安房地产业）、一大市场（综合市场）、一大类型（行政企事业单位）税收管理。在全市地税率先推行建安房地产行业税收“先税后票、先税后证、先税后付”机制以及财政工资统发中心代扣代缴机制，征管质量稳步提升。

【创新举措 积极探索征管转型方法】 推动“先税后证”机制纳入“汉寿县电子政务系统”。通过风险推送加强评估、稽查。对参选县“双十佳”、省劳模、政协委员以及守信企业等企业和个人进行了纳税信用审查。创新探索和推进“自然人纳税信用等级评定”机制。积极应对商事制度改革，与市场监管局建立“先完税后注销”等先税后证机制，对不诚信纳税人进行联合惩戒。

【以人为本 持续深化纳税服务】 继续推广24小时自助办税厅。通过政府购买服务进一步充实汉寿县国地税联合办税厅，增加窗口服务人员。全面落实代开发票地税自征工作。组织开展“服务四大会战，助力企业发展”纳税人大走访和问卷调查。

【强化导向 不断压实绩效考评】 加强绩效督导和分析、整改、提高。进一步提高个人收入中绩效奖金比重。切实做到“拉开绩效考评分距、加大绩效奖金权重”两手硬，切实达到“跳起来摘桃子”，提高工作积极性、创造性的目的。

【坚定信念 全面推进“两学一做”常态化制度化】 开展庆“七一”演讲等系列活动。公示《党员公开承诺》。认真落实交心谈心制度。开展精准扶贫、党员进社区等“主题党日”活动。组织党员连续一周参与上堤防汛。召开党组会、支部会、专题党课，建立学习微信群，学习贯彻中共十九大精神。2017年该局被授予“县十佳基层党组织”称号。

【提质强能 着力加强队伍建设】 召开县政协驻地税局民主监督员见面会。开展基建审计、明察暗访和执法督查。推行周五培训机制，举办国地税联合培训班、干部综合能力提升班。在市局抽考和省局能手考试获得佳绩。组织开展兴趣小组，精准扶贫、义务献血以及“为藏区儿童送冬装”等公益活动。

【创先争优 积极推进文明创建】 对文化走廊、宣传栏、文化标志、图书阅览室、荣誉室等进行维修升级，积极开展道德讲堂、理念和形势教育、革命教育等活动。2017年3月，县局被授予“湖南省文明标兵单位”称号，推动全县地税文明服务、依法治税水平进一步提高。

【荣获“湖南省文明标兵单位”称号】 汉寿县局被省文明委评为“湖南省文明标兵单位”，地税事业发展再上新台阶。该局坚持将文明建设作为激发内生动力，凝聚外部合力的重要方法，不断深化落实“放管服”改革举措，释放地税创新发展转型新动能。其中，该局在基层党建标准化，“三师”和“能手”人才队伍培养，国地税联合办税，24小时自助办税服务，“先税后证、先税后票、先税后付”综合治税，以及税收优惠政策落实等方面经验被深度推介，在减负、提速、增效等方面得到纳税人广泛好评。

【蝉联县“优化经济环境行风测评”十连冠】 汉寿县地税局被评为汉寿县2016年度优化经济环境行风测评先进单位，实现“十连冠”。一年来，该局率先推进联合办税，深化政府职能转变；着力强化税收稽查，维护公平竞争环境；依法落实优惠政策，助力企业轻装快行。在全市地税率先建成国地税联合办税厅，率先推出“微信叫号”，20个联合窗口全部实现“一窗一人双系统”，办税时间缩短近2/3；狠抓“一案双查双报告”，强化稽查的穿透力和震慑力；联合国税局开展税收优惠政策培训，以及税收优惠政策执行情况自查整改。

【率先建立行政事业单位个人所得税财政代扣代缴机制】 通过抓宣传辅导，促进主动自查补缴；抓基础信息，推行全员全额申报；抓税收保障，强化代扣代缴力度，2017年，县地税局在全市率先建立行政事业单位个人所得税财政代扣代缴机制。深入乡镇政府、学校、卫生院开展“面对面”上门辅导，重点规范对全年一次性奖金、文明单位奖金和综合治理奖金等申报纳税，督促积极开展自查申报补缴。通过排查，共补录镇政府、学校、卫生院等行政事业单位纳税人基础税源信息45户、扣缴登记信息38户，为推行全员全额明细申报打下扎实基础。提请县政府将财政代扣代缴财政统发工资个人所得税纳入政府绩效考评，强化县财政纳税主体责任。

【汉寿县地税局携手国税推进个体联合定税】 2017年，汉寿县地税局与国税局先后召开2次联合定税工作协调会，通过涉税信息交换平台共享个体税源信息。国地税干部“1+1”，两人一组下户调查采集数据，切实统一计税依据口径。以芙蓉路等主要街区作为个体联合定税试点区域，将两家的个体税源信息进行比对、补充，形成统一的税源清册，绘制“标准税源地图”。制定联合定税时间表，开展联合定税工作，确保双方定税逻辑咬合紧密。同时，将国地税《定税通知单》“合二为一”，一次性下达定税通知。实现了通过同步下户调查、同步税源清理、同步核定税收。

【汉寿县局推动船舶车船税征管破冰】 通过抓信息强基础，快速捕捉营运船舶税源信息；抓宣传促遵从，贴近开展专题纳税辅导；抓管理建秩序，依法加强船舶车船税执法，该局依托汉寿县涉税信息交换平台与海事局开展涉税信息比对，准确定位营运船舶税源信息盲点。举办车船税专题纳税人学堂，就船舶车船税开展下户纳税辅导，重点就《中华人民共和国车船税法》和车船税申报实务进行重点宣传辅导，企业营运船舶车船税当月申报率达 100%。

（许　翔）

金融·保险

金 融

【概况】2017年，全县有银行业金融机构9家，小贷公司2家。截至2017年底，全县金融机构各项存款余额达到245.9亿元，比年初增加了36.73亿元；各项贷款余额达到112.9亿元，比年初增加了34.8亿元。存贷比为45.91%，比年初提高了8.6个百分点。

【信贷投放重点突出】6月份，组织召开大型银企对接签约会，辖内金融机构共与37家中小微企业达成融资意向，签约金额49.07亿元。出台《2017年汉寿县金融业信贷投放奖励办法》，截至12月底，全县工业企业贷款余额15.2亿元，同比增加5.74亿元。全县涉农贷款余额约77.5亿元，较年初新增12.5亿元，增长16.13%。

【金融组织体系不断完善】汉寿星龙村镇银行12月8日试营业。6月份，建成36个金融扶贫服务站（包括西湖3个），提前完成建站任务。有力推进金融扶贫小额贷款发放和农村土地经营权抵押贷款工作，截至12月底，全县发放扶贫贷款1.51亿元，惠及贫困农户3596户；累计发放农村土地经营权抵押贷款482笔，2.9亿元。全面开展贫困村农户信用评定工作，对全县15318户贫困户进行评级授信，占全部贫困户的82.81%，授信金额达4.3284亿元。

【稳步推进3P项目】2017年5月，财政部50号文件、87号文件出台后，县金融办转变融资方式，改走政府与社会资本合作（PPP）推进项目建设的路子。成立3P工作领导小组，在原有30个融资挂图作战项目及后续县委、县政府重大决策项目的基础上，识别筛选了一批项目，先后于8月10日、9月7日提请县政府分管领导召集各平台公司及相关主管部门进行讨论。9月19日，县政府召开融资暨PPP项目工作专题会议再次对项目进行讨论会审，初步确定现阶段拟实施项目共计17个，初步估算项目总投资额度为122.53亿元。所有项目均以政府名义发文实施。

【全面开展创建省级金融安全区工作】2017年6月，开始启动创建省级金融安全区工作，成立创安工作领导小组，设立创安办，抽调专人联合办公；出台《汉寿县创建省级金融安全区工作实施方案》和《汉寿县金融突发事件应急预案》，召开调度会，对工作任务进行分解和部署，将责任细化到单位到专人，制订推进计划，制发创安工作简报3期。深入开展“信用乡镇、村（社区）”创建活动，下发考核评定办法，开展工作督导，进行实地验收，已有15个信用乡镇，189个信用村（社区）通过验收授牌，信用乡镇、信用村（社区）覆盖率分别达到71.4%和67.9%以上。（万建军　刘　敏）

人民银行汉寿支行

【概况】2017年，汉寿支行在中支党委的正确领导下，按照“平安和谐，文明廉洁，法治高效，担当有为”的总体思路，继续坚持稳中求进、奋勇争先的工作总基调，认真贯彻落实稳健的货币政策，深入推进试点工作，狠抓内部管理，不断提升金融服务水平，履职成效明显。三项工作在上级竞赛获奖，四项工作被县领导批示，二项工作被市领导批示，四项工作经验在上级会议典型发言或被省级报刊转发推介。支行在县委县政府绩效考核中摘取同类15个垂直管理单位桂冠，获得唯一优秀。支行履职情况得到长沙中支第五督查组的高度肯定。

【认真执行货币政策 全力助推经济社会发展】 支行认真贯彻落实稳健中性的货币政策，加强窗口指导，优化信贷结构，有力地支持服务了地方经济发展。截至 2017 年 12 月末，银行业金融机构各项存款余额 245.94 亿元，较年初净增 36.73 亿元，增长 17.56%，存款余额居全市第三，增量居全市第二，各项贷款余额 112.93 亿元，较年初净增 34.80 亿元，增长 44.55%，贷款余额居全市第三，增量居全市第二，增速居全市第一。

加强窗口指导，推动信贷创新。制定信贷政策指导意见，定期召开行长联席会，及时传达上级会议精神，分析金融形势，宣讲稳健中性货币政策及宏观审慎评估“双支柱”内涵，引导金融回归本源，有效促进实体经济发展。积极引导辖内银行机构结合县域经济发展实际，创新推出了应收账款质押贷款、林权抵押贷款、农村承包土地的经营权抵押贷款、农村集体土地上房屋抵押贷款、农机具补贴抵押贷款、粮食保贷通、油茶保贷通、蔬菜保贷通、粮食惠农担、小企业循环贷、小微贷、创业贷、POS 贷、税易贷、网捷贷等 20 余种信贷产品，累计发放创新类贷款 20 多亿元。

突出支持重点，加大信贷投放。一是加大了对中小微企业的信贷支持力度。通过组织召开政银企对接签约会，有效搭建政银企合作平台以满足中小微企业的融资需求，6 月份组织召开大型银企对接签约会，辖内金融机构共与 37 家中小微企业达成融资意向，金额 49 亿元。二是加大对现代农业的信贷支持力度。切实引导金融机构将资金投向“三农”领域，重点加大对具有规模优势和带动效应的农业产业化龙头企业、农民专业合作社、家庭农场等新型农村经营主体的信贷支持力度。三是加大对县内基础设施建设的信贷投放。辖内金融机构积极支持县域城镇化建设。辖内银行机构发放贷款 7 亿多元支持 6 条公路建设和城镇化建设。四是加大对县域民生领域的信贷投放。华融湘江银行、农商行、中国银行、农发行等共发放贷款 7.3 亿元，分别用于医疗机构异地搬迁、城区自来水和农村饮水改造、污水处理工程、棚户区改造工程等民生领域。

深入推进试点，努力增量扩面。2017 年 2 月，全省“两权”抵押贷款试点现场推进会召开后，积极敦请政府发挥主导作用，进一步加大试点工作力度，促进了试点增量扩面。一是精心部署试点工作。县委、县政府将试点工作纳入全面深化改革工作要点、政府重点工作内容和经济工作考核范围，召开试点工作推进会，进行统筹谋划和全面部署。明确试点银行机构力争实现县域机构全覆盖。二是突破制度障碍瓶颈。制定出台了《汉寿县农村承包土地的经营权抵押贷风险补偿金管理办法》，启动了风险补偿程序，对县农商行 2 笔土地经营权不良贷款按程序进行风险补偿，共补偿本息 30.89 万元。三是加快土地确权颁证，夯实试点基础条件。全县新一轮土地确权已经全面完成，颁证工作正在有条不紊地进行。四是加强跟踪协调指导。推动汉寿县农发行对湖南丰润农业发展有限公司发放一笔金额 5000 万元国有农垦经营权抵押贷款，期限 13 年，利率 4.9%，成为湖南省单笔最大金额农地经营权抵押贷款。进一步优化服务，简化流程，推动与土流网、担保公司的合作，扩大“银行 + 土流网”“银行 + 担保”“银行 + 担保 + 土流网”等模式贷款的投放。五是加强宣传，进一步扩大试点知晓面和影响力。制作了试点宣传片《唤醒沉睡的土地》，在华鑫水稻种植专业合作社创建了试点工作示范点，印制了试点宣传折页 5000 份，并依托金融扶贫服务站向农户广泛开展业务宣传。

截至 2017 年 12 月末，全县已累计发放农村承包土地的经营权抵押贷款 2.91 亿元，贷款余额 1.65 亿元，居全省 8 个试点县前列，试点银行机构由原来的 4 家扩展到 9 家。11 月 8 日《金融时报》进行专题长篇报道。市中支以此为题材，在分行组织的“砥砺奋进的五年—央行人的筑梦故事”宣讲活动中获得三等奖。年内两次在全省“两权”抵押贷款试点工作推进会上作经验发言，常务副省长陈向群在全省金融精准扶贫暨“两权”抵押贷款试点工作推进会报告中点名表扬：“尤其是汉寿县，很有特色，‘创四新’‘破四难’的做法很有针对性，其他试点县要多学习，多借鉴。”

【扎实履行服务职能 努力提升金融服务效能】 农村支付环境不断优化。农村地区手机银行业务稳步发展，汉寿县农村地区手机银行用户达 43.4 万户，累计发生业务 354.57 万笔，交易金额 161.55 亿元。全县共发放助农取款机具 603 台，支付通电话 901 台，覆盖了全县所有的行政村，同时，加大了 ATM 机布放力度。全县共有 ATM 机 207 台。在全县构建了支农、惠农、便农的“支付绿色通道”，真正实现“小额取现，足不出村”。

金融扶贫工作成效明显。金融扶贫服务站建设工作有力推进，全县已建成 33 个金融扶贫服务站，提前完成建站任务。启动了 14 个贫困村“三站融合”工作。联合县扶贫办、金融办、财政局制定《汉寿县扶贫小额信贷贴息管理办法》《汉寿县扶贫小额信贷风险补偿资金管理办法》，并以文件印发。截至 12 月末，全县扶贫小额信用贷款余额 13245.57 万元，涉及建档立卡贫困农户 3154 户，新发 5808 万元，涉及建档立卡贫困农户1595户。积极组织金融机构开展金融精准扶贫宣传月活动，扩大金融扶贫政策的知晓面。深入开展金融精准扶贫督查，开展金融精准扶贫专项统计辅导，推动辖内更多金融机构参与金融精准扶贫。目前，辖内8家金融机构金融精准扶贫贷款余额9.95亿元。

金融宣传工作有声有色。积极开展“3·15”金融消费者权益保护宣传。组织辖内10家金融机构在龙阳商业广场开展了主题为“权利·责任·风险”的金融消费者权益保护宣传活动，受到群众的好评。面向特殊群体，创新方式方法开展宣传。10月26日下午，支行与湖南高尔夫旅游职业学院举办汉寿县“金融+高校”诚信文化教育共建基地授牌仪式暨金融知识宣传进高校活动。市中心支行副行长钟昌彪、副行长王晓军、征信管理科、货币金银科负责人及相关人员，汉寿县委副书记刘毅翔，县委常委、副县长蔡武，县金融办，县发改局，县人民银行，辖内金融机构及湖南高尔夫旅游职业学院师生共500余人参加活动。活动中分别进行防诈骗、反假币、诚信文化知识宣讲，穿插文艺表演、有奖竞答和幸运抽奖，内容丰富、形式多样，趣味性与知识性相结合，获得社会各界的高度认可。相关做法被中支《工作简报》刊发，市委常委、副市长任晨，县委常委、副县长蔡武分别给予肯定批示。

经理国库向“标准化”迈进。投入经费5万元开展国库标准化建设，坚持“三个强化”创造条件，注重“三期”承接打造队伍，把握“三严”要求充实内容，打造了基层国库“标准库”建设规范。在连续五年获得“零差错”竞赛优胜单位的基础上，继续保持了业务零差错、资金零损失、部门零案件的可喜势头。相关做法被长沙中支《专报信息》采用，县委常委、常务副县长丁克刚给予肯定批示。

银行机构体系更加完善。在相继引进华融湘江银行、长沙银行的基础上，2017年，积极对接长沙星沙农商行，成功引入村镇银行落地汉寿，筹建工作有序推进，12月份开始试营业。2018年1月16日将正式对外挂牌营业。

【切实加强风险防范 大力维护区域金融稳定】 加强风险预警监测和超前防范。按月对县域地方法人金融机构流动性进行监测；加强对县域房地产市场、纺织行业，环洞庭湖粮价等重点领域、重点行业、重点产业的分析和监测，按季采集和报送地方法人金融机构宏观审慎评估基础数据表。认真实施存款保险制度，配合市中支开展对辖内法人银行机构的存款保险评级，组织地方法人银行机构开展流动性压力测试，提升银行机构的稳健经营和防范风险的能力。

推进金融创安和社会信用体系建设。协助县政府制定《汉寿县创建省级金融安全区工作实施方案》，抽调专人开展金融安全区创建工作，取得段性成果。经验做法被中支《工作简报》、长沙中支《专报信息》采用，市委常委、副市长任晨，县委副书记、县长车世忠分别给予肯定批示。发挥重要牵头作用，深入推进农村信用体系建设，制定并下发了《汉寿县信用乡镇（街道）、村（社区）考核评定办法》，积极开展信用乡镇（街道）、村（社区）评选活动，评选信用乡镇（街道）15个，信用村（社区）189个；在贫困村广泛开展信用评级活动，贫困农户评级户数15737户，评级率100%，授信户数12770户，授信率81.15%，授信金额4.33亿元。开展金融生态评估；加强征信宣传和服务，开展了“6.14”信用关爱日宣传活动，积极参加全省最美诚信文化教育共建基地微信原创作品竞赛活动，获全省投票最佳人气奖，获常德市微信原创作品二等奖。建立全省唯一一个县域高校诚信文化教育共建基地，其做法被《湖南征信简报》刊载。在常德市中支辖内县支行设立第一家个人信用报告自助理查询服务网点。热情为社会办理信用信息查询，共为9600人（次）办理个人信用信息查询，为企业查询60家次，办理企业信用代码证422份。加大个人信用报告推广运用力度，目前政府已发文，要求在政协委员推选和人大代表的选举、干部提拔、评先评优、政府采购、工程竞标中查询个人信用报告。组织开展对县农业银行、农商行、住房公积金管理中心的征信执法检查，对检查发现的问题责令认真整改。信用体系建设工作在全市考核中保持连续两年零失分，位居全市第一。县委书记杨昶予以肯定批示。

开展非法金融和互联网金融风险专项整治。与县金融办联合组织开展防范非法集资“下乡进村”宣传活动，积极配合县金融办开展对辖内小贷公司、非融资性担保公司的风险排查，及时发现和处置非法集资风险隐患。对汉寿县惠生活电子商务科技有限公司涉嫌从事非法金融活动情况进行调查核实，建议县政府责令其关闭平台进行整改。联合汉寿县打非办及工商、公安等部门，对辖内28家从事金融业务的企业进行近两个多月的摸底排查，确认常德红顺投资担保有限公司跨界从事P2P跨界金融业务，涉嫌从事P2P网络借贷信息中介机构业务，对其下达整改通知书，同时加强对该公司的资金流向监测，严防跨界金融业务“死灰复燃”现象。

全面落实支付领域账户实名制度。先后于2016年11月、2017年10月开展了同业账户管理、个人身份信息核实、个人银行账户、单位银行账户和特约商户实名制专项检查活动。多次召开个人账户清理整治工作协调会，督促辖内各金融机构对此项工作引起高度重视。针对农村金融网点人员账户管理水平较低的特点，举办乡镇网点骨干账户管理知识培训。四是开展个人账户核实情况进行“回头看”，进一步全面落实〔2016〕261 号文的要求。通过检查督促整改，对全县 9997 个无法核实的个人账户和 1475 个虚假个人账户进行止付处理，并终止其非柜面业务。

加强人民币反假工作。开展现金全额清分及冠字号码查询工作专项检查和人民币收付业务检查，实现各网点 207 台 ATM 机具冠字号码查询功能全覆盖。开展反假及钱币知识巡讲活动，对辖内金融机构现金业务人员进行识假、反假业务技能培训。建立反假工作监测站，定期召开反假工作联系会，针对辖内反假工作动态进行通报和交流。督促辖内金融机构加快对机具的更新力度，确保辨假、识假无“盲点”。

加大反洗钱工作力度。一是扩大非现场检查范围，对辖内 11 家保险公司及其营业网点开展非现场监管；二是开展反洗钱知识培训，提升金融机构从业人员反洗钱工作意识。

【全面狠抓内部管理 致力建设平安和谐支行】 狠抓意识形态工作。实行意识形态工作党组书记负责制，切实担起了意识形态工作的政治责任和领导责任，制定《汉寿支行意识形态工作方案》，建立阵地管理制度，将意识形态教育纳入中心组学习内容。支行在第一次中心组理论学习会议上学习习近平总书记关于意识形态的十个论述，观看金一楠《从百年沧桑到大国蹶起》的宣讲视频，并就支行如何贯彻落实意识形态的责任制度、创新基层意识形态的工作思路等进行了讨论。2017 年，党组中心组开展集中研学 6 次 12 天，集中理论学习的参学率和出勤率均达 100%。

狠抓主题教育活动。采取“四个”突出的工作举措，扎实抓好“两学一做”教育活动，推进党内学习教育从“关键少数”向广大党员拓展，从集中性教育向经常性教育延伸。一是突出组织领导，促安排部署到位。成立以党组书记为第一责任人的活动领导小组。制定《汉寿支行“两学一做”学习教育活动方案》；制定汉寿支行“两学一做”学习教育推进时间表；二是突出理论学习，促思想认识到位。坚持先学一步、深学一层的原则，采取集中辅导、个人自学、党课教育等方式增强学习效果，党支部书记以“增强四个意识坚持四个始终”为题为支行全员上党课，组织员工认真学习中共十九大报告精神，联合驻点扶贫村党支部开展党日活动，现场为贫困户捐款 2000 元，支行党支部书记以“不忘初心牢记使命”为题解读中共十九大报告。在 11 月常德市中支举行的领导干部党纪党规知识竞赛活动中，支行 4 名班子成员扎实备赛，获得团体三等奖。三是突出榜样效应，促示范带动到位。组织党员参观帅孟奇故居，缅怀老一辈无产阶级革命家，重温入党誓词，抒发爱党、爱国、爱央行的情怀。推荐评选出 2 名优秀共产党员，1 名优秀基层党务工作者，为支行党员树立学赶目标。四是突出学做结合，促学习效果到位。继续开展“读好一本书，写好一篇心得”活动，鼓励干部职工多读经典，多读原著，多撰写心得体会。支部成员撰写调研文章 15 篇；开展扶贫、走访慰问 55 人次，帮助申请低保、残疾人救济、农村退休金等 3 户；捐赠助学、扶贫 26000 元。支行派出 7 人参加上级行的竞赛活动，均取得不错的成绩，解鑫亚作为中支选手参加全省金融稳定知识竞赛获团体三等奖。

狠抓党员管理。坚持“严”字当头，对党员干部进行规范化、制度化管理。一是严把党员“入口”关。认真执行《关于加强新形势下发展党员和党员管理工作的意见》文件精神，对入党积极分子按季听职思想汇报，对预备党员进行精心培养和严格考察，坚持“成熟一个，发展一个”，年内支部接受 2 名同志的入党申请书，对 1 名预备党员进行认真培训和严格考察。二是强化民主监督。支部以岗位责任制来明确工作职责，以公开承诺明确服务要求，以公示事务推行党务公开，进一步强化民主监督。推行责任制上墙制度，共公开各项岗位职责 15 项，张贴党员公开承诺书 14 份，开展党务公开 3 次。三是落实党内组织生活制度。坚持“三会一课”落到实处，2017 年，共召开党员大会 12 次，支委会 12 次，上党课 3 次，民主生活会 2 次。并经常性开展思想教育与交心谈心活动，行领导、股长与党员、员工交心谈心 40 人次。关心干部职工的思想动态，帮助解决职工子弟调动、就业等方面的困难和问题。

狠抓廉政建设。支行层层签订党风廉政建设责任书，定期组织行领导对落实“两个责任”进行自查，按季召开党风廉政建设分析会。组织全行党员和全行员工参加《中国共产党廉洁自律准则》和《中国共产党纪律处分条例》学习，让党规党纪进一步深入人心。关注干部职工廉洁自律情况，开展治理“红色名片”活动，杜绝违规赈酒，红白喜事，坚持事先报备、事后报告。组织“八小时以外”专项排查以及个人金融事项的上报，细查深挖存在的问题，排查率达 100%。针对排查出的问题，及时约谈处置。严格执行“三重一大”决策要求，积极发挥监督执纪问责功能。继续开展廉政文化进楼院活动，大力弘扬廉政文化，开展警示教育，营造了风清气正的浓厚氛围。

狠抓内控管理。对《支行接待管理办法》等 41 个制度进行重新修订，9 月份以行发文的形式印发全行执行，严格落实违反制度经济处罚制度。以开展“保卫工作标准化管理年”活动为契机，切实加强安全管理。投入资金近2万元，对支行监控设备进行改造升级。注重员工安全教育，聘请省消防总队的教官对员工进行消防技能培训，节假日前，均召开全行员工大会，对员工进行了安全教育，形成安全意识常态化。加强财务管理，认真落实中央八项规定精神，组织大家认真学习关于永兴支行违规违纪案件的通报，对照开展自查自纠，积极整改存在的问题。定期开展安全隐患排查。及时发现风险苗头，落实整改措施，夯实了安全基础。（戴恩会）

中国银行汉寿支行

【概况】 中国银行股份有限公司汉寿支行成立于1992年，现有员工39人，辖3个营业机构。近几年来，支行借汉寿县委县政府经济建设的东风，大力开拓业务，支持地方经济，取得了良好的经济效益和社会效益，在扶贫助贫、支持农开等方面迈出了有力的步伐。汉寿支行注重业务和内控均衡发展，以“担当社会责任，做最好的银行”为目标，全行员工齐心协力，奋力拼搏，为建设美丽汉寿做出自己最大的贡献。截至2017年年末，该行核心存款时点余额为20.4亿元，比年初新增3.9亿元，增幅23.6%。其中，储蓄存款新增1.3亿元，完成市分行考核任务的103%；公司存款时点新增2.6亿元，完成市分行考核任务的438%。各项贷款总额为5.8亿元，比年初增加1.9亿元，增幅48.7%。其中零售贷款余额43772万元，比年初新增17167万元，增幅64.5%，全辖第一。实现计费净收入3809万元，比上年增加324万元，增幅9.3%，完成市行考核任务的104.82%，实现拨备前利润2899万元，实现净利润1921万元，全辖利润贡献度11%。（欧阳照熙）

农业银行汉寿支行

【概况】 2017年，汉寿县支行继续以“调结构、谋转型、打基础”为重心，通过党建引领，强化“二个责任”，实现了全行业务的稳健持续发展，基础管理工作的逐步夯实。截至2017年年末，汉寿县支行有在职员工116名，有8个对外营业机构，5个内设机构。

【夯基础 调结构 谋转型 实现主体业务持续良性发展目标】 2017年，汉寿支行党委带领全行116名员工按照支行既定的发展蓝图，以抓铁留痕的毅力，攻坚克难，取得主体业务持续向好，综合绩效考核全市第二，省分行穿透式考核B类板块第一的好成绩。一是负债业务增长超历史。截至12月末，全行各项存款余额47.3亿元，较年初净增6.1亿元，较上年同期多增3亿元，各项存款日均增长8亿元，增幅超历史新高，贡献度位列全市首位。二是资产业务增长超历史。截至12月末，该行贷款余额达9.7亿元，较年初净增4.2亿元，较上年同期多增4.2亿元，增幅为100%，存贷比由年初的13%，提升到年末的21%，提升9个百分点，当年新增存贷比达67%，创历史新高。三是创收能力超历史。截至12月末，该行实现账面利润7680万元。

【服务民生 支持实体 主动融入滨湖强县建设】 多方举措服务民生。2017年，一是率先成功开通网上银行、掌上银行、自助终端等渠道代收天然气缴费项目、方便全县近3万户足不出户缴纳燃气费。二是率先实现网上跨行代发社保工资，为全县近1.2万余户实现跨行代发工资，极大地方便退休人员工资发放。三是增设渠道方便客户办理业务。对已布放的近600余台惠农机具进行升级改造，新布放POS机近400余台，解决农民足不出村办理金融服务业务。在现有8个对外营业网点的基础上，还在大杨镇、青水湖校区设立离行式自助银行2个，在高新区、西湖管理区在建离行式自助银行2个，极大地解决居民就地办理金融业务的需求。四是创建条件全力参与精准扶贫。支行派一名员工到扶贫点丰家铺杨柳村专职扶贫，为他们提供政策宣讲、脱贫技术支持和脱贫资金扶持。五是全力支持县域经济。全年净投放信贷资金4.2亿元，累计投放近10亿元，重点支持县城提质改造、棚改、居民购房等民生项目；支持康利来、三维农资、中汉高科等实体经济；支持华诚蔬菜、汉美蔬菜等新型农业产业；支持太子庙高速路口提质改造等交通设施建设项目；支持粮食、鱼、牲猪等种养殖农户；支持贫困农户脱贫。

【深化转型 全方位服务于客户】 2017年，汉寿支行在全行开展深化网点转型工作，花巨资改善客户道到网点办理业务条件。在营业网点设立业务分区，增设自助设备渠道，尽最大可能满足不同客户需求，减少客户办理业务的等候时间。走出去服务市场、服务客户，先后与银阳汽贸、华润汽贸合作，成功举办二场汽车节，为培育汉寿汽车销售市场，为客户提供全方位服务汉寿农行做了大量工作。

【强化党建 确保2017年无事故】 2017年，汉寿支行持续推进“两学一做”学习教育活动，认真落实基层党支部建设，强力推动“三线一网格”管理模式，积极参与县城文明创建等活动，员工行为管理更加规范，实现全年无上访事件，无违规违纪违法事件，无安全责任事故，无新闻媒体负面报道。

（刘利民）

农业发展银行汉寿支行

【概况】 2017 年，汉寿支行全面落实年初支行行长会议精神，以党建工作统领全局，服务脱贫攻坚，加强风险防控，狠抓作风建设，全行上下精神面貌焕然一新，业务经营实现提质增效。存款余额创新高。全行各项存款余额 14.48 亿元，比年初增加 4.45 亿元，增幅 44.4%；日均存款 12.96 亿元，比年初增加 7.71 亿元，增幅 147.16%，高于全市平均水平 105%；创历史新高。贷款投放、余额创新高。全年投放各项贷款 11.5 亿元，贷款余额 20.94 亿元，比年初增加 7.56 亿元，增幅 56.5%，高于全市平均水平 33%，中长期贷款占比 72.6%，创历史新高。认定扶贫贷款客户 6 家，扶贫贷款余额 7.66 亿元，占比 36.6%。账面利润创新高。年末账面利润 5417 万元，同比增加 3520 万元，增幅 185.56%。员工工作作风明显改善。2017 年，该行努力抓党建，带队伍，构建党建工作新格局，全行上下窗明几净、风清气正，正能量不断积聚，全体员工“四个意识”明显增强，工作作风明显改善。

【守主业 促发展】 一是抓好“立行之本”，坚定不移做稳粮食收储工作。督促企业轮出省级储备粮 23500 吨，收回储备贷款 4858 万元；发放省、县级储备贷款 6654 万元，支持储备粮食 34500 吨，发放粮食购销流贷款 2550 万元，支持收购粮食 9550 吨，发放粮食收购贷款 680 万元，支持收购粮食 2576 吨，同时全力做好托市粮的监管工作，确保了国家粮食政策的顺利实施。二是精准发力，全力服务地方脱贫攻坚。以省分行开展的“春天行动”为契机，大力对接精准扶贫项目贷款，成功营销 3 个项目进入该行的项目库，分别为：沿江北路、宝塔河棚户区改造 5 亿元、三堤两港、沧浪河棚户区改造 5 亿元、汉寿县 6 号大道连接线建设项目 1.5 亿元。其中 1 个棚户区改造项目 5 亿元已于 10 月 30 日完成投放，另一个棚户区改造项目 5 亿元已完成省分行调查，道路建设 1.5 亿元正在抓紧申报资料。同时于年初成功投放棚户区改造贷款 3 亿元、土地流转贷款 5000 万元。三是审慎支持自营性业务，保证续贷资金的有序供应。支行本着“一企一策”的原则对信贷企业制定不同的客户维护方案，提前做好老客户正常续贷工作，已完成 7 家老客户续贷工作，金额 30684 万元。四是加快重点建设基金的投放进度。近几年，该行累计发放 3.54 亿元建设基金，截至 2017 年年底，支付 14459 万元，提前收回 5000 万元，支付比例 47.6%。基金投放领域涵盖高标准农田建设、河道污染综合治理、水利建设、棚户区改造等方面。

【重维护 强基础】 一是认真做好重点维护类客户的维护工作。针对重点维护客户——湖南广源麻业有限公司，对照维护方案，逐项落实工作，取得一些成效：一是 2017 年共收回贷款 650 万元，贸易融资 1433 万元，偿还利息 1019 万元，未再出现利息逾期；二是新增抵押资产。通过资产清查，该公司新增担保额度 325 万元；三是针对企业流动资金严重不足的现状，该行与企业一起多方寻找合作伙伴，通过多方联系，已联系一家拟合作企业，双方正在进一步洽谈具体合作事宜。全年企业风险得到有效缓释。二是做好后续难实施项目的资金收回工作。该行于 2015 年、2016 年投放了沧浪河城市防洪生态治理贷款及基金 1.5 亿元，由于该项目建设内容出现大的调整，难以继续实施，该行多次向政府主要领导汇报，11 月 2 日政府召开县长办公会议，专题研究关于提前归还项目贷款及基金的相关事宜，于 11 月 15 日提前收回该笔贷款及基金 1.5 亿元。三是以“贷后管理年回头看”活动为契机，强化信贷基础管理。根据“贷后管理年回头看”活动要求，组织信贷人员先后对所有信贷企业的各环节进行全面自查，同时迎接上级行的各项检查，针对发现的问题，狠抓问题整改，对无法整改的问题，举一反三，坚决杜绝同类问题再发生。四是强化财务会计基础管理，锁住业务“零”差错。该行狠抓柜面监督，严格内控管理，规范各项财务费用开支，各项业务办理得到进一步规范。

【增效益 抓案防】 一是树立“存款增效”理念，加大存款营销力度。该行以上级行开展的“春天行动”为契机，多措并举抓存款，在强化信贷监管稳定对公存款的基础上，成功营销到 4 笔计 9000 万元财政定期存款，切实发挥稳存增效的作用。二是抓案防管理，实现“四无”目标。认真贯彻落实市分行纪检监察会议精神，层层签订责任书，层层落实责任，同时加强支行纪检组长的监督责任，定期开展各类排查和安全教育，确保“四无”目标的实现。

【抓党建 带队伍】 一是以“党建工作基础建设年”活动为契机，构建党建工作新格局。一是强化组织保障，明确支部书记为党建工作“第一责任人”，落实班子成员“一岗双责”，逐条落实《党建工作责任清单》。二是高标准建设支行党建活动室，确保党支部“有场所、有设施、有标志、有党旗、有氛围”。三是规范学习教育。完善“两会一课”制度，切实提升基层党组织的战斗堡垒作用。二是抓实“作风纪律教育整顿活动”，切实促进干部队伍作风转变。该行严格按照市分行的活动部署，通过强化学习教育，认真自查自纠，互相查摆问题，建立问题整改台账，督促整改到位等环节的认真开展，全体员工“四个意识”明显增强，正能量不断积聚，工作作风明显改善。

（何 燕）

建设银行汉寿支行

【概况】 2017年，中国建设银行汉寿支行在汉寿县委、县政府的大力支持下，全行员工同心协力，奉献奋进，各项任务和指标节节攀升，内控合规建设取得长足的进步。遵循“构建和谐团队，办出优质银行”的工作思路，致力构造“和谐、团结、奋进”的良好氛围，在机遇和挑战并存的环境下，抢抓机遇，迎难而上，取得很好的成绩。

截至2017年年末，全口径存款时点余额为22.2亿元，比年初新增2.07亿元。其中，对公存款7.1亿元，较年初新增0.69亿元；储蓄存款15.1亿元，较年初新增1.39亿元。各项贷款余额为5.93亿元，比年初新增2.07亿元。创造利润3723万元。

【服务】 用心服务，用爱经营。建行汉寿支行实行“7+7”规范化礼仪服务，推出了个人业务限时服务，推行文明用语，最先在同行业开展网点转型升级，变被动核算型服务为主动营销型服务网点。支行获得了湖南省分行授予的“南大五星级服务型网点”，湖南省银行业协会授予的“文明规范服务示范单位”等光荣称号。

【文化】 以人为本，构建和谐。建行汉寿支行近年来在全行员工的共同努力下，取得很多荣誉。支行工会被市总工会授予“常德市模范职工之家”；支行被市文明办评为“市级文明单位”，被省行授予“省分行级文明单位”“平安建行”。这些光荣的牌匾，凝聚了厚重的建行企业文化。支行为教育助学捐款，开展精准扶贫捐助，为弱势群体募捐，开展一日捐等，都是支行积极履行企业社会责任的真实写照。

【发展】 拓展业务，完善功能。建行汉寿支行除经办传统的人民币、外币存贷款结算业务以外，还推出金湘通、小微快贷、善融商务、助农POS、龙支付、助业贷款、速贷通、分期业务等新产品，继续推广个人住房按揭贷款、汽车消费贷款、基金买卖、理财业务、电子银行、代发工资等。支行已经构建以资产、负债业务为主体，中间业务为补充的多元化服务体系。

（帅承媛）

工商银行汉寿支行

【概况】 中国工商银行汉寿支行位于汉寿县龙阳街道芙蓉路与辰阳南路交汇处。2017年，在上级行党委带领和地方政府大力支持下，工行以支持地方经济发展为己任，促进政银企共赢；秉承“工于至诚、行以至远”的价值观，瞄准市场抓业务、狠抓内部强管理，以优质的服务赢得客户，取得了良好的业绩。

2017年，中国工商银行汉寿支行各项存款6.6亿元，各项贷款8.4亿元，实现中间业务收入600万元，人均创利达百余万元。近年来，支行先后被评为总行工会先进职工之家、湖南省分行先进单位、“感动湖南工行”先进单位、省分行精神文明先进单位等荣誉称号。

【业务发展纪实】 2017年，面对存款市场四面楚歌，该行班子迎难而进，认真落实上级行存款立行的战略，瞄准重点客户、潜力客户广体站、深挖潜，加大营销与维护力度，使存款增长再露锋芒。为拓宽市场，培植增效潜力，该行以中小企业、专业市场、个人消费、住房按揭市场为依托，抓大不放小，不断提升服务客户、回馈客户的综合服务水平。累计发放各项贷款2.69亿元，贷款余额达8.4亿元，形成了规模效应，资产业务驶入快车道。

该行始终把转型经营作为兴行之路，坚持以结构优化提升中间业务收入的盈利能力，以产品营销和业务创新动力，以提高竞争力为主线，多点入手推动中间业务强势增长。到年末，实现中间业务收入600万元，取得良好的成效。

（胡绪娟）

邮政储蓄银行汉寿支行

【概况】 2017年，中国邮政储蓄银行汉寿支行在县委、县政府的支持及县人民银行的指导下，认真总结自身业务发展情况，紧紧围绕中共十九大报告精神，落实县委、县政府关于振兴发展县域经济，加快建设步伐的战略部署，坚持稳中求进总基调，坚持提质增效，践行“服务三农发展，服务中小企业”的市场定位，严控风险，立足党建，强化营销，攻坚克难，努力服务于县域经济，各项业务发展稳健。支行在2017年被全市评为先进基层支行工会，2016年支行还分别荣获市分行“授信管理先进单位”“零售信贷先进单位”“风险管理先进单位”“公司业务先进单位”“会计与营运工作先进单位”“安全管理责任先进单位”“法律合规先进单位”等荣誉。

【人员情况】 共有在职职工48人，退休职工4人。其中，正式工42人，劳务工6人;大专及本科学历员工46名，占总人数的95.8%，支行人员平均年龄38岁，其中30岁（含30岁）以下员工18名、30至40岁员工4名，40岁以上员工26名。目前40岁以上的占54%，占全行人员的一半以上。

【网点情况】 自营网点3个，代理网点18个，共21个网点；其中县城网点5个，乡镇网点16个。2017年，支行“职工之家”创新升级，配备职工食堂，职工宿舍、户外乒乓球桌、篮球架、健身器材等一系列活动用具，创建了“荣誉室”“娱乐室”。

【业务发展】 截至2017年12月底，支行零售信贷结余金额55563万元，全县期末余额342213万元，年度累计增长44229万元，活期存款余额为149454万元，其中自营网点的期末余额为51660万元，年度累计增长3230万元，活期余额24593万元。

【平台搭建】 一是搭建风险防控平安无忧的平台。从重点工作、重点环节入手，排查风险点，制定实施方案、强化监督管理，保证了风险的有效防范、控制和化解，使支行呈现合规、稳健的经营局面。二是搭建管理支撑强健有力的平台。支行组织员工思想动态分析与行为排查工作，通过观察、谈话、会议分析、家访、客户回访等方式了解掌握每位员工思想动态和行为变化。同时经常与每位员工进行交流，进行“双十禁”、思想道德、合规操作与案例警示等教育，并畅通沟通渠道，对信贷人员进行重点排查，对关键岗位员工进行抽查，通过层层筛查，未发现任何违规行为，有效防范风险，合规得以保障。支行紧紧围绕案防工作目标，坚持以防为主，以查促防的指导思想，加强队伍建设，强化合规意识，“一把手”负总责，亲自过问、主动协调、直接参与，并逐一分解细化整改措施，逐项明确牵头、形成了各部室齐抓共管、全行整体联动的格局，营造了“安全为集体，人人保安全”的良好氛围，有效地遏制各类案件和重大违纪违规问题的发生。三是搭建党建引领力促发展的平台。2017年，该行以“围绕发展抓党建、抓好党建促发展”为主线，以中共十九大精神为指导，认真开展服务型党组织创建工作，改进机关作风扎实抓好党建工作，学习中共十九大精神、学习缪伯英、学习李国华董事长《在加强和改进总部机关作风建设专题活动推进会议上的讲话》等内容；组织党员观看警示教育片、“榜样”专题片、“习近平的成长之路”宣传片等，学习优秀党员的先进事迹，树立对党忠诚、牢记宗旨、无私奉献、笃定理想的信念，体现公仆本色；四是落实精准扶贫攻坚，支行全体党员在龙潭桥长茂岭乡开展扶贫工作，党员同志逐一对贫困户进行上门走访，现场捐款捐物奉献爱心，支持帮助一批贫困党员带动贫困群众脱贫致富，2017年，汉寿支行党员同志下乡参加扶贫工作近30次，捐款捐物近5000元；五是爱心助学支持强县教育建设，2017年支行发动员工积极进行教育捐赠16700元。

（王军明）

汉寿农村商业银行

【概况】 汉寿农村商业银行是在“汉寿县农村信用合作联社”的基础上改制组建的汉寿县第一家地方性股份制商业银行。自1951年全县第一家信用社成立以来，业务规模由小变大，资金实力由弱到强，服务网点遍布城乡。2016年5月30日，汉寿农村商业银行正式挂牌开业。作为“汉寿人民自己的银行”，改制后的汉寿农村商业银行继续秉承“服务三农、服务小微、服务地方经济发展”的市场定位，狠抓规范经营，夯实基础管理，强化风险防控，加快服务创新和业务转型，实现稳健发展，切实打造“汉寿人民自己的银行”。截至2017年年末，全行各项存款余额801827万元，较年初净增126457万元；各项贷款余额378563万元，较年初净增62664万元。存、贷总量居全县金融机构首位。

【党建工作】 切实加强党建工作，积极推动党员履职。认真传达学习中共十九大精神，制定专门方案，召开专门会议，集中学“报告”，强化党建引领，学习宣传贯彻中共十九大精神，以党建带动业务发展。深入推进“两学一做”常态化制度化，出台《“两学一做”学习教育常态化制度化的实施方案》等文件，进一步明确目标要求，细化工作要点，落实学习规划，确保学习教育“落地生根”。认真落实党内基本组织生活制度，按要求开展“三会一课”，党委班子、支部书记带头讲党课，召开党委理论学习中心组学习，做好入党积极分子考察、预备党员转正工作及党员民主评议等。开展丰富多彩的党内活动，创新主题党日活动，如扎实推进抓党建促金融扶贫，开展结对帮扶；组织党员参观帅孟奇故居，重温入党誓词，缅怀革命先烈；集中组织观看电视专题片《巡视利剑》、《将改革进行到底》等；开展党员慰问活动等。开展党风廉政建设，严格履行责任，多措并举从严管控员工行为。

【特色信贷】 实行“阳光信贷”，公开准入条件、业务流程、服务承诺；推行“限时办结制度”，简化信贷流程，缩短审批环节，对优质客户开辟信贷“绿色通道”；对扶贫以及专业合作社等“三农”特色贷款给予“利率优惠”，创新推出“收费权质押”“特许经营权抵押”“存货质押”等信贷产品，打通小微企业的融资“瓶颈”；针对商户流动资金需求急，无抵押、时间短、资金回笼快的特点，以商户未来经营收入设定质押担保，根据商户近两年经营现金流对其进行评级授信，开办商户流动资金便民卡；针对公务员收入稳定、有一定消费需求的特点，以公职人员未来工资收入设定质押担保，根据公职人员行政实职级别和剩余工作年限综合给予授信，开办公务员消费贷款便民卡。

【金融扶贫】 紧扣精准扶贫政策，以责任和担当扎实推进金融产业扶贫工作。对符合条件的贫困农户和扶贫经济组织上门调查，优先受理、优先审批、优先发放。2017年，以支持“贫困农户自主创业”为主要模式，带动“造血式”扶贫；同时采取“委托帮扶”的模式，带动脱贫致富。截至2017年年末，已对全县15737户贫困农户进行评级，评级面100%，对13258户贫困农户进行授信，授信总额41958.6万元，授信面84.25%；已累计为县内3596户贫困农户发放扶贫贷款15114.3万元。2017年发放扶贫贷款1810户、金额6399.1万元(含西湖)。建成金融扶贫服务站28家，提前完成3年建站目标。

【公益活动】 积极响应国家“扶贫”政策，为县毛家滩回维乡敬老院捐赠“敬老爱心基金”240万元，用于改善孤寡老人的住房条件、生活条件；组建“青年志愿者服务队”，开展为老人们搬新家、迎新春、过寿辰、欢度重阳、携手县级医院医务工作者开展免费义诊、携手爱心餐厅为老人进行“美食烹饪”、携手县义工联和银水湖红歌演唱团开展“敬老演出”等一系列心连心的服务，用真心、真情关爱孤寡老人，并拍摄“关爱孤老”专题纪录片《新家》，呼吁社会关注、关心弱势群体。此外，积极参加汉寿县“精准扶贫 慈善助学 大爱汉寿 温情六一”大型公益活动、教育捐赠、贫困户结对帮扶、义务献血等，主动履行社会责任。

【内涵建设】 支持员工发展。强化用人导向，对进城进机关员工公开竞聘，对干部提拔实行民主推荐，进行德、能、勤、绩、廉等全方位的考察。强化培训力度。全年开展各类培训34期，参训人员1242人次，培训内容覆盖信贷法律风险识别与防范、会计实务、电银业务、资金业务、反洗钱、消防安全、档案管理、内控知识等。丰富各类活动。通过推进“五小”建设、开展业务技能比武、气排球赛、登山拔河赛、体验农时、青年联谊、“周年庆”献礼等活动，为员工提供成长成才平台；持续开展“访客户、问需求、优服务”主题活动，并在系统内开展反洗钱、征信知识、金融科技、打击非法集资、防范网络诈骗、金融精准扶贫等金融知识普及教育宣传活动，为客户提供“零距离”的服务。 （谢燕飞）

华融湘江银行汉寿支行

【概况】 华融湘江银行股份有限公司（简称华融湘江银行）成立于2010年10月，是一家由中国华融资产管理股份有限公司注资并控股，依法合并新设的股份制商业银行，总行设在湖南长沙。成立以来，华融湘江银行依托湖南经济繁荣发展的大好形势和中国华融的综合优势，坚持质量、效益、规模协调发展，着力实施“人才兴行、服务立行、科技强行”战略，始终弘扬“稳健、创新、和谐、发展”的企业文化，始终遵循以“客户为中心”的宗旨，努力为广大客户提供更优质的金融服务，实现科学可持续发展。

【市场】 华融湘江银行以服务湖南两型社会建设为基本出发点，立足湖南、依靠湖南、服务湖南、支持湖南。致力于服务地方经济，服务中小企业、服务湘江百姓。在“小、精、转、新、特”上做文章。“小”是“小银行、小项目、小客户、小企业、小产品”；“精”是“精品银行、精心运作、精确定位、精干队伍”；“专”是“专业银行、专注业务、专心干事、专门团队”；“新”是“新银行、新目标、新机制、新利润、新发展”；“特”是“特色银行、特色经营、特色产品、特色定位”。

【发展】 计划利用5年时间，把华融湘江银行建设成为一家立足湖南、辐射全国、符合监管要求、治理结构完善、经营管理规范、风险管控有力、经营业绩一流、具有较强核心竞争力和品牌价值的现代商业银行，并力争上市，为股东创造价值，为社会创造价值，为员工创造价值，真正实现华融湘江银行“湘融 通天下”的品牌理念，“融资、融智、融湘江，通汇、通达、通天下”。银行已制定“五年三步走”发展战略规划，即2010—2015年发展规划。华融湘江计划分三步走，2010—2011年为整合转型、坐实基础阶段；2012—2013年巩固提升、加快发展阶段；2014—2015年为全面赶超、实现上市阶段。

【经营】 华融湘江银行注册资本人民币61.61亿元，其中中国华融占50.98%，在湖南省14个市州设立分行，营业网点189个，布放自助服务终端设备679台，形成覆盖全省的业务网络，还发起设立湘乡市村镇银行。华融湘江银行常德分行是华融湘江银行下设一级分行，自成立以来，其各项业务快速发展。截至2017年12月31日，汉寿支行在常德分行党委班子的正确领导下，各项存款10亿元，较年初新增3亿元，县内新增排名第二，其中零售存款4.2亿元，较年初新增1.6亿元。

【服务】 汉寿县棚户区改造工程是市级重点项目，2017年到2019年总投资30亿元，国家开发银行是汉寿县棚改贷款资金唯一监管银行。国开行高度认可与汉寿县支行的合作方式，并积极推广同业合作的“汉寿模式”。春节前，汉寿县委书记杨昶到支行慰问员工时，高度赞扬华融湘江银行为服务地方经济、做好棚改代发付出的辛勤努力。

（李宇芳）

城市建设与投融资

【概述】 汉寿县金诚城市建设投资经营有限公司是经县人民政府批准，于2004年4月依法成立的国有独资企业。2017年7月，经县政府同意，吸纳中国农发重点建设基金有限公司项目基金投资入股，完成股权变更，注册资本11.9亿元，股权持有比例为汉寿县金诚城市建设投资经营有限公司84.03%，中国农发重点建设基金有限公司15.93%，系国有控股公司。公司设董事会和监事会，董事长为法定代表人，内设综合部、财务部、融资部、工程建设协调部、开发经营部5个部室，下辖11家子公司。在岗员工28名。公司主要从事城建项目投资开发、房地产开发；园林绿化；法律、行政法规、政策允许的土地、农业、林业、水利建设投资与开发、经营；城镇建设咨询服务（以上经营项目国家有专项规定的按规定执行）。

【工程建设】 2017年，公司共实施县城基础设施建设项目11个，分别为龙珠湖公园、净心公园、纬十五路、纬十九路、神庙路一期、滨湖路、沧浪东路改造、小南门渔场安置小区二期、八角西路、荆楚路等项目。其中龙珠湖公园、净心公园、纬十五路、纬十九路、神庙路一期、滨湖路、沧浪东路改造等8个项目当年开工，当年竣工，完成工程投资3.26亿元。小南门渔场安置小区二期、八角西路、荆楚路等3个项目完成前期工作。

【项目融资】 2017年，公司以基础设施项目建设贷款签订10份融资协议。融资总额18.44亿元：国家开发银行3.8亿元、农业银行3亿元、工商银行1亿元、长沙银行2亿元、华融湘江银行4.9亿元、两型基金2亿元、农商行0.24亿元、融资租赁1.5亿元。到位资金17.97亿元，共投入13个县级重点工程和重大项目，为城市基础设施建设提供了有力的资金保障。

【城市经营】 2017年，公司行使政府公共资源特许经营权与股金投资自主经营权，全年完成经营收益547.71万元，其中广告、公园场地、门面租赁等经营收入97.71万元；投资入股地方商业银行5650元，其中入股村镇银行250万元，入股农商银行5400万元，股金分红收益为450万元。

（黎淑荣）

高新投资开发

【概况】 汉寿县高新投资开发有限公司成立于2016年11月18日，注册资本12亿元，总资产约19亿元。公司设董事会、监事会，董事长为法定代表人。内设综合部、融资财务部、工程技术部3个部室，下辖通和园投子公司，现有员工9名。

公司主营业务包括园区、城乡基础设施建设投资、园区绿化、土地平整与开发、不动产租赁、房地产开发经营、水利建设投资与开发，高新技术引进和开发等。

【融资】 2017年，公司完成授信审批贷款达3.49亿元，包括湖南信托1.99亿元，工商银行1.5亿元。

【建设】 按照县委、县政府工作部署及园区项目建设目标任务，2017年，开工建设项目13个，投资总金额达7728万元，其中园区道路提质改造项目2个，即5号大道（高速口至麒麟路路段）、康普大道（洞庭大道至现有水泥路段）等项目；园区配套建设工程11个，即沃博特高塔亮化、羊奶冲村道及汉源食品土方平整等项目。

【经营】 2017年，公司在大力推进融资、建设工作的同时，不断提升公司“造血功能”，促使国有资产保值增值。一方面，引进深圳万厦世纪公司加强对中小企业创业园一期的物业专业化管理，大大提升服务水平，为创业园的招商引资工作起到极大的促进作用；另一方面，设立园区产业投资发展基金，不断促进园区优势企业做大做强。通过基金方式投资康普药业19.243%股份，现已在交易所挂牌。

【党建】 按照县委党建工作统一部署，在县国资中心的大力支持和指导下，高新投党支部于2017年10月11日正式成立，支部现有党员7名，其中预备党员1名，35岁以下党员3名，全部具有本科以上学历，董事长戴金辉兼任支部书记。2017年，公司坚决拥护党对国有企业的领导，积极开展一系列党建活动，在工作中求真务实，认真履责，切实强化公司精细化管理。

（丁　浩）

农业投资开发

【概况】 汉寿县现代农业投资开发有限公司前身是汉寿县龙禹水利建设投资有限责任公司,2013年7月成立,2016年11月实施变更登记，由汉寿县人民政府委托汉寿县国有资产监督管理中心全额出资组建，注册资本10.1亿元，是一家直属汉寿县人民政府的国有独资公司，现设工程、财务、综合3部，包括总经理、副总经理在内共有人员8名。公司集“融资、建设、经营、偿债”于一体,以服务“打开沅澧大门，建设大湖强县”为中心，以“发展现代农业、建设现代水网、打造现代强企”为己任，以“资源、资产、资本”的协调联动为主线，依托资本运营和实体经营的“双轮驱动”，引导信贷资金、社会资源向现代农业、现代水利集聚，通河湖库渠，建美丽乡村，活三农市场，全力推动汉寿由传统农业大县加速向新型工业强县转型。

公司经营四大板块：以农田基础、水利设施为主的项目建设板块；以合作投资、入股分红为主的资本运营板块；以批发交易、仓储物流为主的市场经营板块；以品牌专营、特许经营为主的资源开发板块。

【项目推进有序】 一是总投资7亿元的两市场一中心项目。完成项目选址、可研编制、社会稳定风险评估报告、项目立项等工作，正在开展实物量调查和安置小区新建工作。同时，启动了发行项目收益债，实施该项目的3P实施方案评审;二是总投资4.05亿元的城乡安全饮水巩固提升工程。8月份接受任务以来，完成了资产评估、新厂选址等相关工作；三是砂石码头堆场标准化建设项目。在接到县委、县政府的工作任务后短短20天内，已完成11处沙石堆场的选址踏勘、测绘设计、勘界定桩、资产评估等工作。所有沙场均已开工；四是华大基因循环水养殖项目。变更技术合作方后，基地建设已完成，设施设备采购已实施，预计年内完成投资370万元，农历年前可投入运营；五是引进光伏农场项目。公司和中晖光伏合作转包土地1826亩，在崔家桥打造光伏立体农业产业示范园，已签署合作协议，正在做策划、规划。

【融资跟进有力】 目前已达成融资协议额3.828亿元，已到账额8180万元。

（肖广锋）

人保财险汉寿支公司

【概况】 2017年9月25日，人保财险汉寿支公司正式搬迁至龙阳大道财富金融广场新办公楼。办公建筑面积902平方米，拥有专业查勘车辆4台。截至2017年12月底，汉寿支公司设立经理室、车商团队、商非团队、农险团队、续保团队、综合团队科等6个部门。与公司签订劳动合同用工17人（不含理赔分部6人）。新农村网点的建设覆盖全县所有乡村。为方便群众，在交警车管大厅设立摩托车保险“一站式服务窗口”。

【经营情况】 2017年，实现考核保费收入7630万元，增速24.44%，市场增速比1.08；实现考核利润1162.39万元，计划完成率109.56%；保费收入增长率为24.44%;综合成本率为83.5%。

【主要工作】 2017年，公司多措并举，扭转了车险发展不利局面。由于受市场环境及历史因素影响，近几年汉寿支公司车险业务发展缓慢。2017年，按照上级公司关于车险“2568”发展模式，结合汉寿区域市场实际情况，支公司制定出一系列工作举措：一是加强对重点渠道和大型车队客户关系的维护，配置专属的客户经理，完善服务体系，增强客户满意度。二是加强车险业务的过程管控，提前下发“教师节”“双十一”“双十二”等重要活动营销方案，大力竞抢车险业务。三是依托农网渠道，深耕乡镇车险蓝海市场，充分发挥网络优势，年内，太子庙、蒋家嘴、洲口三个营销服务部共计完成车险保费1844.41万元。2017年三季度，汉寿支公司成为全市唯一一家车险保费任务全部完成的支公司，全年完成车险保费3157万元，净增720万，增速23.25%，市场增速比1.94。

积极营销政府，推进政策性保险业务稳定发展。2017年，农险存量业务稳定，颗粒归仓，新增农险巨灾保险195万，农险保费净增462万。抓住政策机遇，融入政府服务民生大局，取得政府支持，成功签订扶贫特惠保182万、全县农房统保97万、农房巨灾保险196万，合计保费375万。大力发掘政府自身保险需求，提供优质的保险服务，灌输保险理念，承保乡镇干部责任险和意外险，收取保费33万元。

提升员工幸福感，增强团队战斗力。提升员工工作技能，借助晨夕会平台，使学习培训常态化，切实提升员工的工作技能；通过工会，组织团队活动，关心员工生活，提高团队的凝聚力与向心力。近一年来，通过各种竞赛活动、考核机制来激励员工，员工士气高涨，工作积极性增强。2017年,在全体员工共同努力下，公司经营业绩可谓硕果累累，提前一个月完成全年工作目标，得到上级公司多项表彰奖励。

（李美蓉）

中华联合财产保险股份有限公司汉寿支公司

【概况】 中华联合财产保险股份有限公司汉寿县支公司属国有企业，是中华财险的分支机构，是一家专业财险公司。

车险方面，公司承保了全县拖拉机保险，公交车、的士、客运车辆、货车、家用汽车保险等；非车险方面，承保全县乡镇城乡居民医疗保险、乡镇医院医责险、学校的学平险与校方责任险、银行的银保业务、企事业单位财产险、巨灾保险等；农险方面，在22个乡镇村开展“三农”服务工作，更好地服务于“三农”。

2017年，公司取得了显著业绩：完成保险收入4750多万，直接赔款3420万，代扣代缴车船税和缴纳其他税收近140万。公司严控风险、合规经营，市场信誉卓著。凭借丰富经验、突出优势、踏实做事、服务客户，在汉寿财险市场排名稳居第二。

支公司积极响应政府号召，全力配合政府工作，在各级政府、科局单位留下良好口碑。近三年来，该公司积极参与县委书记点上的脱贫攻坚扶贫工作，精准扶贫、率先垂范、真抓实干、全员行动，积极成立扶贫攻坚领导小组，多次深入走访贫困户，派专人驻村驻点开展工作，成功帮助12户贫困户脱贫。

支公司积极贯彻落实党中央、国务院的支农、惠农政策，深入推动财政补贴型农业保险的开展。全面铺设农业保险基层服务网点、由点到面、步步为营、层层深入、全面推进，扎实建成“以县农业保险办公室为平台、以乡镇农保办为依托、以乡镇农保专（兼）干和村级协保员为落脚点，实行保险公司和基层政府双重管理”的基层服务网络。公司承办的农业保险受到当地各级党委、政府的充分肯定和媒体、学界的高度关注。　（曹曾莉）

中国人寿保险股份有限公司汉寿支公司

【概况】 中国人寿保险（集团）公司，是国有特大型金融保险企业，总部设在北京，世界500强企业，世界品牌500强，国家副部级单位。

2017年，中国人寿汉寿支公司以科学发展观为指导，紧跟县委、县政府和上级公司战略部署，持续贯彻“放大格局，提升价值”的经营思路，高举团结、发展的大旗，巩固新型经营管理体系改革的成果，以基础管理为抓手，以转型升级为标准，实现三个渠道的协同推进，较好地完成年度各项经营指标。

【清晰定位 奋力拓展业务规模】 2017年，公司实现总保费收入20109.1万元，其中寿险首年新单保费1913.04万元；寿险首年期缴保费3974.7万元；10年期及以上首年期缴保费收入2420.98万元；续期保费收入12557.89万元；短期险保费收入1414.18万元。各项指标达成率在全市系统均处于靠前的位置，持续保持了汉寿支公司在全市系统的领先地位。

【协调发展 均衡推进三大渠道】 牢固把握发展核心。2017年三个业务渠道紧扣发展这一主题，持续加快发展速度，各项经营指标达成均取得了较好的效果。个险渠道，实现首年期交3413.35万元；实现10年期交2324.02万元，高出全市系统平均水平；季均主险举绩人力569人；月均增员率达20%。银保渠道，实现新单保费3399万元，其中期交保费560.04万元，理财经理队伍规模实现有效人力93人。团险渠道，实现短期险保费1012.26万元，实现短期意外险保费598.57万元。

基础管理常抓不懈。2017年，渠道以基础管理为依托持续提升专业化经营水平，渠道的发展后劲进一步夯实，成为推动发展的不竭动力。个险渠道以周单元经营为主线，常抓活动工具的规范使用，促进了队伍绩效的不断攀升。银保渠道坚持规范的早夕会经营，辅以主管提升班和爱心激励班，极大地增强队伍的凝聚力和战斗力，“511”活动日志的使用又促进队伍专业化经营水平的提高，客户经理人均产能达285万元，位居全市前列。团险渠道形成了较为规范的例会制度，工作日志的填写日趋规范，实现了由关系营销向专业营销的逐步转变。

市场竞争积极主动。2016年以来，同业公司加大对县域市场的拓展力度，市场竞争的形势日趋严峻。面临复杂多变的市场环境，公司经理室审时度势，紧盯市场，牢牢把握公司在本地市场的主导地位。银保渠道，作为抢占市场份额的主战场，通过积极主动的渠道维护，与各行局建立稳固的合作关系，新单保费市场份额逾35%，绝对值位居全市第2，处于行业绝对领先地位。“四行两邮”六个代理渠道新单市场份额有四条均位居第一。

【创新手段 不断拓宽经营路径】 近年来，上级公司为基层搭建了诸多平台，极大地促进了渠道业务的稳步发展。汉寿支公司认真领悟、积极作为，结合自身实际更新发展理念，创新发展举措，收获颇丰。个险渠道在开门红期间充分利用“专享会”这一有利的销售平台，集中精力抓好了期交业务的拓展，全年个险渠道共组织召开平台263场，邀约客户逾15000人，收取10年期保费2324万元，同时，还收获了公司、伙伴、市场等的多方共赢。团险渠道积极学习国家和上级公司相关政策，主动向本地政府和各职能部门汇报，在“新农合”“民生保险”等领域积极拓展，取得了初步效果，进一步为公司在本地市场赢得话语权。同时，加大对农信社渠道的维护，小额信贷效益险种快速发展，年度共达成小额信贷173万元,进入全省前30强。

【服务一线 大力提升管控水平】客服、综合管理部门积极配合销售部门搞好后勤保障及综合服务，一方面为业务发展搭建平台提供有力支撑，一方面严格合规经营管理，以绝销售误导之后患。综合部门,认真组织“杜绝非法集资”的专题学习，全员均签订了《承诺书》,组织销售队伍进行《诚信合规经营，拒绝销售误导》的专题培训和签订《承诺书》并完成“达标考试”,所有营销职场均建立“诚信墙”，设置了“荣誉栏”“警示栏”“公示栏”三大版块，正确引导销售队伍诚信合规经营，营造比、学、赶、帮氛围，达到共同进步健康发展之目的。综合部积极配合分公司综合、人力资源、监察、财务、教培等部门的中心工作，完成网络学习、风险预警、信用评估、财务预算、费用管控等，完成资讯上报、人力资源征文、内控合规征文（获省公司优秀作品），注重时效与稿件质量，符合中心与潮流。近年来，在多次接受总、省、市公司、总公司审计中心领导小组的严格审计与突击检查中，汉寿支公司都因有“发展与稳定并重，业务与管理齐飞”的经营理念作指导，为上级公司交上满意的答卷。在上年红利不高的情况下，综合、客服部门积极组织公司全员认真学习红利派发的相关专题，确保每一位员工面临客户上门咨询、有能力应对和处理各类突发事件，确保市场的和谐与稳定。近两年均被省、市公司授予“先进支公司”荣誉称号,被省公司授予“先进基层党组织”光荣称号。

【配合政府 协同发展地方经济】该司始终坚持“人民保险，服务于民”的原则，在地方政府的领导下，发展一方经济，保一方平安。近两年来，该司共解决地方富余劳动力就业600多位，年度赔款达776万元。助残、助教、扶贫等社会捐款6万元，向国家及地方纳税265万元。与此同时，公司还较好地配合地方政府搞好中心工作，在抗洪抢险的工作中，支公司受到县防指的通报表扬；在接受县社会治安综合治理的年度工作检查中，深得检查组领导的高度赞扬，并获得县委、县政府授予的“社会管理综合治理先进单位”称号；县计划生育工作年度检查获得“先进单位”荣誉称号；县卫生检查亦获优异成绩。年度获市、县工商局授予的“重合同守信用单位”光荣称号。被县总工会授予“目标管理先进单位”等。（张吉慧）

汉寿县住房公积金管理部

【概况】汉寿县住房公积金管理部位于汉寿县龙阳中路621号(武装部正对面)。下设综合管理办公室、归集窗口、贷款窗口、提取窗口等。现有干部、职工9人，设主任1名、副主任2名。

2017年以来，汉寿县住房公积金管理部在市中心的正确领导下，在县委、县政府的关心支持下，规范管理，狠抓落实，不断加大工作力度，制定完善便民举措，持续提升服务水平，确保全县住房公积金事业健康快速发展。

【运行情况】截至2017年11月31日，汉寿县住房公积金管理部共归集住房公积金26983.53万元，占年计划的84.48%。新增公积金开户缴存人数1400人，占年计划的175%。累计办理个人住房公积金提取业务18825.62万元，当前提取占比69.77%，其他提取375.1万元，占提取总额的2%。累计发放个人住房贷款18788.30万元，占年计划的92.55%；贷款逾期额为23万元，逾期率为0.031%。

【归集工作】该部根据年初制定的争取县委政府支持，督促缴存单位提标，着力非公企业扩面的归集工作思路，主要采取以下工作措施：一是进行调查摸底。对2016年度全县缴存情况和补缴情况进行全面清理，并要求各缴存单位按时足额缴存；二是通过积极向县委、县政府、县纪委、县委组织部以及县财政局、县法制办主要领导汇报，通过县长办公会和县委常委会研究将缴存基数一律不超过职工工资的3倍的缴交标准写入汉寿县人民政府关于规范各类津补贴文件下发到各缴存单位；三是积极开展政策宣传活动，按照中心部署，今年5月，份该部开展“三进”宣传活动，通过组织工作人员进楼盘、进社区、进企业向广大群众宣传有关住房公积金缴存、提取、贷款政策，介绍住房公积金具体办理程序，为现场群众答疑解惑，提供面对面的服务，发放资料600余份。管理部还采取多种措施宣传政策，扩大影响。管理部通过政府网站、QQ群、上门走访等多种方式将住房公积金缴存政策宣传到单位分管领导及财务负责人，覆盖面达100%；四是深挖归集潜力。年初加大对新建社区、非公企业的督缴力度。现已有新街社区居委会、南郊社区居委会和龙阳街道办事处开户缴存，全年新增缴存单位9家，新增公积金开户缴存人数1400人；五是积极化解矛盾。由于审计厅审计组指出的“违规缴存”问题，汉寿县各缴存单位2~3倍补缴已全面叫停。面对如此困境，管理部采取主动出击，消除影响，化解矛盾的策略，通过主动向县委、县政府、县纪委、县财政、县审计等主要领导汇报，各单位可将基本工资、津补贴、绩效工资、第13月工资以及奖励性工资等纳入住房公积金缴存基数，符合各级文件规定，我部利用主动当面汇报、意见回复、会议座谈等多种途径，向各级领导陈述该部意见，已将影响降到可以接受的范围之内。

【支取工作】 管理部严格按制度与程序审核提取业务，同时针对提取控比居高不下的形势，制定相应措施以及其他提取审批制度和防偏提处理措施，坚持按章办事、互相监督，加强对其他提取的控制力度以及对异地购房提取的审核强度。管理部在办事大厅显著位置张贴针对骗取套取的严正声明，在政策层面告知缴存户骗取套取的严重后果与处罚措施，对于异地购房提取不予立即办理，应先留存资料核实调查。9月中旬，该部针对虚开合同发票骗取套取住房公积金的行为开展专项行动，走访全县13家在售楼盘并对开发商送达告知函，以正式函告的方式告知各开发商虚开合同发票的法律责任和处理措施。通过规范提取，严格把关，先后查实5笔虚假购房资料，没收部分伪造资料，并对相关当事人进行批评教育。

【贷款工作】 在按进度发放贷款的基础上，合理安排贷款有序发放，尽可能满足广大缴存者的购房需求。强化贷前调查工作力度，精简和优化办事流程与程序，严格按照中心规定，收取贷款资料后一个月内将贷款发放到位，同时做好贷款政策的宣传解释工作。重新制定审贷会议制度，按照审贷资料的多少增加召开审贷会的次数。2017年，县住房公积金贷款工作平稳有序，无楼盘拒绝公积金贷款。针对8月逾期贷款高达21.48万的情况，部开展“逾期贷款重点整治”行动，成功回收3户，对于确定无法催收的刘某某等4户，已进入司法诉讼程序。

【优质服务】 管理部始终坚持“文明窗口展形象，优质服务树品牌”的服务方式，严格按照市中心有关要求，不断完善改进服务方式。一是每月组织全体干部重点学习市中心内网上的窗口服务考核情况通报，达到消灭问题防重犯，学习先进找差距的目的。二是做到人员定岗，责任到人，操作定型，服务定时，实现井然有序的工作效率。三是注重文明建设，积极开展创建省级“青年文明号”工作，已与市县两级团委对接，并已送交申报材料。窗口优质服务工作有明显提升。

【中心工作】 一是主题教育抓严抓实。管理部紧跟市中心“两学一做”学习教育的安排部署，全面落实“三会一课”制度，切实开展政治理论学习和党风廉政建设“两个责任”谈话工作，进一步提高管理部党员的党性修养。二是抓党建引领，形成战斗力。全面开展“学党章党规，学系列讲话，作合格党员”活动，加强党员教育管理，督促全体党员干部按时参加组织生活会，争做“四讲四有”合格党员。三是民调工作常抓不懈，8月份，在县委召开民调专题会议上得到县委书记的表扬。四是脱贫攻坚工作本年任务基本完成，扶贫资金到位，年初对贫困户的承诺已兑现。

【大事记】 12月16日，该部携手湖南省馨心公益组织在汉寿县人民政府七楼会议室隆重举行“情暖学子、心系希望”助学金发放仪式。湖南省馨心秘书长孙勇，汉寿县人民政府副县长余梅，常德市住房公积金中心党组书记、主任梅宏，副主任刘图强、陈雨晖出席了本次活动。仪式上，来自全县范围内的21名贫困学生收到了湖南馨心公益发放的助学金，共计29700元，并与支助人签订“一对一支助协议”，部分支助人还为贫困学生送来崭新的衣服和鞋子。（蔡　静）

教 育

综 述

截至2017年12月，全县共有中小学校、幼儿园192所，另有不计校数的小学教学点17个。其中普通高中4所（含十二年一贯制学校龙池实验中学），职业高中3所，成人中等专业学校1所，普通初中30所，小学55所，幼儿园99所。共有在校中小学生96001人（小学生44054人，初中学生18576人，高中学生9726人，职业高中学生2560人，幼儿园幼儿21085人）；职业高中非全日制学生5955人。共有教职工7250人，专任教师5934人，离退休人员3543人。教育局机关班子成员6名，股室站20个。

2017年，县委、县政府把“教育优先发展，提升教育竞争力”作为g该届县委、县政府十件大事之一，大力推进义务教育均衡发展，切实保障教育公平，汉寿教育各项工作均位列国家、省、市先进。其中，关工委工作受到教育部表彰，教育通联、学生资助、体卫艺等教育阳光服务、教育督导、内部审计、综治工作、仪电工作等获省市先进。

【办学条件】 2017年，获得中央、省“全面改薄”专项资金1887万元，继续实施薄弱学校改造工程。以教育两项督导评估为契机，争取财政投入3080万元，为48所农村中小学进行校舍维修改造和设施设备添置。继续为义务教育阶段学生免费配备8000套课桌椅。进一步改善农村寄宿制学校寄宿条件，投入125万元，为10所农村寄宿制中小学配备学生宿舍空气能热水设备11套。投入59万元，为部分农村中小学补充1000个铺位、2904个餐桌座位，全县各农村中小学均实现“一人一铺”，学生就餐有餐桌椅。投入资金340多万元，新建整体实验室，落实教学仪器配备，促进实验教学常态化。4月份，顺利迎接了市中小学实验室标准化建设示范学校验收。为积极应对城区学校不断增长的就学需求，有效化解大班额，县委、县人大、县政府、县政协多次对城区学校布局进行调研论证，制定了较为科学的全县中小学校布局方案。2017年，启动沧浪西湖小学、县二中、县詹中及龙阳小学提质改造建设项目，同时启动县一中迁建规划、征地等工作，到2020年，将全面完成新的学校布局。

【教育信息化】 投入371万元，对14所中小学校“班班通”、多媒体教室等进行新建或改造。投入324万元完成12所中小学校计算机云机房建设，配备云计算机596台。43所学校实现骨干光纤接入，6所学校实现教育城域网。“网络联校”试点工作开展顺利，偏远和薄弱学校同步共享县内优质教育教学资源。

【队伍管理】 加大招录力度。村级小学定岗招聘，创新引进外地汉寿籍教师，加大全日制硕士研究生等高层次人才补充力度，全年共新聘教师286名，其中90%以上分配到乡镇中小学校，有力保障了教师队伍的优质与均衡。加强农村学校后备师资储备，2017年定向培养免费师范生49名。完成各级各类培训8258人次。加强名师培养，推荐第十届特级教师候选人2名，评选汉寿县第一届学科带头人32名。大力推广语言文字工作，普通话迎省检结果居全省前列。评选表彰省级优秀教师1名、市级优秀教育工作者2名、市级优秀教师12名、市级“最美园丁”2名。通过层层选拔评选，10名优秀教师获评“帅孟奇教育突出贡献奖”，每人获得奖金3万元，召开大会隆重颁奖。评出“四个十佳”（十佳管理骨干、十佳师德标兵、十佳教学能手、十佳班主任）及优秀班主任，评选表彰优秀教师130名。

【师德师风】 继续推进脱岗“吃空饷”专项整治，清回教育系统外借调人员20人，清回在编不在岗教师37人，登报解聘不按规定返岗教师99名。以“教育行为制度规范年”活动为契机，对教育行为进一步整治与规范，指导学校建立完善相关制度，并督导落实。深入推进“纠四风、治陋习”和“雁过拔毛式腐败”两个专项整治，配合县纪委加大案件查处力度，8人受到党内严重警告处分，6人受到党内警告处分。

【教研教改】 组织各学科县名师工作室成员深入开展教育教研、送教下乡活动，采取听课、评课、教学研讨会、学科竞赛、教师培训等方式提高教师的教育教研水平，取得良好效果，在教师中产生广泛影响。教学竞技显实力，18名教师在省、市举办的各类教学竞赛中获奖。课题申报有效益，成功申报省级课题10项，市级课题12项，申报项目及通过率均位居全市前列。

【教育督导】 圆满完成2017年国家义务教育质量监测工作，21所义务教育阶段监测点校、近600名学生、200多名相关学科教师、班主任及学校校长参加了质量监测。9月份，顺利通过“教育两督”省检并获专家组领导好评。12月份，顺利通过“义务教育发展基本均衡县”国家实地评估验收工作。

【学前教育】 创建普惠性民办幼儿园8所，改扩建乡镇公办幼儿园6所，全县普惠性民办幼儿园已达39所，占全县幼儿园总数的66%，公办园及普惠性民办园幼儿在园人数占全县在园幼儿的70.34%，全县幼儿三年毛入园率达88.73%。

【义务教育】 均衡配置生源。县一中招生指标分配到初中学校的比例达到43.5%，且首次实行一校一分数线。中考全县人平总分比去年提高12.34分；八年级生物、地理毕业考试，两科总分比去年提高18.82分；小学六年级调考，全县合格率比上年提升6个百分点。

【高中教育】 县二中将艺体特色与文化成绩有机结合，高考成绩取得新突破，特别是本二上线人数达300人，对比2016年增加122人。2017年高考，全县本一本二上线率均有所提升，其中全县二本升学率提升3个以上百分点。高中学业水平考试，不及格科次对比2016年减少472科次。

【职业教育与民办教育】 全力打造县职业中专龙头，投入500万元新建操场，1万多平方米的理实一体综合大楼开工建设。积极组织职校师生参加省市各类职教竞赛活动，获省、市级技能竞赛奖励19个，县教育局获团体奖。县职中对口升学本二上线人数达64人。县职教中心开展技能培训2907人次。对民办培训机构办学行为，开展清理整治，下发限期整改通知书11份，并督促落实整改情况。龙池实验中学成功创建“省级骨干民办学校”，县东润花苑安琪幼儿园、辰阳街道办蓝鸟幼儿园顺利通过“市级骨干民办幼儿园”评估验收。

【德育工作】 健全传统文化教育、心理健康教育、留守儿童关爱等学校德育工作体系，各项德育活动有效落实。全县学校深入开展“学习帅孟奇精神，传承国学经典文化”主题读书活动。加强研学旅行基地建设，依托湖南高尔夫旅游职业学院职业培训中心，组织近5000名中小学生开展综合素质拓展训练。

【艺体活动】 全面实施中小学校阳光体育活动，体育课程以50分计入中考总分，有力促进了学生身体素质的提升。2017年，初中毕业学业考试体育科目测试，全县及格率97.83%。组织学生参加市局组织的各类竞技竞赛，均取得良好成绩。

【教育资助】 全面落实国家资助政策，全年共发放各项助学资金1,841万元。坚决不让一个孩子因贫失学，免除了349名高中建档立卡家庭经济学生学费58万元。积极开展生源地助学贷款，为511名贫困大学生办理助学贷款413万元，为93名家庭经济困难大学新生发放路费6万元。县教育基金会募集资金1820万元，至目前已奖教助学902人次，发放善款253.2万元。2017年起，全县高职中阶段在职教师绩效工资由财政全额保障。安排156万元对全县所有农村中小学教师进行了一次体检，并形成了每两年一次的农村教师体检长效制度。

（李　娜）

第一中学

【概况】 2017年，汉寿一中在县委县政府领导下进行全面改革。年初，学校实行去行政化，探索建立符合学校特点的管理制度和配套政策，克服行政化倾向，引导学校把教学当作一项科研工作，教师真正成为专业技术人员，让教师特别是优秀教师获得比领导更高的待遇，把教师引导到争当名师而不是争当领导的方向。5月，县政府聘任胡浩、廖海斌、宋艳华为汉寿县第一中学副校长，聘期三年，无行政级别。8月，县政府聘任张家明为汉寿县人民政府教育顾问，主持汉寿县第一中学全面工作，行使汉寿县第一中学法定代表人权利；根据《汉寿一中科室岗位设置及工作人员竞聘方案》，经全校教职工大会公开竞聘，选举产生陈稳、丁新华等 16 人为科室正、副职。新的领导班子抓住新机遇、站在新起点、力促新突破、实现新发展。依法治校、民主治校风生水起。第九届教职工代表大会第一次会议顺利召开。学校更加风清气正、充满活力。309 名教职工、60 个教学班、3456 名学生的汉寿一中井然有序、润物无声。“做人以立品为先，读书以潜心为要”的校训成为师生互勉共进的座右铭。“团结务实，勤奋向上”的校风透射出学校师生锐意进取的精神风貌。“敬业爱生，严谨创新”的教风展现出学校教师的职业风采。“博闻广见，善疑多思”的学风勾勒出莘莘学子的不懈追求。“以人为本，德育至上，质量立校，全面发展”是学校一以贯之的办学理念。

【领导团队】 学校领导团队专业化、年轻化。公开竞聘、选举产生的副校长、科室部正副职年龄基本在 30~45 岁之间。专业化、年轻化的领导团队形成一股强大的向心力和凝聚力，为学校的发展绘制蓝图、引领方向。定岗定编、个人台账、周一例会等一系列新的举措，使学校专业化、年轻化的领导团队彰显出攻坚破难的魄力和一往无前的活力。

【师资力量】 加强教师队伍建设。学校拥有一支力量雄厚的教师队伍。2017 年，学校有教职工 309 人，其中有硕士研究生 11 人，高级教师 109 人，正高级 1 人，特级教师 2 人。8 月份，县委、县政府和县教育局共同组织在全县通过考试选调 2 名优秀教师，为学校解决个别学科教师紧缺问题。12 月份，县委组织部牵头、县人社局和县教育局负责监督，县人社局、县教育局和县一中聘请部分专家，前往湖南师范大学、湖南科技大学举行现场面试综合考评工作。面试结果当场公布，就业协议现场鉴订。签约的 30 名毕业生，全部为师范类一本以上学历，其中硕士研究生 9 人。这批新生力量为汉寿一中重振雄风、持续发展注入新鲜血液，为学校发展储备人才。

【德育阵地】 为响应团中央统一部署的开展“清明祭英烈 共铸中华魂”主题宣传教育活动，3 月，学校组织开展主题为“深切缅怀革命先烈，珍惜当下幸福生活”的扫墓活动。学校学生会、团委会全体成员参加。该活动引导学生缅怀先烈、铭记历史，传承民族精神，激发爱国热情，弘扬爱国主义精神。5 月，学校团委会、学生会自发组织“爱心一中”校园义卖活动。本次活动为大家建立了一个互通有无的平台，同时提高物品的使用率，减少浪费，将废旧的物品、书籍通过义卖变换成现金。最后学生干部代表将所得善款全部捐赠给养老院。通过此次义卖活动，大家感觉到帮助别人的同时也快乐自己，并希望自己能为有需要的人献出一份爱心，为慈善事业贡献自己的绵薄之力。11 月，在学校田径场上举行了“让我流泪让我喜”感恩励志报告会，由尚领教育集团徐海涛老师主讲。报告会上，互动热烈。通过这次感恩励志报告会，同学们收获了感悟和成长，更懂得了感恩，更学会了坚忍。

小活动引发大触动：做人立品、善小常为。学生在活动中潜移默化，增长见识，提升品德。

【教改举措】 教学工作是学校的中心工作，是学校发展的生命线。2017 年，学校紧紧围绕教学中心开展各种教改举措。

集体备课常抓不懈。周一至周五，每天在不同的时段都有不同的学科在专门的地点进行集体备课。不同学科各具特色：一人主讲，众人讨论；或者一个课题共同探讨；或者一个主题多种思路汇集……总之，集体备课就是用集体的智慧备好每一堂课，让每一堂课都能产生最大的教学效益，让每一个学生在课堂上实现学习效益最大化。

推门听课持之以恒。自 2014 年开展“推门听课”以来,学校从未间断过。本学年度更加引起高度关注，特别是在下学期，学校法人代表张家明一人就听课 100 多节。在他的带领下，学校副校长、二层骨干、任课教师只要有时间也随堂听课。“推门听课”促进教师精心准备每一份教案，用心上好每一堂课，不断提高教师水平，提高教学质量。

师徒结对“结”结出丰硕果实。同课异构“构”出精彩课堂。学校教师队伍发扬“传、帮、带”的优良传统，通过师徒结对，一批年轻教师迅速成长。11—12 月份，48 个青年教师参加学校组织的“同课异构”教学比武，异彩纷呈。从中推选 14 节示范课在全校公开展示，最终评选出 8 节特等奖、6 节一等奖。

【教学质量】 2017 年高考成绩揭晓，学校共有考生 1136 人。其中文科 600 分以上 9 人，最高分粟武强 638 分，全县文科第一名；理科 600 分以上 22 人，最高分刘宇轩 656 分，全县理科第一名。学校文科本一上线 69 人，本二及以上上线 208 人；理科本一上线 280 人，本二及以上上线 841 人，全校上线率 74.0%，创学校历史最高纪录。

【教研成果】 2017 年，学校教师指导学生参加各种竞赛，成绩斐然。学生在数学、物理、化学、生物奥赛中，共获得国家级二等奖 7 人次、三等奖 2 人次；获省级一等奖 8 人次、二等奖 19 人次、三等奖 19 人次；获市级一等奖 29 人次、二等奖 67 人次、三等奖 52 人次。学生在语文学科“第十九届语文报杯作文竞赛”中，获国家级一等奖 2 人次、二等奖 5 人次、三等奖 6 人次；获省级一等奖 13 人次、省级二等奖 24 人次。学生在全国中学生英语能力大赛中，获省级一等奖 11 人次、2 等奖 18 人次、三等奖 31 人次。

教师撰写教育教学论文，在国家级刊物发表 3 篇，省级刊物发表 1 篇。教师论文及研究成果参与比赛，获国家级一等奖 24 项，省级一等奖 11 项，省级二等奖 1 项，市级一等奖 2 项。

教师参加教学比武，获省级二等奖 2 人，省级三等奖 1 人，市级二等奖 3 人，县级一等奖 1 人。

在本学年度“一师一优课，一课一名师”活动中，学校共有 14 堂课被评为优质课。其中被评为部优课的晒课老师为谢雍、魏谨、马艳，省优课的老师为黄敏，市优课的老师为石争辉、刘力，被评为县优课的晒课老师有王玉珍、朱艳、童成伟、罗思、马云、刘译方、白绍清、罗文琳等。

【荣誉奖励】 田多元老师被评为湖南省特级教师，徐爱兰老师优秀事迹被《常德工匠》艺术收录，张美红老师被评为汉寿县“帅孟奇教育突出贡献奖”，王建辉老师被评为县“十佳优秀共产党员”。

2017 年，学校先后获得“海军潜艇学院生源基地”“湖南商学院优质生源基地”“湖南科技大学优质生源基地”“中国青少年英语能力大赛 2017 年中国青少年英语能力大赛复赛暨湖南省决赛电影配音三等奖”“中国青少年英语能力大赛 2017 年中国青少年英语能力大赛优秀组织奖”“2017 年常德市青少年阳光体育运动联赛高中生篮球比赛高中男子组第五名”“2016—2017 年度‘一师一优课 一课一名师’优秀组织奖”等荣誉奖牌。 （张　翼）

第二中学

【概况】 汉寿县第二中学为全日制普通高级中学，学校地址在汉寿县龙阳镇屈原东路 48 号。2017 年，有 60 个高中教学班，6 个初中教学班，在校学生 3572 人，在职教职工 318 人。

【设施环境】 现有校园占地 110 亩，校舍建筑面积 40000 平方米。学校拥有高标准的教学楼、科教楼、食堂、学生公寓和综合办公大楼，装备了理化生实验室、图书馆、阅览室，装备有 68 个多媒体教室。建有 8 个篮球场，1 个标准 400 米环形跑道，1 个足球场，1 个教工健身场地。新修了两栋室内面积为 2366.59 平方米的 6 层宿舍楼，一栋室内面积为 3052.41 平方米的 4 层新食堂。2017 年，学校硬件设备进一步完善：一是校园硬件升级改造。对全校 73 个多媒体教室设备和学校主供电线路进行了更新换代，新装配了 200 人次寝室用床，进一步改善办学条件。二是教学和生活设施不断健全。为方便师生生活，在办公楼安装银行自动取款机；为更好地保障教学，新建录播教室和云机房，完成年级组、食堂区域监控系统的安装和力量房、体操房、垃圾池、音乐室、劳技室、通用实验室的修建。以上这些为校园文化增添浓郁现代化气息，教学管理更加方便高效，在“义务教育均衡县”的验收中，受到省专家的一致好评。

【办学理念】 汉寿二中坚持“创精品初中，办特色高中”办学思路，先后出台了《处室年级组（部）量化管理评比办法》《教师请假制度》《教师坐班制度》《汉寿二中学生德育手册》《汉寿二中财务管理制度》等规章制度。学校实行分线管理、分级负责、线块结合的教育管理模式，各项工作的落实以年级部为单元进行，引进竞争机制，奖优罚劣，最大限度调动教师积极性。

【教师队伍】 学校造就了一支职业道德水准高、专业基础扎实的师资队伍。加强校本教研，提高课堂教学效率。现有教职工 318 人，专任教师 296 人（其中初中 24 人）占教职工总数的 93%，学历合格率 100%，具有高级职称的 86 人，占专任教师总数的 29%；中级职称 117 人，占专任教师总数的 40%。到目前为止，全校现有市级骨干教师 4 名，县级学科带头 8 人，县级骨干教师 10 人，在县域范围内，二中的九大高考科目的教学和艺体教学有明显的优势。

学校关心青年教师的成长，实行以老带新“青蓝工程”师徒结对活动，让教学经验丰富的中年教师与青年教师在业务上相互学习、相互砥砺，共同成长。一是学校积极组织各类教研活动，促进青年老师专业成长，连续两年被县教育局评为优秀组织单位。上学期派出二十多人次参加各类教研学习活动，开拓了老师们的视野，提高了教学水平，特别是初中部符艳老师代表汉寿县参加常德市综合实践活动课说课比赛荣获全市第一名，为学校赢得声誉。二是继续落实同头教研，搞好教科研。学校坚持教研组组长会、学期教研工作会，组织教师撰写教学论文，有 25 篇获国家级奖；完成多项省级课题的开题、申报及研究工作，省级课题《农村中学教师教育科研能力培养现状与对策研究》获常德市第十一届教育研究成果评一等奖。三是学校重视班主任队伍建设。在班主任聘任上反复权衡，对班主任待遇上从优，评先评优高看一着，学校学生处通过组织班主任听专题讲座、举办德育论坛等方式来提高班主任管理水平。

【特色品牌】 2017 年，学校继续主打艺体教育、校园文化建设特色品牌。

艺体特色。每个年级设有音、美特长班。探索创立“前期校内打基础，后期校外促提高”的培养模式。既关注专业生成长，也通过开展多种活动，让其他学生有施展艺体才华的舞台。3月份，开展班级足球赛；5月份，校园艺术节；11月份；田径运动会。5月份的艺术节，有摄影作品展、美术作品展、篮球等，师生同台载歌载舞。

校园文化建设特色。校园文化作为一种环境教育力量，对学生的健康成长有着巨大的影响。学校的校刊《弘毅新韵》栏目丰富，内容贴近师生，讲述师生自己的故事，对提高学生文学素养有潜移默化的作用。宣传栏形式多样，图文并茂，展示师生风采、宣传学校形象。班级文化建设、走廊文化建设、操场文化建设，设计精美，陶冶情操，春风化雨。该学期的第十届体育文化艺术节隆重举行，给师生们带来美的享受，增强了学校的艺术氛围。

【活动开展】 坚持德育兴校战略，推进素质教育。期初，学校就确定了一月一主题的德育活动。学生处和综治办通过各种活动实施德育工程，加强学生的养成教育和安全意识，让学生在活动中潜移默化地提升自我、完善自我，学会求知、学会感恩、学会做人。3月份，打造“有效课堂”，组织“弘毅杯足球”班级联赛，组织学生参加清明纪念革命先烈活动。4月份，开展全校书法展。5月份，举办第十届体育文化艺术节。6月份，开展“评教评学活动”，对评选出的优秀学生进行宣传和表彰，起到示范效应。9月份，组织全校学生观看开学第一课及体检；召开学困生座谈会，建立学困生档案，定期进行家访指导；开展“青蓝工程”新老教师师徒结对活动。10月份，开展文明就餐活动，进行足球课题研究，组织学生进行龙阳基金捐款，开展文明办公室评选活动，开展校园安全和戒毒宣传。11月份，举行第47届田径运动会，组织学生参加市足球运动会。学校通过组织这一系列活动，以及落实常规管理工作，使得班风更正，学风更浓，校风更好。学校规范化管理得到加强，学生管理工作成效显著，学生精神面貌得到提升。一年来，全校没有发生一起重大违纪事件，没有出现一起重大安全事件，学校的育人环境得到了优化。

【教学成绩】 2017年，二中高考成绩创历史新高，二本以上上线427人。其中一本上线超过60人，专业生上线122人，二本降录的人数将近170人。

高二学考成绩喜人。从考试科目看，全科合格率为82.6%，与去年同期相比上升4个百分点；9大学科中有8科及格率超全县及格率，仅生物比全县及格率低0.4个百分点，但平均分全县第二。其余各科均排名第三。从考试分数来看，855分以上的有3人，超过龙池（2人）、五中（0人）。其中1502班林馨总分874分，9科全部上90分，全年级第一。1501班张瀚文860分获全年级第二，全县文科第一。从到班的情况来看：1502班全科合格率100%，1506班98.2%，最让人可喜的是奋进班1515班全科合格率为78.6%，达到去年全年级全科合格率。

高一调考成绩进步显著。进入全县前500名的人数，由入校时0人增加到19人；前1000名人数，从3人增加到98人；前1200名人数，从28人增加到137人。

初三中考成绩出现滑坡：九大科目均有退步现象，中考综合排名我校全县第31。

【所得荣誉】 2017年度，历史教师鲁霓荣获首届“汉寿县十佳好青年”，校长王友明荣获首届“帅孟奇贡献奖”。

（黄彦臣）

第五中学

【概况】 汉寿县第五中学前身是邹蕴真于1941年3月在太子庙烟包山创建的“汉太乡中心国民学校”，中华人民共和国成立后改为汉寿县第五完小。1956年常德行署下文“汉寿第五完小附设初级中学”，始有“汉寿五中”之名。1969年开始办高中。今天的汉寿五中是全县唯一的县属农村高中，是省级园林式单位，湖南文理学院实践教学基地。校园面积63亩，建筑面积36000平方米。固有资产3300多万元。有29个高中班、14个初中班，学生2351人，教职工198人。

【教学教研】 汉寿五中被常德市教育科学研究院评为“2016年度教育科研工作先进学校”。钱诗瑶在“一师一优课”活动中报送的课例《归园田居（其三）》获评“部优”。刘壮志被评为“常德市优秀教师”，王小兵被评为“汉寿县十佳教学能手”，丁飞、彭杰、刘立军被评为“汉寿县优秀班主任”，凌孟秋、钱诗瑶等十人被评为学校“十佳班主任”，龙诗阳、刘慧等十人被评为学校“十佳教育工作者”。

【学校管理】 原副校长龚加友于9月被汉寿县人民政府聘任为五中校长。下设常务、后勤、人事、教学副校长和工会主席各1名。职能处室6个，办公室、教务处、教育处、财务室、信息中心、团委。高一、高二、高三、初中部，设年级部主任、干事，直管各年级工作。教务处组织教师每周开展同头备课、每月进行教师内务检查；教育处组织开展班级文化建设，进行文明寝室评比，七项评比设流动红旗；安全教育工作常态化。

【特色教育】 高一、高二、高三均组建音体美小专业队，利用早晚课余时间集中进行训练。各队每年进行一次专业汇报表演（展览）。

【各类活动】 3月，志愿者到清水湖景区开展学雷锋活动。5月，进行五四演讲比赛，发展新团员。学校团委被评为常德市"五四红旗团委"。7月，发展新党员。9月开展国庆征文活动。10月，举行第28届田径运动会。11月，召开家长会，高一、初一年级举行"诵读经典"比赛和广播操比赛。同月，由袁冬平、徐建军、孔丽、汪杰等组成的五中气排球队，在汉寿县机关运动会比赛中获得冠军。伍昌繁老师获得象棋比赛第二名。12月底，元旦会演隆重举行。

【宣传工作】 2017年，汉寿五中全年在湖南教育网、湖南教育新闻网发稿共计22篇，在常德教育网和《常德教育》杂志发稿共计50篇。2017年1月，被评为2016年度教育宣传工作先进单位，通讯员陈怀国被评为"优秀通讯员"。学校"红茶坊"文学社编辑的校刊《沃野》已发行至第37期。

【优化办学条件】 新的理化生实验室及配套的仪器室、新装修的舞蹈室、第二间电脑室、校园书吧、图书室和两间阅览室均已交付学生使用。六层教学楼各办公室统一新置制式办公桌椅。（陈怀国）

职业中专

【概况】 1979年，由原城关一完小戴帽的全日制初中"城关中学"迁至原文化路1号，正式挂牌为"汉寿县城关中学"，归口当时的城关联校管理。1982年，脱离城关联校，成为县教育局直管的独立初级中学。1985年夏起，始办4个职业高中教学班。1988年，全面开办职业教育，1989年正式挂牌"汉寿县第一职业中学"。1996年，省教育厅认定为"湖南省示范性职业中学"。1999年4月，汉寿县第一职业中学与原汉寿县农民中专、汉寿县第二职业中学整合为"汉寿县第一职业中学"。2000年12月，经省教育厅备案，定名为"汉寿县职业中等专业学校"。2001年夏至2008年秋，试行个人领办制"改革"，2008年10月，恢复为国有公办制中等职业学校。学校位于汉寿县辰阳北路396号。东临县烈士公园，南抵文物路，西面辰阳北路，北界双板桥东路，占地面积68835平方米，教学用建筑面积39229平方米。经32年奋斗、建设、发展与积淀，学校已成为国家级重点中等职业学校、湖南省示范性（特色）中等职业学校、湖南省示范性县级职教中心牵头学校和常德市中职计算机专业联组主持学校，是汉寿县人民政府主办的唯一一所公办中等职业学校。

学校现有32个教学班，学生1927人。开设电子技术应用、机电技术应用、汽车运用与维修、会计、旅游服务与管理、计算机应用、计算机网络技术、工艺美术、电子商务技术和老年人服务与管理等10个专业，其中以电子技术专业为核心的"信息技术专业群"已立项为省示范性特色专业群重点建设项目。学校现有在编教职工128人，其中在岗122人（含支教1人、外借2人），病、产假6人。为满足教育教学实际需要，学校还临时聘用了教职人员31人。其中：一中合作办学4人，向初中学校借用3人，接受教育局安排代课教师1人，临时聘用企业（东亚集团）教师4人，湖南文理学院实习生6人，其他教师13人（含文化课教师5人、专业课教师8人）。现设七个处室：办公室、教务处、教科室、学生处、后勤处、招就处、培训处。

2017年，学校在县委、县政府的正确领导下，学校确立"抓质量、创特色、铸品牌、建名校"的办学思想，形成了内强管理，外树形象，办学条件得到全面改善，教育教学质量显著提高，社会知名度进一步扩大。

【发展特点】 稳长破短。三年制中职在校学生稳定在1800人/年以上，在校生规模呈逐步上升势态。全县社会劳动力职业技能培训项目归口该校，年职业培养量达4000人次左右。转型升级。技能培养方向稳定在2.5+0.5学制，即在校理论学习2.5年，0.5年赴企业顶岗实习；对口升学渐成规模，实现连续4年对翻；中高职衔接对口开辟新的升学通道，为学生升学就业提供新的机遇。合力发展。2011年，利用中央财政支持的专项资金，建成了国家级电子技术应用专业实训基地；2012年，用中央"中等职业学校基础能力建设项目资金建成了标准化的实训楼和学生公寓各1栋"；2017年，田径场改造工程启动，同时争取到"中央财政预算内产教融合发展工程建设项目"资金2000万元，正在兴建实训楼、教学楼、理实艺术楼各1栋，总建筑面积10936.67平方米。

【教育教学成就】 技能竞赛。2016年5月，汽修专业曹威等5名学生在湖南省中职生技能竞赛4个赛项中均喜获二等奖，取得了该校历年来参加省学生技能竞赛的最好成绩，也填补了汉寿县在省中职学生技能竞赛赛场上的空白。2017年4月，学生贺登澳在全省中职生技能大赛汽车车身修复赛项目中喜获第3名，杨欣获省中职学生技能大赛计算机检测与数据恢复赛项二等奖，彭飞获汽修个人基本技能赛项二等奖，胡德华获机械装配赛项三等奖。12月，刘金英老师在全国中职教师信息化教学比武中独占鳌头。12月22日，该校学生在2017年下半年常德市中职学生技能竞赛赛场上，有15人以过硬的技术冲向2018年1月举行的省技能竞赛赛场。对口升学(高考)。2015年，高考二本及以上上线22人;2016年对口升学(高考)，该校132人参考，二本及以上上线人数38人，比2015年将近翻番，其中600分以上人数高达25人；2017年，高考再创佳绩，被本二以上高校录取60人。

（何英松）

詹乐贫中学

【概况】汉寿县詹乐贫中学始建于1990年，位于县城芙蓉东路，学校占地面积100余亩，是一所由帅孟奇同志亲笔题词，以中共汉寿县第一任县委书记詹乐贫烈士命名的县属公办九年制义务学校。

2017年，教育教学效果评价名列汉寿县第一名，连续五年全县第一；附小名列汉寿县第三名。2017年，获国家教育部优秀课3堂，省优2堂。2017年3月，被教育部授予“国防教育特色学校”。2017年，被教育部授予第20届五好小公民“阳光校园 我们是好伙伴”主题教育活动示范学校。2017年3月，被省教育厅授予“湖南省安全文明校园”。

学校现有77个教学班，在校学生4600多人，教职员工310人，其中特级教师1人，中学高级教师51人，中学一级教师156人，具有研究生学历7人。

【内涵发展】2017年，詹乐贫中学紧紧围绕上级政府、主管部门制定的工作目标和工作思路，坚持“阳光 快乐 健康 启智”的办学理念;坚持“实施阳光教育，为每一个学生的终身发展和幸福奠基”的办学目标；坚持教育教学为首要位置，实施规范化、精细化考核管理，推进各方面工作均衡、协调、持续、健康发展。加强学校文化建设，大力弘扬甘于奉献、奋发向上、争先创优、团结合作的工作作风。创建书香校园、智慧校园、雅致校园、创新校园，营造积极向上的教育氛围。积极创办人民满意的教育。

【教学改革】大力推行行政蹲点工作“五个一”制度和班主任蹲点听课制度。行政蹲点人员每周至少随堂听一次课，并及时与任课教师沟通交流；每周至少找一名学生谈话，了解学生学习、生活、思想等状况；每月了解一次班级动态，发现问题及时解决；每季度召开一次班科联系会，和班科教师交流意见，统一思想；每期召开一次学生动员会，为学生鼓气加油。规范教师内务检查。学校对教师备、教、批、辅、考、研等教学常规工作结合《汉寿县中小学教学常规管理实施细则》提出具体实施办法，规范教师常规工作管理。每次内务检查，学校全体行政人员和中小学教学教研处室工作人员对全体教师所有内务进行流水式检查，详细记载，对每个老师的情况开出诊断书，全校通报并一对一跟踪落实。落实校本课程开发。校本课程开发更好地培养和发展学生的个性，使学校办得更有特色，同时，也能更好地发展学生的特长。2017年，该校校本教材重点落实小学一年级至初中九年级国学教育读本、养成教育读本、安全教育读本。把音、体、美考查成绩列入期末考试总体评价。从上学期起，中小学音乐、美术以等级计入期末考试评价，体育期中、期末举行单独的考试，九年级月考体育也进行单独考试，其成绩纳入考核、排名。加大对后30%学生的辅潜工作学校切实加大对后30%学生的辅潜工作的力度，落实责任。

【质量提高】2017年，升汉寿一中公费生为283人；全国初中数理化奥赛，有25人获国家级、省级奖励；全县数学第一、五、九名，物理第一、二、五名，化学第二、五名都是该校学生；获县运会团体总分第二名；考取一中音、体、美特长生21人。

【环境育人】学校把留守子女、单亲家庭子女的心理辅导作为学校常规工作。学校成立心理咨询室，配备宣泄室，现有国家级心理咨询师7人，全年对学生心理辅导达2000人次；工作日开通亲情电话聊天和亲情视频聊天，缓解留守孩子缺失亲情的心理焦虑情绪；每周上好两次心理健康辅导课，着重辅导孩子们青春期知识；做好留守子女、单亲家庭子女问题案例分析，及时发现和解决同学们遇到的心理问题，以治疗克服障碍，缓解症状，恢复心理平衡。一系列心理辅导促进了孩子们的健康成长。学校把“强推国学教育，开展师生读书活动，办好校园书店，发挥班级读书角的功能，共创书香校园”作为学校重点工作。为营造富有人文气息的校园文化，创设与“国学经典”融为一体的校园环境，校园用经典诗文装裱楼道、用板报宣传推介经典、用名言警句布置教室；通过学校图书室图书每月发放各班充实班级图书角等措施，使学生在校园的每个角落都能享受到国学经典文化的熏陶。

【教师培养】2017年，派出60余名教师到外省、市等地参加培训。“一师一优课，一课一名师”活动网上晒课316余节，有3名老师被评为教育部优课。通过培养市、县骨干教师、学科带头人、汉寿名师，及连续五届

“感动詹中十佳教师”评选，学校涌现出一大批品牌教师，中小学“传帮带”的20对结对教师正在砥砺前行。

【教师荣誉】2017年，在常德市物理、生物技能大赛中，麦丽芬荣获物理实验大赛一等奖，张先财、张丽云荣获生物实验大赛二等奖；中学信息技术课堂教学竞赛活动中，彭海燕老师荣获一等奖；刘福强老师获全省中小学教师“暑假读一本好书”征文活动二等奖；龙艺、熊文博荣获汉寿县“帅孟奇教育突出贡献奖”。

（鄢永红）

龙池实验学校

【概况】2017年，汉寿龙池实验中学继续坚持以“育人为本、质量第一、突出特色、全面发展”的办学理念，以“规范管理、质量立校、名师兴校、科研强校”为学校的办学策略，以“乐于学习、善于沟通、敢于承担、勇于创新”为培养学生的目标。学校先后被授予“湖南省民办骨干学校”、“市普通高中办学水平综合评估优秀单位”、“市高中教学质量综合评估先进单位”等荣誉。

在校教职工800人，其中任课教师490人，本科学历达到94.7%，研究生学历5人，外教2人，中学高级教师69名，中学一级教师129名，市“十百千”人才2人，省、市学科带头人2人，省、市、县骨干教师与教学能手24人，市、县优秀班主任36人。有16个年级146个教学班，共计学生8100人。

【教育教学管理】学校坚持推行“人文管理”、“民主管理”、“阳光管理”模式，完善学校各项制度建设。先后制订和完善了教师管理制度、办公制度、考勤制度、值班制度、年度考核量化制度等。进一步细化学校各项管理工作，始终将教育教学工作作为中心工作来抓，将教育教学质量视为学校生存和发展的生命线，深化课堂教学改革，继续实施“4+X教学模式”。积极贯彻课改“先学后教、学案引导、有效互动、当堂训练”十六字方针，构建具有学校特色的“4+X”自主高效课堂，进一步培养学生的综合素养，提升办学水平。学校要求创设有生命力的课堂，注重师生之间融洽交流，提倡学生全员参与，积极构建“以生为本”的学生观。教师围绕目标精心设计、创设情景，使学生自觉、主动学习。同时，注重过程和结果的全程管理，努力提高课堂教学的质量，以质量求生存，以质量求发展。

【师资队伍建设】多措并举加强师资队伍建设，努力打造一支师德高尚、业务精湛、各具魅力、蓬勃向上的“通才”型教师队伍。将师德建设放在首位，要求教师做到树人先树德，立身先立行，不断完善教师职业道德规范教育、考核管理制度，将师德表现情况作为教师年度考核、评先树优的重要依据。培养教师做“三师”：一是“人师”，就是身正为范，教师要用自身的榜样作用和人格魅力，让学生佩服、仿效；二是“能师”，授人以渔，教会学生学习、生活、做人；三是“善师”，就是点石成金，教师带着满腔真情和热爱，去努力创设学生体验成功的情景，去细心挖掘学生闪光的灵性，让学生的个性得到张扬，让课堂充满生命的活力。为了拓宽教师的视野，不断推进课堂教学改革，先后深入省市外课改名校进行学习和借鉴，通过学习和对比反思，进一步更新了教学观念。按照“骨干带动、面向全体、整体推进”的方针，进行师能建设，组织开展了富有针对性的教师业务培训、班主任工作培训，提高了培训的实效性。通过组织参加上级培训、校本培训、专题培训，以及要求教师、班主任自我学习，抓好教研组长、备课组长队伍建设，以带动教师搞好备课和教学策略研究，提高了教师队伍的整体素质。能手、新秀和名师的评选促进了学校教师业务水平和教育教学质量不断提高，也促进了学校教育事业的整体发展。

【德育工作】学校始终坚持把德育工作放在首位，建立健全各项德育规章制度，坚持不懈抓好师生思想教育工作。在落实“立志 立品 务实 创新”校训上下功夫，不断创新德育工作方法，开创德育工作的新局面，提高师生的政治思想素质，树立良好的校风、教风、学风。在全体教职工中，学校坚持正面教育为主，提倡爱岗敬业，爱校奉献精神，积极开展“品牌教师”活动教师实行一岗双责制，既教书又育人，形成全员育人、全程育人的工作机制。在学生教育中，继续在语文、思品、历史等学科教学和德育课程中渗透与加强品德教育，坚持对学生进行正面的教育引导，全面开展与学科课程相衔接的丰富多彩的德育系列活动和社会实践活动。认真开展“国旗下讲话”活动，坚持每周一次的例会，持之以恒。充分利用校园广播、主题班会、“中华魂”读书演讲比赛、歌咏比赛、征文竞赛等多种形式的活动，对学生进行系列化的思想品德教育，如爱国主义和革命传统教育、理想信念教育、法制道德教育、安全教育、诚信教育、心理健康教育等，培养学生热爱祖国、遵纪守法、诚实守信、发愤图强等优秀品质和健全的人格。

【平安校园创建工作】学校始终绷紧安全教育这根弦，强化“安全第一”意识，以高度负责的精神切实抓好学校安全工作，创建良好的育人环境。健全安全目标管理和防范责任制度，做到机构健全、岗位明确、人员落实。明确值周教师的安全管理责任，强化了班主任、任课教师和教辅人员全员抓安全的责任意识，加强了对学生的安全教育，通过开展安全知识讲座、消防、地震疏散演练等活动，增强了学生的自我防范意识和自护自救能力。为了确保校园安全，学校保安室保安人员轮流24小时安全值班，同时实行行政领导安全值周。这些措施，有效地保障了学校财产安全和师生安全，保证了学校教师生活的安宁。

【后勤保障工作】 学校后勤总务工作人员认真贯彻“后勤为教学服务”的思想，努力提高服务意识，严格按照上级要求和学校工作计划的部署，认真做好学校食堂管理、宿舍管理、水电管理工作。严格执行“两免一补”政策，认真实施“营养改善计划”。正是由于后勤人员无私奉献、团结协作，才使学校在基础建设、校舍维修维护、财务管理、校产管理、校园美化等规范化建设方面，走在了全县的前列，取得了良好的管理效益和社会效益，为学校的教育教学提供了有力支撑。

【质量提高】 2017年高考，611人参加高考，总分600分以上学生有10人，本科一批上线71人，本科二批以上上线355人，本科二批以上升学率达58.1%。特别是高三（1）班600分以上的学生有6人，本一上线35人，本一升学率达78%，全班学生均过本二线，本二升学率达100%。

单科尖子涂新莹，以129分获得全县语文第一名；余青，以148分获得全县文科英语第一名并进入全省万分之一单科优秀名单。

龙池高中学部由于办学成绩突出，已经连续7年被常德市教育局评为“普通高中办学水平综合评估优秀单位”，是汉寿县唯一获此殊荣的学校。

2017年中考，有346人达到省示范性高中录取分数线（668分），总分超700分的学生多达205人。周星宇以810分获得全县中考状元，周星宇、谭紫阳、杨敏、陈敏、宋宇明、曹益玮、刘玉婷等七位同学荣获全县中考前十强。

【教师荣誉】 谢德琼执教的《价格变动的影响》一课，在常德市高中思想政治教学优质课竞赛中，被评为一等奖。

曹红平进行的《作文教学小技巧》专题讲座，在省“国培计划”中学语文“送教下乡”活动中，荣获“优质示范课”一等奖，进行的《古代诗歌鉴赏小技巧》专题讲座，在省“国培计划”中学语文“送教下乡”活动中，荣获“优质示范课”一等奖，执教的《作文讲评》一课，在“国培计划”中学语文“送教下乡”的“同课异构”活动中，荣获一等奖，执教的《游山西村》一课，在“国培计划”中学语文“送教下乡”的“同课异构”活动中，荣获一等奖，执教的作文课《仿写诗歌》一课，在“国培计划”中学语文“送教下乡”的“同课异构”活动中，荣获一等奖。

周莉执教的英语教学竞赛课《Unit10 Hometown Feelings》在2017年全市初中英语阅读教学专题优质课展评活动中荣获一等奖。

刘峙邑执教的《明朝的统治》一课，在2017年常德市中学历史课堂教学比赛中，荣获一等奖。

廖惠元的阅读教学课例《Should I be allowed to make my own decisions?》在常德市中学英语阅读教学优秀课例评选活动中荣获一等奖。

童永英报送的课例《第二章 自然资源保护 第一节 自然资源与主要的资源问题》被评为教育部2016—2017年度“一师一优课、一课一名师”活动“优课”。

郭梅芳报送的课例《Unit3 The world of colours and light _Project(1)》被评为教育部2016—2017年度“一师一优课、一课一名师”活动“优课”。

（伍立辉）

文化体育广电新闻出版·广播电视·旅游

文化体育广电新闻出版

【概况】 文广新局现有班子成员6个，内设机构8个（办公室、规划财务股、组织人事股、艺术股、公共文化股、广电与新闻出版股、行政许可办、群众体育股），直属二层事业单位12个（艺术研究室、广播电影电视管理站、全民健身服务中心、青少年活动中心、文化市场综合执法大队、文物局、体育运动学校、文化馆、图书馆、非物质文化遗产保护中心、剧院、烈士公园管理所），国有企业1个（电影公司）。现有干部职工309人，其中在职人员190人，退休人员119人；下设党支部10个，有党员142人。

【夯实基础 公共服务再提升】 一是免费开放众人夸。县文化馆阵地免费开放了舞蹈班、京剧班、声乐班、器乐班、腰鼓班、广场舞培训班等，舞蹈开课125次，声乐开课90次，京剧开课42次，阵地内培训班队员达430人。阵地外辅导包括乡镇文艺骨干的辅导、老年大学的辅导、对部分学校进行的辅导达150多次。县图书馆共接待读者65622人次，外借读者36534人次，外借图书52560册；开展各类公益报告、专题展览15场次，参加人数达13620人；开展各类专题读书活动12次，参加人数9630人；免费咨询、解答咨询35次，发放免费借书证1040本，下基层网点业务辅导30人次；全年共采购各类图书16540余册，征订各类报刊246种，征集地方文献42余册。二是阵地建设力度大。认真对照省市对县委县政府的绩效考核指标，加强对村（社区）文化服务中心建设的指导，加大经费保障力度，积极筹措资金200多万元，采购一批“七有”要求文体器材，并配送到150多个村（社区）基层综合性文化中心，重点对贫困村予以文体器材配送倾斜。积极参加全国第六次公共图书馆评估定级，县图书馆保住了国家二级馆的称号。包括博物馆、图书馆、文化馆（其中文化馆建筑面积为5500平方米，基本达到国家二级馆要求）的“三馆三中心”建设项目已于10月12日正式动工。启动文化馆、图书馆总分馆建设，完成了文化馆、图书馆总馆和2个乡镇、1个街道的分馆建设。投入资金2.6万元，采购配送电脑8台，安装文化信息资源共享平台软件，推进农家书屋数字化阅读试点建设。另外，帅孟奇故居全年接待游客超过30万人次。三是志愿服务影响广。完成文化馆、图书馆、烈士公园、帅孟奇故居、汉益沅苏维埃旧址、博汉奇石博物馆等公共文化阵地的学雷锋志愿服务站点建设。认真组织开展文化志愿服务“学雷锋月活动”“我们的中国梦、湖湘文化进万家”和以“书润湖湘 见证成长”“楚韵湘音 幸福使者”“汉风韶乐 感受快乐”等为主题的九大系列活动。四是送戏送影效果好。县非遗中心围绕“送戏下乡，惠民演艺”，开展送戏下乡活动，全年共送戏下乡90场，完成各类演出100多场，观众人次达10万余人。县电影公司全年共完成送电影下乡6000场次，提前完成了送戏送影任务。

【活动纷呈 文化惠民绽精彩】 一是开展节庆和主体文化活动。组织开展2017年元旦、新年音乐会、摄影展、美术作品展、送春联以及“闹元宵”戏剧专场演出等活动；渔鼓《过关》参加第四届“南山杯”新人新作展演；开展汉寿县全国第一个“文化和自然遗产日”展演活动；组织汉寿县文艺创作交流笔会和2017年优秀童谣征集活动；组织“庆七一”“双十佳”颁奖典礼节目。二是参加各项赛事活动。组织参加湖南省第十六届“三湘蒲公英”少儿才艺县级选拔赛，选送9个舞蹈、13个器乐、4个声乐节目参加省级比赛,其中,独奏《溟山》、独唱《谁说女子不如男》、独唱《小白船》获得银奖;积极组织参加湖南省“新人新歌”大赛常德选拔赛,共选送《红梅花开》《杨柳情》《候鸟》三首歌曲,获湖南省“新人新歌”大赛常德选拔赛组织奖;完成《艺术常德》收集投稿25件;参加2017年常德市考级优秀作品展,共收集报送作品19幅。

【繁荣创作 艺术作品出佳绩】加强特色文化艺术创新,创建文艺精品:渔鼓《妈妈的妈妈大于天》、歌曲《红梅花开》代表汉寿县纪委参加全市“荷花品格,梅花精神”文艺节目展演;渔鼓《妈妈的妈妈大于天》参加全市文化馆业务技能比武并获金奖;农民作者金之丙创作的小品《酒驾》参加市百团大赛,参赛团队获二等奖。9月,认真组织创作《党的光辉照农村》《美丽的汉寿竹海,国家森林公园我的家》《抓安全促生产》等鼓书节目参加全市鼓书赛。已完成歌舞快板《王总家的生日宴》、渔鼓说唱《文化安全大于天》、地方汉剧《梨园欢乐龙阳城》、高腔小戏《荷花飘香》的创作编排。其中高腔小戏《荷花飘香》,参加常德市百团大赛荣获三等奖。

【贯穿各方 群众体育有活力】2017年,县人民政府以1号文件的形式出台《汉寿县全民健身实施计划(2016—2020年)》,群众参加全民健身的热情高涨。一是群体活动有影响。2017年,该局积极引导各个体育协会开展群众体育活动。篮球协会在全年举办了篮球甲、乙、丙三级篮球联赛,在全市是独树一帜的;马拉松协会自发组织参加了北京举办的国际马拉松比赛,汉寿县共有10多人参加;协会自行组织全程、半程比赛5次,特别是11月26日举行的常德市国际马拉松比赛,汉寿县组织300多人的队伍参赛,取得好成绩。汉寿县连续两年举办纪念毛主席诞辰为主题的环西洞庭湖123公里超级马拉松赛事;登山协会2017年举行成立一周年百名队员登鹿溪活动,组织了200人参加的柳叶湖帐篷节;游泳协会举办多次各类活动比赛;老年体协举办元旦、“三八”、“五一”、重阳等老年门球赛,举办老年健身展示活动,开展送节目到敬老院活动;羽毛球协会组队参加一系列邀请赛:市德源杯比赛、沅江邀请赛、汨罗邀请赛等;围棋协会、太极协会、乒乓球协会、自行车协会等都以不同的形式举办各种比赛和活动,使汉寿县全民健身活动的开展更具活力。另外,全县各系统各单位组织了多项全民健身活动,农商行、税务系统等组织气排球比赛,国土局组织了跳绳比赛,民政、政法系统等组织了篮球赛,县公安局组织系统拔河比赛,并组队参加市警察运动会获得团体冠军,国资系统组织首届运动会,各行业系统全民健身活动开展有序,掀起汉寿县全民健身一波又一波的高潮。二是指导员培训有力度。2017年,汉寿县有10多人参加市二级社会体育指导员培训,广场舞、气功、太极拳等项目三级社会体育指导员培训100多人。

【监管并重 文体市场再净化】围绕文体市场管理和“扫黄打非”工作重点,坚持联合执法与集中行动相结合,日常巡查与错时突查相结合,不断加大查处力度。一是宣传培训出效果。组织执法人员专题法制学习2次,集中培训3次,派出跟班学习4次12人次;组织文化市场经营业主法律法规培训班2次。9月至11月,开展文化市场综合执法岗位技能练兵比武活动;利用“4·26”世界知识产权日全国版权宣传周活动为契机,组织文化市场法制集中宣传活动1次。二是市场监管有成效。开展以“护苗2017”“利剑”“春雷”为主题的多个专项整治行动。针对网吧等重点市场,检查各类经营单位70家次,责令改正20家次,取缔无证摊点11家,查处擅自从事互联网上网服务经营活动案9件,查处擅自从事娱乐场所经营活动案5件,查处歌舞娱乐场所播放的曲目、屏幕画面或者游艺娱乐场所电子游戏机内的游戏项目含有《娱乐场所管理条例》第十三条禁止内容案5件。开展专项安全排查9次,整改安全隐患网吧场所1家,娱乐场所1家。三是行政许可有章法。共办理行政许可审批项目212家,上传137家,待办75家,办理中10家,变更2家。文化演出备案审批项目10件,娱乐场所歌舞厅14家,游艺厅9家,注销6家,艺术品备案1家,印刷经营许可13件,出版物17家,电影放映经营许可3家,网络经营许可经营中82家,停业62家,对全县所有印刷企业与出版物零售经营店完成了省市年检和核验上报工作,全部完成宗卷建档管理,宗卷完成率达100%,换发新证完成100%。

【真抓实干 综治广电有成效】全局围绕安全这根主线,综治维稳和广电安全播出工作取得实效。一是综治维稳抓得实。从解决老放映员和军转干部实际问题入手,没有发生一起越级上访和集访事件。二是广电安播有保障。严格执行广播电视安全播出零报告制度和安全播出月报制度,对“春节”“两会”“一带一路”“国庆”“中共十九大”等节假日和重点保障期加大监听监看和值班力度,制定播出应急预案、突发事件新闻宣传工作应急预案、中共十九大安全播出工作方案、广电违规设置频道专项整治方案等一系列工作方案。联合县610办、县文化市场综合执法大队对广电市场和广播电视器材销售场所进行了4次拉网式检查，查处非法销售卫星地面接收设施商户2家，没收卫星接收设备2套，拆除非法安装的地面卫星接收设施8套，对查处的2家违规经营场所下达了执法检查意见书；组织实施对3家小片网经营单位的专项检查，统一制作安全播出管理制度并张贴上墙，对不规范经营的百禄桥和岩嘴小片网业主下达行政处罚决定书，没收用于解码的数字接收器4台；开展对各大宾馆、酒店广播电视信号源的检查，杜绝非法设置卫星电视接收小前端的行为。

【强化措施“非遗”保护再推进】 加大对文物保护力度，非遗“五进”工程取得良好效果。一是文物保护群策群力。投入资金100万元对帅孟奇故居本体进行整体维修，正争创省级爱国主义教育基地；对黎学锦墓进行修缮保护，修建善德黎公牌坊、文化墙，完成黎学锦善德文化园第一期工程；成立黎学锦研究会，公开出版关于青文胜、帅孟奇、邹蕴真的专著《一代廉吏青文胜》《大姐风范长留人间》《心头常驻依依情》。二是开展戏曲进校园工作。10月份，非遗中心把常德高腔《帅孟奇》送到朱家铺镇中学，1000名师生带着对帅妈妈的敬慕之情观看，个个感动得热泪盈眶，帅妈妈的梅花精神和荷花品格在朱家铺镇中学全体师生中留下了深深的印迹，产生广泛的共鸣。

【常德高腔《帅孟奇》唱响全国】 “帅戏”公演影响大。5月23日晚，北京中国评剧院内座无虚席，1000多名首都观者，观看由该局精心编排的常德高腔《帅孟奇》，演出获得巨大成功，受到中宣部、文化部及北京各界的高度评价。常德市委两次调演《帅孟奇》，为“两学一做”学习教育的市级领导演出，为全国机关党建工作会议专场演出，为省委党校中青班学员党性教育专场演出。11月8日，参加全省基层院团戏剧会演。常德高腔《帅孟奇》成为汉寿县在全市、全省及至全国一张响亮的红色文化名片。

【省、市群众文艺大赛再创佳绩】 文艺创作精品多。常德高腔《帅孟奇》的成功，催生了汉寿县文艺精品创作，屡次在省、市文艺舞台获奖。在“喜迎中共十九大”“欢乐潇湘”常德市百团大赛中，汉寿共获得11个奖项。丰家铺镇佳佳歌舞团杂技《高空云梯》，被选送参加湖南省“欢乐潇湘”，获得省“欢乐潇湘”三等奖。在“我们都来跳”社会主义核心价值观湖南省原创广场舞大赛中，汉寿首次采取现场比赛加“互联网”相结合的模式，单场赛事点击率超过30万，是全省首个突破200万次的赛区，也是网络投票首个超过20万票数的赛区，汉寿赛区评出了1个一等奖、2个二等奖、3个三等奖、5个优胜奖、6个优秀组织奖。赛区前六名团队参加了常德市复赛，龙阳街道民舞艺术团被市选派参加省级决赛，获得省银奖；县文化馆获得湖南省“我们都来跳”原创广场舞大赛组织奖。

【喜获“全国群众体育先进单位”】 群众体育是国优，汉寿是群众基础很好的体育强县。近几年来，汉寿群众体育事业蓬勃发展，群众体育协会达到了16个。2017年，国家体育总局授予汉寿县“2013—2016全国群众体育先进单位”。

【勇夺市七运会金牌总数第一】 汉寿竞技体育属省强，是“湖南省体育后备人才重点县”。四年一届的常德市第七届运动会于2017年6至8月举行，汉寿县体育代表团共派出500多人的强大阵容，参加青少年组和成年组所有项目的比赛，是汉寿县参加历届市运会规模最大的一次。经过认真筹备、精心组织，全体参赛运动员团结协作、奋勇夺金，成绩再创历史，共获得金牌176.5枚，金牌总数居全市各区县市首位。

【首次承办国际性大赛】 作为国际四大自行车赛事之一，环中国公路自行车赛于9月21日在汉寿正式开赛，这是汉寿县首次承办国际性赛事。赛程94公里，共有22支车队、218名运动员参加，其中16支为国际车队。此次活动共接待国际国内媒体记者180人，3000多名志愿者、警察、机关干部以及乡村两级干群参加，确保赛事的圆满成功。2017环中国国际公路自行车赛汉寿赛段被“环中国”组委会授予“突出贡献奖”“最美风光赛段”称号。

【首届机关运动会圆满落幕】 8月21日—10月21日，汉寿县举办首届机关运动会。此次运动会，共设置男子篮球、男女混合气排球、男女混合拔河、乒乓球、羽毛球、男子象棋、趣味运动7个项目，分为县直组和乡镇街道组。县直组有42支代表队近2000名运动员参赛，21个乡镇街道办全部组队参赛，近800名乡镇干部职工参赛。通过三个月的激烈角逐，县住建局、县纪委、县食药工商质量局、县卫计局、县人社局、县公安局、县委办、县交通局获得县直组团体总分前8名，罐头嘴镇、洲口镇、辰阳街道办、龙阳街道办、洋淘湖镇、坡头镇、太子庙镇、朱家铺镇获得了乡镇街道组团体总分前8名。另外，有10个县直单位、5个乡镇街道荣获“道德风尚奖”。

【陈军堤村确认为全省“扫黄打非”进基层示范点】 2017年，省委宣传部、省“扫黄打非”领导小组办公室对岩汪湖镇陈军堤村“扫黄打非”进基层工作进行验收，汉寿“扫黄打非”进

基层工作做深、做细、做扎实。陈军堤村确认为全省“扫黄打非”进基层示范点。（王　杰）

广播电视

【概况】 2017年，汉寿县广播电视台内设办公室、政工室、财务室、总编室、策划活动中心、新媒体中心、汉寿新闻网、村村响办公室等单位，台直属独立法人单位有新闻中心、广告中心、发射中心；台下属事业单位企业化管理的独立法人公司有有线公司、无线公司。广播电视从业人员330人（含退休人员48人），两公司人员属自收自支企业化管理。办有汉寿综合频道、汉寿影视频道、中辉影视频道3个电视频道。自办节目有《汉寿新闻》《看龙阳》《一周回眸》等。拥有电视、电台、网站、手机报、“掌上汉寿”手机台、官方微博微信、农村广播村村响、户外电子显示屏等八大宣传平台。

2017年，汉寿广电全面深化内部改革，推进绩效考核管理，全力拓展新媒体，全体广电人克难奋进，按照县委、县政府和县委宣传部的工作部署，自觉服从和服务于全县经济社会发展大局，以宣传工作为中心，各项工作在稳定中发展，在困境中生存。

【内部改革顺利推进 管理水平稳中有升】 年初，根据上级文件精神，结合其他兄弟县市台经验，广电台媒体机关进行了台领导班子分工，二层骨干及工作人员配备引进竞争机制，优化上岗组合，强化工作职责，详细制定了绩效考核方案，为广电事业发展注入新活力，有效地提升了工作水平，调动了媒体机关工作人员积极性；特别是新成立的“三个中心”，在整合新闻资源的同时又提升市场竞争力，各中心都按年初既定的目标任务，超额完成，最大限度发挥了资源优势，各项工作成绩均创历史新高。

【媒体宣传精准发力 内宣外宣成绩斐然】 新闻立台是县级广电台生存和发展的根本。内部改革后，新闻中心和新媒体中心全体工作人员齐心聚力，努力拼搏，先后推出《喜迎中共十九大》《洞庭湖生态环境整治进行时》《双百工程》等大型系列报道。《汉寿新闻》栏目全年播发新闻稿件1780条，为县域经济发展提供强大的舆论支持。其中《汉寿：打响黑杨清理攻坚战》《汉寿恢复退化湿地6万亩》《西洞庭湖六位一体：助推环境保护》等稿件在湖南卫视、央视2套、央视1套新闻1+1栏目播出。全年市台上稿22168秒，稳居全市第一，卫视上稿2385秒稳居全市第一方阵；2017年，“掌上汉寿”手机台共发布资讯7200条，视频1300多个，完成现场直播44场，访问突破650万人次（单篇点击量最高纪录为3.3万），在全国178家手机台中排13名，全省15家手机台中排名第1；汉寿新闻网被省红网授予“优秀分站”称号。

【创新机制主动出击 经营收入维持运转】 2017年初，台党委研究决定，对原有的综合管理部、专栏文艺部、广告中心“三部合一”，成立策划活动中心，将药品广告部独立出来，有效地整合创收资源，最大限度地拓展创收渠道，全体工作人员根据绩效考核细则，在经营创收方面主动作为，千方百计联系广告业务，磨破嘴皮联办创收，精细策划活动专题，广泛开展联办活动。一年来，商业广告、联办、专题、药品创收均超预期完成了目标任务，基本保证了各项工作的正常开展。

【广电事业逆境求生 维稳安保总体可控】 近两年，汉寿县移动、电信、联通等通信运营商通过捆绑销售、免费赠送等方式大力发展IPTV、网络电视业务，对该台有线、无线公司经营造成了很大的冲击，原有电视、宽带用户出现了断崖式下滑，全年无线电视用户流失1.8万户，有线电视用户流失3.2万户，经营情况非常严峻，公司运转举步维艰；应对不利趋势，公司经营班子主动出击，制定“保现有用户服务质量，拓展增值业务争抢新用户，保工作人员基本工资，千方百计维护稳定”的对策，全年未出现1次群访群闹现象，中辉公司2起4人次的上访也成功化解，维稳安保工作做到了基本可控；两公司全体工作人员，发扬了“白+黑”、“5+2”的工作精神，起早贪黑奋战在一线，保住了大部分基本用户，发展了一批新用户，争取了一些新业务，确保了信号畅通，播出安全。全体广电人在待遇不高、经费不足、压力山大的严峻形势面前，自加压力，奋力前行，精诚团结，相互理解，为广电事业做贡献。

（郭庭利）

文物考古

【概况】 汉寿县文物管理所成立于1991年，为全额拨款的股级事业单位。1999年自筹资金在县城关镇修建了单独院落，有办公用房60平方米，文物库房80平方米。局长、党支部书记曾实秋，副书记李文，副局长刘建辉、叶智，工会主席周慧。实有编制9个，在职10人，退休3人，隶属县文化体育广电新闻出版局管理，为参照公务员法管理的副科级事业单位。内设文物行政执法队、业务股、综合办公室，帅孟奇故居管理所成立于2012年5月，实有编制2名，为县文物局管理的正股级事业单位。单位地址辰阳街道杨旗嘴文物路。

县文物局负责全县的文物保护和管理工作，具有文物行政执法、配合公安工商等部门打击文物盗掘、走私、损毁等文物违法犯罪活动，以及考古调查与发掘、文物征集与收藏、陈列展览、宣传教育等职能。同时对乡镇文化站以及清水湖文化产业园“石尚园”博物馆的文物保护业务工作具有监管和指导职能。

文物局现有馆藏文物2000多件，珍贵文物213件：其中一级文物8件，二级文物31件，三级文物174件。2007年开展第三次全国文物普查，确定文物点120处。文物资源丰富，现有省级重点文物保护单位2处，市级重点文物保护单位18处，县级重点文物保护单位59处。

【主要工作】 维修和保护好帅孟奇故居不走样。投入100多万元刷桐油、翻修屋面、铺坊镇三合土、改造给排水系统、铺石板。维修后的帅孟奇故居影响扩大，游客增多，全年接待游客近30万人次。湖南省委原副书记、国土资源部原部长孙文盛，帅孟奇养女舒炜的儿女等嘉宾到故居进行参观指导。故居现已被批准为省级爱国主义教育基地。

对黎学锦墓进行修缮保护。修建善德黎公牌坊，文化墙，完成黎学锦善德文化园第一期工程；成立黎学锦研究会，由会员捐款用于建设和研究；对其生平事迹进行宣传，派专人到四川调查了解，在《常德晚报》进行宣传报道。

开展好文物宣传工作。一是“文化遗产日”活动。5月31日，文物局与县文化馆联合举办“文化遗产日”大型宣传活动，演出10个非遗文艺节目，50多块《中华人民共和国文物法》宣传展牌，吸引了近5000多人观看，对宣传县文化遗产保护工作发挥了积极作用。

深入学习中共十九大精神不放松。11月6日，局组织全体党员认真学习中共十九大会议精神，进一步提高基层党组织“三会一课”质量，激励党员树立崇高理想和坚定信念，激发广大党员干事创业、创先争优热情，有效解决党员“精神缺钙”、“行动乏力”问题。支部先后组织全体党员集中观看了红色剧目汉剧高腔《帅孟奇》，对《中华人民共和国刑法》中妨碍文物管理罪等相关内容及国家文物局通报的文物违法案件及洛阳典型的文物大案等文物相关知识专题学习，通过学习不断提高党员同志的思想境界和职业素养，从而在单位形成学习的热潮。

巡查整改文物安全工作不放过。通过巡查，切实增强责任意识，配备灭火器8组，文物库房更换安装了监控系统，本年度未发生任何火灾、盗窃、抢劫、盗掘文物案件。

宣传文物不遗余力。汉剧高腔《帅孟奇》晋京演出，名动京城，反响热烈，30多位中央领导、革命红二代、老将军亲临现场观看；省、市多次调演《帅孟奇》，反响热烈，极好地宣传了帅孟奇故居。公开出版了关于帅孟奇、青文胜、邹蕴真等汉寿名人专著《一代廉吏青文胜》《大姐风范长留人间》《心头常驻依依情》。

开工兴修博物馆不落伍。汉寿县博物馆建设高起点规划，开工迅速。汉寿县博物馆经过前期勘查、设计，已于10月12日举行了开工仪式，地处新城区核心位置，将被打造成标志性建筑物，建筑面积7000平方米。

（曾实秋）

清水湖旅游景区

【编制机构】 2017年4月，经2017年第一次县委编委全会研究同意，将县原旅游局在编5人连人带编划入县清水湖旅游景区管理处；2017年12月，经第二次县委编委全会研究同意，县国有资产经营管理中心从县清水湖旅游景区管理处连人带编划走1名全额拨款事业编制。调整后，县清水湖旅游景区管理处编制由原来6名全额拨款事业编制增加到10名全额拨款事业编制，管理处重新设置1办6股，即办公室，规划与产业发展股、开发建设股、旅游管理股、事务拓展与市场开发股、综合服务与法制建设股、财务股。

【项目建设】 2017年，清水湖管理处严格按照年初县政府工作报告下达的主要目标任务，全力以赴，主动作为，拆迁、控违、处理债务、做优各种服务，尤其注重办理证照、报批报建各种手续，项目建设取得了很大成绩：高尔夫国际大酒店进行了内部装修和样板房装修，全年累计完成投资1.43亿元，占年计划比例100%，预计2018年9月，可在原计划基础上提前3个月竣工并于国庆节投入运营。野生动物园已成功办理野生动物一级驯养证，完成了林评、环评等各种手续资料，引进动物100多种（包括非洲犀牛、长颈鹿、斑马等）；投资方征拆资金到位2.2亿元，动物园征拆工作正在有序进行；12月20日，由该处负责承办，成功举办“中国·汉寿国际旅游度假区野生动物园开工奠基仪式”，野生动物园项目建设正式进入关键性建设阶段。高尔夫小镇（安置小区）完成拆迁45户，征地38.23公顷；旅游大道正式动工建设且进展迅速，有望在2018年9月，全面建成安置小区，建好旅游大道。

【中心工作】 2017年，管理处建立健全了各种制度，日常管理工作逐渐步入制度化、规范化、科学化。管理处狠抓景区安全工作，及时制定了安全工作责任制，建立健全了安全防范和应急处理机制。7月份，针对清水湖库区“野泳”现象突出、安全隐患极大的问题，经请示县政府，管理处主动协调县公安局、县水利局、安监、海事、城管等多家职能部门进行了两轮“防溺水”专项整治，消除了安全隐患，成功杜绝了溺亡事故。管理处加强了对水资源的保护和利用，积极协调库区引水、保水、灌溉、维护等系列问题，较好地解决了景区与周边群众围绕水资源利用的矛盾，取得了一定成效。管理处对信访维稳一直高度重视，通过多方协调、反复沟通，及时出台了兼顾多方利益、切实可行的整体债务化解方案，使债务问题得到初步理顺，维护了大局稳定。在项目建设控违拆违工作中，坚持以情动人、以理服人，耐心做群众的矛盾化解工作，成功处理控违拆违事件多起而没有引发一起群体性和恶性的上访事件。管理处积极参与扶贫攻坚和民调工作，对以前汉寿民调工作的盲区——高尔夫旅游职业学院和酒店，成功实现了全覆盖。为力保AAAA景区金字招牌，管理处多次派人赴省、市汇报，专门邀请专家指导整改工作，加大了软硬件建设力度，为启动创国家级AAAAA景区创造一些条件。2017年，利用专项资金，严格按照国家有关标准对景区标识标牌、厕所进行系列整改，共完善景区标识标牌21块，改造星级旅游厕所3处。管理处紧密配合项目建设需要，利用电视、报纸、网络进行全方位宣传推介，2017年先后在掌上汉寿手机台、《常德日报》《当代商报》等省市县三级媒体上发表10多篇项目建设宣传文章，及时跟进，多角度造势，在全省乃至全国范围内扩大了汉寿国际旅游度假区的知名度、美誉度。6月，清水湖景区成功对接全国智慧旅游数据平台，实现了与所有国家级AAAA以上景区的数据联网（一键式数据平台）。

（周笑勤　粟显波　曾文斌）

图书发行

【概况】 湖南省新华书店有限责任公司汉寿县分公司是一家有着六十多年光辉历程的图书音像出版物批发、零售企业，公司前身——汉寿县新华书店创建于1950年8月15日，是汉寿县创立最早的文化企业之一，历经半个多世纪的风风雨雨，创造和积累了数量可观的固定资产，为汉寿县的精神文明建设作出了应有的贡献。

2017年度，分公司完成销售5372.85万元，其中，教材教辅完成4485.70万元，一般图书完成627.78万元，文化用品完成259.34万元；营业收入4344.4万元;完成利润584.89万元;销售折让和可控费用率控制在12.78%；货款回笼率97.03%；应收货款周转次数11.32次;库存周转次数目标2.81次。

【教材教辅业务】 2月23日晚间，受央视新闻报道邵阳、衡阳地区《“被自愿”的教辅材料》的影响，在全省范围内开展了一次教辅资料专项整治活动，造成我公司秋季一科一辅和市场教辅销售严重下滑，全年完成教材教辅4485.7万元。

5月开始，全市专项整治活动开始，积极配合市教育局纪检、县纪委、县教育局纪检开展教辅资料专项整治活动。

8月，按照市教育局下发的常教通〔2017〕(106号)文件开展征订发行工作，一科一辅的征订工作由业务员下到学校联系开展征订，取得销售码洋635余万元，相比春季下降624.3万元;市场教辅按照专项整治要求不能入校，该公司按照省市公司要求积极组织备货，于开学的第一周（2017年8月31日至2017年9月3日）到学校门口开展摆摊，分设五个小组，共计四天，摆摊30余次，取得销售码洋9.4余万元。摆摊期间，耐心向学生家长宣传教辅新政，向每个在校学生发放《致全县家长朋友的一封信》，同时与部分学校进行建设校园书店的意向性洽谈。

【一般图书业务】 2017年，公司共完成图书销售627.78万元。一是在新春之际开展“喜迎猴年、全民阅读”，在2月1日—2月7日七天时间，累计销售各类图书2.13万元。二是开展“传播文化八十载新华阅读嘉年华——热烈庆祝新华书店成立八十周年主题营销活动”，充分发挥新华书店在传播先进文化、建设书香社会、推动全民阅读方面的积极作用。三是在秋季开学期间开展“开学季图书优惠营销”，竭力为全县学生提供正版、优质的教辅资料、工具书，开学当月销售学生类用书（含工具书）约24.75万元。四是在中国共产党“中共十九大”胜利召开之际，公司紧紧围绕迎接中共十九大、宣传中共十九大、贯彻中共十九大这条主线，组织《习近平谈治国理政》第一、二卷、《中共十九大文献汇编》《中共十九大党章》《中共十九大报告》单行本等大量党建政治读物，布置“中共十九大”文献展台，在店内外进行海报与电子屏宣传，充分发挥出版发行主渠道、主阵地作用，收到良好的社会效益与经济效益。

【文化用品业务】 2017年，汉寿县分公司文华用品完成销售码洋259.34万元。狠抓门店经营管理。针对门店零售市场的日益萎缩，公司在年初及时调整文化用品柜组，重新整理商品，使商品上架陈列更合理，柜组一年订货18次，做到常备货不缺，新货不断。重点品种中的考试笔袋完成销售8.1万元，达到八、九年级学生人手一袋 。文化用品上门推销走出第一步。营销部刘明清积极主动向学校推销文化用品，A4打印纸销售105件，高档地球仪10个，码洋18970元；李政推销A4纸40件。

【团队建设】 2017年，公司注重青年队伍建设，夯实他们的思想基础，努力搭建锻炼平台，健全激励机制，促进青年成长，为后备队伍提供有力保障。5月4日，经理室成员和青年员工开展“五四青年座谈会”，使青年在思想、工作和生活上进一步成熟，让他们对我们工作中存在的不足提出宝贵意见。下午，又开展“高举五四火炬，争当青年先锋”登山活动，在攀登中激扬了他们青春的斗志，更在娱乐活动中获得青春的收获，陶冶情操，放松心情，增强公司的凝聚力与向心力。11月3日，公司工会组织工会成员前往星德山开展了“秋季登山运动”，通过登山活动，锻炼身体，提高员工团结协作精神，增进了相互的友谊和感情，提高了员工的凝聚力，展示了公司员工积极向上的精神风貌。

【基层党建工作】“两学一做”学习教育常态化制度化。分公司参照省、市公司党委和县委县政府要求，结合实际情况，在上半年制定“两学一做”专题学习教育方案和计划，把“两学一做”与业务工作相结合，彻底融入企业发展中来。党风廉政建设常抓不懈。公司党支部对照党章党规，对照中央八项规定和省委九项规定，对照公司党风廉政建设制度要求，坚持每半年进行1次“党性体检”，建立问题清单，抓好整改落实。在支部层面，查找分析是否落实全面从严治党主体责任，是否坚决执行党的理论和路线方针政策，是否认真坚持民主集中制，着力解决了党的领导弱化、党的建设缺失、管党治党宽松软等问题。党员层面，重点查找分析理想信念是否坚定、对党是否忠诚老实、大是大非面前是否旗帜鲜明，着力解决党员意识不强、组织观念不强、发挥作用不够等问题。主题党日活动紧扣“严肃政治思想”主题。公司坚持开展丰富的主题党日活动，以党支部为基本单位，全体党员参加，采取上下结合或左右联合的方式组织开展。3月22日，开展扶贫结对工作，详细了解他们的生产生活、家庭收入、具体困难等，有针对性地制定脱贫措施，并向他们宣讲新一轮扶贫政策，鼓励他们通过不懈努力脱贫致富。4月13日，公司组织开展“弘扬孟奇精神，继承优良传统”活动，重温帅孟奇同志生平事迹，缅怀革命先辈，接受红色教育。10月18日，组织党员干部观看“中国共产党第十九次全国代表大会”，聆听习近平总书记在大会上作题为《决胜全面建成小康社会 夺取新时代中国特色社会主义伟大胜利》的报告。

（丁　豪）

卫生和计划生育

卫生和计划生育

【概述】 汉寿县卫生和计划生育局系政府组成部门，主要任务是贯彻执行卫生和计划生育工作的方针、政策和法律法规；贯彻医疗机构和医疗服务全行业管理办法并监督实施；负责基层公共卫生、计划生育技术服务、妇幼保健、疾病防控、血吸虫病防治、无偿献血、爱国卫生等工作的规划、协调、指导、监督、宣传和服务工作；推进公立医院改革，实施国家药物政策和国家基本药物制度；贯彻执行优生优育和提高出生人口素质的政策措施；指导卫生计生人才队伍建设；监督落实计划生育一票否决制。

承担县人口和计划生育领导小组、县爱国卫生运动委员会、县血吸虫病防治工作领导小组、县无偿献血工作领导小组办公室、县深化医药卫生体制改革领导小组和县防治艾滋病工作领导小组的日常工作。

局机关内设办公室、人事股、规划股、财务股、法制股、行许办、疾防股（应急办）、医政股、基卫股（公卫办）、计生基层指导股、中药股、基药股、妇幼健康股、血防办、爱卫办、献血办等16个股室。下设县计生协会办、县红会办、县卫计局财务核算中心等8个直属二层机构。

全县现有县直医疗机构5家、乡镇卫计办22个、乡镇卫生院28家、基层血防站3个、民营医院14家，诊所73个，村卫生室462个。全系统共核定编制2561人，在编2341人，退休1107人，临聘890人。

【年度人口情况】 2016年10月1日至2017年9月30日，全县出生人口9753人，政策内出生9525人，符合政策生育率97.7%，人口出生率11.4‰，人口出生性别比在110以内。符合政策生育率大幅提高，全县共发放二孩生育证4525本，全面二孩生育政策成效见好，全县人口发展均衡。截至2017年9月30日，全县总人口858090人，其中已婚育龄妇女168421人，现有一个子女84338人，领取独生子女证33591人。

【重点工程建设】 人民医院异址扩建已投资约2.5亿元，完成主体建筑60%的工程量。中医院异址新建项目预计12月竣工验收，搬迁工作正在筹备中。妇幼保健综合大楼已投入使用，门诊住院综合大楼正在进行地下层的土建施工建设。军山铺、蒋家嘴等卫生院添置CT、DR等医疗设备，基本形成以县级医疗卫生机构为龙头，县、乡、村三级网络齐全，覆盖全部城乡居民的医疗卫生服务体系。

【人才招聘引进】 全年共招聘、引进医技人员113人。其中，高级人才10人。

【妇幼保健计划生育】 全年期内共落实3566例避孕节育措施，全县完成孕产妇免费产前筛查6658人、孕前优生健康检查6787对，免费为12782名农村妇女进行宫颈癌检查和乳腺癌检查（超过任务数782人）。孕产妇住院分娩率和农村孕产妇住院分娩补助率均为100%。孕产妇死亡率和5岁以下儿童死亡率均控制在市级下达指标内（孕产妇死亡率17/10万，5岁以下儿童死亡率8‰），0–5岁儿童死亡30人，死亡率为3.31‰，同比2016年少9人，下降1.13‰。3岁以下儿童系统管理率、新生儿疾病筛查率、产前筛查率、叶酸投服率、叶酸服用依从率、婚前医学检查率等各项指标状态良好。2017年度，计划生育工作在市里排名前进2个名次，被省、市评为“2017年计划生育良好单位”。

【基本公共卫生服务】 人均基本卫生公共服务补助标准提高到50元，免费服务项目增加到12类45项。全县累计建立居民健康档案681262份，为65岁以上的老人和糖尿病患者体检1次，对高血压患者、糖尿病患者随访4次以上。参加中高考、重要节庆、重要会议的医疗保障和征兵体检等工作。全面建立全员人口信息库，计生“村直报”和“实时通”工作经验被全省推介。

【疾病控制工作】 开展义诊义治、控烟、农民健康行等健康教育活动，群众健康意识逐步增强。应急处理了3月21日毛家滩乡中学甲流和6月14日龙阳小学麻疹两起暴发疫情，对7993名适龄儿童补接种了麻疹疫苗。全县免疫接种率持续保持95%以上。为50所中小学5万余名学生健康体检并健全健康档案。应急通信畅通。出血热疫情、手足口病聚集性疫情、结核病等发病率持续低于全市平均水平。艾滋病得到有效防治，无重大传染病疫情暴发流行、无重大突发公共卫生事件发生、无重大餐饮安全事故出现。

【利益导向工作】 推进计生优质服务和“爱心助孕”特别行动，实现国家免费孕前优生健康检查全覆盖。计生协会广泛开展“生育关怀”活动，救助贫困计生家庭。2017年，全县农村计生奖励扶助、计生特别扶助、城镇独生子女父母奖励、计生手术并发症扶助以及独生子女保健费发放等对象达到2.46万人，共发放奖励扶助资金2273万元。

【血吸虫病防治】 血吸虫病防治达到预期，维护围栏设施57公里，完成查螺1.34万公顷、药物灭螺0.16万公顷、灭蚴758公顷。人群免费查病10.2万人次、化疗7.3万人次，救治晚血341例，没有急性血吸虫病发生。淘汰疫区牛6212头、羊4620头，淘汰率100%。完成坡头等地8个渔船码头建设、4980个厕所改建、渔船粪便无害化处理。

【综合监督执法】 征收入库社会抚养费991.5万元。查处并结案3例典型“两非”案件。1个单位和281名个人在个人评先、人员招聘录用、当选党代表、人大代表、政协委员、村支两委换届等工作中因为违法生育被“一票否决”。公共场所、生活饮用水、学校卫生等社会公共卫生单位的卫生监管有力，下达整改意见书2000份，查处违法案件403起，没收非法行医药品及医疗器械145件，取缔无证行医11家，移送司法机关涉嫌非法行医19起。汉寿被评为“全省卫生计生依法行政示范县”。

【基本药物工作】 从10月1日起，所有公立医疗机构药品采购实现“两票制”，采购流程进一步简化，全部药品零差价，破除“以药补医”，医疗服务价格逐步理顺。全县非基药占基药采购金额比例低于省规定30%的控制标准。

【精神卫生试点工作】 顺利完成国家、省重点民生实事“重性精神疾病患者救治救助工程”试点工作。9月27日，国家卫生计生委组织专家对汉寿县试点工作进行督导验收，对汉寿县的试点经验给予高度肯定。全县为精神疾病患者建档3728人，在管3655人，抗精神病药物治疗患者3041人，发现报告率达到4.81‰，管理率达到98.2%，在管患者病情稳定率达到82.6%，已完成救治救助106人。

【省级卫生县城创建工作】 汉寿县以近90分的高分通过省卫生县城复审考核领导小组对汉寿县的复审考核，保住省卫生县城牌子。

【健康扶贫工作】 通过“三提高、两补贴、一减免、一兜底”（提高城乡居民医保保障水平，提高大病保险保障水平，提高民政医疗救助水平；建档立卡农村贫困人口参加城乡居民医保的个人缴费部分，县财政按50%标准给予补贴，特困人员全额补贴；对罹患9种大病农村贫困人口实际医疗费用，经基本医疗保险等各类保险以及医疗救助基金等渠道支付后，个人自付部分由定点医院给予50%的减免；农村贫困人口在汉寿县住院治疗医药费用通过“一站式”结算后，通过基本医保、大病保险、医疗救助、商业保险赔付等综合补偿及医院减免后，自付费用个人支付仍有困难的，实行政府兜底保障，按照“一事一议”的方式予以救助）等系列政策，切实减轻因病致贫、因病返贫的10228人就医困难。贫困人口医保参保率达到100%。对建档立卡贫困人口在县级以上二级公立、民营医院住院在原报销的基础上增加10%的报销比例，大病保险补偿由10000元起付线降低为3000元，补偿起付线降低了70%。为743名特扶伤残、特扶死亡家庭兜底缴纳参保费用11.145万元。299名严重精神障碍患者已纳入医疗救助“一站式”结算。

（周新贵）

疾病防控

【概况】 汉寿县疾病预防控制中心是经常德市编制委员会批准的正科级全额拨款事业单位，于2005年12月30日由原汉寿卫生防疫站更名成立。现有在职人员88人，其中专业技术人员76人，副主任医师以上职称5人，中级职称25人，本科以上学历43人。

中心内设传染病防治科、公共卫生突发事件应急处理办公室、性病艾滋病防治科、中心实验室、结核病防治科、预防接种门诊、戒毒咨询门诊和健康教育科等17个职能科室。是汉寿县疾病预防控制、公共卫生技术服务、健康教育等指导中心。

【传染病管理及疫情处置】 2017年,报告法定传染病19种、2648例（甲乙类传染病14种，无甲类病例，乙类病例1529例；丙类5种，1119例）发病率349.12/10万；采集手足口病样本60份，阳性率76.67%；全县31个医疗单位开展了腹泻病人检测，检测腹泻病人651人；农贸市场、超市外环境检索308份,均未发现霍乱弧菌;开展“三热病人”血检，血检人数494人,未发现阳性。2017年11月,银鑫农贸市场鸡、鸭发现H7N9核酸阳性后，立即向相关职能部门通报，卫计部门开设了发热门诊，进行人群医学观察，畜牧部门加强监测管理，市管中心加强清洗消毒。6月14日，龙阳小学发现麻疹疑似病例4例，达到突发公共卫生事件标准，中心即时启动突发公共卫生事件预案，赶赴现场进行流行病学调查和防控措施指导，有效地扑灭疫情，未造成更大流行和人员病死。

【免疫规划】 2017年，对全县31个预防接种门诊进行了4次督导，调查310名适龄儿童预防接种情况，对存在的问题要求各单位及时进行了整改。对全县所有的新入托入学的适龄儿童进行了接种证查验和疫苗补种，共查验儿童22871名，进行补证、补种4565人。全年冷链运转12次。分四期对全县所有预防接种人员进行了免疫规划相关工作督导。按要求对全县所有医疗机构进行了AFP病例的主动搜索，发现2例AFP病例，及时进行流调、标本采集和送检，排除了脊灰病例。麻疹疑似病例主动监测24次，监测到麻疹确诊病例6例,并及时流调、采样、送检，及时进行疫情处置。

【学校卫生】 2017年，对全县39所乡（镇）中小学校（含村小）学生进行了体检，共检学生71442名，体检率为100%。体检学生常见病中视力低下、龋齿、沙眼等发病率分别为28.06%、23.37%、2.73%，此外，肥胖794人，内科检查异常3人，色觉异常532人，分别占体检人数的1.11%、0.004%、0.74%。

【艾滋病防控】 2017年，累计发现艾滋病感染者和病人共461例。HIV261例，AIDS200例，截至2017年12月31日，正在治疗317人，死亡28人。其中病例分布在20~50岁之间，以性活跃龄段为主，累计死亡100例，新发病例为101例。上传VCT咨询检测556人次，其中初筛阳性21人，确诊21例。

【结防病防治】 2017年，共接诊可疑肺结核病人2207人，发现新涂阳病人225例，复阳1例，初阴269例。发现耐多药病人2例。初治涂阳病人比例99.56%,复治涂阳病人比例0.44%。涂阳病人2月末阴转率100%，涂阳病人3月末阴转率100%。结核病人转诊率100%，追踪率100%，追踪到位率100%，总体到位率100%，病人系统管理率100%，病人家属筛查率100%。

【卫生监测检验】 2017年，农村饮用水水质监测，分枯水期和丰水期采样两次，每次监测采集样品79份，共158份。农村环境卫生全年共调查监测户100户，中小学校各5所。采集土壤样品20份。食品风险监测，全年在各乡镇农户家采集新鲜蔬菜样20份，大米40份，自制熟食卤菜20份。食源性疾病监测，配合卫计局督促定点医院落实好食源性疾病上报情况，全年共420例，其中人民医院105例，中医院105例，妇幼保健院105例，蒋家嘴第二医院105例。对辖区内的供水单位按时进行监测，全年共监测水样101份，城区自来水公司三家，农村集中供水厂60家，生活小区41家，污水处理厂1家。对人民医院，中医院，妇幼保健院，爱尔眼科医院等医疗机构监测样品338份。对城区公共场所进行了主动或委托监测，全年完成231家公共场所卫生监测样品685份。从业人员健康体检办证共受理11300人次。

【健康教育与促进】 2017年，继续开展全民健康生活方式行动支持性环境建设，创建健康食堂1个（汉寿县疾控中心食堂），健康社区2个（岩汪湖社区,红旗社区）,健食步道1个(银水湖公园健康步道),健康餐厅1个（龙阳国际大酒店健康餐厅）。全县共有健康教育宣传栏492个，共计更换宣传栏内容3264期次。开展健康主题日公众健康咨询20次，设置咨询点694个，出动流动宣传车120台次,发放宣传单、折页154986份，接待咨询群众5.9万人次,举办健康教育知识讲座899期次，受众达27589人次。

【基本公共卫生服务】 2017年，居民健康档案建档705157份，建档率93.37%；管理65岁以上老年人94769人，管理率97.93%；筛查、规范管理高血压病患者65518人、糖尿病患者21948人、重性精神病患者3702人。

【职业病防治】 2017年，对全县48家有职业危害因素的企业员工进行了职业健康检查，共计检查2228人；对全县18家有放射医疗项目的医院进行了放射工作人员的业务培训，并对工作场所进行了放射监测。

（熊汉辉）

妇幼保健

【概况】妇幼保健院创建于1956年，现有职工总数243人，编制人员126人。卫生专业技术人员209人，其中：高级职称13人、中级职称61人。原有业务用房4732平方米，门诊大厅和B超室改造新增面积300平方米，另增设5818平方米儿童保健大楼，已于2017年4月正式投入使用；2017年2月，11层高的门诊住院大楼已开工修建，建筑面积27856平方米，总投资约7000万元。现开设床位110张，设置门急诊科、产科、妇科、儿童保健科、儿科、新生儿室、婚孕体验科、群体保健科、检验科、放射科、B超室、麻醉科、手术室等科室；承担着全县妇女儿童的预防、保健和医疗教学指导等工作；是全县职工医保、城乡居民医保定点医疗机构；同时，是湖南省重点民生实事项目（全县农村适龄妇女“两癌”免费检查项目）定点单位。

2017年6月，获得由国家妇幼保健协会授予的“母婴友好医院”称号；12月，创建的“中国妇女盆底功能障碍防治中心”由湖南省妇幼保健与优生优育协会授牌，该中心是汉寿第一家也是唯一一家规范化、专业化、综合性的盆底康复防治中心。

【业务工作】2017年，门（急）诊量128504人次，同比增长11%；业务收入5182.3万元，同比增长13.75%；住院分娩量2971例，出院人次7457；年终固定资产3289万元，新增固定资产489万元；医保病人入网率100%；孕产妇住院分娩率100%。孕产妇系统管理率96.95%，5岁以下儿童死亡率为3.31‰，新生儿基本筛查率95.11%，新生儿听力筛查率96%，产前筛查率99.76%，叶酸服用依从率93.7%，产妇艾滋病、梅毒、乙肝孕期检测率97%，妇女病普查率39%，婚前医学检测率98%。

【重点民生实事项目】2017年，院承担省重点民生实事项目：农村适龄妇女免费“两癌”检查及孕产妇免费产前筛查，共对全县22个乡镇（街道）开展工作。完成“两癌”检查任务12782人，完成率106%，查出宫颈癌5人，乳腺癌6人，癌前病变33人，均进行了早期治疗；完成免费产前筛查7248人，完成率100.66%，发现产前筛查异常，均进行了转诊干预，接受干预诊断了97.11%，根据医学需要终止妊娠15人，控制出生缺陷儿童的出生率。

【项目建设】妇幼保健院扩建。项目建设分二期进行，第一期为儿童保健大楼，地上六层，地下一层，建筑面积5818平方米，投资2200万元，2017年4月已投入使用。第二期为门诊住院楼，地上十一层，地下一层，建筑面积27665平方米，投资1.3亿，项目已开工半年，正进行桩基础施工。

项目设计单位为北京医网中心，按四大部设计，理念先进、布局合理、设计科学。建成后可开发床位300张，实现门诊40万人次/年，分娩5000人次/年，住院1.8万人次/年，业务收入过亿，满足人民群众医疗保健需求。

（万利辉）

卫生计生综合监督

【概况】汉寿县卫生计生综合监督执法局（简称县卫计执法局），为参照公务员法管理副科级事业单位，归口县卫生和计划生育局管理，位于汉寿县芙蓉西路99号。主要职责：负责实施卫生计生专项整治和日常监督检查；负责对公共场所卫生、生活饮用水卫生、学校卫生及消毒产品和涉及饮用水安全产品进行监督检查；负责对医疗机构、采供血机构及其从业人员的执业活动进行监督检查，查处违法行为；承担打击非法行医和非法采供血，整顿和规范医疗服务秩序；负责对医疗卫生机构的放射诊疗、职业健康检查和职业病诊断工作进行监督检查，查处违法行为；负责对医疗机构、采供血机构、疾病预防控制机构的传染病疫情报告、疫情控制措施、消毒隔离制度执行情况、医疗废物处置情况和菌（毒）种管理情况等进行监督检查，查处违法行为；负责对母婴保健机构、计划生育技术服务机构服务内容和从业人员的行为规范进行监督，依法打击“两非”行为，做好计划生育社会抚养费征收及违法违纪案件的督查督办；负责对乡镇（街道）卫生计生综合监督执法进行指导和督查，对监督协管员进行培训、业务指导；负责全县卫生计生监督信息的收集，核实和上报，受理对违法行为的投诉、举报；开展卫生计生法律法规宣传教育和执法检查；参与卫生行政许可事项的现场审查；参与全县重要会议与重大活动卫生保障；参与突发公共卫生事件的调查处理；承办县委、县人民政府和县卫生和计划生育局交办的其他事项。

【医疗市场整治】以开展打击非法行医活动为重心，整治医疗服务市场，规范依法执业行为。对辖区内的所有医疗机构进行监督检查。辖区内共有医疗机构550余家，其中县直医疗机构4家，民营医疗机构共13家，乡镇卫生院29家，个体诊所及村卫生室近500余家。对科室设置不规范、超范围执业和跨类别执业、“聘非”、医疗废物管理等较为严重的问题和问题整改不到位的予以立案严肃查处。全年查处违法案件78起，没收非法行医药品及医疗器械145件，取缔无证行医10家，涉嫌非法行医罪11起，已移送司法机关。7月12日，联合县公安、广电、乡镇政府、乡镇卫计监督所、乡镇卫生院、当地村委会，对城乡“黑诊所”及非法医疗广告进行集中整治，现场取缔“黑诊所”2家，没收药品和器械4箱，销毁医疗广告10处，整治行动在《常德晚报》、汉寿电视台、掌上汉寿手机台等媒体报道，极大地震慑了非法行医从业人员，收到良好的社会效果。

【环境卫生】 依据《公共场所卫生管理条例》及《公共场所卫生管理条例实施细则》对全县337家公共场所经营单位进行监督管理，定期对住宿、沐浴、游泳、美容美发等行业的1159名从业人员健康体检及卫生知识培训情况进行了监督检查，对“五病”（痢疾、伤寒、病毒性肝炎、活动期肺结核、化脓渗出性或接触性皮肤患者）人员进行调离。主要监督内容包括：卫生组织、卫生制度是否建立、健全及执行；公共场所内外环境卫生状况；基本卫生设施是否具备；消毒制度、消毒设施是否健全、完好及运行情况；有关公共场所卫生标准执行情况、对各项指标要求进行监督；通风换气设施的运行情况、从业人员健康体检、卫生知识培训及患有禁忌证的从业人员调离情况；抽查部分从业人员健康合格证和培训合格证；检查卫生许可证情况，是否获得“卫生许可证”及“卫生许可证”是否在有效期内。

对36家生活饮用水、二次供水、集中式供水单位进行监督检查，有效防止介水传染病的发生与流行。主要监督内容包括：集中式供水单位、学校自备供水卫生管理情况及饮用水净化消毒措施，主要包括供水设施运转状况、供管水工作人员持证情况、水源防护及储水池清洗消毒情况、饮用水净化消毒处理情况，并对所涉单位供水水质进行抽样检测。

【食品安全】 2017年，卫生计生监督执法局根据本部门的食品安全职能积极履职。一是对全县2家集中式消毒餐具单位进行监督检查，定期对从业人员健康体检及卫生知识培训情况进行监督检查，切实把好食品安全的餐具卫生关；二是全面做好突发公共卫生事件及食物中毒事件的应急处置工作，设立专业队伍，成立应急小分队，确保全县无一例类似事件因处理不力造成严重后果。

【学校卫生】 对全县105家学校单位进行监督检查，重点监测学生健康状况；对学生进行健康教育，培养学生良好的卫生习惯；改善学校卫生环境和教学卫生条件；加强对传染病、学生常见病的预防和治疗。另外，在高考、中考期间，抽调卫生监督员，对高考、中考考点的住宿情况进行蹲点监督，确保此期间无一例高、中考考生突发公共卫生事件。

【计划生育监督】 2017年，对全县22家母婴保健机构、计划生育技术服务机构的服务内容和从业人员行为规范进行监督，对违反计划生育法律法规的个人进行查处。截至12月31日，征收社会抚养费入库1049万元，期内结案443例，其中申请县人民法院强制执行案件13件，结案率56%。查处“两非”案件3起。

【卫生监督协管】 为进一步贯彻落实国家基本公共卫生服务工作，在22个乡镇（街道）设立卫生计生监督管理所，聘用乡级卫生监督协管员63名，村级卫生监督信息员278人，开展食源性疾病相关信息报告、饮用水卫生安全巡查、学校卫生服务、非法行医和非法采供血信息报告及计划生育相关信息报告等工作。2017来，县卫生计生综合监督执法局派专家组对各乡镇协管工作开展经常性指导，每季度进行督导，每半年进行考核。各乡镇建立了2017年度“三本台账、一套分户档”。1—12月份，全县卫生监督协管员开展巡查3540户次，协助管理的相对人1000余户，信息员报告信息40次。（卢　欣）

人民医院

【概况】 汉寿县人民医院始建于1949年，1994年被评定为二级甲等综合医院，1996年获得卫生部颁发的“爱婴医院”称号，2016年10月31日，湖南省卫计委明确批复汉寿县人民医院设置为三级综合医院。2017年，全院编制床位1200张，共设立24个临床病室，10个医技辅助科室。医院分为两个院区，其中本院占地面积2.65公顷，建筑面积51679.88平方米。2014年，采用租赁方式在东润花苑小区设置第三住院楼，开设2个儿科、2个呼吸内科、内分泌科、肿瘤科共6个住院病室和配套功能检查室。其中儿科、呼吸内科、护理3个专业为省临床重点专科。儿科、心内科、肾内科、神经内科、普外科、肝胆外科、骨科、泌尿外科、放射科共九个科室为地市级重点专科。截至2017年年底，全院共有在岗人员1086人，其中在编人员686人，无编人员400人。专业技术人员981人，其中正高10人，副高130人，中级357人。2011年，汉寿县人民医院成为长沙医学院附属医院。截至2017年底，共有兼职教授7人，兼职副教授54人，兼职讲师30人。

2017 年，全年总收入 4.33 亿元，同比增长 11.66%，其中业务收入 3.75 亿元，同比增长 10.35%；全院门诊 356453 人次，同比增长 3.6%；住院 54156 人次，同比增长 3.2%；各类手术 14284 台次，同比增长 2.9%。2017 年度县财政差额拨款 70 万元，公立医院改革补助资金 666.6 万元，异址新建等专项拨款 5000.9 万元，年终固定资产总值 26956 万元。全院共发表科研论文 90 篇，开展新技术、引进新项目 25 项。

2015 年参与的国家级科研项目“依拉普利叶酸片预防脑卒中的上市后临床研究——H 型高血压比较效果研究”已于 2017 年结题。2017 年，参与了“十三五”科研项目“H 型高血压基于组学分子分型”的研究；呼吸内科吴龙光主任牵头参与国家级科研项目“高强度无创正压通气治疗慢性阻塞性肺疾病急性加重的前瞻性多中心随机对照研究”。

2017 年，院集体获常德市药品不良反应监测先进单位；

常德市内部审计工作先进单位；

常德市医院感染管理质控中心先进单位；

长沙医学院 2017 年度课堂教学竞赛优秀组织奖；

长沙医学院第七届临床技能竞赛三等奖。

伍国典获“中国县域医院・百佳院长”；

张健获中南六省现代医院管理学术交流大会优秀论文奖；

李小波获常德市护理学会优秀护理管理者；

刘爱娥获常德市护理学会优秀护士；

罗成福获汉寿县“十佳”科技工作者；

向云获汉寿县卫计局“十佳医生”。

【基层党建】 全年组织召开党委中心组学习会议 5 次，各支部开展专题学习 4 次，开展支部主题党日活动各 12 次。在县委基层党建工作半年推进会上，医院作为优秀单位发言，党建资料作为模范进行展出。院党委开展了“十佳共产党员”评选，盛名、陈文波、易焕明、罗儒英、曾宪英、刘爱娥、丁建刚、许世华、刘立君、赵俚俐 10 人当选；开展“喜迎十九大点赞身边党员”征文活动，曹蒙、游秋花获一等奖，袁俐姣、史芹、徐静雯获二等奖。全体党员在日常工作中坚持佩戴党徽，发挥党员先锋模范作用。

【扶贫工作】 精准扶贫。在扶贫点村沧港镇新兴社区，院共结对帮扶贫困户 15 户，年底完成脱贫 6 户。通过帮助贫困户发展生产、易地搬迁、危房改造、落实低保、帮助其子女打工就业等方式，把党的温暖送到贫困户的家中。一年来，医院领导到村走访慰问累计 345 人次，医院累计出资 3.5 万元，开展义诊 3 次，无偿捐赠药品近 5000 元。另外通过协调，为点村争取到清淤项目资金 30 万元，村部改扩建资金 30 万元。扶贫专干曾臂勇同志坚持常年下乡，完成驻村调查、走访慰问的工作任务。

健康扶贫。为保证工作精准落实，医院制定了《汉寿县农村贫困住院患者县域内“先诊疗后付费”和“五种大病集中定点救治”工作实施方案》，利用各种会议、微信、QQ、横幅、显示屏等渠道广泛宣传，对科室人员进行了政策及结算程序的专题培训。设立健康扶贫专窗，实行“一站式”结算。为农村贫困患者报销大病保险、商业保险、医疗救助等补偿金额，患者只交齐个人应承担的费用。食管癌、胃癌、结肠癌、直肠癌、终末期肾病患者出院结算时，医院另对其减免自付费用的 50%。

【医联体工作】 制定《汉寿县人民医院分级诊疗工作方案》《汉寿县人民医院医疗联盟工作方案》，成立分级诊疗、医疗联盟工作领导小组。加强与上级医院的联系，共组织 43 人次参加湘雅医院、湘雅二院、湘雅三院、省人医等组织的医联体或专科联盟会议。加入了湘雅医院、湘雅三院、湖南省肿瘤医院组建的医疗联合体。与省第二人民医院签订临床技术协作协议。上述医院多次派专家团队到院查房会诊、手术、学术讲座等工作。先后加入省内分泌专科医联体、省普外腹腔镜技术联盟、省疼痛专科医联体、省眼科专科医联体、亚太肝病联盟（湖南）、湖南省结核防治联盟、湘雅医院医疗联合体呼吸专科联盟、市胸痛中心联盟、市神经外科联盟等 9 个专科联盟或医联体，建立统一的诊疗和操作规范，逐步实施规范化治疗。筹建成立汉寿县人民医院胸痛中心和卒中中心，提升县域内心肌梗死、脑卒中救治水平。

筹备在县域内建立医疗服务共同体，初拟“医疗服务共同体成员单位合作协议书草案”，准备“致全县各乡镇医院、民营医院的公开信”，先后有 4 家卫生院递交了加入“汉寿县人民医院医共体”的申请报告。派驻专家到酉港镇中心卫生院、龙潭桥镇卫生院、新星街道社区、崔家桥金马社区、洋淘湖冲天社区进行坐诊、查房、会诊、义诊等。积极指导基层推广相关适宜技术，免费接受乡镇卫生院进修学习 11 人次。

【迎接三级医院评审】 成立以院长为组长、职能科主任为成员的迎接三级医院评审领导小组，制定《汉寿县人民医院三级综合医院等级评审工程实施方案》。评价办针对《湖南省三级综合医院评审标准考评办法》进行逐条分解，落实到相关科室及分管领导，明确工作责任，签订“三级医院等级评审实施责任状”。2017年2月、5月，分别请湖南省卫生计生委医政处赵卫华处长及曾清副处长、湘雅医院张洁教授来院对三级医院的创建进行了专题辅导讲座。2017年5月、10月，伍国典院长分两次带领二层骨干到岳阳市第二人民医院及宁乡市、浏阳市人民医院参观学习三甲医院创建工作。9月，聂志强副院长带领部分同志观摩了石门县人民医院三级医院预评审。医务科、科教科组织对全体医疗医技人员操作、技能训练和考核。10月，对全院各科室三级等级评审工作落实情况进行督察，对存在的问题反馈到各科室，限期整改。制定《汉寿县人民医院三级医院等级评审工程奖惩办法》《三级等级评审“三基三严”考试考核方案》。为保证政策兑现，院里准备拿出300万元资金用于专项奖励，已经专门向政府领导做了汇报并得到明确的批示。

【异址新建项目】 2017年6月，新院建设项目完成主体工程封顶，土建工程已接近尾声，正进入机电安装、装饰装修阶段。累计完成工程量30054.29万元，累计支付工程款8260万元。为有效推进项目进展，医院现场成立基建工作项目部，主抓项目的质量、安全及现场的协调工作。作为市重点工程、民生工程，新院项目受到各级领导的关注和支持，国家质检总局副局长梅克保，中国工程院院士吴金术，常德市委书记周德睿，县委书记杨昶、县委副书记、县长车世忠等多位领导及专家都亲临现场，提出宝贵意见和殷切希望。

【医疗护理】 修订完善各项医疗工作制度及规范，继续加大核心制度的执行和落实力度。医务科不定期对制度落实情况进行督导检查，重点检查交接班制度、三级医师查房制度、病例讨论制度、会诊制度、首诊负责制等落实情况，对存在的问题限期整改，对违反制度者，按照医院的相关制度给予处罚。组织院内业务培训，对新进人员进行为期数天的岗前培训。质控科全年共抽查归档病历2570余份，重点审查C、D型病历和死亡病历，对存在的问题进行分析、反馈与整改。感控科全年针对发现的院感隐患苗头，及时发出书面整改通知400次左右。全年无医院感染的暴发流行，医院感染发病率稳中求降，Ⅰ类切口感染率小于1.5%，切口感染率小于8%。重复使用的医疗器械灭菌合格率100%。

医院成立“护理质量管理委员会”和“护理专业发展委员会”，设立9个专项护理管理小组，成立首批5个临床专科护理小组。建立护士临床思维模式，倡导“我的质量我负责”服务理念。护理部全年组织全院护理人员考试考核4次，合格率达到99%。选派罗俊代表汉寿县参加常德市2017年5·12国际护士节护理模拟病房操作技能竞赛荣获团体三等奖。开展“三级综合医院评审达标”护理知识竞赛，五病室杨婷婷、周诗怡、刘静怡获团体一等奖，谢小玲获个人笔试成绩第一名、周诗怡获第二名、谢晶晶获第三名。李小波获第一届常德市护理学会优秀护理管理者奖，刘爱娥获第一届常德市护理学会优秀护士奖。

接收汉寿县人力资源和社会保障局派遣的62名高校毕业就业见习生，岗前培训合格后分配到临床科室专人带教。

【临床新技术应用】 新生儿科开展新生儿PICC维护和新生儿黄疸换血疗法，为临床诊断提供新依据。普外科自主开展大隐静脉曲张激光腔内闭合术成功33例，为该类患者提供新的治疗方案。肝胆外科顺利完成县首例外伤性脾破裂腹腔镜下脾脏切除术及脾动脉瘤切除术。8病室新开展股骨粗隆间骨折闭合复位PFNA，9病室首次开展肾上腺肿瘤的腹腔镜治疗，妇科单独完成多例宫颈癌卵巢癌手术并行化疗，产科利用自制水囊行宫腔填塞止血，麻醉科开展的B超引导下行椎管内麻醉技术，均填补医院的空白。此外血透室采用扣眼穿刺方法延长内瘘使用寿命，十五病室推广急性脑梗死的静脉溶栓治疗，二十二病室开展CT引导下经皮肺穿刺活检10例，肿瘤科引进乳腺麦默通微创术等等新业务，均对拓宽服务范围、降低转诊率起到了有益的促进作用。

（张　健）

中医医院

【概况】 汉寿县中医医院坐落于汉寿县龙阳镇沧浪西路79号，始建于1959年，是汉寿县卫生局直属全民差额拨款事业单位。2013年，汉寿县中医院更名为汉寿县中医医院，升格为正科级。历经50余年，汉寿县中医医院现已发展成为集医疗卫生、预防保健、科研教学为一体的综合性二级甲等中医医院，湘中医联盟医院，中医适宜技术推广基地。2017年6月6日，医院被授牌为高校“就业见习基地”。医院现有编制床位数120张，核定开放病床130张，实际开放117张. 医院整体搬迁项目完成后，医院预设科室28个，预设床位400张。至2017年，医院在职职工总数增至246人，在编人员141人，其中专技人员131人（高级职称11人，中级职称57人，初级职称63人）。2017年，医院业务收入2943万元，较2016年增长4%。

【职能业务工作】 医院始终以让群众满意为标准，并以此作为各项工作的出发点和落脚点，抓优质服务，抓制度落实，抓文化学习，抓文明创建，抓特色工作，提高了队伍素质。采取有效措施，提升服务水平。一是深化职业道德教育，加强内涵建设。二是加大社会监督力度，提高医院透明度。继续公开对社会服务的承诺，设立举报箱。三是改革服务流程，优化门诊“一站式”服务和导医服务。四是重视医护患沟通，加强对广大医护人员医患沟通技能培训，建立医护患沟通责任人制度，医护人员及时主动向患者沟通诊疗情况，听取病人或家属的意见和建议，耐心回答患者想要了解的问题。五是全面推进优质护理服务示范工程，以“技能好、会沟通”为重点，通过结对带教，讲课培训，三基考试、中医操作、急诊急救知识竞赛等，较好地提升了年轻护士技术操作能力和人性化服务水平。

严格管理，加强廉政建设。一是严格执行招标采购制度，实行“两票制”，坚持公开、公平、公正原则，实行阳光操作，对药品、试剂、设备、卫生材料等物资的采购和大型基建工程等热点、敏感工作全部采取公开招标的方式择优选用，确保优质优价，杜绝采购活动中的不正之风。二是严格实施抗菌药物专项治理。实行抗菌药物使用动态监控，对违反使用原则的医务人员进行诫勉谈话，并依照相关规定予以处罚，与绩效考核挂钩，做到严格要求，防微杜渐。三是严格实施各项收费公示制度。定期将治疗价格、药品价格、耗材价格、检查价格等以公示栏、电子显示屏等形式予以公示，接受患者及社会各界的监督，提升服务透明度。四是执行“九不准”规定，坚持廉洁行医，坚决杜绝红包、回扣。

重点监测药物管理。为了全院建立统一规范的抗菌药物、“质子泵抑制剂”“中药注射剂”及“辅助用药”临床合理使用管理机制，制定相关管理制度，成立由医院药事管理和抗菌药物临床应用管理人员为成员的重点监测药物管理小组。对抗菌药物进行使用权限管理，按要求遴选了35种抗菌药物，每月就抗菌药物使用量及使用金额进行了排名，对连续三个月排名前三名抗菌药物予以停用下架；按规定规范了各科室抗菌药物的使用率。加强对重点监控药品管理的宣传和培训，由医务科和药械科定期组织医务人员认真学习重点监控药品管理的相关政策规定，强化医务人员对重点监控药品合理使用的自觉性。规范医院重点监控药品的采购及日常监督，根据《医院临床合理用药管理办法》落实处方点评制度及建立用药预警机制。

规范专家会诊。与省中医附一、省中医附二、省中医研究院、市一中医院组成医疗联盟。为规范医院邀请外院专家来院会诊，特制定了《汉寿县中医医院外院专家会诊制度》

积极开展场景模拟急救知识竞赛。2017年，常德市卫生计生委组织开展了常德市中医医院第二届场景模拟急救竞赛。医院相当重视，邀请专家在院内就急诊急救知识对医护人员进行为期一周的培训，并在全院开展急诊急救知识竞赛。通过竞赛评选出一名医生、三名护士参加常德市卫生计生委2017年9月29日组织开展的全市中医医院第二届场景模拟急救竞赛，并在此次竞赛中获得了三等奖。

【学术交流】 为推动医院中医药事业发展，促进中医药医疗保健、教育培训、科学研究，2017年12月7日，院长胡建军参加了湖南省中医药和中西医结合学会中医药国际合作专业委员会成立大会暨“一带一路”中医药产业发展学术研讨会。为贯彻落实国家医改精神，提升恶性肿瘤预防、诊疗与康复的服务能力，进一步推动医院肿瘤防治事业的发展，2017年12月27日，书记戚家军、医务科长王伏民参加了湖南肿瘤防治专科联盟成立大会。

【人才工作】 一是为进一步优化人才队伍结构，提升医院整体诊疗水平，2017年，医院根据《汉寿县人才引进培养和服务管理工作暂行办法》引进高层次硕士研究生人才2名。二是通过公开招聘、竞争上岗，2017年7月，开展了一次招编考试，共招入编制人员27名，其中，临床医学专业人员11名，护理专业人员12名，麻醉师1名，康复治疗师1名，心电图医师1名，管理岗位人员1名。三是充分利用医院名老中医资源，积极开展基层老中医药专家学术经验继承工作。医院“名老中医”高辉被湖南省中医药管理局评为湖南省第二批基层老中医药专家学术经验继承工作指导老师，陈伟为继承人。2017年，是第二批基层老中医药专家学术经验继承工作的第二年，名老中医学术继承人采取跟师学习、独立临床实践、理论学习的形式进行，采用传统的师承学徒和现代的教学模式结合，较好完成继承任务。四是先后选派7名青年骨干到省、市级医院进修，增加1人至常德市第一中医医院参加住院医师规范化培训，多人参加省、市、县组织开展的各类专业知识培训学习（如省中医药管理局组织开展的2017年湖南省中医药治疗脾胃病高级研修班培训等），培养在职员工参加公需科目继续教育49名。五是继续聘请退休老同志到医院门诊坐诊，充分发挥退休老同志余热。

【基层党建工作】 一是加强党员队伍建设，发挥党员的先锋模范作用。积极发挥党员干部在政治学习、医疗服务、学术研究、医院改革与建设中的先锋模范作用。号召党员干部发挥吃苦在前、享乐在后的奉献精神，刻苦钻研业务技术，改善服务态度，全心全意为人民服务。重视做好党员的教育管理工作，着力解决部分党员干部党性意识不强、组织观念淡漠、先锋模范作用发挥不明显等问题，维护党组织在群众中的形象。2017年，2名预备党员转正，发展预备党员1名。二是进一步完善组织建设，严格落实“三会一课”等基本制度。认真组织和指导各支部小组开展党务活动，在全院范围内认真开展“两学一做”学习教育，采取分层次、分步骤、自觉与集中学习相结合等形式，组织学习宣传中共十九大精神，要求院领导班子每月不少于2次，各支部每月不少于1次。采取学报告原文，分组讨论、观看录像、网络学习等不同形式，丰富学习内容，提高学习效果，突出重点，组织党员干部、入党积极分子学习新党章。三是根据县委组织部组织召开的智慧党建数据采集培训会和“一网一云”移动平台测试推广工作会议的精神要求，医院积极召开智慧党建数据采集和“一网一云”移动平台测试推广部署会。将任务分配到各个支部，再由支部下发到各个小组，根据组织部数据采集和微信关注红星云公众号要求，各个支部及时收集党员个人信息，家属信息，以及党员微信关注公众号信息。在规定时间内，智慧党建党员信息采集完成率、完整率、准确率达100%。“一网一云”红星云微信公众号党员关注率百分之百。按组织部学习要求，红星云学习积分完成情况达通知目标。

【精准扶贫】 为深入贯彻落实习近平总书记关于扶贫开发系列重要讲话精神和省、市、县扶贫工作会议精神，2017年，医院仍然采取“一对一”精准扶贫结对帮扶举措，由医院班子成员及二层骨干组成的帮扶小组每月定期下到毛家滩回维乡教门岗村对15户贫困户进行走访慰问、送医送药，发放慰问金和农资。2017年，医院帮扶小组逐户核实贫困户的建档立卡信息，宣传脱贫攻坚政策，发放相关宣传资料。根据《汉脱贫指发〔2017〕38号》文件精神，医院帮扶小组成员通过手机下载“社会扶贫”APP，通过网络对毛家滩回维乡教门岗村发起帮扶需求的贫困户进行了网络对接帮扶。2017年，医院结对帮扶的贫困户中有7户贫困户脱贫。

【项目建设】 汉寿县中医医院整体搬迁工程于2014年10月启动以来，得到了县委、县政府及各相关部门的大力支持，各项工作进展顺利。汉寿县人民政府于2014年10月启动汉寿县中医医院整体搬迁征地拆迁工作。2015年7月，完成施工图设计、图审并进行工程预算。工程于2015年9月正式开工，2016年5月28日土建工程完成封顶。2017年底，医院整体搬迁项目外墙粉刷和铝合金窗安装基本完成。手术室、ICU、供应室、影像科、检验科的装修，中央空调、电梯、高低压配电、信息化工程、自饮水工程、中心供氧、室内外安装工程、道路铺设工程、污水处理工程、绿化亮化工程的安装正在进行。工程全面的内部装饰、装修设计图纸已经完成，通过财政评审预算后进行装饰、装修。

医院整体搬迁工程是县重点民生工程，医院成立了基建办，协助工程监理对整个建设过程实行监督，争取保质保量，狠抓工程进度，2018年5月份可以完成整体搬迁。

（丁勤俭　程立军）

血吸虫病防治

【概况】 汉寿县血吸虫病防治站始建于1953年。承担全县急、慢、晚期血吸虫病的预防和救治工作，现出了让全县卫计系统学习和骄傲的全国人大代表——邓威特教授为代表的一大批先进工作者。2017年，院在县委、县政府及上级主管部门的领导下，认真贯彻领会党的十八大、十九大会议精神及习近平总书记新时代中国特色社会主义思想，积极践行“两学一做”，在基层党建、精准扶贫、提升业务水平、创疫区人民满意医院、纠正行业不正之风等方面作了大量工作，医院综合实力在本行业位居全省前茅，受到常德市副市长曾艳阳、县长车世忠等领导的高度肯定和表扬，做到了近三年来零投诉、零纠纷、零事故的好成绩，真正做到全县人民满意医院。

【医保工作】 2017年，院在县人社局指导下，在院领导的高度重视下，根据县基本医疗保险定点医疗机构的相关规定，认真开展工作，建立健全医疗保险组织;认真落实医保协议。2017年，共收治职工医保住院病人558人次，总费用1443156元，次均费用2702.54元，平均住院天数9.37天，医保统筹资金964453.92元，比医保办给院的协议数87万元多9万元，药品比例63.36%。收治城乡居民医保住院病人5893人次，总费用11590439.36元，次均费用1966.81元，平均住院天数8.37天，医保统筹资金6751973.15元，比上年消耗统筹资金707万元少27万元，药品比例60.06%。主要原因是由于2017年实行药品零利润，该院的服务质量和住院环境不断的完善，患者入住意愿逐渐增强。

【智慧党建】 该院党支部在县委组织部的组织和带领下如期完成了“一网一云”的录入和学习任务，定期开展“三会一课”学习，贯彻党的十八大、十九大精神，进一步提高了各党员干部的政治思想觉悟和工作水平，增强了党的优良作风教育和党性修养。

【护理工作】 增强护理人员的服务意识，严格核心制度的落实，加大护理监督力度，重视护理骨干的培养，优化护理队伍，强化“三基三严”训练。护理部定期组织护理人员进行技术比武和理论考试，使该院的护理工作水平得到了整体提高，一年来，实现零纠纷、零投诉的好成绩，为该院在医疗行业树立了良好的口碑。

【医院建设】 为丰富医院干部职工的业余生活，提升全民身体素质，经院委会商议决定，投放 4 万元资金建设了一个在全县均数一数二的高标准篮球场；为优化病人的住院环境，投资 50 多万元对医院以往卫生死角、院内公厕、东围墙、后院场坪等进行改建，通过了全省卫生城市的复审检查。

【扶贫攻坚】 2017 年，该院在县委县政府的指派下对聂家桥乡堤北村进行扶贫帮困，全院共结对贫困户 6 户、18 人；在院党支部的高度重视下委派专人驻村对结对帮困对象进行上户摸底排查，院领导及二层骨干定期上户走访慰问，力争扶真贫、真扶贫。一年来，为结对帮困人员发展产业扶贫，共为其捐献两头优良种猪、百余羽鸭、鹅苗；为贫困户胡三定帕金森病患者进行伤残鉴定，申请到伤残补贴，无偿提供一年维持治疗药物；为胡某某、王某某、王某某、王某某等进行就业技能培顺，介绍就业单位。通过全院干部职工的共同努力，院结对帮困对象除帕金森患者胡三定外，都于 2017 年底摘掉贫困户帽子，顺利通过了中央及省市的检查和考评。

【晚血工作】 认真贯彻落实国家晚血救助政策，全心全意造福疫区人民。全年共为血吸虫病重症患者报销往返岳阳检查鉴定车费共计 15000 余元，救助腹水型晚期血吸虫病人 244 例，为全县晚期血吸虫病人申请 116 万元的救治款，提高全县晚期血吸虫病人的生活质量。 （李　军）

乡镇街道

龙阳街道

【概况】 2017年，是中共十九大胜利召开之年，在县委、县政府的正确领导下，坚持围绕中心、服务大局，各项工作稳步推进，特别是棚改、退养、控违拆违、城市创建等中心工作成效显著，在全县“七一”表彰大会上，龙阳街道党工委被评为全县“十佳优秀党组织”，并成功蝉联全县优化经济环境测评乡镇（街道）序列第一名。

【农牧产业】 稳定粮食生产，发展标准农业。着力壮大蔬菜产业、养殖产业，推广无土育苗栽培技术、喷滴灌技术、机械化移栽技术、病虫绿色防控技术。实行干部包保，责任到户，于11月20日前全面完成全年防疫任务，免疫生猪5877头、牛122头、鸡47781羽、水禽10082羽，免疫率达100%。在上级领导的关心下，街道向农业部申报南湖渔场为渔林科技示范养殖区。

【水利建设】 全年共完成防汛编织袋入库15000余条，完成防汛大堤扫障任务达3700余米；完成军汉公路两侧高水渠和低水渠扫障任务达8000余米；完成水利秋冬修工程南湖渔场的扫障和清淤任务达5300余米。

【统筹城乡】 争资上百万元，对王海坪、南湖渔场、粟公堤村、张家湖村等五个村场硬化断头路5.0公里。

【党建工作】 抓党建，干部队伍“四个意识”明显增强。一是全面从严治办延伸到社区。街道党工委通过党的建设、全面从严治办，最大程度的凝聚共识、团结力量、干出实绩。同时加强对社区“三资”管控，全面实施村账村财“双代管”改革，并在全县率先试点“互联网＋监督”工作。二是圆满完成村居换届。出台支部书记正常退职管理办法，一次性退出6名社区党组织书记，异动面达54.5%，支部书记队伍平均年龄下降了8岁。换届工作实现零上访、零举报，开历史先河。

【城建城管】 龙阳街道地处主城区，是城市创建主战场。街道“一班人”勇挑创建重担，吹响“城市创建看龙阳”的冲锋号。创新设立城市管理服务站，专司街道城市管理与创建工作。建立“县里拨一些、街道补一些、社区贴一些”的三级投入机制。2017年，街道财政追加城市创建经费80多万元，其中为迎接省卫复审考核共投入集中整治经费和环卫设施设备经费近40万元。在城郊村环境卫生整治中，取得半年排名全县第2的成绩。

【党风廉政】 根据县委、县政府要求，5月11日，龙阳街道办召开全体机关、站所、村(居)场干部参加的作风整训工作会，下发《龙阳街道党工委“纠四风、治陋习”专项整治工作方案》和《龙阳街道办“雁过拔毛”式腐败问题专项整治工作方案》。会上，纪工委书记邓元祥领学了《中国共产党廉洁自律准则》和部分《中国共产党纪律处分条例》后，对龙阳街道党工委“纠四风、治陋习”专项整治工作、龙阳街道办“雁过拔毛”式腐败问题专项整治工作进行了部署，并要求全体参会人员自我对照，找出存在的问题进行整改。

街道纪工委受理县纪委信访室交办件5件，全部按时办结，对经查不实的，在一定范围内予以澄清，对6名踩黄线的干部给予警示教育。积极挖掘案件线索，配合县纪委查办党员违纪案件5件。纪工委共立案5件，对5名违纪党员给予纪律处分。

【民政救助】 截至2017年12月，街道有城乡低保户849户1147人、城镇三无人员97户100人、农村低保193户262人、农村五保102人、社会兜底救助11户30户；全年累计申报大病救助73人、临时救助159人，人均救助金近1800元；申报慈善助学11人；两次集中打卡发放旱涝救灾资金8万元，使200户409人在雨季受灾后得到了基本的生活救助；新增廉租房申报94户，年审廉租房住房补贴16户；累计入网留守儿童93人，入网困境儿童87人；为辖区退伍军人分两次发放春节、八一慰问金77700元；申报“双定”补贴36人，其中60岁退伍老兵20人、参战人员11人、带病回乡5人；为39个严重精神障碍患者的监护人申报了看护补贴；对733人重度残疾人员享受护理补贴，336人困难残疾人享受生活补贴；16人享受基本养老服务补贴、高龄老人121人享受高龄补贴；回维敬老院收纳其他乡镇五保户15人集中供养；为1300多位老年人购买意外伤害保险。

【劳动保障】 一年中，共组织辖区居民参加了4场就业招聘会，年初的迎新春招聘会前，共联系辖区10多家用人单位现场招聘，提供300余个就业岗位；共为20名自主创业人员成功办理申请小额担保贷款计190万元；办理发放“就业创业证”103本；对72名大中专毕业生的就业创业信息进行登记上报，录入贫困劳动力转移信息86人；截至12月底，为近45000名居民办理了医保，征缴医保经费810余万元；2017年城乡居保缴费完成7881人，征缴金额435.89万元，其中新增423人；截至12月底，资格认证3567人，待遇发放3471，累积发放金额352.84万元，其中新增待遇人员256人；全年累积发放社保卡12381张；其中中国银行5982张，建设银行6399张；待遇稽核12人，共稽核金额1.26万元；实地调查和申报离退休人员因病或非因公死亡待遇领取51人；登记未参保人员8287人；同时为企业退休党员391人建立档案库。

【控违拆违】 为加强违建监控，做到拆早拆小，街道建立了控违拆违网格化责任体系，充分整合规划站、国土所、城管中队力量，强化装备保障，加大巡查力度，细化村居责任，建立街道干部、拆违队员和社区干部包片负责、各司其职的工作机制。2017年，共拆除违章建筑5200平方米，在控2090平方米，始终保持对违建的高压态势，街道范围内没有出现新的黑市开发，没有出现大规模的违建行为，农民违建基本可控。

【综治维稳】 城区管理范围广，人口众多，社情复杂，安全隐患多，城市棚户区、改制企业危房、农村危桥、烟花鞭炮等，稍不注意就可能出事。由征地拆迁带来的、控违拆违引发的、土地纠纷拖成的、突发事件滋生的矛盾纠纷更是层出不穷。为确保大局安全稳定，街道认真落实“党政同责、一岗双责、齐抓共管”的安全生产工作要求和“属地管理”的综治稳定工作要求，全年没有发生重大安全责任事故和群体性事件，综治民调工作排名逐年上升，2017年上半年全县排名第7位，全市排名第58位。

【安全生产】 重新制定了安全工作规划，完善了各种安全制度，强化了村级安全监督，建立了覆盖街道、社区（村）场两级的安全生产监管组织体系和安全生产应急救援队伍，严格落实“党政同责，一岗双责”，坚持党政一把手安全责任和“一票否决”制，出台了《龙阳街道党政成员安全生产“一岗双责”落实方案》《龙阳街道安全事故应急救援处理预案》《龙阳街道安全生产工作制度的通知》《龙阳街道党政领导、蹲点干部及社区（村）场主要负责人联系服务企业工作方案》《龙阳街道2017年“安全生产月”活动方案》《龙阳街道2017年行政执法工作计划》《龙阳街道领导成员安全生产绩效与履职评定职务、职务晋升、评先评优的相关制度》《龙阳街道办各站、所、办负有安全生产监督职责、权力和责任清单》等文件。

全年来共召开各类安全生产工作会议28次，组织各类安全检查、整治行动50次，检查各类生产经营建设单位350多家，排查发现安全隐患61处，全部完成治理，下达整改指令书60余份。6月上旬，县委、县人大、县政府、县政协20位领导带队开展第二轮安全生产检查、7月10日市安全生产委员会对全县下发30处重大事故隐患，涉及龙阳街道12起，全部按照重大事故隐患治理“一单四制”要求按时限完成了整治。9月12日至15日，全市安全生产整治大会战交叉检查第六组对汉寿县进行民察暗访，发现查处42处问题和隐患，涉及龙阳街道6起，已全部按时限要求整改到位，全年安全生产形势总体保持稳定向好态势。

【项目建设】 根据县委、县政府2017年的既定安排，龙阳街道启动了8个棚改片区约2000多户棚改工作任务和滨湖路、小银水湖公园、龙珠湖公园、东湾安置小区、华府路市场、小南门安置小区（二期）、沧浪东路改造、新街30亩储备地块征收、护城70亩储备地块征收等城市提质和土地征收项目。曹家巷片区已完成倒房，荆楚路、茶叶山（二期）、货栈等片区已启动自由签约、形势喜人，机械厂（二期）、柳堤巷两个片区即将启动签约工作。其他项目均按照县委、县政府既定工作安排稳步推进。

（刘　捷）

辰阳街道

【概况】 辰阳街道位于县城北部，总面积38.6平方公里，总人口3.5万人(其中户籍人口2.9万人)。辖杨旗嘴、双板桥、大杨镇、仓儿总、席家嘴、纽口河、岩屋场、东洲、园林共9个社区和接港、湘莲湖、箐箕洼共3个渔场，内设4办6站所，有机关行政编制19个，站所事业编制39个。区域内有九年一贯制学校1所，幼儿园6所，社区卫生服务中心1处。

辰阳街道是典型的平原湖区和城市街区的结合体，所属围堤湖垸1995、1996连续两年决堤之后，经国务院决定批准为平垸行洪移民垦殖区。1997年国家投资开始在大杨镇和双板桥移民建镇，垸内近2万居民在2001年前全部外迁至移民区，渐成现状。街道以太阳堤为界，分为两大块，太阳堤以北即围堤湖蓄洪垸，是汉寿围堤湖蔬菜产业园；太阳堤以南即县城融城区，是居民生活区。

【项目建设】 棚户区改造。年初，完成一期签约455户(文物路、香精厂片区)，签约率达99.78%，棚改面积近5万平方米，倒房全面完成。启动了沿江北路(包括城北河沿线、建材厂区域)棚改二期。

蔬菜基地建设。县委、县政府整合资金，倾力打造围堤湖蔬菜产业核心示范园区。在街道努力下，已完成投入4000多万元，园区主干道路硬化和部分主渠清淤已经完成，园区配套基础设施得到质的飞跃，老百姓非常拥护。

水利基础设施建设。先后围绕维修道路、整修机埠、清淤除杂、防洪抗旱等投入资金不低于500万元，两年来主渠清了，常年淤堵的水渠也得到了缓解，街道辖区内水利基础设施基本完善，改变了过去一下雨老百姓就上访、干部一下村就被骂的历史。

【民生事业】 脱贫攻坚。通过清理补录和社区民主评议，2017年，清除了部分“四类人员”，同时新增贫困户43户、158人，目前贫困人口163户、397人，2017年度脱贫64户、159人。坚持把脱贫攻坚作为重中之重的工作，做到经常研究、经常部署、经常落实，对贫困户帮扶做到了一户一册，年内实施贫困户危房改造3户，社会保障兜底27户、67人，医疗救助29人次，产业发展83人次，扶贫贷款启动50户，共发放128.5万元。

卫生计生。期内计划生育率为98.57%；完成社会抚养费征收60万元，到位率80%，排全县第二名。针对社会抚养费征收困难的现状，街道印发了依法缴纳社会抚养费给居民的一封信，并将这些人纳入失信人员名单，督促其限期缴清。

生态环境。一是强化卫生保洁。针对社区与社区之间边界交错、责任区不明的复杂情况，我们以综治网格化治理为基础，对卫生责任区实行网格化分区，明确一个格子一个社区，并聘请了38名保洁员，每日清扫2次。同时突出存量垃圾清理，主要是突出生活区主干渠、沟港塘存量垃圾的清理，例如三角塘的垃圾有几十年的历史，2017年已清理了三次，每次花费经费达两万元，以保证卫生县城验收合格。二是完成畜禽退养。围堤湖垸的畜禽退养工作于2017年4月份启动，共有退养任务43家，已经全部完成，所有养殖户均已签订协议，拆除工作也已完成。三是整治污染企业。围堤湖垸有关停任务29家，已关停5家污染最严重的企业，根据县关停小组的意见，争取3年内全部关停搬迁，确保新的污染企业不发展，老的污染企业逐步退出去。四是关停砂卵码头。按照上级环保督查工作要求，街道于10月启动砂卵场关停工作，辖区内11家砂卵场，存量近40万吨砂石。通过全街道干部上下共同努力，于12月中旬全部关停并清运，沅水大堤岸线修复工程全面竣工，切实响应中央环保政策，恢复了沅水大堤生态原貌，提高人民生活环境质量。

【城建城管】 抓控违拆违，防止乱搭乱建。为加强违建监控，做到拆早拆小，街道建立控违拆违网格化责任体系，充分整合城建站、国土所、城管中队的力量，加大巡查力度，细化社区责任，建立拆违队员和社区干部包片负责、各司其职的工作机制。目前街道城建站共有17人，配备两台车，实行365天巡查，2017年，组织控违拆违行动32次，其中大型行动12次，拆除违法建筑3746平方，2017年，始终保持对违建的高压态势，街道范围内没有出现大规模的违建行为，农民违建基本可控。

抓城市创建，维护市容市貌。街道抽调5位工作人员成立一支专门队伍，抓市容市貌和城市创建。市容市貌方面，对照县里下发的考核文件，对街道的往期工作进行回头看，国庆期间对县创建办检查提出的问题进行整改，确保了省文明卫生县城复检不出问题。城市创建方面，主抓了小街小巷的硬化和路面白改黑，采取每年改造几条的办法，力争逐年消化。

【维稳保安】 安全生产工作。安监站配备4名干部专职专责，并购置了5辆自行车，由分管负责人带队，基本上做到了日巡查，同时完善了日常巡查、分类培训、党政领导和站所办负责人一月一检查等调度，2017年以来，没有发生安全生产事故。

信访维稳工作。十九大期间的信访维稳责任重大，针对稳控包保工作，采取以下措施：一是明确包保的班子成员和街道、社区干部；二是对重点稳控对象，实行全天候“人盯人”，随时报告情况；三是班子成员接访，面对面谈，全力维稳；四是制定了应急预案，一旦脱保随时启动接访程序。2017 年，街道被评为全市建设“无上访村（社区）”先进乡镇（街道），杨旗嘴社区被评为全市建设“无上访村（社区）”优秀社区。

综治民调工作。除了县里的规定动作外，还做了以下工作提升民调排名：一是三类巡逻，每半年组织街道、派出所和各社区分批开展为期两个多月的晚间巡逻；二是评选平安家庭示范户，每个社区以小组为单位，小组居民集中评出 1 个平安家庭示范户，街道共评出 111 户，由街道办联点干部和社区干部“敲锣打鼓”将示范户牌匾送到家里，送到田间地头，以在群众中营造积极影响，调动平安创建氛围。2017 年，街道被评为全市平安创建优秀乡镇（街道）。

【党的建设】 基层党建工作。一方面，抓党建教育常态化，每个月开展“主题党建日”活动，至今为止，“两学一做”学习教育已开展 3 次；另一方面，抓党组织书记履责，组织各社区（渔场）支部书记开展述职评议，督促支部书记落实管党责任。今年以来党建工作取得新成效，杨旗嘴社区被评为全县“十佳优秀基层党组织”。

社区换届工作。2017 年街道社区换届平稳，严格按照社区人数卡干部职数。2017 年，换届选举共退 14 人，新进 7 人，社区干部平均年龄由换届前的 47 岁下降到现在的 42 岁，大大提高了社区干部文化素质与服务水平。

社区平台建设。截至 12 月中旬，第二批平台建设项目所涉及的席家嘴和仓儿总社区已进入内部装修阶段；第三批双板桥和纽口河社区正在抓紧建设，另外几个社区平台改建、维修工程也在启动中。

干部作风方面。2017 年以来，街道严肃上班纪律，10 月起，采取每天打卡两次，打卡次数与个人绩效挂钩的考勤制度，由街道纪工委监督落实；严格了请销假制度，所有干部请假必须经街道一把手和分管领导批准同意，社区支部书记出县城区也要向街道党工委书记汇报请假。多重管理下，2017 年，街道没有出现干部因违反作风纪律被查处的情况。（汤世玉）

沧浪街道

【概况】 沧浪街道办事处成立于 2015 年 12 月，现辖 13 个社区 236 个组，户籍人口 2.4576 万人，总面积 38.517 平方千米。街道地处县城南部，东临龙阳街道，南邻株木山街道，西接毛家滩回维乡，北抵沧港镇。人口以汉族为主，少数民族主要有回族 685 人，占总人口 1.1%。辖区内省道 205 由南向北腹地穿过，境内长 4.5 千米，县道汉沧公路境内长 7 千米，新建汉德大道从八角楼社区和老鹳树社区穿过，汉寿段已于 2017 年 9 月 27 日正式通车。辖区内乡村公路共 13 条，总长 37.3 千米，全部为水泥路面。

2017 年，沧浪街道紧紧围绕县委、县政府工作目标，坚持稳中求进、改革创新的工作基调，根据新型城市化街道建设要求，完善社会治理功能，全面提升民生配套和服务，各项工作都取得了阶段性成效。

【基层党建】 在县委组织部指导下，顺利开展了社区“两委”换届工作。街道共有 13 个社区，党员 698 名，在经过前期充分准备后，3 月 23 日召开基层党组织换届选举工作动员暨培训大会，至 5 月 23 日，顺利、圆满完成村级组织换届选举工作。新一届村“两委”成员在年龄、性别、民族等结构上较上一届明显优化，对加快农村基层党组织建设、巩固党的执政基础、促进农村经济、社会、政治、文化全面协调发展奠定坚实的组织基础。按照县委组织部要求，街道组织各个党支部召开以“贯彻落实八项规定、改进工作作风、密切联系群众”为主题的组织生活会，每位党员对照党章联系自身工作实际作出党员“先锋创绩”的承诺。街道村级服务平台正在建设中，预计 2018 年全部投入使用。

【项目建设】 已开工建设的项目有银河汽贸城、人民医院、神庙路、纬十五路、纬十九路、净心广场、五环广场；即将开工建设的有三馆三中心项目，荆楚路项目进入签约阶段，两市场一中心正在进行入户调查实物量工作阶段。在县委、县政府大力支持和高度关注下，街道一直把加强项目建设作为街道工作的头等大事来抓，成立项目建设领导小组办公室，实行项目分包责任制，对在建重点项目密集进行调度，定期召开碰头会，加强重点协调，安排分包任务，保障各项目建设有序推进。同时，加强街道、社区对项目建设环境的维护，及时调处项目建设遗留问题，确保已落户各项目建设的正常运行。

【社会民生】 计划生育成果巩固。2017 年，共征收社会抚养费 32.1 万元，立案率达 100%，征收准确率达 100%，政策外多孩结案 5 宗，达 19%，计划生育率达到 97.5%，好于预期。共有 238 人享受计划生育国家奖励扶助优惠政策，59 人享受国家特别扶助奖励。加大了对计划生育政策的宣传力度，通过悬挂横幅、张贴标语、发放宣传资料、出动宣传车，以及每周不少于 3 次定期广播宣传等方式，让群众深入了解计划生育相关政策。

控违拆违形成常态。全年共组织控违拆违行动27次，其中参加县控违拆违办组织的控违拆违行动6次，拆除违法建筑74处，查处违建面积共5809平方米，对违建行为进行了有力打击和震慑。制定了站内工作人员责任连点到社区工作制度，实行监管到人、不定期督查，及时上报信息。各社区干部与街道签订责任状，制定工作考核细则，明确社区支部书记为第一责任人，社区干部包点到片到组，做到管理下移、工作迁移，争取管理在前、发现在前、教育在前、处理在前，降低了群众损失，减少了干部工作矛盾。

【脱贫攻坚】 一是按要求搞好了贫困人口的集中清理，将真正的贫困户纳入扶贫对象，确保了识别精准；二是围绕“两不愁、三保障”精准发力，“六件实事”基本完成任务，特别是异地搬迁完成7户21人，超额完成了县扶贫办下达的工作任务；三是按照贫困村退出考核细则进行查漏补缺，重点对所有资料进行清理归档，对尚未完工的项目倒排工期赶进度，确保验收前完工；四是加大入户走访力度，确保脱贫群众的满意率。

【安全维稳】 一是大力抓民调。今年街道党工委和办事处投入30多万元推进民调工作，每个村民小组聘请1名宣讲员，全街道共聘请138名宣传员，对这些宣讲员进行全面培训，培训后再进村入户进行宣讲。二是大力抓无上访村建设。加大走访力度，从走访过程中倾听民意，将群众反映的问题化解在基层；加大积案化解力度，采取领导包片，干部包户方式，对一部分老百姓反映集中的农村建户采取疏堵结合的方式进行分期分批解决，收到较好效果。三是抓好安全生产的排查和隐患整改。严格按照上级要求采取领导带班检查安全生产的方式，对街道范围内烟花爆竹、道路交通、建筑领域、校车营运等方面进行全面检查，下达整改通知书21份，全部督促整改到位；对市县安委暗访交办的4处安全隐患也全部整改销号。

【党风廉政】 成立以党工委书记为组长的党风廉政建设领导小组，由党工委书记负总责，纪工委书记负专责，分管领导各负其责的两个责任落实工作机制。出台《沧浪街道党风廉政建设考核机制》，将党风廉政建设责任分解到班子成员及站所办。同时出台《沧浪街道党员干部十不准》《沧浪街道党员干部追责条例》，将党风廉政建设沉入机关站所和各社区，组织力量不定期开展督查。针对村级财务、扶贫项目、控违拆违等容易出问题的工作，组织干部进行了30多次谈心谈话，谈话成效明显。2017年，街道收到信访件16件，自行处理11件；县纪委交办7件，全部回复，1件已经完成初核，准备下年转立案。根据县督查组在信访检查中提出的要求，沧浪街道已经将信访阵地、举报箱、信访台账等方面全部整改到位。（胡　榕）

株木山街道

【概况】 株木山街道成立于2015年12月，位于汉寿县城南部，沧浪河以南，北接沧浪街道，东邻岩汪湖镇，南抵太子庙镇，西至毛家滩回族维吾尔族乡，辖清水湖、中桥、茶家园、施家巷、鸭东、韩文、云台、笑藤港8个建制村和新城、左家庵、马嘶桥、竹子碑、天星、黄福6个社区，总面积73.1平方千米，其中耕地面积2.67万亩，共7276户3.34万人。街道办事处驻地位于新城社区，共有在编机关干部职工52人。

2017年，株木山党政一班人立足经济建设，克难奋进，创先争优，实现国民生产总值5.15亿元，其中第一产业1.15亿元，第二产业2.1亿元，第三产业1.9亿元，实现固定资产投资1.81亿元，农民人均年收入9568元。

【项目协调】 街道党工委、办事处始终把项目建设摆在促进地方经济发展，推动产业转型升级的重要位置，抽调精干力量，集中主要精力为项目建设保驾护航，维护项目建设的良好环境。

洞庭花海。洞庭花海位于株木山街道韩文村，项目规划用地1000亩，一期530亩全面完成建设，2017年5月1日面向社会开园，接待游客15万人次以上，第二期正在建设中。

清水湖国际旅游度假区项目。2017年8月，清水湖国际旅游度假区野生动物园项目启动，株木山街道党工委、办事处成立了清水湖项目指挥部，全体工作人员坚持“5+2”“白+黑”的工作模式，于10月28日组织集中签约仪式，45户拆迁户全部完成签约，11月15日进行集中倒房。野生动物园、停车场及配套项目4046亩征地工作已启动，170栋房屋的实物量登记工作完成，项目建设环境良好。

思雅园生态产业园。2017年6月，思雅园生态农业产业园成功举办了第二届蔬菜文化节。

中石化加油站项目。中石化加油站项目位于株木山街道鸭东村袁家湾组，于2017年8月征地0.73公顷，即将开工建设。

【美丽乡村】 为抓好美丽乡村建设，街道党工委、办事处一是明确班子、加强领导；二是召开专题党政联席会议，研究出台详细方案，将工作任务细化、量化，责任分解到人；三是深入宣传，通过召开群众会议，上门宣传指导等方式，对涉及农户的思想予以统一，对工作节点予以明确；四是督查调度，根据时间节点通报任务进度，并召开现场会调度，促进各项工作逐步有序推进。

【基础设施】 水利。完成了全街道水利秋冬修渠道清淤、硬化建设；组织了全街道山塘水库汛期排查，对骨干山塘水库全面砍草除杂；对笑田垸、撇洪河南大堤险工险段进行了加固培修，培修长度200米。

道路。完成邹杨公路715米路面增宽及白改黑，向阳河公路白改黑408米，在茶家园村袁家桥投资40万修建一座长8米宽6米的双孔桥。

【农业生产】 完成全年农业生产规划，制定考核标准、因地制宜调整高效经济作物种植面积；联合农业局执法大队、工商、公安、安监等部门对街道所有农资经营户进行两次专项整治和不定期检查活动，清理劣质肥2吨、农药30瓶，过期和禁销农药20瓶；完成早稻集中育秧533.33公顷，争取补贴40万元；完成汉寿大道机插示范带93.33公顷，平均每亩增产70公斤；承办农业局水稻万亩双季稻粮食高产创建项目和湘米工程项目，推广高档优质稻新品种两个，核心基地面积23.33公顷，增收24.5吨。

【精准扶贫】 成立了脱贫攻坚领导小组，完善工作机构，明确专职人员，向村（社区）派驻由党政班子成员为队长的驻村（社区）工作队9支，落实了“结对帮扶和驻村帮扶”两个全覆盖，形成了街道、村（社区）两级书记亲自抓脱贫攻坚的工作格局。株木山街道省级重点贫困村茶家园村2017年按程序申报退出省级贫困村。街道现有建档立卡贫困人口583户1787人（不含稳定脱贫的97户232人），其中，2017年脱贫147户454人，落实易地搬迁42户137人，危房改造8户，雨露计划8户，健康扶贫全覆盖。

【安全稳定】 安全生产。成立株木山街道安全生产委员会和安全生产工作领导小组，按照安全生产“党政同责、一岗双责”要求深入宣传，发放宣传单5000份，宣传手册1000份，组织人员参加了全县安全生产文艺会演；坚持每周、每月、每季对各个领域进行了安全生产检查；开展了以“烟花爆竹打非治违”为重点的专项整治活动；开展了安全生产“百日大会战”，对安全领域进行问诊就医；落实“一单四制”，对上级和自查出来的隐患清单，认真加以改正；加强了业务培训，对所属工贸企业进行了十三查、十三看。街道2017年全年安全生产“零”伤亡，辖区溺水“零”事故。

综治维稳。综治民调及平安创建工作。一是大力宣传，2017年召开综治民调专题工作会议7次，平安创建工作会议5次，发放民调宣传资料50000份，其中致全街道人民群众的一封信6000份，平安创建倡议书6000份，争创平安家庭承诺书6000份，发放民调工作指南16000份，解答民调问卷16000份；制作民调及平安创建工作宣传栏38块、墙标39块，张贴标语500条、横幅100条，街道、村（社区）两级干部入户走访5989户，走访宣传22051人次。二是严格督查，开展民调专题督查5次，发现问题及时交办整改。三是落实评选，本街道评选出平安家庭5936户，平安家庭示范户393户，都已授牌并发放纪念品393份。评选出鸭东村、清水湖村为平安创建示范村，株木山中学评选为平安示范学校。四是狠抓巡逻，成立专职治安巡逻队伍，在全街道范围开展治安巡逻。

信访维稳工作。对辖区内的重点人员、社会不稳定因素等进行了三次全面排查、摸底，对人员进行重点管控、严格包保。接待并处理来信来访19件，开展社会风险评估3次。

治安防范与矛盾纠纷调处工作。破刑案1起，刑事拘留1人，行政拘留3人，强戒1人，社区戒毒1人。立案调处矛盾纠纷39起，协助村调处65起，帮教矫正人员20人，全部进行手机跟踪监管。法律援助案件10件，为当事人挽回经济损失356万元。整治“地下六合彩”，行政处罚11起30余人，刑事处罚2起2人。

综治中心建设及创建“无上访村”工作。株木山街道共建综治中心10个，开展了“无上访村（社区）”建设、综治民调、信访维稳等工作。完善365综治信息平台，构建了综治视联网监控系统，录入、收集各类数据38000多条，其中人口信息25614条，房屋信息7312条，综治网格化队伍信息1120条，网格微信群8310条，及时更新相关信息。2017年株木山街道被县上报为市级“无上访村”工作示范街道，被市评为创“无上访村”示范单位。

【民生事业】 街道党工委、办事处始终把改善民生福祉作为各项工作的落脚点，坚持严格要求，不断优化服务，使人民群众拥有更多的获得感、幸福感。

民政工作。一是城乡低保五保排查，全街道取消城镇低保19户24人，保留13户23人；取消农村低保444户499人，新增24户79人，现有农村低保户149户262人。取消五保对象8户8人，保留179户179人。二是增加了敬老院的投入，完善了内部管理。三是大病救助工作，为申报大病救助的32户争取救助资金10.5万元。

劳动保障工作。一是就业与再就业。全街道解决农村就近工厂务工320人，其中城镇新增就业86人，城镇下岗无业人员再就业35人；全街道省内劳务输出2000人；向上级申请小额担保贷款2名，到位资金20万元。二是城乡居民养老保险。2017年缴费8837人，完成比例86.11%，发放社保卡600张，及办理挂失业务，坚持每月向村协管员收集每村60岁以上社保人员死亡信息积极上报。三是城乡居民基本医疗保险。参保21614人，缴费3890520元，完成比例91.7%。

计划生育。2017年度全街道共出生336人，其中违法生育10人，符合政策生育率97.03%；全年落实各类节育手术共计193例，其中流引产59例，比2016年增加18例；开展了计划生育“生育关怀”行动和流动人口清理工作，流动人口电话信息采集率95%。

环境整治。一是控违拆违工作，为街道控违拆违执法大队添置巡查车一辆，制定控违拆违考核细则、规范了农民建设行为，派出宣传车在全街道巡回宣传3天，悬挂横幅50余条，张贴宣传标语100余张。2017年全街道共发现违规建房12起，下达违建通知书12份、拆违10起、停建2起。二是环境卫生整治，成立环境卫生整治工作领导小组，设立专项整治资金，按照月评比、季奖惩兑现资金，全年投入环卫资金40万元。此外，为各村配发垃圾桶2000个，为保洁员配备反光背心、雨衣等环卫工具30套，更新老化的环卫拖车20辆。三是禁止焚烧秸秆、垃圾，开展集中整治活动两次，组织专门队伍在街道辖区全覆盖宣传、巡查，发现火点及时扑灭。

【基层党建】 规范了阵地建设。把握机遇，将8个行政村、1个社区纳入平台建设计划，第一批示范型韩文村和第二批中桥村、茶家园村已建成投入使用。

换届选举。根据县统一安排，分别于2017年4月中旬、5月中旬完成村（社区）党组织、村（居）委会换届工作。

（熊　军）

岩汪湖镇

【概况】 岩汪湖镇位于洞庭湖西南，汉寿县东南部，镇区中心距县城约14公里。东抵洋淘湖镇，南隔撇洪河与龙潭桥乡、崔家桥镇相望，西与太子庙镇、株木山街道、辰阳街道、龙阳街道相邻，北与沅水相畔，是西洞庭湖国家湿地保护区的门户，澧水与沅水交汇形成了这里优美的湿地风光、肥沃的土地和丰富的野生水产资源。全镇区域面积151.87平方公里，耕地面积130146亩，共辖19个行政村、3个社区，总人口63432人。是湖南省100个旅游小镇之一，是常德市的“珍珠之乡”和“最美水乡”，也是一个农业大镇。2017年，镇政府下设5办12站，即党政综合办公室、经济发展办公室、社会管理综合治理办公室、计划生育办公室、移民扶贫办公室、财政所、农业和农村经营管理服务站、动物防疫站、民政所、劳动保障站、综合文化站、水利管理站、安全生产监督管理站、林业管理站、城建规划环保站、企业管理办公室、交通运输管理站。

2017年，镇党委、政府紧紧围绕“建设滨湖旅游特色镇”发展战略，深入推进“美丽乡村”建设，以加快旅游产业发展，推进经济结构战略性调整为发展主线，以“经济持续稳健发展、重点工作全面创优争先”为工作目标，从引进项目建设、加快经济发展，注重强农惠农、增加农民收入，强化公共服务、着力改善民生，加强社会管理、维护农村稳定四个方面全面履行职能。

【农业结构优化升级】 2017年，全镇完成农作物播种面积1.473万公顷，完成集中育秧0.18万公顷，优质稻种植0.566万公顷，订单农业落实0.12万公顷；养殖甲鱼466.67公顷，种植莲藕333.33公顷，珍珠养殖866.67公顷；新增中华绒鳌蟹养殖水面12公顷，螃蟹养殖98.67公顷，稻虾套养面积743.33公顷。

【美丽乡村建设成效显著】 2017年，该镇以建设生态宜居小镇为目标指向，从改善生态环境入手，持续实施美丽乡村建设且成效明显。植树造林326.67公顷，其中种植风景林173.33公顷，经济林153.33公顷；拆除龙王段、灰铺障533.33公顷迷魂阵，拆除北洼、中尾洲等地高阵12处，稀阵6处，矮阵29处，布网1200米，地笼2800只；完成7家养殖大户的污染整改和9家养殖大户的退养工作；全面启动3公里血吸虫病疫区封洲禁牧牛羊淘汰工作。陈军堤村被评为省级美丽乡村示范村，水果山村、金盆岭村被评为市级美丽乡村示范村，即将通过验收。

【民生福祉持续增进】 坚持把民生工作作为惠民政策的出发点和落脚点，扎实推进民生升温。改善水利设施。全镇完成维修改造机埠22座、新建机埠2座、涵闸维修25处、渠道疏挖清淤27730米、渠道衬砌11000米；完成35450米防洪责任大堤巡查，13座穿堤建筑物的维修处险和主干渠、主闸的维护保养；积极向上级争取200万元农业标准化建设项目和岩马灌区水利建设项目，对总长6.8万米、水流量1立方米/秒以上的渠道进行硬化配套。改造交通设施。马井下桥和余家桥于2016年动工，2017年已竣工；镇村硬化公路10.08公里，维修公路2.4公里，公路拓宽7.8公里，改造机耕道1750米。年内，还争取上级投入对方嘴村、雷神庵村公路进行拓宽，对2座危桥进行改造，争取项目支持对东向湖村至武竺山村 6850 米公路进行硬化。改进公益设施。逐步争取、落实农电网改造项目。在烂泥湖村、雷神庵村投入 400 万元，在杨树山村、龙口村投入 200 万元，在武竺山村、大南湖社区、百引障村投入 300 万元，分批、分阶段进行农村电网升级改造；投入 600 多万元对全镇每家每户电表进行电力集中改造。年初立项的政府公租房基础设施配套项目建设，年底施工完毕；积极争资引项，建成陈军堤留守儿童托养中心，让留守儿童感受到家的温暖；“三个垃圾压缩中转站”中雷神庵王家坪垃圾中转站和陈军堤垃圾中转站已完工，大南湖片调蓄湖垃圾中转站目前正在完成三通一平，12 月底开工；完成“三个污水处理厂”的规划选址工作。40 个客运班线招呼站目前已开始施工，全镇 2 条客运班线窄路加宽和 2 座危桥改造项目已进入县 2018 年项目实施计划，镇域公益设施正逐步拓展和完善。民政救助精准推进。完成对全镇特困人员 450 户、农村低保 1692 户 2037 人、城市低保和三无人员 259 户 327 人的清理排查工作，清理、取消五保户 13 户，清理、取消农村低保户 1075 户、1205 人，清理、取消城市低保户 185 户、240 人；对原残疾对象 1189 人进行入户核对、筛查，年度向县新申报残疾补贴对象 125 人；对 96 名大病救助对象做到了及时申报；完善并上报全镇留守儿童信息 522 名；劳动保障精准到位。以“就近就业、建设家园”为主题，先后 5 次组织 400 余人参加全县务工招聘会；以“脱贫攻坚”为主题，对全镇 4 个贫困村 100 余名贫困劳动力开展技能培训；以“大众创新、大众创业”为主题，组织辖区内优秀企业积极参加创新创业大赛；认真落实小额贴息创业贷款政策，共办理创业贴息担保贷款 12 户，发放创业贷款 120 万元；全面推进城乡居民养老保险，完成征缴 23988 人，比例达到 100％。

【脱贫攻坚精准发力】 2017 年，全镇以“五个一批”为总途径，以改善民生、增加贫困人口收入为主线，突出抓好交通基础设施、农村电网改造、信息网络、小型农田水利、村级活动场所及村级集体经济“六件实事”，全力推进脱贫攻坚工作并取得阶段性成果。完成 783 户、2331 人“四类人员”清理，落实 1143 户贫困户结对帮扶，落实医疗救助贫困户 222 户、244 人；发放个人小额贷款 88 户、424 万元，发放金融扶贫贷款（以农户入股分红形式）35.2 万元。全镇 318 户、994 人实现脱贫，贫困村洲头塞村实现整村脱贫。完成 3 个集中安置点的工程建设，71 户贫困户、249 人年底全部入住；135 户贫困户、346 人已签订分散安置协议，132 户、467 人分散安置户年底前全部入住。产业扶贫落到实处，光伏发电站落户木子树村，已于 2017 年 1 月底并网发电，年均发电量可达 5.5 万度，年净收益 6 万元，项目收益期 25 年。虎迪玩具厂，招收贫困户劳动力 35 人，贫困户人均年增收 25000 元；湘枳壳 GAP 种植基地落户洲头塞村，支持贫困户优先就业，基地常年务工人员 20 人以上，每年支付工资约 50 万元。汉寿县唯一大闸蟹养殖基地、汉寿县南美白对虾养殖基地、汉寿县红久农林科技有限公司、汉寿县昌元水稻种植专业合作社均与贫困户达成且执行“分贷统还”产业分红协议。此外，全镇还有 88 户贫困户申请金融扶贫贷款，贷款金额 424 万。

【项目引进成效显著】 通过招商引资，投资 2000 万元的汉寿县金瑞食品有限公司叼嘴巴槟榔厂项目落户金盆岭村，可提供就业岗位 600 个；总投资 1.2 亿元的湖南地本中药材种植公司的湘枳壳种植项目落户洲头塞村，一期共流转土地 69.24 公顷，已完成投资 2000 万元；汉寿珍珠产业园项目的二期工程百信医院建设已经着手启动。通过争取上级支持，833.33 公顷的机插秧推广项目、投入资金 2800 万元的高标准农田项目、落户东向湖村和南阳嘴村的粮食产能项目、面积达到 866.67 公顷的稻田生态种养项目均顺利实施。投资 150 万元对天月湖渔场池塘进行升级改造。全年软盘抛秧 0.77 万公顷，争取集中育秧补贴面积 933.33 公顷，优质稻核心基地全年播种面积 0.57 万公顷。此外，西洞庭湿地公园建设项目已经启动。

【平安创建成效卓著】 2017 年，在分解、落实安全生产责任的基础上，镇先后 4 次组织专门工作力量开展打非治违专项整治行动。党委书记、镇长每季度，其他班子成员每月至少一次带队进行常规安全生产大检查，对镇域烟花爆竹、危险化学品、废品收购点、人员密集场所、“三合一”场所等进行“地毯式”排查，发现并整改较大以上隐患 23 条，确保了全镇安全形势的整体平稳。围绕“强化红线意识，促进安全发展”主题，发放宣传资料、宣传手册 15000 余份，利用村村响广播、宣传车等形式，普及安全生产知识，群众安全意识进一步提升。镇党委、政府将民调工作作为干部工作作风、密切联系群众的重要抓手抓牢抓实。召开民调工作培训会、调度会 4000 余人次，发放民调宣传资料 5 万余份；通过召开民情恳谈会、群众代表会、面对面接触等形式，分发、收回群众民调答卷近 7 万份。通过多渠道、全方位的民调跟进，为促进镇村干部真实开展相关工作、真正取得正面成效提供充分保障。2017 年，镇民调工作位居全县第 4 名。

【社会事业全面发展】 镇综合文化站充分利用镇域文化资源，围绕重大节庆日，开展丰富多彩、健康有益的群众性文化体育活动。“三八”妇女节，举办1次广场舞联谊赛；积极参加县里组织的机关趣味体育运动会，夺得单项气排球第一名；参与市委宣传部组织的“百团大赛”，荣获1个单项二等奖，2个单项三等奖；参与县组织的“喜迎十九大，社会主义核心价值观”原创广场舞，获组织奖；岩汪湖社区成功举办喜迎十九大首届农民运动会，现场精彩纷呈；新建村级文化休闲广场9个，其中陈军堤村、岩汪湖社区、洲头塞村建成高标准模范休闲广场；首个汉寿村级图书馆落户陈军堤村，全镇整合农家书屋46个；群众文艺队伍不断壮大，内容形式也不断丰富，村民们文化活动更加多彩。

减负工作进一步落实，所有涉农收费项目均实现“零负担”；顺利完成中考组考工作，升学率和县一中录取率名列前茅；组织、动员全镇上下参与教育捐资助学活动，完成教育专项基金30余万元；制订和执行国土资源管理与工作考核制度，农村建房更为合理有序；认真开展兵役登记、征兵体检、政审等工作，党管武装落到实处；此外工会、妇联、共青团等其他社会事业都有新进步。 （林　钰）

沧港镇

【概述】 沧港镇位于县城以西8公里处沅水南岸，东连沧浪街道，南邻毛家滩回维乡，西抵德山经济开发区，北临沅水与鼎城区牛鼻滩镇及贺家山农场隔河相望，全镇国土面积109.21平方公里。沧港区位优势明显，距长常高速公路聂家桥入口、德山经济开发区仅咫尺之遥，沅澧快速干线6号大道自东向西横贯镇境，成为连接常德市和汉寿县城重要枢纽。资源丰富，是典型农业大乡，以水稻、蔬菜种植为主。特色农业有报国村稻虾套养、菱湖村南美对虾养殖、龙阳土猪养殖、滨湖水牛养殖等，养殖业逐渐形成规模。镇属范围内沅水河道砂石资源丰富，金石垸开发在即。现辖友谊桥、军刘、八鸽山、祝家岗、小凡洲、万福、报国、凰山、北美、菱湖、北拐、青山、风菱13个行政村，新兴、屈原2个社区，290个村民小组，9375户，44473人，其中农业人口39680人。2017年，沧港镇党委、政府紧紧围绕县委、县政府提出的主战略，立足本镇实际，始终围绕项目活镇、产业兴镇、创新管理、自加责任、真抓实干的工作思路，抢抓机遇、开拓创新，有力地推动了镇域经济社会各项事业的全面发展。

【工业经济】 现有工业企业以正阳生物科技、五金电镀、目平湖食品等为代表的化工、电子加工、食品加工企业为主，在洽谈项目有手工加工业等。

【文化建设】 开展丰富多彩的文化活动。湖南省原创广场舞大赛、汉寿首届机关运动会、常德市第十届鼓书擂台赛等。6月份，军刘村荣获“市级诗词之村”。参与支持 环中国国际公路自行车赛以及金山国际杯12.26纪念伟大领袖毛主席诞辰暨第二届环西洞庭湖123千米挑战赛等相关文化体育赛事的宣传、安保工作。

【项目建设】 以6号大道为载体，以“屈原文化”和“沧浪之水”为突破口，建设田园综合体项目。重点围绕镇村建设规划，发展镇、村生态观光旅游，加快城乡一体化进程。完善集镇水、电、气供应系统，建成集镇停车场、农贸批发市场、垃圾处理场，优化集镇环境，逐步形成以集镇为龙头，以十字街为中心，镇村互动，共同繁荣的集镇体系，建成凤凰山村，抓好以凤凰山村、北美村、军刘村、友谊桥村为中心的美丽乡村及沿线旅游设施建设，着力打造“旅游沧港、文明沧港、和谐沧港”新形象。

【扶贫攻坚】 采用镇村干部“一帮三”模式落实贫困户帮扶全覆盖，强力推进“五个一批”政策的落实。到8月31日，全镇实施小额信贷的有21户89人、实施金融产业扶贫的有20户82人，共计贷款185万元；另有两家企业已上报金融产业扶贫资料，计划贷款400万元，可帮扶80个贫困户，正在等待银行政策放开。通过劳保部门完成技术培训和劳动就业的贫困户有60余人。危房改造已验收14户；易地扶贫搬迁上报56户192人，已建成22户。医疗救助通过镇垫资2.34万元确保了贫困人口100%全覆盖。通过低保清理整顿，全镇认定兜底16户48人。通过雨露计划、扶贫慈善、大学生助学、教育捐资等措施开展一系列助学活动，已统计申报雨露计划的有4人，享受扶贫慈善的有2人，应届大学生助学2人。

【信用乡镇创建】 按照信用村、农户、个体工商户信用等级评定条件，全镇开展农户基本情况调查9375户，评定信用农户8601户、信用个体工商户453个，摸底测评信用村（社区）15个，占辖内总村数的100%。

【防汛抢险】 全镇有15.6公里一线临洪大堤。汛期期间，共计15000余人次劳力参加大堤防汛值守，调用抢险队员1000余人次，妥善处置境内出现的大小险情10余处。橘林受淹，党委书记李桂先亲自带队，抢险救援队、镇派出所警员出动，租用船舶20余船次，经过24小时奋战，成功将滞留人员40余人次、牛羊1000余头转移至本镇或邻近安全地区。2017年，沧港镇被评为市防汛先进单位，党委书记李桂先被市嘉奖。

【禁牧退养】巩固血防项目成果，落实封洲禁牧政策。封洲禁牧工作全面扫尾，退养出售转运牛1020头、羊560只。畜禽退养涉及9家规模养殖场，栏舍面积达7704.25平方米，年底，已全部完成9家规模养殖场的退养工作。

【综治维稳】调处各类矛盾纠纷76件，直接调处32件，指导村级调解组织调解44件。强化对“两类”（社区矫正对象、刑释解教人员）对象的安全监管，接受社区矫正对象有32名，安置帮教对象103人。提供各项法律咨询153次，协助相关单位起草各类协议、合同34件、法律援助5件、法律见证26件。

【就业保障】城镇新增就业200人，其中从事个体经营140人，自主创办企业5人，被企业吸纳55人；解决下岗失业人员再就业37人，就业困难对象就业32人，农村劳动力转移就业530人；组织农村剩余劳动力参加县人社局主办的专场招聘会4次，参加应聘人员300人次，应聘成功4人。

【水利建设】取缔封堵8家沙砾厂，关停9处沙石码头，改造3处小型机埠。全面开展中小流域治理工程，修缮4处涵闸，疏浚清淤3处渠道，加固堤防1000米，整治岸坡2250米。全面完成6980米菱角湖主排渠清淤，完成菱北电排、堵口电排、盘湖昏电排冬季维修，全面启动安全饮水“一厂一策”提质改造工程，完成对集镇、沧浪、军刘、新兴嘴、苏家口5处集中供水厂的摸底调查。成立河长制工作领导小组，制定方案制度，责任到人。

【基层党建】举办多种形式的学习活动，建设学习型党组织。坚持“三会一课”制度，严肃党内生活，积极稳妥做好党员发展工作；巩固和拓展“两学一做”学习教育成果，落实党风廉政建设责任制，切实履行“两个责任”，圆满完成村级党组织换届工作。

（李彦林）

坡头镇

【概况】坡头镇位于县境北部，距县城15公里，东濒目平湖，南隔远水与岩汪湖镇相望，西邻洲口镇，北抵西港镇。全镇总面积107平方公里，总人口5.17万人，辖坡头、新旨、永丰垸、陈家湾、竹山、明星、中心、联兴、全护、南堤、跃进、太平、丰临、福禄、余家嘴14个行政村和如意、鸭子港2个社区以及群英、内江2个渔场。

坡头镇地处远水与西洞庭湖的交汇处，属典型的冲积平原地带，土力肥沃，资源丰富。该镇为西湖区水陆交通枢纽，是连接西港、鸭子港、蒋家嘴、县城交通的中转站，商贸活跃，经济繁荣，素有“西湖明珠”之称，为县境重要港口和西湖区物质集散地。

2017年，全镇经济稳定发展，国民生产总值2.9亿元，比上年增长7%，财政收入152万元，比上年增长11.1%，农民人均纯收入7210元，比上年增长7.1%。

【农业生产】坡头镇以市场为导向，以优质、安全、高效生产为目的，以科技为支撑，实施“品种良种化，产地区域化、产品优质化、经营产业化”的农业结构调整策略，形成合理的农村产业结构。种植业以水稻、油菜、棉花、甘蔗为主。耕地面积0.36万公顷，水域818.4公顷，粮食总产量4.24万吨，棉花总产量3000吨。蔬菜种植面积为134.27公顷，年产量达4779吨。畜牧业也得到了快速发展，截至2017年年底，全镇蓄养生猪15911头、羊1623只、家禽存栏74620羽、牛1752头，规模养殖户达到100多家，总产值达6850万元。加快农业项目建设，重点扶持发展甲鱼、甘蔗等特色产业，其中甘蔗种植面积600余公顷，年产值达5400万元。加强农业龙头企业和基地大户建设。完善农田水利基础设施，加快机埠、渠道修复工作，清淤沟渠近20公里，整修机埠7座，道路、桥梁、农田水利等基础设施的完善极大便利了人民的生产生活。落实各项“三农”政策。按照“政策落实不打折扣、群众利益没有小事”的指导思想，迅速落实了粮农补贴政策，及时上报了今年良种补贴面积，按时拨付了2017年度耕地地力补贴及综合补贴共计1228万元，严格执行土地延包政策，保护广大农民的合法权益。

【民生保障】民生短板日益补齐，社会事业齐头并进。镇里始终把补齐民生短板、增进百姓福祉作为考量社会发展成效的第一标准，人民群众的幸福指数持续攀升。脱贫攻坚精准发力，对照贫困村、贫困人口脱贫标准，因地制宜、因人制宜，着重围绕产业发展、易地搬迁、医疗救助、兜底保障狠下功夫、下狠功夫，全年实现了253户762人预脱贫。全年完成贫困户危房改造49户，易地扶贫搬迁93户，超额完成年初任务近30户，落实产业扶贫贷款96户，共计480多万元，教育助学83人，健康扶贫、社会扶贫网线上工作有序开展。社会保障重点发力，城乡居民养老保险、医疗保险实现全覆盖，城乡低保、五保实现“应保尽保”，全年发放低保金、五保金、大病救助、临时救助共计541.56万元。大力推进培训就业和城乡统筹就业工作，实现新增城镇就业330人，失业人员再就业42人，4050就业困难人员再就业58人，农村劳动力转移就业1179人，参加农村贫困户精准扶贫技能培训人员185人，参加培训人员474人，扶持创业人员36人，促进就业632人。社保工作稳中有升。2017年，全镇居民养老保险缴费20202人，其中新增456人，缴费金额达438.8万元，城乡养老保险覆盖率达98%，超额完成年度任务118%。2017年是全省医疗保险合并之年，该镇农村居民、城镇非从业居民、在校学生、在统筹地区取得居住证的常住人口参保人数共44975人，医保缴费674.625万元，发放贫困户住院医疗补贴资金11.35万元，圆满完成了年初目标任务。

稳步开展计划生育。加强了“三位一体”阵地设施建设，组织计生专职人员业务培训，强化计划生育政策宣传，开展计划生育集中服务活动，狠抓了计生政策宣传和社会抚养费征收工作，使计划生育工作逐步走向规范化、制度化轨道。全年新出生582人，符合政策生育率98.28%，落实孕前免费优生检测358对，全镇两癌筛查944人次，新增“两扶”对象95人。

【综治维稳】 综治“网格化”管理服务工作推进有力。按照“居住分布，方便管理，界定清晰”的要求，将全镇17个行政村(社区)划分成17个网格管理服务站，初步形成“小网格，大服务”的格局。将“网格”与“安监站网格”并联运转，确保优势互补，综治信访维稳形势稳中趋好。牢固树立“稳定压倒一切”的思想，大力开展信访积案化解和矛盾纠纷排查调处工作，综治信访中心接访调处率达100%，全年受理信访案件196宗，调处结案186宗，办结率95%，全年化解矛盾纠纷25起。实现了对各类不稳定因素“发现得早、化解得了、控制得住、处置得好”的目标要求，实现了十九大期间进京上访为零的预期目标。严格执行领导班子成员信访值班制度。镇综治维稳中心实行开门接访，加强矛盾纠纷排查调处工作，正确处理群众矛盾，维护社会治安稳定。安全生产紧抓不放。落实安全生产目标管理责任制，将目标任务和控制指标层层分解下达至各村、企业，并逐级签订责任状，层层抓好落实，确保责任到位。先后组织开展了针对加油站、商场超市、液化气站、渡口及企业安全生产专项检查6次，中小学校车安全检查4次，下发安全生产宣传单1000份，及时处理安全隐患9处。

【环境卫生】 始终坚持以习近平总书记提出的“绿水青山就是金山银山”“宁要绿水青山，不要金山银山”为指导思想，镇区面貌大为改观。2月份开始，镇党委、政府投入资金对集镇进行规划建设，从指定方案、编制规划到项目建设全程监督跟进，完成如意社区搬运队职工宿舍区的污水管网处理工程以及如意社区、鸭子港社区的路灯改造。环境整治效果显著。年度开展集中拆违2次。全镇现有保洁员150余名，建立对保洁员周调度月考核的长效管理机制，取得了良好的运行效果。2017年新增配套垃圾桶100余只，实行政府购买服务，做到垃圾日产日清、定点收放、集中清运。在全镇范围内开展秸秆露天燃烧、渠道治理、城乡环境综合治理、畜牧业养殖污染治理、在建工地扬尘及污染治理等统筹治理工作，多举措防治面源污染。聘任2名城建工作人员加强日常管理，治理乱停乱占、乱摆乱放、乱搭乱建等脏乱差现象。通过一系列的治理举措，镇区基本实现了进一步的净化、美化、亮化，整体面貌大大提升。

高标准建设美丽乡村。陈家湾村作为省级美丽乡村实行高起点规划高标准建设，基础设施大为改善。以建设省级美丽乡村为契机，大力发展乡村旅游。以建设社会主义新农村为奋斗目标，将陈家湾村发展成为集观光农业、休闲农业，集鱼虾垂钓、莲子采摘、农家饮食、农事体验等为一体的红色旅游乡村。

【基层党建】 强化责任落实，不断规范党建工作基础。先后主持召开22次党委会议，研究部署基层党建工作；分季度对村（社区）、“两新”组织党建工作落实情况进行督查，列出问题清单，及时督导整改；落实镇干部包村制度，认真解决基层实际问题53件；通过数据收集、录入、自查、复核，全面完成智慧党建、干部管理大数据采集工作，实现全镇党组织、党员和干部信息电子档案化。

狠抓队伍建设，有效激发基层组织活力。在村（居）“两委”换届中，严格程序、严格把关、严格操作，坚持一阶段一培训、一阶段一督导，圆满完成换届任务。在干部学习教育上，镇以“两学一做”学习教育常态化制度化为契机，认真组织开展党员“冬春训”、主题党日活动、十九大精神专题学习讨论等工作，并通过“七一”评选表彰、重温入党誓词、慰问困难党员等活动，有效激发基层组织活力。今年，镇新成立3家“两新”党组织，实现“两新”组织党建全覆盖。

【红色亮点】 陈家湾是汉寿县打造的红色旅游景点和传统革命教育基地之一。2016年起，镇按照“突出重点、全面推进”的总体要求，围绕红色和生态旅游，打造帅孟奇故居特色亮点。2017年8月，完成陈家湾村级平台建设项目，配齐文、体、卫设施，建成500平方米的村级文体活动广场。通过完善基础设施，强化环境整治，实现陈家湾村村容村貌整体改善。通过文明创建，提升群众整体素质，打造淳朴民风；打造产业促发展，红色和生态旅游新模式，带动区域经济发展；

发展特色产业，促进农民增收，年内建成了13.33公顷以种植湘莲为主的观光农业。（华 艳）

西港镇

【概况】 西港镇位于县境东北部，距县城30公里。北临澧水，与益阳南县、常德安乡县隔河相望；东濒目平湖，与益阳沅江市遥遥相对；南与汉寿县洲口镇、坡头镇接壤，西临西湖管理区。总面积91.55平方千米，合9155公顷，其中耕地面积4994.47公顷（水田4763.27公顷，旱地231.2公顷）；水域面积2720公顷，水产养殖面积2307.93公顷。境内沟港纵横，河流交错，湖泊密布，绿树如茵，四季有序，具有典型的南国水乡特色。

西港镇人民政府位于西港镇鼎山社区（原居委会街道），共有在编机关事业干部职工49人，下设党政综合办公室、财政所、民政和劳动保障站、农业技术推广综合站、水利管理站、农业和农村经营管理服务站、安全生产监督管理站、综合文化站。辖11个行政村、1个社区，总人口4.01万人。

【民生工程】 民生救助。规范低保五保申报程序，做好低保排查和新增工作。6月，清理前低保1309户、1446人，整顿后剩余287户、478人，发放低保资金122.5万；清理前五保353人，清理后340人，发放资金108.9万；严格贯彻落实医疗救助政策，年内，共有135人次申请大病医疗救助，发放灾害救助资金10万余元。落实重点优抚对象优待政策，及时发放涉军对象191人补助资金，发放现役军人优待金216000元。做好残疾人服务，开展残疾人培训、残疾人危房改造、就业、救助资金发放等工作。精准脱贫。一是加强基础设施建设扶贫。通过硬化道路、疏通沟港渠道、亮化工程等基础建设给贫困户脱贫致富营造良好环境。二是加强安居扶贫。全年共有33户贫困户通过易地扶贫搬迁住上新房，共有43户贫困户通过危房改造改善了居住环境。三是落实小额贷款74户，资金220万元。四是加强产业扶贫。大力扶植乡镇企业发展，以凤迎蔬菜食品有限责任公司为代表的一批乡镇企业在带动周边农产品生产销售的同时，还解决了一批贫困户的就业问题。计划生育。2017年，计划生育争创一流，镇计生领导小组先后三次对村计划生育阵地进行了验收并制定了验收细则，投入6万元制作了宣传橱窗。出动计生宣传车100台次，翻印宣传资料12000份，张贴横幅、标语1500多条。符合政策生育率达到98%以上，村民自治合格率达到90%以上，流动人口管理服务到位率达到100%。水利电力。7月汛期，沅澧水超过防汛水位，全镇干群一道奋战十多个日夜，巡逻责任堤段，确保镇境防汛堤段安全度汛。改善水利基础设施，完善防汛抗旱体系。完成25台套、3665千瓦排灌机埠和设备整修与更换及18公里主干渠的疏通，确保旱涝保收。

【农业发展】 进一步改善农业基础设施。借助国土、农业、水利等项目对全镇水利工程进行升级改造，逐步改善了全镇农业生产条件。大力发展特色农业。积极推广"企业+专业合作社+基地"的产业发展模式，秉承"绿色、有机、营养、健康"理念，在连安建立1200亩油菜高产示范田；依托"太白湖""八百亩""何家堰"等生产基地壮大生态甲鱼、玉臂藕等地理标志性产业；支持和帮扶"天知香"等一批农产品加工企业，规范发放各种惠农补贴资金。

【项目建设】 加大招商引资力度，上报各类招商信息，大力发展生态种养、农副产品加工和乡村旅游产业，解决周边农副产品销路及劳动力就业问题。太白湖综合开发项目已修建完成荷月楼、采菱亭、藕香榭、钓鱼台、李白雕塑，珍珠女、龙女牧羊、杨幺和鼎山巨鼎雕塑正在修建中，力争将太白湖打造成集休闲、娱乐、养殖为一体的综合示范基地。

【环境建设】 集镇面貌焕然一新。集镇污水管网改造工程前期工作已经启动，预计2018年竣工；投入资金28万元改造集贸市场，消除了安全隐患，优化了商贸环境。环境保护持续发力。完成垃圾填埋场整改工作，投入120万元，新建垃圾中转站，预计于2018年1月竣工。取缔姚湾黏土砖厂；退养畜禽养殖场12个，其中猪场10个，鸡场2个，退养面积共8944平方米；退养网箱60口，共1820平方米；清理西洞庭湖自然保护区核心区欧美黑杨438.07公顷。

【综治安监】 加强安全生产工作的监督检查。重点加强对烟花爆竹、液化石油气、车站码头等重点行业和节点的监督管理，全年共检查86次，排查隐患43处，有效预防了安全生产事故的发生。加强防震减灾知识宣传。在学校、卫生院等公共场所开展地震应急演练，提高民众防灾减灾意识。综治维稳工作有序推进，社会和谐稳定。全面推进综治"三项建设"（综治信息化、网格化、综治中心建设）。开展"平安西港"建设活动，不断完善维稳机制，召开警民恳谈会；镇干部联合派出所民警深入各村（居）开展"零距离"互动，坚持开展夜间巡逻，进一步提高群众见警率；加大违法犯罪打击力度，强化治安防控网络体系，保障了居民安居乐业，民调工作全县第一。（朱英政）

洲口镇

【概况】 洲口镇位于湖南省常德市汉寿县东北部，距县城17公里，地处北纬28° 26′—29° 6′ 45″，东经111° 42′ 59″—112° 18′之间。东与坡头镇相邻，西与罐头嘴镇接壤，南临沅水，与辰阳街道办事处隔江相望，北邻西港镇、西湖管理区三分场。全镇行政区域总面积111.28平方公里，其中耕地面积4892.72公顷（水田3922.93公顷，旱地969.79公顷）。

洲口镇地处沅水入西洞庭湖尾闾，属沅澧二水交汇冲积的湖洲地带，平均海拔29.8米，其中白芷障海拔24.6米，是常德市内垸最低处。明永乐二年（1404），当地农民围垦荒洲，修建太和、保和、南赶三大障垸。在太和、保和两垸之间，有一小洲位于乌龙河口，后成集市，称为洲口。解放前该地属古北乡，新中国成立初期属第五区，为区人民政府所在地。1956年撤区并乡设洲口乡，辖洲口、文蔚两垸。1958年与罐头嘴乡合并，建立洲口人民公社。1959年文蔚垸划归鸭子港公社。1961年，析出罐头嘴公社。1984年2月，恢复乡建制。1994年8月，撤乡建立洲口镇。2015年12月，乡镇区划调整，与文蔚乡合并为新的洲口镇。2016年5月，完成并村（居）改革，将原35个行政村2个社区居委会合并为小河、东风、龙打吉、正龙、小港、太平、侯王、沙嘴、文蔚、华光、明光、维新、杨柳、同兴、前进15个行政村和乌龙港、西脑湖2社区居委会，计343个村（居）民小组，总人口53229人。

洲口镇政府下设农业和农村经营管理服务站、水利站、综合文化站、安全生产监督管理站、林业管理站、民政和劳动保障站等6个直属站所，派驻机构及事业单位有财政所、派出所、司法所、国土所、供电所、中学、中心卫生院、汉寿农商行洲口分行、邮政分局、电信分局等。镇机关、站所核定在编在岗工作人员58人，其中公务员21人，站所事业人员37人（含人事代理3人）。全镇现有中共党员1621名，分属24个基层党组织，其中村级党组织17个、机关党支部1个、老干党支部1个、事业单位党支部3个、非公支部2个。

2017年，在县委、县政府的领导下，洲口镇党委、政府认真贯彻中共十八大及其历次全会精神和习总书记系列讲话精神，按照“五位一体”总体布局和“四个全面”战略布局，坚持“创新、协调、绿色、开放、共享”的发展理念和“两型”社会建设要求，秉承“办成难事，办好大事，办妥群众关注的事”的服务原则，以经济建设为中心，依照县委“建设生态宜居大湖经济强县”的总体思路，贯彻执行各项改革措施，立足本地实际，巩固农业基础，发挥资源优势，发展特色产业，推进全民创业，引领万众创新，实现“弯道超越，创业起飞”，促进了镇域经济社会快速发展。通过招商引资和产业发展，2017年，全镇总产值8.5亿元，较上年增长15%；财政总收入3000多万元（含项目资金、对农补贴等）；农民人均纯收入11000元，较上年增长12%。全年绩效考核处于全县中游水平，其中粮食生产、安全生产、计划生育、综治民调、社会维稳进入全县先进行列。

【特色产业】 洲口镇地处湖区，农业是当地的基础产业，产品出售收入为农民收入主要组成部分。一年来，洲口镇党委、政府从湖区农业大镇的实际出发，把农业作为基础产业、主导产业、富民产业、稳农安农产业，并按照“美丽乡村建设”的“生产发展，生活富裕，生态环保”要求，把增加农民收入作为新农村建设的首要任务，继续狠抓农业主导产业发展，实施“三个一”工程，建成蔬菜、水产、粮食三大基地。

蔬菜种植市场化。根据市场需要和本镇农民种植习惯，洲口镇党委、政府对农民扩种蔬菜进行了正面宣传引导，并以农业和农村经营管理服务站为主，为农民提供种子、技术、销售信息服务，形成了以小河、乌龙港、东风、维新为主的万亩的无公害蔬菜基地，并通过农业专业合作社将各种时令蔬菜销往大江南北，拓宽农民的致富通道。

水产养殖标准化。洲口镇地处西湖垸，垸内江河相通，湖汊交错，水资源丰富，水质优良，为水产养殖提供了广阔的舞台，是全县重要的水产养殖地。在淡水珍珠逐步淡出市场的情况下，洲口镇党委、政府引导农民适应新形势、把握新常态，主动进行结构调整，依托太北湖、太南湖、西脑湖及其周边共计3333.33公顷优质养殖水面，在开展以四大家鱼为主的常规水产养殖的基础上，大力发展甲鱼、鳝鱼、泥鳅、水蛭等特种水产养殖，建成以甲鱼标准化养殖、泥鳅养殖为主的万亩特种水产养殖核心基地，水产总量达11958吨。

粮食推广优质化。2017年，在引导种植棉、油、菜的基础上，狠抓粮食种植，突出新品种、新技术推广，共落实粮食种植面积1.06万公顷，形成了以龙打吉、正龙为主的集中育秧示范点和高产示范片，并以此为基础建成0.67万公顷优质水稻生产基地。全镇当年粮食总产12万吨，除自给外，为市场提供商品粮近8万吨。

【民生工程】 2017年，洲口镇立足于把实事做实，把好事做好，把难事办成，全面加大民生工程建设力度，采取一切可能的措施，进一步加大项目建设力度，靠项目资金推动全镇基础设施条件的改善。

建桥通路。为实现“弯道超越、创业起飞”，镇党委、政府按照2016年“交通大会战”总体部署，一张蓝图干到底，稳步推进“一桥一路一环线”建设。在2016年已经完成“一路”——北湖公路建设的基础上，持续跟进“一桥”——“文蔚大桥”建设。该大桥是2015年底洲口、文蔚两乡镇合并后，镇党委、政府为兑现承诺，强化高水内江两岸联系，方便两岸干部群众往来，实现合镇合心而实施的一项民生工程，包括大桥附属设施配套建设，总投资1600万元，是全县重大建设工程项目之一。大桥横跨洲口镇前进村、华光村之间的高水内江，设计九礅八跨全长247米，桥面宽9.5米，由每跨4根共32根箱梁合成桥面基础。该工程于2016年9月29日正式开工建设，经过11个月紧张有序施工，在保证工程质量的前提下，工程进展迅速，于2017年12月底全面竣工。与此同时，认真规划“一环线”建设，并积极与上级主管部门对接，积极配合规划“省道513”建设，开通自北湖公路绕洲口村野鸡尾接同永公路经正龙、龙打吉上沅水大桥的洲口集镇南环线，让过境车辆绕开集镇通行。另外，注重加强镇村公路建设与养护，争取上级支持，相继投资近百万元，对洲龙公路、洲文公路损毁路面进行修补，并启动了西脑桥重建工程，确保了镇内主要交通大动脉的常年安全畅通。

度汛保安。洲口镇垸老田低，水系复杂，内河汊纵横，内有高低水河环绕，外有沅水洪道擦境而过，尤其2017年，汛期内外交困，外江两次超警戒水位，高水内江高洪一个多月。面对严峻有防汛保安形势，洲口镇党委、政府严阵以待，科学调度，实现了内垸外江的安全度汛。一是准备充分，整体推进。一方面认真开展水利春修，镇村共完成了62座机埠的设备检修，疏通渠道近千公里；另一方面，镇村确立“防大汛，抗大灾”，从防汛方案的制定、组织机构的调整、干部劳力的调配、防汛器材的准备等方面早动手，与县对口单位密切配合，进行了充分的准备，不仅由镇财政统一购置2万条全新纺织袋及其他相关器材，而且备足了抢险用砂石，成立应急抢险队伍随时候命。二是综合调度，组织严密。外江达到防汛水位后，镇防汛指挥所按照县防指和分指的要求，迅速组织干部劳力上堤防守，面对20年一遇的洪水，17000多米大堤上足干部劳力1万多人，在两次9天的时间内，清基除杂，修筑防汛路20多公里、开挖导沥沟400多条、填埋牛困凼30多个，加上日夜防守，拉网巡查，确保了临洪大堤有惊无险，安全度汛。在确保外江责任堤段安全的同时，面对内江高洪不退、堤防浸泡时间长的汛情，克服堤防薄弱、劳力不足的困难，强化内垸防汛责任，科学调度干部劳力，强化日夜巡堤，排查隐患，及时处置以明光管涌为主的4起险情，确保了内垸安全。

扶贫攻坚。2017年，洲口镇党委、政府把脱贫攻坚作为重要的政治任务、第一民生工程来抓，下足绣花功夫，按照全县统一部署，依照程序要求，认真落实各项扶贫措施，实现脱贫264户829人及贫困村小河村退出目标。一是提高站位抓认识。洲口镇党委、政府统一思想，按照习近平总书记的要求，把扶贫作为一项政治任务来抓，把扶贫当作第一民生工程来落实，把扶贫攻坚作为全镇工作的重中之重，切实落实帮扶任务，层层签订责任书，压实帮扶责任，制定出台精准扶贫实施方案，研究制定帮扶措施，开展挂图战，确保精准扶贫工作不掉队。二是雷厉风行抓整改。根据统一部署，全镇上下利用两个多月时间，对突出问题集中整改进行了全面整改。通过全体镇村干部逐一入户走访，全面核实情况，全镇清理出“四类人员”194户585人；新增贫困户73户，231人，新增单个家庭人口60人，清理死亡人口41人，落实返贫人口30户95人。同时，针对全镇建档立卡贫困户档案不全、不实的情况，组织力量对1202户贫困户档案进行全面整理完善。三是强化结对抓帮扶。按照全县开展“集中扶贫日”的要求，全镇干部做到每月两天开展脱贫攻坚工作。对干部结对帮扶开展情况列入干部绩效考核的重点内容，对每年走访情况、帮扶效果、贫困户满意度实行专项考核，确保取得实效。四是用好政策抓脱贫。充分利用“五个一批”的政策，加快贫困户脱贫致富的步伐。易地扶贫搬迁进展顺利：2016年32户108人全部入住新居，2017年105户392人建成5个多户联建点，截至11月中旬，有91户已基本建成，其他14户年底全部完工；危房改造整体推进，通过住建和扶贫两个途径，完成了85户建档立卡贫困户的危房改造；教育培训主动作为，开展了131人次的技能培训、发放教育助学资金12多万元。金融产业扶贫成效明显，今年新增小额扶贫贷款485万元，带动了225户贫困户发展的产业，初步预算人均增收800元以上；社会保障应保尽保，在低保户清理整顿过程中，全镇重新确认277户418人兜底保障。落实医疗救助135人，代缴基本医疗保险85人，极大减轻了贫困户就医负担。

生态环境。2017年，洲口镇党委、政府在进一步加大工作力度，深入开展农村环境卫生整治，在保持农村环境洁净美丽的基础上，将环保工作重点放在上级督察的环保问题的整改上，并实现了达标销号的目标。一是规范畜禽养殖。争对畜禽养殖污染环境问题，对居民生活区内群众意见较大的小河养猪场进行了取缔，对文蔚养猪场的污水排放进行无害化处理，防止了养殖污染。二是清理垃圾填埋场。投入大量资金，对小河村、乌龙港、西脑湖社区垃圾填埋场的垃圾进行清理，场内数千吨生活垃圾按照县环保小组的要求，全部清运至常德电厂和太子庙垃圾中转站，同时，对填埋场进行覆土处理，彻底消除垃圾对当地空气、水源的污染。另外，对群众意见较大的其他污染问题进行全面整改，拆除碎石场、取缔茭头加工厂、混凝土搅拌站、蛋托厂的通过环评方可生产。三是全面禁止农作物秸秆焚烧，在通过广播、会议、传单、干部上门等形式全面宣传秸秆焚烧危害有基础上，采取镇村干部包干负责、全方位拉网巡查、发现火点及时扑灭、协助执法单位进行处罚等措施，有效地防治了农村焚烧油菜杆、稻草等农作物秸的习惯。四是落实湿地保护。2017年，在落实湿地保护常规工作的基础上，重点突出了湿地区域焚牧和清理核心区杨树清理及码头砂石场整治。严格按照湿地管理局的要求，在沅水沿线禁止牲畜养殖，通过全面宣传、受奖户动员、兑现补贴等措施，全镇以江堤、洲滩为草场的水牛126头、羊155只全部宰杀或迁出，实现大堤3公里内无牲畜养殖目标。在清理核心区杨树上，认真落实县委、县政府决策，在制定清理方案、成立指挥部的基础上，组成6个工作小组，从11月10日起，开展湿地核心区杨树清理整治行动，对所属6714亩杨树进行集中砍伐，提前11天完成了清理任务。五是启动垃圾中转站建设。根据洲口实际，在乌龙港、西脑湖各建一座生活垃圾中转站，对全镇生活垃圾进行集中处理。该工程已由镇政府已投资60多万元，按要求完成征地、“三通一平”基础处理，现正在建设中，预计2018年可建成投入使用。

【社会事业】 土地确权。2017年，洲口镇采取包干负责、重点督导、分类指导，积极配合技术公司完成土地确权登记颁证后续工作，在县农经送上门年底验收时，全部合格，并有2个村提前发证。

两委换届。2017年是村党支部、村委会换届之年，是继2016年并村后又一重大村级组织调整。按照全县统一安排，洲口镇党委、镇政府按照上级工作要求，在村干部职数有限、竞争激烈的情况下，采取有力措施，在规定的时间内依法依规依程序统一完成17全村（社区）的两委换届工作，共选举产生村级两委干部101名，在原有161名村干部的基础上消减职数60名，实现了新老班子的平稳过渡。

居民两保。2017年，洲口镇党委、政府按照上级有关城乡居民基本养老保险的城乡居民医疗保险的有关精神，结合洲口实际，强化基础管理，全力征缴保费，全镇社会养老保险实际参保20546人，实现了城乡居保征缴保费326万元，占县下达的117%；城乡居民医疗保险按照全覆盖工作要求，下足任务，全力征缴，全镇共有4030人参保，参保率达86%。

卫计服务。2017年，洲口镇全面转变卫生计生工作理念，为全镇育龄群众服务，成效明显。一是打击“两非”，全县领先。在全县3例“两非”案件中，洲口完成2例，占全县三分之二。二是任务指标，超额完成。县计生局下达洲口的孕前优生检查、社会抚养费征收、妇性两癌筛查等均超额完成任务，其中：孕前优生检查任务340人，实际完成357人，超任务17人；社会抚养费征收要求达到50%，实际达56.4%，超6.4个百分点；妇性两癌筛查任务2010人，实际筛查2135人，超125人。三是控制出生，符合政策。通过落实各项计育措施，全镇符合政策生育率达98.57%，超过县规定比例要求。

安全生产。2017年，洲口镇党委、政府进一步强化安全生产，采取各种措施消除安全隐患，保证全镇群众生命财产安全。2017年以来，镇党政主要领导多次带队组织开展安全生产大检查，对加油站、罐汽点、烟花爆竹经营点、渡口码头等重点部位进行隐患安全排查，并全部督导整改到位，因此受到市县安监部门的肯定，推荐洲口镇创建省级安全生产示范乡镇。

综治维稳。2017年，洲口镇全面加强综治维稳工作，对群众反映的各种问题和相关矛盾纠纷进行化解调处，在乡镇合并后社情复杂、综治维稳任务繁重，特别是文蔚利民砖厂债务纠纷、洲口明利米业老板逃债纠纷不断、村级两委换届矛盾突出、道路交通事故频发、环保督导问题整改矛盾重重、安全饮水问题时有发生的情况下，镇党委、政府工作前移，认真研究对策，强化包保责任，积极消除隐患，基本上实现了赴京“零”上访，维护全镇大局稳定。同时，在做实民生工作、解决群众问题、正面宣传社会正能量、正确引导的基础上，全面开展治安巡逻、警民恳谈，增强群众安全感，拉近了党群干群距离，融洽了警民关系，取得全县综治民调第四名的良好成绩。（李乐舜）

罐头嘴镇

【概况】 罐头嘴镇位于沅水尾闾西湖大垸，地处县城西北部，距县城17公里。东邻西湖管理区与洲口镇毗邻，南濒沅水，经汉寿沅水大桥与县城南北贯通，西交贺家山农场和鼎城区韩公渡镇，北与鼎城区十美堂镇接壤。总面积74.04平方公里，合0.74万公顷，其中耕地0.42万公顷，水域0.32万公顷。镇政府驻地位于沅水下游北岸一高端处，沿有“永逸障”“大兴障”“张家汊”三垸依伴，状似犁田罐头，俗称罐头嘴。

春秋属荆楚之地，东汉阳嘉三年（公元134年）始属汉寿县。解放前，罐头嘴属大同乡。1949年9月，建立区人民政府，罐头嘴隶属五区管辖。1954年，根治西洞庭湖。1955年3月，县委组织移民，迁入3480户，14509人。1956年5月，建罐头嘴乡，并入保安、西北、南赶、双全、盘古、新建、洛新、大新8个小乡。1958年9月，属洲口人民公社。1961年4月，析出建罐头嘴人民公社。1984年3月，复名罐头嘴乡，所辖大队改村。1992年10月，增设罐头嘴居委会。1995年10月，“乡”改“建制镇”，现为罐头嘴镇人民政府，政府驻地居委会。2017年，辖张家汊社区和苏家吉村、南赶村、保南村、新联村、太兴村、盘古村、红光村、福兴村、双庆村等10个村民委员会，下设199个村民小组，19个居民小组，全镇总人口32411。

2017年，实现生产总值6.5亿元，同比增长10.1%；完成重点工程项目10多个；完成固定资产投资2.8亿元，年均增长40%以上。实现农民年人均纯收入8757元，城镇居民年人均可支配收入13084元。农产品销售总额1亿多元，助农增收3000万多元。外出务工人员6000多人，年劳务收入达1.5亿多元。财政收入年增长10%。现有行政编制数20人，其中1名机关工勤编制，2017年实有在岗人数18人，其中1名机关工勤人员。下设五站一所：农业和农村经营管理服务站长、民政和劳动保障站、水利管理站、综合文化站、安全生产监督管理站和林业管理站。有事业编制数29人，2017年实有在岗人员29人。

【农业产业】 一是重点发展现代农业。现代农业以标准化为引领，建成了蔬菜产业基地、粮食、油菜万亩高产创建示范基地。发展标准化种养基地0.33万公顷，其中优质稻基地0.2万公顷，优质棉基地666.66公顷，健康水产养殖基地666.66公顷，湘泓健康水产养殖基地被农业部授予“健康养殖示范基地”称号。全镇有30亩以上的种粮大户145户，其中6.66公顷以上的大户19户。二是增粮、减棉、增蔬、突特。2017年上半年，完成水稻集中育秧面积466.66公顷、机插秧面积333.33公顷，蔬菜400公顷，瓜果533.33公顷。三是加大土地流转力度，培育种养加大户。成立各种养殖、种植、流通合作社共8个，全镇经营33.33公顷以上水面的养殖大户有15户。土地流转面积533.33公顷。全镇蛋鸡产业、养牛业、养猪业、甲鱼养殖、娃娃鱼养殖业等增收较为明显。四是抓好冬季农业，调整油菜与蔬菜以及绿肥等冬种作物种植面积。扩大油料种植面积0.26万公顷，蔬菜、绿肥以及其他冬种作物面积0.11万公顷，机械直播油菜140公顷。冬种覆盖率达到90%以上。五是制定重大动物疫情防控预案。成立畜禽水产品质量安全监督管理领导小组，实现畜牧防疫工作的全覆盖。

【项目建设】 一是聚力发展重点项目。汉寿凯迪绿色能源开发有限公司1×30兆瓦生物质发电项目，项目投资1665万元，完成了场平、桩基、厂区围墙施工，周边基础设施及供水、供电、通信光缆均已按要求完善。凯迪生态进行技术升级，重新设计了建设方案，计划2018年投资1.8亿元，现已向发改局报备。上市公司——通威集团股份有限公司于9月完成了技改工程，2017年，饲料销售额5000万元。投资近3亿元的220千伏同心变电站于10月投入使用。投资6000万元的常德宪刚米业公司已经完工。二是用心争取上级项目建设。全面开展棚户区改造工程。争取项目资金980万元，对集镇490户实行立面改造；对旧城集体闲置报废资产进行处置，老电管站实行公开拍卖后，由社会贤达按照规划设计改造，现投资700万元，已建成3600平方米的商业广场，正在筹备开业。

【基层党建】 镇党委、政府牢固树立抓好党建是最大政绩的理念。一是紧抓基层党建工作，强化基层基础。上半年，镇党建工作继续保持全县第一，全年共迎接各类检查8次（省检1次、市检1次、县检6次），镇党建办组织村级党组织交叉检查3次、下村指导督查22次，镇村基层党建工作集中办公28天，参加市、县培训2次，共计16多天，选拔大专学历以上村级党建联络员10人。二是党建工作因地制宜创先争优。利用“村党支部+合作社”模式，指导苏家吉牛蛙养殖合作社等专业合作组织流转土地33.33公顷，助农增收200多万元。利用主题党日活动，走访慰问困难党员25人。突出标杆，树立党员看齐意识。坚持用身边人教育党员，在全镇树立优秀村支书毛先祥等一批先进典型，让党员干部跟着学、照着做，向标杆看齐。三是实施党员带富工程。实施党员干部带头创富培植工程，在政策上优惠，资金上支持。由党员领办的13家农产品加工企业，年加工各类特色产品9000多吨，带动了无公害蔬菜、优质瓜果、棉花、名贵鱼、特种水产5个支柱产业和万亩基地的发展。

【美丽乡村】 镇政府高度重视环境卫生整治工作，把它作为建设美丽乡村的突破口和民生工程，举全镇之力，在全镇范围内开展声势浩大的环境卫生整治突击年活动。一是每月由党政领导带队轮流对各村社区的环境卫生进行评比，对前5名的单位分别给予5000~1000元的现金奖励，充分调动了广大干部的工作积极性；二是全面推行垃圾分类减量处理模式，开展文明卫生户和优美庭院的评比活动，在全镇上下掀起“万众齐心协力，共建美丽家园”热潮；三是编制美丽乡村建设规划，各村社区着重打造2~3个环境卫生优秀示范区，全镇在主干道沿线和示范区栽种花草共计62公里35万株，其中盘古和福兴村实现花草全村覆盖。四是积极配合中央环保督查组，对垃圾填埋场进行整改。成立专项整改领导小组，投入70多万元，将新联村3300吨垃圾全部外运至常德生活垃圾发电厂和太子庙垃圾中转站，对新联和太兴垃圾场进行石灰消毒，请县环保局对水质进行监测，种植200株桂花树并立警示牌。各村也对垃圾填埋场进行消毒、黄土掩埋。全镇新产生的垃圾按照“户分类、村收集、镇转运、县处理”的模式运作，全部运送县垃圾中转站。五是加大巡查秸秆力度。镇整治办与农经站成立专门督查组，集中在5月和9月用公车和警车同时开展秸秆禁烧宣传巡查，全体镇村干部明确负责区域积极参与配合。

【城镇建设】 以城镇扩容提质为重点，城市名片彰显特色。打好全国重点镇这张品牌，加大城市建设投入。一是全面规划改造升级集镇区。投资30万元，聘请湖南城市学院专家完成《罐头嘴镇总体规划（2015—2030）》修编工作；投资670万元对集镇教育路、科技街道、罐苏街道和集贸街道进行全面升级改造；投资100万元对文化路、集贸街和科技街道强电弱电进行全面地埋整治。二是加强基础设施建设。投入200万元的垃圾中转站正在抓紧施工之中，可望年底投产运营；投入资金250余万元建设政府镇级政务中心项目，基础工程已全部结束，正在修建主体工程；镇村平台建设顺利实施，全镇村级平台建设10个（含政府服务平台），投资1800万元，征地10亩；集镇修建污水处理厂及管网配套设施工程；投资300万元的罐头嘴供电所全面竣工。三是盘活民间资金。在集镇红星商业街道整体联建房屋60套，聚集民间资金2400万元；罐苏街道整体联建10套，聚集资金600万元；投资450万修建学校食堂、公寓教育基建工程；投资600万元修建聪明宝贝幼儿园幼儿教学楼。四是控违拆违，加大城管执法力度。全年开展集镇集中整治27次，组织人员350多人次，共拆除乱搭乱建建筑190间，取缔马路市场2处，向县城管局申请将镇城管人员纳入县城管中队参照管理。

【民生建设】 坚持从人民利益和幸福出发，贯彻“精准扶贫”战略思想，严格按照县脱贫攻坚指挥部要求落实。2017年，全镇共有贫困户562户1829人，年内进行贫困户数据清理194户741人，新纳入贫困户60户287人，已脱贫219户718人，计划脱贫135户439人。未脱贫208户，672人，落实易地搬迁对象313人，危房改造12户，因病返贫31人。城乡居民医保1829人，民政医疗救助114人，技能培训159人，其中“两后生”（初中、高中毕业未能继续升学的贫困家庭中的富余劳动力）技能培训7人，低保救助260人，兜底保障30户90人，参保扶贫特惠保的建档立卡贫困户1829人，申请金融扶贫贷款15户61.5万。社会劳动保障方面，全年发放救灾救济18万元，棉被20床，大病救助110人；“八一”慰问优抚对象108人、2480元。城乡居民养老保险参保缴费13200人，缴费金额160万元。援助困难人员就业5人。培育自主创业者6人，带动就业35人。技能培训89人，新申办社会保障卡1023张，全民参保信息采集核对4708人。进行了城乡低保人员、特困人员、社会保障兜底清理整治，原有农村低保809户1002人，现有223户276人；原有城市低保63户86人，现有12户15人；原有特困供养人员249户295人，现有232户261人，切实完成了上级部门布置的工作要求 。投资130万更新机埠，投资40万改造机埠32处、64台7180千瓦，投资1027万元建设水利河湖连通工程，集镇区域2350米高水内江河堤整治工程，工程区域内已全部清障，正在施工中。

【综治维稳】 安全生产。严格按照“党政同责、一岗双责、齐抓共管、失职追责”的指导思想落实安监工作，共召开各类安全生产工作会议12次，升级整改烟花爆竹经营户29家，关停2家非法加油站，组织各类安全检查整治行动35次，组织检查人员120人（次），检查各类安全生产经营单位70多家，排查发现安全隐患98处，治理隐患96处，下达整改指令书98份，现场检查记录98份，建立了5个安全生产工作群（烟花爆竹、危险化学品、镇村干部、综合），确保全年安全生产形势稳定好转。

抓好综治维稳，打造法治平安乡镇。一是营造好民调宣传氛围。全镇印发20000份民调宣传资料到户，开展模拟电话测试3000人次，解决群众反映的问题100余个。二是着力打造镇村两级综治中心。全年，共发生各类纠纷44起，调处43起，调处率达97%，成功率达97%。参与非诉讼代理8起，防止民转刑案件6起，办轻微违法人员学习班12期39人。加强对“刑释、社区矫正”人员的安置和帮教工作，对所有刑释人员都落实了帮教合同和帮教措施，至今无一人重新犯罪。突出开展无上访村（社区）创建，全镇越级访可控，无集体访，无极端访。三是坚持严打方针，打击各种刑事犯罪。一年来，破获刑事案件18起，刑拘16人，起诉5人；治安案件69起，结案69起（含调解），治安拘留20人；强戒（社戒）5人，大大地震慑违法犯罪。四是加强对学校周边环境的重点整治。一年来，对生产经营单位每月进行1次安全检查，对不合格单位发出限期整改通知118份，其中已整改116家，发出停产整顿通知书2份。在镇主干道路不定期进行治安巡逻，对公路沿线的护村队进行业务培训。五是对在建的10个村级综治中心，配备10名网格员及平安通手机，切实推进“网格化”工作和“无上访村（社区）创建”工作的开展，保障社会和谐稳定。

【作风建设】 一是切实转变干部作风，群众工作有所创新。以党建统揽全局，制定年度党建工作方案和村社区、站所办党组织负责人履行管党职责的考核管理办法，全面实行镇干部轮流住镇值班、村干部坐班制度，制定《罐头嘴镇村干部管理九项制度》，进一步加强村干部管理，规范村级事务工作程序，确保政令畅通。二是在全镇党员中组织开展“两学一做”学习教育，打牢“学”的基础，抓住“做”的关键，全力助推精准扶贫工作，不走过场、不摆花架子，真正为老百姓办实事、办好事，解决老百姓实际困难。

（邓丕松）

聂家桥乡

【概况】 聂家桥乡位于县城西20公里，东北与沧港镇接壤，南与鼎城区谢家铺毗邻，西与常德经济技术开发区石门桥隔湖相望，是汉寿的西大门，距常德市仅20公里。紧邻319国道，石长铁路、长常高速穿乡而过，境内设有高速互通口。全乡面积为48.27平方公里，辖8个村（社区）、181个村民小组，总人口2.3万人。

聂家桥乡自然形成南高北低，中呈盆状，“三湖一岭”构造成丘岗区明显的特色，滑泥湖位于乡东，肖家湖位于乡西，青泥湖位于乡中、黄茅岭则矗立在滑与青两湖之间，全乡拥有耕地面积1910.47公顷，其中水田1679.67公顷，旱地230.8公顷，养殖水面46.67公顷，果园面积70.2公顷，稀疏茶林130.4公顷，此外还有花卉苗木20公顷，牧草66.67公顷，农产品以种植水稻、棉花、油菜等传统的农作物为主，养殖业以饲养猪、畜、鱼为主。第二产业以建筑建材业、农副产品加工业为重点，第三产业则以交通运输，饮食服务，商业营销为基点。

2017年，乡党委、乡政府紧紧围绕县委、县政府“一五五”重要战略部署，把思想和行动统一到打好“建设生态宜居的大湖经济强县”这场硬仗上。按照“一三六”方针（围绕县委县政府为中心，做好美丽乡村、招商引资、队伍建设三篇文章，推进党建、扶贫、民调、卫生整治、安全生产、计划生育六项工作）的发展定位，不断改善民生、夯实三农基础、优化经济发展环境，加强社会管理、维护社会稳定、推进基层民主、促进农村和谐四个方面全面履行职能。下设四办六站，即党政综合办、经济发展和农村经营管理办公室、计划生育办公室、社会管理综治维稳办公室、农业技术推广服务站、民政和劳动保障站、水利管理站、计划生育服务所、综合文化站、规划建设环保站，共有在编事业干部职工34人。

【社会事业】 2017年，帮助弱势群体，核减低保户507人，新增低保户103人，有五保户167人、帮扶困难残疾人26人。投入3万元对敬老院进行维修改造，提高五保老人生活条件。发放上级民政惠民资金共计200多万元。文化事业再现新繁荣。全乡已普及数字电视2000余户，有线电视1000余户，电影队为农民免费播放电影100余场。乡文化队伍多次参加市、县“百团大赛”并取得优异成绩。建成文华小广场13个，改善了农民群众的文化生活环境，丰富了群众精神生活。教育、卫生事业迈出新步伐。一是教育设施不断完善。投资330万元新建1200平方米教学楼一幢、850平方米幼儿园一所，近500平方米教师公租房12套已经完工；投入41万余元对中学礼堂、先锋小学进行维修；开展教育捐赠活动，募集款项达50万元。二是卫生硬件不断加强。投入500万余元建成44套公租房共2200平方米；计划生育工作取得新进展，征收社会抚养费63万元，落实节育手术323例，计划生育率达到了90%；美丽乡村工作呈现新景象，发展乡村旅游产业，打造千亩荷花景区，实现地方农民增收。统计、财政、妇女、儿童、关工委、无偿献血等工作均有新进展，为聂家桥乡经济社会发展工作做出新的贡献。环境卫生工作有序推进，共计投入140万元用于整治环境卫生，配备保洁员30名，垃圾焚烧池518个，垃圾车34辆，保洁衣服150套。

【民生改善】 农田水利设施进一步加强。争取上级项目资金480余万元，除险加固水库1座，维修机埠2座、水闸3座，硬化沟渠3000米，新建抗旱井6口，平整土地11.33公顷，更新改造大型泵2座。公路建设力度加大。筹措资金400余万元，升级改造乡道1.05公里、通村公路3公里、通组公路8公里，新硬化通村、通组公路10公里，实现通村公路全覆盖。完成新宁大道排水改造及路面绿化、亮化工程，解决群众出行难问题。自来水厂增容工程已经启动，计划投资120万元完成水厂提质二期工程，实现自来水“村村通”。农村电网改造工程全面启动，很好地缓解了群众的用电紧张问题。在太子村落实“五小”水利工程，争取县投入12万元，该村自筹配套资金18万。

【项目建设】 湖南湘线水泥电杆厂一期已开工建设，占地80亩，投资1000万元，建成后可解决30个就业岗位。引进湖南琦文置业有限公司投资开发建设美丽乡村集中联建综合项目，计划征用土地200亩，总投资3亿元，总建筑面积30万平方米，设计建设融万人赶集、农产品综合市场、多层联排联片住宅、小高层别墅等于一体的综合型示范小区，项目相关手续正在衔接中。此外，投资110万元建设政府便民服务平台及各村社区村级平台，2018年可正式建成使用。

【美丽乡村】 累计投入1000余万元，打造美丽乡村示范片。紧紧围绕“打造乡村旅游平台、建设美丽乡村”为目标，坚持“产业优先、连片示范、整体推进”思路，坚持“政府主导、农民主体、部门服务、村企共建”原则，突出发展乡村旅游。引进湖南达诚教育有限公司投资5000万元，建立旅游拓展学校，项目占地面积66.67公顷，集旅游、拓展、休闲、教学、度假、观光、农家乐于一体，现已投入使用；依托五星级农庄金隆山庄和四星级农庄武峰山休闲农业生态园，新发展5个农家乐，转移劳动力就业；引进珠海圣迪服装有限公司，投资8000万元建服装厂，一期已竣工投产，收纳1500多个剩余劳动力就业，成为常德市唯一一家出口创汇的制衣企业。全村有90%的劳动力投入二、三产业。打造千亩玫瑰产业园。从互通口三元小区4组至武峰小区2组，建设生态园，种植玫瑰花66.67公顷，引进加工企业，实现农民增收，企业增效。投入300万元，对太子村进行美丽乡村创建，硬化道路，疏通沟港渠道，新建休闲广场，打造“大美太子村”。2017年，聂家桥乡被市书画协会授予“书画之乡”荣誉称号；武峰村被授予“全省农村社区建设示范村”和市级“无上访村”荣誉称号。

【扶贫工作】 清理整顿后，全乡建档立卡贫困户403户、1353人，重点贫困村1个。2014—2016年已脱贫150户、552人；2017年，通过后盾单位的帮扶和相关扶贫政策的落实，有72户、239人实现了脱贫，尚未脱贫对象有181户、562人。

2017年，贫困户危房改造完成10户，通过上门核实，两轮公示，现都顺利通过县扶贫办验收，改造资金已经全部打卡发放到贫困户手中。2016年至今申报金融产业扶贫贷款农户150户，发放金融产业扶贫贷款528万元，参与合作的扶贫经济组织3个。截至12月底，累计分红28.7万元。2017年，易地扶贫搬迁工作通过贫困对象个人申报，村居初审，乡审查公示，确定搬迁对象49户、190人，全部竣工验收，年前入住新房。社会保障兜底工作通过调查摸底、评议小组评议及公示，确定兜底对象8户29人。

主要企业简介

湖南众肴农业发展有限公司现代农业示范园简介

湖南众肴农业发展有限公司，成立于2016年9月7日，是一家以种养结合为实体的现代农业公司。现正在汉寿县朱家铺镇马家村槐树组新建一个高标准、种养结合示范产业园，第一期计划投资4000万元，常年存栏产蛋鸡20万羽，配套以育雏、畜禽粪污资源化利用。公司采用国际标准智能化养殖与利用当地自然条件林下养殖。

达诚拓展教育基地简介

基地地处湖南常德汉寿县聂家桥乡，创建于2014年，2015年3月份对外营业。拥有员工40人，占地面积800多亩，建筑及建设面积15000平方米，绿化面积180万平方米左右，规划总投资5000万元，有能容纳1000人左右就餐的大餐厅，800个住宿床位，所有房间均配备独立的卫生间及热水器。基地已建设几十个户外拓展的高空、中空、低空项目。

金隆山庄简介

位于聂家桥乡长常高速公路互通口与319国道交汇处，南抵鼎城区谢家铺集镇，北临武峰水库。山庄总投资1000万元，总建筑面积5000多平方米，员工200多人，山庄集休闲娱乐、度假旅游、住宿餐饮，会务商务于一体，有5000多平方米的停车场，有1000平方米的绿化，综合服务功能强，是旅游度假的胜地。

武峰山休闲农业生态园

位于武峰村境内，背靠武峰山，前临武峰水库，依山傍水，环境优雅，沿途花开繁盛，景色优美，得天独厚的环境造就了武峰山休闲农业生态园。占地面积20公顷，总投资200万元，员工20人，是以餐饮、休闲、娱乐、垂钓、棋牌、住宿为一体的休闲生态农庄。

武峰山水上乐园简介

位于武峰村境内，聂谢主公路旁，始建于2015年，于2016年6月正式开放运营，总投资270万元，总占地面积0.93公顷，员工20人。现乐园内共有两个已建成并开放的游泳池，深水区面积1500平方米，浅水区面积4000平方米，可容纳1000人。开阔的停车场，可供300辆车辆停靠。自开园以来，已经成功吸引近万名游客前来游玩。由于现有游泳池无法满足大量游客的需要，拟计划投资200万元新增园区项目。

圣迪服装有限公司

2012年，先后投资近亿元，在汉寿县聂家桥乡堤北村新建了一个占地4万余平方米，建筑面积2.6万平方米的大型服装企业——常德市圣迪服装有限公司。（刘 鑫）

毛家滩回族维吾尔族乡

【概况】 毛家滩回族维吾尔族乡地处洞庭湖西部沧水河畔，距汉寿县城18公里。1988年，经湖南省人民政府批准成立汉寿县毛家滩回族维吾尔族乡。乡域属丘陵山区与平湖区的结合部，河流纵横，沧水河、浪水河、严家河、牛桥港南北直布，南湖撇洪河东西横插；道路交错，石长铁路、汉德大道、长常高速公路、319国道东西横穿；朱牛公路、沧毛公路南北纵贯。全乡版图面积54.4平方公里，耕地面积2200公顷，山林地面积466.67公顷，水域养殖面积533.33公顷。辖7个行政村，1个社区，人口2.72万人，其中以回族维吾尔族为主的少数民族人口约0.8万人。

2017年，毛家滩回维乡党委、政府坚持以党建工作总揽发展全局，全面加快经济发展，促进农民增收，强化公共服务，维护农村稳定，着力改善民生，促进了乡域经济又好又快发展。乡机关下设4办6站，即党政办、经济发展办、综治生态环保办、卫计办、农业和农村经营管理服务站、安全生产监督管理站、民政和劳动保障站、水利管理站、林业管理站、综合文化站，共有在编机关事业干部职工34人。

【基层党建】 抓村级班子建设。合村后，村级班子建设尤为重要。在村级换届选举工作中，严控职数，把握正确用人导向，严格候选人审查，妥善安置安抚退职人员，确保换届选举工作风清气正、平稳推进。全乡村“两委”换届工作在5月底前完成，8个村（社区）产生总支部及村委会委员共45名，7月中旬又对新当选党（总）支部书记、村民委员会主任、村“两委”成员进行组织谈话和岗前培训。产生的新班子，结构优化，干部素质显著提高，10月份，全乡村（社区）干部均参加全县村干部集中轮训。11月份，完成村（社区）党建工作联络员的招录工作，8名30岁以下的党建工作联络员已全部培训上岗。抓常规动作。每月至少召开一次党委专题会议研究部署党建工作，阶段性工作一周一督查，一周一通报。全年各基层党组织扎实地开展双述双评、党员冬春训、民主生活会、主题党日活动和“两学一做”四个专题学习讨论，“两学一做”学习常态化、制度化。下半年完成了全乡党员信息系统和“智慧党建”平台870名党员的基础信息采集工作，党组织建设更加标准化，党员管理更加规范化。认真做好了基层党建重点工作“7+2+3”，下半年基层党建工作通过了省市县检查验收。抓自选动作。为纪念建党96周年，庆“七一”期间，乡机关及各村总支部开展了丰富多彩的庆祝活动。乡机关、向阳社区、马涧、东岸村组织党员到翦伯赞、林伯渠、帅孟奇等故居参观学习；田庄、油铺村组织党员重温入党誓词，主题党日活动有声有色；向阳社区组织党员特困捐助2500元；东岸、教门岗、马涧等村组建党员防汛抗洪先锋队；五丰、牛路村开展党员环境卫生义务劳动等。通过开展活动，党组织凝聚力进一步增强，党员的作用进一步发挥。

【社会事业】 扎实推进计划生育工作，提升计生服务水平。全年符合政策生育率98.6%，依法征收社会抚养费67万元，申请法院强制1例，调查新增奖励扶助对象106人，落实政策外多孩终止妊娠5例。完成流动人口清理工作，补录4603人次。计划生育年终考核被县里评为先进单位。文化教育事业稳步发展。全面推行义务教育，入学率、巩固率不断提高。积极改善教学环境，提高教学质量。下半年计划投资200万元对中心小学运动场进行升级改造，该项目正在施工中。2017年中考，毛家滩中学升一中学生22人。深化实施文化惠民工程，年内新建农家书屋5家，“村村响”广播、数字电视，各村村部宽带网络全面拉通。环境卫生再加力度。年共投入70万元用于环境卫生整治，每个村（社区）投入8000元建立一个垃圾集中收集站，马涧村、油铺村新增高标准环卫垃圾桶近500个，全乡新增保洁员10名；在迎国家环保部督察严禁秸秆焚烧工作中，通过广泛宣传、集中巡查、严格奖惩，确保了全乡无一处秸秆焚烧现象，秸秆禁烧工作受到县里表扬。美丽乡村建设整体推进。马涧村美丽乡村建设第一阶段的“秀美庭院”建设已初见成效。投入300万元新建高标准村级综合服务平台；投入78万元对马涧村沧毛公路段两边2.5公里渠道进行了衬砌；投资40万元新配马涧村垃圾桶210个；投资80万元新建糖橙交易平台两座；投入18万元建设了村头标志性建筑；计划投资120万元对糖橙核心基地进行重点打造与产业推广；投入近300个工日，党员带头，乡村干部及理事会成员全体动手，清杂除草，平整土地，整治农户房前屋后环境卫生，彻底改变了马涧村脏、乱、差的面貌，使村貌焕然一新。

【民生改善】 一是脱贫攻坚工作。2017年，严格按照上级要求对所有建档立卡的贫困户进行一次彻底清理，共清理出197户599人，清理后，全乡有贫困人口1275人，430户，已脱贫116户，354人，做到了精准识贫、精准脱贫。易地扶贫搬迁已完成2016年的工作任务，已入住的有30户116人；2017年共有易地扶贫搬迁户79户、214人，其中集中安置36户、106人，设置有两个集中安置点，分别为水电站二期安置点和和平安置点；分散安置43户、108人，分散安置中包括三个多户联建点，现在两个集中安置点和三个多户联建点均已开工建设。下半年，该乡扶贫工作顺利地通过了省、市、县扶贫办组织的工作检查，扶贫迎检成效好。二是社会保障兜底工作。在进一步加大社会救助的同时，严格规范城乡低保、社会兜底和贫困人员的清理认定，做到应保尽保，应退则退，全乡一把尺子，规范审批程序和救助标准，做到了公平、公正。截至6月底，全乡共清理城乡低保486户630人，留存211户343人，杜绝了人情保、关系保。全年超额完成城乡居民养老保险征缴任务，年内新增参保150人，死亡申报140人。累计完成劳动力转移212人，其中贫困劳力40人，县招聘推荐就业15人，新增城乡就业152人，举办贫困户劳动力技能培训100人次。积极争取农商行投入资金200多万元，高标准地改造了乡敬老院。三是水利基础设施建设。2017年，共投入30万元对滑泥湖、李家叉、田庄下垸进行处险加固；投入32万元对王家湖渠道进行清淤；投入50万元完成了牛路村渠道衬砌；投入50万元对罗家机埠、东塘机埠进行维修改造；投入12万元新建教门岗肖家机埠；投入8万元对耀言湾山塘进行整修。

【**项目建设**】 谋划启动一批重点项目。2018年是毛家滩回维乡建乡三十周年，为充分展示少数民族乡经济社会发展成果，经乡党委、政府反复研究，明确了“十个一”的重点工程项目，并争取在一年内完成项目建设任务。“十个一”工程内容是：“一村”即马涧村少数民族特色村寨及美丽乡村建设；“一路”即沧毛公路集镇段升级改造、教育路及其延伸线道路建设；“一桥”即在五丰村新建一座长120米、宽7.5米的钢混桥；“一镇”即集镇中心十字街、粮站路提质改造；“一寺”即教门岗村清真寺提质改造；“一基地”即糖橙产业品种改良及基础设施建设；“一长廊”即对集镇路灯、环卫设施等外立面进行文化宣传及特色农产品宣传；“一广场”即新建一个集集会、运动休闲于一体的功能完善的社区文化广场；“一校园”即乡中心小学内的升级改造工程；“一平台”即乡机关综合服务平台，所有项目计划总投资超过5000万元。截至2017年12月底，开工项目投资超过2500万元。集镇街道提质改造已完成“白改黑”工程及两边的下水道管网建设，乡机关综合服务平台、民族文化广场、中心小学运动场升级改造、马涧村秀美庭院建设等项目正在紧锣密鼓的建设中，所有项目建设力争在明年乡庆前全部完成。另外，被列为全县“双百”重点项目的中化—金穗米业MAP技术服务中心项目计划投资1150万元，预计年底开工建设。

【**维稳保安**】 突发事件处置工作。上半年油铺村先后发生一起房屋拆除安全事故，伤亡2人，东岸村一女村民在常德市发生跳楼死亡事件，牛路村一村民车祸死于北京，小学一教师突发疾病死亡。事故发生后，乡村干部立即赶赴现场，多方协调处理，化解矛盾，成功遏制了群体性上访事件。重点人员包保稳控工作。上半年，严格落实涉军、教师、矽肺病、电影队、砖厂等上访群体包保控稳机制，及时了解上访人群的思想动态，细心化解心中困惑，必保人员稳控在乡，无群体性越级上访和群体性事件发生，维护了社会稳定。认真做好平安创建、“无上访村（社区）”“无邪教示范村”建设工作。规定每月19日为各村（社区）平安志愿者活动日，各村（社区）组建了志愿者义务巡逻队，开展夜间义务巡逻活动，平安创建、“无上访村（社区）”建设工作稳步推进。

【**安全生产**】 狠抓安全生产工作。坚持“安全第一、预防为主、综合治理”方针，落实干部安全生产“一岗双责”，实行干部责任包保，乡干部每人包保2个重点户，每月2次上门排查；党政成员带队每月开展1次安全生产专项整治活动。加强对乡境内学校、工矿企业、道路交通、易燃易爆物品等各行业、各领域的安全检查，长期开展烟花爆竹清查、打非治违、道路交通安全、食品药品等专项整治行动。全乡共查处大小安全隐患50处，整改到位的45处，其余5次正在整改；查处烟花爆竹违规产品70余件，并及时进行了销毁。对全乡9家企业开展了“十三看十三查”整顿工作，进一步规范了企业安全生产工作的管理。2017年，被评为全市安全生产优秀单位。

（余　玲）

朱家铺镇

【**概况**】 朱家铺镇位于汉寿县境内西南部，距县城38公里。处雪峰山脉向洞庭湖过渡地带，属于丘陵地貌，东南地势较高，西北地势平缓。东连太子庙镇、南邻丰家铺镇、西邻沧水河、北抵毛家滩乡，且与鼎城区黄土店镇、谢家铺镇及益阳市桃江县武潭镇接壤，是一个三县交界的边陲古镇。镇域面积为80.94平方公里，其中耕地面积1800公顷，林地面积4066.67公顷。现辖7个行政村、1个社区居委会，

216个村（居）民小组，总人口25236人，6737户。集镇规划区面积1.8平方千米，建成区面积1.1平方千米，人口4300人。

2017年，镇党委、政府依据汉寿县委县政府“建设生态宜居的大湖经济强县”战略部署，结合该镇“基础建设兴镇、旅游发展强镇”发展主题，着力在加快经济发展，增加农民收入；狠抓组织建设，完善基层党建；优化公共服务，着力改善民生；加强社会管理，维护农村稳定四个方面全面履行职能。下设4办7站，即党政综合办公室、经济发展和农村经营管理办公室、社会管理综合维稳办公室和扶贫攻坚办公室，农业技术推广服务站、民政和劳动保障站、综合文化站、水利管理站、卫生计生监督管理所、安全生产监督管理站和城镇建设环保站，共有在编机关事业干部职工31人。

【基础建设与经济发展】 2017年，紧抓基础设施建设。已经完成2016年集镇棚改和配套工程；农田水利基础设施建设，全年干渠、支渠清淤近15公里；19个新增升级小（二）型水库，全面勘测设计完毕，等待上级水利部门施工整修、除险加固；马家、林场、罗坪3个村争取到“五小水利”工程项目，引资36万元，用于电排整修、排灌渠衬砌1.5公里；集镇供水厂已于9月份与江东湖地表水厂全面并网，全镇6000多户居民2万多群众全部喝上安全放心的自来水；完成农村危房改造142户、174.1万元，其中残疾贫困家庭5户、五保30户、低保38户、建档立卡贫困户69户；拆除了影响环境污染的石洞养殖场和五宝竹席加工厂;集镇中心文化广场、镇污水处理厂、垃圾中转站、朱丰公路修缮等基础设施和公共服务设施项目正在积极落实之中。

镇党委、政府通过全面推进供给侧改革，深化农村经济发展，大力推广农业适用新技术，着力发展订单农业生产，采取公司+农户的生产经营模式，发展种植订单优质稻1133.33公顷；大力培育新型农民主体，引进项目资金切实发展农业产业，增加农民收入。在新形势下，全力实施“旅游发展强镇”的发展思路，借助鹿溪国家森林公园的辐射作用，集中发展五宝仙山、江东湖配套设施和九岭赛车公园，打造山水特色乡镇；积极招商引资，努力推广花卉苗木、德穗大米、野味农家乐、香茶油、九岭汽车越野等为代表的特色品牌；进一步跟进“三极一体”招商项目、江东休闲度假区等重点项目，完善目前已开始试营业的桃源州生态休闲度假区项目，构建好以生态观光为龙头，餐饮住宿为支撑，旅游产品为纽带的三位一体旅游产业格局。

【“两委”换届与基层党建】 2017年，顺利完成村（居）两委换届工作，选优配强干部队伍，做到从合村到合心，再到合力。这支想干事、肯干事、能干成事的干部队伍，给全镇带来了全新而充满生机斗志的气象。与此同时，镇相继研究出台机关管理制度、驻村工作制度等，坚持用制度管人。认真开展好“两同时”谈心谈话活动，6月份，专门邀请县纪委、县检察院、县委组织部相关负责人对全体镇村干部就如何预防职务犯罪、加强纪律建设、基层党建工作进行了精彩授课，进一步强化了镇村干部规矩意识和底线意识，提升镇村干部的责任意识和服务意识。

镇党委政府牢固树立抓好党建是最大政绩的理念，紧抓基层党建工作，强化基层基础。全年迎接各类检查5次（省检1次、市检1次、县检3次），组织村级党组织交叉检查1次，下村指导督查18次，镇村基层党建工作集中办公10天，参加市、县培训4次，共计20多天。在县委组织部的统一部署下，及时召开镇党委会议研究制定《关于推进“两学一做”学习教育常态化制度化的实施方案》和《朱家铺镇党委“两学一做”学习教育年度工作安排》，招聘了8名业务水平高、工作能力强的党建联络员，实行专职专岗专责，确保“两学一做”学习教育和基层党建工作有序开展。围绕纪念建党96周年，督促和部署镇党委主要领导为全镇党员干部上好一次专题党课；党委其他班子成员深入到联点村上一次专题党课，进一步增强了各级党员和干部的党性修养、宗旨观念和纪律意识。严把安全、质量、进度三道关口，有序推进农村综合服务平台建设。全镇8个村（社区），截至2017年底，马家等3个村已完成农村综合服务平台建设并投入使用，其余5个村争取12月底全面完工。完成了民主评议和党员年度考核工作、进行了党员积分管理和信息管理，完成“一云一网”的测试和使用，学习贯彻宣传中共十九大报告精神。

【社会服务与民生保障】 全年发放救灾救济物资10万元，大病救助、奖助学金约15余万元，“八一”慰问优抚对象50人、15600元。城乡居民养老保险参保缴费9447人，缴费金额1312600元。全年累计转移就业5135人，转移率达100%以上。援助困难人员就业15人，新增农村劳动力输出400人。培育自主创业者50人，带动就业145人。技能培训50人，发放小额担保贷款3人，共30万元。同时，镇卫计办狠抓服务管理工作，计划生育家庭扶助政策落实准确率达到了100%，符合政策生育率为98%，免费孕前优生健康检查任务完成100%、“两癌”筛查任务完成100%，流动人口管理服务到位率为99%，社会抚养费征收立案率为100%、征收准确率为100%、征收结案率为56%，切实加强社会服务。

坚持从人民利益和幸福出发，贯彻落实“精准扶贫”的战略思想，因户施策，重点突出产业发展、金融小贷，坚持在发展中保障和改善民生。全年进行贫困户数据清理905人，其中四类人员594人。易地搬迁64户，其中分散安置61户、多户连建1处3户，共计236人。年底实现贫困户112户385人成功脱贫，切实确保该镇2018年实现全面精准脱贫。

【安全生产与信访维稳】紧抓安全生产监管。严格按照“党政同责、一岗双责、齐抓共管、失职追责”的指导思想落实安监工作，对安全生产的各个领域共实施安全生产检查96次，发现安全隐患11处，并按照一单四制要求整改销号；取缔非法加油点2个，对存在重大安全生产隐患的石洞煤矿停产关闭，限期复原场地；全面落实推进安全生产百日整治行动，督促指导企业和各类经营户安全生产的同时，帮助其办理安全生产许可证27本，使得安全生产管理更加完善，全年达到安全生产零事故，确保社会和谐安全。

落实信访民调维稳。镇党委、镇政府始终坚持源头治理、真情化解、行动帮扶，将矛盾纠纷早排查、早化解、早稳控。一是营造民调宣传氛围，全镇印发16000份民调宣传资料到各户，开展模拟电话测试2000人次，解决群众反映的问题80余个。二是开展专项打击，组织警力在全镇开展取缔茶馆、打击地下“六合彩”等专项行动，收到社会各界良好评价。10月底，民调工作在全县乡镇综治民调第二轮抽查排名中取得第一名。三是建立8个村级综治中心，配备了8名网格员及平安通手机，切实推进“网格化”工作和“无上访村(社区)创建”工作的开展，保障社会和谐稳定。

【教育事业与文化服务】镇党委、镇政府高度重视教育事业发展。建设朱家铺镇幼儿园幼教楼及附属工程项目，总投入129万元，“迎两督”朱家铺镇中学维修项目总投入153万元；开展校园周边环境专项整治行动4次、校园食品药品安全检查4次、校车安全检查行动6次；走访慰问贫困学生15人，累计金额3万元。9月份，成立汉寿县教育基金会朱家铺教育基金，并在首次奖助大会上表彰无私奉献的优秀教师，勤奋刻苦的优秀学生，奖助师生79人，累计金额23.7万元，形成全镇教师争先创优，学生勤勉向上的教学氛围。

推进文化服务工作，满足群众对美好生活向往的精神文化需求。镇党委政府立足于本镇浓厚的沧浪文化，借助“书法诗词之乡”这一文化品牌迎接一级文化站的再次评定、市级“书画之乡”的创建验收并成功授牌。同时积极宣传，主动组织群众、镇村干部参加各类文体活动并取得优秀成绩。成功举办“舞比快乐——芒果TV湖南第三届广场舞大赛朱家铺镇选拔赛”，在“汉寿县首届机关运动会”取得团体总分第八名的好成绩和道德风尚奖，“百团大赛”荣获优秀奖和最佳组织奖，浓厚了社会和谐氛围。

（吴明锦）

丰家铺镇

【概况】丰家铺镇位于汉寿县西南部，总面积146.41平方公里，地处北纬28° 29' 21"—28° 43' 25"，东经111° 48' 48"—111° 52' 30"之间，东临崔家桥镇，西接朱家铺镇，南与益阳市桃江县武潭镇相连，西与鼎城区黄土店镇接壤，是汉寿县著名的边贸重镇。全镇辖丰家铺、檀木、洞庭、铁甲、柳溪、黄丝、龙潭、鹿溪、顺里、荆竹、包狮、笔架、杨柳、朝阳庵、燕窝、楼背、金牛山17个行政村，龙津、东岳庙2个社区，215个村(居)民小组。耕地面积4.3万亩，森林面积13.6万亩，是一个多山的丘陵地区。

丰家铺镇农产品以水稻、茶叶、辣椒、楠竹和杉木为主。凉席、竹木板、大米、剁辣椒等农副产品畅销省内外。镇境旅游资源丰富，有汉寿最高峰金牛山、国家级森林公园——汉寿竹海森林公园。

2017年，在县委、县政府和镇党委的正确领导下，全镇广大干部以中共十九大为指导，主动适应新常态，抢抓发展新机遇，围绕“打造旅游品牌、发展特色经济、促进新镇融合、建设边贸重镇”功能定位，扎实推进经济社会各项工作，较好地完成县委、县政府下达的各项工作任务。

【精准扶贫重拳出击】以落实脱贫攻坚工作责任为导向，首创“六个一”有效举措，进一步转变扶贫干部工作作风，夯实全镇脱贫攻坚工作基础。

完善一个系统。将1291户共4739人已建档立卡的贫困户的基础信息全部录入系统，并通过系统按照实际情况分门别类的计算贫困户的收支状况，包括生产资料、保险支出等等，进一步强化精准识贫。所有贫困户的资料均通过系统打印后放入档案，避免手写字迹不清造成信息不准等。核实一个电话。在帮扶干部上门核实贫困户情况的基础上，镇里组织专人通过电话与贫困户联系开展调查，逐一核实贫困户的联系号码、家庭基本情况、帮扶政策，了解贫困户的生产、生活状况、帮扶政策落实进展情况及帮扶干部上门等情况。厘清一个标准。组织专人对贫困户帮扶措施进行全面清理，在参照扶贫政策一览表的基础上，对各贫困户的帮扶政策逐一进行研究，对已经落实的帮扶措施进行登记，对准备落实但缺乏条件落实的措施进行甄别，拟定切实可行并能尽快落地的帮扶措施。强化一支队伍。对帮扶责任人进行全面清理。将本身是贫困户、身体条件不能满足工作需要、外出务工不能开展帮扶等情况的党员从帮扶责任人中剔除，选派有素质、有责任心的镇干部及时补充，同时将镇属企事业单位甚至学校负责人纳入到帮扶队伍中来，进一步强化扶贫帮困的工作力量。建立一个平台。建立了短信通知平台，将贫困户、帮扶责任人和全镇干部职工的手机号码录入短信平台，通过短信平台点对点向贫困户发送其本人的基本情况、帮扶措施和帮扶责任人情况；向帮扶责任人发送其联系的贫困户情况。让帮扶责任人了解自己该做什么事、怎么开展帮扶，让贫困户了解自己享受了什么政策、怎么样落实的政策。坚持一个办法。坚持对帮扶责任人定期开展督查考核，建立了丰家铺镇扶贫帮困微信群，要求每月定期上门开展工作，并将上门联系开展帮扶的图片上传到微信群，由镇扶贫办进行登记。上门情况每月通报，并纳入年底个人绩效考核。

【基层党建深入开展】 认真落实中央、省、市、县文件精神，将基层党建作为一件重点工作来抓，基层党建工作成效明显。干部队伍素质不断提高。坚持每月组织全体镇干部进行学习，学习党章、党规及习总书记系列讲话精神，及时传达近期上级工作要求，安排下月工作重点。每位党员根据个人学习情况，及时撰写学习笔记和心得体会并组织集体讨论。11月，镇党委组织在全镇开展“学习中共十九大精神，整顿干部作风”专题活动月，落实中共十九大会议精神，增强党员干部的党性修养，坚定广大干部的理想信念。基层组织建设亮点突出。2017年，镇党委总结经验，坚持党委履行主体责任、党委书记履行第一责任人责任，加强班子成员的分管责任，对全镇基层党建工作进行责任落实。一是落实第一书记制度。除省级重点贫困村和软弱涣散村由县委派驻之外，其余15个村（社区）全部选派第一书记到村任职；二是强化支部书记履职责任。实施支部书记管理考核办法、村级重点目标考核管理办法等文件，按月考核，年底述职测评；三是选优配强基层党建工作队伍。除支部书记为党建工作第一责任人之外，更选派了19个高学历、高素质的专职党建专干负责各村（社区）基层党建工作，保障各村（社区）党建工作的顺利完成。

【经济发展态势良好】 镇党委、镇政府在县委、县政府的正确领导下，紧紧围绕“边贸重镇、旅游强镇”这个中心点，着力城镇建设，积极推进招商引资工作，大力改善“硬”环境，提高筑巢引凤吸引力，进一步加强“软”环境，优化服务质量，吸引一批投资商。其中，2017年3月16日，三特索道相关负责人一行到镇考察投资环境，参观江波油茶基地、汉寿竹海国家森林公园，沉醉于竹海的自然风光，对在竹海进行投资进行展望。江波油茶有限本公司跻身省级油茶龙头企业，红豆杉、茶叶等绿色种植项目稳步发展。3月18日，由暨南大学文彤博士、海际证券副总经理周尚文、青岛嗨旅游开发总经理李博、同录旅游管理总经理苏平组成的考察团对竹海森林公园进行旅游开发实地考察。通过为野鸡、豪猪、山羊、肉牛养殖提供专业技术指导，提高养殖大户养殖的专业性和积极性，镇“特种养殖产业”年产值达1200万元，且来势喜人，后劲强劲。

【民生工程稳步推进】 基础建设全面加强。积极向上争资争项近5000万元，加强全镇基础设施建设，全面推进农村综合平台建设。征地5亩，新建日处理20吨的集镇垃圾中转站；新建一个污水处理厂并铺设5000米污水管网，解决集镇居民生活垃圾和污水处理问题；投入50多万元对镇域内的卫生死角等安装护栏、警示牌、责任牌，新增280对可回收和不可回收的垃圾棚、两个镇级建筑垃圾消纳点。新建2个移民安置点，安置贫困户61户；争取国土平整项目600万元，包狮水库灌溉水系提质升级；疏通渠道30多公里，整修山塘50多座，争取应急水源项目800多万元，全镇水利基础设施得到加强；改造危桥13座，启动建设丰响公路5公里，拉通断头路2条3公里，拉通连接景区公路2条4公里，拓宽村组道路21公里。

惠民政策落实彻底。城乡居民养老保险参保达26000人，60周岁以上人员实现99%参保，城乡居民医疗保险参保约48600多人，参保率达96%。新增转移农村劳动力共586人，促进城镇新增就业50人，城镇失业人员再就业42人，就业困难人员再就业5人。各项惠民资金保证及时到户，发放低保保障金1108万多元、80周岁以上老人津贴85多万元、大病救助款23.81万元、救灾款65万多元、医疗困难救助1万多元、优待金827万多元。安全生产积极创新。成立安全生产示范创建工作领导小组，召开每季度一次的安全生产大会，明确各站所以及相关人员职责；采用双随机执法制度，深入开展10多次非煤矿山、烟花爆竹、道路交通等专项整治行动，预防和减少重特大事故的发生；对辖区内加油加气、问题桥梁等进行拉网式排查，重点整治校车安全问题。

科教文卫扎实开展。努力创建“卫生两基示范镇”，完善镇村医疗设施。投入200万元完善19个村级卫生站，投入130万元新增彩超等医疗设备，并新招录5名医务人员，缓解人才不足问题。人口和计划生育工作整体水平不断提高，人口自然增长率为8.2‰。全面完成了19个村的农家书屋建设，实现村村有休闲娱乐广场。

综治维稳成效显著。综治信访维稳中心受理各类矛盾纠纷及上级交办信访案件共28宗，调处及答复18宗，与去年同期案件同比下降5.3%，安置帮教对象13人，社区矫正人员6人，有效杜绝了重大群体性事件的发生，民调工作取得长足的进步。

【生态旅游持续发力】大力推进生态旅游发展，努力整合汉寿竹海国家级森林公园的各种资源。投资1000万元，加大基础设施和游道景点的打造和包装，广泛造势渲染，保护敞口堂屋等非物质文化遗产，使得汉寿竹海国家级森林公园得以顺利通过国家级验收。2017年4月22日，由丰家铺镇人民政府主办，常德市海燕歌舞团承办的“鹿溪春晓、绿野仙踪——丰家铺竹文化之旅”在丰家铺镇汉寿竹海国家级森林公园举办，成功打造汉寿旅游第一块国字号招牌，为汉寿、常德乃至湖南人民都长了脸、贴了金；在金牛山旅游上注重宗教祈福，以“金牛山看山，目平湖玩水”为看点，做大产业，做强人气；鼓励群众结合自有资源，发展民间旅游、生态农庄、绿色村庄，在以鹿溪农家乐、妹子农家乐、吊脚楼农家乐等为代表的农家乐基础上，做足乡里味道，赚足城里人的钞票。使美丽丰家铺成为乡村旅游的热点，吸引大批游客前来参观游览，带旺镇域经济，打造旅游名镇。

（杨　亮）

太子庙镇

【概况】 太子庙镇位于县城以南16公里。东抵崔家桥镇，南连丰家铺镇，西接毛家滩回维乡，北至株木山街道。全镇辖排形、龙津、涂家段、吉庆、永兴、廖家汉、黄岭岗、金孔、太安、龙虎、黄河、新堤、五福13个行政村、太子、倒流坪、岩嘴3个社区居委会，镇区面积115.4平方公里，总人口5.5万人，集镇建常住人口近3万人（含企业工人）。G319、长张高速、石长铁路纵贯该镇东西，省道205横穿该镇并与G319交汇于集镇中心，交通枢纽地位十分重要。集镇远景规划面积19平方公里，已建成区面积近5平方公里。

2017年，镇党委、政府紧紧围绕全县“建设生态宜居的大湖经济强县”战略，深入实施“服务园区、做大城镇、搞活商贸、幸福家园”发展战略，从加快经济发展、增加农民收入，强化公共服务、着力改善民生，加强社会管理、维护农村稳定，推进基层民主、促进农村和谐四个方面全面履行职能。下设4办6站，即党政综合办公室、经济发展和农村经营管理办公室、计划生育办公室、社会管理综治维稳办公室、农业和农村经营管理服务站、民政和劳动保障站、水利管理站、计划生育技术服务所、综合文化站、规划建设环保站，共有在编机关事业干部职工92人。

【基层党建】 坚持“党建统揽、助推发展”的指导思想，全力推进“两学一做”学习教育、党员管理等工作，营造浓厚的党建氛围，为全镇经济社会发展提供坚强的组织保证。一是抓监督，提氛围。召开有关党建工作的党委会10次和全体镇村干部参与的基层党建工作推进会7次，召开8次支部书记参加的落实管党层级责任调度会，通过支部书记汇报、实地查看等方式，督促各支部书记提升抓党建的认识，营造了浓厚党建氛围。二是抓队伍，重教育。在今年党委副书记调出缺位后，明确组织委员专职抓党建，配备三名组织干事，调整补充党建工作力量。镇机关在周前会以作风讲评、专题辅导等形式强化党员教育，农村支部采取“支部书记上党课”、办点干部专题讲座等形式加强党员教育。11月份，在每个村支部明确专职组织员的基础上，严格按考录程序为每个村（社区）选配1名党建工作联络员，真正配齐专门党建工作者，极大地提升下半年全镇党建工作水平。三是抓建设，重基础。17个镇村综合服务平台已成11个，其余6个将在农历年前全部完成投入使用。四是抓创新，建机制。大力推进3+X村民小区自治管理模式。各村（社区）的村民自治理事会在村级建设、民主理财上发挥了很大的作用，尤其是倒流坪社区的民主自治理事会在搭建村支两委和群众连心桥梁、支持协助村支两委工作上发挥非常大的作用，在他们的带动下，该社区的项目征拆进展比较顺利。通过建立健全规章制度，对村干部实行规范化、制度化管理，制定《太子庙镇村干部管理办法》《村（社区）干部绩效考核制度》《镇村干部作风建设规定》等一系列制度，这些制度运行以来，村干部的工作作风得到明显转变，工作效率明显提高。五是抓学习，重督导。积极学习宣传中共十九大精神。10月下旬，召开党委（扩大）会议进行研究，成立领导机构，明确学习宣传内容和学习宣传方式。先后组织镇干部集中收看开幕会、全体镇村干部集中学习、全体退休老干部集中学习。明确相关责任领导和报告员进行分类指导。镇机关和站所办党员干部一类，村干部及农村党员一类、退休老干部一类。加强督导指导，根据类别，明确专人进行督导和指导，确保学习效果，真正把中共十九大精神传达到每个党员。六是迎巡察，抓整改。干部作风更加优良。从4月份开始的市委巡察到12

月底基本结束，全镇党员干部历经考验，经受住严格的政治体检，以高度的政治站位，严格抓实整改工作，在年底的市委巡察回头看中获得了肯定。

【项目征拆】 服务园区项目建设是太子庙镇的重点工作之一。为确保项目建设顺利进行，采取“一个项目、一套班子、一跟到底”方式，对项目全程跟踪服务协调，优化经济发展环境。9月份，全面完成中油燃气、龙腾路、龙兴大道、麒麟东路、汉源食品等基础设施和工业项目近500亩征拆工作，顺利完成“双百”工程工作任务。10月份，启动安置小区扩容、万华板村、电杆厂项目等“百日冲刺”工程，400亩土地的征拆工作已全部完成土征用、青苗等地上附着物品补，开始土地平整。加控违拆违力度，共组织城管大队、城建站、国土所等执法部门下发违章建筑停工通知书97份，停工违章建筑面积2000多平方米，大型拆违行动3次，强制拆除8处，面积500多平方米，依法处罚违章建设4户，总建筑面积800多平方米。对2起影响项目建设的阻工事件进行严厉打击，拘留1人。

【集镇建管】 一是整顿乱搭乱建。从4月份开始组织镇城管中队和镇村干部30余人，对太子庙集镇和岩嘴社区街道进行集中整治，先后拆除门面遮阳棚125处，转移废品收购店、建材店10户，拆除的棚面总价值接近50万元。二是集镇形象进一步提升。完成投资1600万元的火车站广场改造工程，太子庙镇的形象将提升一个档次。从8月开始，进行为期一个月的火车站广场秩序整治，改变了广场秩序杂乱的局面，根据县长办公会议精神，由该镇全面接管广场管理。成立火车站管理办公室，抽调由公安、交警、城管等职能部门执法人员组成的综合执法队伍，近期将正式挂牌运行。12月初完工的G319提质改造工程进一步提升太子庙集镇的城市形象，有效缓解集镇交通拥堵的情况。三是城市骨架进一步拉大。随着龙兴大道、龙腾路、龙翔路、金鹰路的建成，集镇框架进一步拉大，面积扩大4平方公里，为园区企业落户提供了充足的空间。

【基层基础】 打造一支作风硬、素质高、真抓实干的党员干部队伍，是各项工作顺利开展的第一保障。根据统一安排，经周密部署，严格审查，4月，完成各村（社区）总支委换届，5月底完成村（居）委会换届，选举了产生了新一届村（居）两委班子，选强配足了村级班子，村干部由原来的125人精减到86人，其中大专及以上学历22人，35岁才以下的5人，有效地缓解了村干部年龄过大，学历太低的问题。经过近半年的运行，新班子基本上都得到党员群众的认可，能团结共事，真心为民办实事。

【改善民生】 一是开展精准扶贫。2014年，全镇（合并后）共有建档立卡贫困户1120户，3761人。今年整改清理后，现有贫困户905户，3179人。2014—2016年已脱贫405户，1472人，有2个省级贫困村（涂家段、金孔），有1个贫困人口300人以上的非贫困村（龙津），有100人以上的非贫困村12个。镇村工作组结合贫困村、贫困户实际情况制定精准扶贫工作计划，完成金孔、龙津两个集中安置小区建设，31户贫困户已经迁入新居；完成分散安置户，引进项目21个，完成水、电、路等基础设施投资近300万元。经帮扶和贫困户的自身努力，2017年全镇脱贫264户、914人，还剩246户、793人，涂家段村今年实现整村脱贫。二是保障弱势群体利益。6月份，开展了城乡低保、五保清理排查行动，在做到“应保尽保”的同时，清理不符合条件的低保、五保户，清理比率达78.12%；加大了对困难群众的帮扶力度，累计走访慰问困难群众900余户，计发放各类帮扶款物价值30余万元。三是环境保护深入人心。利用中央环境督察契机，大力开展环境问题整治。对环保不达标的7家养殖场进行整治，整改3家，关停2家，计划退养2家；对一处陈年垃圾场进行清理，外运处理陈年垃圾500余吨。全力推行河长制，按属地原则分设河段长，将河湖水库污染治理责任分解到单位到责任人，利用村广播、流动宣传车宣传禁烧，教育、处理一批不听预告的群众，禁烧观念逐步深入人心。四是大力整治环境卫生。新增农村干道保洁员18人，确保每村（社区）保洁达5人；投入资金28万元，新建、整修垃圾池38个，购置斗车30辆，为全体保洁更换保洁服等劳保用品。采取以奖代投形式，于9月份组织村（社区）开展环境卫生整治提升行动，共清运处置山塘水库沟渠、卫生死角垃圾200余吨，先后发放奖金8万元。岩嘴垃圾中转让站正在建设中，建成后将使岩嘴片区的垃圾处理水平再上一个台阶。五是基础设施进一步完善。2017年，共硬化通组入户道路和断头路23.6公里，改造危桥3座，整修骨干山塘45口，衬砌渠道21.3公里，改造电网5个村41个组，人民群众的生产生活条件得到了显著改善。投资450万元的捶鼓仑桥于9月动工，2018年1月底可以建成通车；投资76万元的黄河村民主桥已经完成主体工程。

【安全稳定】 安全工作无小事，镇党委、政府从思想上高度重视安全工作。一是每月组织安全隐患大排查，对辖区内校车安全、生产安全、经营安全、食品安全等情况进行全面的排查摸底，及时化解各类安全隐患，整改安全隐患。全年收缴烟花鞭炮400

余件进行了集中销毁。二是狠抓维稳，对涉军、涉法、涉诉、矽肺病人等重点群体落实责任包保，真情化解，确保十九大特护期未出现一起上访，全年未出现进京非访，到县市上访人数同比明显下降。三是防汛保安有惊无险，出动干部群众1500余人次，奋战10天,处理险情5起。成功处置了6·23捶鼓仑坝小学生意外落水事故，由镇村党员干部组成的党员搜救队连续4天不间断的搜救，赢得了民心。

（王　学）

崔家桥镇

【概况】 崔家桥镇位于汉寿县城以南，与益阳市桃江县交界，319国道穿境而过。东临龙潭桥镇,南靠金牛山，西至太子庙镇，北抵撇洪河，镇域面积151.1平方公里。辖19个村,3个社区，人口5.8万。

2017年，镇党委、政府在县委、县政府的坚强领导下，紧密围绕“建设生态宜居的大湖经济强县”的发展蓝图不动摇，积极响应县委提出的“项目立县、产业强县、城镇兴县、交通活县、民生和县”战略号召，团结和带领全镇干部群众，以树形象为基点、以惠民生为目标、以促发展为落脚点，立足我镇实际，竭尽全力谋发展、坚持不懈惠民生、齐心协力促和谐，促进了经济社会事业的健康快速发展。设立6个事业站所，即农业和农村经营管理服务站（含动物防疫站、农产品质量安全监督管理站、林业管理站）、民政和劳动保障站、安全生产监督管理站、水利管理站、综合文化站、卫生计划生育监督管理所，内设五办两站三所，即党政综合办公室、党建办公室、社会管理综合治理办公室、扶贫办、企业办、公路站、规划建设环保站、财政所、司法所、国土所，共有在编机关事业干部职工84人。

【两委换届】 狠抓组织领导，周密部署安排，严肃换届纪律，圆满完成村（社区）两委换届工作。村（社区）两委换届工作方面：各党支部分别召开党员大会，通过分组讨论、推选监票人、候选人发表竞职演说、无记名投票等方式推选出新一届党组织成员，全镇下辖的20个党总支和2个党支部共选举产生新一届党（总）支部委员76名。新一届党（总）支部班子政治素质高、带动能力强、工作作风扎实、群众基础较好，班子的凝聚力和战斗力进一步增强。村（居）委会换届工作方面：全镇共选配德才兼备村（居）委干部76人，其中班子成员中,男性48名,占63.2%；女性28名，占36.8%，高中以上文化程度占60%。村级班子更进一步地实现了配齐、配强目标，能人治村的格局进一步形成，镇新农村建设人才基础工程进一步巩固。

【民生工程】 以改善民生、发展民生为重点，全镇上下齐心协力，克难奋进，充分挖掘人脉资源，积极申报基础设施建设项目，千方百计改善生产生活条件。农田水利建设全面升级：争取到全省小型农田水利建设项目，投资400多万元，重点改造骨干山塘19口，渠道衬砌3条6.5公里，改造泵站2处，高效节水灌溉66.67公顷，大西冲村等五个村的小型农田水利建设规划设计已全面完成，10月份已正式动工；全面进行水利普查，完成全镇41处骨干山塘升小（二）型水库勘测设计；汛期及时查险排险，处理各类险工险段40多处，灾后及时启动重建工作；农村安全饮水工程稳步实施，全面完成农村安全饮水人口“清零”总目标，确保全镇5万多群众喝上放心水。公路交通建设全面推进：年内，全镇累计硬化通村公路15千米，投资11万多元修复水毁公路3处，投资50万元修复断板路面5千米；在大西冲村、连家坝社区、三和社区、李家冲村、保安村进行公路绿化植树2000株；总投资350万元全面完成三黄公路（三和至黄廖）全线修复工程；全面完成县乡道、村级公路的检测任务；对全镇黄标车进行了全面排查，目前正逐车进行报废落实；投资80万元新建三和社区的向家冲桥，预计2018年全线通车；全长120米，宽度9米，投资1200万元的东仓铺大桥年底可全面建成通车，大桥建成后不仅可以缩短原毓德铺区域到县城路程，极大地为群众出行提供便利，而且还能有效缓解319国道交通压力，解决渡口通行的安全隐患问题。镇村城建环保全面发力：通过以点带面，全力打造宜居舒适的居住环境，全镇投入资金150万元开展环境卫生整治，添置保洁设备，进行河道清理，加强平时保洁，实施垃圾集中处理，出版《绿色家园》书刊，分发各单位互相学习，促进镇容村貌进一步美化亮化；投入26万元对全镇13户土坯房实施改造，争取到上级资金320万元，计划对47户五保户、64户低保户、13户残疾人、79户建档立卡贫困户实施危房改造；启动集镇污水管网改造升级工程，预计年底全面完工，改造完成后将有效解决集镇排污不畅、管网老化等问题，大大改善居住环境；启动崔家桥集镇污水处理厂建设工程，工程总投资2700万，占地0.52公顷，管道铺设5公里，建成后日处理城市污水可达600吨，现主体工程完成，管网已经铺设2/3；启动垃圾中转站建设工程，工程占地0.2公顷，预计12月底投入使用，建成后日转运垃圾量可达10吨，将该镇生活垃圾转运到常德德山火电厂进行垃圾再处理，可有效提升我该镇垃圾处理的能力，改善生活垃圾就近填埋的现状。

【社会事业】坚持"以人为本，为民解困，为民服务"理念，统筹兼顾，促进社会事业活力发展。民政救助方面：全面清理整顿城市低保65户、88人，清理农村低保938户、1223人；清理整顿城乡特困人员27人，新增14名特困人员；发放医疗救助资金64人、30.81万元；发放临时救助资金72人、14.09万元；全面排查优抚对象，清理整顿8人，为31名优抚对象申报了相关补贴；共为19名90岁以上老人、2名百岁老人申报了高龄生活补助。劳动保障方面：全镇共征缴社会养老保险22343人、345.1万元，其中新增参保165人，发放社会保障卡1500余张；收取城乡居民基本医疗保险18746人、378.9万元；全年共发放城乡居民保费1082余万元；核对并录入全民参保信息8652人，核对贫困劳动信息及录入906人次；完成全镇所有贫困户建档立卡劳动力信息摸底并成功转移93人；发放小额担保贷款4户40万元；新增农村就业540人，新增城镇就业人员286人；发放就业失业登记55本，年审75本；完成贫困家庭两后生技能培训6人；积极组织本地剩余劳动力参加招聘活动，共为县域内企业输送186人次。卫生计生方面:全年出生690人，出生率11.67%；落实节育措施299例；免费孕前优生健康检查490对，"两癌"筛查1050人，免费产前筛查339对；办理社会抚养征收案件75起，征收社会抚养费1178924元；三年期内违法生育多孩75人立案率100%，对拒不缴纳社会抚养费的对象，按《条例》规定纳入社会信用体系，9人纳入失信人员名单；新增奖扶119人，奖扶年审782人，调查摸底2018年新增奖扶57人;上报新增流动人口3335人，完成流动人口电话号码采集13427人；计生窗口共办理生育服务证432本；协助县卫监综合执法局打击处理非法行医案件2起，处理到位1起，其中，和平村"黑诊所"刘小华已移送公安机关处理。动物防疫方面：通过初免、补免两过程，为8700万头应免牲猪免疫了口蹄疫、猪瘟、蓝耳病；为5.3万羽家禽免疫了禽流感；为850头耕牛免疫了口蹄疫、牛出败；为752只犬免疫了狂犬病；全镇存栏动物达到了应免尽免，免疫出证率达100%，挂标率达100%，台账登录达100%。农业综合方面：全镇粮食播种面积7万亩，其中早稻1.2万亩、中稻4.6万亩、晚稻1.2万亩，较上年分别增长9.8%、20%、20%，粮食总产量3.5万吨，确保了粮食安全；全年共发布病虫情报10期2300份；农业保险公获理赔55万元，其中早稻13万元、中稻30万元、晚稻12万元，所有资金按农户实际受灾面积核实公示并打卡发放。文化建设方面：组织机关干部、民间团体参加"百团大赛""大家都来跳""汉寿县首届机关运动会"等活动，其中，"百团大赛"荣获市三等奖，县机关运动会乒乓球比赛获得一等奖；"百姓健康舞"遍地开花；全镇22个农家书屋均进行了"建档管理"，藏书5万余册；全面摸底调查文艺队伍现状，镇域共有军鼓队16支、广场舞腰鼓队34支、乐队5支，各类民间艺术团体20个，从业人员260余人。

【招商引资】依托区位优势，强化工作措施，跟进项目对接，促使工业发展持续升温：总投资6.3亿元的中利腾晖光伏发电项目年初正式开工，目前四组电网全线同步建设，进场主干道已全面拉通，四标段打桩工程已完工，另投入3000万元建设一座110千伏变电站，变电站设备楼已封顶,80兆光伏正式并入国家电网；旭日升电子厂已全面投产开工；金牛饲料加工厂厂房建设已完成，设备正在安装调试；中亿佰联竹木深加工项目计划投资2000万元；湖南长龙旅游投资有限公司花岗石开采、丁长征石英砂原矿开采、上海热风鞋业有限公司会展中心三个项目正在洽谈中。

【精准扶贫】坚持结对与基础建设先行，产业引领与易地搬迁同步，全面打响脱贫攻坚战。易地扶贫搬迁方面：建设了连家坝和李家冲两个易地扶贫搬迁集中安置点，其中，连家坝集中安置点是全省建设规模最大、建设进展最快、安置户数最多的易地扶贫搬迁集中安置点，占地40亩、建筑面积10375平方米，安置规模达117户，规划后续扶贫产业发展项目6个，可解决就业158人；已经开工建设毓德铺社区、姚家两个集中安置点，可安置52户143人，预计下年初全部入住；分散自建53户204人，多户联建8户13人，危房改造47户。特色产业扶贫方面：探索由普惠型扶持政策向差异化扶持政策转化，由给钱给物向直接帮扶、委托帮扶和股份合作转化，推广"产业+基地+农户"的扶贫模式，多措并举促进产业发展和农户增收脱贫；投入250余万建设了4座60千瓦光伏发电站，其中，东仓铺光伏电站已于2017年上半年并网发电，金马、大西冲、李家冲计划2018年初并网发电；东仓铺成立以稻虾养殖、林下养鸡传统产业发展为主，电子商务新型产业为辅的交替带动发展经济模式，稻虾养殖已达100公顷，林下养鸡近2000羽初具规模，注册了"观云山"牌油茶、土鸡农产品等商标；连家坝村大棚蔬菜种植面积扩展到13.33公顷；牢牢扭住"一村一业、一户一策、一人一法"等精准措施，精准施策、精准帮扶，预计2018年年底，可实现贫困户全面稳定脱贫，贫困村集体收入4万元以上。

【基层党建】坚持党建工作总揽全局，强化基层党的建设。基层服务建设方面：全镇22个村（社区）、镇政府机关都纳入农村村级服务平台建设项目，异址新建17个，修缮1个，原址新建2个，改扩建3个，23个平台建设项目均已启动。干部队伍建设方面：全年共召开党政联席会议24次、党委会议12次，组织党政成员开展中心组学习4次，与班子成员及二层骨干谈心谈话51次；坚持“两学一做”学习教育常态化，严格落实“三会一课”制度，多次组织党员干部集中学习，开展批评与自我批评，集中观看中共十九大开幕式，开展喜庆“中共十九大”系列活动，学习十九大精神、习近平新时代中国特色社会主义思想，坚定理想信念，筑牢思想防线；抓好“双述双评”及村干部教育整训工作，在换届之中将两名测评靠后的支部书记劝辞，对新任支部书记进行了2天集中党性教育培训，全镇形成分工协作、齐抓共管的良好氛围；镇党建办、镇纪委通过层层把关、严格审核、公开招考、公正公示，选拔22名全日制大专学历以上的村（社区）党建联络员，其中全日制本科学历8人，女性14人，有效提升干部队伍的整体素质。党员党性建设方面：各村（社区）成立党员先锋队，面对艰巨任务，党员总是冲在最前面。6月份汛期，镇党员先锋队冲锋在前、奋战一线，广大群众积极投身防汛抗洪抢险工作，以实际行动体现凝聚力、向心力和战斗力，全力保障人民群众生命财产安全，连续奋战20多天，确保安全度汛；各级党员结合自身优势设岗定责，在环境卫生整治、矛盾纠纷处置、义务治安巡逻、守堤排查险情、村务财务监督、优化经济环境等方面，恪尽职守，力争做得最好；扶贫战场上也有党员身影，全镇有近40名党员领办项目带头致富，带动贫困户脱贫180余户；有能力党员每人结对帮护1~2户贫困户，上门宣传、下地帮工、手把手教、心连心谈，在党员帮护下，全镇600余户贫困户脱贫；在扶贫“六件事实”建设上，党员大多做到了不使干部为难，不与项目争利，占地、砍树、出工、出资，组织上部署安排的事，党员总是尽心尽力去完成。党风廉政建设方面：定期开展廉洁自律教育，认真执行廉政规定，做到严格管理财务；严格干部值班考核制度，做到机关干部不“走读”；定期督查村干部值班，全年共约谈村干部16人，确保村（社区）工作日坐班常态化；狠抓制度落实，制定并下发《崔家桥镇2017年党风廉政建设和反腐工作要点及责任分解》，严格落实“一岗双责”，签订党风廉政建设责任书，做到不克扣惠农补贴、不违规集资摊派，所有收入入财政账，不搞体外循环、不搞账外账，为群众办事不索拿卡要、不接受吃请，通过这些措施，有力地提升党员队伍形象和干部队伍能力，形成团结互助、和谐共事、风清气正的工作环境。

【单位荣誉】 市文明委授予崔家桥镇2016年度“市级文明村镇”称号；2016年度崔家桥镇荣获市委宣传部、市文广新局、市广播电视台组织的市百团大赛三等奖。县委、县政府授予崔家桥镇2016年度“绩效评估良好单位”称号，2016年度“安全生产红旗单位”称号，2016年度“食品安全工作先进单位”称号，2016年度“党风廉政建设先进单位”称号，2016年度“优化经济环境工作先进单位”称号，2016年度“610工作先进单位”称号，“2011—2015年全县普法依法治理先进单位”称号；2016年度，崔家桥镇环境卫生整治工作获全县评比第一名。

（丁梦妮）

军山铺镇

【概况】 军山铺镇位于北纬28°，东经112°，雪峰山余脉，太常山下，东连益阳，南接桃江，是桃益汉3县交界之地，是通往湘西北的咽喉，有常德“南大门”之称。总面积7020公顷，其中耕地1200公顷，山林3866.7公顷，水域666.7公顷，水库12座，其中小（二）型水库11座，中型水库1座。

2017年，辖王家堤、万寿桥、七星桥、老鸦塘、祝家仑、太常山、青峰、杏花8个村和新乐社区，197个村民小组，7233户、27601人。

2017年底，全镇实现社会生产总值4.5亿元，比上年增长0.37亿元，增幅8.9%。农民人均纯收入10986元，比上年增长840元，增幅8.3%。

【村支两委换届】 按照统一安排部署，该镇于4月13日上午，召开9个村（社区）党组织换届选举大会，顺利完成党组织换届选举工作；5月13日，9个村（社区）召开村民选举大会，顺利完成村（居）民换届选举工作。至此，圆满完成村（社区）“两委”换届选举工作任务。村（社区）党组织换届选举大会顺利产生党（总）支部委员42人，产生村（居）委委员55人。

【特色产业】 竹木加工。以油茶、苗木为支柱的产业结构格局初步形成。成立油茶林种植专业合作社，新扩、低改油茶林200公顷。全镇竹木加工企业近20家，林业产业呈现良好的发展势头。

生态旅游。境内颜家庙水库属省管中型水库，水库面积达80公顷，水最深处达40米，集雨面积3.2平方公里，常年蓄水量1038万立方米，水质清澈见底，经市质量部门鉴定，属国内一处天然的旅游避暑胜地。

汉益沅苏维埃政府旧址。汉益沅联区苏维埃政府旧址位于汉寿县军山铺镇罗家湾村黄家仑组，旧址始建于1932年，占地面积300平方米，建筑面积 100 平方米。旧址坐北朝南，为木质结构，五柱五起，盖小青瓦。1993 年，汉寿县民政局对旧址进行修复，保护面积扩大到 1000 平方米，并设立了修复标志牌。2013 年，被常德市人民政府公布为市级文物保护单位。为打造成汉寿县第二大红色革命教育基地和旅游景点，擦亮“红色旅游景点”这张名片，2017 年，该镇投入 200 余万元对汉益沅联区苏维埃政府旧址进行了重建，主体工程现已完工。

【民生工程】 政务平台建设。为加快城乡统筹发展，提高农村社会管理和公共服务水平，方便群众办事，密切党群干群关系，促进社会和谐，根据县政府的安排部署，启动了镇村两级便民服务中心建设工作。截至目前，新的镇级政务平台已经竣工，七星桥、万寿桥村的新村级综合平台已经竣工并投入使用，祝家仑、杏花、青峰、太常山、老鸦塘 6 个村的平台建设主体工程现已完工。

环镇公路拓宽。该镇王家堤至新乐社区的环镇公路途经南安、杏花、青峰、金盘形、中山口、锡文庙、荣晓，全长 23 千米。为适应经济的快速发展，服务当地群众，2017 年对该条环镇公路进行了拓宽硬化，平均拓宽 2 米，有效路面达 5 米，且新建桥梁两座，极大方便了周边群众的生产生活。

敬老院建设。军山铺镇原敬老院始建于 20 世纪 90 年代，当时条件有限，原有房屋及原有基础设施陈旧狭小，不能满足社会需要。镇党委、政府十分关心弱势群体生活。为改善集中供养五保老人的居住条件，2017 年，投资 380 万元，对原敬老院进行易址新建。新建的敬老院位于在七星桥原村部，交通便捷，环境优美，占地面积 40 亩，院内新建 130 平方米的独立住房 8 栋，4800 平方米的综合办公楼 1 栋，总建筑面积 1728 平方米，可同时容纳 80 人入住。敬老院布局合理，设施齐全，整洁卫生，极大方便了老人的生活起居。

集镇下水道改造。镇筹资 180 万元，对整个集镇 3 千米的下水道进行了改造。6 月份，该镇遭遇几轮强降雨，整个集镇未出现一处积水现象，经受住了强降雨的考验，受到集镇居民的一致好评。

影剧院改造。镇投入 150 余万元对影剧院进行重新规划设计，装饰装修，改造成一个能同时容纳 600 余人的大型会议室和活动中心，用以保障大型会议活动的正常开展和丰富群众性文体活动，年内可以完工，为全县首个改造的乡镇影剧院。

政府机关院落改造。镇党委、镇政府设法筹资 185 余万元对机关院落进行了全面改造，改造项目包括机关院落绿化、新增生态停车位、院落路面“白改黑”，新建文化小广场和文化墙，改造大会议室、党委会议室和接待室。

【社会事业】 教育教学。2016 年、2017 年、2018 年，全镇共有 100 余人被县一中录取，一中上线率稳居全县乡镇中学前列。

社会保障。2017 年，共收取城乡居民养老保险 169 万元，参保人数达 20893 人，应参保率 100%，养老金发放率 100%，同时还落实了 282 户 394 人的低保保障，226 户五保户的财政供养，建档立卡贫困户、低收入人群实现了应保尽保。计生服务。2017 年新生儿 335 人，出生率 11.9%，计生率 97%，办理一孩证 110 对，二孩办证 135 对。

【基层党建】 党建先行，管党治党取得新成效。一是加强日常管理。2017 年共发展党员 8 名，为 904 名党员建立电子身份，新建“两新”党组织 1 个，处理违纪党员 3 人。通过签订党建工作责任状，组织召开党建观摩会、推进会来督促工作，破解重点难题 13 个，对村（社区）加强党建督导，发放问题清单 22 份，对存在的问题限时整改。2017 年共投入资金 1000 多万元，高标准建成了 9 个农村综合服务平台。其中七星桥村更被列为示范点，被推广学习。二是建强管理队伍。通过两委换届，全镇选优配强村支“两委”班子成员，公开选拔 9 名年轻大学生担任的村（社区）党建联络员，实行专职专责。坚持用制度管人，按要求开展谈心谈话 200 余人次、诫勉谈话 6 人。三是创新管理方式。充分发挥各村党总支作用，建立党员微信群，加强红星云学习。军山铺镇智慧党建平台公众号正式开始运营，截至 2017 年 12 月推送文章 14 篇，累计浏览量达 10000+。（郭　芳）

百禄桥镇

【概况】 百禄桥镇位于洞庭湖尾闾、汉寿县最南端、沅益汉三地交界处，总面积 49.45 平方公里。其中耕地面积 1557.2 公顷，林地 1229.87 公顷。全镇辖 7 个行政村、1 个社区、5765 户，总人口 21321 人，其中胭包山中型水库移民人口 4268 人，是一个典型的山丘区移民农业乡镇。百禄桥镇历史悠久、人杰地灵，明嘉靖时属沅江县，清末划归龙阳县，中华人民共和国成立初为百禄桥乡，1956 年与龙潭桥、阳南塘、月明潭三乡合并，1962 年单独成立百禄桥人民公社，1984 年改乡，1992 年建镇。境内不仅有马栏嘴新石器时代文化遗址和明代古窑址，还属典型的“九里十三音”西南官话与湖南方言临界点的语言“活化石”之地，也是省级旅游风景区胭脂湖度假区和目平湖世界湿地公园的后花园。2017 年，在县委、县政府的坚强领导下，镇党委、镇政府以中共十九大精神为指导，以财政增长、农民增收、社会稳定、综合实力增强为目标，按照“建设生态、富裕、和谐的口子镇”的总体思路和要求，一心一意谋发展，聚精会神搞建设，全镇经济和社会各项事业继续保持稳定、健康发展的良好势头。

【招商引资】 为已落地项目湖南启石木业优化经济环境，对接县住建、消防等单位，完善相关报批手续，年底，湖南启石木业已完成税收近20万元。积极对接康尔佳汉寿制药厂，成功引入生产固体饮料、袋装茶生产线项目，已做好投资计划书，设计好厂房建设平面图，有望于2018年春节前投入生产。财政队伍管理严格，惠农补贴及时足额发放到位，2017年上半年，共计发放各项惠民补贴资金2426847元；突出项目建设，服务经济发展大局，镇财政所被评为湖南省先进单位、省级星级财政所。

【基础建设】 农村设施。上半年，竣工验收农业投资项目2700万元。其中硬化渠道24.78千米，衬砌疏通排水渠4.5千米，扩容整治骨干山塘23口。下半年，继续投资1500万元对15座山塘进行整治改造，衬砌疏通渠道18千米，增容扩容电排三座110千瓦，培护加固堤垸11公里。投入110万元对肖家湾新拱桥、新华木桥坝两座危桥拆除重建，各项施工安全稳步运行中。 集镇建设。镇投入资金460余万元对新街集镇改扩建。重点拓宽路面、增设人行道、街道绿化亮化，集镇加装路灯40盏。市场下水道改造投入30万元，通过改造排水管道，彻底解决了集镇市场积水问题。修补破损路面500平方米，拓宽培固路基6.5公里，七百公路沿线美化植树1200余株。严格落实两违管控，积极开展农村违法违规建房“百日大清查”专项行动，对违法违规建房零容忍。加大宣传，引导农村居民到县城买房就业，不断提升农民市民化水平。 新村面貌。投入资金534万元对8个村（社区）平台全面实施标准化建设。在硬件基础100%达标的基础上，突出重视新农村精神文明建设，着力文化广场建设，丰富群众文化生活。积极组织开展庆“七一”文艺晚会、群众广场舞、机关运动会等一系列文体活动。城乡环卫。加强对全镇保洁队伍人员管理，为所有保洁人员购置意外伤害保险，人员工资、日常开支等费用统一由整治办支出。对23名专职保洁员实行绩效管理，月工资1800~2000元不等，明确垃圾清运司机1名，彻底改变以往以村组为单位的保洁管理机制，镇城乡环卫工作进入常态化、规范化和长效化阶段。

【民生事业】 精准扶贫。坚持统筹“安居扶贫、教育扶贫、产业扶贫”等有效措施相结合，截至2017年年底，全镇脱贫113户、349人。一是基础设施全面夯实。投资80余万元对省级贫困村五里牌村到组公路进行整治改造。硬化公路2600米，新建桥梁2座，新建排水沟1100米；二是产业扶贫成效明显。投入10多万元新栽枳壳树3500株，采取“合作社+农户（贫困户）”的扶贫模式，通过土地流转收入、劳务报酬所得、种植示范带动等形式，为贫困户年收入增加1万元以上。三是特困群众兜底帮扶。2017年，低保政策兜底169户247人，安居扶贫集中安置3户，分散安置21户，建档立卡贫困户新农合减免政策全部落实。积极对接，共有42名学生享受“雨露计划”政策。

卫计服务。进一步强化基本公共卫生服务，积极开展进村义诊、“两癌”筛查、健康宣教等服务活动。积极实施全面两孩政策，改革完善计划生育服务管理。2017年，期内政策符合率93.47%，性别比109.35%，长效节育措施落实率82%，发放一胎证62份，二胎证108份，优生健康检查165对。强化卫监工作力度，重点管控药房、学校幼儿园等单位食品药品安全。

文教事业。全年共组织开展文艺会演、歌舞比赛、运动会等各类大型活动10余次。教育工作持续巩固，全面推进素质教育，加强教师队伍建设，提高办学质量和效益，严格执行教育收费“一费制”，强化控辍保学措施，保持了小学入学率100%，中学入学率100%。向社会各界募资50万元，成立百禄桥镇教育基金，全年累计发放各类奖学金10万余元，为优秀贫困学生家长解忧排难，极大地推动了社会教育热情。

惠民政策。坚持按照“应保尽保、应退尽退”的动态管理制度开展低保、五保工作，严格执行进出民主评议制度，全年动态调整344人。2017年，共申报农村危房改造对象53户，已办理各类大病救助对象47例，共计发放各类惠农资金达400余万元。年底，启动移民后期扶助项目16个，资金239万元。积极争取项目资金20万元，完成了镇敬老院维修工作。

环境治理。坚持“绿水青山就是金山银山”，进一步加大污染源整治力度。全年共关闭猪场3家，镇财政投入10余万元清运处理露天垃圾填埋场3处。积极落实洞庭湖周边环境整治专项行动，坚决取缔湖岸周边全部牛羊养殖项目，宰杀牛羊228头，清运转场砂石45000立方米，为八百里洞庭湖水保驾护航。 （杨伏海）

蒋家嘴镇

【概况】 蒋家嘴镇位于沅水尾闾、洞庭湖西滨，汉寿县境东部，县城以东29.38公里，东邻百禄桥镇，南连军山铺镇，西抵龙潭桥镇，北濒目平湖。现辖 8 个行政村和 5 个社区，常住人口 16488 户、45523 人，其中非农业人口 19392 人。总面积 67.55 平方公里，其中耕地 1636.7 公顷，林地 1663.2 公顷，水域 2408.67 公顷。

2017 年，镇党委、镇政府坚持科学发展观，以中共十八大及十八届五中、六中全会及十九大精神为指导，以“加速崛起、富民强镇”为目标，按照年初确定的各项目标任务，践行“两学一做”，提振精神、加压奋进，狠抓脱贫攻坚、环境保护、计划生育和社会稳定等各项工作，团结带领全镇人民，实干担当，奋发进取，迎难而上，圆满完成了县委、县政府下达的各项目标任务。全镇呈现出设施逐步完善、产业升级、经济繁荣、社会和谐、人民幸福的蓬勃态势。

【主要经济指标】 镇域盛产水产、稻谷、红薯、菜油、柑橘、花生、茶叶，有“鱼米之乡”美誉。2017 年，产稻谷 13286 吨、红薯 540 吨、菜油 1953 吨、柑橘 1530 吨、花生 68 吨、茶叶 255 吨，创产值 3.75 亿元。镇域水域广阔，除烟波浩渺的西洞庭湖以外，还有以安乐湖、青山湖、龙池湖为主的水产养殖基地 5 万亩，小龙虾、大闸蟹和有机鱼等洞庭生态水产品享誉全国，年产水产品 5200 吨，年产值近 3.8 亿元。上市公司大湖水殖在该镇有安乐湖渔场；水产品加工企业有 3 家，其中三兄农业开发是国家扶持的省级龙头企业。

蒋家嘴是汉寿三大工业园区之一，全镇现有规模以上工业企业 9 家，其中纺织企业 6 家，主要工业产品有精干麻、苎麻纱、苎麻布、棉纱、棉布，纺织工业总产值达 16.7 亿元。2017 年，完成工业总产值 21.66 亿元。广源麻业为国家级农业产业化龙头企业，另有省级龙头企业 3 家。2016 年年底引进鸿民鞋业有限公司，2017 年完成工业产值 2000 万元。

蒋家嘴是汉寿的中心集镇，城镇建成区面积为 4.5 平方公里。全镇现有综合贸易市场 4 个，占地 18.67 公顷，店铺摊位 320 多个，从业人员 1320 多人；街道门面、店铺 900 多家，从业人员 3500 多人。2017 年全镇电商企业发展迅猛，已注册 50 多家，从业人员达 200 多人，实现销售收入 2000 多万元。2017 年，全镇完成商品零售总额 5.16 亿元。

2017 年，实现社会生产总值达 21.3 亿元，同比增 8.5%；城镇居民人均可支配收入 27960 元，农民人均可支配收入 14650 元；完成财政一般预算收入 1220.85 万元，同比增 10.6% 。

【项目建设】 2017 年，镇党委、政府把项目建设作为稳增长的第一抓手，一批重大项目建设取得了突破。占地 3.1 亩的垃圾中转站主体工程共投资 100 万元，三通一平、道路等配套工程投资 90 万元，已进入设备调试阶段，不久将正式运行；投资 5000 万元的污水处理厂已完成选址、立项、环评、设计；投资 3000 万元的燃气主管网铺设已全部完工；投资 800 万元的污水管网已完成工程量的 40%，预计 2 月上旬完工；占地 8.67 公顷的枇杷坳公园，投资 3400 万元，正在紧张施工，预计在 2018 年上半年全面完成工程建设项目；投资 250 万元的人民路路灯建设已完工，正在进行线路铺设，预计 1 月中旬亮灯；希望路道升级改造“白改黑”工程，投资 230 万元，目前已立项；投资 300 万元的纺织路提质改造（银阳公租房配套设施建设项目）已完成各项工作。

【精准扶贫】 对镇属各村（社区）扶贫对象实行联点干部责任制，保障了精准扶贫能按照上级指示走，精准脱贫能按照实际情况来。全镇现有建档立卡贫困人口 527 户 1850 人，已脱贫 362 户 1273 人，其中 2017 年脱贫 103 户 367 人，剩余贫困人口计划于 2018 年脱贫。2017 年，狠抓“五个一批”，实现贫困户低保 167 人；社会兜底 28 户；技能培训 499 人；教育助学努力达到全覆盖，不让贫困学生失学；发展生产 141 人；金融扶贫，与县农投公司合作，进行委托帮扶，先帮扶 60 户贫困户发放贷款 160 万，另有 5 户贫困户，自贷自用 8 万；易地搬迁 92 户 354 人，危房改造 9 户。省级贫困村紫阳冲村现有建档立卡贫困户 120 户 439 人，已脱贫 79 户 302 人，其中 2017 年脱贫 31 户 116 人。2017 年的扶贫项目新紫阳水上乐园完成建设试营业、明龙牧业已竣工，这两个项目 2018 年均可产生收益，提供就业岗位，惠及周边贫困户。

【招商引资】 年内，镇围绕县第二届（2017）汉商恳谈会之机，共签订合同 6 项，合同金额 1.3 亿元，落实项目 5 项，引进到位资金 0.95 亿元。积极推动项目建设，镇重点项目“鸿民真皮男鞋”上半年已建成投厂，完成投资 0.3 亿元，实现产量 15 万双。蒋家嘴镇水乡休闲特色小镇建设项目已完成规划设计、环评国土等手续，投资 3200 万元，已开工建设。该镇 2017 年引资总额达 1.56 亿元，年内到资 1.32 亿元，全县乡镇单位排名前列，超额完成了年度招商引资任务。

【环保工作】 2017 年，围绕中央环保督查整改目标，按照“立即停止使用，迅速复绿，垃圾集中转运”的总体思路，将凤阳冲与四房湾垃圾填埋场共 7000 多吨垃圾全部清运至益阳光大国际垃圾焚烧厂，5000 多吨污水全部运至太子庙污水处理厂进行了处理，并对填埋场地进行了生态修复及覆土填埋。朱家塘垃圾填埋场在12天之内完成了防渗墙、黄土填埋、植树等生态修复工程。动用拆违船只200余条，拆违人员570多人次，拆除袁定邦、熊桂初等户高栏养殖4处，面积1200多亩；龟形包、蒿草坝及矮围迷魂阵等禁用捕鱼设施51处，两万多平方米。此外，6个砂石码头已全部清运完毕，正在规范，包括6个暂缓退养养殖场在内的110个禁养区内规模养殖场退养任务也已全部完成。

【基层党建】抓实党建主体，强基固本保稳定。圆满完成了村（社区）“两委”换届工作，全镇13个村（社区），新选任8个村（社区）党组织书记，选出7名30岁左右的村干部，2名女性党组织书记，换届期间未出现一例越级上访现象。公开选拔13名30岁左右、大专以上文化的党建联络员，充实村（社区）党建工作队伍。拓展党建新阵地，新成立5家非公企业和1家社会组织党支部，全镇实现非公经济组织“两个全覆盖”。开展“无上访村”创建，通过日常巡逻值班、“平安创建”等活动，2017年来，该镇实现了特护期间“零”上访。落实党建责任，从严治党强作风。先后召开13次党委会专题研究党建工作，进一步明确基层党组织书记的责任，对其进行量化考核。先后出台《蒋家嘴镇机关干部考核细则》《党组织书记考核细则》等一系列制度，细化镇、村干部工作职责，做到奖责分明。举行为期两天的镇、村干部作风整训班，绷紧干部的纪律红绳。开展内容丰富的主题党日活动，到帅孟奇故居重温入党誓词，接受红色革命教育。夯实党建基础，围绕中心促发展。通过自筹和争取上级资金，按照“五大服务用房、十大配套设施”的布局，高标准建设13个村（社区）、1个镇级综合服务平台。选派53名机关党员到社区报到，参与社区重大项目建设。

【社会稳定】一是扎实推进村（社区）两委换届。前期做好考察摸清选情，中期严格落实文件确保人选合格，后期做好退职退休村（社区）干部走访慰问工作，让村（社区）两委换届圆满落幕。二是及时化解信访苗头。经县政法委和镇党委多方协调处理广源职工社保缴纳问题，使人民群众的利益得到了保障。接待采砂、低保、渔民上访多人次，将矛盾化解在基层。三是组织干部下沉维稳。镇综治办扎实开展信访维稳和安全生产工作。及时处理来信来访18件，妥善处置突发意外事件2起（溺水死亡），强化包保稳控责任，实现了赴省进京“零”上访工作目标；全面开展安全隐患排查整治，确保了安全生产“零”伤亡；深入开展“抓民调、创满意”活动，发放宣传资料18000余份，村（社区）干部进村入户走访群众17000余人次；开展平安创建工作，评选出平安家庭8000余户，授予“平安家庭”光荣牌；组建了100多人的镇、村（社区）专职巡逻队伍，加大了巡逻防控力度；圆满完成了两会、“一带一路”会议的维稳工作，确保了特护期内“零”上访工作要求。四是完善安全生产制度。蒋家嘴镇作为老工业基地，管理范围广，安全隐患多，改制企业危房、企业生产、烟花鞭炮等，稍不注意就可能出事。2017年来，结合镇实际，成立新的安全生产委员会，制定一系列安全生产管理制度，规定党政领导安全生产“一岗双责”有关事项，形成了“人人有责、齐抓共管”的安全局面，并对村（社区）下发考核办法和细则。在安全生产百日整治大会战中，积极开展烟花鞭炮整治行动，集中销毁5万元烟花爆竹，对一名阻碍执法人员进行了治安拘留。另外，拆除鹿角山村群湖农庄塔吊，排除了一重大安全隐患。

（邓雅丹）

龙潭桥镇

【概述】龙潭桥镇位于汉寿县城南，南湖撇洪河南岸湖汉子垸区，距县城45公里。东抵蒋家嘴镇，南接军山铺镇，西与崔家桥镇比邻，北连撇洪河，全镇总集雨面积132.6平方公里，其中有效耕地3563公顷，山林7333公顷，其他2363公顷。2017年，全镇总人口13769户54766人，辖18个合并行政村和1个渔场。

【基层党建】紧盯主业抓党建。一是坚持党建工作总揽全局。主持召开专题会议35次研究部署党建工作，分类制定党建工作责任清单，形成月调度、季考核、年结账工作机制，与基层党组织负责人签订责任状，传导压力，夯实责任。二是落实党风廉政建设主体责任。坚持问题导向，积极配合巡察工作，24个交办问题按期办结。持续发力，从严从实抓作风建设，开展谈心谈话46次，立案查处党员6人。三是强化党员队伍教育管理。持之以恒抓好“两学一做”学习教育常态化制度化，镇村定期开展党员学习教育工作，机关支部将每周五作为集中学习日。灵活学习方式，多层次、多渠道送学。实施党建信息化工程，党员电子身份全覆盖，全力打造唐家桥村智慧党建示范点。

夯实基础强根本。一是选优配强添活力。圆满完成村（居）两委换届选举，依法顺利选出98名村（居）“两委”成员。推进党建人才引进工程，公开招录村（社区）党建工作联络员18名。实施村级干部素质提升工程，对村级干部进行大轮训、大整训。二是建好平台强保障。倾力推进农村综合服务平台建设项目，完善配套功能，打造党务、政务、商务一体化服务体系。三是干群互动促和谐。支部引领，党员带头，打出干群互动组合拳,开展“乡村夜话”180余场次，助推民调工作逆势崛起，无上访镇村创建进入全市先进。

党建引领促发展。一是打好打赢脱贫攻坚。推进党建扶贫、思想扶贫，镇村干部全员结对帮扶，“五个一批”到户到人，精准扶贫成效显著，全镇144户505人如期脱贫，浏浃河村整村退出摘帽。二是建大建强小城镇。筹资1100万元，完成政府公租房新建项目、集镇主干道及下水道管网综合改造工程、危桥改造四座。三是做美做靓新农村。争取资金2300万元,实施水、电、路等基础设施项目33个，全力打造莲荷塘村美丽乡村示范点。

【**项目建设**】 争资争项1100余万元，用于镇本级项目建设。政府公租房已竣工入住，有效解决干部职工办公、住宿紧张的难题；对文武桥、龙潭桥两座危桥拆除新建；投入320余万元，对原两乡集镇主干道、下水道管网、路面进行综合改造，政府机关院落提质改造与镇级综合服务平台建设年底前全面竣工。

【**农村人居环境**】 一是基础设施明显改善。争取和自筹资金近1100万元硬化村组公路40余公里，维修改造电排7座，整修山塘50口，渠道疏浚40千米、衬砌8千米，临洪大堤扫障25千米，4个村的“五小水利”工程项目已全面启动。二是环境卫生整治常抓不懈。积极落实中央环保督察整改工作要求，对兴龙、石板滩两个垃圾填埋场进行无害化处理，清理存量垃圾120吨，开展垃圾分类减量回收工程，集中对镇村主干道路清理整顿，月明潭垃圾中转站年底能竣工投产、文武桥垃圾中转站已完成项目前期。强化日常保洁,集中添置环卫设施，全年累计投入环境卫生整治经费100余万元。三是农业农村提质增效。巩固粮、油、渔，稳固传统种养业，实施品牌兴镇、启动“香米”工程，重点打造腊树湾苎麻、鹿尾塘柑橘、桃花岛有机蔬菜、“金德米业”等一批农业品牌。全年培育农业新型主体12家。通过强化宣传、强化督查、强化惩处，农作物秸秆禁烧工作得到全面落实。

【**精准扶贫**】 按照精准识贫“应进则进、应出则出”的原则，对全镇的贫困人口进行集中清理整顿。按照“点上求突破、面上求落实”的原则，统筹推进、贫困村与非贫困村，贫困人口脱贫与项目建设。通过逐村逐户入户走访，澄清了工作底子。因人因户施策，精心落实帮扶举措，按照轻重缓急，扎实推进项目建设。2017年来，全镇共清退贫困户544户1656人，清退率达30%。通过市、县、镇村四级干部帮扶，345名与505户贫困户结成帮扶对子，找到脱贫路子。整合项目资金750余万元，解决群众反映强烈的水、电、路的问题35个。引进培育村级产业项目5个，为村级集体经济增添了后劲，落实金融扶贫贷款140万元，异地扶贫搬迁54户196人，159户556人如期脱贫,浏浃河村退出摘帽。

全镇建档立卡贫困户人口679户2333人，省县级重点贫困村4个(唐家桥村、浏浃河村、愈佳桥村、长茂岭村)共249户837人。

全镇贫困人口帮扶措施按照五个一批的原则，分户施策。发展产业318人，易地搬迁458人，危房改造478人,医疗救助347人,教育助学320人，社会兜底515人，其他自主268人。

(刘艳丽)

洋淘湖镇

【**概况**】 洋淘湖镇地处沅水尾闾，撇洪河南岸，距县城25公里，汉蒋公路贯穿全境，交通便捷，物流畅通，全镇总面积2133.33公顷，总人口1.5万人，辖5个行政村、1个居委会及渔场和蚕桑站。盛产水稻、棉花，是汉寿县重要粮食生产地之一，并享有珍珠之乡、甲鱼之乡、黑杨之乡的美誉。

2017年，镇党委、镇政府紧紧围绕县委“一五五”战略部署，以维护稳定和谐为核心，以调优产业结构为主线，以增进民生福祉为重点，持续抓好项目建设、招商引资、民生保障、社会治理、自身建设等工作，加快“五个洋淘湖”建设步伐，以优异的成绩迎接十九大的召开。全镇实现生产总值2.4亿元，同比增长8%；完成固定资产投资1亿元，同比增长43%；实现农民人均纯收入10300元，同比增加800元。

【**特色农业**】 农作物总播种面积达到3333.33公顷(含复种面积)，其中粮食播种面积2533.33公顷，实现粮食总产量1.85万吨。出栏生猪23000多头，养殖蛋禽26万羽，起水水产品1150吨；全镇专业合作经济组织达到15个，农民进入市场的组织化程度进一步提高。

【**规模企业**】 镇内规模企业3家。天耀纸业自去年引入新的投资人后，新注资1000多万元新扩建一条生产线，生产规模进一步扩大；华强米业不断投入资金扩大生产能力，提高仓储容量，企业正进一步发展壮大；常德市绩弘光电项目总投资近5000万元，规划装机容量495万千瓦,首期并网发电装机容量200万千瓦,剩余295万千瓦预计在2018年3月前全部装机并网发电。

【**基本建设**】 公路建设。投入资金450万元，硬化村组公路8公里，对环镇公路多处破损点进行维修改造，基本消灭了“断途路”；同时，投资80万元，实施公路“亮化”工程，在公路沿线加装太阳能路灯130盏，绿化村组公路2公里，美化了村庄环境，方便了群众出行。

水利建设。制定的水利建设五年改造计划正稳步实施。继2014年完成阁金口电排改造项目、实施全镇渠道清淤工作后，2015年又安排资金，对所有村级机埠进行维修改造，全面加强抗旱排渍能力建设。2016年，花莲寺电排改造工程投入使用，完成了水利站房的达标创建工作，获得省基层水利站建设先进单位。2017年，投资30多万元，完成6公里渠道清淤；投资10多万元对阁金口花莲寺水泵维修；投资20多万元，新修建建设村抗旱机埠；投资20多万元，完成冲天村硬化沟渠1.2公里。

城镇建设。投资700多万元，实施集镇街道“白改黑”和小区道路拓改项目，同步改造污水、排水、供水管网系统；全面推动城乡环卫一体化建设，通过发放宣传资料、悬挂永久宣传牌、开展镇村评比、干部扫街等活动，群众自觉性进一步提高，镇村环境日趋美丽。

村部建设。抢抓政策机遇期，利用当前有利条件，高标准对现有村级组织活动场所进行改造，满足基层党组织开展活动的硬件需求。2017年，修缮1个村部，新建3个，改扩建3个，占地2300平方米，预计2018年4月竣工。

【民生工程】 危房改造。围绕实现“住有所居”的目标，2017年，争取到垦区危房改造任务207套，利用国家资金180万元，改善了600多人的住房问题。

奖教助学。2017年，成立洋淘湖教育基金理事会，募集教育捐赠资金24.7万元，资助学生52名，奖励学生27名，老师10多名。政府出资3万元，引导成立洋淘湖校车租赁公司，新购校车10台，对非校车营运专项整治，彻底解决了学生接送安全问题。

【社会事业】 2017年度，计划生育率98.33%，人口出生率控制在11.43‰以内，符合政策生育率、人口出生率均有明显好转。洋淘湖卫生院共接待门诊近1.3万人次，报销住院费将近100万元。解决323户低保户的生活困难，集中供养“五保户”13人，构建了多层次保障体系。严格落实上级政策，做到惠农资金不截留、不挪用，“一事一议”专项资金专款专用，累计发放惠农资金265万元左右。镇参加养老保险人数7728人，其中农牧工人数4728人，年发放养老金6205万，逐步实现了养老保险全覆盖。2017年，共接待上访群众605人次，未发生一起重大涉稳事件。

【获奖情况】 湖南省文明委授予洋淘湖镇“2016届湖南省文明村镇”称号（湘文明委〔2017〕9号，2017年3月16日）；

汉寿县委、县政府授予洋淘湖镇“2017年度安全生产红旗单位”称号；

汉寿县委、县政府授予洋淘湖镇“2017年度维稳工作先进单位”称号；

汉寿县委、县政府授予洋淘湖镇“2017年度优化经济发展环境先进单位”称号。

主要企业简介

天耀纸业

常德市天耀纸业有限公司，位于湖南省汉寿县洋淘湖镇，占地53000平方米，是一家专业从事色花纸生产的中外合资企业，公司隶属TPG集团，公司现有员工150人。

公司现有一条色卡纸、色花纹包装纸生产线，可根据客户要求生产60~400克/平方米范围内各种常规及特殊规格的色花纹纸及特殊功能纸，另外有配套完善的成品后加工生产工序。公司从成立开始就十分重视产品的质量及品种的开发，投入巨资设立有“千彩研发中心”及品质检测中心，负责产品质量的定检监控及品种的科研开发。

公司自创立以来，十分重视环境保护工作，先后投入近两百多万元资金用于废气、废水处理工作，建立了高效废水处理系统，废水、废气已达标排放，并于2005年年底通过市、县两级环保局验收。

公司有优美的工作环境和居住环境，花园式的生产厂区，先进的办公大楼及办公设施，干净、舒适的员工宿舍大楼，构成一个美丽的花园式现代化公司。

公司以“品质创品牌、品牌创效益”的经营理念，投入市场的产品受到客户普遍的欢迎和青睐。同时，公司确定“以人为本”的管理理念，制订健全的管理机制。

（肖　琼）

人　物

湖南省特级教师

【田多元】 女，1971年5月出生，湖南师大外国语学院本科毕业，文学（日语）学士学位。2017年湖南省第十届高中英语特级教师，中学英语高级教师，汉寿一中英语教研组长，汉寿县高三英语把关教师，汉寿县教育局兼职教研员，汉寿县名师工作室导师，常德市中学外语专业委员会会员。2014年被评为县师德标兵，2012年、2014年、2017年受县人民政府嘉奖，2015年记三等功，2016年被评为汉寿县高考功臣和汉寿县优秀班主任，2017年其所带“中学英语教研组”评为汉寿县“优秀教研组”，其本人被常德市纪委、市总工会、市妇联评为常德市“好家风·最美职工家庭”该教师教研成果丰硕。撰写的《高考英语听力应试策略与训练》等多篇论文获市教科院一等奖，市级课题《提高高中英语总复习效率的研究与实践》荣获第四届湖南省基础教育教学成果三等奖，即将出版《高中语法专题复习简.易.通》。交流经验丰富。在县、市，省及外省多次进行经验交流报告，其中，受维克多研究院邀请，在“第二届全国优秀教师词汇教学研讨会”上做的专题报告《我的高三英语教学---点线面教学体会》获得极高评价。班主任资历老练。担任班主任近20年，所带班级一直都是学校先进班级，将班级管理经验总结成论文《爱在左，智慧在右》在国家级刊物《华夏教育》上发表。教学效果突出。无论任教班级基础如何，最终都能名列前茅。从2009年到2017年，执教班级的英语高考成绩均囊括当年年级第一名，其中，2014届高考，任教班级的英语人平139.8分，24人140分以上，最高分孙文浩147分。学生童凯，李翰林等人考入清华大学。学生竞赛收获满满。2017年下学期，所带高一学生参加全国中学生英语能力大赛，37人获省级一二三等奖。2018年"北大培文杯"全国青少年创意写作比赛，三名学生获省级一等奖。2018年暑假，学生曾曼、陈敏等在全国各大赛事表现优异，各占鳌头。教师示范作用明显。该教师作为英语教研组长，胸怀宽广，乐于分享，注重帮助其他教师成长。2009-2010年度，组织学校英语老师进行课题《湖南汉寿普通高级中学英语教师校本培训研究》。她还带头上好研讨课、示范课，2016年“一师一优课”活动，其执教的“Module11 Unit 1 word power”一课，评为省级优课。经其辅导的王琳、杨美丽、朱艳等老师先后在常德市教学比武中获得一等奖。

【祝世美】 女，1969年10月出生，1991年毕业于常德师专，2003年获吉首大学本科文凭。中共党员，2017年湖南省第十届语文特级教师，中学高级教师。“国培计划2016、2017”汉寿县小学语文“送教下乡”首席专家，“国培计划2017”小学语文乡村教师研修工作坊坊主，湖南省基础教育资源网“祝世美小学语文工作室”主持人，常德市第三、第四届小学语文学科带头人，常德市小学语文骨干教师，常德市小语协会会员，汉寿县“十佳优秀教师”，首届“汉寿名师”，汉寿县“优秀专业技术人才”，汉寿县“小学语文名师工作室”主持人。现任教于汉寿县东正街小学。从教27年，她爱生如子，刻苦钻研，开拓创新，取得一系列重要成就：所带班级学生的成绩一直名列前茅，且语文素养好，口头表达能力、书写能力强，写作水平高，先后有25人在国家级作文大赛中获奖；在《中国教育报》《新课程研究》《中国教育理论与实践杂志》等刊物上发表论文20余篇；主持多项省市级教育教研课题研究；在各级教学比武中获奖，执教的《月下桨声》被评为教育部优质课；两个教学课件分获国家级一、二等奖。“一枝独秀不是春，百花齐放春满园”，祝世美老师除尽职尽责做好自己的工作，还不忘带领同事一起进步。她连续多年带着城区的部分优秀教师到全县各地送教下乡，为乡下教师送去近百堂优质课；组建网上工作室，先后组织300多名教师进行网络研修，为全县小学语文教师的进步与发展做出贡献。2016年、2017年，她被湖南省教育厅评为优秀培训工作者。

常德杰出工匠

【吴明星】 男，1963年7月出生，湖南省汉寿县人，中共党员，1979年参加工作，现任汉寿县春华轩餐饮服务有限责任公司总经理，湘菜大师，市名厨专业委员会主任。1990—1993年任春华轩酒楼经理，1993—1995年任春华轩酒楼、汉寿旅社经理，1995—2000年任汉寿县饮食服务公司副经理兼春华轩酒楼总经理，2001年至今任春华轩餐饮服务有限责任公司董事长兼总经理。1999年被汉寿县人民政府嘉奖。2008年至今，先后当选为县第十四届人大代表、常德市第五届、第六届、第七届人大代表。先后被评为常德市人大代表活动积极分子、常德市劳动模范、湖南省非公有制经济组织优秀共产党员。2008年被市人社局评为食品工程师。多次代表汉寿参加省市烹饪技能竞赛，在第六届全国烹饪技能竞赛中，厨艺“龙阳一品甲鱼”“黄焖芦鳝”“秘制牛肉”等获得金奖。2009年参加全国第六届烹饪技能竞赛获个人组金奖。2009年被评为汉寿县第四届优秀企业家。2013年参加第23届中国厨师节大赛“龙阳金龟”获金奖。2015年被授予“湘菜大师”称号。2017年，被评为“常德杰出工匠”。

【代亚涛】 男，1990年6月出生，2010年进入中联重科股份有限公司，担任生产线主要员工，也是黄波技能大师工作室的A类焊工之一。在从业的8年里，他不断提升自己的专业理论知识与技能水平，积极参加各项技能比武大赛，收获了不少好成绩。丰富理论知识，提升技能水平。作为车间里一名年轻的焊工，代亚涛非常沉稳，谦虚好学，经常在下班后钻研焊工书籍，向车间老师傅请教，与其他年轻焊工一起探讨。因为他的求学上进，使得他在车间众多焊工中脱颖而出，2015年车间推荐他参加集团技能比武，他不负重望，斩获第一。着力创新改善，注重产品质量。他一直严格要求自己，同时也严格要求自己手中的产品，始终坚信质量是产品的生命。随着公司近年来干混产品订单的增多，相关新产品也增加了，新产品的制作总是会面临更多地问题，但代亚涛没有退缩，而是认真接下了这个工作。概率筛的试制过程、电机梁工艺流程的优化、侧板的变形控制满都是他的身影。其参与的概率筛侧板变形控制以QC课题的形式获得2017年集团QC发表三等奖。积极传道解惑，持续全面提升。2015-2018年，代亚涛连续被评为车间的A类焊工。从业八年时间，他从一名小学徒成长为一名焊工师傅，可见其中的艰辛。他常参与黄波技能大师工作室的相关培训，作为工作室的主要成员和兼职讲师，以初心对待每一个人。同时作为工作室的实操培训老师，2017年他积极参与黄波工作室《焊工手册》的编写，为车间焊工培训提供了宝贵的学习资料。2017年，被评为“常德杰出工匠”。

常德工匠

【李　峰】 1964年出生于湖南常德，毕业于湖南师范大学，当代著名烙画艺术家、高级工艺美术师、湖南省工艺美术大师、国际工艺美术大师、中华国礼国际品牌推扩中心烙画研究院院长。其专注于烙画艺术的传承与发展，三十多年的研究与创作形成挚诚素朴的创作风格和卓然大雅的艺术智慧。他创新了一系列世界领先的烙画技法并形成完整的烙绘技术体系，在绘画领域脱颖而出、独树一帜。其作品素朴典雅、艺韵深远，得到专家们的广泛赞誉和高度评价，以及社会各界的普遍认可。多年来完成《伟人毛泽东》《多难兴邦》《王者之风》等100多幅烙画珍品，有80副作品被人收藏。其作品相继被《人民美术》《中国工艺美术》《台湾新闻报》、湖南经视、央视网、中国书画艺术网等多家权威媒体刊载或报道。作品多次获得大奖。《伟人毛泽东》系列，2008年获第6届中国工艺品博览会暨收藏品博览会“中艺杯”优秀作品大赛金奖，2013年在中国传统工艺美术精品展中荣获金奖；《清明河上图》2008年获第6届中国工艺品博览会暨收藏品博览会“中艺杯”优秀作品大赛金奖；《百毅图》2008年在第43届全国工艺品旅游纪念品暨家居用品交易会上获“金凤凰”创新产品设计大赛金奖;《多难兴邦》2009年获中国第五届国际文化产业博览交易会“中国工艺美术文化创意奖”金奖。2017年，被评为“常德工匠”。

2017年汉寿县十佳优秀共产党员

【高志刚】 男，1972年9月出生，1996年5月加入中国共产党，现任信访局党组副书记、副局长。在信访一线工作10多年，处处以党员标准严格要求自己。舍得吃苦、敢于担当，能将国家、地方出台的各类政策、法规及法律知识有效运用，解决信访实际问题。遇到矛盾和困难不推诿、不回避，勇于担责，主动化解。每年接待来访群众300多批，调度处理越级上访50多批次，协调化解信访矛盾近百件，特别是参与处置和调解圣都大厦遗留问题业主纠纷、百兴园房产开发项目拆迁户纠纷、也园棚改安置户纠纷等重大信访事件，做到事事有回音、件件有落实。2014—2016年连续三年被评为“全县稳定工作先进个人”；2015年获三等功；2016年被评为“县优秀共产党员”。

【刘光明】 男，1966年8月出生，1990年7月加入中国共产党，现为县广播电视台中辉无线公司职工。2006年，从全县村优秀党支部书记岗位上选聘为公司员工。干一行，爱一行，钻一行，成一行，在每个岗位上，都能发挥党员先锋模范作用，兢兢业业，成绩突出；5年前患有前列腺癌，依然带病坚持工作，出色完成了设备管理、信号发射、紧急抢修等急难险重任务；每年春节时，为了让全县人民看好春节晚会，都主动带队，在金牛山信号发射站值班，发挥一名共产党员的表率作用。2005年被评为“全县优秀村党支部书记”；2015年被评为“县优秀共产党员”。

【赵测量】 男，1938年12月出生，1973年7月加入中国共产党，系崔家桥镇蔺家山村致富组无职党员。作为一个年近八旬的普通农村老党员，主动挑起蔺家山村神仙冲组骨干山塘整修扩容的重担，先后无偿捐助4.3万元建设资金；2002年村里取消了“组长”一职位后，义务当起了蔺家山村的“免费组长”，热心服务当地群众；在2013年抗旱期间，掏出5000元租用挖掘机疏通引水渠，为近7公顷农田引来了“救命水”。2016年，被评为“常德市优秀共产党员”。

【向　波】 女，1968年11月出生，2001年7月加入中国共产党，现任县残联会计。作为肢体二级残疾人，自幼双下肢瘫痪基本在轮椅上度过，长大后努力锻炼靠双手交换板凳可向前爬行。从1988开始担任县福利厂会计开始，通过自学先后取得财会中专、大专文凭、会计师资格证。2005年调入县残联，处处以党员标准要求自己，并逐步成长为县残联的财务股长。其励志故事被大家称为“汉寿版的张海迪”。2017年被评为“常德市残联系统残疾人自强模范”。

【王建辉】 男，1974年4月出生，2006年12月加入中国共产党，现为汉寿一中教师（中学高级教师）。担任班主任19年，工作上勤勤恳恳、毫无怨言，努力钻研教材，耐心辅导学生；注重发挥党员先锋模范作用，搞好“传、帮、带”；所负责的班级每期都被学校评为优秀班集体、优秀团支部；所带班级平均成绩全县名列前茅；参与撰写了《浅谈立体几何的高考复习》《基于问题驱动的交互式数学教学模式的探究与实践》等优秀论文，参与了全县高中教辅资料《数学系统集成》的编写；1997年、2010年获得常德市二等功；多次评为县“优秀教师”“数学奥赛优秀指导教师”；获得县一中“高考十佳功臣”称号。

【何　为】 女，1978年3月出生，2000年6月加入中国共产党，现任驻金孔村（省级贫困村）扶贫工作小组组长（党校副校长）。担任驻村组长后，发扬“吃得苦、耐得烦、霸得蛮”的“女汉子”精神，扎根村里，融入群众，努力探索脱贫路子，形成“探索特色种养产业模式、争取项目提高村集体经济收入、建立121干部责任帮扶机制”第一书记扶贫的“三种模式”。牵头筹集资金120万元对6.7千米渠道进行了清淤，对8.5千米的村级公路进行了硬化；光伏发电站并网发电，村集体经济收入从零跃升到每年7万元；为21户贫困家庭的子女筹集助学金1.3万元；因地制宜，帮助57个贫困户发展致富产业，制订脱贫计划，增强造血功能。2014年、2016年县政府记“三等功”，2016年被评为“县优秀党务工作者”。

【杨小兵】 男，1971年12月出生，1993年9月加入中国共产党，现任县征拆办副主任（高新区党工委委员、副主任）。作为一名有着20多年党龄的党员，不论在哪个岗位，都能充分发挥党员先锋模范作用。2012年8月以来，负责牵头高新区报批项目62个，拿回土地报批166.67公顷；分管拆迁工作来，先后倒房158栋，征地80公顷；组织专职队伍每天不间断巡查，组织大型强拆30余次，拆除违章面积5800平方米；在联系企业和项目的过程中，边工作边学习，总结出一套行之有效的工作方法和心得体会。2015年、2016年被市政府记“二等功”。

【贺谷英】 女，1968年6月出生，1998年7月加入中国共产党，现任崔家桥镇东花村总支部书记。连续担任农村党支部书记十年，在平凡的岗位上干出不平凡的业绩；艰苦朴素，勤俭节约，作风正派，敢抓敢管，被乡亲们称为“东花村里的穆桂英”；对公爹公婆孝敬如宾，对群众关心体贴，是群众知心人；近三年来，为村里引入资金达800多万元，硬化公路8公里，维修山塘20余口，硬化渠道3000

米，农网改造到组，自来水安装到户；村党支部连续三年被崔家桥镇评为目标管理先进单位。2012年当选县人大代表，2013年、2014年评为“县优秀共产党员”，2016年当选县党代表。

【陈哲夫】 男，1988年6月出生，2014年6月加入中国共产党，现任县公安局刑事警察大队大队长。自从警以来，苦钻刑侦业务，练就一手一面识人的“绝活”。凭借一张照片，在茫茫人海中抓获“2016·4·12”花之林故意伤害案主要嫌疑人；凭借走路姿态，破获系列砸车入室盗窃案、城区机关单位系列蒙面入室盗窃案。攻坚克难，5小时速破“10·2”陈琳杀人焚尸案、8小时速破“11·25”刘永强杀人案，为汉寿公安保持16年命案全破的战绩做出突出贡献。2016年，带领刑警大队重案中队，破获各类刑事案件40余起，移送起诉犯罪嫌疑人20余名。2012年被评为“全市优秀刑警”，2013年被评为“全省破案能手”，2015年、2016年被授予市公安个人三等功，2016年被评为“全县优秀共产党员”、“全市优秀人民警察”。

【李宇靖】 男，1978年5月出生，2005年12月加入中国共产党，现任县拆违控违办副主任（县城管局规划监察执法大队大队长）。从事控违拆违工作来，积极发挥党员先锋带头作用，面对困难，讲究方法，坚持原则，勇挑重担。先后组织各类拆违控违行动近60次，拆除各类违建近700多处，面积3万多平方米，为全县城市规范化建设做出了积极贡献。在2013年5月原龙阳镇八角楼社区的一次执法行动中，因当事人暴力抗法导致右膝关节粉碎性骨折，被评定为因公九级伤残。本人多次受到县政府嘉奖，被评为县“执法标兵”，2010年记“三等功”。

2017年帅孟奇教育突出贡献奖

【张　玲】“三尺讲台写人生，桃李争妍杏坛情”。汉寿县大南湖中学教师张玲，19岁走上讲台，教龄35年，当了34年班主任，带过10届初中毕业生。2011年来，连续5年担任初三年级班主任，任教数学科目，所带班级成绩一直位于全县综合排名前10，所教科目，2012年获全县第二。10年间，最差成绩也为全县第七。

【龚爱花】“五宝山下育花人”。53岁的朱家铺中学教师龚爱花，一直坚守于汉寿西南边陲五宝山下，一生中，《巧置情景，培养数学兴趣》《班级工作的金钥匙》等12篇论文获省级奖励。其教学极具艺术性和实效性，自主开创了好几种教学模式。2013—2016年，连续四年获县人民政府嘉奖，2016年被县人民政府记三等功。2015年、2016年分别获得“汉寿县最可爱的乡村教师”“汉寿县十佳班主任”光荣称号。

【史志媛】“不计辛勤一砚寒，幽谷飞香不一般”。2010年，县东正街小学史志媛老师毅然辞去校行政职务，申请担任一年级语文老师兼班主任，实现其追求三尺讲台的梦想。至2017年为止，史老师参加国家级录像课教学比武1次，获一等奖；省级现场教学比武2次，获一等奖；市级教学比武5次，均获一等奖。

【张美红】“守望的痴心，闪光的足迹”。汉寿一中张美红老师从教27年，担任班主任21年，学生中本一以上录取人数近800人，7名考入清华北大。2017年高考，一个班50名学生，数学人平119.5分，全县前九名都是他的学生。

【龙　艺】 龙艺，县詹乐贫中学语文老师，在平凡的光阴中，有着不凡的故事。龙艺老师1998年在大学入党，1999年参加工作，在詹乐贫中学先后任教高中班，初中班担任班主任13年，担任年级组长2年。从教18年，其执教的语文成绩在年级18个班中，一直稳居前三。2013年、2015年，获县人民政府嘉奖，2015年被评为“感动詹中十佳教师”“优秀班主任”，2016年被县教育局评为“优秀班主任”，被中共汉寿县委授予“优秀共产党员”称号。

【黎　敏】“冷如冰，红似火”。汉寿县职业中专黎敏老师面对名利和娱乐，冷如冰；面对三尺讲台，她的热情却红似火。在23年的教学生涯中，美工班的黎敏老师为汉寿县职业中专这方热土贡献了青春热血。黎敏老师1994年参加工作，26岁荣立市级二等功。每年都是高三年级把关老师，多次获县人民政府嘉奖，获评“百佳班主任”称号。2017年高考，美工班23人参考，有17人本科上线，5人专科上线，升学率100%。

【王友明】“铁手丹心，追梦教育”。汉寿二中校长王友明，自2013年8月从汉寿一中副校长调任二中校党总支书记、校长，下大力创新管理模式，打造“有效课堂”，推行“规范化管理”，培育“艺体品牌”，创建“特色校园文化”，学校知名度、美誉度不断提高。2016年，二中通过“常德市示范性高中验收”；2017年，二中高考成绩二本上线420人，创历史新高。学校曾先后被评为“常德市生态文明学校”、“市级示范性高中验收优秀单位”等荣誉；王友明因此获得“社会事业发展突出贡献优秀个人”等称号。

【张　妮】“爱心化甘霖，春色满龙阳”。县中心幼儿园园长张妮，是汉寿县第十六届人大代表、县人大常委会委员。她投身学前教育事业21个春秋，其勤奋、坚韧和专业赢得了上级认可，被主管部门聘为县“学前教育”名师工作室主持人、全县唯一市级教师工作坊坊主，是常德市学前教育学会副秘书长，是湖南省省市学前教育专家库成员，是汉寿县“国培”计划送教下乡培训团队学前教育首席专家。

【龚爱华】 龚爱华，汉寿县三和中学教师，1981年参加工作，36年的乡村教学生涯中，始终严格要求自己，甘当人梯，师德高尚，行为世范；爱洒学生，润物无声；默默耕耘，追求卓越，谱写了一曲曲“无华的爱”。

【熊文博】 熊文博，1998年毕业于常德师专，县詹乐贫中学一级教师。2000年起，一直担任班主任。20年来，熊老师“春风春雨，甘做人梯”，特别是2012年4月，她患上了乳腺癌，治疗半年后，她做完最后一次化疗，毅然带着假发走上讲台。熊老师垂范学生，感动老师，赢得社会尊重，2012年、2013年，连续2年被评为“感动詹中十佳教师”。

2017年汉寿好青年

【梅　敏】 女，1980年9月出生、县委巡察办副主任。2014年当选汉寿县第九届“学科带头人”，2015年被评为“全市审计机关十佳审计员”，2016年被评为汉寿县“优秀共产党员”、县“专家联谊会优秀会员”，2017年5月被评为汉寿“爱岗敬业好青年”。

【鲁　霓】 女，1984年9月出生，县二中历史教师。对教学事业有颗不同寻常的“痴心”。严格要求自己，踏踏实实干好本职工作，以饱满的热情投入到教育事业中，在受到严重的脚伤后仍然坚持带伤上班，全身心扑在工作上。2017年5月被评为汉寿“爱岗敬业好青年”。

【贺　刚】 男，1979年8月出生，县罐头嘴镇“贺刚生活超市”老板，从超市开业以来，他坚持诚信为本、服务热情的理念，长期为村里的孤寡（空巢）老人、贫困残疾家庭免费送货上门，义务帮助村贫困户、留守学生解决实际困难。2017年5月被评为汉寿“诚实守信好青年”。

【张友清】 男，1981年12月出生，现任汉寿县酉港镇普善医院董事长，县第十七届人大代表。他信奉诚信路宽、厚德无碍的信条经营企业，经常性送医送药义诊义治、帮助弱势群体等，表现出诚实、厚实、朴实、务实的四大亮点。2017年5月被评为汉寿“诚实守信好青年”。

【周邦乐】 男，2001年7月出生，汉寿一中高一学生。成绩优异，获得过全国作文大赛“守望”国家级奖。在学习和生活上主动帮助同学，经常利用假期到敬老院帮助孤寡老人打扫房间，读书读报。是县一中“十佳学生”。2017年5月被评为汉寿“崇义友善好青年”。

【周　杰】 男，1982年9月出生，汉寿县毓德铺卫生院临床医生。2015年8月在汉寿县清水湖游泳馆勇救溺水年轻女子，并用医学知识对其进行现场心肺复苏，清除口腔内杂物，胸外心脏按压等及时救治，挽救了溺水者的生命。2017年5月被评为汉寿“崇义友善好青年”。

【刘　彪】 男，1989年11月出生，2012年通过考试成为一名大学生村干部，任军山铺镇老鸦塘村支部副书记。为带领群众致富，他成立汉寿县山下粮田水稻专业合作社，承包村里1000多亩水田，走规模化、机械化种现代农业创业路。2017年5月被评为汉寿“创新创业好青年”。

【聂惠君】 女，1981年1月出生，湖南康尔佳制药股份有限公司质量部经理。长期坚持兢兢业业，不懈努力地工作，多次带领团队进行公司的GMP认证工作。发表专业论文2篇，申请专利5种，为改进公司产品工艺取得很好的效果。2017年5月被评为汉寿“创新创业好青年”。

【李罗玲】 女，1982年10月出生，沧浪街道红旗社区一名普通的家庭妇女。与丈夫同甘共苦坚持创业。长期照顾中风全身瘫痪在床的婆婆，喂饭、洗脸、穿衣、上厕所等没有任何怨言。用孝顺、勤劳、关爱搭建起一个温馨、幸福的家，2017年5月被评为汉寿“孝老爱亲好青年”。

【周　韶】 女，1989年9月出生，龙潭桥镇人民政府科员。丈夫是一名110公安干警，公事繁忙，但从不抱怨，主动承担照顾公婆、培养孩子的全部责任。陪着患了严重腿疾的婆婆到处寻医问药，长期坚持为她泡脚上药，端茶送水。2017年5月被评为汉寿“孝老爱亲好青年”。

资政文选

攻坚克难抓改革 凝心聚力促发展

中共汉寿县委书记　杨　昶

全面深化改革是“四个全面”战略布局中具有突破性和先导性的关键环节。在新的历史关头，改革越深入，面临的矛盾更大，问题更多。县委书记作为全面深化改革第一责任人，要弘扬亲力亲为的务实作风，具备攻坚克难的政治勇气，保持一抓到底的执着精神，围绕发展抓改革，抓好改革促发展，争当改革的促进派和实干家。

1. *要主动靠前抓改革，增强责任感。*“一把手”抓改革落实，要亲力亲为，而不是“轻力轻为”。去年担任县委书记以来，努力做到：传达贯彻改革精神。及时组织县深改组成员学习领会中央、省、市改革精神，把全面深化改革贯穿于县委中心工作始终，着力营造齐抓共管的浓厚氛围。带头落实改革任务。坚持从我做起，我作示范，一级做给一级看，一级带着一级干。作为县委深改组组长，每季度主持召开一次深改组会议，研究部署工作。每名县委常委牵头联系一个改革专项小组，负责该改革专项小组各项改革任务的督导、协调、调度工作。各改革专项小组协调单位“一把手”为该小组改革任务第一责任人，负责将本小组改革事项细化分解到相关牵头单位和参与单位，并对本小组改革任务负总责。通过层层明确责任、传导压力，确保了各项改革抓得实、抓到位。调度部署重大改革。事关全局的改革，“一把手”需要有主体意识、主角意识和主场意识，担当起该担当的责任，才能让改革落实掷地有声。去年省委部署的并村改革，数次调研，频繁调度，保证了改革平稳有序推进，汉寿被授予“全省乡镇区划调整改革先进单位”称号。

2. *要有的放矢抓改革，找准突破口。*全面深化改革不等同于撒胡椒面，必须立足大局和实际，善抓主要矛盾和矛盾的主要方面，善抓重要领域和关键环节，捡“痒”处抓，往“痛”处戳，在节骨眼、要害处用力，做到有的放矢、“一子落而满盘活”，切实破解县域发展难题。汉寿作为传统农业大县，经济总量不大、结构不优、活力不足的问题较为突出。为破解这些难题，我们坚持以改革为突破口，扎实采取了一系列改革举措。提升总量方面，始终坚持扩大投资不动摇，在持之以恒抓招商引资、项目建设的同时，着力深化投融资体制改革，新建和重组城建投、农业投、高新投三大投融资公司，实行市场化运营，2016年共融资37.51亿元，是2015年的10倍。同时，县农商银行正式挂牌，并引进长沙银行、华融湘江银行，县域融资能力大大增强。优化结构方面，“一权两制一司”改革赋予了汉寿高新区更大的发展空间，为新型工业化的快速推进插上了腾飞翅膀。创造性地开展农村土地承包经营权抵押贷款工作，共受理抵押贷款304宗，发放贷款1.78亿元，相关经验先后被《人民日报》《金融时报》、中央电视台等媒体专题报道。增强活力方面，坚持自我革命、刀刃内向，将政府部门行政权力由过去的4852项精简至2790项，为企业和群众打开了便利之门。特别是围绕激发干部队伍活力，积极推进教育去行政化改革，去年以县一中为试点，打破资历、级别、校别限制，在全县教育系统中公开竞岗，3名优秀教师走上一中副校长岗位，起到了“一石激活春水”的效果。今年，又在县公安局推行全员竞岗，目前正在实施之中。

3. 要真刀真枪抓改革，提高“含金量”。深化改革，只有顶真碰硬，才能扫除思想观念的障碍，突破利益固化的藩篱，人民群众才会有实实在在的获得感。严格督察。在推进改革上，“一把手”要不忘给大家拧拧螺丝、敲敲脑壳。改革推进到哪里、督察就跟进到哪里。2016 年以来，汉寿县委 6 次召开督查联席会议，有力促进了园区“一权两制一司”改革、乡镇区划调整改革、城镇管理体制改革的落地。严格考核。将改革工作纳入乡镇、科局年度绩效考核，年中讲评，年底结硬账，奖优罚劣。严格追责。对敷衍塞责、拖延扯皮、屡推不动的，对重视不够、贯彻乏力的，由县委书记约谈相关责任人。

融得进 用得实 管得好 还得上

——汉寿县投融资体制改革经验做法

中共汉寿县委书记　杨　昶

2016年，汉寿县把投融资体制改革作为全面深化改革的重头戏，整合重组投融资公司，实行市场化运营，有效提升了投融资公司的“造血”功能。各公司全年共融资37.51亿元，较上年翻了10倍。

一、夯实平台基础，确保“融得进”。打破固有思维模式和管理方式，推动投融资改革迈出坚实步伐，切实提升投融资公司的融资能力。一是改革公司架构。对原有城建投、水利投、通和园投、远达交通建设4家平台公司进行改革，新设高新投，将水利投更名为农业投，将通和园投和远达交通建设作为城建投下属公司管理，并在城建投下新设文化旅游公司。明确“公司性质为由县政府出资、依法设立的具有投融资功能，并拥有独立法人资格的经济实体”，赋予其“融资、投资建设和国有资产保值增值”三大职能，实行分领域差异化经营。二是建立健全公司法人结构。按《公司法》要求，三大平台公司分别设立董事会、监事会、经理层，按需设立“一室多部”和“子公司”。公司董事长、总经理由县委提名管理、县政府聘任，监事会主席由县纪委委派，其他员工选任由公司自主决定，实行企业化管理。原公务员（含参管）身份人员在公司任职期间，不再保留公务员身份、行政级别、单位编制等，工资、党组织关系等转入公司，编制转入县国资中心，“五险一金”按县国资中心同类人员标准缴纳。从公司离职后，可享受财政全额拨款事业单位工作人员待遇。原事业编制身份人员从公司离职后，可恢复事业单位工作人员待遇。三是引进金融专业人才。按照“缺什么人才就引什么人才”的思路，面向社会公开选聘英才，实施企业化管理。现已公开招聘19名工作人员，包括远达交通、文旅公司董事长、总经理等职位。新组建的三大投融资公司积极与农发行、农商行、中信银行、国开行等金融机构达成融资合作，年内完成融资和在融项目21个，金额达61.1亿元。其中，城建投完成融资项目11个，金额达34.6亿元。

二、服务县域发展，确保“用得实”。在资金使用上始终坚持服务县域发展的原则，重点向基础设施建设领域倾斜，强力支持城市“三改四化”、园区建设、农村综合服务平台建设、交通水利建设等事业。如城建投发挥在城市建设上的主力军作用，全力参与总投资近10亿元的28个城市提质重大项目建设，项目均按时间节点完成任务。特别是太子庙火车站广场、太子庙高速互通口公园的建成，有力助推了汉寿县城“南进西拓”步伐。高新投对接确定的16.8亿元贷款，正全力服务园区中心路网“三纵三横”6条道路提质改造，康普大道、沅澧快速干线5号大道亮化工程以及高新区商居综合服务园等项目建设。

三、创新运行机制，确保“管得好”。强力推行现代企业化管理，彻底实现政企分开。一是严格绩效薪酬管理。以完成政府项目投资指标、经营效益指标、投融资成本节约指标等为重要内容，按考核结果进行奖惩。公司负责人实行年薪制，由基本薪酬和绩效薪酬两部分组成，最高限额为上年度全县城镇职工平均工资的3~5倍。公司其他人员薪酬由公司自行研究确定。二是科学管理资金债务。按照“全面清理、分类处置”原则，对现有债务进行分类。公司因建设经营性项目而产生的债务及其利息，按照“谁建设、谁经营、谁负责”原则进行处置，将原有政府债务转化为一般企业债务。因建设公益性项目而产生的债务及其利息，由县财政采取政府回购和偿债准备金的方式，逐年偿还。财政设立投融资专户，对平台公司资金实行专户统一管理，提高资金使用效率。三是加强风险管控。树立“大财政”理念，坚持财政业务、投融资、政府债务管控“三位一体”，做到统筹协调、整体推进。财政部门强化对投融资项目资金及公司财务的日常监管，将资产负债率严控在70%以下。融改办参与政府项目立项、设计和变更审查，对公司融资和政府项目进行全程监管。国资中心强化对公司经营业绩考核。审计部门每年对公司财务进行一次全面审计。

四、增强造血功能，确保“还得上”。有效提升投融资平台还贷能力，着力修炼“内”“外”功，促进投融资平台公司长足发展。一方面，推进资产重组炼“内功”。按照“彻底清理、办齐证照、全面归集、统筹使用”的原则，将全县所有国有资产资源，包括各类经营性资产和公共资源，全部归集到县国资中心，由国资中心根据各公司的融资需要，分类实施注入，注入后的国有资产资源由各公司承担起盘活和经营的职责，实现国有资源资产的保值增值。全年共归集土地 603 宗、房屋 1813 栋，已颁证 306 宗、土地面积 229.4 万平方米，房屋 1233 栋、土地面积 135.44 万平方米。注入国有资产 34.01 亿元，极大地增强了投融资平台融资能力。另一方面，拓宽经营范围练“外功”。引导各公司分重点拓宽经营范围，业务涵盖工程项目代建管理、经营性项目投资和开发、政府性物业管理等，拓展方向包括小额信贷、融资担保、信息咨询、规划设计等经营领域。如城建投通过入股农商行、租赁游乐场和城区广告位等渠道，2016 年新增经营性收入 600 多万元。目前，该公司总资产达 37.7 亿元，下辖 7 家子公司，公司运转步入良性发展轨道。

关于“建设生态宜居的大湖经济”的思考

中共汉寿县委副书记、县长　车世忠

推进“一五五”战略，建设生态宜居的大湖经济强县，是我们的发展战略和奋斗愿景，在全县上下已经成为一种共识和一致行动。“大湖经济”这个课题很大，要发展起来，不是一朝一夕的功夫，不能全面开发、遍地建设，必须有重点。

一、要建设新型城市

就是要建好中心城区，实现资源、消费、教育、医疗卫生、配套服务、平台建设等向中心城区集中。正是因为县委、县政府有这么一个理念，今天的汉寿对比十年前有了非常大的变化，城区规划面积达到22平方公里，并呈现出了一城五区的格局：第一个是老城区，通过三改四化、棚户区改造，已经有了大变样。第二个是沧浪新城，现在正在抓紧建设。第三个是清水湖旅游新城，现在五星级酒店主体工程已经完成，另外，中南地区最大的野生动物园也已经开工建设。第四个是工业新城，就是现在的高新区。第五个就是高铁新城。通过汉寿大道把这“一城五区”串起来，融为一体，这就是今后的汉寿县城。既然是搞大湖经济，这座新型城市必须要有五个元素:第一个是城市水文化。一座城市有“水”才能“活”起来。在老城区,对小银水湖进行改造,建设一个商业综合体,然后把大银水湖、小银水湖、龙珠湖联通起来。另外，还要作一篇大文章，就是城北河风光带建设，沧港通过哑河到城北河打通，在马家铺修节制闸、船闸，今后游客可以从城北河上游船下西洞庭湖。再包括工业新城，要打通黄清渠和清水湖的通道，让整个县城到处能看到水的元素，浸润水的文化，真正成为生态水韵之城。第二个是城市产业。最重要的就是城市工业，不管这个社会怎么发展，实体经济都是根基。从今后的新城来讲，园区是城市发展的重要增长点和发展极，是起支撑作用的。因为工业附加值高，做起来了，就能使财政快速壮大，就能解决就业，就能加快人流、资金流、消费流的聚集，三产服务等配套产业自然就会带动起来。再一个产业就是城市旅游，像大连、青岛，城市本身就是景点，人们愿意来这里吃喝住玩。汉寿的县城今后也要朝这个方向发展，比如园区，可以搞工业观光旅游，沧浪新城和老城区今后建成的龙珠湖、市民之家、6号大道美丽经济示范带、小银水湖商业综合体、城北河风光带，处处都是景点，一座美丽的城市自然会吸引游客八方而来。第三个是城市物流。有人形象地比喻物流产业是现代城市经济发展的“炉火”和“加速器”，物流的发达程度往往体现了一个地方的繁荣程度。为什么要发展物流？打个比方，1万斤白菜，你自己运到长沙运费是1000元,但通过物流网络运,可能运费成本只要500元。还打个比方，还是1万斤白菜，没有路运不出来，可能会烂在地里，1分钱都不值，如果有发达的物流，一天可以送到广州，卖价可以翻倍。实际上，汉寿现在发展产业最差的是仓储物流，是一个短板。在工业方面，相关部门正在抓紧调研；在农业方面，已经在整合了，如正在建设的“两市场一中心”，既是大批发市场，也是现代化的仓储基地，更是物流中心、集散中心，就是要把汉寿的蔬菜、水产品通过发达的物流网络销出去。在这一点上，从常德乃至湘西北，都还没有区县在做，汉寿必须要抢先一步，这样才能抢得先机，赢得市场,打开汉寿辐射周边县的格局。第四个是城市消费系统。城市经济要发展，必须拉动内需，实际上就是要有消费。在这里所说的消费是系统的,不仅仅是买东西、吃饭,包括就医、就学都是消费。这个消费要有侵略性,就是要把去常德、长沙、张家界消费的客源拉到汉寿来。汉寿应该说有这个基础，汉寿今后的消费系统应该有三个板块。一是主城区这块是中心。二是清水湖这块能够带动整个太子庙、高新区,可以吸引游客、产业工人，吸引物流人流。三是西洞庭湖田园综合体消费带，这个综合体从6号大道开始，接军汉旅游公路，一直到西洞庭湖湿地，通过建这个综合体就是要吸引常德主城区以及其他区县的人到汉寿消费。第五个是城市配套系统。如果城市公共服务配套跟不上来，消费就做不起来。这个配套包括了三产服务，还包括了教育、卫生、文化、体育等方面。三产服务的配套，这个好理解，汉寿人在城区，或是外地人到汉寿，吃没有地方吃，住没有地方住，玩没有地方玩，车没有地方停，肯定留不住，都往常德、长沙跑。另一个方面，教育、卫生、文化、体育等方面的配套，是大家比较容易忽视的，但是这一块的消费带动作用更大更强。比如教育，这些年，汉寿流失了多少生源到常德、长沙读书；比如就医，汉寿的医疗卫生做不起来，大家都想着到常德、长沙的大医院去看病。这实际上就是带动了常德、长沙的消费，这个账算起来是惊人的。比如，现在开发的大型楼盘，都要求配套地下停车场以及休闲体育场所。比如教育，在高新区、太子庙、沧浪新城都规划布局了学校。比如卫生，人民医院新大楼、中医院都正在建设，快要投入使用。比如文化体育，全民健身中心等一些项目都已经动工。总之，就是要把城市的配套系统完善起来，真正做到宜居宜业，才能够集聚人气，消费才能做起来，新型城市才能活起来。

二、要发展现代农业

既然是发展大湖经济，既然是借大湖作文章，农业必然是基础，这符合汉寿的县情。汉寿是农业大县，但不是强县，农业要做大做强，要成为大湖经济的支撑，必然走现代化、集约化、规模化的路子。今后农业怎么发展，就是要实现三个转变：一是从生产端到市场端的转变；二是从重视国内到重视出口的转变；三是从做代加工到做自主品牌的转变。具体就是要打造四个农业：一个是城郊农业，就是围绕6号大道，借助原生态的农业发展生态休闲旅游。第二个是生态农业，做生态农业是对我们子孙后代负责。就是要坚持绿色循环发展，发展生态循环产业，推广生态种养模式，打造绿色生态农业品牌。第三个是高效农业，农业的出路在精深加工，这样附加值能够翻几倍，这一块做起来了，富农增收就不是梦想。就是要通过加快土地规范流转，实现农业生产资源的规模化、集约化，将资源集中起来了，提高生产效率，发展农业精深加工，培育更多的农业产业化企业。第四个就是精品农业，汉寿农产品多，但是多而不精，没有叫得响的品牌。品牌能够创造价值，一个品牌，实际上是一种心理预期和心理认同。同样是件衣服，不是品牌的只卖几十块钱，是品牌的几百上千块。同样是大闸蟹，其他地方的几十块钱一斤，阳澄湖的可以卖到300元一对，这就是区别。汉寿农业还是大有文章可做。比如甲鱼，汉寿有一种九肋鳖，《本草纲目》里面说“鳖生丹阳池泽，今处处有之，以岳州沅江其甲有九肋者为胜”，甲鱼大多是八肋，九肋的是上品，我们可以作文章、打品牌。比如蔬菜，汉寿是湖南最大的蔬菜种植基地，但是光搞种植是不赚钱的，还是要打生态、绿色、环保的牌子，做好深加工文章，汉寿现在正在以围堤湖种植基地为核心，重点建设“蔬菜公园”，就是要把这块带动起来。汉寿的农产品，包括蔬菜、甲鱼，还有小龙虾、玉臂藕、湘莲等等，要在全国全省有布局、有网络、有影响、有地位。

三、要打造品牌旅游

既然是大湖强县，那就要看得见湖，就要依靠水和湖做旅游文章，我想今后我们汉寿要把几个地方做起来。一是西洞庭湖，在湖南最能看见大湖的在汉寿，西洞庭湖要打出品牌，重点要加快基础设施建设，增强配套服务能力，让游客来了，有观光体验的地方，有餐饮娱乐的地方，有住宿休闲的地方，有购物消费的地方，就是吃喝住行一条龙。二是清水湖，实际上，清水湖对汉寿人来说是见惯不怪，但是在长沙、常德，还是很有名气的。今后，包括在建的野生动物园、五星级酒店、儿童世界、水上乐园，还有高尔夫旅游职业学院，应该说是能够吸引大量游客的。三是西洞庭湖田园综合体，不管怎么开发和建设，原则上就是要保持原生态，春天可以看油菜花，夏天可以看荷花、采菱角，秋天可以看稻田，人们看惯了城市的钢筋水泥，内心深处还是向往田园，希望返璞归真的。另外，还包括九岭赛车、帅孟奇故居、金牛山等一些景点，都要逐步发展起来。总之，就是要让全省、全国的游客有一种感觉，在长沙到张家界黄金旅游线上，还有一个汉寿，值得一去，值得一看，值得一玩，并且是非去不可，不去就会遗憾的地方。

关于地方人大监督成果转化推进政府工作的实践与思考

汉寿县人大常委会主任　袁佑清

习近平总书记在十九大报告中提出“支持和保证人大依法行使立法权、监督权、决定权、任免权”“使各级人大及常委会成为全面担负起宪法法律赋予的各项职责的工作机关”，为更好地发挥县级人大监督职能，促进县“一府两院”依法行政、公正司法，全面推进汉寿县民主法治进程，根据县委安排，县人大常委会把“如何将地方人大监督成果转化推进政府工作”作为重点调研课题，紧扣新矛盾、瞄准新目标，以习近平总书记新时代中国特色社会主义思想指导具体实践工作，对如何充分发挥人大监督职能作用进行了专题调研，现将有关情况报告如下：

一、汉寿县人大监督工作的基本现状

历届县人大及其常委会坚持围绕中心、突出重点、讲求实效的监督工作思路，依法加强和改进监督工作，切实增强监督的针对性和实效性。特别是县十七届人大常委会以来，不断加大监督力度，创新开展监督工作的有效途径和办法，努力增强监督实效，共听取“一府两院”工作汇报45项，作出决议决定33项，形成审议意见书11份，开展执法检查2次，评议了5个政府工作部门。通过监督权的有效行使，保障了宪法和法律在汉寿县的贯彻实施，促进了“一府两院”依法行政和公正司法，为推动汉寿县各项事业的全面进步发挥了积极作用。回顾总结一年多来的工作，主要有以下三个方面的特点：

1. 监督内容有厚度。县人大及其常委会深入贯彻实施监督法，紧扣发展大局和民生热点难点问题，始终做到监督选题精准、内容重点突出、工作成效显著。概括起来说，可归纳为“四个围绕”，即围绕加强宏观调控和科学决策，定期听取审议国民经济和社会发展计划、财政预算决算等情况的报告;围绕经济发展大局，加强对经济转型升级、生态文明建设、扶贫攻坚工作的监督；围绕推进法治进程，加强对民事审判、刑事审判、法院执行、刑事检察等工作的监督；围绕改善民生，加强对环境保护、食品药品安全、文化教育、安全生产等工作的监督,实现了监督与支持的有机统一,与“一府两院”形成凝心聚力、共促发展的工作合力。

2. 监督手段有亮度。实践证明，不断探索创新监督方式，是依法开展监督工作、增强监督实效的重要保障。县人大换届以来，我们注重探索创新，以创新推动监督工作向难度突破、向配套发展、向刚性着力。一是听取和审议专项工作报告，改变了过去被动听取汇报的工作方式。坚持会前深入调研，通过听取汇报、实地察看、查阅资料、现场座谈、公开征求意见等方式，深入了解掌握第一手资料，形成有问题有建议的调查报告；会中集中审议，建立了审议重点发言人制度，安排2~4名常委会组成人员或人大代表围绕审议议题作重点发言；会后跟踪督办，要求“一府两院”对常委会会议的审议意见，四个月后在常委会上书面提交办理情况的汇报，接受再次审议。二是法律法规实施情况的检查，积极采用问卷调查、听取汇报、随机抽查、接受投诉信函、开展回访复查等多种途径，坚持集中检查与分散检查相结合，明察与暗访相结合，执法检查与专题询问相结合等多种方式，不断拓宽直接听取群众意见的渠道，广泛征求社会各方面的意见建议，确保执法检查的实效。三是强化计划财政审查。政府预算“四本账”一并提交县人代会审查批准，做到全覆盖审查。高度重视专项资金、部门预算和民生预算的管理，促进了财政资金的使用更加反映民愿、合乎民意、贴近民生。督促审计部门对相关单位专项资金开展重点审查，提高了财政资金使用绩效。四是规范性文件备案审查，从健全完善制度入手，先后制定了备案审查工作的相关规范，成立了相关专门工作机构，配备了专门工作人员，全县规范性文件备案审查工作已经步入规范化、程序化、制度化的轨道。

3. 监督实效有温度。近年来，随着人大监督工作的不断加强和改进，人大监督在推进社会主义民主法治建设、促进改革发展稳定、维护人民群众根本利益方面发挥了重要作用。一是推动了中心工作。坚持围绕中心、服务大局，对事关改革发展稳定大局的重大事项、重要问题进行监督，并提出意见建议或作出决议决定，推动了中心工作顺利开展。二是推进了法治建设。通过依法开展对“一府两院”的法律监督和工作监督，增强了县级国家机关的人大意识和法治意识，提高了“一府两院”依法行政、公正司法水平，为社会主义法治建设作出了积极贡献。三是促进了民生改善。坚持把人民群众关心关注的热点难点问题作为监督工作的重中之重，紧紧围绕教育、食品安全、社会保障、道路交通建设、环境保护等民生问题，运用多种形式开展监督，提出有针对性的意见建议，督促有关机关改进工作，较好地实现、维护和发展了人民群众切身利益。四是提升了人大的地位和权威。地方人大及其常委会紧密结合自身实际、充分发挥人大优势，认真履行监督职责，以自身作为提升了人大地位和权威，人民群众对人大的期望越来越高，人大在群众中的地位正在逐步提高，人民代表大会制度的优势也在进一步彰显。

二、存在的主要困难与问题

就汉寿县人大而言，造成监督成果转化难的问题，既有主观因素，也有客观因素；既有外部环境的制约，也有内部环境的制约等等。主要原因归纳起来有以下几个方面：

1. 办理机制不健全，成果转化被搁置。长期以来，从全国人大到县级人大，只有对人大代表议案和批评、建议、意见的办理有正式的工作规则和要求，政府及其职能部门在收到建议案后，就会按照有关文件规定的程序进行办理，并在不同的时限内给予正式的答复和反馈。而对人大的调研报告所形成的意见和建议，至今没有形成有章可循的统一办理程序和流程。因此，对调研成果，除非把其中的意见和建议转变为议案或建议案提交，政府及其职能部门才会办理；否则，只提交调研报告，大多数情况下得不到妥善办理。

2. 监督手段欠刚性，成果转化被弱化。从现行的法律条文，对人大监督的手段有明确规定，但在现有的手段和方式的运用上，依然存在着有“权”不用，有“法”不依的现象仍然存在：一是羞羞答答的质询。质询是一种非常好的监督手段，对某一问题进行质询，既可及时沟通情况，也易于弄清事情的是非曲直，还可以起到警示、教育、引导的作用。但在实际工作中，往往是既想使用又怕使用，监督主体理不直、气不壮，犹抱琵琶半遮面。而监督客体，本能存在着抗拒心理，认为是有意过不去，故意找茬子、挑毛病。质询手段运用得好的为数太少，有的干脆避而不用。二是瞻前顾后的罢免、撤职。罢免和撤职，是法律赋予人大监督的一种刚性手段。对人大及其常委会选举、任命的国家机关工作人员，因故要进行罢免和撤职，是人大人事监督的具体体现，也是树立人大权威的有力措施。但地方人大很少运用这一手段，自我束缚了手脚。三是很少启用的特定问题调查委员会。法律规定，对一些重大问题，常委会可以组织特定问题的调查委员会。这一手段，在实际工作中很少运用过。因此在实际在工作中议而不决，决而不督，督而不果现象较普遍，难以对监督对象产生约束力，监督流于形式的现象比较明显。

3. 领导思维存偏见，成果转化被忽视。一是人大自身认识存在误区，缺乏成果转化主动性。由于人大不是行政机关，不承担决策职能，人大的调研成果只能作为党委、政府的决策参考依据。因此，不少人大的同志认为，既然是政治体制决定了人大与党委、政府工作分工的不同，那么人大只要把调研工作做好了就行，对于意见建议能不能得到采纳是党委、政府的事，因而缺乏成果转化的主动性，在促进成果转化的方法和措施上考虑得不多，反而把成果转化过多地依赖党委、政府领导的重视和部门的主动采纳，这导致一些花了很大心血的调研成果没有发挥出应有作用，没有体现出自身的价值。二是一些职能部门领导对人大的调研成果转化存在一些惯性的思维偏见。认为人大组织只是安置因年龄问题不宜继续留任党委、政府及其职能部门干部的机关，自己的前途和命运不掌握在人大手中。因此，对人大的调研成果，高兴时就听听，随便看一下；工作事务繁忙时就搁置一边，时间一久，再好的成果也变成了“成年旧账”。三是一些职能部门的领导缺乏纳善言喜益论的精神和胸襟。特别是对人大倾其全力，并得到充分肯定和评价的调研成果，表面上也附和，实则不很乐意。究其原因，无外乎就是人大的调研课题，本应是本部门的业务职责，凭什么要人大参与？而且人大在形成调研报告中所提出的一些意见和建议，本部门规划甚至连想都未曾想过，人大提出来了，既超越了本部门的规划范围，又给本部门造成了某种心理压力。由于这种惯性思维偏见和狭隘的心理，致使人大一些独到的调研成果尘封荒废，更谈不上得到有效的转化和落实。

三、几点建议

调研成果的运用，是人大开展调查研究的根本目的，也是体现人大监督实效、树立人大权威的重要途径。由于人大开展工作不直接处理问题，而是通过提出建议、审议意见，作出决议决定等督促“一府两院”解决问题，因此，加强人大调研成果的转化尤为重要。

1. 要营造转化环境。调研成果的转化也需要良好的舆论环境和工作环境。要加强对调研成果意义的宣传，努力营造全社会支持调研成果转化、自觉参与调研成果转化的良好氛围。人大常委会在调研报告交党委或“一府两院”后，要发挥好广泛联系群众的优势，积极造势，敲好边鼓，全力配合支持党委或“一府两院”转化调研成果的实际行动。

2. 要拓宽转化渠道。有效的形式对调研成果的转化，能起到事半功倍的作用。地方人大应进一步加强研究和探索，不断创新成果转化的途径。对专项工作的调研报告，经人大常委会会议研究后，可以决议、决定、审议意见的形式转交“一府两院”承办落实，给调研成果的转化赋予“法”的意义；对经济社会发展宏观问题的调研报告，要及时向党委汇报，争取党委的重视和采纳，使调研成果进入党委决策层面；对具有借鉴意义的调研报告，可在媒体上公开发表，加强调研成果的交流。

3. 要强化后续监督。良好的监督反馈机制是提高人大调研成果转化的重要保障。人大常委会应高度重视后续监督工作，进一步建立健全调研成果转化的长效机制，包括督查督办、信息反馈、责任追究等制度，实现成果转化制度化。对调研中形成的建议，要及时跟踪党委相关决策，适时听取有关单位落实情况汇报，必要时可听取审议其专项工作报告，询问和质询。对个别整改难度大、时限长的问题，可列入下年度人大监督工作计划，进行持续监督，推动调研成果的深度转化。

探索协商式监督的三“度”加强人民政协民主监督

汉寿县政协主席　解以刚

摘　要：探索“协商式监督”内涵，首先需要借助党政力量，从提供制度保障、交办特定课题、营构互动氛围等层面，谋求协商式监督的深度；其次需要运用灵活形式，通过以委员提案为纽带、以反映信息为平台、以助推发展为靶点等途径，强化协商式监督的力度；再是需要激发委员活力，通过委派党团监评、举荐委员“定位”、借助委派“发声”等举措，掌控协商式监督的尺度。最终提升民主监督实效，赢得社会对人民政协的认知度。

关键词：探索 协商式监督 加强 民主监督

2017年3月春意盎然，中共中央办公厅印发了《关于加强和改进人民政协民主监督的意见》，开篇便对政协民主监督作出新的论述，即“人民政协民主监督是在坚持中国共产党的领导、坚持中国特色社会主义的基础上，参加人民政协的各党派团体和各族各界人士在政协组织的各种活动中，依据政协章程，以提出意见、批评、建议的方式进行的协商式监督”。由此，“协商式监督”正式“登堂入室”写进高层文件，无疑为人民政协在中国共产党领导下，在法治框架内持久性加强民主监督，探索出了新的理论支撑与操作模式。她是民主监督职能的细化和深化，能助推各项政策和举措落地，促使各种权力在阳光下运行，让人民群众感到政协就在自己身边。她更像一股静水流深的潜在力量，助推改革这艘巨轮前行，为中国共产党理政治国发挥独特而恒久的参政作用。

本文拟从探索协商式监督的深度、力度和尺度，进而加强政协民主监督工作这一视角，同时结合笔者近些年任汉寿县政协主职的履职实践，作一些探讨性论述。

一、借助党政力量，谋求协商式监督的深度

自人民政协诞生以来，民主监督与政治协商就是相生并行的，成为政协的两大职能之一（在20世纪90年代增加了参政议政，组成如今的三大职能）。众所周知，政协的民主监督不是党的纪律监管，也不同于人大的权力监督，更非司法部门的法律监督和新闻媒体的舆论监督，而是一种独特的异体监督。它虽不具备国家权力性质，但监督的层面比任何一种监督都更加宽泛，而且与被监督者没有距离，没有隔膜，更没有戒备，有其他监督形式难以企及的特点，它重构的是一种温度与厚度。然而在三大职能中，民主监督仍然是短板。为此，全国政协主席俞正声在十二届全国政协第七次常委会上强调：“要更加积极有效地开展政协民主监督，进一步探索和完善政协民主监督的有效形式。”这应该是孕育协商式监督的前奏曲。

加强和改进政协民主监督工作不是品评春花秋月，亦非抨击世态炎凉。作为基层政协主职的笔者认为：首要的是取得地方党委、政府对政协组织协商式监督的支持。只有借助党政力量，才能有效谋求协商式监督的深度。主要体现在以下几个层面——

一是提供制度保障。政协的监督没有权力和法律上的约束力，致使一部分人认为它可有也可无、可重视也可忽视。对此，地方党委应给政协协商式监督以制度性保障，制订出台相应的文件，支持政协开展监督工作。其实在2015年，汉寿县委办、县政府办经县政协提议，就已制订出《汉寿县政协民主监督员管理办法》，与县政协办联合印发《汉寿县政协2015年派驻民主监督员（小组）工作实施方案》。两文明确规定民主监督员的委派范围、委派形式、履职方式、监督内容、保障措施和工作要求，与协商式监督不谋而合。2017年3月，县委办、县政府办又与县政协办联合印发《县政协2017年派驻民主监督小组（员）工作实施方案》，旨在客观总结部门成绩，善意提出意见建议，推动部门工作改进提高。县政府部门对政协派驻民主监督员的工作，也从畏难到支持、再到主动请求。由于有了上述制度作为保障，汉寿县政协近几年来，开展有关经济发展、社会稳定和民生改善的协商式监督活动，

已经成为常态化，完成了完美的“蝶变”和升级。

二是交办特定课题。地方党委应就当地经济社会发展中的重点难点问题、事关群众利益的热点焦点话题，交与政协组织开展协商式监督和调研；同时，党委还可以由政协围绕发展大局和中心工作去科学命题，针对社情民意和地方热点去深入挖题，立足部门工作和行业重点去合理选题。让他们围绕课题和任务，做深做实、做出成效。2017年6月，汉寿县委鉴于城镇化进程加快，中小学校布局已不能适应新城发展需要这一课题，交给县政协调研，并力争探索出协商式监督的汉寿教育样本。县政协经过长达月余的专题调研，厘清了城区学校分布现状，分析了布局调整的必要性，提出确保空间布局科学、确保教育优先落实、确保硬件设施改善和确保师资力量均衡的四大条建议，得到县委县政府一致认可，建议正被逐步采纳。

三是营构互动氛围。政协开展协商式监督的实质，就是党委政府让政协组织和委员拥有参与政治、经济和社会事务的话语权，营造出浓厚的协商互动氛围。为了深化对被评议单位的监督评议，2014年汉寿县政协对县交通运输局、安全生产监督管理局的工作开展评议前，没有因循过去单纯听汇报、看材料的程序，而是“辩症施治”：从相关界别中选出30位委员，组成两个调查组，于当年8—9月，深入县内60多个科局、乡镇和企业，采取听、看、访、问卷调查等方式，形成原始真实的一手材料。10月底，县政协组织38名常委，与县政府主管交通和安全生产的两位副县长、上述两局班子成员面对面，就调查到的校车安全营运、农村公路管养、客运市场整顿、私家车变堵为疏、强化安全生产培训、增加安监透明度、非煤矿山开采安全生产行政审批等问题，进行专场点评发问，“把脉开方”。当日6个小时的互动环节，让两家被评议单位的班子成员脸发红，额冒汗。两局主要负责人逐一答复了政协常委的询问，对政协建言全部打了“收条”，整个过程有交流、交锋，更有交融。两位副县长发言，盛赞县政协奉献了一场精彩的协商盛宴。这正是协商式监督的魅力所在。

二、运用灵活形式，强化协商式监督的力度

不断发展的政治形势与社会走势，要求人民政协在协商式监督的内容、形式、机制上进行探索。协商式监督的力量在于浸润，效果在于沟通，这就要求政协选择科学的协商角度，运用适宜的监督形式，搭建有效的活动载体，强化协商式监督的力度。

首先是以委员提案为纽带。汉寿县自2013年起，为改善乡镇机关、中心学校和卫生院等事业单位在编在岗工作人员及其家属的住宿条件，克服财政困难，每年整合筹措近千万元资金，分批次在各乡镇新建了数量不等的公租房。按规定，新建公租房的“发租”入住对象，只能是在编、在岗工作人员及其家属。据县政协岩嘴乡联络处调查，这批已建成或即将建成的乡镇公租房，在“发租”过程中超范围向社会“发租”、借名“代租代占”。2014年12月，该联络处撰写了《乡镇新建公租房“出租”乱象亟待整改》的监督性提案，提出三点建议：社会非公职人员“租占”乡镇公租房应立即清退；乡镇基层单位报建公租房时，应充分考虑实际需求，量力而行；研究出台全县统一的乡镇公租房管理办法。这份提案引起县政府主要领导关注，责成相关部门对全县公租房进行了专项整治。

其次是以反映信息为平台。基层政协除了倡议、引导委员当好地方经济社会发展的参谋外，还应引导他们聚焦国家、民族发展，站在全局视角，借助反映社情民意信息的渠道与话语权，发出与小格局建言迥然有别的协商式监督之声，为国家高层决策提供参考。这类“发声”超越人们的一般性认知，更远离那种口吐“莲花”千言、实无一句净言的现象，所建净言能进入决策层视野。2013年至今，汉寿县政协委员撰写出《“异地为官”并非防腐良策，建议不宜强制推行》《当前九年制义务学校普遍背负新债值得注意》《警惕土地流转后“非粮化”趋势冲击国家粮食安全》等20多篇涉及高端与民生话题的监督性信息，均被省政协《社情民意》采用，呈送省主要领导参阅。有的经省政府领导签批后，指示主管部门实地调研，有的还被《新华社专供》选载。《关于建立洞庭湖生态经济区生态补偿机制的建议》《实施新食品安全法还需制定配套法规和完善监管细则》《应着力解决长江经济带渔民生存隐忧》等社情民意，向省委、省政府表达了洞庭湖区生态保护、食品安全监管、渔民解困等方面的建议和忧思。《建议政府采取措施促进本土医药企业发展》的信息，被常德市政府采纳后，将全市医药企业的药品纳入了医保目录。汉寿县政协反映社情民意信息的工作，也因此进入全省前列。这些光鲜篇什的背后，凝聚的是政协人履行协商式监督所付出的心血！

再次是以助推发展为靶点。人民政协协商式监督重在与地方同频，与发展共振。近些年来，不少农村土地（含水面）经营大户反映借贷难，无法扩大发展和经营规模，区县（市）政府因政策原因和财力局限，也无法解决这一难题。针对这一现状，2014年5月，汉寿县有一位委员撰写了《政府应放“水”养“鱼”，推进农村土地经营权抵押贷款》的协商式建言，省、市农经局落实该委员建言，在汉寿首开全省运用土地经营权抵押贷款的先河，如一股春风拂去了农村经营户贷款难的忧虑。其间，央行、中农办、农业部等5部门到汉寿联合调研。8月9日，央行长沙支行与省政府农村工作办联合印发了《湖南省农村土地承包经营权抵押贷款试点方案》的通知，确定

在汉寿、澧县、湘乡等10个县市开展土地经营权抵贷试点，极大地破解了农村种植、养殖大户发展设施农业所缺资金的瓶颈。可见，让协商式监督的力度与成效说话，才是硬道理！

三、激发委员活力，掌控协商式监督的尺度

广大政协委员是人民政协组织的主体。笔者觉得：激发委员履职活力，围绕党委政府的中心工作、经济发展、社会进步和民生改善等重大问题开展活动，是掌控协商式监督尺度的关键点。为此，须实施好如下举措——

1. 注重党团监评。政协委派党派团体里的委员，对政府重点部门的工作进行监督和评议，也是拓宽民主监督职能的有效手段。通过实施这种“异体”的协商式监督，能改进部门工作，净化行业风气。2013年7~9月，汉寿县政协选派民主党派和社会团体中的委员，参与监督评议县国土资源局的工作。这些委员按照走访调查、举行座谈、投票测评、整改总结等流程，重点对该局用地申报审批、土地平整、环洞庭湖治理项目、征地拆迁品补、违法用地执法等情况，进行了3个月的调查和评议，善意指出问题和不足，提出可供操作的建议。近两年来，该县政协相继引导党派团体的委员，对教育局、卫生局、水利局等部门开展跟踪性调研，调研成果汇编后报送党政部门落实。这种协商式监督模式远离“嘴皮子”功夫，收到“沾衣欲湿杏花雨，吹面不寒杨柳风”的良性效应，赢得群众的口碑。

2. 举荐委员“定位”。举荐一些自身廉洁度高、社会口碑好、参政能力强的政协委员，担任执法执纪和窗口服务单位的特邀监督员，对执法和服务过程予以监督，同样不可缺少。前些年，汉寿县政协举荐多位委员，担任县委县政府干部作风建设和优化经济环境监督员、县纪委党风廉政建设巡视员。这些委员“定”在指派的“位置”后积极履行监督职能，如2014年，有位委员随县纪委调查湖区某中学食堂时，发现该食堂违纪违规，每天克扣每名学生5元伙食费，便撰写了《加强对学校食堂监管，保障孩子舌尖上的权益》的提案。引起县教育局高度重视，由一位副局长带队，对包括那所中学在内的全县学生食堂进行专项督查，通过各校自查自纠、局督查组暗访明察、建立财务公开账、由县纪委对问题单位负责人给予党纪政纪处分等手段，使饮食质量明显改善，学生和家长满意度普遍提升。

3. 借助委派“发声”。政协把民主监督员从过去的聘任制转变为委派制，即：向司法机关、政府行政执法部门和窗口服务单位，集中委派民主监督员和民主监督小组。这是近两年来协商式监督行之有效的方式，其主旨是背对背调查研究，面对面交流意见，心贴心协同整改。运用这种方式，可以把委员个体的任性式监督提升为政协组织的协商式监督，把分散的监督提升为集中的监督，把零星式批评提升为集体式建议。这也是掌控协商式监督尺度的重要选项，能够使监督由虚变实，由被动变主动，由随意性变规范性。自2015年4月起，汉寿县政协按照规模适度原则，向教育、卫生“三年攻坚”“美丽乡村”建设工作派驻民主监督小组；向县人民法院、住建局、人社局等26家执法执纪和群众普遍关注的部门，委派由105名政协委员担任的民主监督员。在监督过程中，各民主监督小组和监督员定期深入一线与现场，主动上门参加座谈、评议和视察等活动100多场次，及时发现问题，提出200多条整改建议，对改进被监督单位工作起到了积极作用，也利于政协自身掌控协商式监督的尺度。

综上所述，“协商式监督”是加强人民政协民主监督的深层次探索，书写出政协履职的崭新天地。政协通过协商式监督活动，体现的是软实力，即温和的语境、温暖的格局、温馨的氛围，彰显出人民政协的历史担当、大局意识与为民情怀，也有效地丰富了民主监督内涵，推进了履职实践，让全社会在更宽广的层面认知了人民政协。诚然，政协协商式监督还远未达到完美程度，还有更大的提升空间与发展前景；她将与人民政协一路同行，其终极目的，就是让政协事业在民主监督长河中扬帆远航。我们坚信，随着政治体制改革的推进，人民政协协商式监督这一形式，将助益于执政党的事业兴旺发达，推动国家经济建设和社会事业不断发展，继而加速实现民族复兴的中国梦。

（本文被评为2017年度常德市人民政协理论研究优秀论文评选一等奖）

文献辑要

汉寿县人民政府办公室关于印发《汉寿县电子商务进农村专项资金使用管理办法》的通知

汉政办发〔2017〕1号

各乡镇（街道）人民政府（办事处），湖南汉寿高新技术产业园区管委会，县直各单位：

《汉寿县电子商务进农村专项资金使用管理办法》已经县人民政府同意，现印发给你们，请认真贯彻执行。

汉寿县人民政府办公室

2017年1月10日

汉寿县电子商务进农村专项资金使用管理办法

第一章 总 则

第一条 为加快汉寿县电子商务发展，规范电子商务进农村专项资金管理，充分发挥专项资金使用效益，根据湖南省商务厅、湖南省财政厅、湖南省扶贫开发办公室《关于做好2016年度电子商务进农村综合示范工作的通知》（湘商建〔2016〕21号）精神，制定本办法。

第二条 汉寿县电子商务进农村专项资金（以下简称专项资金）是指专项用于扶持汉寿县电子商务项目建设的补助资金，包括中央财政安排的电子商务进农村综合示范县专项资金1500万元和县本级配套资金1000万元。

第三条 县商务粮食局和县财政局共同负责专项资金管理。县财政局负责项目资金的预算和拨付，县商务粮食局负责编制项目支持计划，牵头组织项目申报和验收，对项目实施进行跟踪服务和监督检查。

第四条 专项资金使用管理原则

（一）政府引导，激励导向。通过财政资金撬动，调动社会资本投入电子商务项目建设的积极性和创造性。

（二）统筹规划，突出重点。将专项资金使用与项目建设重点相结合，培育扶持具有市场竞争力的电子商务企业和产品，着力攻坚克难，突破瓶颈，推动电子商务整体发展。

（三）规范管理，公开透明。规范项目申报、评审、验收、管理，坚持公开公正，提高专项资金使用的合理性、公正性和有效性。

第二章 专项资金支持对象和标准

第五条 专项资金支持以下项目建设

（一）支持县、乡、村三级物流配送机制建设

1. 支持内容：建设改造仓储集配中心；在县城居民小区和机关大院配置智能快递包裹柜；物流公共信息系统开发；投递末端投递人员PDA设备、投递三轮车等设施购置；引导物流企业开展乡村末端配送，对农产品上行实行阶段性运力补

贴，“顺带”物流创新试点推广补贴。

2. 支持额度：政府建设的集配仓储中心，对其房屋租赁、装修、设备购置等给予全额补贴。在县城居民小区、行政事业单位设置的智能包裹柜，按不超过购置总额的 50% 给予补贴，单个补贴最高不超过 4 万元，建设数量不超过 10 个。认定为电子商务物流配送的企业，用于配送升级购置的投递三轮车，每台补助不超过车辆购置费的 50%，购置数量不超过 50 辆，单笔最高补贴不超过 0.4 万元。PDA 设备购置不超过 50 台，按每台 0.8 万元全额补贴。物流整合后，对承接农产品上行的物流企业给予阶段性运力补贴，补贴不超过上行物流成本的 50%，总额不超过 40 万元。“顺带”物流创新试点，在完成了 3 个以上乡镇（街道）村级服务站点建设后，给予不超过 10 万元的创新推广补贴。

（二）支持县级电子商务公共服务中心建设改造及运营

1. 支持内容：县级电子商务公共服务中心的房屋租赁、装修装饰、培训场馆、线下体验馆、电脑、复印机、音像（视频）设备、网络接入（输出、存储）设备、办公桌椅等设备设施；用水用电、维修费、运行管理维护等运营商的运营维护费；农特产品数据包制作、资源库建设。

2. 支持额度：县级电子商务公共服务中心建设改造全额补贴，三年房租和装修、设备购置等最高不超过 260 万元；运营维护费全额补贴，三年累计不超过 90 万元；农特产品数据包制作和资源库建设（汉寿特色馆），不超过 20 万元。

（三）支持乡村电子商务服务站点建设

1. 支持内容：村级电子商务服务站装修改造、电脑、LED 显示屏、POS 机、扫码枪、收银机、室内外牌匾、办公设施等。乡镇电子商务公共服务中心在村级服务站的基础上，配备线下体验馆、政务服务、政策咨询、收发仓储等设施设备，优先建设 34 个贫困村村级服务站点。

2. 支持额度：村（社区）电子商务服务站补贴，每个服务站点不超过 2 万元；乡镇（街道）电子商务公共服务中心，每个补贴不超过 3 万元。乡村站点建设补贴总额不超过 500 万元。

（四）支持农特产品溯源体系建设和品牌培育

1. 支持内容：农特产品品牌策划包装，提升品牌影响；农特产品溯源体系建设，开展资质认证、参加会展、品牌推介等主题活动。建立和完善农特产品品牌培育和质量保障体系；构建农特产品政府背书机制，政府协议确定商业银行或金融机构，设立政府背书农特产品质量安全风险补偿资金。

2. 补贴额度：品牌策划包装，招投标确定第三方企业，总额不超过 70 元；品牌推介新闻发布会，总额不超过 30 万元；农特产品溯源体系建设，招投标确定第三方机构具体实施，支持总额不超过 50 万元；经批准组织的电商沙龙、电商高峰论坛、电商创业大赛、电商品牌推介等各类电商主题活动，给予运营方全额补贴，企业参加电商会展活动的费用，按实际支出的会展展位费给予全额补贴，单个最高不超过 2 万元，总额不超过 20 万元；企业用于产品溯源、质量保障投入的从源头到末端的网络传输、环境监测、影像采集、品控检测等设施设备，按不超过项目投资的 50% 补贴，单个项目最高补贴不超过 10 万元；企业加入县域溯源平台数据库，投入溯源二维码应用费用，按 50% 补贴，每家企业最高不超过 1 万元；政府背书农特产品质量安全风险补偿资金 150 万元。

（五）支持农村电子商务培训

1. 支持内容：对机关、企业、合作社工作人员和农民个体户等进行电商培训，重点培训农村青年、返乡大学生、退伍军人、村级电子商务服务站信息员。开展贫困村电商创业者专场培训，每村培训两名电商创业者。

2. 支持额度：县电子商务产业孵化园的培训，以政府采购方式确定培训机构，三年培训 1 万人次以上，每年支持培训费不超过 100 万元。

（六）支持电子商务主体培育示范创建和宣传推广

1. 支持内容：开展农村电子商务创业大赛，举办电子商务沙龙活动，增强全社会的电商认知度，调动返乡高校毕业生、返乡青年和农民工、大学生村干部、农村青年、巾帼致富带头人、退伍军人、残疾人等参与农村电子商务的积极性；编印《汉寿电商》专刊，开展户外广告、标语，印制宣传折页等形式宣传；开展示范乡镇（街道）、示范村（社区）、示范企业评选活动。

2. 支持额度：电子商务宣传的户外广告、招牌、灯箱等宣传费，总额不超过 50 万元；示范乡镇（街道）、示范村（社区）、示范企业创建，经验收合格，分层次给予奖励，总额不超过 100 万元。

（七）支持电子商务金融服务

1. 支持内容：政府设立电子商务小额贷款风险补偿基金 200 万元，协议确定商业银行或金融机构支持中小微电商企业和个体网商小额信用担保贷款，解决融资难的问题。

2. 支持额度：小额信用担保贷款对象不超过 100 家，优先为贫困村电商创业者解决融资难问题。

第三章 资金的申报、审批和拨付

第六条 专项资金支持项目实行计划统筹编制，一次申报分期督导检查，评审验收，分期拨款。项目申请时间由县商务粮食局发布。

第七条 申请专项资金的单位（企业）应当符合以下条件：

（一）具备独立法人资格，从事或应用电子商务业务。

（二）产权明晰，管理规范，具有健全的内部财务管理制度，三年内无违法或受到行政处罚的记录。

(三)符合当年度电子商务扶持政策申报条件的其他要求。

(四)按要求及时向县商务粮食局报送电子商务经营信息。

第八条 县商务粮食局、县财政局受理专项资金申报。

第九条 申报材料包括但不限于以下材料：

(一)项目申请。

(二)企业营业执照。

(三)电子商务业绩材料。

(四)项目的进展情况(票据复印件)。

(五)其他需要说明的情况。

(六)项目真实性承诺书。

第十条 专项资金支持的建设项目采取专家评审制度，由县商务粮食局会同县财政局，按专家评审程序评审确定。

第十一条 县商务粮食局按照评审结果和资金规模提出项目资金支持建议，经县财政局审核同意，报分管电子商务的副县长审定后，县财政局将项目资金拨付给县商务粮食局，县商务粮食局拨付到项目单位。项目资金必须专款专用，不得挤占、截留或挪用。

第四章 项目实施与验收

第十二条 项目完成后，由项目实施单位(企业)向县商务粮食局、县财政局报送书面验收申请。

第十三条 已建设完成的项目由县商务粮食局、县财政局组织联合验收。

第十四条 验收合格的项目，县财政局将项目资金拨付到县商务粮食局，县商务粮食局如数拨付给项目单位。验收不合格的项目责令整改，至整改到位经验收后拨付项目余款。

第五章 专项资金的监督和管理

第十五条 县商务粮食局、县财政局应认真做好项目申报和资金监管工作，定期对资金使用情况进行监督检查，确保专项资金安全有效。

第十六条 项目承担单位(企业)收到财政补助资金后，应严格执行项目资金使用的有关规定，向县商务粮食局、县财政局报告项目资金使用情况，在项目完成后提交绩效评估报告。

第十七条 专项资金必须专款专用，对违反规定使用专项资金的，一经查实，将全额追回已拨付的款项，并取消该单位(企业)三年内申报电子商务扶持资金的资格。

第十八条 对弄虚作假、截留、挪用、挤占专项资金等行为，按《财政违法行为处罚处分条例》(国务院令第427号)的相关规定进行处理。构成犯罪的，依法追究刑事责任。

第六章 附 则

第十九条 本办法自发布之日起施行。

汉寿县人民政府关于印发《汉寿县全民健身实施计划(2016—2020年)》的通知

汉政发〔2017〕1号

各乡镇(街道)人民政府(办事处),湖南汉寿高新技术产业园区管委会,县直各单位:

现将《汉寿县全民健身实施计划(2016—2020年)》印发给你们,请认真贯彻执行。

汉寿县人民政府

2017年1月19日

汉寿县全民健身实施计划(2016—2020年)

为进一步发展全民健身事业,提高城乡居民身体素质和健康水平,根据国家《全民健身条例》《国务院关于印发全民健身计划(2016—2020年)的通知》和《湖南省全民健身条例》精神,结合汉寿县实际情况,特制定本实施计划。

一、指导思想

全面贯彻党的十八大和十八届三中、四中、五中、六中全会及全国卫生与健康大会精神,紧紧围绕"四个全面"战略部署及"健康中国"建设要求,大力倡导"人人热爱体育,全民健身强体"理念,以增强人民体质,提高健康水平和生活质量为根本目标,坚持体育事业公益性,加快构建亲民、便民、利民的全民健身公共服务体系,积极开展全民健身运动,丰富人民群众精神文化生活,形成健康文明的生活方式,促进社会和谐与文明进步。

二、目标任务

到2020年,基本形成与汉寿县经济发展相适应、与社会事业发展相协调、具有汉寿县特色的全民健身公共服务体系,城乡居民身体素质与健康水平进一步提高。

(一)城乡居民体育健身意识进一步增强。体育健身成为更多城乡居民的基本生活方式,健身意识和科学健身素养普遍增强。经常参加体育锻炼人数进一步增强,每周锻炼不少于3次、每次不少于50分钟、锻炼强度中等以上的人数占全县人口的38%以上,其中16岁以上(不含在校学生)的城市居民达到20%以上,农村居民达到10%以上。

(二)城乡居民身体素质进一步提高。城乡居民达到《国民体质测定标准》合格率85%以上,优秀率25%以上。

(三)全民健身场地设施进一步完善。加强城乡社区公共体育规划,使汉寿县人均体育健身场地面积超小康标准。将全民健身设施建设纳入城乡建设规划和土地利用规划,保证城乡健身设置建设经费。县城建成"一馆一池二场"(即一座室内综合性体育馆、一个标准游泳池、一个标准运动场、一个社区多功能运动场)等公共体育场馆。加强全民健身设施工程和农民健身工程的建设,力争每年新建健身路径20条,积极争取"农民健身、全民健身"工程项目超过市平均数。

(四)全民健身组织网络基本健全。加强与完善四大网络:乡镇(街道)体育行政管理网络,工会、共青团、妇联、残联、老龄委等组成的社会组织体育管理协调网络,县级体育总会及单项体育协会组成的体育社团指导网络,社区与行政村及健身站点、社会指导员、志愿者等组成的基层体育健身运行网络。改选汉寿县体育总会,发展体育协会、行业协会、社区体育俱乐部,使汉寿县体育总会、体育协会、体育健身组织规范化、社会化、长效化、实体化。各乡镇必须建有体育组织,明确分管领导,明确体育专干,各社区建有体育健身站(点)、形成遍布城乡、规范有序,富有活力的社会化全民建设组织网络体系。加强社会体育指导队伍建设,积极开展全民健身志愿服务,每年举办1—2次县级社会体育指导员培训班,培训人数达到市规定指标每年150人。全县单项协会总数达到12个以上；县城每万人拥有社会指导员20人以上，农村每万人拥有社会指导员6人以上；积极推动体育协会的实体化。

（五）全民健身活动广泛开展。深入开展“体育运动项目特色之乡”创建活动。确立龙舟、马拉松、篮球等品牌健身项目，积极开展群众喜闻乐见的自行车、乒乓球、羽毛球、广场健身舞、军腰鼓、门球、登山、拔河、象棋、围棋等运动项目，倾力打造“全国龙舟之乡”。每年召开一次全县中小学生田径运动会、一次中学生篮球运动会，积极组织全县综合性体育运动大会。

（六）全民健身的科学标准和规范体系进一步完善。规范赛制、健全机构。建立健全县级体育机构，开展城乡居民健身状况的研究、检测和统计。进一步完善国民体质检测，不断增加参加体育健身活动人数，经常参加锻炼人数比例达到县城省标35%。《学生体质健康标准》及格标准占学生总人数的96%以上，青少年体质达到全省中上水平。

（七）全民健身服务业发展壮大。体育健身休闲市场更加规范有序，城乡居民体育健身消费比例明显提高，体育健身服务行业从业人员显著增多，高危险性体育运动项目社会体育指导员职业资格“双证”上岗全面推行，培育和形成一批具有地方特色、影响较大的健身服务品牌。

三、工作措施

（一）大力发展城市社区体育。将城市社区体育工作作为社区建设的基本内容，统筹规划，加大投入，不断改善社区体育健身环境和条件。着力提高社区体育服务能力，建立完善体育健身指导站、体育协会、体育俱乐部等体育组织，推进社区健身站（点）规范化建设。充分发挥社会体育指导员作用，组织开展形式多样、广泛经常的社区体育健身活动。定期举办和开展县城区社区居民运动会、家庭运动会以及适合妇女儿童特点的体育活动，开展“体育先进社区”评选活动。

（二）加快发展农村体育。县、乡两级人民政府将发展农村体育纳入全面建设小康社会和社会主义新农村建设规划，统筹城乡全民健身事业协调发展，促进城乡体育资源和公共体育服务均衡配置，不断增强农村基层体育公共服务能力。以村部、学校为依托规划建设一批农民体育健身工程，利用传统节日和农闲时节广泛组织农民体育活动，结合地域特点开展各具特色的民间传统体育活动。有组织、有计划地深入农村开展“体育下乡活动”，组织全县性农民体育竞赛活动。

（三）切实加强青少年体育。坚持健康第一的指导思想，把增强学生体质、促进全面发展作为学校教育的基本目标和重要评价内容。建立健全青少年体育工作领导机构，完善工作机制，加强督导考评，不断提高学校体育教育水平和质量。广泛开展《国家学生体质健康标准》达标活动和“青少年阳光体育运动”，积极推广青少年校园足球运动，保证学生在校期间每天至少参加1小时体育活动。开展体育传统项目学校和阳光体育运动特色学校的创建和评估。加强青少年体育俱乐部和校外体育活动中心建设。教育、体育部门坚持每年共同举办一次县级中学生（青少年）运动会。加大对体育后备人才的培养力度。各级各类学校开展2个以上课余体育训练项目，办好学校体育代表队，积极组织开展各单项比赛。

（四）重视发展老年人体育。县、乡两级政府要为老年人健身提供必要的条件、服务和保障，各类老年人服务机构要为老年人提供体育健身服务。倡导“健养并举”的长寿理念，建立健全各级老年人体育协会，创新老年人健身项目和方法，广泛开展经常性老年人体育健身活动，组织各级老年人体育健身竞赛活动，举办老年人体育运动会。

（五）着力推动职工体育。充分发挥行业体育协会和行政企事业单位工会组织作用，广泛建立职工体育俱乐部和健身团队，健全工作机制，以职工之家、职工俱乐部为阵地组织开展符合单位特点和职工喜闻乐见、方便易行、健身效果好的健身活动。各单位应为职工开展体育健身创造必要条件，提供经费和时间保障，坚持和推广工间（前）操制度，组织开展全县职工体育竞赛活动。

（六）大力推进残疾人体育。建立健全残疾人体育组织，培养与发展为残疾人服务的体育教师和社会体育指导员，组织开展残疾人体育健身活动。实施“助残健身工程”，为残疾人建设就近方便的体育健身设施。推进公共体育设施无障碍设施改造，为残疾人参加体育运动提供便利。研究开发适合残疾人身心特点的体育健身康复手段，重视残疾学生体育工作。认真组织参加全省残疾人运动会。

（七）积极发展少数民族传统体育。积极挖掘整理一批民族传统体育项目，开展民族传统体育进学校、进社区、进村镇活动。

（八）努力打造全民健身品牌工程。规划建设一批全民健身品牌工程，开发和推广一批包括春季长跑、登山、自行车、篮球、龙舟、攀岩、马拉松等健身品牌项目。

四、组织保障

（一）加强组织领导。本实施计划在县人民政府领导下，由县文体广新行政部门会同有关部门、群众组织和社会团体共同施行。乡镇（街道）人民政府（办事处）要结合本地实际，加强组织领导，建立目标责任制，切实落实好政策保障、人员配备、资金投入、监督奖励等措施。

（二）广泛宣传引导。充分发挥新闻媒体的特点和互联网的优势，开展全民健身公益宣传、知识普及、新闻报道和专题讨论，普及科学健身知识，提高全民健身科学素养。鼓励各地新闻媒体设置专栏或专版（时段），广泛宣传全民健身，认真开展体育健身咨询活动，增强广大群众的科学健身意识，营造全民健身的社会氛围，构建幸福汉寿。

（三）加大经费投入。各地要按照《全民健身条例》规定，将全民健身工作所需经费列入本级财政预算，并随着国民经济发展逐步增加。对重大公共体育基础设施建设项目和重大全民健身活动的经费给予保障，并将重点文化体育设施的运行、维护、管理所需资金列入县财政预算。实施“体育设施进社区工程”，每年财政预算安排专项资金用于兴建、更换和维护县城区社区健身场地设施。各乡镇应根据本地实际安排专项资金修建体育文化娱乐休闲场地设施建设。

（四）鼓励和引导社会力量兴办全民健身事业。不断完善财政、税收、金融和土地等优惠政策，鼓励和引导社会力量捐资、出资兴办全民健身事业。县、乡两级人民政府对公共文化体育设施建设减免相关费用，需使用国有土地的，经依法批准可以划拨方式取得。文体广新行政部门应会同工商、税务、民政等部门加强对经营性体育健身场所、体育类民办非企业单位的注册登记和监督指导，促其健康发展。

（五）有计划地建设公共体育设施并提高利用率。坚持“政府为主、社会参与、城乡协调”和“规划、建设同步实施”的原则，县城区按照20年发展预期，科学规划，保证用地需求。文体广新行政部门会同发改、住建、国土资源等部门编制公共文化体育设施建设专项规划，留足公共体育设施建设用地。新建或旧城改造开发居民小区要按照人口数量、占地规模和国家有关设计规范，规划建设配套公共体育设施，并做到与主体工程“同时设计、同时建设、同时验收、同时投入使用”，规划、住建等部门在进行设计审查与验收时应征求体育主管部门的意见。公共体育设施应当根据其功能、特点向公众开放，并在一定时间和范围内，对学生、老年人和残疾人优惠或者免费开放。收取费用的公共体育设施，在“全民健身日”向公众免费开放。各类学校在课余时间和节假日要向学生开放体育设施，并在确保校园安全的前提下积极创造条件向公众开放体育设施。机关院落、企事业单位的体育设施在保证自身需要的前提下，应创新管理机制，创造条件对社会公众开放。全民健身场地设施管理单位要突出场馆公益性职能，加强设施维护管理，完善服务功能，提高使用效率，杜绝公共体育设施闲置浪费或被挤占、挪作他用。

（六）加强社会体育指导员和各体育项目的裁判员队伍建设。支持成立社会体育指导员协会，加强社会体育指导员培训、管理和服务，规范社会体育指导员和各体育项目的裁判员技术等级管理，发展壮大社会体育指导员的各体育项目的裁判员队伍，优化结构，增强活力，提升水平，使其成为指导全民健身的骨干和生力军。进一步加强对高危险性体育经营项目和职业体育指导员从业资格的监管与指导。组织开展社会体育指导员志愿服务活动，深入基层单位、社区、农村广泛开展健身表演、技术交流、健身知识讲座等活动，实现全民健身指导服务全覆盖，不断提高全民健身的科技含量和技术水平。

（七）加强绩效评估。县体育行政部门要会同有关部门不定期对本实施计划开展落实情况进行检查指导，并在2019年对实施成效进行全面评估，评估报告报县人民政府。乡镇（街道）要加强对全民健身工作的领导，把全民健身工作作为政府关注民生、为民办实事的重要内容，纳入本地国民经济和社会发展规划，定期听取汇报，及时研究解决工作中的困难和问题。对为全民健身事业做出突出贡献的单位和个人进行表彰奖励。

汉寿县人民政府关于推进殡葬改革促进殡葬事业健康发展的意见

汉政发〔2017〕2号

各乡镇(街道)人民政府(办事处),湖南汉寿高新技术产业园区管委会,县直各单位:

为进一步提高殡葬管理和服务水平,提倡文明节俭治丧新风尚,更好地满足人民群众殡葬服务需求,根据国家相关法律法规和政策规定,现就推进殡葬改革促进殡葬事业健康发展提出如下意见:

一、工作目标

通过推进殡葬改革,进一步加大整治力度,完善扶持政策,提高殡葬公共服务能力,加快建立完善殡葬管理监督和服务体系,确保强制火葬区火化、集中治丧、集中安葬率达到100%;惠民殡葬覆盖率达到100%;乱埋乱葬、二次装棺土葬、封建迷信等殡葬现象有效杜绝;实现殡葬改革有序化、设施现代化、管理规范化、服务标准化、习俗文明化,努力满足城乡居民文明治丧需求。

二、工作任务

(一)调整强制火葬区范围。以2005年划定的强制火葬区为基础,适当调整扩大强制火葬范围。新划定的强制火葬区域包括:龙阳街道(东抵东风路东侧至宝塔河社区服务大厅、南靠军汉公路北侧、西至龙阳街道与沧浪街道界址、北临龙阳街道与辰阳街道界址);沧浪街道(辰护垸、回回、麻园坝、陈家塔、西湖、八角楼、红旗);辰阳街道(杨旗嘴、双板桥、大杨镇部分区域,具体范围包括:龙阳大道沿线1851线至万利达宾馆以南、万利达宾馆沿大杨路至辰阳中学以南、辰阳中学沿育英路至双板桥路以西);高新区(天星、黄福、马嘶桥、左家庵、竹子碑);太子庙倒流坪社区(省道205以西、319国道以北);清水湖旅游度假区。

(二)规范殡葬祭活动。强制火葬区范围内所有死亡的居民和在该区域范围内死亡的其他人员一律实行火化(国家规定允许土葬的少数民族除外)。县城区丧事办理原则上在县殡仪馆进行,乡镇及人口比较集中的行政村要设立集中办丧场所,推行集中治丧,禁止丧事大操大办、借机敛财。禁止在丧事中开展任何封建迷信活动,改革现行守灵模式,倡导遗体冷藏,推行以举行遗体告别仪式等文明方式节俭办丧事;遗体火化后应当在合法公墓按规定集中安葬。农村公益性公墓和其他骨灰安放设施只能供当地村民使用,严禁对外开展销售、租赁、招商、股份制合作等商业活动;创新祭祀礼仪,积极组织开展社区公祭、网络祭扫等现代追思活动,引导人民群众文明、低碳祭扫。

(三)加强殡葬设施建设管理。以符合城市规划和方便群众为原则,完善殡葬服务设施。2017年前,按照国家《殡仪馆建筑设计规范》(JGJl24—99)和民政部《殡仪馆等级标准》的有关要求,对现有的殡仪馆、骨灰安放场所进行升级改造,建设要求要达到省合格标准。经营性公墓要开辟公益性墓区,用于解决低收入家庭人口死亡后的安葬问题。以强制火葬区以外的乡镇(或人数超过5000人的行政村)为单位,选择荒山瘠地建立公益性公墓,有规划有标准地进行集中安葬,禁止乱埋乱葬和超标准建造坟墓。

(四)加强殡葬执法。按照属地管理的原则,各乡镇(街道)应紧密配合,建立健全殡葬执法联动机制,打击非法殡葬服务,禁止不符合国家规定技术标准的车辆运送遗体。禁止在城区搭棚办丧、燃放烟花爆竹和在街道、广场、主次干道及其他公共场所抛撒、焚烧冥纸冥币。禁止违规土葬和二次装棺土葬。任何单位和个人不得非法侵占、转让、买卖土地修建墓地。严厉打击传销墓穴、哄抬墓价、从事殡葬流动经营等扰乱市场秩序行为。规范丧葬用品经营活动，不得无照经营、超范围经营，不得经营封建迷信用品。

（五）落实惠民殡葬政策。加快建立免除基本殡葬（遗体接运、冷藏、火化、骨灰存放）服务费用制度。从本意见发布之日起，具有本地户籍的城乡低保对象、城镇“三无”人员、农村五保对象、优抚对象以及土葬对象自愿火化的，一律免收基本殡葬服务费用；其他具有本地户籍的火葬对象，免收火化费（平板炉）；对自愿选择生态安葬（即采取江、河葬，花葬，树葬等不单独占地的安葬形式）的，给予1000元/具奖励；对居住在非强制火葬区的农村居民自愿火化的，给予500元/具奖励。

到2020年，具有本地户籍的所有火化对象，一律免收上述四项基本殡葬服务费用，实现惠民殡葬政策全覆盖，其经费由县财政补贴。

（六）提升殡葬服务水平。建立和推行殡葬设施、用品标准化，实行遗体接运、消毒、保存、火化、骨灰安放等环节的标准化服务，提高基本殡葬服务专业化、规范化水平；建立殡葬服务信息化平台，逐步实行殡葬信息化管理；建立和完善各项规章制度，基本服务和选择性服务明确分开，明码标价公示，维护人民群众的知情权和监督权；加强殡葬业务培训，提升从业人员素质，健全殡葬职业技能鉴定工作体系；深入开展行风评议、争先创优和职业道德教育活动，不断提升殡葬服务水平。

三、工作措施

（一）加强组织领导。各乡镇（街道）高度重视殡葬事业发展，制定完善殡葬事业发展规划，将其纳入经济社会发展总体规划，加快建立符合时代发展、满足群众需求的殡葬服务体系，建立健全政府负责、部门协作、社会参与的工作机制。县政府建立殡葬改革和管理工作部门联席会议制度，分管民政工作的负责人为召集人，民政部门牵头，相关部门参与，定期研究殡葬工作，处理各种矛盾和问题。各乡镇（街道）、村（社区）要建立相应的工作机制，落实以主要负责人为第一责任人的属地管理主体责任。

（二）严格履行职责。建立健全由县民政局牵头，县委宣传部（县文明办）、县发改局、县民宗局、县公安局、县财政局、县人社局、县国土局资源局、县环保局、县住建局、县城管执法局、县林业局、县卫计局、县食品药品工商质量监督管理局参加的工作机构。明确部门工作职责，单位领导要亲自抓，带头调研，重点解决殡葬改革和管理工作中的难点、热点问题。各相关部门要各司其职，密切配合，深入推进殡葬改革工作。

（三）加大财政投入。建立完善殡葬事业公共投入自然增长机制，加大殡葬设施建设资金投入力度，把惠民殡葬资金、殡葬工作经费、节地生态安葬和土葬区人员死亡后自愿火化的奖励补贴资金等纳入财政年度预算，确保殡葬改革工作深入推进。

（四）加强考核考评。县人民政府将殡葬改革和殡葬事业发展纳入到年度目标管理和绩效考核范围，将殡葬工作履职尽责情况纳入到县直相关部门、乡镇（街道）、村（社区）年度考核范围，对考核情况进行通报。

（五）大力宣传引导。充分利用各种媒体和传播手段，深入宣传殡葬改革的法规政策，普及科学知识，倡导文明节俭、生态环保、移风易俗的殡葬新风尚。大力宣传殡葬改革的先进典型，努力营造推进殡葬改革的良好氛围，促进殡葬事业健康发展。

汉寿县人民政府

2017年3月16日

汉寿县人民政府办公室关于印发《汉寿县农村承包土地经营权抵押贷款风险补偿金管理办法》的通知

汉政办发〔2017〕5号

各乡镇(街道)人民政府(办事处),湖南汉寿高新技术产业园区管委会,县直各单位：

《汉寿县农村承包土地经营权抵押贷款风险补偿金管理办法》已经县人民政府同意,现印发给你们,请认真贯彻执行。

汉寿县人民政府办公室

2017年3月20日

汉寿县农村承包土地经营权抵押贷款风险补偿金管理办法

第一章 总 则

第一条 为进一步深化汉寿县农村金融改革,推进农村承包土地经营权抵押贷款试点工作,建立和完善汉寿县农村承包土地经营权抵押贷款过程中发生的风险补偿机制,根据《国务院关于开展农村承包土地的经营权和农民住房财产权抵押贷款试点的指导意见》(国发〔2015〕45号)精神及相关的法律法规,结合汉寿县实际,制定本办法。

第二条 本办法所称农村承包土地经营权抵押贷款风险补偿金,是指各级财政安排(含上级政府补助资金)用于对全县范围内通过了县土地经营权抵押贷款工作领导小组批准、经县农经站专用平台运作、从相关银行获得的农村承包土地经营权抵押贷款发生了的风险进行补偿的专项资金。

第二章 组织机构及职责范围

第三条 领导机构。县农村承包土地的经营权抵押贷款工作领导小组领导该项风险补偿金工作的实施。下设"汉寿县农村承包土地经营权抵押贷款风险补偿审核工作小组"(以下简称"审核小组")和"农村承包土地经营权抵押贷款风险补偿中心"(以下简称"补偿中心")。"补偿中心"延展至乡镇(街道)人民政府(办事处),设在各乡镇(街道)农村经管办。

第四条 审核小组的人员构成、职责。审核小组由县人民政府常务副县长任组长,分管农业、金融工作的副县长担任副组长,县财政局、县农经站、人民银行汉寿支行、县审计局、县监察局、县金融办等相关单位主要负责人为成员。办公室设县财政局,财政局局长兼任办公室主任。该小组承担以下工作职责：

(一)根据相关的法律、法规,制定贷款风险补偿金管理办法,审核、讨论贷款风险补偿管理制度;对贷款风险补偿业务进行指导、考核、审计与监督。

(二)审议、核实、批准补偿中心提交的每年的补偿基金增补计划,并以县农村土地经营权抵押贷款工作领导小组名义向县人民政府、县人大申报,力争进入次年的预算计划,使基金能够满足工作的需要。

(三)审议、批准弥补代偿损失方案。

(四)依照规定逐笔审核、签批县补偿服务中心提出的补偿申请。

第五条 县补偿中心的人员构成及其职责。县补偿中心设在县金融办,由县金融办主任兼任补偿中心主任,县财政局、县农经站、县金融办、人民银行汉寿支行、县公安局各明确一名副职任补偿中心副主任。各成员单位均需明确一名专职人员负责具体工作。

县补偿中心为风险补偿资金日常管理机构。主要职责为：

(一)受理相关金融机构和乡镇(街道)补偿中心报来的风险补偿申请资料,审核其资料的真实性完整性,迅速组织力量到贷款损失户所在地实地调查,审查其风险损失的真实性、证据的逻辑性、损失的具体额度和是否有恶意欺诈行为,对调查后证实确属有意转移财产、转包经营权以恶意逃避贷款责任的贷款户，移送公安机关立案侦查，核实乡镇（街道）审核意见，出具县级补偿中心意见，经办人、负责人签字后汇总报审核小组。

（二）详细论证、计算、准备下一年度的基金增补方案并报县审核小组。

（三）完成审核小组交办的其他工作。

第六条 乡镇（街道）补偿中心人员构成及职责。乡镇（街道）同步设立补偿中心，设在乡镇（街道）农村经管办，乡镇（街道）主要负责人负总责，农村经管办负责人任主任，并明确一名专人经办具体工作，乡镇（街道）公安派出所选派一名同志参与。补偿中心主任负责抓贷款风险补偿工作，专干负责具体收集、核准工作，派出所同志负责调查、打击有意转移财产与经营权、恶意逃避贷款行为。补偿中心负责本辖区收到申请的初审，经经办人、派出所人员、主任、乡镇（街道）主要负责人签署意见并加盖公章后，上报县补偿中心。同时，乡镇（街道）补偿中心须配合银行放贷时对贷款申请人的征信情况调查，确保“好事办好”，并对签署的意见负责。

第三章 资金来源及存储方式

第七条 2017年安排500万元用于本县农村承包土地经营权抵押贷款风险补偿，补偿基金将根据实际需要，逐年调整。确需增加的，以县土地经营权抵押贷款工作领导小组名义向县人民政府、县人大申请，进入次年县级财政预算，确保基金能满足工作需要。

风险补偿基金账户开设在县财政局金融与债务管理股，该专项资金实行专户核算、专款专用、滚存使用管理模式，账户产生的利息将按照相关规定，每年年底解缴国库。

第四章 风险补偿范围、方式、办理流程

第八条 补偿范围及标准。风险补偿金主要用于对经办银行、担保公司办理的农村承包土地经营权抵押贷款因多种因素造成损失的补偿。具体标准按金融机构最终损失额的30%予以确认，同时，经办银行保留对贷款的追溯权。对因银行违规发放贷款以及借贷双方串通、采取欺诈手段骗取贷款所造成的损失不予补偿；对担保公司以农村承包土地的经营权作为反担保提供银行贷款担保造成损失的，参照执行。

第九条 贷款损失的最终认定。单笔贷款在合同期满90天时，贷款人因无力还本付息或故意逃避偿还责任的，经办银行在履行追讨、财产保全、法律诉讼等手段之后，仍存在的本金、利息的损失差额，即该笔贷款的损失额度。

第十条 补偿金清退机制。补偿中心每年在汇总审核上报当年的补偿申请之前，须审核前些年度已经补偿的贷款损失是否已由贷款人主动归还或经办银行通过有效手段收回，确认收回的，按比例扣回补偿金。

第十一条 土地承包经营权抵押借款人贷款因下列原因发生的损失，适用本办法进行补偿：

（一）借款人由于重大疾病、意外事故等客观原因丧失收入来源或收入不足清偿贷款本息的。

（二）因重大自然灾害等不可抗拒因素，对借款人生产经营活动造成重大不利影响无法偿还贷款本息的。

（三）县补偿中心认为其他需要进行补偿的。

第十二条 申请风险补偿资金必须提交以下材料：

（一）《贷款风险补偿资金申请表》（以下简称申请表，样式见附件）

（二）银行借款合同（复印件）；

（三）银行借款借据及相关凭证（复印件）；

（四）银行《贷款催收通知书》（回执复印件）；

（五）借款人无力偿还贷款本息证明材料（原件，如《死亡证明书》《诊断证明书》《灾情调查证明材料及气象报告》等）。

（六）贷款损失最终认定的相关证明材料。

以上材料提交的复印件，按A4纸型制作，并加盖申请银行公章。申请银行须在申请表中详细说明贷款损失原因、过程、结果并加盖公章，乡镇（街道）补偿中心须在申请表中签署初步审核意见。

第十三条 申报审批流程。

（一）经办银行收集整理申报材料，加盖单位公章、法人签署意见；

（二）到贷款户经营土地抵押的乡镇（街道）补偿中心申报；

（三）乡镇（街道）补偿中心会同经办银行实地调查、核实，被走访群众所在基层组织签署意见；

（四）乡镇（街道）补偿中心经办人、主任分别签署意见，乡镇（街道）法人签署意见，之后汇总上报县补偿中心；

（五）县补偿中心受理、调查、审核，出具意见，上报县审核小组；

（六）县审核小组集中办公，审核、讨论，签署意见；

（七）县财政局执行，拨付补偿金。

第十四条 申报时间。每年10月中旬前，经办银行向乡镇（街道）补偿中心提交申报资料；乡镇（街道）补偿中心在7个工作日内完成核实、调查工作，签署相关意见证明；县补偿中心在11月30日前完成审理、调查、汇总、上报工作；县审核小组于12月中旬前完成审批、拨付补偿金程序。

第五章 责任追究

第十五条 凡弄虚作假、骗取风险补偿资金等违反财政法规的行为，将依照《财政违法行为处罚处分条例》等法律法规处理；涉嫌违法犯罪的，依法追究相关单位的法律责任。

第十六条 国家机关及其工作人员滥用职权、玩忽职守、徇私舞弊的，依照国家有关规定给予处分；构成犯罪的，依法追究其刑事责任。

第六章 附 则

第十七条 本办法自发文之日起施行。

附件：汉寿县贷款风险补偿资金申请表

汉寿县贷款风险补偿资金申请表

申请银行			
申请项目		申请金额（万元）	
贷款损失情况说明：法人代表：(公章)年 月 日			
乡镇（街道）补偿中心意见：经办人：审核人：(公章)年 月 日			
乡镇（街道）政府（办事处）意见：(公章)年 月 日			
县补偿中心意见：经办人：审核人：年 月 日			
县审核小组意见：审核人：(公章)年 月 日			

汉寿县人民政府办公室关于印发《汉寿县机电排灌管理办法》的通知

汉政办发〔2017〕8号

各乡镇（街道）人民政府（办事处），湖南汉寿高新技术产业园区管委会，县直各单位：

《汉寿县机电排灌管理办法》已经县人民政府同意，现印发给你们，请认真贯彻执行。

汉寿县人民政府办公室

2017年4月12日

汉寿县机电排灌管理办法

第一章 总 则

第一条 为进一步规范机电排灌管理工作，充分发挥机电排灌设施在农业生产和抗旱排涝中的作用，根据《湖南省人民政府关于认真做好农村综合改革工作的通知》（湘政发〔2006〕32号）精神，结合本县实际，制定本办法。

第二条 本县行政区域内的排涝、提灌或排灌两用机电排灌工程的运行、管理适用本办法。

第三条 机电排灌管理实行归口管理、分类管理和属地管理相结合的原则。

第二章 管理机构和职责

第四条 县机电排灌总站负责全县排渍、排洪、撇洪、提灌工程建设项目的规划、审核工作；负责全县机电排灌工程管理、运行调度及排灌费的管理、审核与结算工作；指导全县机电排灌工程检修及机手业务培训工作。

第五条 大型机电排灌工程管理站负责本工程及协排（灌）工程的运行维护和日常管理，按照防汛抗旱工作需要，搞好工程调度。

第六条 乡镇（街道）水利管理站负责本辖区中小型机电排灌工程的排灌调度和维修养护工作；负责机手的选聘、培训和管理；负责搞好排灌工程的用电安全和电费核实。

第三章 工程调度和运行维护

第七条 坡头、岩汪湖、蒋家嘴等三座大型电排由县机电排灌总站直接调度，日常运行维护由所属工程管理站负责。中型机电排灌工程（装机总量1000千瓦及以上）的调度和运行维护以所属乡镇（街道）为主，县机电排灌总站统筹协调。小型机电排灌工程（装机总量1000千瓦以下）的调度和运行维护由所属乡镇（街道）或村组负责。

第八条 机电排灌工程管理单位要严格按照起、止排水位规范操作，不得随意开机排涝，如不按规范操作，其所耗电费由责任单位自行负担。严禁电排向外私自供电，一经查实严肃处理。大、中型电排及年均排涝电费3万元以上(2014—2016年排涝电费的年平均值）的小型骨干排涝工程在开机排涝前，工程管理单位需向县机电排灌总站提出申请，经批准同意后方可开机，县机电排灌总站应根据天气、水位的变化进行适时调度，详细记录工作台时和用电计量表起止码等相关运行数据。

第九条 大、中型排涝工程年均排涝电费3万元以上(2014—2016年排涝电费的年平均值）的小型骨干排涝工程在非汛期排涝时，应合理安排用电时间，通过“削峰填谷”方式，利用零点低谷负荷运行，节约开支。小型非骨干排涝工程应在每年11月1日至次年3月31日实行用电报停制度，原则上全面停止运行。

第十条 受益灌区当日降雨达30毫米以上时，自降雨之日起3日内受益灌区提灌工程不得开机提水抗旱。县机电排灌总站将进行不定期督查，如发现违规开机的，将追究当事人和相关单位责任，开机提灌当月电费不予支付。

第十一条 县机电排灌总站应在每年秋收后，根据全县机电排灌工程的运行现况编制冬检冬修方案，负责组织工程管理单位在次年春耕前实施完成，并加强监督指导和检查验收。

第十二条 各机电排灌工程管理单位应做好日常维修养护工作，确保设备正常、安全运行，据实填写运行日志。

第四章 运行维护经费管理

第十三条 全县一次性排入沅水、澧水、目平湖、西湖高水内江、南湖撇洪河、沧浪河等水系的机电排灌工程(排涝或排灌两用，不含提灌)所需排涝电费、维修费、机手工资等运行维护经费在县财政预算资金中据实保障；其余22千瓦及以上机电排灌工程(排涝、提灌或排灌两用)所需抗旱经费在县财政预算资金中按一定比例解决，不足部分(含维修费、机手工资)按照“谁受益、谁负担”原则，由受益群众自主协商解决，本办法不作规定。

第十四条 财政部门负责全县机电排灌工程运行维护经费的筹集和监督；水利部门应设立机电排灌工程运行维护经费专门机构，由县机电排灌总站负责组织实施和归口管理，专账管理，专款专用。

(一)县机电排灌总站应根据机电排灌工程每月电费发票及详细清单进行核实，并交财政部门审核后于当月据实拨付到位。电力部门负责提供每处机电排灌工程的电费发票及详细清单、计算方法。

(二)中、小型机电排灌工程机手工资及维修费以乡镇(街道)为单位每年分两次结算，由县机电排灌总站根据规定核算出具体费用，向财政部门提出申请，经财政部门复核确认并拨款到专户后，再由县机电排灌总站拨付给乡镇(街道)。

1. 中、小型机电排灌工程机手工资按工程装机大小分级补贴：装机110千瓦以下的每处每年补贴4400元，装机110—260千瓦的每处每年补贴5600元，装机260—500千瓦的每处每年补贴10800元，装机500—1000千瓦的每处每年补贴17800元，装机1000千瓦以上的每处每年补贴27000元(不含坡头、岩汪湖、蒋家嘴三处大型电排，骨干电排按运行时间予以相应的增补)。

2. 中、小型机电排灌工程维修费按实耗电费的8%进行补贴，其中5%用于日常维修、3%用于应急抢修，大型维修项目所需经费另行申报解决(三大排的维修费在地方水利建设资金中安排)。

第十五条 县机电排灌总站所需安全用电检查、电度计量核查、应急抢修等日常工作经费纳入县政财预算，按当年全县中、小型机电排灌工程(不含三大排)实耗电费的2%予以安排。

第五章 奖惩机制

第十六条 乡镇(街道)总排涝电费实行基数控制，根据2012—2016年各乡镇(街道)的实耗排涝电费平均值确定排涝电费基数。在年降雨量不超过1300毫米的情况下，实耗排涝电费在基数以内的，节约部分的50%奖给乡镇(街道)人民政府(办事处)；实耗排涝电费超过基数的，超出部分的50%由乡镇(街道)人民政府(办事处)自行负担。坡头电排、岩汪湖电排、蒋家嘴电排耗用电费按2012—2016年平均值确定基数，实耗电费在基数以内的，节约部分的20%奖给管理单位；实耗电费超过基数的，超出部分的20%由管理单位自行负担。

第十七条 机电排灌工程工作人员有下列行为之一的，按照相关规定予以处理：

(一)不按调度指令开停机；

(二)违反安全工作规程、运行操作规程和事故处理规程；

(三)不按要求填写运行日志；

(四)日降雨30毫米以上，降雨之日起三日内，未经批准擅自开机提水抗旱；

(五)未经批准擅自向外供电；

(六)因管理不力，发生设备人为损坏及偷盗现象；

(七)其他违规行为。

第六章 附则

第十八条 本办法自发布之日起施行。

汉寿县人民政府关于印发《汉寿县妇女发展规划(2016—2020年)》和《汉寿县儿童发展规划(2016—2020年)》的通知

汉政发〔2017〕5号

各乡镇(街道)人民政府(办事处),湖南汉寿高新技术产业园区管委会,县直各单位:

现将《汉寿县妇女发展规划(2016—2020年)》和《汉寿县儿童发展规划(2016—2020年)》印发给你们,请认真贯彻执行。

汉寿县人民政府

2017年4月28日

汉寿县妇女发展规划(2016—2020年)

2012年,汉寿县人民政府颁布实施了《汉寿县妇女儿童发展规划(2011—2015年)》,将妇女发展纳入汉寿县国民经济和社会发展总体规划,不断完善保障妇女合法权益的政策体系,强化政府责任,加大经费投入,加强全社会的宣传动员,积极促进妇女与经济社会同步协调发展。五年来,全县各级各部门认真履职,《汉寿县妇女儿童发展规划(2011—2015年)》确定的目标任务基本实现,妇女发展和男女平等方面取得了重大进展。这五年是汉寿县妇女发展的历史最好时期之一,但是受多种因素制约,汉寿县妇女发展仍面临诸多问题与挑战。从现在起到2020年,是汉寿县全面建成小康社会的决胜阶段,既为妇女发展提供难得的机遇,也提出了新的挑战。促进妇女全面发展,实现男女平等任重道远。

依照《中华人民共和国宪法》《湖南省实施〈中华人民共和国妇女权益保障法〉办法》的基本原则,根据《中国妇女发展纲要(2011—2020年)》《湖南省国民经济和社会发展第十三个五年规划纲要》《湖南省妇女发展规划(2016—2020年)》和《常德市妇女发展规划(2016—2020)》的总体目标和要求,结合汉寿县妇女发展和男女平等实际情况,制定本规划。

一、指导思想和基本原则

(一)指导思想:高举中国特色社会主义伟大旗帜,全面贯彻党的十八大和十八届三中、四中、五中、六中全会精神,以邓小平理论、"三个代表"重要思想、科学发展观为指导,深入贯彻习近平总书记系列重要讲话精神,坚持"四个全面"战略布局,贯彻创新、协调、绿色、开放、共享发展新理念,在促进经济社会发展进程中,落实男女平等基本国策,保障妇女合法权益,优化妇女发展环境,提高妇女社会地位,推动妇女平等依法行使民主权利,平等参与经济社会发展,平等享有改革发展成果。

(二)基本原则

1. 坚持统筹兼顾,促进妇女全面发展。从妇女生存发展的基本需求出发,着力解决关系妇女切身利益的现实问题,努力实现妇女在政治、经济、文化和社会等各方面的全面发展。

2. 坚持男女平等,营造和谐发展环境。完善和落实促进男女平等的各项政策,更加注重社会公平,构建和谐、文明、先进的性别文化,营造良好的社会环境,缩小男女社会地位差距,促进两性平等、和谐发展。

3. 坚持立足实际,推动妇女协调发展。加大对农村及贫困地区妇女发展的支持力度,通过完善制度、增加投入、优化项目布局等措施,缩小城乡区域妇女在人均收入水平、生活质量、文化教育、医疗卫生服务、社会保障等方面的差距。

4. 坚持妇女参与,突出重点发展领域。依法保障妇女参与经济社会发展的权利,尊重妇女的主体地位,引导和支持妇女在推动社会主义经济建设、政治建设、文化建设、社会建设、生态文明建设和党的建设中,实现自身的进步与发展。

二、总体目标

坚持男女平等基本国策，促进妇女全面发展，促进两性和谐发展，促进妇女与经济社会同步发展。保障妇女平等享有基本公共卫生服务，生命质量和健康水平明显提高；平等享有受教育的权利和机会，受教育程度持续提高；平等获得经济资源和参与经济发展，经济地位明显提升；平等参与社会事务管理，参政水平不断提高；平等享有社会保障，社会福利水平显著提高；平等参与环境决策和管理，发展环境更为优化；保障妇女合法权益的政策体系更加完善，合法权益得到切实保障。

三、发展领域、主要目标和策略措施

(一)妇女与健康

1. 主要目标：

(1) 妇女在整个生命周期享有良好的基本医疗卫生服务，妇女的人均预期寿命延长。

(2) 孕产妇死亡率控制在 15/100000 以下。逐步缩小城乡区域差距，降低流动人口孕产妇死亡率。

(3) 妇女常见病定期筛查覆盖率城市达到 90% 以上，农村达到 85% 以上。提高宫颈癌和乳腺癌的早诊早治率，降低死亡率。

(4) 妇女艾滋病感染率和性病感染率得到较好控制，孕产妇艾滋病、梅毒和乙肝检测率分别达到 95% 以上，感染艾滋病、梅毒和乙肝的孕产妇及所生儿童采取预防母婴传播干预措施比例均达到 95% 以上。

(5) 降低孕产妇中重度贫血患病率。

(6) 提高妇女心理健康和精神疾病预防知识知晓率。

(7) 保障妇女享有避孕节育知情选择权，减少非意愿妊娠，降低人工流产率。

(8) 育龄妇女计划生育技术指导咨询服务覆盖率达到 95% 以上，计划生育手术并发症发生率控制在 1‰以下。

(9) 提高妇女经常参加体育锻炼的人数比例。

2. 策略措施：

(1) 加大妇幼卫生工作力度。优化卫生资源配置，增加农村和边远地区妇幼卫生经费投入。进一步完善基层妇幼卫生服务体系，加强妇幼卫生人才配备和培养。

(2) 加强妇女健康相关科学技术研究。强化生殖健康与妇科重大疾病防治科学研究，推广促进妇女健康的新技术和适宜技术。

(3) 提高妇女生殖健康服务水平。大力普及生殖健康知识，提高妇女自我保健意识和能力。提供避孕节育优质服务。

(4) 保障孕产妇安全分娩。加强基层医疗保健机构产科建设和人员培训，提高产科服务质量和孕产妇卫生保健水平。孕产妇系统管理率城市达 95% 以上，农村达 90 以上；孕产妇住院分娩率城市达到 100%，农村达到 99% 以上。健全孕产妇医疗急救网络。落实农村孕产妇住院分娩补助政策。

(5) 加大妇女常见病防治力度。普及妇女常见病防治知识，知识普及覆盖率达到 80%。建立妇女常见病定期筛查制度。实施农村适龄妇女“两癌”免费检查重点民生实事项目，扩大“两癌”检查救助覆盖范围。

(6) 预防和控制艾滋病、性病传播。将预防艾滋病、梅毒和乙肝母婴传播纳入妇幼保健日常工作，强化预防艾滋病、梅毒和乙肝母婴传播综合服务。

(7) 提高妇女营养水平。大力开展健康和营养知识的宣传普及和教育，提倡科学、合理的膳食结构和习惯。预防和治疗孕产妇贫血。

(8) 保障妇女享有计划生育优质服务。加大避孕知识宣传力度，提高妇女自我保护意识和选择科学合理避孕方式的能力，预防和控制非意愿妊娠和人工流产。强化男女共同承担避孕节育的责任意识，提高男性避孕方法使用比重。

(9) 提高妇女精神卫生服务水平。建立覆盖城乡、功能完善的精神卫生防治和康复服务网络。开展妇女产后抑郁症预防、早期发现及干预。开展反对针对妇女暴力行为的医疗干预服务。

(10) 加强流动妇女卫生保健服务。完善流动妇女管理机制和保障制度，逐步实现流动妇女享有与流入地妇女同等的卫生保健服务。

(11) 引导和鼓励妇女参加经常性体育锻炼。加强对妇女体育健身活动的科学指导，提高妇女健身意识。积极发展城乡社区体育，鼓励妇女经常参加体育锻炼。加强对老年妇女、残疾妇女体育活动的指导和服务。

(二)妇女与教育

1. 主要目标：

(1) 教育工作全面贯彻性别平等原则，性别平等原则和理念在各级各类教育课程标准及教学过程中得到充分体现。

(2) 学前三年毛入园率达到 85 % 以上，公办幼儿园和普惠性民办幼儿园数量占幼儿园总数的 50% 以上，女童平等接受学前教育。

(3) 九年义务教育巩固率达到 99%，女童平等接受九年义务教育，消除女童辍学现象。

(4) 高中阶段教育毛入学率达到 98%，女性平等接受高中阶段教育。

(5) 女性平等接受高等教育。

(6) 提高女性接受职业学校教育和职业培训的比例。

(7) 主要劳动年龄人口中女性平均受教育年限达到 11 年。

(8) 彻底消除女性青壮年文盲。

2. 策略措施：

(1) 在教育政策和规划的制定、修订、执行和评估中，增加性别视角，落实性别平等原则。

(2) 切实保障女童平等接受学前教育。提高农村学前教育普及程度，资助贫困家庭女童、残疾女童接受普惠性学前教育，着力保证留守女童入园。

(3) 确保适龄女童平等接受义务教育。加大对《教育法》《义务教育法》等法律法规的宣传力度，提高家长保障女童接受义务教育的守法意识和自觉性。

(4) 保障女性平等接受高中阶段教育。满足农村和贫困地区女生接受高中阶段教育的需求。保障女生不因家庭经济困难和个人生活困难辍学。逐步分类推进中等职业教育免除学杂费。

(5) 提高女性接受高等教育的水平。提高女性主要劳动年龄人口中受过高等教育的比例。多渠道、多形式为贫困和残疾女大学生提供资助。

(6) 满足妇女接受职业教育的需求。坚持职业学校教育与职业培训并举。扶持农村和贫困地区妇女和残疾妇女接受职业教育。为失学大龄女童提供补偿教育。组织失业妇女接受多种形式的职业培训。合理设置残疾妇女职业教育专业。

(7) 提高妇女终身教育水平。构建灵活开放的终身教育体系。鼓励妇女接受多形式的继续教育，支持用人单位为从业妇女提供继续教育的机会。

(8) 促进妇女参与社区教育。整合、优化社区教育资源，发展多样化社区教育模式，满足妇女个性化的学习和发展需求。

(9) 继续扫除妇女文盲。继续深化扫盲和扫盲后的继续教育，加大扫除女性青壮年文盲工作力度。

(10) 加大女性技术技能人才培养力度。完善科技人才政策，建立多层次、多渠道的女性科技人才培养体系。

(11) 实施教育内容和教育过程性别评估。在课程和教材相关指导机构中增加社会性别专家。实施教育内容和教育过程性别评估，引导学生树立男女平等的性别观念。

(12) 提高教育工作者的社会性别意识。在师资培训计划和师范类院校相关课程中增加性别平等内容。提高各级各类学校和教育行政部门决策和管理层的女性比例。

(13) 均衡中、高等教育学生的性别结构。鼓励全面发展，弱化性别因素对中、高等教育专业选择的影响。

(三) 妇女与经济

1. 主要目标：

(1) 保障妇女平等享有劳动权利，消除就业性别歧视。

(2) 妇女占从业人员比例保持在 44% 以上，城镇单位女性从业人数逐步增长。

(3) 男女非农就业率和男女收入差距缩小。

(4) 技能劳动者中的女性比例提高。

(5) 高级专业技术人员中的女性比例达到 30% 以上。

(6) 保障女职工劳动安全，降低女职工职业病发病率。

(7) 确保农村妇女平等获得和拥有土地承包经营权。

(8) 妇女贫困程度明显降低。

2. 策略措施：

(1) 加大妇女经济权利的保障力度。深入研究供给侧结构性改革和经济发展新常态背景下产业结构调整和产业升级对女性就业带来的挑战，制定和完善保障妇女平等参与经济发展、平等享有劳动权利的政策。

(2) 消除就业中的性别歧视。深入研究实施全面两孩政策对妇女就业等方面带来的新挑战。加大劳动保障监察执法力度，依法查处用人单位和职业中介机构的性别歧视行为。

(3) 扩大妇女就业渠道。提高中小企业和非公有制企业吸纳妇女就业的能力。引导妇女积极参与实施大众创业、万众创新行动计划，通过“互联网 +”等多种方式，鼓励妇女创业。强化对就业困难妇女的就业援助。

(4) 促进女大学生充分就业。加强面向高校女大学生的就业指导、培训和服务。开展女大学生创业培训及孵化服务。

(5) 为就业困难妇女创造有利的就业条件。按规定落实公益性岗位政策和社会保险补贴、培训补贴、创业担保贷款贴息等就业创业扶持政策。扶持大龄、残疾等就业困难妇女就业。支持生育妇女重返工作岗位。

(6) 改善妇女就业结构。多渠道引导和扶持农村妇女向非农产业有序转移，加强对妇女的职业技能培训，提高初、中、高级技能劳动者中的女性比例。

(7) 全面落实男女同工同酬。建立健全科学合理的工资收入分配制度，对从事相同工作、付出等量劳动、取得相同劳绩的劳动者，用人单位要支付同等劳动报酬。

(8) 保障女职工职业卫生安全。广泛开展职业病防治宣传教育，加强职业病危害的管理与监督。将女职工特殊劳动保护作为劳动保障监察和劳动安全监督的重要内容。禁止安排女职工从事禁忌劳动范围的劳动，减少女职工职业病的发生。

(9) 保障女职工劳动权益。不断完善女职工劳动保护政策。规范企业用工行为，提高企业劳动合同签订率，推进已建工会的企业签订并履行女职工权益保护专项集体合同。依法处理侵犯女职工权益案件。

(10) 保障农村妇女土地权益。落实和完善保障农村妇女土地权益的相关政策，纠正与法律法规相冲突的村规民约。

(11) 提高农村妇女经济收入。保障农村妇女享有各项农业补贴。开展便于农村妇女参与的实用技术培训和职业技能培训，帮助农村留守妇女和返乡妇女多种形式创业就业。

(12) 加大对贫困妇女的扶持力度。制订有利于贫困妇女的扶贫措施。帮助、支持农村贫困妇女实施扶贫项目。创业担保贷款等项目资金向城乡符合政策规定条件的贫困妇女倾斜。引导贫困妇女积极参与精准脱贫行动计划，到 2020 年实现脱贫。

(四) 妇女参与决策和管理

1. 主要目标：

(1) 积极推动有关方面严格落实女性在各级人大代表、政协委员以及人大、政协常委中的比例要求。

(2) 换届时，县级党委、人大、政府、政协领导班子中至少各配备 1 名女干部，交叉任职的不重复计算。

(3) 县政府工作部门领导班子中女干部数量在现有基础上逐步增加。

(4) 乡镇 (街道) 和工作部门领导班子中担任正职的女干部占同级正职干部的比例逐步提高。

(5) 企业董事会、监事会成员及管理层中的女性比例逐步提高。

(6) 职工代表大会、教职工代表大会中女代表比例逐步提高。

(7) 村委会成员中女性比例达到 33% 以上。村委会主任中女性比例达到 6% 以上。

(8) 居委会成员中女性比例保持在 50% 左右。

2. 策略措施：

(1) 制定和完善促进妇女参与决策和管理的相关政策。积极推动有关方面采取措施提高人大、政协常委中的女性比例，提高人大代表、政协委员、村 (居) 民委员会中的女性比例及候选人中的女性比例。

(2) 为妇女参与决策和管理创造良好社会环境。开展多种形式的宣传，提高全社会的性别平等意识。

(3) 提高妇女参与决策和管理的意识和能力。面向妇女开展宣传培训，不断提高妇女民主参与意识和能力。加大对基层女干部的培训力度。

(4) 完善干部人事制度和公务员管理制度。在公务员录用、事业单位工作人员公开招聘及各类人员培训、考核、奖励、交流、选拔、晋升等各环节保障妇女不受歧视，保证妇女平等权利。

(5) 加大培养、选拔女干部力度。建立培养、选拔女干部情况动态监督机制，将落实情况纳入各级各部门年度绩效考核内容。推动一定比例的女干部到重要部门、关键岗位担任主要领导职务。注重从基层、生产一线培养选拔女干部。逐步提高后备干部队伍中女干部的比例。

(6) 推动妇女参与企业经营管理。深化企业人事制度改革，使更多妇女进入企业的董事会、监事会和管理层。

(7) 推动妇女广泛参与基层民主管理。完善村委会、居委会等基层组织民主选举制度。完善以职工代表大会为基本形式的民主管理制度，保障企事业职工代表大会女代表比例与女职工比例相适应。

(8) 拓宽妇女参与决策和管理的渠道。在制定涉及公众利益和妇女权益的重大决策时，充分听取女性人大代表、女性政协委员和妇女群众的意见和建议。大力开展多种形式的参政议政活动，为妇女参与决策和管理提供机会。

(9) 提高妇联组织参与决策和管理的影响力。充分发挥妇联组织代表妇女参与社会事务的民主决策、民主管理和民主监督的作用。充分吸收妇联组织参与有关妇女重大公共政策的制定。重视妇联组织在培养、推荐女干部和优秀女性人才，以及推动妇女参政议政等方面的意见和建议。

(五) 妇女与社会保障

1. 主要目标：

(1) 城乡生育保障制度进一步完善，生育保险覆盖所有用人单位，妇女生育保障水平稳步提高。

(2) 基本医疗保险制度覆盖城乡妇女，医疗保障水平稳步提高。

(3) 妇女养老保障覆盖面逐步扩大。继续扩大城镇个体工商户和灵活就业妇女的养老保险覆盖面，大幅提高城乡居民基本养老保险妇女参保率。

(4) 妇女参加失业保险的人数符合法规要求，失业保险待遇水平逐步提高。

(5) 有劳动关系的女性劳动者工伤保险待遇有保障。

(6) 妇女养老服务水平提高，以城乡社区为单位的养老服务覆盖率达到 90% 以上。

2. 策略措施：

(1) 加强妇女社会保障法制建设。贯彻落实社会保险法，为妇女普遍享有生育保险、医疗保险、养老保险、失业保险和工伤保险提供法制保障。

(2) 完善生育保障制度。推进生育保险用人单位全覆盖。逐步合并实施生育保险和城镇职工医疗保险，完善城乡生育保障制度。

(3) 确保城乡妇女享有基本医疗保障。建立统一的城乡居民基本医疗保险制度，整合城镇居民医保、新农合制度管理和经办资源。

(4) 完善覆盖城乡的养老保险制度。完善统账结合的城镇职工基本养老保险制度，促进商业保险与社会保险、补充保险相衔接。按照国家统一部署，实现职工基础养老金全国统筹。

逐步提高城乡居民基本养老保险基础养老金标准。

(5) 进一步完善失业保险制度。提高失业保险覆盖率和统筹层次，切实保障女性失业者的失业保险合法权益。

(6) 保障女性劳动者的工伤保险合法权益。扩大工伤保险覆盖范围，加大执法力度，确保各项工伤保险待遇的落实。

(7) 完善城乡社会救助制度。建立与经济增长和物价水平相适应的救助标准调整机制，对符合救助条件的妇女进行救助。

(8) 倡导社会力量参与救助。大力支持和规范社会组织和公民的救助活动，鼓励社会组织开展公益活动，多方动员社会资源，为困难妇女提供救助。

(9) 保障老年妇女享有基本养老服务。建立健全社会养老服务体系，加大老龄事业投入，发展公益性社区养老机构，加强养老服务队伍的专业化建设，提高社区的养老照护能力和服务水平。

(10) 为残疾妇女提供社会保障。多渠道保障残疾贫困妇女的基本生活。加强残疾人福利机构和康复服务机构建设，建立残疾人综合服务设施。推进残疾妇女社区康复。

（六）妇女与环境

1. 主要目标：

(1) 男女平等基本国策进一步落实，形成两性平等、和谐的家庭和社会环境。

(2) 性别平等原则在环境与发展、文化与传媒、社会管理与家庭等相关政策中得到充分体现。

(3) 完善传媒领域的性别平等监管机制。

(4) 开展基于社区的婚姻家庭教育和咨询，建立平等、文明、和谐、稳定的家庭关系。

(5) 鼓励和引导妇女做和谐家庭建设的推动者。

(6) 开展托幼、养老家庭服务，为妇女更好地平衡工作和家庭责任创造条件。

(7) 到 2020 年，县本级至少建立 1 个妇女活动中心。

(8) 全面解决农村饮水安全问题，降低水污染对妇女健康的危害。农村人口自来水普及率达到 95% 以上。农村集中式供水受益人口比例提高到 95% 左右。城市污水处理率达到 90% 以上，城市垃圾无害化处理率达到 100%。

(9) 农村卫生厕所普及率提高到 85%。城镇公共厕所男女厕位比例与实际需求相适应。

(10) 倡导妇女参与生态建设，践行低碳生活。引导农村妇女积极参与农村垃圾治理和美丽家园建设。

(11) 提高妇女预防和应对灾害风险的能力，满足妇女在减灾中的特殊需求。

2. 策略措施：

(1) 加大男女平等基本国策的理论研究和宣传力度。将男女平等基本国策理论研究与中国特色社会主义理论研究相结合。推动将男女平等基本国策宣传培训纳入党校、行政学院教学计划和各级干部培训规划。多渠道、多形式宣传男女平等基本国策。

(2) 制定和落实具有社会性别意识的文化和传媒政策。根据对男女两性的不同影响和需求，制定促进两性和谐发展的文化和传媒政策。

(3) 大力宣传妇女在推动经济社会发展中的积极作用。在新闻出版、广播影视以及文学艺术等领域，充分展示妇女参与和推动经济社会发展进步的成就、价值和贡献，大力宣传妇女中的先进模范人物。

(4) 加强对传媒的正面引导和管理。加强新闻媒体对妇女工作的正面宣传和舆论引导，提高媒体决策和管理者及从业人员的社会性别意识。完善传媒监管机制，增加性别监测内容，吸纳社会性别专家参与传媒监测活动。

(5) 提高妇女运用媒体获取知识和信息的能力。支持和促进农村和贫困、流动、残疾等妇女使用媒体和通信传播技术。鼓励民间机构和企业等运用各类信息通信技术帮助农村和贫困地区妇女获得信息和服务。

(6) 营造平等、和谐的家庭环境。大力弘扬传统家庭美德，树立先进的性别文化，倡导文明、健康、科学的生活方式和男女共同承担家庭责任。

(7) 深入开展家庭教育指导服务和宣传活动。普及家庭教育知识，帮助家长树立科学的教育理念。引导家长接受家庭教育指导服务和家庭教育实践活动。有效吸纳妇女参与家庭教育研究，推广家庭教育成果。

(8) 大力推进社区公共服务体系建设。发展面向家庭的公共服务，为夫妻双方兼顾工作和家庭提供支持。发展公共托幼服务，为婴幼儿家庭提供支持。强化城乡社区儿童服务功能，提高家务劳动社会化程度。

(9) 减少环境污染对妇女的危害。完善环境监测和健康监测数据库，加强对环境污染的控制和治理。提高生活垃圾减量化、资源化和无害化水平。加强清洁能源的开发利用。加大对从事有毒有害作业妇女健康的保护力度。

(10) 组织动员妇女积极参与生态建设和环境保护。开展多层次、多形式的生态和环境保护宣传教育活动，增强妇女生态文明意识，提高妇女参与生态建设和环境保护的主动性。

(11) 建立健全农村饮水安全保障体系。继续推进农村饮水安全巩固提升工程建设，加强运行管理，落实管护主体，加强水源保护和水质监测，确保工程长期发挥效益。

(12) 提高农村卫生厕所的普及程度。大力宣传农村改厕的重要意义，鼓励农民自觉改厕。加强对农村改厕工作的技术指导和服务。将改厕纳入新农村建设规划，改厕成效纳入政府年度工作考核范围。

(13) 推动城镇公共厕所男女厕位比例与实际需求相适应。在场馆、商场等公共场所的建设规划中，从性别视角进行公共厕所的男女使用需求和效率的分析研究，充分考虑妇女生理特点，确定合理的男女厕位比例。

(14) 在减灾工作中体现性别意识。根据妇女特殊需求，在减灾工作中对妇女提供必要的救助和服务。提高妇女预防和应对灾害的能力。加强对灾区妇女的生产自救和就业指导。

(七) 妇女与法律

1. 主要目标：

(1) 促进男女平等的政策体系不断完善。

(2) 加强对现行政策体系的性别平等评估。

(3) 妇女依法维护自身合法权益的意识和能力不断增强。

(4) 严厉打击强奸、拐卖妇女和组织、强迫、引诱、容留、介绍妇女卖淫等严重侵害妇女人身权利的犯罪行为。

(5) 预防和制止针对妇女的家庭暴力。

(6) 保障妇女在婚姻家庭关系中的财产权益。

(7) 保障妇女依法获得法律援助和司法救助。

2. 策略措施：

(1) 不断完善保障妇女合法权益的政策体系。针对妇女权益保障中的突出问题，推动制定和完善相关政策。

(2) 建立健全地方政策体系性别平等评估机制。对现行政策中与性别平等原则不符的内容进行清理，确保性别平等理念得到体现。

(3) 保障妇女有序参与地方立法和公共政策制定。引导和鼓励广大妇女通过多种途径参与地方立法和公共政策制定，发表意见和建议。拓展妇联组织和其他妇女组织参与地方立法和公共政策制定的途径，广泛听取其意见和建议。

(4) 支持和配合各级人大开展对维护妇女合法权益相关法律法规的执法检查，深入了解法律法规执行中的问题，提出解决问题的意见和建议。

(5) 广泛深入宣传保障妇女合法权益的法律知识。加大普法力度，将保障妇女合法权益法律知识的宣传教育纳入全民普法规划。

(6) 加强社会性别理论培训。将社会性别理论纳入司法和执法部门常规培训课程，提高司法和执法人员的社会性别意识。

(7) 提高妇女在司法和执法中的影响力。鼓励和推荐符合条件的妇女担任人民陪审员。鼓励和推荐有专业背景的妇女担任人民检察院特约检察员或人民监督员。

(8) 严厉打击组织、强迫、引诱、容留、介绍妇女卖淫犯罪活动。

(9) 加大反对拐卖妇女的工作力度。坚持预防为主、防治结合，提高全社会的反拐意识和妇女的防范意识。加强被解救妇女身心康复和回归社会的工作。

(10) 预防和制止针对妇女的家庭暴力。加强对《反家庭暴力法》的宣传教育和贯彻落实，完善预防和制止家庭暴力多部门合作以及预防、制止、救助一体化工作机制。

(11) 有效预防和制止针对妇女的性骚扰。建立健全预防和制止性骚扰的政策和工作机制，加大对性骚扰行为的打击力度。用人单位采取有效措施，防止工作场所的性骚扰。

(12) 维护婚姻家庭关系中的妇女财产权益。依照有关法律规定，在审理婚姻家庭和继承案件中，体现性别平等；在离婚案件审理中，考虑婚姻关系存续期间妇女在照顾家庭上投入的劳动、妇女离婚后的生存发展以及抚养未成年子女的需要，实现公平补偿。

(13) 维护农村妇女在村民自治中的合法权益。保障妇女依法行使民主选举、民主决策、民主管理、民主监督的权利。乡镇(街道)人民政府(办事处)发现报送其备案的村民自治章程、村规民约、征地补偿安置分配方案等重大事项，有与国家法律法规和相关政策相抵触，含有歧视妇女或损害妇女合法权益内容的，应及时予以纠正。

(14) 及时受理侵害妇女权益案件。依照有关法律规定，对涉及妇女个人隐私的案件，在诉讼过程中采取措施使受害妇女免受二次伤害。

(15) 依法为妇女提供法律援助。提高法律援助的社会知晓率。进一步扩大法律援助覆盖面，健全完善法律援助工作网络。鼓励和支持法律服务机构、社会组织、事业单位等为妇女提供公益性法律服务和援助。

(16) 依法为妇女提供司法救助。依法为符合条件的涉法涉诉妇女提供司法救助，实行诉讼费的缓交、减交或免交。对因受犯罪侵害而陷入生活困境的妇女实行救助，保障受害妇女的基本生活。

四、组织实施

(一) 加强对规划实施工作的组织领导。县人民政府负责实施本规划。各有关部门、相关机构和社会团体结合各自职责，承担落实规划中相应目标任务。县妇儿工委负责规划实施的组织、协调、指导和督促。

(二) 制定地方妇女发展规划和部门实施方案。县人民政府结合实际制定本地区妇女发展规划。全县各级各有关部门、相关机构和社会团体结合各自职责，按照任务分工，制定实施方案，形成全县妇女发展规划体系。

(三) 将规划纳入汉寿县国民经济和社会发展总体规划。在国民经济和社会发展总体规划中体现男女平等基本国策，将妇女发展的主要指标纳入经济和社会发展总体规划及专项规划，统一部署，统筹安排，同步实施，同步发展。

（四）保障妇女发展的经费投入。县人民政府将实施规划所需经费纳入财政预算，并根据工作实际需要逐步增加。重点扶持农村、贫困区域妇女发展。动员社会力量，多渠道筹集资金，支持妇女发展。

（五）建立健全实施规划的工作机制。建立政府主导、多部门合作、全社会参与的工作机制，共同做好规划实施工作。建立目标管理责任制，将规划主要目标纳入相关部门、机构和社会团体的目标管理和考核体系，考核结果作为对领导班子和有关负责人综合考核评价的重要内容。健全报告制度，各有关部门每年向县妇儿工委和上级主管部门报告规划实施情况，县妇儿工委每年向上级妇儿工委报告本地区规划实施总体情况。健全会议制度，定期召开妇儿工委全体会议，汇报、交流实施规划的进展情况。健全监测评估制度，明确监测评估责任，加强监测评估工作。

（六）坚持和创新实施规划的有效做法。及时开展对妇女发展和权益保护状况的调查研究，掌握新情况，分析新问题，为制定相关政策提供依据。加强妇女发展领域理论研究，总结探索妇女发展规律和妇女工作规律。不断创新工作方法，通过实施项目、为妇女办实事等方式解决重点难点问题；通过分类指导、示范先行，总结推广经验，推进规划实施。

（七）加大实施规划宣传力度。多渠道、多形式面向各级领导干部、妇女工作者、广大妇女和全社会宣传规划内容及规划实施中的典型经验和成效，宣传促进妇女发展的法规政策，营造有利于妇女发展的良好社会氛围。

（八）加强实施规划能力建设。将实施规划所需知识纳入培训计划，举办多层次、多形式培训，增强政府及各有关部门、机构相关人员、相关专业工作者实施规划的责任意识和能力。

（九）鼓励妇女参与规划实施。妇女既是规划实施的受益者，也是规划实施的参与者。实施规划应听取妇女的意见和建议。鼓励妇女参与规划实施，提高参与意识和能力，实现自身发展。

五、监测评估

（一）对规划实施情况进行年度监测、中期评估和终期评估。及时收集、整理、分析反映妇女发展状况的相关数据和信息，动态反映规划目标进展情况。在此基础上，系统分析和评价规划目标达标状况，评判规划策略措施和实施工作效果，预测妇女发展趋势。通过监测评估，准确掌握妇女发展状况，制定和调整促进妇女发展的政策措施，推动规划目标的实现。

（二）县妇儿工委设立监测评估领导小组，负责组织领导监测评估工作，审批监测评估方案，审核监测评估报告等。监测评估领导小组下设监测组和评估组。

监测组由县统计部门牵头，承担规划目标任务的相关部门共同组成。负责规划监测统计工作的指导和人员培训，研究制定监测统计方案，收集、整理、分析数据和信息，撰写并提交年度监测报告等。

评估组由县妇儿工委办公室牵头，承担规划目标任务的相关部门以及相关领域的专家学者共同组成，制定评估方案，组织开展评估工作，撰写并提交评估报告等。

（三）县人民政府将监测评估工作所需经费纳入财政预算。县人民政府及有关部门结合监测评估结果开展宣传，研究利用监测评估结果加强规划实施。

（四）建立妇女发展综合统计制度，规范和完善与妇女生存、发展有关的统计指标和分性别统计指标，将其纳入部门常规统计或统计调查。建立和完善县级妇女发展监测数据库。

（五）县妇儿工委成员单位、相关机构及有关部门要向同级统计部门报送年度监测数据，向县妇儿工委提交中期和终期评估报告。

汉寿县儿童发展规划（2016—2020 年）

2012 年，汉寿县人民政府颁布实施了《汉寿县妇女儿童发展规划（2011—2015 年）》，将儿童发展纳入汉寿县国民经济和社会发展总体规划，从儿童健康、教育、法律保护和环境等领域提出了儿童发展的主要目标和策略措施。五年来，县人民政府及有关部门认真履职，加快完善保护儿童权利的政策体系，强化政府管理儿童事务的责任，促进儿童事业与经济社会同步发展，全县儿童事业取得了历史性进步，这五年是汉寿县儿童发展的历史最好时期之一，但是受经济社会发展水平等多种因素制约，汉寿县儿童发展和权利保护依然面临许多问题和困难。从现在起到 2020 年，是汉寿县全面建成小康社会的决胜阶段，儿童发展面临前所未有的机遇，同时，也对儿童发展提出了新的要求和挑战，促进儿童发展和权利保护仍然是今后一个时期儿童工作的重大任务。

依照《中华人民共和国未成年人保护法》等相关法律法规，根据《中国儿童发展纲要（2011—2020 年）》《湖南省国民经济和社会发展第十三个五年规划纲要》《湖南省儿童发展规划（2016—2020 年）》和《常德市儿童发展规划（2016—2020）》的总体目标和要求，结合汉寿县儿童发展实际，制定本规划。本规划所指儿童为出生至未满 18 周岁的人。

一、指导思想和基本原则

（一）指导思想：高举中国特色社会主义伟大旗帜，全面贯彻党的十八大和十八届三中、四中、五中、六中全会精神，以邓小平理论、“三个代表”重要思想、科学发展观为指导，深入贯彻习近平总书记系列重要讲话精神，坚持“四个全面”战略布局，贯彻创新、协调、绿色、开放、共享发展新理念，在促进经济社会发展进程中，贯彻落实儿童优先原则，保障儿童生存、发展、受保护和参与的权利，缩小城乡区域儿童发展差距，提升儿童福利水平，提高儿童整体素质，促进儿童健康、全面发展。

(二)基本原则

1. 儿童优先原则。在制定政策规划和配置公共资源等方面优先考虑儿童的利益和需求。

2. 儿童最大利益原则。从儿童身心发展特点和利益出发处理与儿童相关的具体事务，保障儿童利益最大化。

3. 依法保护原则。在儿童身心发展的全过程，依法保障儿童合法权利，促进儿童全面健康成长。

4. 儿童平等发展原则。创造公平社会环境，确保儿童不因户籍、地域、性别、民族、信仰、受教育状况、身体状况和家庭财产状况受到任何歧视，所有儿童享有平等的权利与机会。

5. 儿童参与原则。鼓励并支持儿童参与家庭、文化和社会生活，创造有利于儿童参与的社会环境，畅通儿童意见表达渠道，重视、吸收儿童意见。

二、总体目标

完善覆盖城乡儿童的基本医疗卫生保障制度，提高儿童身心健康水平；促进基本公共教育服务均等化，保障儿童享有更高质量的教育；扩大儿童福利范围，建立和完善适度普惠的儿童福利体系；提高儿童工作社会化服务水平，创建儿童友好型社会环境；完善保护儿童的政策体系和保护机制，依法保护儿童合法权益。

三、发展领域、主要目标和策略措施

(一)儿童与健康

1. 主要目标：

(1) 严重多发致残的出生缺陷发生率逐步下降，减少出生缺陷所致残疾。

(2) 婴儿和5岁以下儿童死亡率分别控制在5‰和8‰以下。降低流动人口中婴儿和5岁以下儿童死亡率。

(3) 减少儿童意外伤害所致死亡和残疾率。

(4) 防控儿童常见疾病和艾滋病、梅毒、结核病、乙肝等重大传染性疾病。

(5) 纳入国家免疫规划的疫苗接种率以乡镇为单位达到95%以上。

(6) 新生儿破伤风发病率以县为单位控制在1‰以下。

(7) 低出生体重发生率控制在3%以下。

(8)0~6个月婴儿纯母乳喂养率达到80%以上。

(9)5岁以下儿童贫血患病率控制在5%以下，降低中小学生贫血患病率。

(10)5岁以下儿童生长迟缓率控制在3%以下，低出生体重发生率降低到3%以下。

(11) 提高中小学生身体素质。控制中小学生视力不良、龋齿、超重/肥胖、营养不良发生率。5岁以下儿童肥胖发生率控制在2%以下。

(12) 降低儿童心理行为问题发生率和儿童精神疾病患病率。

(13) 提高适龄儿童性与生殖健康知识普及率。

(14) 减少环境污染对儿童的伤害。

2. 策略措施：

(1) 加大妇幼卫生经费投入。优化卫生资源配置，增加农村和贫困地区妇幼卫生经费投入，促进儿童基本医疗卫生服务的公平性和可及性。

(2) 加强妇幼卫生服务体系建设。县本级设置1所政府举办的服务标准化妇幼保健机构。加强县、乡、村三级妇幼卫生服务网络建设，完善基层妇幼卫生服务体系。二级以上综合医院设置儿科，增加儿童医院数量。加强儿科医生数量配备，提高儿童医疗卫生服务能力。在儿科、儿童保健人员职称评定方面给予政策倾斜。

(3) 加强儿童保健服务和管理。深入研究实施全面两孩政策对儿童保健等方面带来的新挑战。建立儿童早期发展培训示范基地。加强爱婴医院建设管理，推进儿童医疗保健科室标准化建设。逐步扩展基本公共卫生服务项目中的儿童保健服务内容。3岁以下儿童系统管理率和7岁以下儿童保健覆盖率均达到80%以上，保健覆盖率城市达到90%以上，农村达到85%以上。将流动儿童纳入流入地社区儿童保健管理体系。

(4) 完善出生缺陷防治体系。落实出生缺陷防治办法，将其纳入各级政府目标管理考核内容。提高婚前医学检查率，城市不低于90%，农村不低于85%。加强孕产期合理营养与膳食指导。健全产前筛查诊断网络，提高网络机构诊断服务能力。加强新生儿疾病筛查、诊断、治疗和跟踪随访，扩大筛查病种。先天性甲状腺功能减低症、新生儿苯丙酮尿症等遗传代谢性疾病筛查率达到85%以上，新生儿听力筛查率达到65%以上，提高确诊病例治疗率和康复率。加大出生缺陷防治知识宣传力度。

(5) 加强儿童疾病防治及相关科学技术研究。扩大免疫规划范围，加强疫苗冷链系统建设和维护，规范预防接种行为。以城乡社区为重点，普及儿童健康基本知识。降低新生儿窒息、肺炎和先天性心脏病等的死亡率。规范儿科诊疗行为。鼓励儿童专用药品研发和生产。孕产妇艾滋病、梅毒和乙肝检测率分别达到 95% 以上，感染艾滋病、梅毒、乙肝的孕产妇及所生儿童采取预防母婴传播干预措施比例均达到 95% 以上。

(6) 预防和控制儿童意外伤害。制定实施多部门合作的儿童意外伤害综合干预行动计划。将安全教育纳入学校教育教学计划。建立健全学校和幼儿园的安全、卫生保健管理制度和校园伤害事件应急管理机制。建立完善儿童意外伤害监测系统和报告制度。提高灾害和紧急事件中保护儿童的意识和能力，为受灾儿童提供及时有效的救助服务。

(7) 改善儿童营养状况。完善和落实支持母乳喂养的相关政策，积极推行母乳喂养。开展科学喂养、合理膳食与营养素补充指导。加强医疗卫生人员技能培训，预防和治疗营养不良、贫血、肥胖、维生素 D 缺乏性佝偻病等儿童营养性疾病。实施贫困地区儿童营养改善项目，继续推行中小学生营养改善计划。

(8) 提高儿童身体素质。合理安排学生学习、休息和娱乐时间，保证学生睡眠时间和每天一小时校园体育活动。鼓励和支持学校体育场馆设施在课余和节假日向学生开放。完善并落实学生健康体检制度和体质监测制度，建立学生体质健康档案。

(9) 加强对儿童的健康指导和干预。开展家庭育儿技能培训。加强托幼机构和中小学校卫生保健管理。帮助儿童养成健康行为和生活方式。加强儿童视力、听力和口腔保健工作。严禁向儿童出售烟酒和违禁药品，预防和制止儿童吸烟、酗酒和成瘾物质使用。

(10) 构建儿童心理健康公共服务网络。有条件的妇幼保健机构设儿童心理科(门诊)，配备专科医师。学校设心理咨询室，配备专职心理健康教育教师。开展精神卫生专业人员培训。

(11) 加强儿童生殖健康服务。将性与生殖健康教育纳入义务教育课程体系，增加性与生殖健康服务机构数量，加强能力建设，提供适合适龄儿童的服务，满足其咨询与治疗需求。

(12) 保障儿童食品、用品安全。完善婴幼儿食品、用品的检测标准和质量认证体系，建立婴幼儿食品安全监测、检测和预警机制，加强农村地区食品市场监管，严厉打击制售假冒伪劣食品的违法犯罪行为。加强婴幼儿用品、玩具生产销售和儿童游乐设施运营的监管。健全儿童玩具、儿童用品等的缺陷产品召回制度。

(13) 加大环境保护和治理力度。控制和治理大气、水、土地等环境污染以及工业、生活和农村面源污染，加强饮用水源保护。确保主要持久性有机污染物和主要重金属(铅、镉等)暴露水平符合标准。

(二) 儿童与教育

1. 主要目标：

(1) 促进 0~3 岁儿童早期综合发展。

(2) 基本普及学前教育。学前三年毛入园率达到 85% 以上。公办幼儿园和普惠性民办幼儿园数量占到幼儿园总数的 50% 以上。

(3) 义务教育巩固率稳定在 99% 以上。确保流动儿童平等接受义务教育，保障残疾儿童接受义务教育。

(4) 普及高中阶段教育，毛入学率达到 98%。

(5) 中等职业教育规模扩大，办学质量提高。

(6) 保障所有儿童享有公平教育，均衡配置教育资源，缩小城乡差距、区域差距、校际差距。

(7) 学校标准化建设水平提高，薄弱学校数量减少。

(8) 教育质量和效益不断提高，学生综合素质和能力全面提升。

2. 策略措施：

(1) 落实教育优先发展战略。切实保证经济社会发展规划优先安排教育发展，财政资金优先保障教育的投入，公共资源优先满足教育和人力资源开发需要。鼓励社会力量兴办教育，不断扩大社会资源对教育的投入。

(2) 依法保障儿童受教育的权利。组织和督促适龄儿童入学接受义务教育，采取有效措施防止其辍学。耐心教育、帮助品行有缺点、学习有困难的学生。不得违反法律和国家规定开除或变相开除学生。

(3) 促进基本公共教育服务均等化。坚持基本公共教育的公益性和普惠性，加快建立城乡一体化的教育发展保障机制和基本公共教育服务体系，均衡配置教育资源。实行统一的城乡义务教育经费保障机制。加快义务教育标准化学校建设和“全面改薄”进程，消除城市义务教育“大班额”、农村学校“大通铺”问题。建立县域内公办义务教育学校教师“县管校聘”及校长教师轮岗交流制度。

(4) 普及高中阶段教育。优化高中阶段学校布局。继续办好示范高中，推进特色高中、综合高中建设，推动普通高中多样化、特色化发展。完善普通高中家庭经济困难学生国家资助制度，率先对建档立卡家庭困难学生实施普通高中免除学杂费。

(5) 大力发展职业教育。支持中高等职业院校改善基本办学和实习实训条件，建设开放型公共技能实训基地，支持区域性、行业性公共实训中心建设。逐步分类推进中等职业教育免除学杂费工作。

(6) 积极开展 0~3 岁儿童科学育儿指导。积极发展公益性普惠性的儿童综合发展指导机构，以幼儿园和社区为依托，为 0~3 岁儿童及其家庭提供早期保育和教育指导。加快培养 0~3 岁儿童早期教育专业化人才。

(7) 提升学前教育发展水平。加快发展公办幼儿园，实施第二轮学前教育三年行动计划。鼓励利用中小学布局调整、乡镇区划调整后的富余公共资源改建成幼儿园。每个乡镇至少办好一所公办中心幼儿园，大村独立建园，小村设分园或联合办园，人口分散地区提供灵活多样的学前教育服务。支持民办幼儿园提供普惠性服务。

(8) 确保受人口流动影响儿童平等接受义务教育。坚持以流入地政府管理为主、以全日制公办中小学为主解决流动儿童就学问题。制定实施流动儿童义务教育后在流入地参加升学考试的办法。

(9) 关爱留守儿童。全面建立家庭、政府、学校尽职尽责，社会力量积极参与的农村留守儿童关爱保护体系。加快农村寄宿制学校建设，优先满足留守儿童住宿需求。

(10) 保障特殊困难儿童接受义务教育权利。落实孤儿、残疾儿童、贫困儿童就学资助政策。加快发展特殊教育，残疾儿童较多的情况下建立 1 所特殊教育学校；扩大残疾儿童随班就读、普通学校特教班和寄宿制残疾学生的规模。为流浪儿童、有严重不良行为的儿童和有轻微违法犯罪行为但又不够刑事处罚的儿童平等接受义务教育创造条件。提升特殊教育普及水平和教育质量。

(11) 加快发展少数民族和民族地区儿童教育事业。加大对民族教育的支持力度，积极推进民族地区改善中小学办学条件，巩固提高义务教育水平，促进女童接受学前和高中阶段教育。加大民族地区师资培养培训力度。进一步完善对民族地区教育的支援工作。

(12) 全面推进素质教育。树立科学的教育观，全面贯彻教育方针，坚持面向全体学生、促进学生德智体美全面发展，提高学生的学习能力、实践能力、创新能力、社会适应能力和思想道德素质、科学文化素质、健康素质。

(13) 加强和改进学校思想道德教育。坚持育人为本、德育为先，把社会主义核心价值体系融入教育全过程。把德育渗透于教育教学各个环节，贯穿于学校教育、家庭教育和社会教育各个方面。

(14) 提高儿童科学素养水平。开展多种形式的科普和社会实践活动。利用科普教育基地和青少年科技教育基地等资源，为儿童提供科学实践的场所和机会。建立校外科学实践活动与学校课程相衔接的机制。加强校内外结合的儿童科普网络建设，建立和巩固一支专兼职相结合的儿童科普队伍。

(15) 推进教育综合改革。改革人才培养模式。推进管办评分离，构建现代学校制度体系。贯彻落实考试招生制度改革。鼓励社会力量和民间资本提供多样化教育服务。

(16) 加强教师队伍建设。建立师德建设长效机制。构建以师范院校为骨干，综合类高等院校为支撑，优质中小学实践基地为基础，教师发展中心为纽带的教师培养培训体系。做好公费定向师范生培养，使公费定向师范毕业生成为义务教育阶段乡村教师补充的主渠道。实施中小学幼儿园骨干教师、名师名校 (园) 长“十百千万”工程、职业院校“双师型”教师队伍建设工程。

(17) 全面推进教育现代化和信息化。提高农村中小学校接入互联网的比例，扩大优质教育资源覆盖面，基本建成覆盖城乡各级各类学校的教育信息化体系。

(18) 建设民主、文明、和谐、平等、安全的友好型学校。建立尊师爱生的师生关系。加强安全和法制教育，制定完善校园欺凌的预防和处理制度、措施。保障学生参与学校事务的权利。创造有利于学生身体健康的学习、生活条件，提供安全饮用水和卫生厕所，改善寄宿制学校学生食堂和住宿条件。

(19) 完善学校收费管理与监督机制。完善学校收费管理办法，规范学校收费行为和收费资金使用管理。

(三) 儿童与福利

1. 主要目标：

(1) 扩大儿童福利范围，推动儿童福利由补缺型向适度普惠型的转变。

(2) 保障儿童享有基本医疗卫生服务，提高儿童基本医疗保障覆盖率和保障水平，为贫困和大病儿童提供医疗救助。

(3) 基本满足流动和留守儿童基本公共服务需求。

(4) 满足孤儿生活、教育、医疗和公平就业等基本需求，通过家庭寄养和收养帮助孤儿回归家庭。

(5) 提高 0–6 岁残疾儿童抢救性康复率。

(6) 减少流浪儿童数量和反复性流浪。

(7) 增加孤儿养护、流浪儿童保护和残疾儿童康复的专业服务机构数量。

(8) 保障受艾滋病影响儿童和服刑人员未满 18 周岁子女的生活、教育、医疗、公平就业等权利。

2. 策略措施：

(1) 提高面向儿童的公共服务供给能力和水平。完善基本公共服务体系，增加财政对儿童福利的投入，逐步实现儿童基本公共服务均等化。

(2) 保障儿童基本医疗。完善儿童基本医疗保障，逐步提高儿童医疗保障水平，减轻患病儿童家庭医疗费用负担。

(3) 提高儿童医疗救助水平。加大对大病儿童和贫困家庭儿童的医疗救助。对贫困家庭儿童、孤儿、残疾儿童参加医保个人缴纳部分按规定予以补贴。

(4) 扩大儿童福利范围。完善城乡居民最低生活保障制度，通过分类施保提高贫困家庭儿童生活水平。探索对儿童实施营养干预和补助的方法，改善儿童营养状况。逐步提高农村义务教育寄宿制学校家庭经济困难学生生活补助标准，扩大补助范围。

(5) 建立健全孤儿保障制度。落实孤儿社会保障政策。帮助有劳动能力的适龄孤儿就业。完善艾滋孤儿救助机制。建立受艾滋病影响儿童和服刑人员未成年子女的替代养护制度。

(6) 完善孤儿养育和服务模式。加强儿童福利机构建设，全面提高儿童福利机构的管理服务水平。探索适合孤儿身心发育的养育模式。严格规范孤儿收养制度，规范家庭寄养，鼓励社会助养。建立和完善家庭寄养和亲属监护养育的监督、支持和评估体系。

(7) 建立完善残疾儿童康复救助制度和服务体系。建立 0–6 岁残疾儿童登记制度，对贫困家庭残疾儿童基本康复需求按规定给予补贴。优先开展残疾儿童抢救性治疗和康复。以专业康复机构为骨干、社区为基础、家庭为依托建立残疾儿童康复服务体系。增强残疾儿童生活自理能力、社会适应能力和平等参与社会生活的能力。

(8) 加强流浪儿童救助保护工作。完善流浪儿童救助保护网络体系。提高流浪儿童救助保护工作专业化和社会化水平，鼓励并支持社会力量保护和救助流浪儿童。探索建立流浪儿童早期预防干预机制。

(9) 建立和完善流动儿童和留守儿童服务机制。积极稳妥推进户籍制度和社会保障制度改革，逐步将流动人口纳入经济社会发展规划。建立 16 周岁以下流动儿童登记制度。完善以社区为依托，面向流动人口家庭的管理和服务网络。坚持政府主导，把农村留守儿童关爱保护工作作为各级政府重要工作内容，落实乡镇 (街道) 人民政府 (办事处) 的属地责任，强化民政等有关部门的监督指导责任，健全农村留守儿童关爱服务体系和救助保护机制，强化家庭监护主体责任，切实保障农村留守儿童合法权益。

(四) 儿童与社会环境

1. 主要目标 ：

(1) 营造尊重、爱护儿童的社会氛围，消除对儿童的歧视和伤害。

(2) 适应城乡发展的家庭教育指导服务体系基本建成。

(3) 儿童家长素质提升，家庭教育水平提高。

(4) 为儿童提供丰富、健康向上的文化产品。

(5) 保护儿童免受网络、手机、游戏、广告、图书和影视中不良信息的影响。

(6) 培养儿童阅读习惯，增加阅读时间和阅读量。90% 以上的儿童每年至少阅读一本图书。

(7) 增加县、乡两级儿童教育、科技、文化、体育、娱乐等课外活动设施和场所，坚持公益性，提高利用率和服务质量。鼓励城乡社区配备专 (兼) 职社会工作者或通过政府购买社会工作机构服务的方式，引导社会力量参与，为儿童提供社工服务。到 2020 年，全县至少建立 1 个儿童活动中心。

(8)90% 以上的城乡社区建设 1 所为儿童及其家庭提供游戏、娱乐、教育、卫生、社会心理支持和转介等服务的儿童之家。

(9) 保障儿童参与家庭生活、学校和社会事务的权利。

(10) 保障儿童享有闲暇和娱乐的权利。

(11) 儿童食品、用品和玩具的质量抽查不合格的企业整改复查合格率为 100%，大型游乐设施定检率为 100% ；学校、儿童活动场所等进出口交通标示设置率为 100%。

2. 策略措施 ：

(1) 广泛开展以儿童优先和儿童权利为主题的宣传教育活动，提高公众对儿童权利尤其是儿童参与权的认识。

(2) 将家庭教育指导服务纳入城乡公共服务体系。普遍建立各级家庭教育指导机构，所有中小学校建立家长学校或家庭教育指导服务点。培养合格的专兼职家庭教育工作队伍。加大公共财政对家庭教育指导服务体系建设的投入，鼓励和支持社会力量参与家庭教育工作。

(3) 开展家庭教育指导和宣传实践活动。多渠道、多形式持续普及家庭教育知识，确保儿童家长每年至少接受 2 次家庭教育指导服务，参加 2 次家庭教育实践活动。加强家庭教育研究，促进研究成果的推广和应用。

(4) 为儿童成长提供良好的家庭环境。倡导平等、文明、和睦、稳定的家庭关系，提倡父母与子女加强交流与沟通。预防和制止家庭虐待、忽视和暴力等事件的发生。

(5) 创造有益于儿童身心健康的文化环境。引导各类媒体制作和传播有益于儿童健康成长的信息，增强文化产品的知识性、趣味性。积极组织适合儿童的文化活动，大力培育儿童文化品牌。加强文化市场监管，加大查处传播淫秽、色情、凶杀、暴力、封建迷信和伪科学的出版物及儿童玩具、饰品的力度。

(6) 规范与儿童相关的广告和商业性活动。严格执行相关法规政策，禁止母乳代用品广告宣传，限制、规范与儿童有关的产品 (服务) 广告及烟酒广告播出。依法规范和限制儿童参加商业性演出和活动。

(7) 为儿童健康上网创造条件。在公益性文化场所和儿童活动场所建设公共电子阅览室。社区公益性互联网上网服务设施，对儿童免费或优惠开放。推行绿色上网软件。互联网上网服务营业场所严格实行消费者实名登记制，不得允许未成年人进入。加大对“黑网吧”的打击力度。家庭和学校加强对儿童上网的引导。

(8) 净化校园周边环境。在学校周边治安复杂地区设立治安岗进行巡逻，向学校、幼儿园派驻保安员。校园附近严格按规定设交通警示标志和安全设施，派民警或协管员维护地处交通复杂路段的小学、幼儿园周边道路的交通秩序。加强对校园周边商业网点和经营场所的监管，校园周边 200 米以内禁设网吧、游戏厅、娱乐场所。

(9) 为儿童阅读图书创造条件。推广面向儿童的图书分级制。增加社区图书馆和农村流动图书馆数量，公共图书馆设儿童阅览室或图书角，有条件情况下的建儿童图书馆。“农家书屋”配备一定数量的儿童图书。广泛开展图书阅读活动，鼓励和引导儿童主动读书。

(10) 加大儿童活动设施建设。将儿童活动设施和场所建设纳入地方经济社会发展规划，增加彩票公益金对儿童活动设施和场所的投入，加大对农村地区儿童活动设施、场所建设和运行的扶持力度。各类文化、科技、体育等公益性设施和场所对儿童免费或优惠开放，开辟专门供儿童活动的区域。加强爱国主义教育基地建设。

(11) 强化城乡社区儿童服务功能。切实加大城乡社区儿童之家建设力度，建立和运行社区儿童服务和保护体系。整合社区资源建设儿童活动场所，配备专兼职工作人员，为儿童及其家庭提供服务。

(12) 保障儿童的参与和表达权利。将儿童参与纳入儿童事务和儿童服务决策过程。畅通儿童参与和表达渠道，增加儿童社会实践机会，鼓励儿童参与力所能及的社会事务和社会公益活动，提高儿童的社会参与能力。

(13) 增强儿童生态环保意识。创建生态文明宣传教育阵地，开展生态文明宣传教育，鼓励儿童积极参与生态文明建设。

(14) 加强儿童社会工作者队伍建设。强化对儿童工作人员的社会工作能力培训，积极发挥社会工作专业人才在为儿童提供服务、维护儿童权益方面的作用。

（五）儿童与法律保护

1. 主要目标：

(1) 保护儿童的政策体系和工作机制更加完善。

(2) 贯彻落实保护儿童的法律法规和政策，儿童优先和儿童最大利益原则进一步落实。

(3) 依法保障儿童获得出生登记和身份登记。

(4) 出生人口性别比升高趋势得到遏制，出生人口性别比趋向合理。

(5) 完善儿童监护制度，保障儿童获得有效监护。

(6) 中小学生普遍接受法治教育，法律意识、自我保护意识和能力明显增强。

(7) 预防和打击侵害儿童人身权利的违法犯罪行为，禁止对儿童实施一切形式的暴力。

(8) 禁止使用童工（未满 16 周岁儿童）和对儿童的经济剥削。

(9) 依法保护儿童合法财产权益。

(10) 保障儿童依法获得及时有效的法律援助和司法救助。

(11) 预防未成年人违法犯罪，降低未成年罪犯占刑事罪犯的比重。

(12) 司法体系进一步满足儿童身心发展的特殊需要。

2. 策略措施：

(1) 完善保护儿童的政策体系和工作机制。推进儿童福利、学前教育、家庭教育等工作。清理、修改、废止与保护儿童权利不相适应的政策。增强保护儿童相关政策的可操作性。

(2) 加强法治宣传教育。提高家庭、学校、社会各界和儿童本人保护儿童权利的法治观念、责任意识和能力。

(3) 加强执法监督。明确执法主体，强化法律责任，定期开展专项执法检查。加强对执法人员儿童权益保护知识和技能培训，增强儿童权益保护观念，提高执法水平。

(4) 落实儿童出生登记制度。提高社会各界对出生登记的认识，完善出生登记相关制度和政策。加强部门协调和信息共享，简化、规范登记程序。

(5) 消除对女童的歧视。宣传性别平等观念，增强全社会性别平等意识。建立有利于女孩及其家庭的利益导向机制，提高农村生育女孩家庭的经济社会地位。加大对利用 B 超等进行非医学需要的胎儿性别鉴定和选择性别人工终止妊娠行为的打击力度。

(6) 建立完善儿童监护监督制度。提高儿童父母和其他监护人的责任意识，建立儿童家暴、虐待问题强制报告制度。探索建立可操作的监护权干预和转移办法，依法剥夺严重虐待儿童的监护人的监护资格。

(7) 保护儿童人身权利。加强社会治安综合治理，严厉打击强奸、拐卖、绑架、虐待、遗弃等侵害儿童人身权利的违法犯罪行为和组织、胁迫、诱骗儿童犯罪的刑事犯罪。严厉打击利用儿童进行扒窃、乞讨、卖艺、卖淫等违法犯罪行为。保护儿童免遭一切形式的性侵犯。建立受暴力伤害儿童问题的预防、强制报告、反应、紧急救助和治疗辅导工作机制。探索建立儿童庇护中心。加强预防和打击拐卖儿童犯罪的宣传教育，提高儿童及其家长“防拐”意识和能力，为被解救儿童提供身心康复服务，妥善安置被解救儿童。禁止用人单位招用未满 16 周岁儿童，禁止介绍未满 16 周岁的儿童就业。建立健全监督惩罚机制，严厉打击使用童工的违法行为。严格执行国家对已满 16 周岁未满 18 周岁未成年工的保护规定，禁止安排未成年工从事过重、有毒、有害等劳动或危险作业。依法保护儿童的隐私权。

(8) 加强儿童财产权益保护。依法保障儿童的财产收益权和获赠权、知识产权、继承权、一定权限内独立的财产支配权。

(9) 健全儿童权益保障网络。为儿童提供专业化维权服务，有效保障儿童合法权益。确保各级法律援助机构优先提供儿童法律援助，进一步扩大儿童法律援助覆盖面。提高儿童依法维权的意识和能力，促进学校、社会、家庭对维护儿童权益的认识和实践能力。

(10) 贯彻未成年人保护法，推进未成年人案件办理专门化。加快建设公安机关办理未成年人案件专门机构或落实专门人员。

(11) 完善涉嫌违法犯罪的儿童处理制度。对涉嫌违法犯罪的儿童，贯彻教育、感化、挽救的方针，坚持教育为主、惩罚为辅的原则，依法从轻、减轻或者免除对违法犯罪儿童的处罚。贯彻落实未成年人刑事案件诉讼程序。

(12) 完善具有严重不良行为儿童的矫治制度。建立家庭、学校、社会共同参与的运作机制。加强对具有严重不良行为儿童和有轻微违法犯罪行为但又不够刑事处罚儿童的教育和管理，探索专门学校教育和行为矫治的有效途径和方法。保障专门学校学生在升学、就业等方面的同等权利。做好社区矫正未成年人的帮教工作。

四、组织实施

(一) 加强对规划实施工作的组织领导。县人民政府负责实施本规划。各有关部门、相关机构和社会团体结合各自职责，承担落实规划中相应目标任务。县妇儿工委负责规划实施的组织、协调、指导和督促。

(二) 制定地方儿童发展规划和部门实施方案。县人民政府结合实际制定本地区儿童发展规划。各有关部门、相关机构和社会团体结合各自职责，按照任务分工，制定实施方案，形成全县儿童发展规划体系。

(三) 加强本规划与国民经济和社会发展总体规划及部门规划的衔接。在经济和社会发展总体规划中体现儿童优先原则，将儿童发展的主要指标纳入经济和社会发展总体规划及专项规划，统一部署，统筹安排，同步实施，同步发展。

(四) 保障儿童发展的经费投入。县人民政府将实施规划所需经费纳入财政预算，并根据工作实际需要逐步增加。重点扶持贫困区域儿童发展。动员社会力量，多渠道筹集资金，支持儿童发展。

(五) 建立健全实施规划的工作机制。建立政府主导、多部门合作、全社会参与的工作机制，共同做好规划实施工作。建立目标管理责任制，将规划主要目标纳入相关部门、机构和社会团体的目标管理和考核体系，考核结果作为对领导班子和有关负责人综合考核评价的重要内容。健全报告制度，各有关部门每年向县妇儿工委和上级主管部门报告规划实施情况，县妇儿工委每年向上级妇儿工委报告本地区规划实施总体情况。健全会议制度，定期召开县妇儿工委全体会议，汇报、交流实施规划的进展情况。健全监测评估制度，明确监测评估责任，加强监测评估工作。

(六) 坚持和创新实施规划的有效做法。及时开展对儿童发展和权益保护状况的调查研究，掌握新情况，分析新问题，为制定相关政策提供依据。加强儿童发展领域理论研究，总结探索儿童发展规律和儿童工作规律。不断创新工作方法，通过实施项目、为儿童办实事等方式解决重点难点问题；通过分类指导、示范先行，总结推广经验，推进规划实施。

(七) 加大规划实施宣传力度。多渠道、多形式面向各级领导干部、儿童工作者、广大儿童和全社会宣传规划内容及规划实施中的典型经验和成效，宣传促进儿童保护和发展的法律法规政策，营造有利于儿童生存、保护、发展和参与的社会氛围。

(八) 加强规划实施能力建设。将儿童优先原则的相关内容及相关法律法规和方针政策纳入县行政学院培训课程。将实施规划所需知识纳入培训计划，举办多层次、多形式培训，增强政府及各有关部门、机构相关人员、相关专业工作者实施规划的责任意识和能力。

(九) 鼓励儿童参与规划实施。儿童既是规划实施的受益者，也是规划实施的参与者。实施规划应听取儿童的意见和建议。提高儿童参与规划实施的意识和能力，实现自身发展。

五、监测评估

(一) 对规划实施情况进行年度监测、中期评估和终期评估。及时收集、整理、分析反映儿童发展状况的相关数据和信息，动态反映规划目标进展情况。在此基础上，系统分析和评价规划目标达标状况，评判规划策略措施和规划实施工作的效果，预测儿童发展趋势。通过监测评估，准确掌握儿童发展状况，制定和调整促进儿童发展的政策措施，推动规划目标的实现，为规划未来儿童发展奠定基础。

(二) 县妇儿工委设立监测评估领导小组，负责组织领导监测评估工作，审批监测评估方案，审核监测评估报告等。监测评估领导小组下设监测组和评估组。

监测组由县统计部门牵头，承担规划目标任务的相关部门共同组成。负责规划监测工作的指导和人员培训，研究制定监测方案，收集、整理、分析数据和信息，撰写并提交年度监测报告等。

评估组由县妇儿工委办公室牵头，承担规划目标任务的相关部门以及相关领域的专家学者共同组成，制定评估方案，组织开展评估工作，撰写并提交评估报告等。

(三) 县人民政府将监测评估工作所需经费纳入财政预算。县人民政府及有关部门结合监测评估结果开展宣传，研究利用监测评估结果进一步推动规划实施。

(四) 建立儿童发展综合统计制度，规范和完善与儿童生存、发展有关的统计指标和分性别统计指标，将其纳入部门常规统计和统计调查。建立和完善县级儿童发展监测数据库。

(五) 县妇儿工委成员单位、相关机构及有关部门要向同级统计部门报送年度监测数据，向县妇儿工委提交中期和终期评估报告。

汉寿县人民政府办公室关于印发《汉寿县政府投融资公司管理暂行办法》的通知

汉政办发〔2017〕10号

各乡镇(街道)人民政府(办事处)，湖南汉寿高新技术产业园区管委会，县直各单位：

《汉寿县政府投融资公司管理暂行办法》已经县人民政府同意，现印发给你们，请认真贯彻执行。

汉寿县人民政府办公室

2017年5月5日

汉寿县政府投融资公司管理暂行办法

第一章 总 则

第一条 为加强政府投融资公司的管理，推动融资行为规范化、资金使用制度化，提高资金使用效益，切实防范债务风险，根据《公司法》《企业国有资产监督管理条例》《中共中央国务院关于深化投融资体制改革的意见》《中共湖南省委湖南省人民政府关于深化投融资体制改革的实施意见》等法律法规和文件精神，特制定本办法。

第二条 本办法所称投融资公司是指由县政府出资设立，承担政府投资项目融资功能，并拥有独立法人资格的国有独资公司。

第三条 本办法所称政府投融资项目，主要包括：依靠政府投资建设的公路交通、市政工程、环境整治、社会事业等非经营性公益类项目；重大基础设施、基础产业、高新技术产业等政府经营性投资项目；县政府确定的其他准经营性项目。

第四条 本办法所称融资是指通过投融资公司实施的融资行为，具体方式包括银行贷款、融资租赁、发行债券和信托产品、转让经营权、资产证券化、股权质押、股权投资基金等多种融资方式。

第五条 建立债务动态监测机制，及时分析评估自身偿债能力，按量力而行、规模适度的原则，把融资的数量、总体规模控制在与县域经济发展水平相适应的范围内，使投融资公司既能实现经济社会发展目标，又能保持融资功能的良性循环和可持续发展。

第六条 推进投融资公司的清理整合，提升融资能力。深化投融资平台的市场化改革，完善投融资决策机制、运营机制和内控机制，构建“借、用、管、还”相匹配、“决策、管理、执行、监督”相分离的投融资管理机制，切实做到借得来、用得好、管得住、还得上。

第二章 管理机构

第七条 县政府建立投融资公司管理联席会议(以下简称联席会议)制度，由常务副县长担任召集人，县金融办、县财政局、县发改局、县国土资源局、县住建局、县国资中心、县审计局等部门负责人参加。联席会议每月召开一次，其主要职责是：

(一)负责审核政府投融资项目的投融资计划及偿债计划；

(二)负责审核并批准各投融资公司年度及中长期投融资计划和具体融资方案；

(三)监管各投融资公司的资金使用；

(四)协调各投融资公司的投融资活动开展。

联席会议办公室(以下简称联席办)设在县金融办，负责日常协调工作。

第八条 按照统一领导、明确职责、分工合作的原则，联席会议成员单位职责分工如下：

发改部门：负责项目整合和投资监管工作；负责建立和完善各投融资公司投融资项目储备机制。

财政部门：负责资源整合和资金监管工作；负责制定相

应财政扶持投融资的政策措施；研究统筹政府投融资项目的政府性资源配置、信用支撑、风险管理和统计分析；科学评估本级财政偿债能力，在财政预算中对债务规模提出明确的控制上限，建立政府偿债风险准备金。

国土部门：负责政府投融资项目土地指标报批和供地保障；落实投融资计划中所需的土地资源收储、出让等工作。

住建部门：负责职责范围内的工程招投标管理及工程质量管理等工作；负责政府投融资项目的规划条件提供与审批等工作；指导和配合土地部门做好投融资工作中土地收储、开发、配置等与规划相关的工作。

国资管理部门：负责国有资产的监管工作；负责协调落实对投融资公司的各项扶持政策，负责协助汇总编制年度政府投融资计划，督促各投融资公司完成投融资任务；完成投融资公司国有资金、资产、资源向资本的转换，对投融资公司进行整合；完善对各投融资公司的考核激励制度和监督管理制度。

审计部门：负责投融资公司和项目的审计监督以及督促问题的整改工作。

第九条 投融资公司的主要职责为落实政府投融资建设项目任务，具体包括：

（一）编制和上报年度投融资计划；

（二）盘活政府配置的资产、资源、资金，落实投融资计划中所需的土地资源开发、整理等工作，运用多种融资方式，实施年度投融资计划；

（三）负责项目资金使用管理，提高各类资金使用效益，做好融资资金的流动性管理，控制项目资金成本；

（四）负责融资债务管理，资产负债率控制在 70% 以下，资本金放大倍数控制在合理范围内，按时偿还债务。

第三章 融资管理

第十条 每年第四季度，各投融资公司根据县政府确定的城建计划、土地收储计划及项目建设需要，分别编报下一年度投融资计划。

第十一条 联席办、国资管理中心汇总平衡各投融资公司编报的投融资计划后，提出下一年度政府投融资计划，报请联席会议审定。县政府年度融资计划报县人大常委会审议批准后实施。

第十二条 严格担保管理。各投融资公司融资需要提供担保的，应在融资方案中予以说明，其担保方式、内容经债权金融机构确认后，由联席会议协调解决。政府投融资公司不得为政府确定的投融资公司之外的其他单位或个人提供担保。

第四章 项目管理

第十三条 政府投融资建设项目按照“谁融资谁建设”的原则，由投融资公司当业主，借款方有政策要求或指定业主单位的需提请联席会议研究确定。各政府投融资公司采取签订授权委托合同的形式，明确项目单位，组织各项工程的建设管理。

第十四条 按照“先财政评审、后确定预算”的原则，对政府投融资项目工程建设实行预算评审管理。县财政投资评审中心对建设项目预算进行评审，出具预算评审报告。县财政局根据评审结论下达建设项目预算，项目单位要严格按照批复的建设项目预算执行，一般不得突破预算数额。

第十五条 政府投融资项目按设计文件的规定内容和要求全部建成后，项目主管部门、投融资公司全程参与工程竣工验收。

第十六条 政府投融资项目竣工验收后，项目单位应于 3 个月内完成竣工决算编制，并向政府投融资平台公司申请，县财政投资评审中心对建设项目竣工决算进行评审，并出具竣工决算评审报告，作为项目费用结算和资产移交的依据。

第五章 资金管理

第十七条 投融资项目资金实行专户管理。各投融资公司账户分为三类：一类是项目资金账户，用于归集融资资金收支管理（含在金融机构的贷款资金、财政专项投入资金、项目回购资金、单位和个人借款、发行债券募集的资金、PPP 模式中社会资本投资方投入的前期资金、诚信保证金）；二类是偿债准备金账户，用于计提偿债准备金，归集偿还债务本息资金收支管理；三类是公司运行管理账户，用于归集经营非政府投融资项目取得的资金收支和公司日常运行管理资金收支。

第十八条 在资金使用计划内，建立月度用款申请制度。每月前 5 个工作日内，项目单位按照工程建设程序和工作进度，申请本月度用款计划，由投融资公司审核并报分管县长批准后办理拨款手续。

第十九条 财政审批支付项目资金以各类合同约定和县财政投资评审中心的评审报告及还本付息需要为依据，在月度用款计划内，项目资金支付必须按程序批准后执行。

第六章 偿债管理

第二十条 按照“谁举债，谁偿还”的原则，完善偿债保障机制。

第二十一条 明确县财政与投融资公司债权债务关系。财政监督各投融资公司项目资金的使用，明确债权债务，财政不承担还本付息责任。

第二十二条 设立偿债风险准备金。投融资公司应提取偿债风险准备金，防范和化解债务风险。

第二十三条 偿债专项资金，按照专款专用的原则，由联席会议根据各投融资公司承担的公益性项目及融资条件统筹安排使用，不得截留、挪用。

第七章 平台管理

第二十四条 建立健全投融资公司法人治理结构。按照《公司法》要求，投融资公司设立董事会、监事会、经理层，按需设立“一室多部”和“子公司”，公司员工实行总量控制。公司职能、机构编制、领导职数由公司章程载明，经县国资中心审核后报联席会议批准。

第二十五条 人员管理

(一)合理选定员工。公司负责人(董事长、总经理)实行任期制，每届三年。公司董事长、总经理由县委提名并管理、县政府聘任，独立运行的子公司董事长、总经理由县政府委托国资中心聘任。监事会成员不少于5人，监事长由县国资中心从监事会成员中确定。公司副总经理、其他子公司董事长、总经理及员工由公司面向社会公开选聘。

(二)理顺人事关系

1. 原公务员(含参管)身份人员在公司工作，不再保留原公务员身份和党政机关编制、工资关系等各种待遇，党组织关系转入公司，工资、编制等关系转入县国资中心，按事业编制人员管理，工资正常晋级晋档，离职后，可享受财政全额拨款事业单位工作人员待遇。

2. 原事业编制身份人员在公司工作，党组织关系转入公司，工资、编制等关系转入县国资中心，工资正常晋级晋档，离职后，可恢复事业单位工作人员待遇。

(三)加强人才培养。充分利用现有人才，在配备公司管理层时，注重从全县行政事业单位懂经营、会资本运作的干部中选任。积极引进专业人才，按照“缺什么人才就引进什么人才”的思路，由县人社局牵头、县国资中心配合，比照事业单位人员招聘的程序面向社会公开选拔。高层次专业人才的引进，按《汉寿县人才引进培养和服务管理工作暂行办法》(汉办发〔2016〕7号)执行。

第二十六条 绩效薪酬管理。

(一)绩效考核

1. 考核内容。投融资公司的绩效考核以完成政府项目投融资、经营效益、投融资成本节约、国有资产保值增值和风险控制等五个指标为核心内容。

2. 考核方式。采取年度考核与任期考核相结合的方式，对企业实行年度经营业绩考核和任期综合考核评价。考核结果分为优秀、良好、合格、不合格四个档次。

3. 考核组织。县国资中心牵头负责对投融资公司实施绩效考核。每年3月底前，各公司提出考核目标建议方案，报县国资中心审核，考核方案与考核结果均须经联席会议审批后执行。

4. 结果运用。考核结果与公司负责人任职、薪酬挂钩。

(二)薪酬管理

薪酬管理遵循总额控制、预算报批、绩效挂钩、适度增长原则。由县国资中心履行公司薪酬管理职责。每年3月底前由各公司编制年度薪酬总额预算及具体薪酬方案，报县国资中心审批，其中属县委管理的公司负责人的薪酬方案还须报县委组织部备案。

1. 公司负责人薪酬。

(1) 薪酬标准：公司负责人年度薪酬总额不超过上年度全县城镇职工平均工资的5倍。

(2) 薪酬结构：由基本薪酬(年度薪酬总额40%)、绩效薪酬(年度薪酬总额60%)两部分组成：

年度薪酬=(基本薪酬+绩效薪酬)× 薪酬系数

(3) 薪酬系数：董事长的薪酬系数为1，总经理的薪酬系数为0.9，副总经理薪酬系数为0.7。独立运行的子公司董事长的薪酬系数为0.9，总经理的薪酬系数为0.8，副总经理薪酬系数为0.6。

(4) 薪酬发放：基本薪酬按月发放，绩效薪酬按照年度经营业绩考核结果兑现80%，其余20%作为风险抵押金延期到任期综合考核结束后兑现。

2. 公司其他人员薪酬。

(1) 薪酬标准：公司其他人员年度薪酬总额为上年度全县城镇职工平均工资水平的1.2~1.5倍。

(2) 薪酬结构：由基本薪酬(年度薪酬总额80%)、绩效薪酬(年度薪酬总额20%)两部分组成。

(3) 薪酬发放：基本薪酬按月发放，绩效薪酬由公司自行考核后兑现。

3. “五险一金”缴费标准。

原行政、事业编制身份人员在公司工作，“五险一金”等社会保障由县国资中心按同类人员标准缴纳；其他公司职员“五险一金”中住房公积金按工资额的12%提取和汇缴，“五险”国家有明确的缴费标准，按县人社局年度核准数额汇缴。

第二十七条 保障公司运行。投融资公司运行经费主要来自于经营收益，按一定比例提取的管理费和融资成本。运行经费实行预算控制，由公司编制、国资管理部门审核后报联席会议批准。当年项目建设工作经费提取总额不超过 500 万元，融资工作经费提取总额不突破 800 万元。

第二十八条 加强政府投融资公司的监管

(一) 政府投融资公司和项目单位要建立建设资金拨付台账，建立健全账目管理制度，定期对账，依法接受审计部门的监督检查。

(二) 财政部门负责项目概、预、决算的审核和工程招投标标底的审定，同时加强对建设资金拨付工作的监督管理。

(三) 审计部门依法对政府投融资项目概 (预) 算执行情况及决算审批的情况进行监督，并接受联席会议交办的相关审计任务。

第八章 附 则

第二十九条 本办法与县属原有相关管理制度相冲突的，按本办法执行。县金融办、县国资中心负责解释。本办法自印发之日起实施。

汉寿县人民政府关于印发《汉寿县集体建设用地管理暂行办法》的通知

汉政发〔2017〕8号

各乡镇(街道)人民政府(办事处),湖南汉寿高新技术产业园区管委会,县直各单位:

《汉寿县集体建设用地管理暂行办法》已经县人民政府同意,现印发给你们,请认真贯彻执行。

汉寿县人民政府

2017年6月29日

汉寿县集体建设用地管理暂行办法

第一章 总 则

第一条 为进一步加强汉寿县集体建设用地管理,强化乡镇(街道)人民政府(办事处)和相关责任单位的工作职责,规范集体建设用地行为,提高汉寿县集体建设用地管理水平,预防和制止各类违法用地和违法建设行为的发生,促进乡村集约节约合理利用土地,改善农村人居环境,建设美丽乡村,推动城乡发展一体化,根据《中华人民共和国土地管理法》《中华人民共和国城乡规划法》《中华人民共和国建筑法》以及《违反土地管理规定行为处分办法》(监察部、人力资源和社会保障部、国土资源部第15号令)、《湖南省实施〈中华人民共和国土地管理法〉办法》、《湖南省实施〈中华人民共和国城乡规划法〉办法》、《湖南省人民政府办公厅关于加强农村建房管理的通知》(湘政办发〔2016〕81号)等法律法规和有关规定,结合汉寿县实际,制定本办法。

第二条 本办法适用于本县行政区域内集体建设用地管理工作。

本办法所称集体建设用地是指县城规划区以外进行的农村村民建房用地,乡镇、村公共设施和公益事业建设用地,乡镇、村企业用地等非农业建设用地。其他单位和个人进行非农业建设使用土地的,必须依法申请使用国有土地。房地产开发和城镇居民住宅建设禁止使用集体建设用地。

国有农场、林场、渔场区域内进行上述建设的参照本办法执行。

直接用于农产品生产、经营性畜禽养殖、工厂化作物栽培或水产养殖的生产设施用地,农村村民建房用地以外的晾晒场,按照设施农用地管理。

第三条 集体建设用地应当符合土地利用总体规划、乡村规划和其他专项规划,尽可能利用存量集体建设用地、荒地、空闲地、废弃地等进行建设。

集体建设用地选址应避开地质灾害易发地段和地下采空区。严禁在基本农田保护区、生态资源保护区、饮用水源一级保护区、历史文化核心保护范围、电力设施管控范围、水利工程管理范围和公路两侧建筑控制区进行集体建设用地项目建设,其建设不得影响自来水、天然气、国防光缆和通信网络设施。严格控制占用农用地,需占用农用地的,应当纳入土地利用年度计划,依法办理农用地转用审批手续。

第二章 职能职责

第四条 县人民政府对乡镇(街道)人民政府(办事处)集体建设用地管理工作实行绩效考核和约谈问责制度,考核办法另行制定。

第五条 县国土资源部门和县住建部门负责集体建设用地的管理监督工作。其他相关职能部门,根据各自职责,做好集体建设用地管理相关工作。

第六条 乡镇(街道)国土资源所的管理实施职能调整,机构仍为县国土资源局的派出机构,县国土资源局负责业务指导,具体日常管理职能以乡镇(街道)人民政府(办事处)为主。

依法将农村建房管理权限下放给乡镇（街道）人民政府（办事处），包括：农村建房的规划，建筑方案审批，施工、质量安全监管，违法建设的查处等工作。县水利、交通、公路、林业和电力等部门根据相关规定，依法授权或委托对应的乡镇（街道）行政管理机构行使行政及监督职权。

第七条 乡镇（街道）人民政府（办事处）为本辖区内集体建设用地管理工作第一责任主体。主要职责为：负责本辖区的土地利用总体规划、集镇规划、村庄规划的组织编制工作；负责规划的严格落实，并严格履行农村建房规划许可制度；负责集体建设用地的选址、建筑方案的审批、定点放样、施工监督、质量安全监管、动态巡查和竣工实地检查；负责违法用地和违法建设的查处并依法组织拆除工作。

第八条 乡镇(街道)国土、规划建设管理部门要在乡镇(街道)人民政府（办事处）的领导下，规范管理行为，切实履行职责。主要职责为：负责协助乡镇（街道）人民政府（办事处）开展土地利用总体规划、集镇规划和村庄规划的组织编制；集体建设用地的选址；建筑方案的审查；用地资料的组织报批；规划和建设的审查和报批；项目开工建设前的定点放样；对建设过程中的施工和质量安全进行监管；负责按照“四到现场”的要求，切实落实好批后监管；负责清理处置农村村民一户多宅的问题，对辖区内违法用地和违法建设行为进行查处；负责协助乡镇（街道）人民政府（办事处）依法组织新建住房村民的旧宅限期拆除工作；负责联合开展日常动态巡查工作。

村（居）民委员会负责做好本村集体建设用地的相关管理监督工作。主要职责为：结合实际，划定集中居民点和中心村；负责制定村规民约，严格审查村民建房条件，规范村民建房行为；准确掌握本村村民建房动向，鼓励村民建房向集中居民点和中心村聚集。

第九条 县国土资源局负责对乡镇（街道）的集体建设用地管理工作进行业务指导；负责集体建设用地中农用地转用和未利用地使用的审查报批和日常监管工作。

县住建局负责指导乡镇（街道）人民政府（办事处）组织编制集镇规划和村庄规划及各项专项规划；对乡镇规划建设行政行为进行指导和监管；综合指导、协调小城镇建设发展工作；突出汉寿县湖湘特色和传统民风，向村民推荐建房标准图集；负责实施全县乡镇规划建设管理人员和农村建筑工匠的技能培训；负责组织编制乡镇污水处理方案并指导方案的实施。

县科技工信局负责推广应用新型墙材、节能门窗等绿色建材产品，加大对非环保建材生产行为的打击和取缔的力度。

县财政局负责将集体建设用地管理工作经费、考核考评资金纳入年度财政预算并给予保障。

县农业局负责指导乡镇（街道）开展农村环境卫生综合整治工作。

县城管执法局负责加大城乡环卫一体化的推进力度，逐步完善乡村环境卫生设施的配套。

县监察局负责查处党员干部和国家工作人员在集体建设用地管理工作中的失职、渎职行为；负责查处党员干部和国家工作人员非法占用集体建设用地的违纪行为。

县环保、交通、公路、水利、电力、林业、国防和通信等部门要根据各自法定职责，积极依法履职，本着高效、便民的原则，密切配合乡镇（街道）人民政府（办事处）对集体建设用地管理履行前置审批监管职责。

第三章 规划引导与控制

第十条 乡镇(街道)人民政府(办事处)要按照“望得见山、看得见水、记得住乡愁”的要求，扎实有效做好村土地利用规划编制工作，要引导村民委员会及其村民全程参与，充分尊重村民意愿，实行集体讨论表决制度。

第十一条 乡镇（街道）人民政府（办事处）要加快制定集镇规划和村庄规划，集镇规划必须在2018年底前完成编制与审批工作，在2020年底前完成所有村庄规划的编制与审批。在村庄规划编制工作未完成前，乡镇(街道)人民政府(办事处)要指导村（居）民委员会依据土地利用总体规划，划定中心村和集中居民点范围。

第十二条 乡镇规划编制应当体现当地特色，并遵循以下原则：

（一）严格执行土地利用总体规划；

（二）衔接和兼顾交通、水利、电力等专项规划；

（三）坚持集约节约用地，切实保护耕地；

（四）符合生态环境保护要求。

第十三条 集体建设用地的用地规模应当严格控制在国家用地定额标准范围内，坚持村级公共服务用房“一房多用”，避免超标或重复建设。农村村民建房必须坚持“一户一宅”的原则，建房用地使用耕地的不超过130平方米；使用荒山荒地不超过210平方米；使用其他土地不超过180平方米。

第十四条 鼓励农村村民按照“统一规划设计、统一建筑风格、统一建设标准、统一配套设施”的方式集中联建自用住房。在统一规划的中心村和集中居民点内的村民建房，每户宅基地面积原则上不超过130平方米。其他区域的村民建房用地规划面积，可参照该标准执行。

第十五条 乡镇（街道）人民政府（办事处）和村（居）民委员会根据实际情况，建立中心村和集中居民点内农村土地承包经营权的调配机制，确保乡村规划的推进与实施。

第十六条 集体建设用地的选址和建设应当符合交通、水利、电力、国防电缆等专项规划的要求，严格执行前置审批和监管制度。

第四章 用地管理

第十七条 新增乡镇、村公共设施和公益事业用地，乡镇企业等集体建设用地的审批按照《湖南省实施〈中华人民共和国土地管理法〉办法》相关规定，在符合土地利用总体规划、城乡规划、国家产业政策和用地政策的前提下，由乡镇（街道）人民政府（办事处）或用地人，按要求组织资料后，由县国土资源局按审批权限报有权批准的人民政府批准。

第十八条 农村村民建房占用耕地实行年度计划指标管控。县人民政府年初确定农村村民建房年度占用耕地计划指标，分解下达给乡镇（街道）。乡镇（街道）人民政府（办事处）以及村（居）民委员会负责对年度农村村民建房占用耕地情况进行调查摸底，分期报批，先批后建。

第十九条 乡镇（街道）人民政府（办事处）要根据工作需要建立健全集体建设用地管理工作机制，因地制宜制定集体建设用地管理制度，包括领导机构、许可事项、建设质量、安全监管、动态巡查、控违拆违、建新拆旧、竣工验收、绩效考核、宣传教育、投诉举报奖励、责任追究等内容。要组织国土、规划建设等管理部门积极开展动态巡查，每月不少于2次全覆盖的动态巡查。

乡镇（街道）人民政府（办事处）要把规范集体建设用地管理工作列入重要议事日程，重点解决当前表现突出的外来人口买地建房、乱占耕地建房、一户多宅、超批准面积建房和妨碍占用水利等基础设施用地的违法行为。

第二十条 集体建设用地申请人应严格符合法律政策规定的资格要求，严禁以兴办"乡镇企业""乡镇、村公共设施和公益事业建设"为名，非法占用（租用）农民集体所有土地进行非农业建设。

农村村民申请建房必须是本集体经济组织成员，且在本集体经济组织内从事生产经营活动，承担本集体经济组织成员义务，并符合下列条件之一：

（一）无宅基地的；

（二）具备分户条件，确需另立户建设住宅的；

（三）现有宅基地面积尚未达到规定限额标准需扩建的；

（四）现有住房属旧房、危房需拆除新建或改、扩建的；

（五）因国家或农村集体经济组织建设需搬迁新建的；

（六）住房因灾害损毁需重建的；

（七）其他符合法律、法规、规章规定情形的。

第二十一条 农村村民申请建房应当提交下列材料，并对申请材料的真实性负责：

（一）用地申请书；

（二）身份证和户口簿复印件（查验原件）；

（三）村委会的讨论记录、公示材料；

（四）《农村村民建房用地呈报审批表》；

（五）"乡村建设规划许可证"；

（六）建新拆旧的提交与乡镇（街道）人民政府（办事处）签订的《旧房拆除协议书》；

（七）占用农用地的需提交耕地占用税完（免）税凭证；

（八）法律法规规定应提交的其他材料。

第二十二条 集体建设用地涉及农用地转用的按照法律法规规定办理农用地转用和未利用地使用审批手续。乡镇（街道）人民政府（办事处）应当组织乡镇（街道）国土资源所、规划建设管理部门和村（居）民委员会对集体建设用地实行踏勘选址、定点放样、开工建设和竣工实地检查"四到现场"动态监管。其中，农村村民建房按照下列程序办理：

（一）申请：农村村民建房，应当向村（居）民委员会提出书面申请，由村（居）民委员会讨论通过。

（二）初审公示：村（居）民委员会在收到申请后3个工作日内，对申请人的建房资格、申请宅基地面积和选址情况进行初步审查，将初审意见在申请人所在村民小组张榜公示5个工作日，公示期满无异议的，向乡镇（街道）国土、规划建设管理部门递交申请。

（三）受理审批：乡镇（街道）国土资源所与规划建设管理部门在收到申请后3个工作日联合进行踏勘选址和资格审查。涉及需要前置审批的，由乡镇（街道）国土资源所在1个工作日内联系相关前置审批职能部门，相关前置审批职能部门必须在3个工作日内完成前置审查。对符合建房条件和乡村规划的，申请人提交申报资料，乡镇（街道）国土资源所、规划建设管理部门应在3个工作日内完成审查工作，乡镇（街道）人民政府（办事处）应在3个工作日内完成审批，并向申请人核发《乡村建设规划许可证》和《农村村民建房用地呈报审批表》。对涉及农用地转用的依照相应规定按批次上报县、市人民政府审批。

（四）定点放样：用地和规划许可审批手续办理后，乡镇（街道）人民政府（办事处）在5个工作日内，组织国土资源所、规划建设管理部门和村（居）民委员会实地放样，确定建房用地范围界线和面积。

（五）开工建设：申请建房的农村村民应当在准备开工5个工作日前提出开工申请，乡镇（街道）国土、规划建设管理部门在接到开工申请后3个工作日内组织村（居）民委员会对开工建设全过程进行动态监管。

（六）实地检查：村民住房建成后，乡镇（街道）人民政府（办事处）组织国土资源所、规划建设部门到实地检查是否按批准的面积和要求建房，原有住宅是否拆除等，出具实地检查合格意见书。

第二十三条 村民住宅原址重建的，除保留施工期间必要的生活用房外，应先拆除旧房后方可开工建设，保留的生活用房，应在新房建成3个月内拆除。异地新建的，原则上在新房建成6个月内拆除全部旧房。村民应与乡镇（街道）人民政府（办事处）签订协议，承诺在规定时间内自行拆除旧房，逾期不拆除的，由乡镇（街道）人民政府（办事处）依法组织拆除。

第二十四条 相关职能部门和乡镇（街道）人民政府（办事处）应当依法公开集体建设用地相关收费项目、标准和政策依据，不得乱收费。

第二十五条 未取得合法用地手续的集体建设项目，县发改局不得办理项目审批和核准手续，电力部门和市政公用企业不得办理通电、通水、通气，未依法办理农用地转用审批手续占用农用地设立企业的，工商部门不得登记。

第二十六条 逐步推行和建立法人单位违法用地和违法建设不良记录登记制度。

第五章 责任追究

第二十七条 未经批准或者非法批准农用地转为集体建设用地的，依照《中华人民共和国土地管理法》《违反土地管理规定行为处分办法》等相关法律、法规、规章的规定进行处理。

第二十八条 不符合土地利用总体规划、乡村规划和专项规划的违法用地或违法建设，地上建（构）筑物由乡镇（街道）人民政府（办事处）依法组织拆除；构成犯罪的，依法追究刑事责任。

第二十九条 集体建设用地闲置的，由县国土资源局责令限期改正；集体建设用地所有者对土地闲置负有直接责任的，在土地闲置状况改正之前，县国土资源局可依法采取限制新增加建设用地、促进闲置土地开发利用的措施。

第三十条 将集体建设用地用于商品房开发和城镇居民住宅建设的，由县国土资源局责令改正，拒不改正的，依照相关法律法规处理。

第三十一条 乡镇（街道）人民政府（办事处）应当严格村（居）民委员会集体建设用地管理责任追究，制定相应的管理和考核制度，对在集体建设用地管理工作中失职、渎职的村（居）民委员会主要负责人和直接责任人给予组织处理或纪律处分。

第三十二条 乡镇（街道）国土、规划建设管理部门履职不到位造成违法用地或违法建设未及时制止并上报查处的，年度内出现2起以内的（含2起），对负责人给予警示约谈；年度内出现3起以上（含3起）和年度绩效考核排名最后一名的，对负责人给予组织处理或纪律处分。

第三十三条 乡镇（街道）人民政府（办事处）履职不到位造成违法用地和违法建设未及时制止并查处的，年度内出现3起以内的（含3起），由县人民政府对乡镇（街道）分管负责人给予警示约谈；年度内出现4起以上（含4起）和年度绩效考核排名最后一名的，对乡镇（街道）分管负责人给予组织处理或纪律处分；年度内违法占用耕地占新增建设占用耕地的比例超过10%的，对乡镇（街道）主要负责人进行约谈问责，问题严重的依法依规给予处理。

第三十四条 电力部门和燃气、自来水、广播电视、通信网络等市政公用企业要尽快出台相应的管理办法，对违反本办法规定办理立户接入手续的相关责任人进行警示约谈，责令限期改正；情节严重或者拒不改正的，县人民政府将按照有关规定，对部门和企业的主要负责人以及其他直接责任人员给予组织处理或纪律处分。

第三十五条 相关职能部门、乡镇（街道）人民政府（办事处）、村（居）民委员会有下列情形之一的，对直接负责的主管人员和其他直接责任人员，给予纪律处分，构成犯罪的，依法追究刑事责任：

违规办理行政许可、登记等事项；

前置审批部门不作为、乱作为的；

（三）违规出具审查、审核、审批意见或虚假证明材料的；

（四）违规乱收费的；

（五）未认真履行监管职责，致使违法用地或违法建设行为未及时发现制止或发现后不按规定查处的；

（六）不配合相关执法部门依法开展执法活动，甚至干扰、妨碍、抗拒依法执行公务的行为；

（七）其他玩忽职守、滥用职权、徇私舞弊的行为。

第三十六条 对阻碍相关行政主管部门工作人员依法执行公务的违法行为，由县公安局依法进行处罚；情节严重、构成犯罪的，依法追究刑事责任。

第六章 附则

第三十七条 本办法自发布之日起施行，原有规定与本办法不一致的，以本办法为准。

汉寿县人民政府办公室关于公布汉寿县第二批非物质文化遗产名录的通知

汉政办发〔2017〕11 号

各乡镇(街道)人民政府(办事处)，湖南汉寿高新技术产业园区管委会，县直各单位：

经县人民政府批准县文体广新局确定的汉寿县第二批非物质文化遗产名录现予以公布。各级各部门要按照《国务院办公厅关于加强我国非物质文化遗产保护工作的意见》(国办发〔2005〕18 号)和《湖南省人民政府办公厅关于加强非物质文化遗产保护工作的意见》(湘政办发〔2005〕27 号)要求，利用各种手段对保护对象进行全面、系统地记录，鼓励和支持代表作传承人(团体)开展传习活动，要通过各种渠道使县级非物质文化遗产广为传播，加深工作的了解和认识，促进社会共享，确保汉寿县非物质文化遗产得到保存、传承和发展。

附件：汉寿县第二批非物质文化遗产名录

汉寿县人民政府办公室

2017 年 7 月 12 日

附件：汉寿县第二批非物质文化遗产名录

一、民间文学

青文胜的民间故事

二、曲艺

汉寿龙舟号子

三、传统医药

古方中药小建中颗粒

汉寿县人民政府办公室关于印发《汉寿县“二十证合一”“七证整合”改革实施方案》的通知

汉政办发〔2017〕12 号

各乡镇(街道)人民政府(办事处)，湖南汉寿高新技术产业园区管委会，县直各单位：

《汉寿县“二十证合一”“七证整合”改革实施方案》已经县人民政府同意，现印发给你们，请认真组织实施。

汉寿县人民政府办公室

2017 年 8 月 14 日

汉寿县“二十证合一”“七证整合”改革实施方案

为推进汉寿县市场主体“多证合一”改革，进一步优化营商环境，提高行政效能，激发创业活力，根据《常德市“二十证合一”改革实施方案》(常政办发〔2017〕9 号)精神，结合汉寿县实际，制定本实施方案。

一、改革目标

全面推进商事制度改革，在企业“五证合一”、个体工商户“两证整合”登记制度改革的基础上，全面梳理、分类处理涉企(含个体工商户，下同)证照事项，将涉企备案事项整合到营业执照的办理过程之中，简化办事项目，优化办事流程，提高办事效率，以“减证”带动“简政”，构建“互联网 + 政务服务”的管理方式，让“数据多跑路、企业少跑腿”，变“企业来回跑”为“部门协同办”，使企业在办理营业执照后即能达到预定可生产经营状态，大幅缩短企业从筹备开办到进入市场的时间。

自 2017 年 8 月 18 日起，在全县范围内实施企业“二十证合一”、个体工商户“七证整合”改革。

二、基本原则

(一)坚持积极稳妥。坚持“多证合一”改革和行政审批制度改革相结合，此次“二十证合一”“七证整合”改革只将部分涉企信息收集、记载公示、管理备查类的备案登记事项进行整合，暂不涉及行政许可。

(二)坚持市县联动。在企业“五证合一”改革基础上，按照全市统一部署，通过充分衔接，协同整合人民银行、发改、商务粮食、文体广新、旅游外侨、房管、出入境检验检疫、海关等 8 个部门 15 项涉企备案登记事项，市县联动推进“二十证合一”改革。

(三)坚持分步实施。在个体工商户“两证整合”的基础上，通过深入调研、认真梳理和深度对接，整合公安、商务粮食、文体广新、人民银行等 4 个部门 5 项涉企备案事项，实施“七证整合”改革。下一步再择机进一步扩大整合范围，实现更广范围、更大程度、更深层次上的“多证整合”。

三、改革内容

(一)整合事项

企业在原“五证合一、一照一码”的基础上，协同整合市县以下 8 个部门 15 项涉企备案登记事项：

1. 县发改局：创业投资企业备案。

2. 县商务粮食局：外商投资企业设立及变更备案、加工贸易企业经营状况及生产能力证明、对外贸易经营者备案登记、二手车经营主体和二手车交易市场备案、洗染经营者备案、再生资源回收经营者备案。

3. 县文体广新局：艺术品经营单位备案。

4. 县旅游外事侨务局：旅行社分社设立备案、旅行社服务网点备案。

5. 县房管局：房地产经纪机构备案。

6. 人民银行汉寿支行：开户许可证。

7. 常德出入境检验检疫局：出入境检验检疫报检企业备案、原产地申报企业备案。

8. 常德海关：进出口货物收发货人注册登记。

个体工商户在原“两证整合”的基础上，整合以下4个部门5个相关证照事项：

(1) 人民银行汉寿支行：开户许可证。

(2) 县商务粮食局：洗染经营者备案。

(3) 县文体广新局：从事音像制品零售活动的个体工商户改变业务范围、地址备案，个体演员、演出经纪人备案。

(4) 县公安局：经批准开业的旅馆转业、合并、改变名称等事项备案。

(二)操作流程

1. 一窗受理。申请人办理“多证合一”业务，只需到县食品药品工商质量监督管理局一个窗口(下称食药工质综合窗口)登记，无须再跑其他证照(备案)事项主管单位窗口。

2. 一套材料。由申请人根据需求提出办理“多证合一”业务申请，并将所需相关材料一次性提交至食药工质综合窗口进行初审。申请材料齐全的，食药工质综合窗口将信息录入，纸质材料后台流转，并将录入的信息通过常德市部门涉企信息归集与事中事后监管平台(下称监管平台)推送至相关部门，实行网上办理。

3. 一网通办。食药工质综合窗口3个工作日内核准通过企业(含个体工商户，下同)设立(变更)登记后，将企业信息及企业统一社会信用代码通过监管平台分别推送至相关部门。相关部门须在7—10个工作日内完成全部办事流程。

四、工作衔接

(一)信息推送

在推进“二十证合一”改革市县联动工作中，县本级即可办结的涉企备案事项，食药工质综合窗口将备案企业信息推送至同级主管部门；对海关、检验检疫等县内没有办事机构的部门，推送至市级对口单位；对县发改、旅游外事侨务、商务粮食等部门相关备案权限在市级以上(含市级)的，实行备案企业信息市、县两级对口推送。

(二)材料流转

相关业务主管部门应通过网上办理涉企备案。对确需纸质材料的，应向食药工质综合窗口提交材料规范及范本，并对窗口工作人员进行必要的指导。企业备案向窗口提交的纸质材料，由相应主管部门取回存档。

(三)信息认领

备案主管部门应及时登录监管平台认领食药工质综合窗口推送的企业备案信息，依法履行涉企信息收集、记载公示、管理备查等职责，并在规定时限内完成所有备案流程。企业外出办理业务需携带备案证的，由相关部门直接发证。

五、工作要求

(一)加强组织领导。县商事制度改革领导小组负责组织、协调、开展“二十证合一”“七证整合”改革工作。各成员单位要高度重视“多证合一”改革，承担起改革工作的主体责任，形成政府统一领导、食品药品工商质量监管部门牵头、相关部门分工负责、齐抓共管的工作机制。

(二)加强部门指导。县食品药品工商质量监督管理局负责“多证合一”改革的统筹推进，针对改革实施中的重点、难点问题，完善相关改革配套制度，强化事中事后监管平台备案流程培训指导；加强与各成员单位的沟通协调，建立协同推进工作机制，形成工作合力。确保“二十证合一”“七证整合”改革工作规范有序推进。

(三)加强宣传引导。县商事制度改革领导小组要加强宣传引导，让广大市场主体普遍知晓此次改革内容、范围、程序以及重要意义。领导小组成员单位要及时回应社会关注，做好“二十证合一”“七证整合”改革政策的解读和宣传工作，形成全社会理解、关心、支持改革的良好氛围。

汉寿县人民政府关于印发《汉寿县土壤污染防治工作方案》的通知

汉政发〔2017〕13号

各乡镇（街道）人民政府（办事处），湖南汉寿高新技术产业园区管委会，县直各单位：

现将《汉寿县土壤污染防治工作方案》印发给你们，请认真组织实施。

汉寿县人民政府

2017年11月28日

汉寿县土壤污染防治工作方案

汉寿县土壤污染源主要为农业污染源与工业污染源。2012年全县农产品产地重金属污染普查结果显示：全县327个布点中，土壤镉含量超标的点位达118个，占总调查点位的36.09%，其土壤背景镉含量大多在0.3—0.5mg/kg之间，最高值达到0.727mg/kg，表明汉寿县以镉为主的耕地土壤重金属污染问题不容忽视；土壤pH值<5.0的点位达160个，占总调查点位的48.93%，pH值在5.0—5.5的点位达110个，占总调查点位的33.64%，表明汉寿县耕地土壤酸化已日趋严重。

为切实加强土壤污染防治工作，严格管控土壤污染环境风险，逐步改善汉寿县土壤环境质量，保障人居环境安全。根据《国务院关于印发土壤污染防治行动计划的通知》（国发〔2016〕31号）、《湖南省土壤污染防治工作方案》（湘政发〔2017〕4号）和《常德市土壤污染防治工作方案》（常政发〔2017〕12号）要求，结合汉寿县实际，制定本工作方案。

一、总体要求

（一）指导思想。全面贯彻党的十八大和十九大精神，按照“五位一体”总体布局和“四个全面”战略布局，牢固树立创新、协调、绿色、开放、共享的新发展理念，认真落实上级决策部署，立足县情和经济社会发展全局，以改善土壤环境质量为核心，以保障农产品质量、人居环境安全和饮用水水源地安全为出发点，坚持预防为主、保护优先、风险管控，突出重点区域、重点行业企业和重点污染物，实施分类别、分用途、分阶段治理，严控新增污染、逐步减少存量，形成“政府主导、企业担责、公众参与、社会监督”的土壤污染防治体系，促进土壤资源永续利用。

（二）工作目标。

近期目标：到2020年，全县土壤污染加重趋势得到初步遏制，土壤环境质量总体保持稳定。农用地、建设用地和饮用水水源地土壤环境安全得到基本保障，局部突出土壤污染问题得到有效治理，土壤环境风险得到基本管控。

远期目标：到2030年，全县土壤环境质量稳中向好，农用地、建设用地和饮用水水源地土壤环境安全得到有效保障，土壤环境风险得到全面管控。

（三）主要指标。

近期指标：到2020年，受污染耕地安全利用率达到91%左右，污染场地安全利用率达到90%以上。

远期指标：到2030年，受污染耕地安全利用率达到95%以上，污染场地安全利用率达到95%以上。

二、开展土壤污染调查，掌握土壤环境质量状况

（一）深入开展土壤环境质量调查。按照国家和省、市统一部署，在现有相关调查基础上，以农用地和重点行业企业用地为重点，在全县开展土壤污染状况详查工作。

于2018年底前查明农用地土壤污染的面积、分布及其对农产品质量的影响。（由县环保局、县农业局牵头，县国土资源局、县财政局等参与，各乡镇、街道，高新区配合落实。以下均需各乡镇、街道，高新区配合落实，不再列出。）

于2019年底前掌握有色金属冶炼、化工、医药、电镀、危险废物经营等重点行业企业用地中的污染地块分布及其环境风险情况。按照国家、省、市要求，建立土壤环境质量状况定期调查制度，每10年开展1次。每5年开展1次重点行业、重点区域土壤污染状况调查。(县环保局牵头，县国土资源局、县科技工信局、县财政局等参与)

(二)建设土壤环境质量监测网络。统一规划，整合优化土壤环境监测点位，建立以县环境监测站为主体，社会监测机构参与的土壤环境监测网络。

2017年底前，按照国家、省、市统一部署，完成汉寿县土壤环境质量监测点设置，重点掌握农用地、饮用水水源地、重点行业企业用地等敏感用地土壤环境质量变化趋势。充分发挥行业监测网作用，健全土壤环境质量监测网络，基本形成土壤环境监测能力。监测项目和监测频率满足省、市相关规定。组织开展土壤环境监测技术人员培训。2018年底前，实现汉寿县土壤环境监测点位全覆盖。(由县环保局牵头，县财政局、县发改局、县科技工信局、县国土资源局、县农业局、县电子政务办等参与)

(三)提升土壤环境信息化监管水平。依托政府数据资源共享平台，整合环境保护、国土资源、农业等部门相关数据，2018年底前建立全县土壤环境基础信息库，积极协助构建常德市土壤环境信息化管理平台，对接国家、省级土壤环境信息管理平台，并实现动态更新。实现土壤调查监控、土壤环境监测、土壤修复工程管理、公众参与等过程的信息化、可视化功能。(县环保局牵头，县发改局、县财政局、县教育局、县科技工信局、县国土资源局、县住建局、县农业局、县卫计局、县林业局、县电子政务办等参与)

三、健全土壤污染防治管理体系

(一)全面强化监管。明确监管重点。重点监管有色金属冶炼、化工、电镀、制革、危险废物经营等重点行业企业，重点监管区域包括产粮(油)区、绿色食品(原料)基地、规模化畜禽养殖区、饮用水源地保护区、城镇建成区等区域。重点监控土壤中镉、汞、砷、铅、铬、锑等重金属和多环芳烃、石油烃、卤代烃等有机污染物。(县环保局牵头，县科技工信局、县国土资源局、县住建局、县农业局等参与)

(二)加大执法力度。将土壤污染防治作为环境执法的重要内容，充分利用环境监管网格，加强土壤环境日常监管执法。重点打击非法排放有毒有害污染物、违法违规存放危险化学品、非法从事危险废物经营、不正常使用污染治理设施、偷排、监测数据弄虚作假等环境违法行为。对重点行业企业开展专项环境执法，对严重污染土壤环境、群众反映强烈的企业挂牌督办。加强环境行政执法与刑事司法部门协作，健全环保行政执法与刑事司法衔接配合机制，完善案件移送、受理、立案、通报等规定，对严重违反土壤环境保护、资源利用等法律法规的行为依法进行处置。全面加强环境执法能力建设，配备必要的土壤污染快速检测等执法装备，对全县环境执法人员开展土壤污染防治专业技术培训。提高突发土壤环境事件应急能力，完善各级环境污染事件应急预案，加强环境应急管理、技术支撑、处置救援能力建设。(县环保局牵头，县科技工信局、县国土资源局、县住建局、县农业局、县安监局、县林业局、县公安局、县财政局等参与)

四、实施农用地分类管理，保障农业生产环境安全

(一)划定农用地土壤环境质量类别。开展农用地土壤污染状况详查和类别划定，按污染程度将农用地划为三个类别，未污染和轻微污染的划为优先保护类，轻度和中度污染的划为安全利用类，重度污染的划为严格管控类，以耕地为重点，分别采取预防保护、安全利用、治理与修复等管理措施，保障农产品质量安全。依据农用地土壤环境质量类别划分技术规范，以土壤污染状况详查结果为依据，完成耕地土壤环境质量类别划定，逐步建立耕地等级分类清单，报县人民政府审核，2020年底前完成。划定结果经汉寿县、常德市两级政府审核后，报省人民政府审定，数据上传全国土壤环境信息化管理平台。根据土地利用变更和土壤环境质量变化情况，及时对各类别耕地面积、分布等信息进行更新。(县环保局、县农业局牵头，由县国土资源局、县林业局等参与)

(二)切实加大保护力度。要将符合条件的优先保护类耕地划为永久基本农田，实行严格保护，确保其面积不减少，土壤环境质量不下降。除法律规定的重点项目选址确实无法避让外，其他任何建设不得占用被确定为优先保护类的耕地。2017年底前，制定土壤环境保护方案，明确受污染耕地安全利用措施，实施农药化肥负增长行动，推行农业清洁安全生产。高标准农田建设项目向优先保护类耕地集中的区域倾斜。发展循环农业，推行秸秆还田、种植绿肥、增施有机肥、农膜减量与回收利用等措施。农村土地流转的受让方要履行土壤保护的责任，避免因过度施肥、滥用农药等掠夺式农业生产方式造成土壤环境质量下降。县政府对优先保护类耕地面积减少或土壤环境质量下降的乡镇(街道)进行预警提醒、约谈，情节严重的追究相应责任。

汉寿县作为产粮(油)大县，应重点对三线一片(即新省道205沿线、G319沿线、沅澧快速通道6号大道沿线、西湖大垸基地片)高档优质稻标准化生产基地开展土壤环境保护、土壤培肥、耕地养护等工作。同时，做好对受污染耕地的治理、

修复工作，按照“谁污染、谁治理”的原则，制定受污染耕地土壤修复方案，做好受污染耕地跟踪监测方案，根据治理成果，确定受污染耕地土地功能，以确保受污染耕地安全利用。

在新省道205沿线丰家铺镇、株林山街道、沧浪街道、辰阳街道、罐头嘴镇5个镇(街道)扩大双季高档优质晚稻种植面积，规模达到10万亩以上。建设2个万亩以上“一片一品”、产销结合的高档优质稻标准化基地，并在株木山街道、罐头嘴镇和沧浪街道创办3个千亩以上高标准示范片。

在G319沿线的南部山丘区军山铺镇、龙潭桥镇、崔家桥镇、太子庙镇、聂家桥乡、朱家铺镇、高新区7个乡镇区继续扩大双季高档优质晚稻种植面积的同时，改中稻为中稻再生稻和一季优质晚稻，建设12万亩以上“一村一品”、产销结合的高档优质稻标准化基地。

在沅澧快速通道6号大道百禄桥镇、蒋家嘴镇、洋淘湖镇、岩汪湖镇、龙阳街道、沧浪街道6个镇(街道)新增高档优质稻观光带，面积15万亩以上，利用通道的区位辐射与交通便捷优势，推进该区域高档优质稻的快速推广。

在西湖大垸内洲口镇、坡头镇、西港镇3个镇建立15万亩以上“一片一品”、产销结合的高档优质稻标准化基地，各有关乡镇要创办2个千亩以上高标准示范片。(县国土资源局、县农业局、县环保局牵头，县发改局、县水利局等参与)。

防控企业污染。禁止在优先保护类耕地集中区域新建有色金属冶炼、化工、电镀、制革、危险废物经营等行业企业，已建成的相关企业应当按照有关标准、规定采取措施，防止对耕地造成污染，2017年底前仍不达标的，由县人民政府责令停产、停业。(县环保局、县发改局牵头，县科技工信局、县国土资源局、县农业局等参与)

(三)着力推进安全利用。根据土壤污染状况和农产品超标情况，特别是稻米镉超标问题，筛选污染耕地安全利用技术及模式，结合当地主要作物品种和种植习惯，制定实施受污染耕地安全利用方案，采用农艺调控、化学阻控、替代种植等安全措施，降低农产品重金属超标风险。建立耕地污染治理技术及产品效果验证评价、生态风险评估制度，防止对耕地产生新的污染。加强对农民、农民合作社的技术指导与培训。到2020年，轻度和中度污染耕地实现安全利用的面积达到省、市下达的目标要求。(县农业局牵头，县科技工信局、县国土资源局、县财政局等参与)

实施重金属超标稻谷风险管控与应急处理。定期开展农产品质量检测，对安全利用类耕地开展稻米重金属超标临田检测，实施食品安全指标未达标稻谷专仓收购、分类贮存和专用处理。(县商务粮食局牵头，县农业局、县环保局、县国土资源局、县财政局、县林业局等参与)

(四)全面落实严格管控。加强对严格管控类耕地的用途管理，根据国家、省、市相关管理办法和技术规范，依法、有序划定特定农产品禁止生产区域，实施种植结构调整或退耕还林，严禁种植食用农产品；对威胁地下水、饮用水水源安全的，要制订环境风险管控方案，并落实有关措施；制定实施重度污染类耕地种植结构调整或休耕、退耕还林计划，争取将严格管控类耕地纳入省、市新一轮退耕还林实施范围。到2020年，重度污染耕地种植结构调整或退耕还林面积达到市里下达的目标要求。(县农业局、县林业局牵头，县发改局、县财政局、县国土资源局、县环保局、县水利局等参与)

(五)加强林地草地园地土壤环境管理。严格控制林地、草地、园地的农药使用量，禁止使用高毒高残留农药。对生产、销售高毒高残留农药的行为进行打击。完善生物农药、引诱剂管理制度，加大使用推广力度。加强对重度污染林地、园地产出食用农(林)产品质量检测，发现超标的，要采取种植结构调整等措施。(县农业局、县林业局牵头，县商务粮食局、县公安局、县食品药品工商质量监督管理局等参与)

五、实施建设用地准入管理，防范人居环境风险

(一)建立调查评估制度。按国家颁布的建设用地土壤环境调查评估技术规定，自2017年起，对拟收回土地使用权的有色金属冶炼、化工、电镀、危险废物经营等行业用地，以及用途拟变更为居住和商业、学校、医疗、养老机构等公共设施的上述企业用地，由土地使用权人负责开展土壤污染状况调查评估，调查评估结果向县环境保护、国土资源部门备案；已收回的，由县人民政府负责组织开展调查评估。自2018年起，重度污染农用地转为城镇建设用地的，由县人民政府负责组织开展调查评估。调查评估结果向市环境保护、城乡规划、国土资源等部门备案。(县环保局牵头，县国土资源局、县住建局等参与)

(二)分用途明确管理措施。自2017年起，结合土壤污染状况详查情况，根据建设用地土壤环境调查评估及现有重金属污染场地调查结果，逐步建立汉寿县污染地块名录及其开发利用的负面清单，合理确定土地用途，建立完善管理措施，严格建设用地用途管制。符合规划用地土壤环境质量要求的地块，可进入用地程序；暂不开发利用或现阶段不具备治理修复条件的污染地块，由县人民政府划定管控区域，设立标识，发布公告，开展土壤、地表水、地下水、环境空气监测；存在潜在污染扩散风险的，责令相关责任方制定环境风险管控方案；发现污染扩散的，有关责任主体及时采取污染物隔离、阻断等环境风险管控措施。(县国土资源局牵头，县环保局、县住建局、县水利局、县公安局等参与)

(三)落实监管责任。县城乡规划部门要结合土壤环境质

量状况，加强城乡规划论证和审批管理。县国土资源部门要依据土地利用总体规划、城乡规划和地块土壤环境质量状况，加强土地征收、收回、收购以及转让、改变用途等环节的监管。县环境保护部门要加强对建设用地土壤环境状况调查、风险评估和污染地块治理与修复活动的监管。建立城乡规划、国土资源、环境保护等部门间的信息沟通机制，实行联动监管。(县国土资源局、县环保局、县住建局等参与)

(四)严格用地准入。将建设用地土壤环境管理要求纳入城市规划和供地管理，土地开发利用必须符合土壤环境质量要求。国土、规划等部门在编制土地利用总体规划、城市总体规划、控制性详细规划等相关规划时，应充分考虑污染地块的环境风险，合理确定土地用途，确保满足相应的土壤环境质量标准。已经制定的规划应当根据土壤污染防治要求作出相应调整。(县住建局牵头，县国土资源局、县环保局等参与)

六、强化未污染土壤保护，严控新增土壤污染

(一)加强未利用地环境管理。按照科学有序原则开发利用未利用地，严控新增土壤污染。拟开发为农用地的，县人民政府组织开展土壤环境质量状况评估；不符合相应标准的，不得种植食用农产品。加强纳入耕地后备资源的未利用地保护，定期开展巡查。依法严查向湿地、滩涂、荒地等非法排污、倾倒有毒有害物质的环境违法行为。加强对矿产资源开采活动影响区域内未利用地的环境监管，发现土壤污染环境问题的，要及时督促有关企业采取防治措施。(县环保局、县国土资源局牵头，县发改局、县公安局、县水利局、县农业局、县林业局等参与)

(二)防范建设用地新增污染。排放重点污染物的建设项目，在开展环境影响评价时，要增加对土壤环境影响的评价内容，并提出防范土壤污染的具体措施；需要建设的土壤污染防治设施，要与主体工程同时设计、同时施工、同时投产使用。自2017年起，县人民政府要与重点行业企业签订土壤污染防治责任书，明确相关措施和责任，责任书向社会公开。(县环保局负责)

(三)强化空间布局管控。加强规划区划和建设项目布局论证，根据土壤等环境承载能力，合理确定区域功能定位、空间布局。严守生态保护红线，实施最严格的土地用途管制和产业退出制度。鼓励工业企业向工业园区集聚发展，提高土地集约利用水平，减少土壤污染。严格执行相关行业企业布局选址要求，禁止在商住、学校、医疗、养老机构、人口密集区和公共服务设施等周边新建有色金属冶炼、化工、电镀、制革、危险废物经营等行业企业；有序搬迁或关闭对土壤造成严重污染的现有企业。推进电镀行业集中布局和污染集中治理，依法关闭污染严重的小电镀企业，治理遗留环境问题，对拟保留的电镀企业开展清洁生产技术改造，城市规划区范围内原则上不得新建电镀企业。结合区域功能定位和土壤污染防治需要，科学布局生活垃圾处理、危险废物处置、废旧资源再生利用等设施和场所，合理确定畜禽养殖布局和规模，加强分区管理。(县发改局牵头，县科技工信局、县国土资源局、县环保局、县住建局、县水利局、县农业局、县畜牧兽医水产局、县林业局等参与)

七、加强污染源监管，做好土壤污染预防工作

(一)严控工矿污染。加强日常环境监管。根据工矿企业分布和污染物排放情况，2017年底前确定土壤环境重点监管企业名单，实行动态更新，并向社会公布。列入名单的企业每年要自行对其用地进行土壤环境监测，结果向社会公开。环境保护部门要定期对重点监管企业和工业园区周边开展监测，数据及时上传全国土壤环境信息化管理平台，结果作为环境执法和风险预警的重要依据。有色金属冶炼、化工、电镀、制革、危险废物经营企业拆除生产设施设备、构筑物和污染治理设施的，要事先制定残留污染物清理和安全处置方案，并报县环境保护、工信部门及本地政府备案；严格按照有关规定实施安全处理处置，防范拆除活动污染土壤。(县科技工信局、县环保局负责)

严防矿产资源开发污染土壤。全面治理历史遗留尾矿库，完善覆膜、压土、排洪、堤坝加固等隐患治理和闭库措施。有重点监管尾矿库的企业要开展环境风险评估，完善污染治理设施，储备应急物质。加强对矿产资源开发利用活动的辐射安全监管，有关企业每年要对本矿区土壤进行辐射环境监测。(县环保局、县安监局牵头，县科技工信局、县国土资源局等参与)

加强涉重金属行业污染防控。严格执行重金属污染物排放标准并落实相关总量控制指标，加大监督检查力度，对整改后仍不达标的企业，依法责令其停业、关闭，并将企业名单向社会公开。取缔、淘汰非法采金、小冶炼、小电镀、小制革等涉重金属行业企业，禁止新建落后产能或产能严重过剩行业的建设项目。加强涉重金属企业清洁生产强制审核与评估验收，鼓励采用先进适用清洁生产工艺和技术。(县环保局、县科技工信局牵头，县发改局等参与)

规范工业废物处理处置活动。全面排查和整治尾矿、煤矸石、粉煤灰以及脱硫、脱硝、除尘、污水处理产生固体废物的堆存场所，强化综合利用措施，完善防扬散、防流失、防渗漏等设施，制定整治方案并有序实施。进一步健全危险废物源头管控、规范化管理和处置等工作机制，新建危险废物利用设施和企业须全部进入工业园区。加强工业固体废物

综合利用。对电子废物、报废汽车、废轮胎、废塑料等再生利用活动进行清理整顿，按国家有关规定严格审批报废汽车拆解、废轮胎再生利用项目，引导有关企业采用先进适用加工工艺、集聚发展，集中建设和运营污染治理设施，防止污染土壤和地下水。(县环保局、县发改局牵头，县科技工信局、县国土资源局、县安监局等参与)

(二)控制农业污染。合理使用化肥农药。鼓励农民增施有机肥，减少化肥使用量。科学施用农药，推行农作物病虫害专业化统防统治和绿色防控，推广高效低毒低残留农药和现代植保机械，继续加大无公害、绿色食品、有机农产品基地建设。加强肥料、农药包装废弃物回收处理，建设收集、转运和安全处置设施，自 2017 年起开展试点。推行农业清洁生产，开展农业废弃物资源化综合利用，形成一批可复制、可推广的农业面源污染防治技术模式。到 2020 年，病虫害专业化统防统治和绿色防控覆盖主要农作物面积分别达到常德市下达的目标任务。(县农业局牵头，县发改局、县环保局、县住建局、县供销社等参与)

加强废弃农膜回收利用。严厉打击违法生产和销售不合格农膜的行为，建立健全废弃农膜回收贮运和综合利用网络，开展废弃农膜回收利用试点。(县农业局牵头，县发改局、县科技工信局、县食品药品工商质量监督管理局、县供销社、县公安局等参与)

强化畜禽养殖污染防治。严格规范兽药、饲料添加剂的生产和使用，杜绝过量使用，促进源头减量。合理布局畜禽养殖企业，推进规模化、集约化养殖场(小区)建设。发展清洁养殖，配套建设粪便贮存设施和无害化处理设施。鼓励支持畜禽粪便处理利用设施建设，鼓励开展标准化规模养殖示范场创建活动，鼓励建设生态养殖场和养殖小区，开展种养业有机结合、循环农业发展试点，推广生态养殖模式，开展农作物秸秆、畜禽粪污肥料化利用示范。(县农业局、县畜牧兽医水产局牵头，县发改局、县环保局等参与)

加强灌溉水质管理。开展灌溉水质监测，灌溉用水应符合农田灌溉水水质标准，禁止工矿企业排放废水直接用于农业灌溉。对因长期使用污水灌溉导致土壤污染严重，威胁农产品安全的，要及时调整种植结构。(县水利局牵头，县农业局、县环保局等参与)

(三)减少生活污染。加强生活垃圾处理。建立政府、社区、企业和居民协调机制，建立健全“户收集、村集中、镇处理”的垃圾清运与处理系统，鼓励垃圾分类，实行集中处理，促进垃圾的减量化、资源化、无害化。2018 年前，完成全县非正规垃圾填埋场所的排查，摸清数量、分布及其对土壤环境的影响，对风险较高的垃圾填埋场要完善防渗漏、防扬散等措施。各乡镇现有生活垃圾填埋场规范化整治，完善防渗、渗滤液处置等措施，全面封场及确保渗滤液稳定达标排放。加快污泥处理处置设施建设，污水处理设施产生的污泥应进行稳定化、无害化和资源化处理处置，开展专项检查，督促各地规范化处置污泥，非法污泥堆放点一律依法取缔，鼓励将处理达标后的污泥用于园林绿化。开展利用建筑垃圾生产建材产品等资源化利用示范。强化废氧化汞电池、镍镉电池、铅酸蓄电池和含汞荧光灯管、温度计等含重金属废物的安全处置。减少过度包装，鼓励使用环境标志产品。(县城管执法局牵头，县住建局、县发改局、县科技工信局、县卫计局、县农业局、县财政局、县环保局等参与)

八、开展污染治理与修复，改善区域土壤环境质量

(一)明确治理与修复主体。按照“谁污染，谁治理”的原则，造成土壤污染的单位或个人要承担治理与修复的主体责任。责任主体发生变更的，由变更后继承其债权、债务的单位或个人承担相关责任；土地使用权依法转让的，由土地使用权受让人或双方约定的责任人承担相关责任。责任主体灭失或责任主体不明确的，由县人民政府依法承担相关责任。(县环保局牵头，县国土资源局、县住建局等参与)

(二)落实治理与修复规划。以保障农产品质量、人居环境安全和饮用水水源地安全为出发点，以环境社会敏感性高、环境质量改善效益明显、与饮用水水源地保护密切相关的突出土壤污染问题为重点，按照《湖南常德土壤污染综合防治先行区建设方案》落实重点任务和年度实施计划。(县环保局牵头，县国土资源局、县住建局、县农业局等参与)

(三)有序开展治理与修复。确定治理与修复重点。根据城市环境质量提升和发展布局调整，结合污染地块调查及风险等级划分成果，确定修复的优先次序，以拟开发建设居住、商业、学校、医疗和养老机构等项目的污染地块为重点，开展治理与修复。根据耕地土壤污染程度、环境风险及影响范围，确定治理与修复的重点区域。到 2020 年，受污染耕地治理与修复面积达到市下达的目标要求。(县国土资源局、县农业局、县环保局牵头，县住建局等参与)

(四)强化治理与修复工程监管。治理与修复工程原则上在原址进行，并采取必要措施防止污染土壤挖掘、堆存以及修复过程中产生的废水、废气、固体废物等造成二次污染；需要转运污染土壤的，有关责任单位要将运输时间、方式、线路和污染土壤数量、去向、最终处置措施等，提前向所在地和接收地环境保护部门报告。治理与修复工程依法开展工程环境影响评价、环境监理工作。工程施工期间，责任单位要设立公告牌，公开工程基本情况，环境影响及防范措施；县环境保护部门要对各项环境保护措施落实情况进行检查。

工程完工后，责任单位要委托第三方机构对治理与修复效果进行评估,结果向社会公开。环境主管部门组织工程竣工验收，验收未通过的，责任单位应当在规定期限内整改完善。实行土壤污染治理与修复终身责任制。(县环保局牵头，县国土资源局、县住建局、县农业局等参与)

(五)监督目标任务落实。建立土壤污染治理与修复工程调度机制，县环保主管部门要定期向市环保局报告土壤污染治理与修复工作进展。建立通报制度,县环保局定期通报情况，并会同有关部门进行督导检查。建立成效评估机制，县人民政府要委托第三方机构，根据国家有关规定对本行政区域内土壤污染治理与修复成效进行综合评估,结果向社会公开。(县环保局牵头，县国土资源局、县住建局、县农业局等参与)

九、加大开发引进力度，推动环境保护产业发展

(一)加强土壤污染防治研究。加强与高等院校、科研院所的联合，探索砷、镉等土壤污染治理与修复技术，重点在源头预防、风险管控、治理与修复、监管能力建设等方面形成一批具有地方特色、可复制、可推广的土壤污染防治模式。(县科技工信局牵头，县发改局、县教育局、县国土资源局、县环保局、县住建局、县农业局、县卫计局、县林业局等参与)

(二)加大适用技术推广力度。充分利用国内领先技术力量的支撑作用，综合土壤污染类型、程度和区域代表性，积极争取国家、省、市土壤污染治理与修复技术应用试点项目在汉寿县实施。针对典型受污染农用地、污染地块，积极引用一批易推广、成本低，效果好的适用技术、先进适用装备和高效低成本材料(药剂)。(县环保局牵头，县发改局、县科技工信局、县国土资源局、县农业局、县林业局、县财政局等参与)

(三)推动治理与修复产业发展。放开服务性监测市场。鼓励第三方社会机构参与土壤环境监测评估等活动,发挥“互联网+”作用，加快完善覆盖土壤环境调查、分析测试、风险评估、安全利用、治理与修复工程设计和施工等环节的成熟产业链，培育、引进一批综合实力较强的土壤污染治理与修复企业。建立健全监督机制，加强对土壤污染评估、修复、监理、检测企业的监管，将技术服务能力弱、运营管理水平低、综合信用差的从业单位名单通过企业信用信息公示系统向社会公开。(县发改局牵头，县科技工信局、县国土资源局、县环保局、县住建局、县农业局、县商务粮食局、县食品药品工商质量监督管理局等参与)

十、发挥政府主导作用，构建土壤环境治理体系

(一)强化政府主导。完善管理体制。按照“国家统筹、省负总责、市县落实”的原则，全面落实土壤污染防治属地责任。(县环保局牵头)

加大财政投入。积极争取国家和省土壤污染防治专项资金，认真做好项目申报工作。各部门应统筹相关财政资金，将农业综合开发、高标准农田建设、农田水利建设、耕地保护与质量提升、测土配方施肥等涉农资金，更多用于优先保护类耕地集中地区，通过现有政策和资金渠道加大对土壤污染防治工作的支持力度。统筹安排专项建设资金，支持企业对涉重金属落后生产工艺和设备进行技术改造。(县财政局牵头，县发改局、县科技工信局、县国土资源局、县环保局、县水利局、县农业局等参与)

完善激励政策。采取有效措施，激励相关企业参与土壤污染治理与修复。认真落实国家有关税收优惠政策，支持有机肥生产、废弃农膜综合利用、农药包装废弃物回收处理。(县财政局牵头，县发改局、县科技工信局、县国土资源局、县环保局、县住建局、县农业局、县地税局、县供销社等参与)

(二)发挥市场作用。创新土壤污染防治投融资机制。探索通过发行债券推进土壤污染治理与修复，引导社会资本投入，强化对资金使用的监管，通过政府和社会资本合作(PPP)模式，发挥财政资金撬动功能，带动更多社会资本参与土壤污染防治。加大政府购买服务力度，推动受污染耕地和以政府为责任主体的污染地块治理与修复。积极发展绿色金融，发挥政策性和开发性金融机构引导作用，为重大土壤污染防治项目提供支持。开展重点行业企业环境污染强制责任保险试点。(县发改局、县环保局牵头，县财政局、县金融办参与)

(三)加强社会监督。推进信息公开。根据土壤环境质量监测和调查结果，适时公布全县土壤环境状况。重点行业企业依据有关规定，向社会公开其生产经营活动中产生的污染物名称、排放方式、排放浓度、排放总量以及污染防治设施建设和运行情况。实现土壤防控管理数字化、信息化、智能化，并及时向县政府数据资源共享平台提供共享。(县环保局牵头，县国土资源局、县住建局、县农业局、县科技工信局、县电子政务办等参与)

建立公众参与制度。实行有奖举报，鼓励公众通过“12369”环保举报热线、信函、电子邮件、政府网站、微信平台等途径，对乱排废水、废气，乱倒废渣、污泥等污染土壤的环境违法行为进行监督。积极搭建公众参与环境保护平台，鼓励种粮大户、家庭农场、农民合作社和环保公益组织参与土壤污染防治工作。(县环保局牵头，县国土资源局、县住建局、县农业局、县文体广新局等参与)

推动公益诉讼。鼓励依法对污染土壤等环境违法行为提起公益诉讼，着力解决一批突出的土壤环境问题。(县人民检察院、县人民法院牵头，县委政法委、县公安局、县国土资源局、

县住建局、县环保局、县农业局、县水利局、县林业局等参与）

（四）开展宣传教育。加强土壤环境保护宣传教育工作，以土壤污染防治为主题，制定宣传方案。结合“世界地球日”“世界环境日”等主题宣传活动，普及土壤污染防治相关知识，加强法律法规政策宣传解读，营造保护土壤环境的良好社会氛围，推动形成绿色发展方式和生活方式。把土壤环境保护宣传教育融入党政机关、学校、工厂、社区、农村等的环境宣传和培训工作。（县环保局牵头，县委宣传部、县教育局、县国土资源局、县住建局、县农业局、县文体广新局、县商务粮食局、县科技工信局等参与）

十一、加强目标考核，严格责任追究

（一）强化地方政府主体责任。各级政府是落实土壤污染防治工作的责任主体，各乡镇（街道）、高新区要确定重点任务和年度目标，对辖区土壤环境质量负总责。要加强领导，完善政策措施，加大资金投入，创新投融资模式，强化监督管理，细化工作安排，抓好工作落实。2019 年，对本工作方案实施情况进行中期评估。（县环保局牵头，县发改局、县财政局、县国土资源局、县住建局、县农业局等参与）

（二）加强部门协调联动。建立土壤污染防治工作协调机制，定期研究解决重大问题。各有关部门要按照本方案的职责分工，协同做好土壤污染防治工作。县环保局抓好统筹协调，加强督促检查，工作进展及时向县人民政府报告。（县环保局牵头，县发改局、县科技工信局、县财政局、县国土资源局、县住建局、县水利局、县农业局、县城管执法局、县林业局、县商务粮食局、县安监局等参与）

（三）落实企业责任。有关企业要加强内部管理，将土壤污染防治纳入环境风险防范体系，确保重点污染物稳定达标排放。造成土壤污染的，应承担损害评估、治理与修复的责任。逐步建立土壤污染治理与修复企业行业自律机制。（县环保局牵头，县科技工信局、县发改局等参与）

（四）严格目标考核和责任追究。实行目标责任制。根据方案分解落实目标任务，县政府分年度对各相关部门、乡镇人民政府及街道办事处重点工作进展情况进行评估，2020 年对本工作方案实施情况进行期终考核。评估和考核结果作为对领导班子和领导干部综合考核评价、自然资源资产离任审计以及土壤污染防治专项资金分配的重要依据。（县环保局牵头，县财政局、县委组织部、县审计局等参与）

对年度评估结果较差或未通过考核的相关责任单位，提出限期整改意见；对整改不到位或者土壤环境问题突出、辖区土壤环境质量明显下降、防治工作不力、群众反映强烈的，约谈相关部门、有关乡镇及街道主要负责人。对失职渎职、弄虚作假的，按情节轻重依法依规予以组织处理或党纪政纪处分；对构成犯罪的，依法追究刑事责任，已经调离、提拔或者退休的，终身追究责任。（县环保局牵头，县委组织部、县监察局、县公安局、县人民检察院、县人民法院等参与）

汉寿县人民政府关于印发《汉寿县畜禽养殖禁养区、限养区、适养区划定方案》的通知

汉政发〔2017〕15号

各乡镇(街道)人民政府(办事处),湖南汉寿高新技术产业园区管委会,县直各单位:

现将《汉寿县畜禽养殖禁养区、限养区、适养区划定方案》印发给你们,请认真组织实施。

汉寿县人民政府

2017年12月16日

汉寿县畜禽养殖禁养区、限养区、适养区划定方案

为贯彻落实省委、省政府关于西洞庭湖水环境治理的总体部署和工作要求,加强和规范汉寿县畜禽规模养殖污染治理工作,优化畜禽养殖业结构和布局,加强重点区域、重点流域的环境保护,保障畜牧业持续健康发展,制定本方案。

一、划分依据

(一)《中华人民共和国环境保护法》

(二)《中华人民共和国畜牧法》

(三)《中华人民共和国动物防疫法》

(四)《中华人民共和国水污染防治法》

(五)《畜禽规模养殖污染防治条例》

(六)《水污染防治行动计划》

(七)《畜禽养殖禁养区划分技术指南》

(八)《湖南省畜禽规模养殖污染防治规定》

(九)其他有关法律、法规、技术规范和文件。

二、划定类型

(一)畜禽养殖禁养区。畜禽养殖禁养区是指按照法律、法规、规章等规定,在指定范围内禁止规模化养殖畜禽的区域。

(二)畜禽养殖限养区。畜禽养殖限养区是指按照法律、法规、规章等规定,限定畜禽养殖数量,禁止新建、扩建规模化畜禽养殖场的区域。

(三)畜禽养殖适养区。除禁养区、限养区以外的区域原则上可以作为适宜畜禽规模化养殖的区域。

三、划定对象

本方案畜禽规模养殖场指达到省人民政府确定的养殖规模标准的畜禽集中饲养场所。

四、划定范围

(一)禁养区范围

1.生活饮用水水源保护区。省政府划定并公布的7个地表水型饮用水水源保护区的陆域范围。其中饮用水水源一级、二级保护区禁止建设畜禽规模养殖场。具体名录见附件1。

省政府办公厅确定的农村集中式饮用水地下水源取水点周边陆域水平纵深1000米范围。具体名录见附件2。

2.两区三园。西洞庭国家级湿地自然保护区其核心区和缓冲区,息风湖湿地公园保育区、恢复重建区禁止建设畜禽规模养殖场;4A级旅游景区清水湖旅游度假区,湖南汉寿竹海国家森林公园其核心景区禁止建设畜禽规模养殖场。具体名录见附件3。

3.城镇居民和文化教育科学研究区。

(1)县城总体规划区及周边范围。包括4个街道和高新区。

(2)其他17个乡镇政府所在地集镇总体规划和建设规划用地范围及周边500米范围。

(3)城镇建设区外居民集中居住点、农村学校、幼儿园、

敬老院、医院等公用设施周边 500 米范围。

4. 主要交通干线。G319、省道 223、省道 225、省道 314、省道 317、省道 513、6 号大道等国省县主要干道两侧各 500 米范围。具体名录见附件 4。

5. 法律法规规定的其他禁养区域。

(二) 限养区范围

1. 生活饮用水水源保护区外延限养区。生活饮用水源保护区畜禽养殖禁养区范围外延 500 米范围。

2. 西洞庭国家级湿地自然保护区、息风湖湿地公园、4A 级旅游景区清水湖旅游度假区、湖南汉寿竹海国家森林公园未列入畜禽养殖禁养区的范围。

3. 城镇居民和文化教育科学研究区。

(1) 非县城总体规划区的其他 17 个乡镇政府所在地集镇总体规划和建设规划用地范围及周边禁养区外延 500 米范围。

(2) 城镇建设区外居民集中居住点、农村学校、幼儿园、敬老院、医院等公用设施周边禁养区外延 500 米范围。

4. 主要交通干线。主要交通干线畜禽养殖禁养区外延 500 米范围。

5. 重要水功能区。按照国家有关法律法规和政府有关文件规定执行。

6. 县人民政府依法划定的其他限养区域。

(三) 适养区范围

行政区域内除禁养区和限养区以外的其他区域原则上为畜禽养殖适养区。

五、其他规定

(一) 国家、省、市对禁养区、限养区、适养区有新规定的，按照新的规定执行。

(二) 县人民政府原有关于畜禽禁养区、限养区、适养区划定范围与本方案不一致的，以本方案内容为准。

附件 1

汉寿县地表水型饮用水水源保护区名录

一、城乡一体化管网延伸工程(沅水—辰阳街道纽口河社区)

二、沅泉大水厂供水工程(沅水—坡头镇如意社区)

三、湖地表水厂集中供水工程(江东水库—朱家铺镇林场村)

四、军山铺 1~2 集中供水工程(颜家庙水库—军山铺镇万寿桥村)

五、崔毓集中供水工程(肖家冲水库—崔家桥镇花墙村)

六、三和集中供水工程(斋家冲水库—崔家桥镇三和社区)

七、白家铺集中供水工程(火烧冲水库—崔家桥镇白家铺村)

附件 2

汉寿县集中式饮用水地下水源取水点名录

一、宝塔河集中供水厂—龙阳街道宝塔河社区

二、杨树山集中供水厂—岩汪湖镇杨树山村

三、周文庙集镇集中供水厂—岩汪湖镇周文庙社区

四、苏家口集中供水厂—沧港镇报国村

五、军刘集中供水厂—沧港镇军刘村

六、新兴集中供水厂—沧港镇新兴社区

七、蒋家嘴集中供水厂—蒋家嘴镇阳南塘社区

八、伍家冲集中供水厂—蒋家嘴镇金架坝村

九、康家塘集中供水厂—蒋家嘴镇康家塘村

十、金家坝集中供水厂—蒋家嘴镇金架坝村

十一、岩汪湖电排集中供水厂—岩汪湖镇岩汪湖社区

十二、洋淘湖集镇集中供水厂—洋淘湖镇游巡塘社区

十三、洋淘湖胜利集中供水厂—洋淘湖镇建设村

十四、大南湖集中供水厂—岩汪湖镇武竺山村

十五、聂家桥集中供水厂—聂家桥乡茶厂

十六、龙月集中供水厂—龙潭桥镇潘家桥村

十七、纸料洲集中供水厂—龙潭桥镇纸料洲村

十八、毛家滩集中供水厂—毛家滩乡向阳社区

十九、百禄桥集镇集中供水厂—百禄桥镇百禄桥社区

二十、腊树湾集中供水厂—龙潭桥镇莲荷塘村

附件 3

汉寿县风景名胜旅游区名录

一、汉寿县旅游风景规划区

1. 汉德大道旅游精品线路景观带

2. 军汉旅游公路文化旅游精品线

3. 金牛山风景区核心区概念性规划及重要节点详细设计

4. 环鹿溪乡村旅游集聚区

5. 九岭汽车文化生态旅游景区

6. 太白湖生态农业综合开发园

二、汉寿县 A 级景区

1. 汉寿县清水湖旅游度假区

2. 汉寿西洞庭湿地公园

三、汉寿县乡村旅游区

1. 汉寿县龙阳街道龙珠园社区

2. 汉寿县岩汪湖镇陈军堤村

3. 汉寿县聂家桥乡武峰村—金隆山庄

4. 汉寿县蒋家嘴镇鹿角山村—群湖休闲农庄

5. 汉寿县株木山街道—紫天农庄

6. 汉寿县聂家桥乡武峰村—武峰山休闲农业生态园

7. 汉寿县毛家滩乡向阳社区—兰庭田园休闲农庄

8. 汉寿县株木山街道—思雅园生态农业产业园

9. 汉寿县崔家桥镇蔺家山村—绿景山庄

附件 4

汉寿县国道、省道名录

一、国道

G319 军山铺镇—毛家滩乡

二、省道

省道 223　安乡黄山头 (省界)—宁乡回龙铺

省道 225　毛家滩乡牛路村—丰家铺镇

省道 314　汉寿西湖—鼎城许家桥

省道 317　沅江百禄桥—桃源沙坪

省道 513　汉寿文蔚—鼎城牛鼻滩

绩效考核

中共汉寿县委　汉寿县人民政府关于2017年度全县绩效评估及机关事业单位工作人员年度考核结果的通报

汉委〔2018〕2号

各乡镇（街道）党（工）委和人民政府（办事处）、县直各单位，高新区：

2017年，全县上下坚持以党的十八大及习近平总书记系列重要讲话精神为指导，深入学习贯彻中共十九大精神，紧紧围绕“一五五”发展战略，乘势而上、真抓实干，全县经济社会发展呈现稳中有进、进中趋优的良好态势。经综合考评，现将2017年度全县绩效评估及机关事业单位工作人员年度考核结果通报如下：

一、绩效评估结果

1. 绩效评估工作

优秀单位（16个）

龙阳街道　毛家滩回维乡　岩汪湖镇　县委办
政府办　财政局　编委办　党校
统计局　人社局　公安局　审计局
国税局　人民银行　高新区　城投公司

良好单位（50个）

沧浪街道　罐头嘴镇　崔家桥镇　聂家桥乡
组织部　政法委　宣传部　统战部
林业局　科技工信局　交通运输局　水利局
商务粮食局　档案局　妇联　信访局
民政局　食药工质局　地税局　农商行
农业银行　国调队　电信分公司　气象局
文化旅游公司　畜牧兽医水产局　发改局　国土资源局
农业局　工商联　文体广新局　卫计局
安监局　人大办公室　人大环城工委　政协办公室
政协文史委　纪委组织部　纪委党风政风监督室　纪委第三纪检监察室
二中　职业中专　人民医院　疾控中心
医保处　城乡居保中心　人才中心　沅南水利会
西湖灌区管理局　特科所

2. 招商引资工作

先进单位奖（18个）

一等奖：政协办　组织部　卫计局　高新区
商务粮食局

二等奖：县委办　政府办　政务中　心人社局

科技工信局　龙阳街道
三等奖：人大办　纪委　发改局　林业局
环保局　朱家铺镇　毛家滩回维乡
出口创汇奖（2个）
汉寿县华乐农业发展有限公司　3万元
汉寿县三建水产食品有限公司　2万元

3. 企业发展工作
纳税贡献奖（3个）
中联重科股份有限公司　63.01万元
康普药业股份有限公司汉寿分公司　16.3万元
湖南康尔佳制药股份有限公司　14.85万元
投资扩大再生产奖（4个）
湖南康尔佳制药股份有限公司　18.55万元
康普药业股份有限公司汉寿分公司　11.98万元
湖南康利来医疗器械有限公司　4.49万元
汉寿县广通沥青混凝土建设有限公司　3.93万元
新进规模企业奖（23个）
湖南周记工贸有限公司　湖南东永化工有限责任公司
湖南新力华纳米科技有限公司　湖南星晨照明科技有限公司
汉寿汉和食品有限公司　湖南壹鹰包装有限责任公司
常德艾利特新材料科技有限公司　湖南世泽车业科技有限公司
汉寿县紫鸿木业有限公司　汉寿兴荣再生塑料制品有限公司
湖南天一消防设备有限公司　湖南植歌茶业有限公司
汉寿棉创服饰有限公司　常德海虹纺织有限公司
湖南顺风农业机械有限公司　汉寿县畅科塑业科技有限公司
汉寿昊晖太阳能发电有限公司　常德宗辉家居木业有限公司
汉寿县桥湘再生能源科技有限公司
汉寿县莲江食品科技发展有限责任公司
常德天之香米业有限公司　汉寿县凤迎蔬菜食品有限责任公司
汉寿县德穗米业有限公司
新进限上商贸企业奖（9个）
汉寿县太子庙锦鸿石化加油站
汉寿县龙阳镇新汉太路加油站
汉寿县泽丰电子商务有限公司
汉寿县汉美蔬菜食品科技有限公司
汉寿县鸭子港乡民富加油站
常德市虎三汽车贸易有限公司
汉寿思漫珠宝有限公司　汉寿县金鸿加油站
汉寿县龙欣加油站

4. 项目建设工作
先进单位奖（7个）
一等奖：组织部
二等奖：高新区　科技工信局
三等奖：环保局　商务粮食局　龙阳街道　崔家桥镇
争资总额奖（3个）
第一名：国土资源局
第二名：交通运输局
第三名：水利局
争资增幅奖（4个）
第一名：人民医院
第二名：财政局
第三名：保护区管理局　住建局
特别贡献奖（2个）
发改局　人社局

5. 金融服务工作
信贷投放奖（14个）
农业发展银行　33.03万元　农村商业银行　23.49万元
人民银行　12万元　农业银行　9.87万元
华融湘江银行　9.5万元　建设银行　7.65万元
法　院　5万元　长沙银行　3.86万元
中国银行　3.62万元　邮储银行　3.09万元
工商银行　2.89万元　财鑫担保　2万元
农信担保　2万元　永丰小贷　2万元
特别贡献奖（1个）
城投公司　5万元

6. 社会治安综合治理工作
市综治工作优秀乡镇（街道）（2个）
沧浪街道　西港镇
市综治工作平安乡镇（街道）（3个）
辰阳街道　岩汪湖镇　军山铺镇
市综治工作平安单位（1个）
文体广新局
县维稳工作先进单位（25个）
龙阳街道　洋淘湖镇　丰家铺镇　太子庙镇
罐头嘴镇　聂家桥乡　株木山街道　高新区
公安局　国土资源局　水利局　民政局
教育局　交警大队　商务粮食局　信访局
农业局　卫计局　公路局　房管局
扶贫移民开发局　安监局　自来水公司　西湖水利会
妇幼保健院
县平安单位（24个）
洲口镇　崔家桥镇　蒋家嘴镇　朱家铺镇

毛家滩回维乡　龙潭桥镇　沧港镇　　检察院
法院　交通运输局　发改局　林业局
财政局　科技工信局　人社局　食药工质局
住建局　环保局　总工会　司法局
人民医院　审计局　城管执法局　农经站

7. 人口和计划生育工作
市优秀单位（1 个）
龙阳街道
县先进单位（15 个）
辰阳街道　聂家桥乡　蒋家嘴镇　沧浪街道
毛家滩回维乡　岩汪湖镇　崔家桥镇　食药工质局
组织部　宣传部　公安局　住建局
民政局　财政局　人社局

8. 安全生产工作
市示范乡镇（2 个）
丰家铺镇　崔家桥镇
市先进单位（2 个）
毛家滩回维乡　沧港镇
县红旗单位（6 个）
洋淘湖镇　聂家桥乡　岩汪湖镇　交通运输局
教育局　科技工信局
县先进单位（20 个）
罐头嘴镇　沧浪街道　蒋家嘴镇　洲口镇
龙阳街道　株木山街道　百禄桥镇　军山铺镇
商务粮食局　林业局　水利局　农机局
卫计局　人社局　公安局　交警大队
食药工质局　消防大队　财政局　文体广新局
县食品安全工作先进单位（10 个）
公安局　农业局　城管执法局　卫计执法局
沧浪街道　龙阳街道　朱家铺镇　岩汪湖镇
罐头嘴镇　聂家桥乡

9. 党管武装工作
先进单位（11 个）
太子庙镇　丰家铺镇　沧港镇　毛家滩回维乡
洲口镇　百禄桥镇　崔家桥镇　龙阳街道
辰阳街道　沧浪街道　株木山街道

10. 基层党建工作
先进单位（10 个）
罐头嘴镇　龙阳街道　株木山街道　龙潭桥镇
岩汪湖镇　党校　交通运输局　水利局
财政局　地税局

11. 党风廉政建设和纪检监察工作
党风廉政建设先进单位（10 个）
龙阳街道　毛家滩回维乡　聂家桥乡　审计局
法院　党校　政务中心　林业局
农经站　国税局
纪检监察先进单位（10 个）
龙阳街道　毛家滩回维乡　罐头嘴镇　洲口镇
朱家铺镇　蒋家嘴镇　岩汪湖镇　民政局
交通运输局　教育局

12. 精神文明建设工作
全国文明村（1 个）
毛家滩回维乡教门岗村
省级文明窗口（1 个）
县国税局办税服务厅
市级文明标兵单位（1 个）
县政协机关
市级文明单位（3 个）
县委办（接待处）县人大机关　县政府办
市级文明村镇（4 个）
毛家滩回维乡　西港镇　岩汪湖镇　岩汪湖镇陈军堤村
市级文明社区（2 个）
龙阳街道宝塔河社区　辰阳街道双板桥社区
县级文明单位（10 个）
西湖灌区管理局　政法委（610 办）住建局
组织部（团县委）卫计局　公安局
商务粮食局　人社局　民政局
农业局
县级文明村镇（2 个）
聂家桥乡　龙潭桥镇
县级文明村（社区）（10 个）
军山铺镇七星桥村　太子庙镇廖家汉村
崔家桥镇大桥村　聂家桥乡十甲山社区
洋淘湖镇东风村　蒋家嘴镇北区社区
毛家滩回维乡油铺村　丰家铺镇东岳庙社区
龙潭桥镇唐家桥村　辰阳街道东洲社区

13. 优化经济环境工作
市维护工程建设环境十佳满意单位（1 个）
龙阳街道

县先进单位（17个）

公安局　财政局　政务中心　水利局

林业局　农开办　电子政务办　妇幼保健院

农经站　地税局　国税局　农商行

人民银行　龙阳街道　岩汪湖镇　崔家桥镇

洋淘湖镇

14. 农业农村工作

优秀专业合作社（6个）

一等奖：汉寿县菜根香蔬菜专业合作社

二等奖：汉寿县太白湖甲鱼生态养殖合作社

汉寿县芳亮蔬菜种植专业合作社

三等奖：汉寿县毛家滩胜强水稻种植专业合作社

汉寿县龙江水产养殖专业合作社

汉寿县金穗农机专业合作社

优秀特色种养殖企业（6个）

一等奖：汉寿县龙阳镇华诚蔬菜专业合作社

二等奖：汉寿县彭军水产养殖场

汉寿县兰芳肉牛养殖专业合作社

三等奖：汉寿县海鑫甲鱼养殖专业合作社

汉寿县航天小蜜蜂养殖专业合作社

汉寿县勋龙生态农业种植园

优秀农产品流通企业奖（6个）

一等奖：湖南湘湖水产有限公司

二等奖：汉寿县特科所水产开发有限公司

湖南锦鳞香生物科技有限公司

三等奖：汉寿县益百姓食品有限公司

汉寿县富祥粮油有限公司

汉寿县昌隆生态农林发展有限公司

15. 脱贫攻坚工作

先进单位（27个）

县委办　政府办　组织部　政法委

审计局　扶贫移民开发局　国土资源局　人社局

民政局　科技工信局　交通运输局　农业局

林业局　水利局　畜牧兽医水产局　司法局

党校　政务中心　残联　人民银行

农商行　蒋家嘴镇　株木山街道　崔家桥镇

岩汪湖镇　聂家桥乡　沧浪街道

先进村（9个）

太子庙镇金孔村　蒋家嘴镇紫阳冲村

罐头嘴镇福兴村　岩汪湖镇烂泥湖村

太子庙镇涂家堠村

株木山街道茶家园村

沧港镇凰山村　坡头镇跃进村

西港镇双洲村

16. 信访工作

县信访工作先进单位（16个）

人社局　公安局　民政局　安监局

科技工信局　交通运输局　水利局　国土资源局

教育局　太子庙镇　毛家滩回维乡　洲口镇

蒋家嘴镇　沧浪街道　龙阳街道　高新区

建设“无上访村（社区）”优秀单位（32个）

市优秀乡镇（街道）

株木山街道岩汪湖镇

市优秀村（社区）

岩汪湖镇陈军堤村　辰阳街道杨旗嘴社区

县优秀村（社区）

百禄桥镇八斗丘村　沧港镇屈原社区

沧浪街道赤岗社区　辰阳街道大杨镇社区

崔家桥镇大西冲村　崔家桥镇砖墙村

丰家铺镇荆竹村　丰家铺镇包狮村

高新区左家庵社区　罐头嘴镇张家汉社区

蒋家嘴镇金架坝村　军山铺镇祝家仑村

龙潭桥镇唐家桥村　龙潭桥镇月亮塘村

龙阳街道南郊社区　毛家滩回维乡油铺村

坡头镇如意社区　坡头镇余家嘴村

太子庙镇新堤村　太子庙镇涂家堠村

聂家桥乡十甲山社区　洋淘湖镇建设村

西港镇幸福村　洲口镇明光村

朱家铺镇福祥村　株木山街道鸭东村

岩汪湖镇金盆岭村　岩汪湖镇岩汪湖社区

17. 落实省重点民生实事工作

先进单位（4个）

民政局　交通运输局　妇幼保健院　住建局

18. 重点工作类

特别贡献奖（2个）

中联重科股份有限公司　100万元

康普药业股份有限公司汉寿分公司　50万元

财税收入奖励（4个）

国土资源局　100万元　财政局　50万元

国　税　50万元　地　税　50万元

二、机关事业单位工作人员年度考核结果

（一）机关及参管事业单位工作人员

1. 呈报市记二等功人员（共 27 人）

吕孝胜 曾　健 肖广洲 王　浩 万成斌 叶新华
彭金明 刘凡大 杨剑波 李宏权 杨长富 袁先海
廖永红 刘　强 郭学伍 李明波 何　为 杨　逸
李明好 徐　政 熊宗毅 杨小兵 蒋道丹 曾爱华
李文广 胡　刚 严志富

2. 记三等功人员（共 117 人）

罗喜美 徐纪桂 熊世成 曾鹏志 彭　佩 丁时才
陈精忠 袁　杰 解　哲 黄明新 李　强 黄明波
刘开来 刘先开 王吉文 刘　畅 郭　芳 曾建波
周胜宏 周　明 曾　灿 郭建湘 骆韶宏 张晓静
柳海燕 刘国华 李先进 周　玲 金　伶 何　睿
文　艺 成晓燕 邹　杰 朱诗明 贺跃龙 杨　慧
蔡建华 李　雍 张　振 储　杨 郑台塘 罗建军
张　强 杨常春 杨井强 周　琨 刘运华 王大明
刘春初 钟毅刚 张集中 李志辉 李　文 袁从文
何伶勇 曹立萍 毛耀信 曾　斌 余仁和 陈　燕
余跃先 黄荣耀 肖才文 彭九华 吕建仙 龚玉彪
徐　琳 朱爱英 李　明 冷建军 余一凡 徐隆祥
朱湘萍 任智慧 刘　毅 席方文 李雨洁 曾淑珍
何　立 李仁广 王　青 杨志林 廖传美 章　力
陈　彦 李雅虹 王运先 万晓菊 易湘海 曾庆久
许世伟 聂慧枝 胡文辉 高绪秋 金迎春 彭宪庭
肖文利 朱正介 万朝晖 李国财 曾　舸 陈　顺
罗海斌 符　杰 丁跃中 聂　科 汪淑梅 张彩霞
徐国富 王众豪 施昌海 胡卫东 鄢　宇 戴恩会
黄国庆 张　柳 贺正春

3. 嘉奖人员（共 618 人）

乡镇（街道）区（85 人）

邓元祥 陈彦利 钟学兵 涂贤和 刘　捷 邓慧(龙阳)
龙吉福 李明辉 李伟才 刘四友（辰阳）戴娇 成晨
马永新 刘耀安 周立军 雷　平 龚　昊 李建明
肖　勇 施满红 徐龙见 马　盼 张雅倩 程功云
杨玉山 彭丹（沧港）赵奇志 华　艳 彭晋文 施阿娜
朱先才 叶宏发 李阳文 瞿　科 曾志坚 曾　咏
夏孝付 徐　佳 曾　敏 周　敏 郭龙振 杨　忠
段　佳 罗长君 徐　慧 黄　娇 廖　伟 黄经纬
余　玲 罗先政 吴明锦 吴　浩 熊慧玲 粟　龙
施　敏 姚必霞 蒋序铮 李海波 袁　贵 胡　宇
田　康 丁梦妮 周赛军 管乙军 江　伟 钟汉春
刘艳丽 周　韶 夏冬贵 吴定军 袁　俊 周　斌
郭敬峰 罗　芳 刘敏（蒋家嘴）杨兴 夏新波 廖　欢
肖　琼 王国华 李　勇 郭志刚（高新区）
田勇军 王　斌
滕耀耀

县委办系列（15 人）

帅军民 黄立龙 刘捷枫 李佳伟 姚　娟 杨　蓉
叶荣军 曾令康 宋　芹 陈　敏 陈虹蓉 李晓霞
杨　丹 代岳轩 邓丕红

纪检、组织、统战系列（29 人）

王　鹤 袁　芬 曾　航 罗玉真 郭志刚（组织部）
万成豪 袁思婧 粟宗权 蔡明浩 孙　淼
童建华 张　峰 龚浩然 郭辉勇 袁滨湖
黄立伟 黄　英 张　健 李旭震 侯志平
孙泓赡 杨　煜 熊　爽 陈艺野
童　斌 彭凌云 李　灿 夏战新 彭焕喜

政法系列（98 人）

周圣怡 陈根云 文觐君 徐扬洋 刘智刚 曾庆富
郭晓红 史美新 彭海洋 刘新华 彭敏（公安局）郑晨
夏　俊 龚晓鹏 黄本勋 刘　威 余文洁 何益明
范江林 肖　敏 梅其进 袁梦君 姚　健 朱镜宇
于　文 刘卫东 刘祥军 丁国玮 张志文 王　亮
黄逸云 廖帮勇 胡　瑶 周　晖 张中术 朱妍妍
张　辉 梅祛寒 侯至祥 吴文启 朱子健 陈国忠
张知威 张　俊 彭开慧 简　砾 袁成阳 周国安
刘文利 王　健 李明勇 邹　蓉 李　源 晏　磊
徐贻生 黄格锋 王　钢 苏　蕾 宋　鹏 李永英
刘　艳 刘淑珍 黄启树 曹　莉 廖秀壮 张　帆
戴立军 殷玄子 刘思琴 旷如辉 涂　朦 朱　敏
邵小华 汪　宇 刘瑶俊 梅新才 肖丽纯 范四清
王志红 肖才秀 曾　强 朱爱国 张　炜 朱大胜
黄建斌 任全新 黄跃辉 蔡　群 蔡淑玲 杨海娟
张　蛟 童成强 李　槟 李亚明 彭忠科 熊梅花
陈东平 杨　辉

宣传系列（17 人）

刘　妮 周世娥 郭建梅 李　锋 杨　奎 曾咏梅
危　安 陈德华 伍加富 肖忠利 卢　虹 李　理
谭健飞 童文军 陈光建 史　灿 胡建军

农口系列（23人）

徐胜利　徐智刚　祝智辉　戴　俊　何孟东　邓湘志
青先元　许　莉　胡明中　刘家祥　李　娟　郭　霜
谢国安　李继红　肖　毅　龙燕丽　刘丽蓉　刘林东
刘　红　余顺祥　杨伟益　蔡正忠　曹丽君

人大、政协委办（12人）

徐　灿　李　华（人大）葛　凤　龚思思　谢昌保
李　亚
郭跃武　周桂保　董　理　曾小平　唐平恒　廖海斌

群团系列（7人）

周国民　范贤颖　曾宪世　张　璐　彭　琼　朱世平
王　晓

政府办系列（166人）

肖文波　陈　警　刘　敏（政府办）唐　锋　龙　维
詹　朋
周定好　杨科慧　袁曼玲　曾　璐　邓方明　刘应军
张绍科　伍　纯　周金刚　吴中秋　刘　球
李　华（政务中心）
周洪涛　李　鸣　李先尧　李　静（财政局）崔新华
付　悦　毛顺典　陈进初　李　静（地税局）童主祥
牟婷婷　丁　珲
费　晖　李林奇　彭丽华　瞿　哲　高采薇
袁　俊（公安局）
吴亚辉　饶爱军　周振英　陈朝霞　邓姝蓉　徐　荣
匡稷民　胡清明　鲁述初　杨文辉　杨建国　刘林红
唐　谊　邓宜华　肖志勇　席建明　张建国　刘　琼
曾明辉　陈阳俊　蔡少波　朱德才　薛　群　向　海
毛贞敏　袁　慧　毛晓红　杨瑞志　李　利　曹剑波
曾娜娜　阙作平　蒋道双　周运喜　刘丽艳　庄　伟
王先雷　袁亚军　杨红霞　文志勇　周德林　郭海平
林宗恒　方世宏　曾　健　胡　敏　姚　平　廖海波
贾　勇　饶德田　李兵姿　刘四友　刘　虹　王　皓
刘家玉　熊丽萍　杨碧红　张　玲　陈　勇　黄启向
童功爱　穰　剑　吴勇平　周汉勇　朱传信　刘　刚
杨　静　李乐群　王贞文　胡跃红　杨秀霞　张益平
李　璇　刘文武　雷世荣　李才立　丁继宗　邱德佳
曾高利　袁立新　车世秀　廖金刚　张开慧　朱志勇
胡小平　刘志辉　童　伟　吴志明　朱诗平　蔺爱政
罗均屹　张兆安　袁　健　朱振刚　杨晖辉　李学功
肖启伦　罗　斌　彭　敏（人社局）钟力　任小玲
陈贻珍
周　宇　张　萍　马文彪　周　俊　夏维广　金梦君
杨登辉　徐纯祥　黄桂喜　莫文斌　戴学明　罗　力
肖　科　曹伟平　文冬枝　袁明辉　熊　杰　刘立新
黎立峰　张业强　高益华　王珍莲　曾　勇　龚　文
张志凡　杨　波　彭　浩　刘永革

单列考核机构（166人）

易孝池　周蔚环　高　静　罗宇宏　周小楠　史有军
余大炼　陈顺礼　熊　飞　谈丽蓉　陈　波　曾志鸿
戴清明　刘道平　李启友　石静欢　宋艳华　钟学安
肖有志　郭丽萍　郭　治　何　静　彭丹（公安局）
魏　霆
龚跃武　龙　云　王　愚　刘　宁　周锶捷　陈毅刚
姚昌福　李明波（西湖灌区）肖灿　胡　颖
黄　静　叶淑云
何　为　刘腾方　徐　敏　李红辉　梅　敏　余燕飞
肖约力　刘新龙　卓钲越　赵建新　曾小兵　陈　明
汪维孝　毛芳莉　郭作孝　曾宪江　徐龙前　丁智辉
曾德安　梅其文　陈艳君　徐嘉伟　邹　玲　温雯博
王国政　万　鹏　刘文辉　李长浩　王建平　方正中
杨建星　曾文杰　周恒超　刘江涛　刘维维　杨　丰
梁　蓉　易立书　伍妙峰　李建武　谭昌宏　熊新忠
王建军　黄武岭　谭美艳　李顺贵　伍家建　高　旭
黄继云　陈建红　徐小和　万建军　李　乘　唐宏志
陈定娟　李轶蓉　潘思佳　毛启平　邓　文　周志强
张　琛　刘习忠　童　辉　伍　猛　周立新　王　进
袁　嘉　冷伯钧　李小平　黄大舜　彭立雄　孙逸夫
高　敏　万　娟　别　科　肖立新　黄愈强　唐　毅
李建新　汤世顺　杨菊辉　陈兆刚　陈德春　毛维臣
熊建兵　吴德利　王孟桂　彭全贵　肖　伟　李勇明
曾凡清　黎彩艳　黄　忠　谭建波　龚玉才　孙功劲
胡　勇　郭灰龙　刘光忠　张尚书　周　波　文亚林
文　旭　张立波　周　来　熊国良　高华英　高宏松
张　晴　刘　雅　蒯星龙　吕　艳　王小明　蔡国民
罗智宏　杨　斌　蒋四如　夏　榕　刘海林　余沛龙
黎淑蓉　夏孝敏　史　西　饶宏焕　罗　文　罗元昊
王学华　曾献平　何英福　王力春

（二）事业单位工作人员

1. 呈报市记大功人员（共8人）

姚绍禹　朱双喜　徐纪华　毛君秋　何　勇　刘清华
白凤梅　伍彬华

2. 记功人员（141人）

周新贵 邓伟峰 邓娟 伍国典 李姜娥 曾臂勇
李双 吴正兰 伍润芊 曹美臻 李丽霞 曾宪英
魏章静 伍海洋 魏文倩 戚家军 赵琼欣 彭立军
黄林坤 章红赞 熊汉辉 廖晓艳 邱佩 杨屹
吴孝红 万春 宋智慧 李霞 祝红波 高明
金春娥 龚国伟 龚平 管正清 郭双明 龚跃红
梁庭凤 谢健 周维平 曾照友 徐爱兰 黄桂洋
陈爱国 何英浩 王友明 成韬 张力 王霞
曾雅琴 熊先军 焦小桃 袁介凡 程颖琳 刘金英
罗佳 范智 刘时敏 张文 祝冬梅 张静
刘成祥 王金堂 曾杰 熊标 曾玲 梅长春
刘勇 李银凤 金保来 杨海峰 陈婉婷 石锦林
帅耳 谢大喜 曾文锋 熊国平 万德林 许金健
袁辉 朱卫斌 杨丕军 张玲 曾祥华 高红广
胡勇 刘光力 易勇 刘旭明 彭运初 郭建波
黄玲 龙珍 曾小刚 胡立军 郭道红 龙海波
夏志强 余碧云 张宏光 高炎 刘先志 黄志波
黄启贵 陈贵宝 俞莉 陈建寰 刘颖萍 刘小琼
代超 曹海波 李敏 丁天喜 郭勋桃 李爱国
王见 周黎明 喻铭龙 文先祥 陈平 谢永锋
王跃兵 童忠平 余晓春 廖勇 李庆军 袁海宽
李戈锐 邓世荣 毛爱战 何贤骏 童自正 曹锋
刘立 刘荣 夏海军 彭琨 彭基波 彭晋权
余红武 王义飞 谢正南

3. 嘉奖人员（1140人）

乡镇（街道）区（83人）

冯爱国 李俐 冯方遒 刘先念 罗美娟 饶学爱
周显东 周敏杰 张方 陈玮 青光华 刘朝晖
刘晖 罗先圣 何光明 徐奠刚 张文毅 周大志
戴斌 李新发 曾宪利 李维 盛方祥 刘明庭
李召云 刘力兰 肖廷海 朱世荣 肖克 高云
徐述东 曾文柏 郭长生 曾广才 刘建军 胡习莲
宋兆兰 李斌 李军华 胡宇飞 曾勇 雷顺尧
陈伟成 粟永峰 詹越军 张思远 徐耀彩 黄河
鄢胜利 陈兆智 刘小波 赵金玉 李根初 蔡桂荣
孙文华 王学 陈辉 康绍友 刘南璎 黄启军
丁猛 戴鹏程 黄政君 陈海红 白再生 李文华
刘秋军 郭卫勋 李军波 罗深喜 杨开元 朱坤山
曹湘文 杨伏海 张芙 丁少煌 匡艳辉 胡大权
唐政权 黄建辉 刘铭 罗新春 周金福

组织系列（2人）

韩敏 周红艳

政法系列（6人）

陈文 杨鹏 袁定胜 李娜 朱琳 肖向东

宣传系列（244人）

曾华 韩龙 邵艳华 朱立新 曹培培 黄婷婷
黄迎春 杨道平 殷良君 王杰 薛明 杨瑞波
万青文 彭子恒 周海波 李琦 徐丽娟 童中明
刘恩彰 陈慧 刘光明 郭立珍 何业民 曾琴
石庆群 杨昌娥 胡清贵 张平凡 张建军 黄志文
童阳 张艺 宋陈诚 童美红 朱力琼 刘宏
裴成科 刘治国 童文波 卢天翼 盛丹 何建军
曾纪爱 盛名 瞿慧 王玲 游秋花 龚敏
周宁 张晋维 王毅 姚莉 朱济文
周婷（人民医院）
刘琴 曾涛 吴军 王芳 郭照峰 袁霞
唐江南 熊芳 黄小双 邱奇丽 张莉 陈玉莉
夏玲玲 李维 丁建刚 刘瑶 陈锐 彭晋红
刘艺莎 徐静雯 廖斌 邹容 周燕萍 周小农
周黛羽 向昌龙 潘敏 刘美华 刘津菲 解莉
曾凤枝 刘业群 彭玉金 蔡雅男 任琴 刘景绘
曾超超 徐华丽 杨金桃 余河锋 肖丽红 邹丹
李丹 高绪品 李芳 彭锋 胡燕斌 刘飞
游刚 陆秋莲 刘雁峰 邓中华 童茜 陈铁群
阙洁明 吴猛 李芬 彭进财 张国军 周金铁
聂凤英 廖泽彪 莫家南 吕志宏 曾革菲 冯浩
肖桂英 夏李政 帅晓妹 杨红军 郭晓莉 何维
刘群 程立军 帅赞华 彭淼 陈志枚 刘禹君
周双玲 林丽娟 刘丽红 付吉
周婷（中医院） 罗芳
李军 周胜来 鲁淑红 汪斌 刘珊东 吴朝峰
曹爱兰 成立华 朱自明 周芳 张丽 李立群
童晋 梁菊祥 马植丹 何未龙 郭建群 施波
王益林 魏龙 唐味 代立平 史春霞 陈顺丽
熊觅 王世勇 杨芳 毛立华 符腊梅 罗忠灿
郭灿 李慧 钟林 刘志华 刘斌 刘孟利
谢腾怀 徐建波 高小辉 林波 王燕 朱勇顺
贺炜 郭桂华 陈飚 杨毅 曾智敏 邓丕英
周志祥 刘英 张艳 黎春夏 饶新民 刘进财
王剑 方勇 刘振民 代冬初 张贵荣 代金元
李盈辉 袁胜 杨婷 李辉 胡政 芮建民

盛锐　李小红　匡海军　薛飞　朱群　黄浩
夏静　刘明安　陈兰州　张小年　王阳　夏爱华
李艳甫　周文艺　刘艳军　刘鹰　郭群英　彭飞
罗振　黄年有　陈顺彪　全威　邓富贵　青丽琴
袁宜权　袁双友　胡苗　曾李露　周娟　熊成立
杨丽　张霞　旷冬梅　冯权　周碧芬　陈俊
李国卿　邱元枝　高彩云　彭立峰

农口系列（58 人）

陈寿安　黄庆　李忠彩　张富华　邹钦旋　金如年
邓龙飞　王立红　邓明亮　毛桂枝　朱书汶　汪传智
卢建新　李可可　刘家均　李文红　余艳辉　周莉
陈林　胡绪明　丁立勇　雷文娟　周珊红　黄远来
肖秀峰　周辉　张奇芳　刘文新　周芹　黄志英
刘利民　刘再斌　彭自来　丁秀娥　贺备战　刘飞
欧成波　王国平　欧成立　廖湘君　杨才云　朱乐群
周金成　王玲　梅芳　唐才发　张建红　曾凡勇
李西南　高波　袁文武　周刚　李若飞　张伟
傅坤　丁小连　黄家喜　邱明霞

政府办系列（163 人）

涂桂瑜　罗璇　蔡沂霖　徐豹毅　彭军　程志祥
陈刚平　王子　李国顺　肖腾　尹少军　李鹏
成德勇　龙文芹　王强　刘永进　张国华　马婷菲
周勇　李剑波　施荣华　王寿阶　张勇华　吴亚辉
刘初安　陈政　朱泌涵　张凯　黄永强　陈慈
谭晓兵　杨振华　李进　彭顺来　曾艾美　邱实
高国芳　蔡文锋　李小莲　施阿明　李彬　胡永杰
李轩　张文斌　曾必军　郭凌宇　金志华　廖先红
龙勇　彭俊杰　杨忠　雷慧军　刘斌　徐跃平
粟政权　郭晖　铁军　李洪伟　徐凯　刘琼
李鹏程　陈智勇　周联新　胡建平　刘运波　曾昭洋
袁武　曹慧芳　梁浩　张馨月　颜宗杰　刘正和
王爱华　高宏亮　李勇波　许丽红　刘帆　梅其云
张萃　彭帆　徐毅　刘文静　李将懿　万红刚
肖红军　侯至红　贵朝晖　张玲　吴波　魏粤
郭凤娥　陈丹　李井学　孙建　鲁智平　陈杰
朱俊波　邓碧清　李祥立　彭志军　刘正明　朱国红
郭杰　郭程　全教志　崔瑞祥　曾红　胡长春
邱少忠　郭秋英　罗红艳　冯德建　刘四化　杨子建
刘元保　李明　史习刚　李跃飞　周国华　蔡教慧
郭灿　李明见　聂仁少　戴建民　肖广红　王光华
童辉霞　李正华　朱丽华　郭建波　周强　金立坤
肖劲松　王友权　戴志宏　吴永建　曾文彬　王晓锋
陈婷婷　陈晓红　徐千惠　聂思婕　邹世勇　徐良才
饶勇　盛辉　涂代利　刘峰　刘代春　曾庆慧
朱青山　徐斌　张蒂　陈璇　刘国稳　邓新权
柳本艳　丁少娟　王建平　潘永强　王志刚　刘红阳
何则祥

教育系列（584 人）

刘春花　李旭峰　代军　朱培新　胡建民　李娜
刘小鹏　席方遒　刘庆（教育局）
曹超勇　叶秋芬　刘克俭
胥尚贵　童宗伟　徐晓霞　刘静　丁新华　王丽雅
曾丽华　梁庭爽　刘力　邹远慧　曾珊　姚仁富
李玉佩　冯敏　徐贻春　易三龙　李丹丹　王映辉
田亚玲　童秋云　杨冬兰　聂其军　田多元　万晓莲
龚丽萍　金洁凌　李兴华　李振贤　王丽峰　张薇
李先辉　李维宪　唐美绒　青浩　刘朝辉　海霞
黄启刚　谢少杰　滕波　祝世敏　刘元珍　高军民
龚云南　高爱军　陈生稳　任芳　李佳萌　李红花
青先稳　郭大鹏　万祖民　何友权　杨杰　陈海鹏
张茂元　朱突春　贾作田　罗伟　高亚珍　黄彦臣
帅中芳　张剑　邹远学　张良金　邹欢　彭巨秋
王小兵　李军科　龙诗阳　胡小明
肖鹏（五中）万善玉
黄杰　杨志刚　罗红英　肖丽平　王遵荣　曾红霞
伍丽荣　曾亚魁　李盈爱　杨琼英　黄建荣　廖仕昊
曾聪云　徐卓越　卢爱兰　雷小刚　许聪　王安源
朱诗军　曾海进　肖丽　张奋勇　聂彬婷　綦勇君
刘睿祺　李四平　郭爱　赵敏　徐君　高苹
袁清　万玲　袁红英　余春燕　马永群　康存学
周浩波　蒋翻波　赵小娟　郭春年　戴玲　刘艳霞
刘英（小）胡立红　何业忠　王霞（詹乐贫）
严定梅　郭赤林
刘萍　张国芬　裴洪波　龚锦霞　龚桂珍　黄亚柏
杨爱辉　张晓霞　黄科秀　陈凯　王赛兰　李盈贵
周丽娟　胡柏林　刘鹏　刘雯琳　邓丕顺　管子娟
蔡兰君　郭晓兰　胡生艳　陈幺妹　毛桂芝　王丽云
彭治洪　徐选忠　肖跃前　陈晓辉　李志英　杨瑞明
刘益文　黄琼　刘美华　王任　彭双玲　王苏英
童曙三　吴明亚　李春　罗喜蓉　陈婷　李漫丽
黄世梅　黄毅　黄志明　杨硕　胡丽莉　王再纯
周瑞朋　袁美华　王文娟　李传学　刘红军　朱志强
曾卫民　陈爱兵　陈群　戴新爱　廖碧兰　刘信芳

潘金平 彭德枝 滕艳霞 王小红 肖 敏 张小玲
张 燕 黄亚玲 祝世美 刘克勤 青 智 许月初
邓 超 邱静娟 谭丽萍 郭 慧 邓 智 陈 樊
王联云 曾 蓉 许 鹏 袁秋红 陈新娥 王金娟
胡运秋 向 勇 蔡 斌 付建华 彭献量 余志远
曾群英 詹秀娥 曾子荣 周丽琼 杨付球 何 莹
徐华祥 彭少云 刘桂华 李先菊 徐松子 周明君
梅其媛 彭春来 彭 立 王秀梅 谢晓娥 熊成波
张茂荣 张述红 周显政 丰岚清 李 青 高绍均
周达进 严美华 彭 会 李 政 曾嘉丽 夏金云
李 珍 刘友刚 李振祥 丁四友 王艺翰 陈生勇
童中英 盛 莉 刘 玲 肖涵予 伍 斯 刘桂香
谈应春 郭 彬 邱德贵 刘珍花 刘 倩 肖雅柔
王小凤 何 培 罗 娟（洲口）彭敏燕 廖梦雅
陈极峰

翁家凯 代忠明 王自力 刘时芬 熊吉付 童立芬
帅彩红 童文广 刘满枝 夏克勇 黄启华 刘 洋
曾小芳 夏海曙 毛 丽 刘俐君 成 娟 代友来
童国爱 陈香凤 刘红武 李平安 刘 亚 卢维麟
唐 蓉 陈兆国 李维政 曾广义 马绍青 鄢 玲
余晓芳 徐联香 罗于福 伍升贵 徐 敏 徐龙斌
罗 丽 高 苗 罗 纯 郑健 郭飞兰 罗 磊
管 敏 龙 华 李雨珊 胡 丕 李文建 朱训兰
史美政 肖美丽 李雪华 胡长秀 丁 元 彭朝辉
罗红梅 代建新 丁禹鑫 郭凤玉 郭先立 邓玉兰
刘开国 陈瑞兰 周 霞 薛 珊 李多兆 刘丽娟
刘 庆（朱家铺）丁芳玲 宋海涵 綦爱英
刘德强 李 苗

罗 芹 廖启皓 蔡 亚 熊成桥 熊华珍 曹群波
丁金利 贺任初 袁平安 刘白雪 李 丹 曹德珍
薛冬红 高亚琪 帅宪成 黄 兴 李冬来 康孟君
史亚玲 牟金华 罗月恒 丁桂华 朱春国 郭立芳
康曼妮 彭清扬 邱 仪 李 强 康少波 周腊莲
黄春枝 周 密 陈定欧 陈雪红 邹 颖 钟 娟
杨美湘 薛美丽 彭 容 童海波 刘博仁 罗 凯
廖红艳 丁慧英 刘立明 郭德英 游冬枝 黄国平
李思杨 刘碧华 严定跃 张 咪 杨永红 李喜明
刘 喜 晏 清 刘艳辉 曾岳辉 曾 平 杨 洁
徐菱浠 李和平 刘立新 袁少平 杜 娟 王立君
钟毅红 曾元生 刘瑞珍 刘子伏 杨建明 张 蓉
周锦逑 彭立敏 彭丽蓉 龙柏芳 马玮曼 赵小满
陈明祥 朱 娟 刘富明 刘庆红 余 波 刘向阳
黄立新 易建明 刘 芳 黄利明 赵志凡 李 晗
向秋月 宋 欢 袁发红 张 慧 沈 娟 刘 刚
伍卫华 周美南 刘金安 蔡新建 刘赛芬 刘立群
彭雨帆 张 旭 周 青 罗海燕 章 青 文云双
彭文广 王新华 夏训国 陈水星 刘玉泉 周艳红
崔立群 陈妍均 李久云 吴进军 胡红杰 涂一平
袁 明 王浩军 李 丽 王立平 刘志刚 周永忠
陈先治 叶桂香 杨 琪 曾俊云 朱琼华 龚 樱
杨牛清 童中德 肖灿东 刘志奇 程应洁 刘先文
伍玲娟 黄静静 张培珍 文 倩 刘 霞 杨 辉
易立红 张洪发 王义知 肖 鹏（月明潭）刘金友
王正气

张晳苑 朱颖阳 朱尚成 黄 蓉 万成芬 宋国政
刘冬生 罗 娟（百禄桥）杨 武 朱继学 袁文锋
黄巧玲

肖苏云 刘正清 蔡佳玲 胡 丹 肖 文 张贵良
姚婵娟 李纯刚 罗先明 彭 婷 王星懿 周启明
张孝兰 廖惠元 胡开群 姜付强 王 蕾 陈 慧
李双燕 王 丹 朱彩霞 曾 杰（洋淘湖）
黄政秋 罗茂刚

王春伟 黄海丽 周爱程 陈 敏 吴愈洪 杨丽凰
郭长青 刘祝伟 曾桂珍 王 昆 梅晓艳 万晓玲
杨瑞科 李建波 张立刚 刘 霖 黄敏杰 涂贤敏
毛光莉 黎 红 周 宏 刘海燕 万艳芳 戴维维
毛 平 史春莲 周 静 王 颖 毛雪慧 周文丽
周金和 易哲民 谢 荣 沈仲坤 黄德政 吴小峰
曾 丹 周红霞 曾 姣 胡 姣 张 妮 王华超
彭 操 庞志华 周高玉 代千之 郭先锋 杨恒力
黄 乐 朱文清

三、获得省以上各种荣誉情况

（一）单位集体荣誉

1. 农业部授予汉寿县“农业部渔业健康养殖示范县”称号（农渔发〔2016〕42 号，2016.12.30）

2. 国家体育总局授予汉寿县“2013—2016 年度全国群众体育先进单位”称号（体群字〔2017〕154 号，2017.8.14）

3. 国家林业局批准设立湖南汉寿竹海国家森林公园（林场许准〔2017〕22 号）

4. 国家体育总局命名湖南九岭汽车运动文化产业园为国家体育产业示范项目（体经字〔2017〕47 号）

5 . 中华全国妇女联合会授予汉寿县国税局办税服务厅“全国巾帼文明岗”称号（妇字〔2017〕17 号）

6 . 中华全国工商业联合会授予汉寿县工商联“2016 年

全国‘五好’县级工商联”称号（全联厅发〔2017〕14号，2017.3.6）

7. 中华全国人民调解员协会授予汉寿县司法局“人民调解宣传工作先进集体”（中调协〔2017〕10号）

8. 中国林业产业联合会批准汉寿鹿溪省级森林公园森林康养基地为第二批全国森林康养基地试点建设单位（中产联〔2017〕23号）

9. 教育部认定汉寿县詹乐贫中学为“2016年国防教育特色学校”（教体艺函〔2017〕1号，2017.1.8）

10. 教育部关工委授予汉寿县教育局关工委“第二十届全国青少年五好小公民‘阳光校园·我们是好伙伴’主题教育读书活动优秀组织奖”称号（教关委活动办〔2017〕11号）

11. 中共湖南省委湖南省人民政府授予汉寿县城管执法局“2017年全省抗洪救灾先进集体”称号（湘委〔2017〕74号）

12. 湖南省文明委授予汉寿县地税局“2016届湖南省文明标兵单位”称号，授予汉寿县烟草专卖局“2016届湖南省文明单位”称号，授予洋淘湖镇、毛家滩乡教门岗村“2016届湖南省文明村镇”称号（湘文明委〔2017〕9号，2017.3.16）

13. 湖南省人民政府防范和处理邪教问题办公室授予崔家桥镇三和社区、株木山街道施家巷村“全省‘无邪教创建’示范村（社区）”称号（常陆组字〔2017〕9号）

14. 中共湖南省委组织部授予中共汉寿县委组织部“2017年度全省非公有制经济组织和社会组织管理工作先进单位”称号（湘组发〔2017〕25号）

15. 中共湖南省委组织部办公室授予中共汉寿县委组织部报送的《党旗在建设工地高高飘扬》“全省‘两学一做’微视频·微动漫创作竞赛活动优秀奖”称号（湘组办〔2017〕5号）

16. 共青团湖南省委授予汉寿县人民医院委员会外科团支部“湖南省五四红旗团支部”称号（湘团发〔2017〕13号）

17. 湖南省文化厅授予汉寿县文化市场综合执法大队“2016年度全省文化市场综合执法考评先进单位”称号（湘文市〔2017〕24号，2017.3.13）

18. 湖南省卫生计生委授予汉寿县卫生计生局“2017年湖南省卫生计生依法行政示范县市区”称号（湘卫函〔2017〕736号）

19. 湖南省血防办授予汉寿县血防办“2017年血吸虫病防治工作绩效考核优秀单位”称号（湘血防办函〔2017〕21号）

20. 湖南省农业委员会授予汉寿县“2017年度湖南省家庭农场示范县”称号（湘农发〔2017〕262号）

21. 湖南省林业厅认定汉寿县油茶高产林培育基地为“湖南省第一批省级森林经营示范基地”（湘林造〔2017〕4号）

22. 湖南省农业机械化管理局、湖南省安全生产监督管理局授予汉寿县聂家桥乡“2016年度全省‘平安农机’示范乡镇”称号（湘农机监发〔2016〕102号，2016.12.23）

23. 湖南省水利厅授予汉寿县水利局“2016年度‘芙蓉杯’水利建设考核优秀单位”称号（湘水办〔2017〕8号，2017.2.8）

24. 湖南省经济和信息化委员会认定汉寿县中小企业公共服务平台为“湖南省中小企业公共服务窗口平台”（湘经信中小服务〔2017〕759号）

25. 湖南省经济和信息化委员会认定汉寿县科技企业创业基地为“湖南省中小微企业创业创新基地”（湘经信中小服务〔2017〕575号）

26. 湖南省经济和信息化委员会授予县科技工信局“2017年全省经信系统电力依法行政工作优秀单位”称号（湘经信能源〔2017〕816号）

27. 湖南省地震局授予汉寿县地震局“全省县市区防震减灾工作综合考核优秀单位”称号（湘震发〔2017〕112号）

28. 湖南省教育厅认定汉寿县教育局通联站为“2016年度全省教育通联工作一类通联站”（湘教通〔2017〕10号，2017.1.9）

29. 湖南省消费者委员会授予汉寿县消费者委员会“全省消委系统宣传工作先进单位”称号（湘消委字〔2017〕14号）

30. 湖南省公安厅授予汉寿县公安局“2016年全省县级公安机关执法质量考评优秀单位”称号（省公安厅通报〔2017〕9期，2017.3.3）

31. 湖南省公安厅授予汉寿县公安局人口与出入境管理大队“全省公安机关深入推进户口登记管理清理整顿工作成绩突出集体”称号（省公安厅通报〔2017〕41期）

32. 湖南省公安厅授予汉寿县公安局人口与出入境管理大队“2016年度全省公安机关户政管理和出国境管理工作优秀服务窗口”称号（省公安厅通报〔2017〕15期，2017.2.17）

33 湖南省民政厅授予汉寿县“2016年度全省福彩销售先进县市区”称号（湘民函〔2017〕5号，2017.1.24）

34. 湖南省财政厅授予汉寿县财政局“全省财政金融与债务管理工作良好单位”称号（湘财金函〔2017〕35号）

35. 湖南省财政厅授予汉寿县财政局“2016年度全省财政综合工作考核优秀单位”称号（湘财综函〔2017〕21号，2017.6.16）

36. 湖南省财政厅授予汉寿县财政局“2016年度预算绩效管理工作一等奖”称号（湘财绩函〔2017〕4号，2017.6.5）

37. 湖南省审计厅授予汉寿县审计局实施的“汉寿县2015年新型农村合作医疗基金及财政收支审计”项目“全省优秀审计项目”称号（2017.9.14省审计厅网站公示）

38. 湖南省统计局授予汉寿县统计局“湖南省2017年人

口变动抽样调查先进集体”称号（湘统〔2017〕37 号）

39. 湖南省第三次全国农业普查领导小组办公室授予汉寿县统计局“湖南省第三次全国农业普查先进集体”称号（湘农普办〔2017〕23 号）

40. 湖南省城乡居民社会养老保险管理服务中心授予汉寿县人力资源和社会保障局“2017 年度城乡居保经办管理服务工作优秀单位”称号（湘居民社险函〔2018〕2 号）

41. 湖南省城乡居民社会养老保险管理服务中心授予汉寿县人力资源和社会保障局“2016 年度县级城乡居保信息宣传工作优秀单位”称号（湘居民社险函〔2017〕2 号，2017.1.12）

42. 湖南省交通运输厅授予汉寿县交通运输局“2016—2017 年度全省交通系统文明建设先进单位”称号（湘交函〔2017〕205 号）

43. 湖南省国税局授予汉寿县国税局“湖南省国家税务局全面推开营改增工作先进区县单位”称号（湘国税发〔2017〕101 号）

（二）个人荣誉

44. 中共湖南省委湖南省人民政府授予沅南水利会黄远来“2017 年全省抗洪救灾先进个人”称号（湘委〔2017〕74 号）

45. 政协湖南省委员会办公厅授予县政协周蔚环“湖南政协云工作先进个人”称号（湘协办发〔2017〕31 号）

46. 全国老龄工作委员会授予县民政局刘运华“全国敬老爱老助老模范人物”称号（全国老龄委发〔2017〕1 号）

47. 中国野生动物保护协会授予湖南省西洞庭湖国家级自然保护区管理局梅碧球“2016 年度斯巴鲁生态保护奖”称号（中动协秘字〔2016〕79 号，2016.12.29）

48. 第四届中国县域卫生发展论坛组委会授予县人民医院院长伍国典“中国县域医院 · 百佳院长”称号（荣誉证书）

49. 县政协解以刚撰写的《推进政协履职成果转化工作的实践与思考》、县委党校张峰撰写的《浅谈政协协商与党委政府工作有效衔接》被政协湖南省委员会办公厅评为“2016 年度湖南省人民政协理论研究优秀论文二等奖”。

50. 县委党校杨志芳撰写的《发挥人民政协民主监督作用的思考》被评为“2016 年度湖南省人民政协理论研究优秀论文三等奖”，县委党校蔡明浩撰写的《浅议网络民主环境中的协商民主》被湖南省委党校、湖南行政学院评为“2017 年度全省党校行政学院系统理论研讨会二等奖”，县委党校杨敏撰写的《全面从严治党的新利器》被评为“2017 年度全省党校行政学院系统理论研讨会三等奖”（湘校院发〔2017〕83 号）

51. 县政府督查室熊飞撰写的《建立“大督查”机制提高政府执行力》入选《全国政府系统督查理论研究文集》（省政府督查室函）

今年是全面贯彻落实中共十九大精神的开局之年，是改革开放 40 周年，做好今年的各项工作意义重大。全县各级各单位要坚持以习近平新时代中国特色社会主义思想为指引，紧跟市委市政府开放强市产业立市战略部署，深入实施“一五五”发展战略，齐心协力、开拓进取、顽强拼搏，用新的奋斗续写建设生态宜居大湖经济强县新篇章。

中共汉寿县委

汉寿县人民政府

2018 年 2 月 4 日